教育部全国普通高等学校优秀教材（一等奖）

新编21世纪法学系列教材
总主编　曾宪义　王利明

法理学

第六版

主　编　孙国华　朱景文
执行主编　叶传星

撰稿人（以撰写章节先后为序）
孙国华　朱景文　叶传星　张曙光
杨晓青　范　愉　朱力宇

Jurisprudence

中国人民大学出版社
·北京·

内容简介

本书是供大学法科学生使用的法理学教材，分为上、下两编。

上编阐述法和法律调整的一般原理。在这一编，首先说明法的概念与本质、法的起源和历史发展、法的作用、法的价值等法的基础理论问题，继而阐述法学的若干基本范畴，如法律调整，法律规范，法的渊源和效力，法的体系，法律解释、推理和论证，法律关系，法律行为和法律责任，并围绕这些基本范畴阐释相应的法学原理和法律制度。

下编阐述中国社会主义法和法治的基本原理。本书着重结合中国法学理论发展和法治建设的实践，寻求一种“面对中国”的法学原理，故在下编，首先阐述中国社会主义法的产生和发展、中国社会主义法的本质特点和原则、中国社会主义法的制定及实施等基本问题，进而阐述中国特色社会主义法治的理论、道路及实践进程等；重点围绕中国社会主义法治与社会之间的关系这一主题，阐明中国社会主义法与经济建设、政治建设、文化建设、社会建设以及生态文明建设之间的关系。通过这些分析，总体上描绘了中国社会主义法治建设的社会条件和战略图景，力求在“五大建设”的体系中理解法治的鲜明中国特色。

本书力求简洁地介绍法理学的基本知识和基本原理。本书直面法学的“中国问题”，努力理解和说明当代中国法治建设的总体状况，阐述适合中国发展需要的法学基本理论。本书既注重吸纳国内法理学研究的最新成果，也注重将中国社会主义法治建设的最新实践等融入理论论述之中。

主编简介

孙国华（1925—2017）　中国人民大学首批荣誉一级教授，新中国马克思主义法理学奠基人之一，于2012年荣获“全国杰出资深法学家”称号。主要研究领域包括法理学、马克思主义法学等。主要著作包括《法学基础理论》《人权：走向自由的标尺》《马克思主义法理学研究——关于法的概念和本质的原理》《法的形成与运作原理》《中国特色社会主义民主法治研究》《公平正义与中国特色社会主义法治》等。

朱景文　中国人民大学法学院教授、法律与全球化研究中心主任。曾任中国人民大学法学院学术委员会主席。兼任中国法学会法理学研究会顾问、中国法学会立法学研究会常务副会长、国际社会哲学与法哲学学会中国分会副会长。主要研究领域包括法理学、法社会学、比较法学、法律与全球化等。出版《比较法社会学的框架和方法：法制化、本土化和全球化》《法社会学》《全球化条件下的法治国家》《中国法理学的探索》《测量法治：中国法治指标研究》等著作。

叶传星　中国人民大学法学院教授、中国人民大学人权研究中心研究员。主要研究领域包括法理学、人权法学、立法学、马克思主义法学等。出版《当代中国的法理念：以构建和谐社会为背景的参考》《转型社会中的法律治理：当代中国法治进程的理论检讨》《立法学》《人权法》《人权概论》《马克思恩格斯法律思想研究》等著作。

总序

曾宪义

在人类文明与文化的发展中，中华民族曾作出过伟大的贡献，不仅最早开启了世界东方文明的大门，而且对人类法治、法学及法学教育的生成与发展进行了积极的探索与光辉的实践。

在我们祖先生存繁衍的土地上，自从摆脱动物生活、开始用双手去进行创造性的劳动、用人类特有的灵性去思考以后，我们人类在不断改造客观世界、创造辉煌的物质文明的同时，也在不断地探索人类的主观世界，逐渐形成了哲学思想、伦理道德、宗教信仰、风俗习惯等一系列维系道德人心、维持一定社会秩序的精神规范，更创造了博大精深、义理精微的法律制度。应该说，在人类所创造的诸种精神文化成果中，法律制度是一种极为奇特的社会现象。因为作为一项人类的精神成果，法律制度往往集中而突出地反映了人类在认识自身、调节社会、谋求发展的各个重要进程中的思想和行动。法律是现实社会的调节器，是人民权利的保障书，是通过国家的强制力来确认人的不同社会地位的有力杠杆，它来源于现实生活，而且真实地反映现实的要求。因而透过一个国家、一个民族、一个时代的法律制度，我们可以清楚地观察到当时人们关于人、社会、人与人的关系、社会组织以及哲学、宗教等诸多方面的思想与观点。同时，法律是一种具有国家强制力、约束力的社会规范，它以一种最明确的方式，对当时社会成员的言论或行动作出规范与要求，因而也清楚地反映了人类在各个历史发展阶段中对于不同的人所作出的种种具体要求和限制。因此，从法律制度的发展变迁中，同样可以看到人类自身不断发展、不断完善的历史轨迹。人类社会几千年的国家文明发展历史已经无可争辩地证明，法律制度乃是维系社会、调整各种社会关系、保持社会稳定的重要的工具。同时，法律制度的不断完善，也是人类社会文明进步的显著体现。

由于发展路径的不同、文化背景的差异，东方社会与西方世界对于法律的意义、底蕴的理解、阐释存有很大的差异，但是，在各自的发展过程中，都曾比较注重法律的制定与完善。中国古代虽然被看成是“礼治”的社会、“人治”的世界，被认为是“只有刑，没有法”的时代，但从《法经》到《唐律疏议》、《大清律例》等数十部优秀成文法典的存在，充分说明了成文制定法在中国古代社会中的突出地位，唯这些成文法制所体现出的精神旨趣与现代法律文明有较大不同而已。时至20世纪初叶，随着西风东渐、东西文化交流加快，中国社会开始由古代的、传统的社会体制向近现代文明过渡，建立健全的、符合现代理性精神的法律文明体系方成为现代社会的共识。正因为如此，近代以来的数百年间，在西方、东方各主要国家里，伴随着社会变革的潮起潮落，法律改革运动也一直呈方兴未艾之势。

从历史上看，法律的文明、进步，取决于诸多的社会因素。东西方法律发展的历史均充分证明，推动法律文明进步的动力，是现实的社会生活，是政治、经济和社会文化的变迁；同时，法律内容、法律技术的发展，往往依赖于一大批法律专家以及更多的受过法律教育的社会成员的研究和推动。从这个角度看，法学教育、法学研究的发展，对于法律文明的发展进步，也有着异常重要的意义。正因为如此，法学教育和法学研究在现代国家的国民教育体系和科学研究体系中，开始占有越来越重要的位置。

中国近代意义上的法学教育和法学研究，肇始于19世纪末的晚清时代。清光绪二十一年（公元1895年）开办的天津中西学堂，首次开设法科并招收学生，虽然规模较小，但仍可以视为中国最早的近代法学教育机构（天津中西学堂后改名为北洋大学，又发展为天津大学）。三年后，中国近代著名的思想家、有“维新骄子”之称的梁启超先生即在湖南《湘报》上发表题为《论中国宜讲求法律之学》的文章，用他惯有的富有感染力的激情文字，呼唤国人重视法学，发明法学，讲求法学。梁先生是清代末年一位开风气之先的思想巨子，在他的辉煌的学术生涯中，法学并非其专攻，但他仍以敏锐的眼光，预见到了新世纪中国法学研究和法学教育的发展。数年以后，清廷在内外压力之下，被迫宣布实施“新政”，推动变法修律。以修订法律大臣沈家本为代表的一批有识之士，在近十年的变法修律过程中，在大量翻译西方法学著作，引进西方法律观念，有限度地改造中国传统的法律体制的同时，也开始推动中国早期的法学教育和法学研究。20世纪初，中国最早设立的三所大学——北洋大学、京师大学堂、山西大学堂均设有法科或法律学科目，以期“端正方向，培养通才”。1906年，应修订法律大臣沈家本、伍廷芳等人的奏请，清政府在京师正式设立中国第一所专门的法政教育机构——京师法律学堂。次年，另一所法政学堂——直属清政府学部的京师法政学堂也正式招生。这些大学法科及法律、法政学堂的设立，应该是中国历史上近代意义上的正规专门法学教育的滥觞。

自清末以来，中国的法学教育作为法律事业的一个重要组成部分，随着中国社会的曲折发展，经历了极不平坦的发展历程。在20世纪的大部分时间里，中国社会一直充斥着各种矛盾和斗争。在外敌入侵、民族危亡的沉重压力之下，中国人民为寻找适合中国国情的发展道路而花费了无穷的心力，付出过沉重的代价。从客观上看，长期的社会骚动和频繁的政治变迁曾给中国的法治与法学带来过极大的消极影响。直至70年代末期，以“文化大革命”宣告结束为标志，中国社会开始用理性的目光重新审视中国的过去，规划国家和社会的未来，中国由此进入长期稳定、和平发展的大好时期，以这种大的社会环境为背景，中国的法学教育也获得了前所未有的发展机遇。

从宏观上看，实行改革开放以来，经过二十多年的努力，中国的法学教育事业所取得的成就是辉煌的。首先，经过“解放思想，实事求是”思想解放运动的洗礼，在中国法学界迅速清除了极左思潮及苏联法学模式的一些消极影响，根据本国国情建设社会主义法治国家已经成为国家民族的共识，这为中国法学教育和法学研究的发展奠定了稳固的思想基础。其次，随着法学禁区的不断被打破、法学研究的逐步深入，一个较为完善的法学学科体系已经建立起来。理论法学、部门法学各学科基本形成了比较系统和成熟的理论体系和学术框架，一些随着法学研究逐渐深入而出现的法学子学科、法学边缘学科也渐次成型。1997 年，国家教育主管部门和教育部高校法学学科教学指导委员会对原有专业目录进行了又一次大幅度调整，决定自 1999 年起法学类本科只设一个单一的法学专业，按照一个专业招生，从而使法学学科的布局更加科学和合理。同时，在充分论证的基础上，确定了法学专业本科教学的 14 门核心课程，加上其他必修、选修课程的配合，由此形成了一个传统与更新并重、能够适应国家和社会发展需要的教学体系。法学硕士和博士研究生及法律硕士专业学位研究生的专业设置、课程教学和培养体系也日臻完善。再次，法学教育的规模迅速扩大，层次日趋齐全，结构日臻合理。目前中国有六百余所普通高等院校设置了法律院系或法律本科专业，在校本科学生和研究生已达二十余万人。除本科生外，在一些全国知名的法律院校，法学硕士研究生、法律硕士专业学位研究生、法学博士研究生已经逐步成为培养的重点。

众所周知，法律的进步、法治的完善，是一项综合性的社会工程。一方面，现实社会关系的发展，国家政治、经济和社会生活的变化，为法律的进步、变迁提供动力，提供社会的土壤。另一方面，法学教育、法学研究的发展，直接推动法律进步的进程。同时，全民法律意识、法律素质的提高，则是实现法治国理想的关键的、决定性的因素。在社会发展、法学教育、法学研究等几个攸关法律进步的重要环节中，法学教育无疑处于核心的、基础的地位。中国法学教育过去二十多年所走过的历程令人激动，所取得的成就也足资我们自豪。随着国家的发展、社会的进步，在 21 世纪，我们面临着更严峻的挑战和更灿烂的前景。“建设世界一流法学教育”，任重道远。

首先，法律是建立在经济基础之上的上层建筑，以法治为研究对象的法学也就成为一门实践性很强的学科。社会生活的发展变化，势必要对法学教育、法学研究不断提出新的要求。经过二十多年的奋斗，中国改革开放的前期目标已顺利实现。但随着改革开放的逐步深入，国家和社会的一些深层次问题，比如说社会主义市场经济秩序的真正建立、国有企业制度的改革、政治体制的完善、全民道德价值的重建、环境保护和自然资源的合理利用等等，也已经开始浮现出来。这些复杂问题的解决，无疑最终都会归结到法律制度的完善上来。建立一套完善、合理的法律制度，构建理想的和谐社会，乃一项持久而庞大的社会工程，需要全民族的智慧和努力。其中的基础性工作，如理论的论证、框架的设计、具体规范的拟订、法律实施中的纠偏等等，则有赖于法学研究的不断深入，以及高素质人才特别是法律人才的养成，而培养法律人才的任务，则是法学教育的直接责任。

其次，21世纪是一个多元化的世纪。20世纪中叶发生的信息技术革命，正在极大地改变着我们的世界。现代科学技术，特别是计算机网络信息技术的发展，使传统的生活方式、思想观念发生了根本的改变，并由此引发许多人类从未面对过的问题。就法学教育而言，在21世纪所要面临的，不仅是教学内容、研究对象的多元化问题，而且还有培养对象、培养目标的多元化、教学方式的多元化等一系列问题，这些问题都需要法学界去思考、去探索。

中国人民大学法学院建立于1950年，是新中国诞生后创办的第一所正规高等法学教育机构。在半个多世纪的岁月中，中国人民大学法学院以其雄厚的学术力量、严谨求实的学风、高水平的教学质量以及丰硕的学术研究成果，在全国法学教育领域处于领先地位，并开始跻身于世界著名法学院之林。据初步统计，中国人民大学法学院已经为国家培养法学专业本科生、硕士生、博士生一万余人，培养各类成人法科学生三十余万人。经过多年的努力，中国人民大学法学院形成了较为明显的学术优势，在现职教师中，既有一批资深望重、在国内外享有盛誉的法学前辈，更有一大批在改革开放后成长起来的优秀中青年法学家。这些老中青法学专家多年来在勤奋研究法学理论的同时，也积极投身于国家的立法、司法实践，对国家法制建设贡献良多。

有鉴于此，中国人民大学法学院与中国人民大学出版社经过研究协商，决定结合中国人民大学法学院的学术优势和中国人民大学出版社的出版力量，出版一套“21世纪法学系列教材”。自1998年开始编写出版本科教材，包括按照教育部所确定的法学专业核心课程和其所颁布印发的《全国高等学校法学专业核心课程基本要求》而编写的14门核心课程教材，也包括法学各领域、各新兴学科教材及教学参考书和案例分析在内，到2000年12月3日在人民大会堂大礼堂召开举世瞩目的“21世纪世界百所著名大学法学院院长论坛暨中国人民大学法学院成立五十周年庆祝大会”之时，业已出版了50本作为50周年院庆献礼，到现在总共出版了80本。为了进一步适应高等法学教育发展的形势和教学改革的需要，最近中国人民大学法学院与中国人民大学出版社决定将这套教材扩大为四个系列，即“本科生用书”、“法学研究生用书”、“法律硕士研究生用书”以及“司法考试用书”，总数将达二百多本。我们设想，本套教材的编写，将更加注意“高水准”与“适用性”的合理结合。首先，本套教材将由中国人民大学法学院具有全国影响的各学科的学术带头人领衔，约请全国高校优秀学者参加，形成学术实力强大的编写阵容。同时，在编写教材时，将注意吸收中国法学研究的最新的学术成果，注意国际学术发展的最新动向，力求使教材内容能够站在21世纪的学术前沿，反映各学科成熟的理论，体现中国法学的水平。其次，本套教材在编写时，将针对新时期学生特点，将思想性、学术性、新颖性、可读性有机结合起来，注意运用典型生动的案例、简明流畅的语言去阐释法律理论与法律制度。

我们期望并且相信，经过组织者、编写者、出版者的共同努力，这套法学教材将以其质量效应、规模效应，力求成为奉献给新世纪的精品教材，我们诚挚地祈望得到方家和广大读者的教正。

2006年7月1日

序言

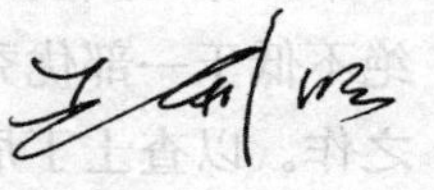

法学教育是高等教育的重要组成部分，是建设社会主义法治国家、构建社会主义和谐社会的重要基础，并居于先导性的战略地位。在我国社会转型的新世纪、新阶段，法学教育不仅要为建设高素质的法律职业共同体服务，而且要面向全社会培养大批治理国家、管理社会、发展经济的高层次法律人才。近年来，法学教育取得了长足的进步，法科数量增长很快，教育质量稳步提高，培养层次日渐完善，目前已经形成了涵盖本科生、第二学士学位生、法学硕士研究生、法律硕士研究生、法学博士研究生的完整的法学人才培养体系，接受法科教育已经成为莘莘学子的优先选择之一。随着中国法治事业的迅速发展，我们有理由相信，中国法学教育的事业大有可为，中国法学教育的前途充满光明。

教育的基本功能在于育人，在于塑造德才兼备的高素质人才。法学教育的宗旨并非培养只会机械适用法律的“工匠”，而承载着培养追求正义、知法懂法、忠于法律、廉洁自律的法律人的任务。要完成法学教育的使命，首先必须认真抓好教材建设。我始终认为，教材是实现教育功能的重要工具和媒介，法学教材不仅仅是法学知识传承的载体，而且是规范教学内容、提高教学质量的关键，对法学教育的发展有着不可估量的作用。

第一，法学教材是传授法学基本知识的工具。初学法律，既要有好的老师，又要有好的教材。正如冯友兰先生所言：“学哲学的目的，是使人作为人能够成为人，而不是成为某种人。其他的学习（不是学哲学）是使人能够成为某种人，即有一定职业的人。”一套好的教材，能够高屋建瓴地展示法律的体系，能够准确简明地阐释法律的逻辑，能够深入浅出地叙述法律的精要，能够生动贴切地表达深奥的法理。所以，法学教材是学生学习法律的向导，是学生步入法律殿堂的阶梯。如果在入门之初教材就有偏颇之处，就可能误人子弟，学生日后还要花费大量时间与精力来修正已经形成的错误观念。

第二，法学教材是传播法律价值理念的载体。好的法学教材不仅要传授法学知识，更要传播法律的精神和法治的理念，例如对公平、正义的追求，尊重权利的观念。本科、研究生阶段的青年学子，正处在人生观、价值观形成的阶段，一套优秀的法学教材，对于他们价值观的塑造和健全人格的培养具有重要意义。

第三，法学教材是形成职业共同体的主要条件。建设社会主义法治国家，有赖于法律职业共同体的生成。一套好的法学教材，向法律研习者传授共同的知识，这对于培养一个接受共同的价值理念、共同的法律思维、共同的话语体系的法律共同体，具有重要的作用。

第四，法学教材是所有法律研习者的良师益友。没有好的教材，一个好的教师或可弥补教材的欠缺和不足，但对那些没有老师指导的自学者而言，教材就是老师，其重要作用是显而易见的。

长期以来，在我们的评价体系中，教材并没有获得应有的注重，对学术成果的形式优先考虑的往往是专著而非教材。在不少人的观念中，教材与创新、与学术精品甚至与学术无缘。其实，要真正写出一部好的教材，其难度之大、工作之艰辛、影响之深远，绝不低于一部优秀的专著，它甚至可以成为在几百年甚至更长的时间内发挥作用的传世之作。以查士丁尼的《法学阶梯》为例，所谓法学阶梯，即法学入门之义，就是一部教材。但它概括了罗马法的精髓，千百年来，一直是人们研习罗马法最基本的著述。日本著名学者我妻荣说过，大学教授有两大任务：一是写出自己熟悉的专业及学术领域的讲义乃至教科书；二是选择自己最有兴趣、最看重的题目，集中精力进行终生的研究。实际上，这两者是相辅相成的。写出一部好教材，必须要对相关领域形成一个完整的知识体系，还要能以深入浅出的语言将问题讲清楚、讲明白。没有编写教材的基本功，实际上也很难写出优秀的专著。当然，也只有对每一个专题都有一定研究，才能形成对这个学术领域的完整把握。

虽然近几年我国法学教育发展迅速，成绩显著，但是法学教育也面临许多挑战。各个学校的师资队伍和教学质量参差不齐，这就更需要推出更多的结构严谨、内容全面、角度各有侧重、能够适应不同需求的法学教材，为提高法学教学和人才培养质量、保障法学教育健康发展提供前提条件。

长期以来，中国人民大学法学院始终高度重视教材建设。作为新中国成立后建立的第一所正规的法学教育机构，中国人民大学法律系最早开设了社会主义法学教学课堂，编写了第一套社会主义法学讲义，培养了新中国第一批法学本科生和各学科的硕士生、博士生，产生了新中国最早的一批法学家和法律工作者。中国人民大学法律系因此被誉为“新中国法学教育的工作母机”。半个多世纪以来，中国人民大学法学院为社会主义法制建设培养了大批优秀的法律人才，并为法学事业的振兴和繁荣作出了卓越贡献，也因此成为引领中国法学教育的重镇、凝聚国内法律人才的平台和沟通中外法学交流的窗口，并在世界知名法学院行列中崭露头角。为了对中国法学教育事业作出更大的贡献，我们有义务也有责任出版一套体现我们最新研究成果的法学教材。

承蒙中国人民大学出版社的大力支持，我们组织编写了本套教材，其中包括本科生用书、法律硕士研究生用书、法学研究生用书和司法考试用书四大系列，分别面向不同层次法科教育需求。编写人员以中国人民大学法学院教师为主，反映了中国人民大学法学院整体的研究实力和学术视野。相信本套教材的出版，一定能够为新时期法学教育的繁荣发展发挥应有的作用。

是为序。

2006 年 7 月 10 日

第六版修订说明

本教材是供大学法科学生在学习法理学课程时使用的教材。第六版的修订，在保持第五版的基本结构的基础上，对一些章节的内容作了进一步的充实、调整。第六版的修订主要体现在如下几个方面。

（1）在教材的体系上，保持上、下两编的结构，没有对各章的内容作大的调整。上编主要阐述法和法律调整的基本原理，重点介绍法学和法理学的基本概念、基本知识和基本原理。在“绪论”的第二节“法学的历史发展”中增加了马克思主义法学中国化的部分内容；在第二章“法的起源和历史发展”中，增加了第五节“社会主义法律制度”。下编阐述中国社会主义法和法治的基本原理，重点探讨中国社会主义法治实践和法学理论中的几个重要问题。在第十二章“中国社会主义法的产生和发展”中，调整了第三节，将其中部分内容加以补充、单列；新增第四节“新时代的法治发展”，重点介绍在新时代我国法治改革和发展的特点。

（2）重点结合党的二十大精神、习近平法治思想以及 2023 年《立法法》的修改等，对多个章节的具体内容作了必要的调整和充实。结合课程思政的要求贯彻习近平法治思想，是此次修订的基本考虑，修订时主要对下编的内容进行了一些充实和更新，所涉及的内容包括中国社会主义法的产生和发展、中国社会主义法的本质特点、当代中国的立法体制及立法原则、当代中国的守法、中国社会主义法治、以法治方式促进经济发展、以法治方式发展政治文明、加强社会治理创新的法治保障等。我们注重将近年来中国社会主义法治建设的理论和实践创新，特别是将习近平法治思想的要义融入教材之中，凸显本教材致力于面对“中国问题”的特色。

（3）对各章中的“资料链接”“案例”等进行了部分更新：或者进一步强调或细化相关内容，或者增加一些相关案例，或者增加一点背景资料等。

（4）对各章的“阅读文献”进行了必要的少量更新。这些文献是相关问题领域中的基本文献，或可为读者进一步研究书中某些未及展开探讨的问题提供一点指引。

本教材的上编，主要针对法科新生讲一些最基本的理论、概念（范畴）和知识，而没有在理论上作太多的深入辨析，也即作为“法学的入门课”或“法学导论”。下编则在学生具有一定法学知识的基础上，进一步探讨、阐明当代中国法理学、法治建设中的一些基本理论问题。国内各法学院系在本科法理学的讲授上各有特色，见仁见智：有的可能更侧重于介绍西方法理学或一般法理学的学术脉络，有的则更注重探讨当今中国法制发展中的重大问题。本教材尤其注重的是，阐述围绕法、法治的“中国问题”“中国意识”“中国理论”，研究中国社会主义法治实践所提出或面对的重大问题。至于西方法理学理论脉络中的那些重要问题，本教材中也都有所涉及，但并不是以这个为主线来谈的。我们认为，可通过其他专门课程（如西方法哲学、西方法理学或西方法律思想史等）来讲授、学习那些内容。当然，本教材上、下编的内容，并非截然两分的。从教学的便利看，下编的有些内容如“中国社会主义法的产生和发展”“中国社会主义法的本质特点”“中国特色社会主义法治体系”等，可以放在上编的课程中讲授；有些属于上编的内容如“法的本质”“法的价值”等问题，也可以放在下编的课程中展开。

第六版的修订，由叶传星教授根据主编朱景文教授的意见具体完成。叶传星教授对各章内容进行了调整和充实，并编选、更新了各章中的“资料链接”、“案例”以及各章后的“阅读文献”。

由于我们的能力和精力有限，本教材中肯定还有不少有待完善、修正之处。我们热忱欢迎读者朋友、学界同仁提出宝贵的批评和建议。

本教材第六版各章节的写作分工是（以撰写章节先后为序）：

孙国华：绪论，第一、三、五章，第十三章第一、二节；

朱景文：第二、十、十九章，第十三章第三节；

叶传星：第四、十二、十五、十六、十七、十八、二十、二十一章，第八章第三节，第十四章第三、四节；

张曙光：第六、七章；

杨晓青：第八章第一、二节；

范　愉：第九章；

朱力宇：第十一章，第十四章第一、二节。

叶传星

2023年11月

编写说明

本书是在总结中国人民大学出版社于1994年出版的《法理学教程》的编写和使用经验的基础上写成的。这次编写力求以马列主义、毛泽东思想和邓小平理论为指导，贯彻江泽民同志提出的"依法治国，建设社会主义法治国家"的方针，注意总结我国法制建设的新经验，吸取国内外法理学研究和同类教材的新成果。与原有教材相比，本书合并了一些章节，增删了一些内容，力求在基本理论、基本观点、基本知识的论述上更加精练、准确、恰当，更能反映我国法制建设的实际，以适应本科生教学的需要。

本书各章节的撰稿人及分工为（以撰写章节先后为序）：

孙国华：绪论和第二、三、五、六、十二章；

朱景文：第一、四、九、十、十九章；

叶传星：第七、八、十一章；

朱力宇：第十三、二十章；

张曙光：第十四、十五章；

杨晓青：第十六、十七章；

范　愉：第十八章。

全书由孙国华、朱景文负责统稿、主编。

衷心欢迎读者对本书提出批评意见。

作者

1999年7月

目录

下 编

中国社会主义法和法治的基本原理

绪 论

本章概要

法学和法理学有几个基本的入门问题，如什么是法学、法理学，学习法学、法理学的意义是什么，学习法学、法理学的基本方法是什么等。通过对绪论部分的学习，可以初步了解法学和法理学的基本特点、历史发展及学习方法，明确马克思主义法学与非马克思主义法学的根本区别；也应认识到，深化和发展中国社会主义法学和法理学研究，既要坚持正确的政治方向，并以中国特色社会主义理论为指南，又要拓宽视野，批判性地吸纳当代西方法学、法理学的新成果，自觉掌握并运用正确的研究方法，面对中国经济社会及法律发展的丰富实践，回应中国发展的重大议题。

关键术语

法学　法理学　法学历史　法学体系　马克思主义法学　中国特色社会主义法学　法学研究方法

第一节　法学的特点及体系

一、法学的研究对象

法学，又称法律科学，是一切专门以法律现实为研究对象的学科的总称。法律现实是个比较复杂的概念，它包括法律意识、法律文化、法律规范、法律实施、法律监督，以及在法律上有意义的各类社会行为、基于法律形成的法律关系及法律秩序等法律现象。

法学专门研究各类法律现象，是为了认识这些法律现象的本质，认识其产生、发展的规律性。为此，法学还必须研究与法律现象有着密切联系的社会关系、社会过程，研究制约着法的存在和发展的经济、政治、文化和社会生活状况，特别是要研究归根到底决定着法的产生、存在和发展的经济状况。但研究这些非法律的社会现象，仍然是为了认识法律现象，仍应以法律现象为中心。在这个意义上可以说，法学的研究对象是明确的，而不是散漫无边际的。

可见，法学对法律现实的研究，同其他学科中对法律现实的研究不一样。其他学科只有在自己的研究对象与法律现实发生关联时，才会涉及探讨相关的法律现象，而法学以法律现实作为专门研究对象。

法学研究的对象也有不同层次的划分。大致而言，最深的层次是研究法的规律性；次深的层次是研究法学原理、原则；最浅的层次是研究法的创制及法实现的方式方法与手段。最浅的层次的法学研究直接服务于法律正常运行而形成法律秩序的实践，但同时这种研究又受制于次深的层次的原理、原则研究和最深的层次的关于法的规律研究。法学、法理学所研究和揭示的是法的最深的层次的规律性，在此基础上提出并阐明各项更具体的法学原理。

总之，法学是专门以法律现实为研究对象的学科的总称。

二、法学的性质和职能

法学是社会科学的一个门类，是具有鲜明政治性的一种社会科学。法律现象是社会运动的特殊形态之一，研究社会运动特殊形态的学科都属社会科学。法律现象又是社会政治生活领域的现象，与阶级现象、社会冲突和国家权力等都有紧密联系，因而，法学是社会科学中一门具有鲜明政治性、阶级性的科学，它总是体现着一定阶级、阶层以及不同社会集团的世界观、价值观以及它们经济的、政治的实际利益需要。

法学的职能，是指由法学的性质所决定的其本身发挥作用的能力。概括讲，法学主要有理论认识的职能、意识形态的职能和实际应用的职能。

首先，法学具有理论认识的职能。任何社会科学都是人们对具体社会现象进行抽象思维后的更深入的概括。这种概括是研究的结果，又是进一步研究的指导。社会科学都具有指导人们认识社会现象的职能，即理论认识职能。法学当然也具有这种职能，因它是对法律现象的一种理论性认识。

其次，法学具有意识形态的职能。法学是关于法和法律制度的知识与观点的系统表达，它可以深刻影响人们的思想、价值观。随着现代社会中法律的社会功能和作用的持续加强，通过法学研究的不断深入、法学教育的广泛开展，法学能够促使人们加强法治观念，增强法律意识，从而影响人们的社会行为方式。这就是法学的意识形态职能。

最后，法学具有实际应用的职能。这显然是一项具有重大意义的法学基本职能。法学在阐明法的本质、规律的基础上，总是要致力于阐明提高法律调整效率的途径和方法，提出有科学根据的法律治理方案，多方面地、直接地服务于法律实践。无论是在法律制定与完善的方面，还是在对现行法作出科学的解释、促进法的实施、合理利用法律技术、提高法律的治理能力等方面，法学都是为现实的法律实践服务的。在当代中国，开展法学研究，就是要为发展社会主义民主、促进建设社会主义法治国家服务，为建设富强、民主、文明、和谐、美丽的社会主义现代化国家服务。

三、法学体系

法学是一个由各不相同，又都以法律现象为研究对象的法学分支学科构成的庞大知识体系。法律调整的社会关系是多种多样的，因而研究社会的各种法律现象及其发展规律的科学——法学所研究的范围也是十分广泛的。对内容繁杂的各类法律对象的研究形成若干分支学科，这些分支学科构成一个有机联系的知识系统，这就是法学体系。由于对法律现象的认识与分析的角度不同，关于法学分支学科的划分问题，国内外法学家尚无一致的观点。

我们认为，我国法学应划分为六大类，每一类可以再分为若干分支。

1. 理论法学

理论法学是研究法的基本原理、概念、思想和规律的学科，主要包括以下分支学科：(1) 法理学[①]（其中也包括法哲学、法伦理学等）；(2) 法社会学（其中包括法政治学、法文化学、法人类学等）；(3) 实证法理论（其中包括立法学、法律实施学、法律解释学、法律监督学、法逻辑学、法经济学等）；(4) 比较法总论。

2. 法律史学

法律史学是从历史角度研究法律思想和法律制度的学科，也属于广义上的理论法学学科，主要包括以下分支学科：(1) 中国法律史（其中包括法律制度史和法律思想史）；(2) 外国法律制度史（其中包括对各个国家法律制度的国别史研究）；(3) 外国法律思想史（其中包括对各国法律思想的国别史研究）；(4) 法学史（其中包括对各个法学学科史的研究）等。

3. 国内部门法学

国内部门法学是对一个国家或地区的各个法律和社会保障部门进行研究所形成的许多学科。这就是一些学者所说的法教义学研究，主要包括以下分支学科：(1) 宪法学；(2) 行政法学；(3) 民法学；(4) 婚姻法学；(5) 刑法学、犯罪学；(6) 诉讼法学（其中包括法院、检察院组织法学等司法组织学）；(7) 社会法学（如劳动法学、社会保障法学等）；(8) 经济法学；(9) 生态法学（如自然资源法学、环境保护法学等）；(10) 军事法学；等等。

4. 外国部门法学

外国部门法学，是指以其他国家的现行法律制度为研究对象的学科，例如，美国宪法学、法国民法学、德国民法学、日本刑法学等。其中也包括对各个相关国家的法律制度的比较研究。

5. 国际法学

国际法学，现在常常泛指对涉及国家间的各种关系的国际法律问题进行研究而形成的各类法学学科，主要包括以下分支学科：(1) 国际公法学；(2) 国际私法学；(3) 国际贸易法学；(4) 国际经济法学；(5) 国际刑法学等。其中，国际公法学是本来意义上的国际法学，而其他细分种类只是在涉及国家的问题的意义上，才被列入国际法学。

---

① 人们对法理学的概念有不同理解，对其范围有不同的界定。比如，有的将法理学与法哲学、法社会学等并列；有的将法哲学、法伦理学、法社会学等视为法理学的基本内容；也有的将法理学与法哲学等同或与法律本身的理论（实证法理论或实证法哲学）研究等同。

6. 法学的边缘学科

法学与其他学科之间的边缘学科，是把法学与有关的自然科学或社会科学结合起来，进行研究而形成的一些学科，主要包括以下分支学科：（1）法医学；（2）物证技术学；（3）法律心理学；（4）司法统计学等。当然，就广义而言，将诸如法逻辑学、法经济学或者法社会学归入这类也并无不可。这里所包括的几个学科所突出的是它们对法学的辅助性，即这些学科是作为法学的辅助性技术知识而被纳入的。

第二节 法学的历史发展

一、法学的产生和发展

自从社会发展到一定阶段而有了法律现象，就有了关于这些现象的思想、观点。但法学作为一门独立的学科和知识体系则出现较晚。法学的产生需要一定的条件，如要有法律现象材料的一定积累，要有专门从事法律现象研究的法学家阶层等。恩格斯在《再论蒲鲁东和住宅问题》中谈到法学的产生时指出，随着立法进一步发展为复杂和广泛的整体，出现了新的社会分工的必要性：一个职业法学家阶层形成起来了，同时也就产生了法学。①

（一）西方法学的发展进程

在西方，法学最早导源于古希腊。古希腊的苏格拉底、柏拉图、亚里士多德等思想家的作品中包含了许多有关法律问题的重要思考和理论。在当时已经有了关于自然法、政体、法律正义等重要法律问题的深入论述。

随着社会的发展，到古罗马共和国时期，法学已发展成为一门独立的学科，出现了不同的法学派别，出现了专门的职业法律家阶层。到古罗马帝国前期，出现了著名的“五大法学家”（盖尤斯、乌尔比安、帕比尼安、保罗以及莫迪思蒂努斯）。在奥古斯都大帝时期建立了法学家官方解答权制度。公元426年，罗马皇帝颁布《引证法》，正式承认五大权威法学家的法律解答具有法律效力，从而提高了法学的地位。其间也出现一些重要的法学著作，如盖尤斯的《法学阶梯》等。东罗马帝国皇帝查士丁尼（公元527—565年在位）成立专门委员会编撰罗马法，先后颁布了包括《查士丁尼法典》《法学总论》《法律汇编》《新敕令》等在内的法律汇编，统称为《民法大全》。这是罗马法体系最终完成的标志，也代表了古代法学的最高成就。

在中世纪的西欧，在思想领域基督教神学占统治地位，法学成为神学的一个分支。在12世纪至16世纪，欧洲出现了以研究和恢复罗马法为核心目标的法学家群体，其中主要是意大利的波伦那法学派，也即注释法学派。这一学派法学家对《学说汇纂》进行了详尽的解读和注疏，推动在欧洲形成了影响深远的罗马法复兴运动。通常认为，现代

① 参见《马克思恩格斯选集》，3版，第3卷，211页，北京，人民出版社，2012。

法学起源于中世纪意大利的注释法学派。

17 世纪至 19 世纪中期是资产阶级革命和资本主义制度初步发展时期。在启蒙运动、宗教改革、工业革命等时代大背景下，代表新兴资产阶级的政治、经济要求的思想家提出了许多重要的法律思想、理论和学说，诸如自由主义、理性主义、个人主义、社会契约论、宪政理论、自然法学等，奠定了近现代法律制度的理论根基。

自 19 世纪后期以来，为适应由自由资本主义发展到垄断资本主义的需要，出现了许多新的法学流派，其中主要有社会法学派、分析实证主义法学派、概念法学派和新自然法学派等。随着法律、法治在近现代国家治理中的地位逐步提高、作用更加重要，以解释和完善现有法律制度为基本使命的法教义学得到巨大发展。

（二）中国古代法学的发展

在中国古代，法学在春秋战国时期就有了相当的发展，出现了多种学派，其中主要有法家、儒家等。法家强调法律的强制作用，主张以法治国、严刑峻法。儒家则强调道德伦理在治国中的重要作用，强调道德感化的作用，主张“德主刑辅”。秦始皇统一中国后，以商鞅、韩非的“明法审令”“事皆决于法”等思想为官方思想，法学作为刑名法术之学的传统确立。

到汉代，汉武帝时采纳董仲舒的“罢黜百家，独尊儒术”的思想后，法学便成为儒家经学的“奴婢”。在从此两千年的封建社会中，在法学的内在价值方面，儒家的法律思想一直占据主导地位，同时也吸收了法家有关重刑重罚的思想，实现了所谓“儒法交融”“儒法合流”，形成了“礼法交融”“刑德并重”的主流法学思想。在法学的具体形式方面，逐步被形成了作为法学基本形式的律学。律学以对古代的成文法典（律，如唐律、明律、清律等）的阐释为中心，唐代的长孙无忌等所作《唐律疏议》是古代律学的典范。基于古代中华帝国在东亚体系的核心地位，中国古代法学也深刻影响了中国周边的一些国家，形成了独具一格的中华法系。

在鸦片战争以后的晚清时期，在西方列强入侵、西学东渐的背景下，西方资产阶级的法律思想、法学范畴及法律制度等逐步被引入中国并产生重要影响，清末修律就体现了西方法学的影响。到民国时期，法学领域奉行由西方引入的近代资产阶级法学思想、法制样式，但同时保留着不少封建的法律思想。

二、马克思主义法学的特点

在马克思主义法学产生以前，法学领域一直为剥削阶级思想家、法学家所垄断。尽管他们也为法学研究积累了大量资料，在政治文明、法律文化方面积累了许多有益的成果，提供了不少可供借鉴的、有价值的、合理的主张和做法，但由于他们的阶级地位和时代的局限性，他们不可能真正科学地阐明法的本质及法产生、发展的规律。

马克思主义法学的产生是法学史上划时代的根本变革。马克思主义法学产生于 19 世纪 40 年代，是在马克思、恩格斯以其所创建的唯物史观的基本原理，分析、揭露剥削阶级，特别是资产阶级的法律制度，并批判地继承以往法学和法律文化优秀成果的过程中形成的。马克思主义的产生给整个社会科学领域，包括法学，带来了革命性的变革。有了马克思主义的正确指引，法学才走上了真正的科学发展的道路，才真正全面揭示了人类法律文明发展的内在规律和真理。

马克思主义法学的创始人总结了无产阶级革命斗争的实际经验，批判地继承了人类历史上法律思想文化中一切积极的因素，第一次科学地揭示了法的本质，阐明了法律现象产生与发展的基本规律。马克思主义法学有鲜明的党性，真正反映了工人阶级及广大人民的法律要求；也有深刻的科学性，科学阐明了法的本质及最基本的发展规律。马克思主义法学的党性要求科学性，而科学性又是实现党性的保证，其党性和科学性是高度一致的。

与剥削阶级法学相比较，马克思主义法学具有自己的鲜明特色。其特点主要有如下几点。

（一）以唯物史观为指导思想

马克思主义法学是以马克思主义的世界观、方法论即辩证唯物主义为指导，辩证唯物主义在社会历史方面的运用就是历史唯物主义，唯物史观以科学的理论为最终建立一个没有压迫、没有剥削、人人平等、人人自由的理想社会指明了方向。历史唯物主义是马克思主义法学的理论基础。以历史唯物主义为理论指引，就使如实地、科学地认识法律现象的历史及发展规律、认识法的本质及价值，成为可能。而形形色色的剥削阶级法学大都是以唯心史观为指导的，它们都难以对法的本质和发展规律作出真正科学的回答。基于唯物史观，马克思主义法学揭示了法律发展的一般规律，尤其揭示了资本主义法及其运行的特殊规律，为人民指明了实现法律变革、实现自由和解放的道路。

（二）以人民为中心的核心价值

马克思主义是人民的理论，第一次创立了人民实现自身解放的思想体系，第一次站在人民的立场探求人类自由解放的道路。马克思主义博大精深，归根到底就是一句话，为人类求解放。马克思主义法学是工人阶级和广大人民的权利与法律要求的体现，它公开申明自己是为无产阶级和广大人民群众的根本利益服务的，它的内容中凝结了工人阶级和广大人民群众反对剥削制度，进行民主革命、社会主义革命和建设的丰富经验。而剥削阶级法学，反映着剥削阶级的权利观和法律要求，就其本质而言，都是为剥削阶级、剥削制度辩护的法学，是压迫和统治劳动人民的思想武器。

（三）阶级性与科学性的辩证统一

马克思主义法学具有鲜明的阶级性，它代表和伸张工人阶级、广大人民的利益与诉求。马克思主义法学要为工人阶级和广大人民服务，就必须如实地认识事物，科学地揭示其本质和规律性。而工人阶级没有与社会发展不相容的狭隘的阶级私利，工人阶级要解放自己就必须解放全人类。因而，其阶级性就更加推动其追求理论的科学性，这种阶级性也决定了阶级性与科学性的高度一致。科学性要求实事求是、探求真理和真相，抛弃偏见。马克思主义法学正是以鲜明的阶级性超越了狭隘的阶级偏见，达到了对法律真理的科学认识。越对工人阶级、广大人民群众有利，越是符合他们的意愿和要求，就越是能够达到法学的科学性。

而一切剥削阶级法学，由于它们的指导思想是唯心主义和形而上学，更由于它们大都是为剥削阶级服务的，所以，它们大都竭力掩饰和否认自己的阶级倾向性，主张所谓“客观主义”，以表明它们是不站在任何阶级立场上超阶级地、纯客观地研究问题。但实际上，超阶级的法学是不存在的，法学总是为一定的阶级利益、一定的社会制度服务的，因此，也就不存在超阶级的“客观主义”。标榜“客观主义”恰恰是不客观的表现，恰恰是其阶级性的表现。

(四) 重大理论观点上的鲜明特色

马克思主义法学提出了一系列重大理论观点，其中至少包括如下几点：其一，关于法的概念和本质。马克思主义法学则认为，法不是，也不可能是超阶级的，法是由一定社会的经济结构决定的、居于统治地位的阶级的整体意志的体现，是统治阶级实现其阶级统治和社会统治的工具。尽管剥削阶级法学家对法的概念和本质问题有各种不同的解释，其中也有不少合理的成分，但他们大都抹杀和掩盖法的阶级性，认为法是超阶级的，是“理性”“永恒正义”“全民意志”“社会连带关系”等的体现。其二，关于决定法的根本因素。与否认法的阶级性相联系，剥削阶级法学通常否认经济关系对法的最终决定作用。马克思主义法学则认为，社会存在决定社会意识，统治阶级意志的内容决定于统治阶级赖以生存的物质生活条件，归根结底决定于在该社会占统治地位的生产关系、经济条件。其三，关于法的历史发展规律。马克思主义法学认为，法与国家都是社会发展到一定历史阶段的产物，是社会出现了阶级分化、产生了生产资料私有制的产物，法与国家权力有着内在的联系；随着生产力的发展、社会的前进、阶级的消灭，国家与法都将逐步消亡；法律规范有些将因丧失需要而消失，有些将转变为共产主义社会中社会共同生活规则的组成部分。而剥削阶级法学大都把法视为永恒的现象，往往割裂法与国家权力的内在联系，认为有人类社会就有法；也往往混淆法与其他社会规范的界限，甚至混淆法与社会物质生活条件、客观规律的界限，歪曲法的根本性质。

三、马克思主义法学中国化

马克思主义是不断发展的开放的理论，始终站在时代前沿，不断探索时代发展提出的新课题，回应人类社会面临的新挑战。马克思主义的理论和实践深刻改变了世界，也深刻改变了中国。中国共产党人把马克思主义基本原理同中国革命和建设、改革开放以及新时代中国具体实际结合起来，实现了中华民族从站起来到富起来，从富起来到强起来的伟大飞跃。在这一伟大历史进程中，马克思主义中国化也取得了历史性成就，这表现在：以毛泽东为代表的中国共产党人创立了毛泽东思想，以邓小平为代表的中国共产党人创立和丰富了中国特色社会主义理论，以习近平为代表的中国共产党人创立了新时代中国特色社会主义理论。与此相对应，也形成了马克思主义法学中国化的三次飞跃：一是毛泽东思想中的法学思想，这是马克思主义法学中国化的第一次伟大飞跃；二是中国特色社会主义法学，这是马克思主义法学中国化的第二次伟大飞跃；三是新时代中国特色社会主义法学，这是马克思主义中国化的第三次伟大飞跃。第三次伟大飞跃最重要的实践成果是形成了习近平法治思想。习近平法治思想是引领当代中国法治建设、实现中国式法治的根本遵循。习近平法治思想体系恢宏、内容丰富，并在实践中不断丰富和发展。本书在各章中会从各个方面对此进行详细的阐述。

改革开放以来，在不断推进中国特色社会主义事业的进程中，国家确立了依法治国、建设社会主义法治国家的基本治国方略，坚定不移走中国特色社会主义法治道路，并且中国特色社会主义法治实践、中国特色社会主义法学都取得巨大进步。中国特色社会主义法学随着中国特色社会主义事业的发展不断丰富、发展和完善。坚持和发展中国化的马克思主义法学，要坚持如下几项基本原则：要从中国国情出发，坚持中国共产党在社会主义初级阶段的基本路线，坚持中国特色社会主义的基本理论；要贯彻理论联系实际的方针，根据马克思主义法学的基本原理，结合国内外社会和法律发展的新形势、新问题、新挑战来研究中国法学的问题；要自觉积极吸收古今中外政治、法律文明的一切优秀成果，结合中国的实际，处理好借鉴与自主、继承与创新、坚持与发展等诸关系；要坚持贯彻百花齐放、百家争鸣的方针，创造基于学术研究自由、学术自由交流和批判的学术繁荣局面。

新时代中国特色社会主义法学作为马克思主义法学中国化的最新成果，主要涉及的是新时代中国特色社会主义理论中关于法、法制、法治国家建设等的原理和论述，这也是在学习法理学、理解中国法治建设时应着重掌握的内容。这些原理和论述是马克思主义法学在当代中国的新发展、新成果，是发展社会主义民主、实行全面依法治国、实现中国式法治的理论基础。

新时代中国特色社会主义法学内容丰富，并在不断发展的过程之中。对这一理论的内容可以有不同的学理概括，这里提出其中的几个基本方面：(1) 关于社会主义民主、政治文明与社会主义法治的理论；(2) 关于社会主义市场经济与法治建设的理论；(3) 关于社会主义精神文明、文化建设与法治建设的理论；(4) 关于社会主义社会建设、社会治理与法治建设的理论；(5) 关于社会主义生态文明与法治建设的理论；(6) 关于人权事业与法治建设的理论；(7) 关于中国共产党的领导与法治建设的理论；(8) 关于国家治理现代化与中国式法治建设的理论；(9) 关于建设社会主义法治国家、全面依法治国的理论；(10) 关于“一国两制”与法治建设的理论；(11) 关于全球治理、构建人类命运共同体与涉外法治、国际法治的理论；(12) 关于部门法制建设和法学研究的理论。

第三节 法理学的特点、学科地位及研究意义

一、法理学的概念、研究对象

法理学 (jurisprudence) 是法学体系中处于基础理论地位的理论学科。在我国，法理学是系统阐述马克思主义法律观，从总体上研究法和法律现实的一般规律，研究法的

产生、本质、作用、发展等基本问题，研究法的创制和实施的一般理论，并着重研究我国社会主义法和法治的基本理论问题的理论学科。

法理学的研究对象是全部法律现象，是集合了各种法律制度、法律观念、法律文化等的“总体之法”。法理学的具体内容大致包括：(1) 法哲学的基本问题，如法的产生及发展规律、法的本质和特征、法的价值等。(2) 法社会学的基本问题，如法与政治、经济、国家、道德、文化等其他社会现象的关系，法对社会生活的反作用等。(3) 法律调整机制的基本理论问题，如法律调整的过程，法的创制、适用及遵守，法律规范和法律关系，违法与法律责任等。

法理学所集中关注的是“总体之法”中的内在规律。法理学所阐明的是法律制度的基本问题和一般规律，是对法这种现象的总体性看法。它所涉及的往往是法律现实中一些带有方针性、整体性和方法论性质的问题。因而，法理学在整个法学体系中处于基础理论的地位。

法理学把对法律现象的哲学的研究、社会学的研究和专门的法律研究结合起来，从不同的角度阐明法律现象的共同性问题。一方面，法理学包括法哲学、法社会学和实证法理论等，抽出这些学科中的重要问题及核心内容而整合为法理学的研究内容；另一方面，法哲学、法社会学、实证法理论、比较法总论等学科及其分支，也依然保持其独立性，分别从某一方面突出用某种方法来深化关于法的一般理论研究。

二、法理学在法学体系中的地位

法理学与部门法学的关系是“一般”与“特殊”的关系。法理学不是阐述某一种法律、某几种法律或某种法律的个别方面或个别问题，而是把法律现象作为一个整体，研究其产生、发展规律，其本质和作用等基本问题，所以，它不是研究法的个别性问题的学科，而是研究法的一般性问题的一般理论。此外，法理学的材料来源，是通过对所有部门法学进行高度抽象概括获得的，故法理学既提供了研究部门法学的立场、观点和方法，同时它所阐述的基本概念、基本原理和基本知识，对部门法学的研究又有指导意义。在整个法学体系中，它是基础理论或者说是一门导论性或绪言性的学科，既是学习和研究法学的入门学科，没有这一学科的知识，就难以学习和研究好其他部门法学科，又是在部门法学知识的基础上，从理论上作进一步概括和深入的一个学科。

法理学与法律制度史、法律思想史的关系是“论”与“史”的关系。法律制度史是研究法这种社会现象的起源，各种历史类型和不同法系的法的本质、特点、作用及发展规律的学科。法律思想史是研究各个历史时期的各种法律观点、理论、学说的内容、性质、作用、特点等的学科。正因为它们是从制度方面和观念、学说方面来说明法这种特殊的社会现象的历史发展的，所以它们就为法理学的研究提供了可靠的依据。可以说，法理学的一般概念、定义和原理都是从法律制度史和法律思想史及部门法提供的材料中科学地抽象概括出来的，没有对法律制度史和法律思想史的科学研究，也就没有法理学的科学发展。同时，法律制度史与法律思想史的研究，又需要以法理学阐明的理论和方法为指导。论从史出，史论结合，是我们应该坚持的正确方针。

由此可见，法理学在整个法学体系中占有重要地位。凡有志学习法学的，一般应首先学好法理学课程，以便为今后的学习、研究打下一个良好的基础。

三、学习和研究法理学的意义

明白了法学的性质和法理学在法学体系中的地位，就不难理解学习和研究法理学的意义了。法学本质上是一门关于如何组织和运用国家政权，确认和保护社会成员的权利和义务的学问，是一门认识矛盾、正确处理矛盾以调整利益关系的“治国的学问”。在现代社会，要实现有效的国家治理，达到国家治理的现代化，有效规范并运用国家权力，实现民主治理，就必须理解法律现象，认识法律调整的规律性，认识法治国家建设的一般规律。这就要求学习法学，包括学习作为法学基础理论的法理学。

概括地说，学习和研究法理学的意义如下：

（1）学习法理学，有助于树立马克思主义法律观，在重大问题上划清马克思主义法学和一切唯心主义法学的原则界限，坚持法学研究和法制建设的正确方向；有助于提高社会主义法律意识、法律文化水平，增强社会主义法治观念。

（2）学习法理学，可为学习各个部门法学乃至整个法律科学奠定必要的专业理论基础。法理学研究的是关于法，特别是关于中国社会主义法和法治的基本概念、原理和规律，掌握这些知识、原理，是学习和研究法学中其他分支学科的必要准备和前提。学习法理学对学习和深入研究部门法学及法学其他分支学科有普遍的指导意义。

（3）学习法理学，有助于培养学习者的理论思维和批判能力，从理论和方法的视角更加深入地、整体地分析和认识法学的重大问题，培养和提高学习者的法学分析技能，提高他们的政治素质和业务素质。比如，从理论上深入认识社会主义法的本质、原则和作用，正确认识法在中国社会转型进程中的地位，有助于正确理解法作为治国之技艺的价值所在，有助于理解中国法治进程的特点等。

资料链接

比克斯：为什么学习法理学①

在实践层面，阅读和参与法理学讨论培养了批判地、创造性地分析和思考法律的能力。在法律实践中，特别是面对法律中的新问题或试图表述和支持研究法律问题的新方法时，这种技能总是有用的。所以，甚至那些需要为他们的所作所为寻求“最重要”辩护的人也能够找到阅读法律理论的理由。

即使在这个对考试排名或实务没有直接意义的地方，哲学也有许多间接的好处。哲学让一个人的思考变得尖锐和富有逻辑；人们学会如何发现他人和自己论证的弱点；人们学会如何评价和捍卫（以及攻击）主张和立场。哲学因而可以被视为一种与下棋或桥牌（或神学）同等的智识训练。既然分析技能对法律人和法科学生都非常关键，那么人

① 参见比克斯：《法理学：理论与语境》，邱昭继译，第8版序言，北京，商务印书馆，2023。

们不应径行否定任何能够有助于提高那些能力的活动的价值。

在职业的层面上，法理学是律师和法官思考他们应做什么和他们在社会中的功能是什么的方法。这一洞见反映在如下方面：法理学是法律的大学教育的组成部分，在大学教育中，法律不是一门需要掌握的手艺（比如木工手艺或修车），而是一种智识追求。有些人相信唯有反思性的生活才是值得过的，他们花了大量的时间跟法律体系打交道，这些人有强有力的理由去深入思考法律、法律体系和法律职业的性质和功能。

最后，对有些人而言（很难说这些人究竟是被祝福的还是被诅咒的），不管法理学的其他用处和好处是什么，它本身就是有趣的。总有一些人认为学习法理学本身是有趣的、有价值的，即使它并不带来更多的财富、更多的自我认识或更大的社会进步。

第四节　法学、法理学的研究方法

每门科学，都应有适合自己使命的研究方法。这里讲的方法不是具体的办法，而是指包括具体的办法、措施在内的研究的方向、思路、进路、方针，而且首先是指后者。研究该门科学的研究方法的理论就是该门科学的方法论。方法论是一门科学的重要组成部分，它决定着该门科学的性质和成败。全面研究法学的方法论，不是本教材能完成的使命，本教材的使命是指出正确的方向，提供最基本的有关知识，引导学者在学习和研究过程中自觉应用。

科学研究的方法一般可被分四个层次：（1）最高层次的方法，是哲学的方法。这是世界观意义上的方法，它规定最基本的研究思路、进程，它会渗透到一门学科的方法系统中起作用，是最一般的方法。（2）次高层次的方法是一般的科学方法，如逻辑学的方法、归纳、演绎、综合、分析、观察、比较、计算、测量等。它是在一切科学中都可运用的方法。（3）特殊的科学方法，又被称为具体的科学方法，如经济学的方法、社会学的方法、统计学的方法等。（4）专门学科的方法。它往往是其他研究方法在某一领域研究中的变异，如法学专有的方法，往往是一般科学方法、逻辑学的方法在研究专门法律问题中的变异，像法律解释、法律推理、规范分析的方法。法学研究方法也大体由这四个层次的方法构成。

我国法学、法理学的研究方法也大体是由以上四个层次且层层渗透的方法构成的，它是以马克思主义哲学为指导的研究法律现象的一系列理论原则、逻辑手段和方法、方式的总和。现分述如下。

一、哲学方法

法学与哲学有着悠久的联系。古代哲学最早提出了法学的一些根本理论问题，如法的本源、法的本质、法的正义价值、法的研究方法论等。近代以来逐步形成了法学与哲学的交叉学科，即法哲学，哲学家首先提出了法哲学的各种理论。近现代哲学形形色色，马克思主义哲学是真正揭示世界本质、社会发展本质的科学理论。

哲学方法较为宽泛，包括传统的哲学方法、现当代发展起来的各类哲学方法。在我国，哲学方法的核心是马克思主义的哲学方法。马克思主义的哲学方法，即辩证唯物主义和历史唯物主义的方法，是马克思主义法学研究方法论的核心和基础。

马克思主义的哲学，是关于自然、社会和人类思维发展的最一般规律的科学，是科学的世界观和方法论的统一，是唯物论和辩证法的统一，也是理论和实践的统一。运用唯物主义的观点研究法学，我们就会看到：法和法律现象作为上层建筑中的特殊现象，是由经济基础，归根到底是由生产力发展的要求决定的（法受经济基础的制约，而经济基础又受生产力的制约），同时，法又反作用于自己的经济基础和生产力；还可以看到，法和法律现象也受社会其他因素诸如政治、道德、文化等的影响。运用辩证的方法，我们就可以看到：法和法律现象反映了对立方面的统一；它们并不是孤立的、静止的、一成不变的，法的发展不仅有量变，而且有质变，即法的阶级本质的变化；原始社会就有社会权力、社会规范，但不存在国家权力和体现国家权力的法这种特殊的社会权力和特殊的社会规范；进入阶级社会才出现了法，到了未来共产主义高级阶段，法作为阶级性的规则将逐步消亡。可见，法的发展也遵循着肯定—否定—否定之否定的规律。

除了马克思主义哲学的方法，还有很多其他的哲学方法，比如语言哲学方法、分析哲学方法、哲学诠释学方法、现象学方法、修辞学方法等等。

二、一般的科学方法

法学、法理学不仅同各种社会科学、人文科学有紧密的联系，应该利用这些科学研究的成果来研究法律现象，而且同自然科学、技术科学也有着紧密的联系。一方面，自然科学与技术的发展为法学提出了许多新的课题，如大数据、人工智能、互联网、生物领域等的新技术及其社会应用，都提出了大量的新法律问题，比如人工智能机器人的法律地位、基因编辑、数据隐私保护、算法歧视等等。另一方面，自然科学与技术的发展也可以将新的科学技术手段应用于法学研究，提高法学研究的科学水平。比如，法治系统工程建设，即利用自然科学、技术科学的成就研究法律现象，综合地、系统地在动态中研究建立、运用和不断完善法律调整系统，是法学和法理学发展的一个新展示。又如，基于大数据等的法律信用建设、法治状况评估、智慧法院建设等都是运用新科技来推动法学研究的典型范例。

一般的科学方法范围很广，在法学中运用比较多的方法大致有社会调查的方法、历史考察的方法、分析比较的方法及系统论方法等。

社会调查的方法，就是坚持从实际出发的原则，掌握事实真相、实际的数据作为研究的根据。社会调查的内容极为广泛，如立法机关应着重调查应制定什么样的法律，已制定的法律是否符合社会需要，如何保证其实施，等等。司法机关应调查正确适用法律和妨碍正确适用法律的一切事实情况等。社会调查可以采取抽样、试点、民意测验、社会统计等方法。

历史考察的方法，就是运用唯物辩证法的观点，去分析、考察法和国家、政治、经济、文化等各种条件相互作用下的历史，批判地继承历史上中外法学研究的成果，为建设具有中国特色的社会主义法治服务。

在唯物辩证法的指导下，法理学研究要努力应用新的科学方法，如系统论、人工智能技术等，都有法学运用的广泛前景。以系统论为例简要说明其法学的方法论意义：系统是由两个以上相互区别和相互作用的单元有机结合起来完成某一功能的综合体。运用系统论的方法研究法，要把法律制度（法律系统，legal system）作为一种有着多种成分的、多层次的、相互制约的、相互作用的、具有特殊调整功能和整体目的的特殊的社会调整系统，研究法律制度（系统）与社会一般调整系统的关系及其运动、发展的规律。比如，将法和法制本身作为社会系统的一个子系统，作为实现社会控制、社会整合的子系统，可以研究从制定、实施法律规范到以法律指引、影响、调节和控制社会行为，进而保障社会生活的有序和正常发展的全过程运行规律，研究这些要素之间的内在联系及相互影响关系等；可以研究社会对法制的要求、法制作用于社会生活的实际效果及反馈机制，进而作出新的法律决策，以达到对社会生活各个领域的最佳法律调整。

三、具体的科学方法

具体的科学方法是多样的，例如，社会学的方法、经济学的方法、政治学的方法、心理学的方法等。这些方法在法学研究中的应用，就会产生法学、法理学的分支学科，特殊的研究方向，如法社会学、法经济学、法政治学、法心理学等。

从社会学角度运用社会学方法来研究法学的具体问题，是法学各个部门普遍都涉及的问题。其中，法社会学的一般理论是法理学的重要研究方向之一。从社会学角度看，法与伦理、道德以及人们的心理状态的联系十分紧密，而关于伦理、道德、心理等问题都可以社会学角度展开其理论。比如，犯罪现象从根本上看来都有经济的原因，但现在有许多犯罪，并不一定有直接的经济原因，而往往同社会风尚、道德问题、思想意识、社会和个人的心理等直接相关。道德和法都是调整人们行为的社会规范，它们既有区别，又紧密联系、互相制约。

经济学阐明的是社会生活中物质的、经济的内容及规律，法理学则要联系这些内容并研究它的法律形式。管理国家必须按客观规律办事，这就要求首先搞清楚经济规律。但既然要管理国家（运用国家权力），仅仅了解客观规律是不够的，还要搞清楚如何运用国家政权、利用客观规律为人民谋福利，确认人民在法律上正当的权利和自由。这就要懂得作为上层建筑的法律的一系列特殊的规律。例如，如何制定法律，如何确定不同主体（公民、组织、企事业单位）的权利和义务，以便把国家、集体和个人的利益正确结合起来，等等，就是法理学根据经济学已经阐明的规律应该进一步研究的问题。要利用客观经济规律，推动我国国民经济的正常发展，就需要重视法学与经济学的紧密联系，重视对法学（特别是经济法学、民法学）和法学理论的研究。不认识到社会主义经济仍然是市场经济，就不可能对社会主义社会必须发展社会主义民主、健全社会主义法制，实行依法治国的重要性、迫切性有深刻认识。

法学、法理学与政治学的关系非常密切。一方面，世界上没有脱离政治的法律，也找不到脱离政治学的法学。研究法学不谈政治，这是剥削阶级骗人的说教。这种骗人的说教。其实正是它们的政治。另一方面，在现代国家中，很难找到与法制毫无联系的政治学，也很难找到与法学无关的政治学。政治学是以国家、政府、政党为研究对象的学科，而国家、政府的组织与活动，各政党在国家中的地位等又脱离不开法律。从某种意义上说，法学实际上是一门关于如何根据一定社会生活的需要，组织和运用国家权力来化解社会矛盾的学问。所以，法学与政治学以及比政治学的范围稍窄一些的国家学（国家的理论），有着极为紧密的联系。学习法学必须学习政治学；学习政治学也必然涉及法学；不懂得马克思主义的国家学说，就很难懂得马克思主义的法律理论；同样，弄懂马克思主义的法理学，也是马克思主义政治学研究所要求的。

四、法学特有的专门研究方法

法学知识体系的建构、对法学问题的认识，除依据上述各类方法之外，也有其专门的技术和方法。法学特有的专门研究方法大致包括法律解释方法、立法技术、法律推理方法、法律论证方法、法规汇编方法、法典编纂方法等。这些方法中，有的是法学研究的传统方法（如法学解释方法），有的是其他科学领域的方法在法学研究中的运用及扩展。实际上，仅仅适用于法学研究的独特方法并不是多见的。更多的情况是，其他领域的各种方法在结合法学研究的特殊性的基础上而发展准法律专门研究方法。法学特有的专门研究方法，实际上就是人类长期积累的有关认识法律现象的知识、文化、技术和措施的总和。

总之，我们必须以辩证唯物主义的方法为核心，运用各种行之有效的办法和手段研究法学、法理学，从多方面认识法律现实，使法学、法理学能够更好地为我国社会主义现代化建设事业服务。

问题与思考

1. 什么是法学？什么是法理学？
2. 马克思主义法学的主要特点有哪些？
3. 如何看待法学体系的划分问题？
4. 如何认识法学的历史发展的特点？
5. 如何认识法学、法理学的研究方法？

阅读文献

1. 丹尼斯·劳埃德. 法理学. 北京：法律出版社，2007
2. 徐显明. 中国法理学进步的阶梯. 中国社会科学，2018 (11)
3. 朱景文. 中国法理学学科体系的变迁和反思. 中国法律评论，2020 (1)
4. 张文显. 法理：法理学的中心主题和法学的共同关注. 清华法学，2017 (4)

5. 翟小波. 无用之大用：法哲学的性质与用途. 中国法律评论，2018（3）

6. 陈瑞华. 从经验到理论的法学研究方法. 中国法律评论，2019（2）

7. 封丽霞. 马克思主义法律理论中国化的当代意义. 法学研究，2018（1）

8. 吕世伦，叶传星. 马克思恩格斯法律思想研究. 北京：中国人民大学出版社，2018

9. 公丕祥. 习近平法治思想：马克思主义法治思想中国化的第三次历史性飞跃. 法治现代化研究，2021（1）

|上 编|

法和法律调整的基本原理

第一章

法的概念和本质

本章概要

法的概念和本质是法学研究的基础与核心问题，它关系到法学研究和法律工作的大局和方向。本章说明在法学术语中“法”所指的对象的外部特征，研究法的内容，揭示法的阶级、社会的本质，阐明法的内容与形式的辩证统一关系，说明法的本质的不同层次以及围绕法的本质的主要争论。本章重点在于导引读者全面、正确地领会马克思主义法学关于法的概念和本质的科学原理，阐明法是“理”与“力”的结合（“理”是基本的，“力”是必要的），明确马克思主义法学关于法的科学定义，为深入研究法学基本原理奠定必要的理论基础。

关键术语

法　法律规范　社会规范　法的规范性　法的阶级意志性　法的物质制约性　法的国家强制性　法的本质

第一节　法的词源和外部特征

一、法学中“法”的词源含义

(一)“法”在词源上的多重意涵

法的概念问题就是“什么是法”或“如何理解法”的问题。要认识什么是法，如同认识任何问题一样，先得把被认识的对象搞准确，即先应搞清楚被认识的对象是什么，然后才能透过现象抓住它的本质。所以，首先得搞清楚法的语源，搞清楚在法学中“法”这个术语指什么。

关于法的语源，各种辞书有很多解释，这些对于我们了解法，特别是了解中国传统上对法的理解有帮助。本书这里不想一一赘述，只想列举其中最重要的、典型的部分。

图 1-1

汉字“法”的古体为“灋”（参见图 1-1）。据《说文解字》解释，

“灋，刑也，平之如水，从水；廌，所以触不直者去之，从去”。据说廌是一种独角兽，也叫獬豸。古书记载，一说像羊，一说像牛，一说像鹿，其说不一，但都认为它是能“治狱”“别曲直”的神兽。王充《论衡是应》中有廌“性知有罪……有罪则触，无罪则不触”之语。这是古代的一种“神兽裁判”思想，这种思想甚至影响到后代法官的服饰。程树德的《说文稽古篇》说，“前清凡执法者，犹用獬豸为补服”。可见，从词源看，汉字“法”确有“平”“正”“直”“公正裁判”的含义。

与汉字“法”相对应的拉丁文 Jus、法文 Droit、德文 Das Recht、意大利文 Diritto、俄文 Право，也都有“平”“正”“直”的含义。当然，这些词语，包括中文“法”，都是多义词，即在不同的场合有不同含义，它可以泛指人人都必须遵守的行为规则，可以泛指一种“道理”，也可以指主体的正当行为、权利等。如佛学中的“法”，“仁人志士，舍身求法”中的“法”，指的就是一种“道理”“真理”。法学中所讲的“法”，固然与其他意义的“法”有一定联系，但所指的却是国家政权判断人们行为合法与不合法的标准，这个标准是由国家政权确定或承认的一种指示和要求。

图 1-2　西方神话中的正义女神 Justitia

与“法”有密切联系的另一个字是“律”。据《说文解字》的解释，“律，均布也”。段玉裁注，“律者，所以范天下之不一而归于一，故曰均布也”。所谓“均布”，是古代调音律的工具。把律比作均布，说明律有规范人们行为的作用，是普遍的人人必须遵守的规则。与“律”相对应的拉丁文为 Lex，法文为 Loi，德文为 Gesetz，意大利文是 Legge，俄文是 Закон。这些词语都是指人人必须遵守的东西，有时指事物本身的规律即客观规律，有时又指国家规定的人人必须遵守的规则、文件即法律，如“秦律”、唐《永徽律》等。

可见，“法”是一种判断平、正、直的标准，而“律”主要强调的是人人必须遵守。把“法”与“律”连用，就是说这种“律”是一种包含国家政权确认的判断平、正、直的标准的“律”。

“法律”一词在清末民初才被广泛使用，据说是受日本的影响。可见，“法律”也是“律”，只不过是体现“法”的“律”而已。通常所说的法律（或广义的法律）就是指法的一切表现形式（形式渊源），是国家命令人人必须遵守的规则、文件，这种规则或文件中有国家确认的判断公正与否的标准。所谓“商鞅改法为律”的说法，实际上并不是商鞅改掉了“法”这个名称，用“律”来代替，而是说“律”中就有“法”，“律”是“法”的形式。在汉语中，“法律”一词也往往被人们在不同含义上使用。严格意义（狭义）上的“法律”仅指立法机关制定的规范性文件。而一般意义（广义）上使用的“法律”则泛指法的一切外部表现形式，包括一切规范性法律文件（成文法）、习惯法、判例法。因此，在一般用语中“法”与“法律”往往通用，如具体的某项法律也可被称为“××法”，等等。正是在这种意义上，《唐律疏议》第一卷中说，“律之与法，文虽有殊，其义一也”。

在英语中，“法”与“法律”两个术语没有明显的区别，都用“law”来表述。英美的一些法学家也认为，这是英文的一个缺陷。但使用英文的法学家，特别是法理学家，并没有忽略二者的区别：他们或者直接用拉丁文“jus”一词来表达“法”以区别于“law”（法律），或者用“the law”来表示“法”，而用“a law”或“laws”来表示一个个的“法律”。

(二) 关于“法”“法律”词义的说明

当我们在日常生活中在同义上使用“法”与“法律”这两个术语时，切不要忘记了它们在语源和含义上不同。这种不同如前述，主要就在于，“法”所强调的是平、正、直，是对真、良善、正确的价值追求；“律”（包括“法律”）所强调的则是“人人必须遵守”“范天下之不一而归于一”。搞清楚这个问题，对于深刻理解马克思主义法学关于法的原理，深刻认识法的内涵、外延，有重要意义。任何法不仅仅是国家命令人人必须遵守的条文、规定，而且其中必须有判断平、正、直、真、善、正确的标准，否则就是个毫无“法的内容”的空洞形式。

总之，根据上述分析，可以得出以下的基本结论。

第一，“法”有平、正、直、真、善、对（正确）等含义，是一个多义词。法学中讲的“法”，是指国家判断人们行为合法与否的权威性标准，其中尤其强调这一标准与“正当”“正义”“真”“善”等价值的关联。

第二，广义上的法律，是指体现国家判断人们行为是否合法之标准、人人必须遵守的规则及其体系；严格意义上的法律（狭义的法律）专指国家立法机关制定的规范性文件；最狭窄意义上的法律，仅指由国家最高权力机关所制定的规范性文件。

第三，中文的“法”与“法律”在多数情况下可以通用，但含义不尽相同。在有的情况下，应有所区别，不应简单混同。

二、法的外部特征

通过上述语源的分析，我们解决了这样一个问题，即法学中所讲的“法”指的是什么现象的问题。法学中所讲的“法”就是指人人必须遵守的、国家判断人们行为合法与否的标准。而这种现象又有什么外部特征，就是以下要回答的问题。法的外部特征就是广义上讲的法律的特征，广义上的法律有什么特征，法就有什么特征。广义上的法有一系列特征，这里我们至少可以举出以下几点作为其最基本的特征。

1. 法是一种行为规则（规范）的体系

调整人们行为的规则，法学上统称为规范。规范大致有两大类：技术规范、社会规范。技术规范是调整人与自然的关系，规定人们如何使用自然力、劳动工具和劳动对象的行为规则，反映着自然科学的成就，也就是人们通常所说的技术标准、操作规程。社会规范是调整人与人之间的关系的行为规则。法律规范、道德规范、社会团体规范等都属社会规范。鉴于对技术规范的遵守往往也涉及人与人的关系，所以，在近代的法律规范、道德规范中，也有了不少要求遵守技术规范的内容，即有了不少调整人与自然的关系的内容，从而把技术规范转化为法律技术规范，赋予它国家意志性、国家强制性，要求人人必须遵守。法律规范规定人们可以做什么（授权）、应该做什么（义务）、禁止做什么（禁止），从而成为评价人们行为合法或不合法的标准；是指引人们行为并预测未来行为及其后果的尺度，也是警戒和制裁违法行为的根据。法律规范还有自己特殊的逻辑结构。

2. 法是由国家制定或认可的规范体系

制定和认可是国家创制规范的两种基本形式。认可就是承认已有的规范（如习惯）有法律效力，制定虽是在创制新的规范，但也不是凭空想象出来的，往往是经验的总结，是带有一定预见性的经验总结。所以，法律规范是国家创制的规范，与国家权力有着不可分割的联系。西方有的学者认为，法律规范不一定与国家政权有联系，这是因为他们只看到了表面现象，实际上，习惯、学说或所谓“行动中的法”被作为断案的依据，正是国家权力认可它们有法律效力的结果。

3. 法通过规定权利与义务来调整一定的社会关系

法律与权利、义务的概念不可分。任何法律规范都直接或间接地是关于社会成员权利、义务的规范。法是对已有的或可能有的权利义务关系的认可。这一点我国古代法学家商鞅就曾讲过，他认为法有“定分”的作用，而“定分”就能够“止争”。所谓“定分”实际就是确定人们的权利义务关系。商鞅认为，权利义务关系明确了，就可以减少许多无谓的争执。这个思想相当深刻。

4. 法是有国家强制力保障的规范体系

这是法律规范区别于其他社会规范、一般技术规范的重大特点。人们遵守法律规范，当然不单纯是出于对国家制裁的惧怕，而是有种种原因。许多情况下人们对法律规范的遵守是出于自觉，在社会主义国家，这种情况更多，但国家强制力的保证仍是法律规范区别于其他非法律规范的重要标志。如果一种规范没有国家强制力的保证，违反了这种规范可以不受国家的制裁，那么这种规范就不是法律规范，或者说是不完全具备法律规范应有素质的规范。法律规范是有国家强制力作保障的规范，即违反了它，就要受国家制裁的规范。

通过以上分析我们可以看出：就其外部特征来说，法是一种规范，是一种由国家权力制定或认可的规范，是规定人们法律上的权利和义务的规范，是有国家强制力作保障的规范。

而且，法不仅是这类规范，还是这类规范的总和或系统，即在一国、一地区，这类规范总是成系统的、相互联系和相互制约的整体。法与法律规范的关系是整体与部分的关系。这也是我们在研究法的外部特征时必须注意的一点。

第二节　法的本质

一、法的内容与形式

弄清了法学所讲的“法”指的是什么现象，弄清了这种现象的外部特征，还只是明白了法的表现形式、法的现象。法的内容是什么？法的本质是什么？这是本节要研究的问题。

内容和形式是哲学的一对范畴，任何事物都是内容和形式的统一。内容是形式的内容，形式是内容的形式，二者又可相互转化：在一种关系中为内容的，在另一种关系中又可为形式。法的形式和内容也是如此。如法律规范是规范性文件（如法律）的内容，同时又是某种思想、原则、意志的形式，而一定的思想、原则、意志又是一定的物质关系和过程的思想形式。如果把法律规范和表现这种规范的法律文件作为法的形式或法的表现形式，那么这种形式的内容就是一定的知识和意志，这种知识和意志又往往集中表现为一定的原则。法律规范的内容，既有经验、知识方面的凝结了人类法律文化积累的成果，又反映了法作为上层建筑意识形态的特点，体现着掌握国家权力的阶级的愿望和要求，这个（或这些）阶级为了实现自己的愿望、要求，就需要选择和利用人类有关法律调整的经验、智慧。所以，法的内容的意志方面占支配地位，而法的内容的知识、智慧方面则是一定意志的"载体"。

法的内容中的意志和知识，有的带有社会政治色彩，有的则不带社会政治色彩。如禁止近亲结婚就没有什么政治色彩，反映了人类多年积累的婚配经验。至于这种经验在不同的时代受到不同的对待，那是另一回事。因此，我们可把法的内容分为法的社会政治内容和专门法律内容。专门法律内容也是一种思想、原则，但其本身不带社会政治色彩。不过，在法的构成中，专门法律内容总是受社会政治内容的制约和支配的。法的内容集中体现为法的原则，由于法的内容有社会政治内容与专门法律内容之分，所以，法的原则也有社会政治原则（这类原则反映某一社会经济形态、政治制度的规律性）和专门法律原则（这类原则反映法作为相对独立的上层建筑部分本身的规律性）之分。在法的专门法律内容中，还可分出反映法作为工具的可操作性经验、知识、方法、方式的法律技术内容。法是一种相当复杂的现象，法的内容也可以且需要从不同的方面和层次来进行研究、观察。

二、马克思主义的法本质观

认识法的各方面的、多层次的内容，只是接近于认识法的本质，但还不等于揭示法的本质。法的本质是体现在法的形式和内容背后的深层次社会联系。只有当我们联系法律实践对法的形式和内容作进一步的思考和抽象，才能把握法的本质。本质潜藏于现象的深处，是事物的内部联系，往往不是凭直接的感观就可把握的，要靠抽象的思维。认识的使命则在于透过现象，深入内容，揭示本质。

在法学史上，唯心主义思想家、法学家提出了很多关于法的定义及理论，但都没有能够真正揭示法的本质。他们或者仅仅指出法的某些外部特征，只研究法律形式，而不重视法的内容；或者仅仅注意法的某一方面的内容、某一方面的联系，而没能从总体上把握法这种事物各个不同因素的内在联系，没能揭示出法的本质。

西方的分析实证法学派比较注重研究法的形式方面、法的外部特征，把法同国家权力相联系，把法归结为主权者或统治者的命令。分析实证法学派认为，法学不应研究诸如法律正义、法的本质等非实证性的问题，而应当集中研究法的规范体系、逻辑、概念等形式方面的问题。西方自然法学派重点关注法律背后的人的理性、自然正义等，把法与人们关于“平”“正”“直”的价值观念相联系，把法的本质归结为体现“永恒正义”的“人类理性”。这种理论没有从法的物质生活根源入手来理解法的本质，而把正义、理性当成了具有决定性的力量。[①] 社会法学派虽然强调了法与社会生活的联系，但歪曲了社会生活的真实情况，把法说成可以是与国家政权无内在联系的社会控制手段。同时，这一学派虽然承认广泛社会因素对法的影响，却不承认经济关系对法的决定性。与社会法学派有精神渊源联系的历史法学派则夸大了法与人类历史上形成的精神文化相联系的一面，把法说成是民族精神的体现。总而言之，这些法学家对法的本质的解释，虽然不无某些合理的成分，但总体上看，都是唯心的、片面的。它们各执一词、争执不下，但都歪曲或否定了法与社会物质生活条件的联系，从而必然要抹杀法的社会的、阶级的本质。

资料链接

关于法的几个定义

法者，编著之图籍，设之于官府，而布之于百姓者也。

——《韩非子·难三》

法者，宪令著于官府，刑罚必于民心，赏存乎慎法，而罚加乎奸令者也。

——《韩非子·定法》

法是正义与非正义事物之间的界限，是自然与一切最原始和最古老的事物之间达成的一种契约，法不是人类思想的产物，而是依靠它管辖整个宇宙的某种永恒的东西。

——西塞罗

法律的存在是一回事，其好与坏是另外一回事；法是否存在是一个问题，它是否符合某一假设的标准是另一个问题；一个实际存在的法就是法，即使我们恰巧不喜欢它。

——约翰·奥斯丁

马克思主义的诞生，为我们提供了认识一切社会历史现象，包括法这种现象的科学方法。马克思主义经典作家第一次科学地揭示了法的本质。马克思、恩格斯关于法的本质的原理是其历史唯物主义理论的重要内容，散见于许多著作，如《德意志意识形态》《哲学的贫困》《共产党宣言》《资本论》《反杜林论》《论住宅问题》《费尔巴哈与德国古典哲学的终结》等。马克思主义注重从法所赖以存在的社会生活条件，从社会各个阶级对塑造法的内容及其发展面貌的实际影响和作用的角度来揭示法的本质。

在《共产党宣言》中，马克思、恩格斯曾针对资产阶级写道：你们的观念本身是资产阶级的生产关系和所有制关系的产物，正像你们的法不过是被奉为法律的你们这个阶

① 恩格斯对自然法学曾有精到的评论：法学家把所有这些法的体系中的多少相同的东西统称为自然法，这样便有了共同点。而衡量什么算自然法和什么不算自然法的尺度，则是法本身的最抽象的表现，即公平。于是，从此以后，在法学家和盲目相信他们的人们眼中，法的发展就只不过是使获得法的表现的人类生活状态一再接近于公平理想，即接近于永恒公平。参见《马克思恩格斯选集》，3版，第3卷，211～212页，北京，人民出版社，2012。

级的意志一样，而这种意志的内容是由你们这个阶级的物质生活条件来决定的。①

虽然这一段话不是在专门论述法的本质，而是在揭示资产阶级意识形态的本质时讲的，但这段话集中揭示了法的本质。这段话一针见血地揭示了资产阶级法的本质，而且对于认识一切法的本质都有普遍的方法论意义。这段话揭示了法的形式特征（法律），也集中揭示了法的阶级意志性和它的物质制约性。

在马克思、恩格斯看来，资本主义社会的法与资产阶级的意识形态一样，都是资产阶级的生产关系和所有制关系的产物。这就是说，从阶级或社会的本质方面看，法和统治阶级的意识形态是一样的，都是资本主义生产关系的产物，都体现了统治阶级的意志，只不过“法”是被“奉为法律”的、由国家制定或认可并由国家强制力保障实施的规范的资产阶级意志而已。马克思主义法学著作在分析法的本质时，一般都是以这个原理为指导，同时，这一原理也成为那些反马克思主义的法学思潮所攻击、歪曲、非难、修正的对象，围绕着这一原理存在着尖锐的分歧和斗争。全面、准确地理解这一原理，对于认识法的本质和科学概念，树立马克思主义的法律观，坚持法学研究的正确方向，都具有关键性的意义。

当然，现实的情况相当复杂，不能用一般原理简单硬套，一般原理不能代替具体、历史的分析，但也不能忽视一般原理的方法论指导意义。只有在一般原理的指导下，对具体情况具体分析，才能深刻认识现实，得出正确结论，从而进一步丰富、发展一般原理。

三、法的社会—阶级本质

我们应当在法的表面现象和特征的基础上，进一步揭示法的内容和其阶级的、社会的本质，这样，才能全面、透彻地认识法律现象。事物的本质是分层次的，法的本质也是分层次的。从法的本质层次角度，可以清晰说明马克思主义法本质观的特点及意义。根据前面的分析，我们至少可以从三个层次来认识法的本质。

(一) 法的第一层级本质：法是被奉为法律的统治阶级意志

这包含两层意思，即法是一种统治阶级意志，同时，法是被奉为法律的统治阶级意志。

1. 从法的阶级本质来看，法是社会统治阶级意志的体现

这是说，法具有阶级意志性。这包含了以下几层意思：(1) 法属于社会意识，是上层建筑现象。所谓意志就是带有一定目的的意识，虽然意识、意志总是一定客观需要的反映，但它仍属于社会生活的主观范畴。(2) 法不是“个人意志”的反映，也不是社会所有成员意志的简单相加，而是阶级意志，并且是掌握国家权力的阶级即统治阶级意志的反映。在许多情况下，掌握国家权力的阶级即统治阶级并不是单一的某个阶级，而是以某个阶级为主导的阶级联盟。

统治阶级意志的形成是个复杂的过程。这个过程，既取决于统治阶级与被统治阶级的斗争，也取决于统治阶级内部不同阶层或集团的矛盾和斗争；既取决于国内的形势，

① 参见《马克思恩格斯选集》，3 版，第 1 卷，417 页，北京，人民出版社，2012。

也取决于国际形势。被统治阶级的意志可以影响统治阶级意志的形成，但一般来说，法本质上并不反映被统治阶级的意志。例如，在资本主义社会，工人阶级和广大劳动人民的斗争往往迫使资产阶级作出某种让步，在法律上规定某些所谓保护全体人民利益的条款，但法律上的这种规定也是统治阶级为了保障其“基本阶级利益（财产与政权）的安全”而被迫作出的让步，是为了建立一种“秩序”来使阶级压迫“合法化、固定化”，而这正是剥夺被压迫阶级用来推翻压迫者的一定的斗争手段和斗争方式。① 所以，如果不是就现象而是就本质来观察，一般说，这种让步虽然也照顾了被统治阶级的一定利益，但仍然是统治阶级作出的决定，反映的仍然是统治阶级的意志。

统治阶级的意志体现为法，是通过一定的人或机关来实现的，但这并不等于说法仅仅是这个个人或机关意志的体现。在阶级社会，个人、机关总是一定阶级意志的代表。个人或机关如果不努力去认识和体现他们所代表的阶级的利益与意志，而是置之不顾、一意孤行，迟早会被本阶级抛弃。

统治阶级的代表人物或机关要把本阶级的意志全面、准确地反映在法中，是很不容易的，所以，具体的法律往往不能全面、充分地体现本阶级的意志。具体的法律有时反映某个阶层的意志多些、反映另一个阶层的利益和要求少些，甚至立法者由于认识上的错误或其他原因，会作出背离本阶级意志的规定，但具体的法律规定不符合统治阶级意志的情况是单个的偶然现象。这种情况经过内部、外部错综复杂的斗争，经过总结经验教训，会不断产生并不断被矫正，从而总的来讲，作为具体法律规定的总和的法，必然是统治阶级意志的体现，而这个必然恰好是通过无数的偶然实现的。马克思、恩格斯关于法是被奉为法律的统治阶级意志的反映的观点，所讲的恰恰是这种规律性、必然性。

2. 法是被奉为法律的统治阶级意志

这说明，法具有国家意志性。并非统治阶级的一切意志都是法，而只有被奉为法律，即体现在由国家制定或认可的、人人必须遵守的、由国家强制力保障的“法律”中的统治阶级意志才是法。这里的“法律”泛指法律规范的一切外在表现形式（形式渊源），故这句限制语（“被奉为法律的”）实际上是指出了法的外部（形式）特征，把法与统治阶级意志的其他形态相区别。

如果仅仅强调“法是国家意志”，或是“被奉为法律的国家意志”，那么这种表述还没有触及法的社会阶级本质问题。只有指出国家意志实际上是在该国或地区占统治地位的阶级的意志，才算揭示了法的阶级本质，尽管这仅是初级的、第一级的本质。

（二）法的第二层级本质：法是由一定社会价值观所确认的自由与纪律

一定社会条件下的行为自由和纪律表现为一种事实上的社会权利与义务。也就是说，反映在法中的统治阶级的意志不是任意的，统治阶级必须确认一定历史条件下产生的自由与纪律。法律上的权利和义务，总是对社会生活中事实上的权利、义务的法律认可。这就是说，法律上规定的权利是事实上已有或者能有的权利，即事实上人们把已有或能有的某种行为自由确认为“正当的”（确立为权利，rights）。如果法律上规定的权利或行

① 参见《列宁全集》，2版，第31卷，6页，北京，人民出版社，1985。

为自由，事实上没有，也不可能有，那么这种法律就是一纸空文，是骗人的、不能兑现的空头支票。出于维护其阶级统治的需要，剥削阶级法，尤其是资产阶级法中有不少这类规定，但就整个法来说，不可能不确认某种事实上的权利和相应的义务，不可能不确认一定历史条件下形成的人们的行为自由和相应的纪律，否则，法将不成其为法，而变成了任意的许诺和欺骗。

行为自由与纪律总是与一定的价值观、正义观相联系的。这种自由和纪律被同样历史条件下的社会意识承认为“正当的”行为（权利，rights）和应做的行为（义务）。自由和纪律需要借助于统治阶级的主流社会价值观来认可。这种价值观、正义观，是一定社会关系的神圣化表现，也具有阶级性、时代性。

人的行为自由、纪律和对这种行为自由与纪律的价值确认，决定于具体的历史条件，其中有经济条件的决定作用，但也受上层建筑因素中政治制度、民族传统、文化观念等条件的很大影响。

可见，法的初级本质是统治阶级的意志，而这种统治阶级意志的内容及其根据又是一定历史条件下人的行为自由（和相应的纪律）以及对行为自由（和相应的纪律）的价值确认，进而是事实上的（直接的）社会权利和相应的社会义务。所以，直接的社会权利（义务）及其实体——人的行为自由（和相应的纪律），是法的第二层级的本质。①

（三）法的第三层级本质：法最终取决于一定社会的物质生活条件

这说明，法具有物质制约性，即法的阶级意志内容（人的行为自由和纪律）由统治阶级的物质生活条件所决定。人们的行为自由和纪律、直接的社会权利和义务，归根到底取决于社会生活，特别是经济生活的客观需要。

我们曾指出，法是统治阶级意志的体现，这是通过无数偶然（单个法律规定）所实现的必然。法为什么必然是统治阶级意志的反映呢？根本原因就在于存在决定意识，人的意志的内容从根本上讲是被决定的，是为所处的阶级地位、一定的物质生活条件所决定的，不是完全自由的。法的内容中决定法的阶级或社会属性的意志因素之所以必然是统治阶级的意志而不单纯是某个人或机构的意志，其根本原因就在于，这个意志的内容是由统治阶级赖以生存的物质生活条件决定的。所以，法的阶级意志性归根到底又取决于法的物质制约性，脱离法的物质制约性来谈论法的阶级意志性，或者用法的物质制约性来否定法的阶级意志性，都是错误的。

统治阶级的物质生活条件所指相当广泛，一般指地理环境、人口状况、生产方式等，其中有决定性意义的是为一定生产力水平所制约的生产关系、经济条件。任何统治阶级都不能不基于一定社会经济条件的要求而任意立法。所以，任何法就其社会阶级本质来看，都是体现一定生产关系要求的一定社会经济形态的法，都是体现在这种生产关系中占统治地位并且掌握了国家政权的阶级即统治阶级意志的法。

---

① 有的教材把经济以外的因素对法的影响，放在物质生活条件的决定之后，通过分析经济以外因素的影响，说明法的第三层次的本质。我们认为，这是一种颠倒，即把经济因素的决定性作用这个最深层的本质与还受经济以外因素影响这个较浅层次的本质颠倒了。

资料链接

……只有毫无历史知识的人才不知道：君主们在任何时候都不得不服从经济条件，并且从来不能向经济条件发号施令。无论是政治的立法或市民的立法，都只是表明和记载经济关系的要求而已。①

——马克思

……社会不是以法律为基础的。那是法学家们的幻想。相反地，法律应该以社会为基础。法律应该是社会共同的、由一定物质生产方式所产生的利益和需要的表现，而不是单个的个人恣意横行。现在我手里拿着的这本Code Napoléon［拿破仑法典］并没有创立现代的资产阶级社会。相反地，产生于十八世纪并在十九世纪继续发展的资产阶级社会，只是在这本法典中找到了它的法律的表现。这一法典一旦不再适应社会关系，它就会变成一叠不值钱的废纸。你们不能使旧法律成为新社会发展的基础，正像这些旧法律不能创立旧社会关系一样。②

——马克思

尽管直接的社会权利和义务也受上层建筑等其他非经济因素的影响，但归根到底这种影响（如文化发展）又受经济因素的制约；非经济因素可以影响法的形式、法的内容的某些具体方面，但法的最根本的性质，是受经济因素、经济发展的客观要求的制约的(参见图1-3)。

资料链接

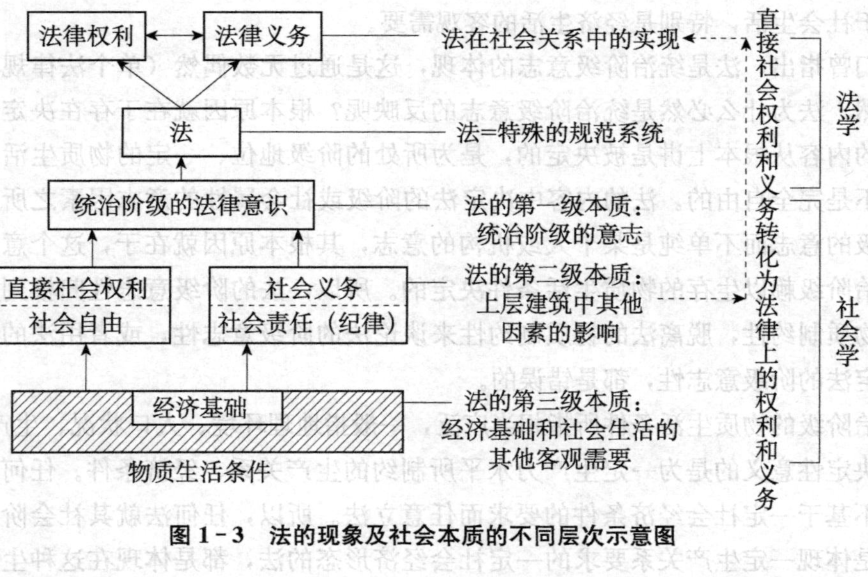

图1-3　法的现象及社会本质的不同层次示意图

① 《马克思恩格斯全集》，第4卷，121～122页，北京，人民出版社，1958。

② 《马克思恩格斯全集》，第6卷，291～292页，北京，人民出版社，1961。

总而言之，深刻理解法的阶级的、社会的本质，既要看到法是统治阶级意志的体现，又要看到法所反映的统治阶级意志总要承认一定历史条件下人们实际的社会权利和义务，而具体历史条件中既有经济因素的决定作用，又有非经济因素包括政治、文化、传统等的影响；同时要看到法的内容归根到底总是取决于一定的经济结构、经济发展的客观需要的。

第三节 法的定义

一、理解法的概念和定义应当把握的诸方面

认识法律现象，不仅要从纵向联系上把握其不同层次的本质，而且要纵横结合，把握它的多种联系。法是个复杂的有多方面联系的现象，因此法的概念也包括丰富的内容。我们可以从多方面、多角度去分析、认识法的概念，至少应当把握它的几个最基本方面的联系，才不至于陷入表面性、片面性、主观性。这些基本方面有如下几项。

（一）法中的“规范”

前面已经说明，从法的外部形式看，法是一种特殊的规范体系。完整理解法的概念，首先自然要先认识法的这种规范性。法作为高度制度化、由国家来制定或认可并有国家强制力保障的规范体系，不同于道德、习惯等规范性调整方式。法不是某种具体的行为或关系，而是有关行为或关系的规则模式，是对行为的抽象。法的规范性表示法具有一般性、概括性、抽象性、明确性等特点。

（二）法中的“理”

如果我们从形式上把法看作是一种特殊规范的系统，那么这种规范总是与一定阶级的意志、一定阶级（统治阶级）的价值观分不开的。法是“平”“正”“直”的标准，是讲正义、公道的，但这种“正义”总是适合一定生产方式的“正义”，这种“公道”总是在社会中占主导地位的统治阶级宣扬和主张的“公道”，因为在社会上占统治地位的思想总是统治阶级的思想，统治阶级意志的内容取决于它赖以生存的物质生活条件，法的正义性也取决于一定的生产方式。这是法的概念的一个基本方面，即法是统治阶级的意志，是统治阶级的正义观、价值观的体现。

（三）法中的“力”

法这种特殊的规范体系是与国家权力不可分的，法是由国家制定或认可并有国家强制力作保障的规范体系。法的背后就是国家权力，脱离开国家权力的认可、保障，体现统治阶级价值观的规范就不成其为法律规范。从这种意义上讲，可以说法实际上也是国家权力的经常的、有系统的、有组织的表现，国家权力的组织运作离不开法，法也离不开国家权力。法作为一种由国家之“力”所保障的规范要求，是法区别于道德规范、宗

教规范、民间组织规范等的一个重要特点。

(四) 法中的“经济关系”

如果把一定的正义观理解为“理”的重要因素之一①，把国家权力理解为“力”，则因为法正是“理”与“力”的结合，而“理”与“力”又都是一定经济基础的产物，所以，法的概念中一个最重要的方面是一定的事实关系，而这种事实关系的基础就是一定的经济关系。一定的经济关系归根到底决定着一定的社会关系秩序，这种秩序又体现着一定的正义观，受归根到底由该经济关系产生的国家权力的保护。这种法与社会关系、国家权力、一定的正义观的联系，是法这种特殊的社会规范的内在的、必然的三个方面的基本联系，也是我们认识法时不可忽略的基本联系（参见图 1-4）。

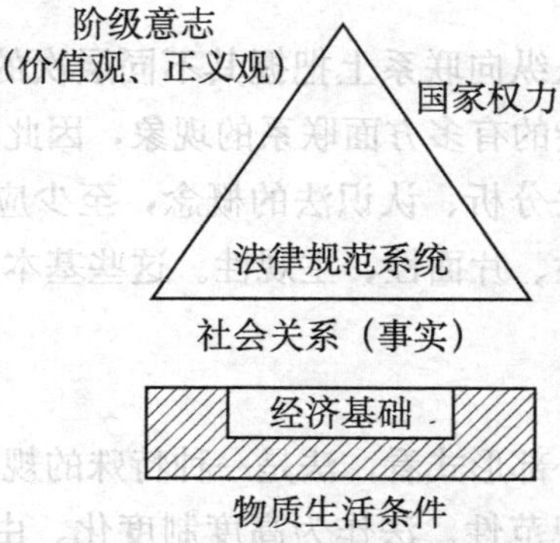

图 1-4　法的概念的基本方面示意图

(五) 法作为上述诸因素的有机综合

西方一些法学流派，出于不同历史时期的需要，往往片面地只强调上述联系的某个方面。如自然法学派强调法与一定社会意识、价值观的联系，认为法是体现永恒正义的理性；分析实证法学派只抓住法与国家权力的联系，只讲法律形式，说法是国家的命令；社会法学派只抓住法与社会关系的联系，同时曲解了社会关系的真实情况。它们的这些主张，虽然也有部分的合理性，但在整体上都是片面的、唯心的。

一些法学家（如美国的 J. 霍尔和 E. 博登海默）试图克服西方主要法学流派对法的理解的片面性，提出建立所谓的“综合法学”，如博登海默认为法是“秩序与正义的综合体”。这种想法也有一定合理因素。但受其世界观和方法论的局限，他们难以理解经济关系的最终决定作用，又抹杀了阶级社会人们价值观的阶级倾向，并且有意无意地想回避法与国家权力存在内在联系这样的基本事实。自然，这种“综合”的尝试没能揭示法的本质，给出法的科学定义。

在我们看来，法的科学概念至少应包括法的一些基本属性，即法的规范性、国家意

① “理”指一定的道理，是法的内容。“理”包括体现一定的客观规律、一定的价值观及一定的经验和智慧等的丰富内容。“力”指法律上之力，指国家强制力之保证，是法的形式要件。法是“理”与“力”的结合，“理”是基本的，“力”是必要的。参见孙国华主编：《马克思主义法理学研究——关于法的概念和本质的原理》，第八章，北京，群众出版社，1996。

志性（国家强制性）、阶级意志性（反映统治阶级的意志和正义观）、物质制约性（统治阶级的物质生活条件，主要是一定的生产关系）。

二、围绕法的定义的主要争论

科学的定义总是反映着人们对一定现象认识的程度，并且不可能包括始终在发展着的该现象的一切方面和全部性质，所以科学的定义总是有一定局限性。但不能因此否定科学定义的意义。科学定义简明地提出人们对一定现象的认识，反映了认识的程度，有利于统一人们的认识，体现研究的成果，以便开展进一步的研究。恩格斯在谈到生命的定义（生命是蛋白体的存在方式）时曾深刻指出：在科学上，一切定义都只有微小的价值。要想真正详尽地知道什么是生命，我们就必须探究生命的一切表现形式，从最低级的直到最高级的。可是对日常的应用来说，这样的定义是非常方便的，在有些地方简直是不能缺少的；只要我们不忘记它们的不可避免的缺点，它们也没有什么害处。①

这段话于法的定义同样适用。我们既要看到任何定义都有其固有的缺陷，不应夸大法的定义的作用，不应简单地用定义代替对法律现实的深入研究，但也不应完全否定法的定义的实际价值。值得注意的是，任何国家的政治法律活动，都是以对法的一定认识和反映这种认识的理论概括——法的定义为基础的；同时，任何现象，包括法律现象，都有多方面的联系和现实根据，因此对同一现象可以有不同的定义；并且在不同的历史条件下，为适应不同时期、不同阶级与阶层的需要，人们往往突出事物某方面的联系或根据。此外，与生命的定义相比，法的定义像一切法学原理一样，它们总是存在某种缺陷，除了有认识上的原因，还有阶级的、社会的原因。总之，法的定义受具体历史条件的制约，反映着人们对法的认识的深度、广度和价值取向。

法的概念和定义一直是法学研究的核心问题。一个令人满意的法的定义只能在对法的本质、内容和形式有充分认识的基础上提出。正如在法的本质和概念问题上存在着严重的分歧一样，围绕法的定义也存在严重分歧，进行着有时是相当激烈的争论。这些争论主要集中在以下方面。

1. 法的定义是否应包括对法的本质认识

科学的定义应该反映、揭示被定义对象的本质。然而，有些关于法的定义却只是对法的形式的描述，不揭示法的本质。如实证法学派把法定义为“主权者的命令”，就仅仅揭示了法是由国家制定或认可的并体现国家意志的特征，而不问法的本质是什么。实证法学派和采用实证法学派的研究方法的学派（如规范学派）认为，法的本质问题是形而上学的问题，不是法学研究的对象，法学只研究实证法，即所谓“实际上是这样的法”。实际上他们认为法的本质是“不可知的”，因而只研究法的形式。我们认为，揭示法的形式特征的定义有一定价值，它可以使我们把法同其他社会现象区别开来，但这种定义并没有揭示法的阶级的、社会的本质，所以，必须把这种定义同揭示法的本质的定义配合使用，才能把握法的科学概念，否则就会使认识停留在表面。

---

① 参见《马克思恩格斯选集》，3版，第3卷，423页，北京，人民出版社，2012。

2. 法的定义应如何揭示法的基础

什么是法的基础？是理性、正义、意志、权力还是其他？自古以来，在什么是法的基础的问题上大致可分为两派：一派以古典自然法学派为代表，认为法是以正义、理性或自由意志为基础的；另一派以布丹、霍布斯（他虽然也是自然法学派的代表）等人为代表，认为法是以国家权力为基础的，"强权即公理"。综观中外古今，这种争论直到现在还时有所见。

在马克思主义看来，认为权力或意志是法的基础的观点都没有认识到法的真正基础，法的真正基础是社会的物质生活条件。正是一定的物质生活条件决定着人们的正义观、价值观，决定着人们意志的内容；同时也正是这个物质生活条件，是国家政权的基础。"这些现实的关系决不是国家政权创造出来的，相反地，它们本身就是创造国家政权的力量。在这种关系中占统治地位的个人除了必须以国家的形式组织自己的力量外，他们还必须给予他们自己的由这些特定关系所决定的意志以国家意志即法律的一般表现形式。"① 可见，仅仅承认法是阶级意志的反映，还不一定是马克思主义的观点。只有承认一定的物质生活条件，即与一定生产力相适应的一定生产关系是法的基础的人，才真正理解了马克思主义的历史唯物主义的法律观。那些把法的基础仅仅归结为理性、正义、自由意志或者国家权力的人，必然掩盖或者歪曲法的真正本质。

3. 法是社会关系还是社会规范

有人把法定义为一定社会关系的总和，另一些人则把法定义为一定社会规范的总和。我们认为，把规范和关系绝对地对立起来是不恰当的。法是规范，是一种规矩。但社会规范总是一定社会关系的反映，并且必须通过人与人之间的一定关系才能在社会生活中实现。所以，我们可以把法理解为一种规范，同时认为它体现了一种社会关系，但这种规范不是一般的社会规范，而是国家制定或认可并有国家强制力保证实施的规范；这种社会关系也不是一般的社会关系，而是具有法律上的权利义务关系形式的社会关系，即法律关系。不仅如此，法还是条文化、制度化了的法律意识，这种法律意识上升为法律、被贯彻到社会关系中，使社会关系具有法律关系的形式，形成法律秩序。所以可以说，有规范形态的法，也有实际关系形态的法，这二者是法存在的两种形态，是统一的。

不应把法归结为一般社会关系本身，那样就会忽视法的形式特征，把法与社会关系包括经济关系混同；也不应脱离法律规范所体现的社会关系内容来理解法，那样就会认不清法的本质；更不应把规范和关系截然割裂开来、对立起来。用一方否定另一方，如用法是社会关系或与法律规范无联系的法律关系，来否定法是规范，就会为借口所谓"活的法"、生活中的"法"来否定所谓"纸上的法"开方便之门，甚至为破坏法治制造理论根据。这也正是西方社会法学派理论的实践缺陷之一。西方社会法学派承认法律问题的核心是对社会关系的重新建构，这一点是对的，但把社会关系本身说成就是比"纸上的法"更有生命力的"活的法"，否定"纸上的法"的指导意义，就为专横非法、有法不依打开了方便之门。

---

① 《马克思恩格斯全集》，第 3 卷，377～378 页，北京，人民出版社，1960。

把法归结为社会关系，或者虽然承认这种社会关系是法律关系但却认为社会关系（如交换关系）本身无须法律作为中介就是法律关系，实际都是忽略了理解法的一个关键性问题，即忽视了法的形成和运作过程中的国家中介，忽视了法与国家权力的内在联系。要知道，一种规范要成为法律规范，需要国家机关的制定或认可；一种社会关系要成为法律关系，也需要法律规范的调整和国家强制力的保证。可见，一些法学家（如苏联法学家斯图契卡、帕舒甘尼斯等）尽管正确地强调了法与现实关系的联系，指出了法的阶级本质，但在理论上又是不彻底的，可能会导致否定法的积极能动作用的结果。

4. 法的定义是否需要包括主观权利

与法是规范还是关系的争论相联系，还有一个争论，即法仅仅是法律规范的总和还是也包括主观权利的争论。在欧洲大陆不少国家，相当于“法”的那个词同时也指“权利”。如果仅仅是术语上的问题，那还比较好解决，较难的是，要认识此争论的深刻的理论根源和社会历史背景。

从理论上讲，法确实与主观权利（或主体权利）有着密不可分的联系。前面曾分析过，任何法都与人们的权利、义务有关。从一定意义上讲，法是对主体权利（义务）的认可，法作为一般性的行为规范，最终要通过法律关系中主体的权利、义务获得实现。但法与主体权利，是两个相关又不同的概念。这一点在中文中是十分清楚的。我们讲的法就是欧洲一些国家中所讲的“客观法”，我们所讲的权利就是欧洲一些国家中所讲的“主观权利”。在他们的语言中，前面不加“客观”和“主观”就分不清这两种现象，因为他们都叫 Das Recht（德文）、право（俄文）等。而在我们的语言中完全没有这个必要。

从历史背景上讲，确实曾有一段时期人们夸大了国家权力的作用，有忽视确认和保障社会成员权利与自由的倾向。应该指出，法的第二级的本质是一定历史条件下反映社会发展的一定要求的权利或称直接社会权利及相应的社会义务，应当强调法与权利、义务的紧密联系。但这样做时，完全不需要把法的概念、定义和权利的概念、定义混为一谈。法与人们的权利（义务）紧密联系是一回事，法的定义包括权利是另一回事。法与权利不应混同。如前所述，“法”这个术语以及相当于中文“法”的外文，是个多义词，为什么把不同的对象都叫作“法”呢？大概也是因为这些对象都和“法”这个词所代表的平、正、直、规则等有联系。因此，在争论中有人曾主张把一切法律上层建筑因素（包括法律意识、法律行为、法律解释等）都包含在法的定义中，甚至要把非法律的社会规范（如社会团体章程等）包括在法的定义中。这显然是不可取的。这样做必然要混淆法与其他现象的界限，扰乱人们的思想，无异于取消了法的定义，在理论上和实践中都毫无益处。

我国法学界也曾有人给法下了这样一个定义：法是由国家或社会管理机关制定的、以强制力保证实施的、调整各种社会关系的行为规则的总和。在这个定义中法不仅由国家制定，也由“社会管理机关”制定。这实际上是把一般的社会规范的概念同法的概念混同了，把法律规范同非法律的社会规范（如道德规范、社会团体规范）或非阶级社会的社会规范（如原始社会的习惯）的原则界限抹掉了。持这种观点的学者还提出所谓“广义的法”，想把无阶级社会的社会规范也概括在法的概念中。我们认为，所谓的“广义的法”实际上混淆了法律现象与非法律现象，其结果只能是影响人们对法的本质特点的理解。

三、本书关于法的定义的表述

我们认为，关于法的定义的表述应力图以马克思主义为指导，结合新的历史条件，反映国内外这一问题的研究成果，正确总结马克思主义法学理论研究的经验教训，较全面地反映法的多种联系和属性；既反对形式主义、国家主义的倾向，也反对否定法律形式的特征的倾向。

关于法的定义，可大致表述如下：法是由国家制定或认可、有国家强制力保证其实施的、反映着统治阶级（掌握国家政权的阶级）意志的规范系统；法的意志内容是由统治阶级的物质生活条件决定的，并通过规定人们在法律上的权利和义务而确认、保护和发展现有社会关系、社会秩序。

这个定义反映了法的规范性、国家强制性、阶级意志性和物质制约性。这个定义认为，法是“有国家强制力保证其实施的”规范系统，意思是说国家强制力的保证是法的必要标志，但法的实施并非只靠或只由国家强制力来保证，道德观念、思想原则、文化素养、社会心理和社会团体的工作，也是保证法的实施的有效因素。这个定义反映了法与人们在法律上的权利、义务的联系，说明法是用在法律上规定权利、义务的手段来反映并调整社会关系的。这些方面都反映了对法的认识的深度、广度。

应当指出的是，认识是有局限的，反映认识的定义的局限性更大。这个定义同任何定义一样，不可能反映发展变化着的法的全部联系，而只是反映其最基本的一些方面。对这些方面的联系，也必须有全面、正确的理解，光靠记住一个定义是不解决问题的。定义只能给人们认识问题提供一种方法、手段，不能代替深入、具体的研究。事物有不同的方面，定义也可有多个，本书提出的这个法的定义尽管力图反映我国法理学界的共识，力图反映我们对法的认识的深度，但必然存在缺陷和不足，尚需进一步完善，并且这也不是法的唯一可能的定义，法可以，也应该有多个定义，从不同的方面和角度体现我们对它的认知。

还应当指出，这个定义是法的一般定义，它应该适合一切法：既适合实体法，也适合程序法；既适合国内法，也适合国际法。国际法也是由国家制定或认可的，不过这里的国家不是一个国家，而是许多国家。国际法也是由国家单独地或集体地以其强制力保证实施的，也反映着各国统治阶级在相互斗争和合作中形成的意志，体现着国家间形成的实际社会关系，这种关系最终也决定于国家的生产和交换条件。国际法规范大多表现为多年形成的各国公认的惯例和国家间签订的条约、协议，但对这些规范的理解与解释，又反映了国家间错综复杂的斗争和合作。国际法缺乏一个统一的超国家的保证国际法规范实施的权力。国际法的许多规范有些类似国内法中执行社会公共职能的规范。总之，国际法也是法，不过是带有不同于国内法的重大特点的法，在渊源、保证措施、强制措施和作用机制方面有一系列特点，但法的一般定义对它也适用。

问题与思考

1. 怎样理解马克思、恩格斯关于法是统治阶级意志的体现的原理?
2. 怎样理解法的内容?
3. 怎样理解“法是‘理’与‘力’的结合”这一命题?
4. 怎样理解法的本质的不同层次?
5. 在理解法的定义时,应该关注哪些问题?

阅读文献

1. 孙国华. 论法是“理”与“力”的结合//孙国华. 孙国华自选集. 北京:中国人民大学出版社,2007
2. 哈特. 法律的概念:第3版. 许嘉馨,李冠宜,译. 北京:法律出版社,2018
3. 朗·富勒. 法律的道德性. 郑戈,译. 北京:商务印书馆,2005
4. 凯尔森. 自然法学说与实证主义//凯尔森. 法与国家的一般理论. 沈宗灵,译. 北京:中国大百科全书出版社,1996
5. 罗纳德·德沃金. 身披法袍的正义. 周林刚,等译. 北京:北京大学出版社,2010
6. 梁治平. “法”辨. 中国社会科学,1986 (4)
7. 叶传星. 阶级与社会:关于法本质问题之争论//张恒山. 共和国六十年法学论争实录:法理学卷. 厦门:厦门大学出版社,2009
8. 郭道晖. 论法与法律的区别:对法的本质的再认识. 法学研究,1994 (6)
9. 罗伯特·阿列克西. 法概念与法效力. 北京:商务印书馆,2015

第二章

法的起源和历史发展

本章概要

法是社会调整的一种方式。原始社会的社会调整规范即氏族习惯与阶级社会的法有着根本区别。随着私有制、阶级、国家的出现，原始社会的习惯演变为法。法制的历史发展中经历了奴隶制法制、封建法制、资本主义法制以及社会主义法制这四种历史类型。每种历史类型的法制各有其本质特点。

关键术语

社会调整　原始社会　氏族习惯　法的起源　法的历史类型　法的历史继承性　法律移植　奴隶制法　封建制法　资本主义法　法系　大陆法系　英美法系

第一节　法的起源

一、社会调整

人们往往用社会调整①或社会控制②的概念来表示把个人及其集体的行为纳入一定社会规则和秩序的范围内的过程，认为它是建立社会秩序、维持社会正常运行的必需手段，是使人们接受社会价值、原则或规范的整个过程。而社会规则（规范）是这一过程的静态表现。

社会调整或社会控制（以下统称社会调整）有多种形式，它们可以按照不同的标准进行分类。这里强调其中的两种。

---

① 参见［苏］C. C. 阿列克谢耶夫：《法的一般理论》，上册，黄良平、丁文琪译，42 页，北京，法律出版社，1988；孙国华主编：《法学基础理论》，28 页，北京，中国人民大学出版社，1987。

② See I. Robertson, *Sociology*, Worth Publishers, Inc., 1983, p. 633; D. Black (ed.), *Towards a General Theory of Social Control*, Academic Press, Inc., 1984, p. 5；朱景文：《现代西方法社会学》，171 页，北京，法律出版社，1994。

（一）正式的社会调整和非正式的社会调整

社会调整根据其是否由正式的社会组织实施可分为非王式的社会调整和正式的社会调整。非正式的社会调整是人们在日常生活中自发产生的，不通过正式的社会组织来执行，无须专门人员负责，如嘲笑、流言蜚语、批评、排斥、赞扬等。这类社会控制措施在一个有着密切的人际关系、频繁交往的小团体内部具有明显效果。正式的社会调整由正式的社会组织（包括国家、宗教团体、教育机构等）来执行，不仅得到正式的社会组织的保证，而且有一套执行的程序。正式的社会调整是随着社会分工而发展起来的专门化的社会调整，它是在非正式的社会调整不完善、不足以保证人们服从社会规范的情况下产生的。在现代社会，正式的社会调整占主导地位，但非正式的社会调整在一定范围内仍然起着重要作用。

（二）个别性调整和规范性调整

社会调整根据其是否以普遍适用的规则为依据可分为个别性调整和规范性调整。个别性调整没有普遍适用的规则依据，是针对具体人、具体情况所进行的一次性调整，它只对所涉及的具体行为有效，问题每出现一次，就要重新处理一次。规范性调整以普遍适用的规则为依据，只要出现规则所规定的那种情况，就可以反复适用。规范性调整是在个别性调整的基础上发展起来的，当个别性调整所制约的行为反复出现时，就会形成一种行为模式，凡是出现类似的情况，都按同一模式即规则处理。规范性调整与个别性调整相比有许多优越性：它有助于克服个别性调整所固有的不确定性、随意性，从而使被调整的社会关系摆脱单纯偶然性和任意性的束缚，保证人们的行为服从生产和交换的一般条件，使生产关系、社会关系具有稳定性。但规范性调整也有不足之处：它未考虑具体的、个别的情况和该情况独有的一些特点，特别是当出现规则所没有概括的新情况时，它往往会导致墨守成规、缺乏灵活性，以致成为社会关系发展的桎梏。因此，在规范性调整出现之后，仍然需要个别性调整加以补充。

二、原始社会的社会调整

社会规则和秩序是社会本身所固有的属性，也就是说，任何社会都存在着规则和秩序。但是，社会发展阶段不同、社会关系的性质不同，它所要求的社会调整也不同。法作为一种社会调整措施，不是从来就有的现象，它是社会发展到一定历史阶段的产物。原始社会并不存在法，那时的社会调整措施是氏族习惯。

恩格斯在对印第安人的易洛魁人氏族的大量人类学研究的基础上总结了原始社会的社会调整的特点。易洛魁人处在原始社会的母系氏族阶段，以采集、狩猎和养殖业为生，生产力极为低下，实行原始公社制度，没有私有财产和阶级的划分。其氏族习惯包括：（1）推选一个酋长（平时的首脑）和一个酋帅（军事领袖），酋长在氏族内部的权力是父亲般的、纯粹道德性质的，无强制的手段。（2）氏族可以任意罢免酋长和酋帅。（3）氏族的任何成员都不得在氏族内部通婚。（4）死者的财产转归其余的同氏族人所有，它必须留在氏族中。（5）同氏族人必须互相援助、保护，特别是在受到外族人伤害时，要帮助报仇。起初是试行调解；行凶者的氏族议事会开会，大抵用道歉、赠送厚礼的方式向被害者的氏族的议事会提议和平了结事件。如果提议被接受，事情就算解决了，否则，受害者的氏族就指定一个或几个复仇者去寻找和杀死行凶者。（6）氏族有固定的人名或几套人名，在全部落内只有该氏族的人才能使用这些人名。氏族的人名一开始就自行带来氏族的权利。（7）氏族可以接纳外人入族，并用这个办法吸收他们为整个部落的成员。（8）有特殊的宗教节日。（9）氏族有共同的墓地。（10）氏族有议事会，它是氏族的一切成年男女享有平等表决权的民主集会。它选举、罢免酋长和酋帅，作出为被杀害的氏族成员接受赎罪献礼或实施血族复仇的决定，收养外人加入氏族。总之，它是氏族的最高权力机关。此外，在印第安人那里，几个有着血缘关系的氏族组成一个胞族，几个胞族组成一个部落，几个部落在有的地方则组成了一个部落联盟。这些不同层次的氏族组织也有着相应的习惯。①

资料链接

这种十分单纯质朴的氏族制度是一种多么美妙的制度呵！没有士兵、宪兵和警察，没有贵族、国王、总督、地方官和法官，没有监狱，没有诉讼，而一切都是有条有理的。一切争端和纠纷，都由当事人的全体即氏族或部落来解决，或者由各个氏族相互解决；血族复仇仅仅当做一种极端的、很少应用的威胁手段；我们今日的死刑，只是这种复仇的文明形式，而带有文明的一切好处与弊害。虽然当时的公共事务比今日多得多——家户经济是由一组家庭按照共产制共同经营的，土地是全部落的财产，仅有小小的园圃归家户经济暂时使用——，可是，丝毫没有今日这样臃肿复杂的管理机关。一切问题，都由当事人自己解决，在大多数情况下，历来的习俗就把一切调整好了。②

——恩格斯

当代人类学的发现表明，原始社会的社会调整与其经济、组织和文化的特点有着密切的联系。

首先，凡是生产力发展上仍然处于采集、狩猎以至于简单养殖业阶段的社会，其社会调整也是最简单的。美国学者施沃茨和米勒曾经对世界范围内的 51 个社会的社会复杂性和社会调整之间的关系进行过调查，发现在最简单的采集和狩猎社会，甚至没有调解的存在，主要依靠非正式的社会调整，自己解决争端。这是因为，一方面争端比较少，另一方面“有较少的机会发展解决争端的规则化模式”，也就是说，它仍然处在个别性调整阶段。调解是随着争端的增多而发展起来的。③

其次，在只有简单的社会分工，不存在私有财产和阶级分化的社会，其社会调整主要是内在的，人们遵守规则主要是出于内在的自发性，出于习惯，而不是出于外部压力。

① 参见《马克思恩格斯文集》，第 4 卷，98～113 页，北京，人民出版社，2009。
② 同上书，111 页。
③ See R. Schwartz & J. Miller, “Legal Evolution and Societal Complexity”, 70 *The American Journal of Sociology*, pp. 159 - 169.

许多人类学家专门研究了社会分层和法律现象之间的关系，发现凡在不存在分层、不存在财产不平等的社会，如北极的爱斯基摩人*、北美洲的平原印第安人、南美洲的基巴洛人、菲律宾的伊夫高人、苏丹的努尔人、尼日利亚的梯浮人等，几乎看不到任何法的现象。①有的学者甚至由此提出这样一个公式：法随分层成正比地变化。②

再次，原始社会的社会调整不仅受到社会经济状况的影响，而且受到社会组织状况的影响。氏族制度建立在血缘关系的基础上，几乎没有什么社会分工，人们从事共同的劳动，任何人违反了群体规范，都立即会受到其他人直接的、迅速的、非正式的反应和制裁，有轻微的异常行为者会受到嘲笑、白眼、冷遇，有严重的异常行为者则被驱逐出部落，使其处于孤立无援的境地。共同的生活和人们之间的密切关系，使人们不可能对规则有不同的理解，不可能对一种行为是否违反了规则有不同的看法，以致需要分化出一种特殊的机构来专门解释规则、处理争端。因此，氏族首领的权力也是很有限的。有的人类学家指出，凡是氏族首领权力越小的社会，社会分层越小，其社会调整越简单，存在法的可能性越小。

最后，原始社会文化的单一性也是影响其社会调整性质的一个重要因素。原始社会以血缘关系为基础，具有同一血缘关系的人组成同一氏族或部落，他们不仅具有同样的生产方式和生活方式，而且具有同样的习俗、礼仪、宗教信仰，即同样的文化。人类学家发现，在最简单的游牧社会，几乎不存在文化多样性，那里不存在亚文化，没有文化冲突，一个部落的人们很少与其他部落的人们接触。由于文化的单一性，人们对于什么是正当的行为、什么是不正当的行为有共同的理解，有共同的价值观念，因而历来的习俗完全可以承担社会调整的功能，无须更复杂、高级的调整方式。③

三、社会发展与法的起源

(一) 经济、政治变化与法的产生

法的产生与原始社会后期社会经济、政治、组织、文化的一系列变化密切相关，其中，经济的发展和由此而引起的阶级划分和阶级斗争，是最主要的原因。

在原始社会后期，出现了金属工具，劳动生产力有了很大的提高，出现了剩余产品，开始产生私有财产。这就动摇了原始公社和氏族习惯赖以产生的经济基础——原始公有制。在原始社会解体的过程中，曾经出现了三次社会大分工：畜牧业和农业的分工，手工业和农业的分工，商业成为独立的部门。社会分工的发展使经常性的交换成为必要和可能。在这个过程中，个人财富逐渐积累起来，促进私有财产的发展，社会划分为阶

---

* 又称为因纽特人。——编辑注

① See E. R. Service, *Primitive Social Organization: An Evolutionary Perspective*, New York: Random House, 1971, Ch. 5.

② See D. Black, *The Behavior of Law*, Academic Press, 1976, p. 13.

③ Ibid., pp. 74 - 75.

级——奴隶主和奴隶、富人和穷人的现象越来越普遍，出现了阶级矛盾和阶级斗争。① 当代人类学的研究表明，如果说依靠社会舆论的力量、氏族首领的威望，氏族成员能够自己解决争端或通过调解解决争端，那么，随着私有财产和阶级的产生，自己解决争端的方式逐步演变为强者对弱者、富人对穷人、有权者对公有财产的赤裸裸的、野蛮的占有、掠夺；通过第三方的调解这种自愿解决争端的形式也为由第三方强制解决的方式——审判或仲裁所补充，出现了专门解决争端的机构和人员——法庭、警察、监狱，它（他）们可以不顾当事人的反对，剥夺其财产、自由乃至生命。这在一定程度上说明了在阶级社会，最重要的社会调整措施必须依赖特殊的机构的强制力——国家强制力的特征。

(二) 社会组织变化与法的产生

法的产生过程也与氏族组织本身的变化密切相关。在氏族组织解体的过程中，氏族首领的地位发生了质的变化。随着财产的增多和掠夺战争，氏族军事首领的权力也在膨胀，无论是古希腊的巴赛勒斯、古罗马的勒克斯，还是德意志人的扈从队制度，都对从氏族制度过渡到国家，从人民中产生的权力演变为凌驾于人民之上并压迫人民的权力，起了重要的作用。这时，氏族首领的权力再也不是道德式的、父亲般的了，而变成一种压制性的权力。不少人类学家都认为，在阶级社会产生的过程中，社会分层越大，氏族首领的权力越大，社会控制的类型也逐步由以内部控制为主转变为以外部强制为主，由轻微的惩罚到严厉的惩罚，出现了剥夺财产、死刑等措施。

(三) 社会文化变化与法的产生

在原始公社解体的过程中，社会分工和社会组织结构的变化，也带来了人们价值观念和文化的变化。由于人们不再从事同样的劳动，而是具有不同的生产方式和生活方式，在共同劳动中形成的非正式的社会调整方式对从事不同劳动的人们不再奏效。当人们对规则有不同的理解，对一种行为是否违反了规则有不同看法，对某项规则的权威性发生质疑，或者不服从某一判决时，必须补充以正式的社会调整。也就是说，当只依靠习惯调整社会关系日益无能为力时，法的产生才成为必要。法使习惯规范更准确，使人们对规范的理解更为统一，使规范的适用掌握在专门的机构手中，因而，法是适应社会发展要求的社会调整的更高级形式。还应该看到，在原始社会后期，由于土地的买卖，不同氏族的人开始混居在一起。这时居住在一个地方的人们不再是有着血缘关系的同一部落的人们，而是有着不同血缘关系、不同文化背景的人们。由此不仅产生了用地域代替血

---

① 恩格斯在谈到氏族制度解体的过程时指出："……氏族制度是从那种没有任何内部对立的社会中生长出来的，而且只适合于这种社会。除了舆论以外，它没有任何强制手段。但是现在产生了这样一个社会，它由于自己的全部经济生活条件而必然分裂为自由民和奴隶，进行剥削的富人和被剥削的穷人，而这个社会不仅再也不能调和这种对立，反而必然使这些对立日益尖锐化。一个这样的社会，只能或者存在于这些阶级相互间连续不断的公开斗争中，或者存在于第三种力量的统治下，这第三种力量似乎站在相互斗争着的各阶级之上，压制它们的公开的冲突，顶多容许阶级斗争在经济领域内以所谓合法形式决出结果来。氏族制度已经过时了。它被分工及其后果即社会之分裂为阶级所炸毁。"（《马克思恩格斯文集》，第4卷，188页，北京，人民出版社，2009。）

缘作为划分居民的主要标准，从而产生了用地域划分居民的新的社会组织——国家，而且造成原来只适用于某一氏族、部落内部的习惯对有着不同血缘关系的人们没有效力，从而产生了凌驾于各个不同的部落习惯之上的新的社会规范——法律规范。研究非洲国家与法的历史的学者指出：国家与法的产生与文化多样性有着密切联系，非洲最早的国家，如博茨瓦纳、南非的祖鲁、乌干达的班亚克勒和尼日利亚的克德，它们每一个地区都是有着不同文化的人们的聚集区，只有那里才可能产生国家和法。相反，在另外一些地区，如肯尼亚的罗格里、加纳的塔伦斯、苏丹的努尔，这些地区的民族都只有单一文化，几乎没有不同文化之间的相互交流，虽然每一个部落都有悠久的历史，却没有产生国家和法。①

(四) 各国法的起源方式各具特色

虽然，生产力的发展和社会分工、阶级的出现是导致法律产生的最终决定性力量，但在不同的国度，法的产生的途径并不相同：在有的地区氏族内部的阶级分化所导致的氏族的解体起了明显的作用，在有的地区一个部落对另一个部落的征服起了明显的作用，在有的地区不同文化之间的相互交融起了明显的作用。一般来说，在古希腊、古罗马，社会分工、分化，氏族组织的解体对法的形成起了重要的作用；而在古东方国家，由于战争和兴修水利等社会公共工程的需要，社会组织力量的加强起了重要作用；在中国法的产生的过程中，氏族组织并没有解体，而是在一个部落征服另一个部落的基础上建立了宗族奴隶制国家。对于不同国家法的产生的特点，应该在历史唯物主义的指导下分别加以研究。

四、法的产生的标志

法的产生经历了一个长期的过程，在这一过程中原来平等的氏族成员之间的关系演变为不平等的阶级对立关系，氏族首领依靠传统维持的道德式的权力演变为从社会中产生并凌驾于社会之上的国家权力，自己解决纠纷的方式演变为依靠专门解决纠纷的机构——法庭、警察、监狱来解决纠纷。

法的产生的标志大致包括以下几种。

1. 国家的产生

一般而言，法与国家同时产生，是同一个过程的两个方面。国家的产生使正在形成的私有制获得社会普遍承认的形式，并得到国家强制力的保证，从而使法这种新的行为规则具有物质后盾。

2. 出现权利与义务的区分

在氏族制度内部，权利与义务之间还没有任何区别。参加公共事务，实行血族复仇或为此接受赎罪，究竟是权利还是义务这种问题，对印第安人来说是不存在的。在印第

---

① See D. Black, *The Behavior of Law*, pp. 88 - 94.

安人看来，这种问题正如吃饭、睡觉、打猎究竟是权利还是义务问题一样荒谬。随着私有财产和商品交换的出现，有了“你的”“我的”的划分，与此相适应产生了权利与义务。随着私有财产的普遍化和特权的产生，一方面几乎把一切权利赋予了一个阶级，另一方面却几乎把一切义务推给了另一个阶级。①

3. 出现专门解决纠纷的机构

在氏族制度内部，大多数争端都由全体当事人自己解决，历来的习俗把一切都调整好了。私有财产的出现使人们之间的纠纷的性质和数量都发生了很大的变化。起初是野蛮地、赤裸裸地占有公有的或其他人的财产，后来这种占有逐渐披上合法化的外衣，由专门处理纠纷的机构运用国家权力解决，法的野蛮的行使方式变文明了。在法的形成的早期阶段，主要由个人来解决彼此之间的利害冲突，违法往往也只是被看作是对个人利益的侵犯。随着社会分工的发展，社会管理职能被集中在少数人手中，对违法行为的制裁才逐渐由国家专门机构掌握。还应指出，在法被区分为公法和私法之后，在一个相当长的时期内，统治者只把违反公法的行为看作是危害社会基础和侵犯国家利益的行为，对它的制裁由国家实施；而违反私法的行为却仍然被看作是对私人利益的侵犯，由私人自己解决。随着社会的进一步发展，违法行为，无论是违反公法的行为还是违反私法的行为，都被看作是对国家所保护的社会关系的侵犯，法律制裁必须由国家专门实施。

五、原始社会的氏族习惯与法的区别

在西方法人类学的一些著作和中国法学界的某些文章中都有人认为，原始社会的氏族习惯就是法。我国许多学者注意到，恩格斯在谈到氏族制度时曾多次使用了“法庭”“审判”之类的词。有人认为，这说明原始社会的氏族习惯就是法，法有不同的形态，原始社会的法是氏族法，阶级社会的法是国家的法。我们认为，对恩格斯的上述提法要有全面理解。首先，原始社会有不同的发展阶段，在谈到母系氏族时，恩格斯使用这些词，是为了简便起见，是用现代的说法表示还不存在这些现象的社会状况，比如，他在使用“母权制”一词时特别声明，它是不太恰当的，因为在社会发展的这一阶段上，还谈不到法律意义上的权利。其次，在谈到父系氏族时，由于它正处在从原始公社向阶级社会的过渡阶段，氏族组织和氏族规范正处在向国家与法演变的过程中，出现“法庭”“审判”之类的现象完全是合乎逻辑的，因此，把氏族习惯和法混同起来，把它们看作是法的不同形态，不但将造成逻辑的混乱，而且只能使原来已经清楚的问题变得更加混乱。

原始社会的氏族习惯和法的区别可以被概括为以下几个方面。

（1）二者赖以存在的社会基础不同。原始社会的氏族习惯建立在原始公有制的基础上，反映氏族全体成员的意志；而法建立在阶级分化的基础上，反映社会上占统治地位的阶级的意志。是否与存在经济上的不平等、存在阶级分化的社会相联系，构成了法与原始社会的氏族习惯在社会本质上的区别。

（2）二者赖以形成和实施的社会力量不同。原始社会的氏族习惯是在氏族成员长期

---

① 参见《马克思恩格斯文集》，第4卷，197页，北京，人民出版社，2009。

的共同劳动和共同生活中自发形成的，依靠氏族首领的威望、人们内心的信念、传统的力量而实施；法是由国家制定或认可并有国家强制力保证而实施的。是否与国家权力相联系，构成了法与原始社会的习惯在社会调整形式上的重大区别。

第二节　法的历史类型

一、法与法律制度（法制）

通常，当我们谈论法的历史发展以及法系、法的历史类型等问题时，我们所涉及的往往并不仅仅是作为规范体系的法本身，而是更宽泛意义上的法律制度。因而，有必要首先说明一下法律制度这一概念。

法律制度（legal system），经常被简称为法制。“法制”“法律制度”这两个概念在中国法学著作中有不同的含义。

有时，法律制度是指有共同调整对象，从而相互联系、相互配合的若干法律规则的总和，如所有权制度、合同制度等具体制度。这相当于英文中的 legal institution。有时，法律制度的含义比上述含义大得多，它包括法（法律规范），又大于法，是一个国家或地区整个法律上层建筑的系统[①]，相当于英文中的 legal system、俄文中的 ираеаеая шстема。[②]

由于种种原因，在我国，过去曾有一段时期，“法制”一语是指一种依法办事的原则。这相当于英文中的 rule of law 或 legality[③] 和俄文中的 Законносrb。值得注意的是，英文、俄文中的这个词在被译为中文时，也很不统一，本应被译为法治或合法性，但有时也被译为法制。然而，法治与法制（法律制度），显然属于不同层次的法律现象：前者指的是治国的一种方针，是法律制度运行的一种原则（本书将有专章论述）；后者，即本章所论述的法制（legal system），显然另有所指。

我们认为，从内涵上来看，法制是一个国家或地区法律上层建筑的各个因素所组成的系统，从其构成看，起码包括法、法律实践及指导法和法律实践的法律意识。

构成法制的法，是一个国家或地区的现行法律规范的总和。各种法律规范有机联系的总体构成的法的体系（system of the law），即一国法的内在结构。法的内在结构主要表现为公、私法和不同法的部门的划分。法的外在结构则是法的形式渊源的结构，如制定法、判例法、习惯法，它们在不同国家的法制中占有不同的地位。

法律实践是法在社会中的运动形式，西方学者有时称之为“行动中的法”或“活法”，与“书本上的法”相对应。法律实践包括多种形式，有的需要国家主管机关干预，有的不需要国家主管机关干预，包括司法、行政执法、仲裁、调解等多种形式。在不同

---

① 参见孙国华：《法学概论》，45～47 页，北京，高等教育出版社，1989。

② 值得注意的是，英、俄等文字中的这一术语在被译为中文时，也不统一：有的学者把它译为“法律体系”，有的学者译为“法律秩序”，有的则译为“法律系统”。

③ 当然，也应注意到，在不少人看来，rule of law 与 legality 二词并不具有同一个意思。

国家的法制中，这些不同法律实践形式的地位和作用差别也很大。

法律意识与法和法律实践有着紧密联系。一般讲，同法相一致的法律意识，对法和法律实践起积极推动作用，是一个国家或地区法律上层建筑系统的有机组成部分。反之，同法不一致的法律意识，对法和法律实践起消极阻碍作用，不构成一国法律上层建筑系统的组成部分。法律意识本身虽然不是法，但脱离法律意识的法和法律实践只是抽象的、死的东西。法律意识受到一个民族的法律文化传统、法在人类生活中的地位的强烈影响，在不同法制中也表现为不同的形式，如好诉心理、厌诉心理、"德主刑辅"、"法律至上"等等。

因此，法、法律实践和一个社会占主导地位的法律意识这些法制的不同构成因素，是一个有机联系的整体。不同法制的区别，有时表现在这一因素上，有时表现在那一因素上，有时也可表现在几个因素上。

二、法的历史类型的变更

法的历史类型，也即法律制度的历史类型，是按照法律制度赖以产生的生产关系的类型和反映的阶级意志的不同，对历史和现实的不同国家或地区的法律制度进行的分类。凡是建立在同一经济基础之上，反映同一阶级意志的法律制度就属于同一法的历史类型。历史上存在过的法律制度包括四种历史类型，即奴隶制类型法、封建制类型法、资本主义类型法和社会主义类型法。在本章，我们主要论述前三种类型的法的特点。对于社会主义类型的法，本书后面有专章论述。

（一）法的历史类型变更的社会根源

法的历史类型的变更，即一种类型的法代替另一种类型的法，从法律制度自身不可能得到说明。其变更的根本原因在于社会基本矛盾，即生产力与生产关系、经济基础与上层建筑之间的矛盾运动。马克思指出：社会的物质生产力发展到一定阶段，便同它们一直在其中运动的现存生产关系或财产关系（这只是生产关系的法律用语）发生矛盾。于是这些关系便由生产力的发展形式变成生产力的桎梏。那时社会革命的时代就到来了。随着经济基础的变更，全部庞大的上层建筑也或慢或快地发生变革。① 因此，法的历史类型的变更的根本原因在于生产关系阻碍了生产力的发展，从而使建立在生产关系之上的包括法律制度在内的整个上层建筑或慢或快地发生变革，旧的类型的法或迟或早地必然为新的更高类型的法所代替。

法的历史类型的变更是通过社会革命实现的，即代表先进生产力的阶级推翻代表落后生产力的阶级，就像是封建制类型法代替奴隶制类型法、资本主义类型法代替封建制类型法、社会主义类型法代替资本主义类型法时发生的那样。尽管社会革命的形式不同，但它们都意味着一种阶级统治推翻另一种阶级统治的革命，与此相适应的是法的阶级本质的变更。

---

① 参见《马克思恩格斯全集》，2版，第31卷，412～413页，北京，人民出版社，1998。

但是，法的发展不都是通过法的历史类型变更的形式表现出来的。当生产力与生产关系、经济基础与上层建筑之间的矛盾还没有发展到非用社会革命的方式解决不可的程度时，法的变更就属于同一历史类型内部的变更，它并不伴随着整个社会经济形态的根本变革，而属于在同一社会形态内部，生产关系适应生产力、上层建筑适应经济基础的部分调整。

法的变更，无论是法的历史类型的变更，还是同一历史类型内部的变更，其最终原因都在于社会基本矛盾，在于法律制度必须适应社会总的经济状况要求的规律。在法的历史类型变更中，法律制度内部各个因素无论怎样协调都不可能适应社会经济状况的要求，只有通过从根本上推翻旧的法律制度，建立新的法律制度，才可能适应新的生产力发展的需要。而在同一历史类型法的变更中，通过协调由经济发展所造成的法律制度内部各个因素之间的矛盾，也可使法律制度在一定程度上适应社会经济发展的要求。

（二）经济社会关系与法制变迁的互动

法律制度的发展还受到其内部各个因素之间关系的影响。在正常情况下，法律制度内部的每个因素——法律规则、法律实践、占主导地位的法律意识——是相互适应的，形成一个内部和谐一致的体系。而在社会经济状况发生变化时，这种内在的和谐一致将会被打破，法律规则、法律实践及法律意识之间就会发生矛盾。经济状况的变化，往往首先影响人们的法律意识的变化，从而使法律意识与法律制度的其他构成因素发生矛盾。统治阶级为了调整这种矛盾，有时不是直接修改、变更法律规则，而是通过法律实践的变化，通过法律解释、类推等方式来达到调整的目的。这又使法律实践与法律规则发生矛盾。

法的变更只通过法律制度自身不可能得到最终的说明，因为法也和宗教一样，是没有自己的历史的，如果没有社会经济状况的变化，就不可能说明法律制度内部怎样从和谐一致变为相互矛盾，又怎样从相互矛盾变为和谐一致。但社会经济状况对法律制度的发展的影响又恰恰是通过法律制度的内部因素而实现的。

三、法的历史继承性

在不同的历史类型的法之间，由于它们赖以建立的经济基础和反映的阶级意志的不同而存在本质的差别。但法律制度作为上层建筑现象，又具有相对独立性。法律制度的相对独立性既表现为法律制度对经济基础的反作用，法律制度与政治、道德、宗教等其他上层建筑现象的相互作用，又表现为在法律制度的历史发展过程中不同类型的法之间存在历史的连续性、继承性，新的类型的法律制度在取代旧的类型的法律制度时可以批判性地吸收和借鉴旧法中适合新的社会形态需要的某些因素。

法律制度的继承性表现为多种形式。

（1）有的表现在法律规则方面。如执行社会公共职能的法律规范，像交通、环境保护、资源、人口、水利、卫生等方面的法律规定，是任何阶级占统治地位的社会都必须有的；又如反映商品经济、民主政治的一般规律的法律规范，只要实行商品经济、民主政治，无论是社会主义法还是资本主义法，都应是必须具有的共通的规则。

(2) 有的表现在法律实践方面。如大陆法系的纠问制的审判制度，英美法系的对抗制的审判制度，中国、日本等国家的调解制，都有着长久的历史，虽然这些国家的社会形态几百年来发生了很大的变化，但在当代，它们仍然是这些国家法律实践的特色。

(3) 有的表现在法律意识、法律文化方面。在法律技术、概念、术语、范畴等方面，新的法律制度沿用旧的法律制度的一些因素的情况比比皆是，而人们对待法律的心理、态度，在不同国家、不同民族间也经常有继承性。

法的继承性与法的阶级性不是绝对对立的，它们反映的是法的历史类型变更过程中的两个不同方面。法的阶级性指的是不同类型的法之间在其社会政治内容、阶级本质上的根本区别；而法的继承性指的是不同类型的法之间在其专门法律内容、法律技术内容方面的历史联系。因此，既不能因为法的历史阶级性否定法的继承性，也不能因为法的历史继承性否定法的阶级性。

四、法律移植

法律制度的相对独立性，既表现为在同一国度社会形态发生变革时期新的类型的法与旧的类型的法之间的历史联系，也表现为在不同的国度属于不同社会形态的法律制度之间的相互借鉴、吸收、移植。

法律移植，即一个国家的法律制度的某些因素是从另一个国家的法律制度或许多国家的“法律集团”中输入的。输出国是这些法律制度因素的母国，具有典型意义。实际上，大陆法系的法国、德国，英美法系的英国，古代远东法系的封建社会的中国，社会主义法律制度的苏联等，对相应国家的法律制度来说都具有“母国”的地位。值得注意的是，自从人类进入资本主义时代以来，现代世界各国法律制度都不是封闭的、不与其他国家的法律制度交往而自我独立发展的。可以这样说，没有一个国家的法律制度的规则、概念、法律实践、法律意识等因素完全是自己独立创造，而没有吸收、借鉴其他法律制度的相应因素。

在当代世界法律制度中，不仅在同一法律集团（无论是法的历史类型还是法系）内部发生法律移植，而且在大的法律集团之间也发生相互吸收、借鉴的现象。比如，所谓西方两大法系之间趋同就是这一现象的反映。资本主义法律制度与社会主义法律制度之间相互借鉴，利用对方的某些制度、规则、经验的情况，也是人所共知的。

法律移植，借鉴和吸收其他国家甚至不同社会形态国家的法律制度，是法律制度发展的一条捷径。因为在当代世界，虽然各国的社会制度不同，但往往会遇到相同的问题，这样可以借鉴和吸收其他国家在处理同一问题上的法律手段，完全不必把自己封闭起来，关起门来搞代价很高的法律实践，一切都要自己从头做起。实践证明，教条主义的态度(照抄照搬)、经验主义的态度对法制建设都是不利的。

法律移植的效果有好坏之分。有的移植的效果好，对“输入国”的社会经济发展起到了促进作用，能与该国原有的法律制度较好地结合；有的移植的效果不好，与

"输入国"的社会制度格格不入，或者表面上有一套从其他国家移植来的法律制度、法律规范，但它们充其量只不过是"书本上的法"，在这些国家实际通行的却是自己的传统法、习惯法。法律移植成功与否，同被移植的法律制度、规则与"输入国"的社会土壤是否适合直接相关。如果某个法律规则的原产地（输出国）与输入国的社会土壤相似，那么，在原产地（输出国）能够行之有效的法律规则在新的社会土壤上也大体能达到预期的效果，否则，在原产地（输出国）再好的法律制度在新的社会土壤上也不能奏效。因此，在法律移植问题上一定要采取具体情况具体分析的态度，经验主义和教条主义都是不可取的。

资料链接

五年以来，海外之新思想随列强侵略之势力以入中国，始为一二人倡之，继焉千百人和之。彼其倡之者，固非必尽蔑旧学也，以旧学之简单而不适应于时势也，而思所以补助之，且广陈众义，促思想自由之发达，以求学者之自择。而不意此久经腐败之社会，遂非文明学说所遽能移植。于是自由之说入，不以之增幸福，而以之破秩序；平等之说入，不以之荷义务，而以之蔑制裁；竞争之说入，不以之敌外界，而以之散内团；权利之说入，不以之图公益，而以之文私见；破坏之说入，不以之箴膏肓，而以之灭国粹。斯宾塞有言："衰世虽有更张，弊泯于此者，必发于彼，害消于甲者，将长于乙。合通群而核之，弊政害端常自若也。是故民质不结，祸害可以易端，而无由禁绝。"呜呼！吾观近年来新学说之影响于我青年界者，吾不得不服斯氏实际经验之言，而益为我国民增无穷之沉痛也。夫岂不拔十得一，能食新思想者之利者，而所以偿其弊殆仅矣。《记》曰："甘受和，白受采，忠信之人，可与学礼。"又曰："橘在江南为橘，过江北则为枳。"夫孰意彼中最高尚醇美利群进俗之学说，一入中国，遂被其伟大之同化力汩投而去也。要而论之，魏晋间清谈，乾嘉间之考据，与夫现今学子口头之自由平等权利破坏，其挟持绝异，其性质则同。而今之受痼愈深者，则以最新最有力之学理，缘附其所近受远受之恶性恶习，拥护而灌溉之。故有清二百年间，民德之变迁，在朱学时代，有伪善者，犹知行恶之为可耻也；在汉学时代，并伪焉者而无之，则以行恶为无可耻也。及今不救，恐后此欧学时代，必将有以行恶为荣者，今已萌芽于一小部分之青年矣。夫至以行恶为荣，则洪水猛兽足喻斯惨耶！君子念此，肤粟股栗矣！①

——梁启超

第三节 前资本主义社会的法律制度

一、前资本主义社会法律制度的一般特点

前资本主义社会法律制度，即奴隶制类型和封建制类型的法律制度。我们将奴隶制

① 梁启超：《新民说·论私德》，载《饮冰室合集》，第6册，专集四。

类型与封建制类型的法律制度放在一起，是因为它们与资本主义类型以及社会主义类型的法律制度相比，具有共同的特点。

马克思在自己的著作中曾多次使用“前资本主义”和“资本主义前”的概念。他提出：人的依赖关系（起初完全是自然发生的），是最初的社会形态，在这种形态下，人的生产能力只是在狭窄的范围内和孤立的地点上发展着。以物的依赖性为基础的人的独立性，是第二大形态，在这种形态下，才形成普遍的社会物质交换、全面的关系、多方面的需求以及全面的能力的体系。建立在个人全面发展和他们共同的社会生产能力成为他们的社会财富这一基础上的自由个性，是第三个阶段。① 这里马克思划分了前资本主义、资本主义和共产主义三种社会形态。前资本主义社会区别于资本主义社会的最大特点在于，它建立在人的依赖关系基础上，在氏族公社解体的过程中是氏族成员对具有很大权力的酋长、家长的依赖，在奴隶制下是奴隶对奴隶主的依赖，在农奴制下是农奴对农奴主的依赖，在封建制下是农民对封建领主的依赖。这种依赖关系同资本主义社会工人与资本家的关系不同，它具有人身依附的性质，奴隶和农奴没有或缺乏独立的人格，他们作为奴隶主、农奴主所占有的生产资料、土地、劳动工具等的附属物而存在。

每种生产方式都产生出它所特有的法律关系。与前资本主义社会生产方式相适应的法律制度必然以维护这种人身依附关系为特点，因此，前资本主义社会法律制度，无论是奴隶制类型还是封建制类型的法律制度，都是“等级法”“特权法”。这种法律制度公开确认人们身份的不平等，奴隶没有独立的人格，不能作为权利主体参加到法律关系中。不仅如此，子女、妇女的法律地位也是不完全的，在罗马有所谓“父权下的子”“保佑下的妇女”的身份。在中国古代社会中，有“君为臣纲，父为子纲，夫为妻纲”。即使在统治阶级内部不同等级之间的尊卑贵贱也是法律所直接规定的，也就是说，人们的法律地位完全由“身份”来决定。

二、前资本主义社会法律制度的东西方差异

前资本主义社会法律制度在东、西方各国各有自己的特点。西方奴隶制国家，特别是希腊、罗马，建立在氏族制度解体的基础上，土地私有制代替了土地公有制，其法律制度具有“私法奴隶制”的特点，因而罗马私法得到了较大的发展；而东方奴隶制国家，无论是阿拉伯、波斯、印度还是中国，不存在土地私有。中国奴隶制社会所谓“普天之下莫非王土，率土之滨莫非王臣”反映的就是这种情况，其法律制度则表现为规定不同等级的行政隶属关系的“礼”及“刑”的发达，重刑轻民。

西方封建国家教权和皇权的对立是其政治制度的特点，与此相适应形成了教会法与世俗法的二元论。而在东方，特别是中国，宗教权力始终没有形成与皇权相抗衡的力量，皇权至高无上，不受任何权力约束，皇帝自视为神的化身，是“天子”，这样就形成了强大的中央集权国家。

---

① 参见《马克思恩格斯全集》，第46卷（上册），104页，北京，人民出版社，1979。

第四节 资本主义社会的法律制度

一、自由资本主义法律制度

资本主义生产方式的特征在于“以物的依赖性为基础的人的独立性”。它与前资本主义社会的区别包括：第一，前资本主义社会生产方式中作为生产“自然前提”的生产资料、土地、生产工具等变成了可以自由买卖的财产；第二，劳动与生产资料相分离，劳动者不再对生产资料所有者具有人身依附关系，不再是奴隶主和农奴主生产资料的附属物，而具有独立的人格，能够自由地出卖自己的劳动。这些特点，在自由竞争的条件下发展得最为充分。

与上述自由资本主义生产方式相适应，资本主义类型法律制度首先必然具有反对封建特权的原则。它公开宣布，无论人们的出身、阶级、性别、文化程度、宗教信仰、财产状况如何，即无论人们的“身份”如何，在法律面前一律平等。这样就为身份卑微的“第三等级”取得合法地位、登上政治舞台奠定了基础，也为资产阶级在经济交往以及其他活动中排除一切非法干预扫清了道路。但在资本主义条件下，法律面前人人平等只具有形式平等意义，它掩盖了事实上的剥削和不平等。这样，资产阶级在反对封建特权的同时，又建立了财产的特权。

自由资本主义法律制度主张私有财产神圣不可侵犯的原则。人们对自己的财产具有占有、使用、处分的绝对权利，任何人非经所有权人许可不得干涉其行使财产权，侵犯其权利。国家作为私有财产的守护神，对私人权利的行使实行“不干预主义”。在资本主义条件下，私有财产神圣不可侵犯的原则在表面上适用于一切人，保护一切人的私有财产，但实质上它只能有利于有产者，对无产者来说，没有什么像样的财产（生产资料）可被保护。

自由资本主义的法律制度还主张契约自由的原则。随着前资本主义社会人身依附关系的解体，人们之间的关系日益建立在自由订立的契约的基础上，任何人都有缔结或不缔结契约的自由，有选择缔约对象的自由，有缔结任何一种契约的自由，而且它们完全建立在缔约各方意思表示一致的基础上，政府对此不加干涉。因此，就法律形式的特征而言，从前资本主义向自由资本主义的过渡必然伴随着“从身份到契约”的运动。① 契约自由原则有利于财产的转移，财富的积累。但对无产者来说，由其经济地位所决定，虽然他已是自由的劳动者，法律并没有限定他必须缔结契约、和谁缔结契约以及缔结什么性质的契约，但他必须缔结契约，并且必须和拥有一定财产、能够支付工资给他们的有产者缔结契约，其性质也只能是出卖自己的劳动力、受雇于有产者的契约。

自由资本主义的法律制度也主张法治原则。它的法治建立在资本主义商品经济和民主政治的基础上，主张国家权力的行使必须有法律根据，不得侵犯法律所规定的公民的

① 参见［英］梅因：《古代法》，95～97页，北京，商务印书馆，1959。

权利。为适应社会生活的需要，突显了公、私法的划分，不把调整国家与公民之间关系的公法所通行的命令性原则运用到处理公民之间财产关系的私法领域。为了防止国家权力的滥用，主张以权力制约权力，提出多党制和立法权、行政权与司法权的分立。资产阶级的法治原则正像法律面前人人平等的原则一样，在反对封建专制的斗争中有进步意义，也为人类政治文明、法律文化积累了有益的经验，但在实践中，往往很难做到，而且这种法治本身也只具有形式公正的意义。

案 例

洛克纳诉纽约州（Lochner v. New York）①：关于契约自由的一个案例

在20世纪初，美国纽约州制定了一项关于面包店工人最高工时的法律，其中规定："在饼干店、面包店或蛋糕店，任何职员都不得被要求或允许每星期工作超过60小时，或者每天超过10个小时。"洛克纳是一个面包店的店主，他因为允许其工人每周工作超过60小时而被州政府罚款50美元。洛克纳提起诉讼。在州法院败诉后，他上诉至联邦最高法院，诉纽约州政府的这一禁令违法了美国宪法第14条修正案的正当程序条款所保护的自由之一，即契约自由。

联邦最高法院以5比4的结果判决州政府败诉。多数意见承认州政府具有保障公共健康、安全和道德的、广泛的"治安权力"（police power），但是，纽约州的这一禁令剥夺了工人挣一些额外收入的机会，侵害了洛克纳与其所雇工人之间的契约自由。而契约自由当属第14条修正案所保护自由的一部分。此案有广泛影响，也引发了广泛争议。

二、当代资本主义法律制度

随着资本主义经济从自由竞争到垄断的发展，19世纪末、20世纪初，特别是第二次世界大战以来，资本主义法律制度及其运行的原则也发生了很大的变化，这种变化可以概括为两种基本形式。

第一种形式表现为一定时期某些资本主义国家法西斯化的倾向，公开抛弃法治的民主内容。像列宁在分析第一次世界大战时期的德国法律制度时所说的那样，德国的统治阶级曾建立了在19世纪下半叶最强大的国家，并创造了法治长久存在的条件，但现在，它们就要走到反面，就要为保存资产阶级的统治不得不摧毁它们的这种法治了。列宁认为，无产阶级在一定时期的斗争可以在"利用资产阶级法制"的基础上进行，但是当阶级斗争进入最后阶段时，利用资产阶级法治就会变为摧毁全部资产阶级法治的伟大革命斗争。因此，摧毁旧法制，建立新型的社会主义法律制度，就是这一斗争的结果。第二次世界大战结束以后，随着德、意、日法西斯制度的灭亡，在欧亚大陆上出现了一系列新型的社会主义类型法律制度，就是这种变化引起的结果。

第二种形式表现为垄断时期资本主义法律制度的结构性变化，出现了许多与自由资

① Lochner v. New York，198 U. S. 45（1905）.

本主义法律制度的特征不同的倾向。

西方学者对当代西方法律制度的变化有不同的概括。如美国学者昂格尔所说的从法治转变为“福利—合作国家”，伯尔曼所说的“西方法律传统危机”，诺尼特和塞尔滋尼克所说的“从自主性法向适应性法的过渡”，梅里曼所说的“公法与私法划分的危机”“公法私法化”“私法公法化”，等等。他们使用了不同的术语，强调了当代西方法律制度发展变化的不同方面。总括起来，我们可以把当代资本主义法律制度不同于自由资本主义法律制度的特点归纳为以下方面。

（1）加强国家对社会生活的干预。国家不再只是充当“私有财产的守护神”这一被动角色，而是积极参与社会财富的再分配。自由资本主义法律制度通行的绝对所有权和契约自由的原则为对所有权行使的限制和标准化契约所代替。国家在“保护社会利益”的名义下进入私人生活领域，从而大大加强了行政权。有的学者甚至认为，行政权力重新变为至高无上、不受法律约束的权力。

（2）福利国家政策及社会立法的兴起。为了缓和阶级矛盾，国家在住房、医疗卫生、最低工资标准、失业救济等方面采取一系列福利措施，出现了社会立法的新领域。与此相适应，在司法实践中法律推理由注意“形式公正”转变为注意“结果公正”，从以法律规则为中心转变为以目的和政策为依据。

社会立法的出现，打破了自由资本主义时期所形成的公法与私法的界限。一方面，私法公法化，民商法已不再居于整个法律体系的中心，大量的民事、经济行为，如果没有国家干预，没有许可证制度，是不可能完成的；另一方面，公法也私法化，国家垄断的出现、国营企业的建立，使国家成为私法活动中的主体。公与私之间已经很难再划出一条明确界线。

（3）加强法官的自由裁量权。国家越来越经常地发布一些含糊的“不确定规则”、“任意标准”和“一般原则”指引司法，从而使执法能够适应变动的社会环境，有更大的行动变通性和灵活性。自由资本主义时代那种由法律作出明确、细密的规定，法官判决严格以这些规定为依据，限制自由裁量的做法在当代资本主义法律制度中发生了很大变化。

（4）法律体系的变化。这表现在：授权立法、行政立法的作用日益增大，议会立法的中心地位受到削弱；与此同时，针对特别人、特别地区、特别问题并有特定生效期间的各种单行法、特别法的数量越来越大。有的学者甚至哀叹：当代西方法律制度正在变成一个杂乱无章、偶然拼凑的体系！

（5）违宪（合宪性）审查制度的建立。一些国家设立了宪法法院或宪法委员会，另外一些国家由普通法院代行其职权，对法律和其他规范性文件的合宪性进行审查。这一方面加强了法治，另一方面又削弱了作为西方政治法律制度基石的分权原则。

（6）严格责任原则的确立。随着保险事业的发展，为了提高司法审判的效率，解决“诉讼爆炸”的问题，刑法和侵权行为法中的过错责任原则在某些领域逐步让位于严格责任原则，即无论行为人主观上是否有过错，只要行为造成危害的结果，行为人就要承担赔偿责任。

（7）在法律理论上，更加重视法外因素对法、法律过程的影响。以当前美国法理学的三大主要流派，即权利与原则法学、经济分析法学和批判法学为例，虽然它们之间有各种不同的观点，但有一点是共同的，即都批判严格、僵化的法条主义。德沃金的权利与原则法学认为，法的概念不仅包括规则，而且包括原则和政策；经济分析法学认为，“福利的最大化”是普通法发展的社会基础，法官判决实际是以“效益”为根据；而批判法学则提出“法就是政治”的口号，认为法律推理不是根据法律规则，它具有非确定性，法官选择以什么规则为依据是根据政治，是不同政治力量之间的斗争。

三、西方的两大法系

法系是按照法律制度的历史传统、法在形式上及结构上的特征、法律实践的特点、法律意识以及法在社会生活中的地位等因素对法律制度进行的划分。

划分法系可以使用不同的标准：按照法的历史传统、法的结构和法律渊源的差别，可以划分为大陆法系和英美法系；按照宗教对法律制度的影响，可以分为宗教法系和世俗法系。在历史上，在中世纪欧洲各国宗教法曾起支配作用，而现代伊斯兰国家的法仍受到伊斯兰教法的支配。与此相对应的世俗法国家都实行政教分离，宗教教规被排除在国家法律之外。按照法在社会生活中的地位、法的重要性程度以及法律意识的特点，可以划分为以古代中国、日本、朝鲜为代表的远东法系或中华法系和以西方国家为代表的西方法系。

把当今一些国家的法律制度归类并划分为大陆法系和英美法系，是一种有影响的法系划分方式。大陆法系和英美法系属于同一历史类型，即资本主义法律制度，但各具有不同的形式特点。二者的区别可大致被概括为以下几点：

(1) 历史渊源的差别。大陆法系发源于欧洲大陆，经过文艺复兴时代欧洲各大学的努力才形成；英美法系发端于英国，在历史上与维护王权的至高无上和法律的全国统一相联系。

(2) 在大陆法系的形成过程中，法学家起了重要作用，因此其又被称为“法学家法”；而对英美法系的形成，法官起了重要作用，故其又被称为“法官法”。

(3) 法的渊源上的差别。大陆法系以制定法为主要渊源，法被理解为抽象的规范；英美法系以判例法为主要渊源，它以解决诉讼为目的。

(4) 实体法和程序法的地位不同。大陆法系重视有关法的实质规定，重视实体法；英美法系对有关审判、诉讼程序、证据的规定以及有关判决执行的规定即程序法，给予特别的关注。

(5) 法的结构上的差别。大陆法系的法的结构突显了公法与私法的划分，由于历史的原因，规定公民间关系的民法、后来形成的民商法在整个法的体系中起着重要的作用；而英美法系中由于普通法起源于对王权利益的维护和约束，所以公法居于重要地位，所使用的概念和词汇也有与大陆法系不同的特点。

第五节　社会主义法律制度

一、社会主义法的产生和特点

社会主义法的产生，以建立社会主义的社会制度为前提。社会主义运动是人类进步历史进程中一场波澜壮阔的社会运动。几百年来，形成了形形色色的社会主义思想及相应的实践。在19世纪40年代马克思恩格斯创立马克思主义、唯物史观之后，世界各国社会主义运动才有了科学理论的正确指引，社会主义运动从此进入新的时代。马克思恩格斯研究了人类社会发展的内在规律，揭示了社会发展进步的根本动因。科学社会主义运动的快速发展，催生了社会主义制度，也催生了社会主义法。

社会主义法的产生和发展，是人类文明发展历程中具有划时代意义的大事，其发展历程也必然不是一帆风顺的。1917年十月革命后，苏俄建立了社会主义制度，成为第一个社会主义国家，相应的，也逐步建立了社会主义法制。苏联成立后，苏联的社会主义法制取得了重要成就，也遇到了巨大的挫折。第二次世界大战后，多个社会主义国家陆续建立，也都创建了本国的社会主义法制。各国生产力发展水平不同、经济社会发展水平不同、文化各有特色，社会主义法在各国也必然呈现不同的特点。各国根据自己的国情、社情的实际来发展本国的社会主义法，正是社会主义生产关系的内在要求。

从法的历史类型看，社会主义法是最高历史类型的法。社会主义法的一般特点，主要包括以下几点。

一是社会主义法是体现劳动人民共同意志的法。前资本主义法和资本主义法，都是剥削类型的法。社会主义法是以劳动人民当家作主、人民成为国家的主人为制度前提的法，相比于之前剥削阶级的法，社会主义法体现最广大人民的共同意志，因而具有全新的阶级本质。被压迫的人民翻身成为社会和国家的主人，必然使国家的法律制度呈现全新的本质和面貌。因而社会主义法的核心特点，体现在它所体现的人民意志，社会主义法的人民性也是其民主性、阶级性。

二是社会主义法的人民意志性需要借助服务于人民的政党意志和行动来实现。应当看到，在一个很长的历史时期内，社会主义法与资本主义法必然同处于一个世界体系中，并行发展，持续进行制度竞争。因而，发展社会主义法，必须认真对待各国的国家形式、民族差异、经济社会发展水平差异等问题。人民在政治上组织起来，参与到政治过程中，也需要以各类的政党制度为前提。大概很难想象，在当今时代，各国人民能完全绕开政党而自己组织起来高质量的政治生活。符合人民利益的政党组织、政党体制、政党政治，是形成和实现人民意志、人民法制所必需的组织构造。当然，至于政党的具体形式、活动方式等，各国必然有其自己的特点。就算同属社会主义法，各国的政党制度也会各有特色。

三是社会主义法体现社会主义生产关系的根本要求。在人民共同意志的背后，对法的本质起决定作用的是社会主义的生产关系。社会主义法必然以真正的人民所有制为方向，这样才能克服生产资料所有制、经济关系对人的全面发展的束缚和压迫，在更高水平上实现人民对社会关系的自觉控制，为人的全面自由发展打开空间。这当然是一个漫长的历史发展过程。比如，就我国而言，我国还只是处于社会主义的初级阶段，我国的社会主义法便不可避免地具有初级阶段社会主义的特点。

二、中国社会主义法的产生和发展

各国社会主义法应有共同的阶级本质，也必然有各国法制自己的特色，中国社会主义法的产生和发展也是如此。1949年新中国成立后，经过社会主义改造，彻底推翻了半殖民地半封建的社会制度，建立了社会主义制度，创建了社会主义法。革命根据地时期的法制是我国社会主义法的雏形，为新中国法制积累了经验。新中国成立后，我们党在不长时间内领导人民制定了1954年宪法和婚姻法、土地法等一批法律法规，确立了我国政治制度、法律制度、立法体制、司法体制，确立了社会主义法制原则，为巩固社会主义政权和进行社会主义建设发挥了重要保障和推动作用。在“文化大革命”期间，法制建设遭遇严重挫折和倒退，如立法工作停滞，执法、司法工作也无法正常开展，大量干部群众的生命财产等合法权益受到严重损害等。

1978年，我国开始实行改革开放，社会主义法制也进入快速发展的新时期。有关社会秩序、社会管理，有关改革开放、社会主义市场经济的立法等快速推进，执法和司法工作也逐步走上正轨。到2010年，我国基本建成中国特色社会主义法律体系。党中央提出“依法治国，建设社会主义法治国家”的重大治国战略，并推动将其写入《宪法》。党中央提出“坚持党的领导、人民当家作主与依法治国有机统一”，这是我国社会主义法治建设的重要指导思想和根本遵循，也是我国社会主义法的人民性、阶级性所呈现和要求的鲜明特点。

2012年党的十八大以来，中国特色社会主义进入新时代，中国依法治国事业也进入新时代。习近平法治思想引领我国新时代的法治建设，其中包括了一系列重要的原创性思想。在新时代，党中央提出了新时代全面依法治国的方略，提出在社会法律体系基础上建设社会主义法治体系的重大任务，各个领域法治取得历史性的重要成就，比如：在立法原则、立法制度上进行了重要创新；颁行了《民法典》；有关生态文明领域的法治、国家安全法治、社会治理领域的法治等取得重要进步；等等。

本书下编“中国社会主义法的产生和发展”一章，对我国社会主义法的产生和发展问题会有详细的阐述，故这里就不展开了。

问题与思考

1. 怎样认识原始社会的社会调整的特点？
2. 氏族习惯与法赖以存在的社会条件有何不同？
3. 是否可以把原始社会的习惯看作是法的一种形式？为什么？
4. 法的历史类型变更的社会原因和法律原因是什么？如何理解这二者的关系？

5. 法的阶级性与继承性的关系如何？

6. 前资本主义法律制度有何特点？

7. 自由资本主义法律制度有何特点？

8. 当代资本主义法律制度发生了哪些变化？如何看待这些变化？

9. 如何认识两大法系的区别？

阅读文献

1. 恩格斯. 家庭、私有制和国家的起源//马克思恩格斯全集：第28卷. 2版. 北京：人民出版社，2018

2. M. H. 马尔琴科. 国家与法的理论：第2版. 徐晓晴，译. 北京：中国政法大学出版社，2010

3. 哈罗德·J. 伯尔曼. 法律与革命：第1卷. 北京：法律出版社，2008

4. 刘星. 重新理解法律移植：从历史到当下. 中国社会科学，2004（5）

5. 马蒂亚斯·赖曼，莱因哈德·齐默尔曼. 牛津比较法手册. 高鸿钧，等译. 北京：北京大学出版社，2019

6. 帕特里克·格伦. 世界法律传统：第3版. 李立红，等译. 北京：北京大学出版社，2009

第三章
法的作用

本章概要

法产生于社会生活的客观需要，又对社会生活发挥着重要而深刻的影响。研究法的作用，就是研究法这一治理工具在人类生活中扮演的角色和产生的影响。法的作用和法的职能二者所指的内容接近，经常被等同。法的作用可划分为法的规范作用与法的社会作用。法的社会职能也可划分为法的阶级统治职能与法的社会公共职能。法对人类生活的影响反映了法作为一种特殊的社会调整工具的价值，因而认识法的价值也是在从一个侧面理解法的社会影响。理解法的作用时应当认识到法的局限性，反对法的万能主义或法的无用论。

关键术语

法的作用　法的功能　法的社会作用　法的规范作用　法的阶级统治职能　法的社会公共职能　利益调节　法的局限性

第一节　法的规范作用与社会作用

一、法的作用和功能的分类

“作用”和“职能”所表达的意思十分相近，都说明被研究对象的活动、运作和它对现实的影响。但“作用”（role）一词着重表达的是该客体扮演的是什么“角色”，强调的是活动的效用；而“职能”或“功能”（function①）一语则着重表达事物本身具有的活动能力。职能、功能体现了事物的作用，作用也可通过职能、功能显现出来，二者都是事物本质的外化和外在表现。所以，“作用”与“职能”、“功能”往往被人们通用。法的作用，实际上讲的也就是法的职能、法的功能，法的职能或功能实际上讲的也就是法的作用。如果说有些差别的话，法的作用侧重讲的是法对人的行为或人类生活的影响，

① “Function”一语有时被译为职能、功能、机能，故职能、功能、机能当属同义语，并没有多大区别，没必要严格界定它们之间的严格区别。

而法的职能或功能侧重讲的是法发挥这种影响的活动方向。近年来，也有人把作用和职能联结起来使用，如说发挥审判机关的职能作用，实际上就是强调通过审判机关的专有活动来发挥其对生活、对现实世界的影响。

法既是一定社会关系的体现，又是一定社会关系的调整器。不同的法的作用，既体现在社会政治内容和价值取向上的不同方面，又体现在作用手段、形式上相同的方面。因此，研究法的作用和职能，可以从两个角度进行：一是从法本身或把法作为手段来看法的作用和职能，这便是法本身的作用和职能或者法的规范作用和功能；二是联系法的社会目的和使命来看法的作用和功能，这便是法的社会作用和功能。法本身的作用也可叫作法的专门法律作用，法的社会作用也可叫作法的社会政治作用。

二、法的规范作用

法的规范作用，即法本身的作用、法的专门法律作用，是指法通过对人们思想的影响，实现对人们行为的指引、评价、预测，实现对合法行为的保护和对非法行为的谴责、制裁、警戒、教育和预防等的作用。法规定了法律上的权利和义务，法律上的权利是法律允许做、能够做的行为（或不行为），法律上的义务是法律要求做、必须做的行为（或不行为）。法律上的权利、义务都对人们的行为有规范、指引作用。

与法本身的作用相似，法本身的功能、职能，或称为专门法律职能、专门功能，是指法通过规范人们的行为，确认、建立并发展一定的社会关系并运用法律手段保护这种社会关系的能力。前者就是法的调整性职能，即运用法律手段确认、建立、发展一定社会关系，使一定社会关系具有法律关系的性质，从而确立一定的法律秩序；后者就是法的保护性职能，即运用法律手段保护这种已建立的法律关系、法律秩序，使之不受侵犯，或恢复、弥补被侵害的法定权利。如果说法的调整性职能是反映社会生活的正常状态、建立合法关系与合法秩序的职能的话，那么，法的保护性职能就是反映社会生活的异常状态，旨在限制、取缔非法关系，以恢复被破坏的法律秩序的职能。

法的规范作用，体现法作为一种特殊的、专门的社会调整工具本身的形式特点。法的规范作用大体上包括如下几种具体的作用。

（一）法的指引作用

法的指引作用，是指法律规范对法律主体本身行为的指导、引领的作用。法的指引是一种规范性指引，它不同于个别指引。个别指引是一种个别性调整，是通过一个具体的指示就具体的人和情况所进行的指引。虽然个别指引针对性强、指引的内容具体，但仅仅依赖个别指引存在一些缺点，比如：由于个别指引的分散性、单个性，会在时间、精力和经济上会造成浪费；偶然性、个别性因素大，缺乏统一性；缺乏确定性、稳定性，导致对人的不平等不公平对待；等等。规范指引是一种规范性调整，它能克服个别指引的一些缺点，具有连续性、稳定性和高效率的优势，是建立社会秩序必不可少的条件和手段。法的指引作用主要是针对法律主体自身行为的，法律为法律主体自身行为建立了明确的、有效力的标准，从而可以广泛地指引每个主体的各类法律行为。

（二）法的评价作用

法的评价作用，是指法作为人们对其他法律主体行为的评价标准所起到的评判作用。比如，一个人对他人行为的合法性进行评价，律师对当事人行为的有效性进行评价，警官对相对人的违法行为进行处理，法官对刑事被告人的被控行为进行判决，等等，都属于法在发挥评价作用。一切社会规范都具有判断、衡量他人行为的作用，但法律是一种特殊的社会调整工具，法律评价不同于道德评价、习惯评价等。法的评价是用法的规范性、普遍性、强制性和精确性的标准来评判人们的行为，而道德评价的标准通常不具有统一性和强制性，其规范性也是较为笼统、模糊的。

法的评价包括专业性评价和大众性评价。专业性法律评价是指专门的国家机关、组织及其工作人员对他人的行为所作的评价，如法院及其法官、行政机关及其工作人员对人们的行为所作的裁判或决定。这种评价具有法律约束力。大众性法律评价是指专门国家机关以外的机构或个人对他人行为所作的评价，是一种没有法律约束力的评价。

（三）法的预测作用

法的预测作用，是指人们基于法可以预先估计人们相互间的行为方式及行为后果等，在此基础上可对自己行为作出合理的安排。法律是建立社会信任的重要方式，在基于法律而建立的信任机制中，法律主体可以预测到其他人会如何行为，以及对不合法行为的法律校正和法律救济后果。这样的话，基于法律，人们就可以预测他人行为与自己行为的关系，预测自己行为对他人的影响，预测自己行为及他人行为的法律后果，等等。法具有的规范性、确定性、强制性、连续性、稳定性等特点，给人们进行行为预测提供了可能的前提。而如果法律规则朝令夕改或过于粗疏、模糊，人们便也无法进行相互行为的预测。

（四）法的教育作用

法的教育作用，是指法律对一般人的行为和观念所产生的影响。通过法律的实施，通过法律对人们一定行为的肯定或制裁，法律可以对人产生直接或间接的诱导影响，给人们逐步灌输法律的要求、观念和价值，促使人们逐步形成尊重和遵守法律的习惯。对法律的遵守和服从，可以使法律的外在规范逐步内化为人们内心的信念，这就是法律信念、法律观念。法的教育作用，可以通过对违法行为的制裁来达到，也通过对合法行为加以保护和奖励来实现。法律对人的教育方式包括警示、警戒、制裁、奖励、保护、赞赏等。

（五）法的强制作用

法的强制作用，是指以法律来制裁、强制、约束违法犯罪行为而实现法的社会调整作用。这种作用主要集中于对违法犯罪行为的惩处和制裁。法所依托的国家强制、国家权力是法发挥其强制作用的基础。法的强制作用是法必不可少的一种重要作用，也是法的其他各种作用的保证。如果没有强制作用，法的指引作用、评价作用、预测作用等都会在很大程度上失去其意义，法的教育功能也必然会大打折扣。法失去了强制作用，也就失去了法之为法的基本特点。

资料链接

道之以政，齐之以刑，民免而无耻。道之以德，齐之以礼，有耻且格。

——《论语·为政》

离娄之明，公输子之巧，不以规矩，不能成方圆；师旷之聪，不以六律，不能正五音；尧舜之道，不以仁政，不能平治天下。今有仁心仁闻而民不被其泽，不可法于后世者，不行先王之道也。故曰，徒善不足以为政，徒法不能以自行。

——《孟子·离娄上》

夫法者，所以兴功惧暴也；律者，所以定分止争也；令者，所以令人知事也。法律政令者，吏民规矩绳墨也。夫矩不正，不可以求方；绳不信，不可以求直。

——《管子·七主七臣》

一兔走，百人逐之，非以兔为可分以为百，由名之未定也。夫卖兔者满市，而盗不敢取，由名分已定也。故名分未定，尧、舜、禹、汤且皆如鹜焉而逐之；名分已定，贪盗不取……名分定，则大诈贞信，民皆愿悫，而各自治也。姑夫名分定，势治之道也；名分不定，势乱之道也。

——《商君书·定分》

三、法的社会作用

法的社会作用和功能，通常是指联系法的社会政治目的和使命来观察到的法的作用和功能。从这一角度观察，法的作用和功能同与该法紧密联系的国家权力的作用和功能是一致的。国家权力有什么样的作用和职能，其法律也会有什么样的作用和功能。一般来说，国家权力对内有维护秩序和安全、发展经济、促进文化教育等方面的作用和职能，对外则有保卫国家抵御外来侵略，实现对外的经济、政治、文化交流的作用和功能。法也有类似的作用和职能。这反映了法是实现国家权力的目的和使命的重要工具之一，反映了法与其所依赖的国家权力在社会阶级本质上的一致性。当然，不可忽视的是，法律还具有约束和限制国家权力的重要功能。这也是实现国家自身的职能所要求的。显然，法与国家在社会作用和功能上相一致，并非说法没有规范和制约国家的能力，也并非说法完全从属于国家。

通常人们讲的法的作用和功能，是指从社会作用和职能角度来观察的法的作用和功能。法的社会作用是指，法作为社会关系的调整器，服务于一定的社会政治目的、目标，辅助进行一定的国家和社会治理，形成和维护一定的社会生活秩序的作用。法的社会作用体现在政治、经济、文化、社会以及生态文明等等社会各个领域之中。在下编的章节中，我们将结合当代中国经济社会发展的现实状况，详细分析法对经济建设、政治建设、文化建设、社会建设以及生态文明建设等的积极社会作用。这里将法的社会作用简略概括为如下几个方面。

（1）通过立法、法律的实施和遵守，促进形成基本社会秩序。法律通过设置权利、义务和责任等方式，确定国家所认可的社会关系，确认和设定人们的日常行为模式，为人们的社会生活提供便利和保护，确认和保护人们在社会生活中的基本自由和权利，从而促进形成基本的社会秩序。现代社会的很多国家机制、国际机制都必须依据法律才能建构起来并顺畅运作，诸如议会制度、选举制度、政党制度、联合国机制等，都是如此。在这个意义上，法律的最大功能便是，确认和建构一定的社会关系，形成和巩固和平的社会治理机制、社会秩序。可以说，保障和平、安全的、自由的社会秩序，是法的基本社会功能和作用。

（2）通过专门法律机制解决纠纷，促进社会和平。社会中总是有各类社会冲突纠纷，如这些社会冲突不能得到有效的控制，纠纷得不到及时的解决，社会矛盾就会激化，冲突酿成大的社会危机而最终危及社会秩序。法律提供了解决纠纷的专门机制、机构，并通过国家公共权力予以保障。现代法律既是国家权力运用的基本方式，又是限制和规制国家权力的重要方式。法律通过解决社会纠纷来保障社会的和平秩序，将社会纠纷和冲突控制在一定的范围之内。

（3）促进社会关系的发展和变迁。社会的稳定与发展之间的协调平衡，是国家治理的基本问题之一。借助法律而实现的社会变迁，可以有效促进社会变迁与社会稳定之间的协调统一。法律调整要积极顺应社会发展变革的客观需要，这样才能得到人们的拥护和尊重。以法律方式促进社会变革，有助于实现社会的和平发展、健康发展，又尽量减免社会改革造成更大的社会动荡而危及秩序。

（4）发挥法作为意识形态的作用，促进人们法律价值观念的形塑。法总体现着一定的思想原则，给人们提供一定信息，并确立一定的价值标准，使人们依之行为。由此，法能深刻影响人们的价值观、思想观念。因此，法同一般的意识形态相同，都具有思想影响作用。这也是不应忽视的。任何法在调整人们的行为，确认、保护和发展一定的社会关系的同时，都在发挥着一定的思想影响作用，这种作用贯穿于法律调整的全过程。

四、法的阶级统治职能与社会公共职能

（一）从法的阶级性角度认识法的职能

从法服务于一定阶级统治的角度，可以将法的社会作用和职能划分为法的阶级统治职能和法的社会公共职能。这种划分是直接联系法的阶级本质来认识法的社会作用，是对法的社会作用的一种重要分类形式。这种划分是联系不同国家的本质，联系具体历史条件下国家权力的任务，联系社会发展和进步的具体形势和任务来进行具体的研究和分析，以揭示法的阶级社会本质。

与对国家职能的划分相一致，法的社会作用或职能可以划分为法的阶级统治职能和法的社会公共职能。国家，既是从社会产生并与社会日益脱离的、凌驾于社会之上的实现阶级统治的机关，又是整个社会的正式代表，因而，国家既执行着阶级统治的职能，

又担当着一切社会中都要担负的各种公共事务。这种执行社会公共事务的职能，被称为“社会公共职能”。同样，体现和执行着国家意志的法，也必然执行着这样两种职能，即阶级统治职能和社会公共职能。

马克思、恩格斯曾深刻地揭示了国家和法的阶级统治职能与社会公共职能的内在联系和辩证统一，揭示了国家与法的本质中自身的内在矛盾性。马克思曾谈到，政府的监督劳动和全面干预包括“由政府同人民大众相对立而产生的各种特有的职能”，以及“由一切社会的性质产生的各种公共事务……”①。国家执行的这类“特有的职能”，即我们所称的那种凌驾于社会之上的“阶级统治职能”；国家所执行的这类公共事务职能，便是我们所称的“社会公共职能”。恩格斯在分析古代印度的历史的基础上指出，政治统治到处都是以执行某种社会职能为基础，而且政治统治只有在它执行了它的这种社会职能时才能持续下去。② 这里的“社会职能”也就是马克思所讲的执行“由一切社会的性质产生的各种公共事务”的职能。

(二) 法的两种职能是辩证统一的

正确理解法的阶级统治职能和社会公共职能，对于深刻认识法的本质，从而正确、充分地发挥法的作用和职能，实现法的历史使命，有重大意义。只承认法有阶级统治职能，而否认或忽视法的社会公共职能，或者仅承认法执行社会公共职能，而否认法还必须执行阶级统治职能，都是错误的、片面的、不符合实际的。特别值得注意的是，不应把这两方面的职能割裂开来、对立起来，把它们理解为法的两种截然对立的本质，而应该把它们看作法的同一本质的两个方面的表现。

改革开放以前，我国法理学界重视法的阶级统治职能，而大都忽视、否定法的社会公共职能，甚或认为法单纯是阶级斗争、阶级专政的工具。这是片面、有害的。在“文化大革命”结束后，法学界普遍承认了法的社会公共职能，但又产生了另一种片面性，如不讲法仍然是阶级斗争的工具，或把法的这两种职能完全割裂和对立起来，认为一个国家或地区都有两种法律规范：一种法律规范执行阶级统治职能，这种规范有阶级性；另一种规范执行社会公共职能，这种规范没有阶级性，只有社会性或全人类性。这样，就把法的阶级性与其社会性或全人类性截然对立起来了。这种观点一旦成立，必然导致一系列否定马克思主义原理，也违背历史事实的错误观点。正如恩格斯指出的，法的这两种职能是内在统一的，一个国家或地区的全部法律规范也是内在统一的。在认识法的

① “凡是直接生产过程具有社会结合过程的形态，而不是表现为独立生产者的孤立劳动的地方，都必然会产生监督和指挥的劳动。不过它具有二重性。一方面，凡是有许多个人进行协作的劳动，过程的联系和统一都必然要表现在一个指挥的意志上，表现在各种与局部劳动无关而与工场全部活动有关的职能上，就像一个乐队要有一个指挥一样。这是一种生产劳动，是每一种结合的生产方式中必须进行的劳动。另一方面，——完全撇开商业部门不说，——凡是建立在作为直接生产者的劳动者和生产资料所有者之间的对立上的生产方式中，都必然会产生这种监督劳动。这种对立越严重，这种监督劳动所起的作用也就越大。因此，它在奴隶制度下所起的作用达到了最大限度。但它在资本主义生产方式下也是不可缺少的，因为在这里，生产过程同时就是资本家消费劳动力的过程。这完全同在专制国家中一样，在那里，政府的监督劳动和全面干涉包括两方面：既包括由一切社会的性质产生的各种公共事务的执行，又包括由政府同人民大众相对立而产生的各种特有的职能。”（《马克思恩格斯全集》，2版，第46卷，431～432页，北京，人民出版社，2003。）

② 参见《马克思恩格斯全集》，2版，第26卷，188页，北京，人民出版社，2014。

本质时，我们就不应把它截然分为一部分有阶级性而另一部分没有阶级性只有“社会性”或全人类性的两部分。

一方面，确实一部分法律规范从表面看主要是执行社会公共职能的（如交通法规、食品卫生法规等就是如此），但我们恐怕也未必能就此认为这部分法律规范不执行阶级统治职能。这是因为：在存在国家与法的历史条件下，执行社会公共职能恰恰是维持一定的阶级统治所需要的。阶级统治只有在执行了它的这种社会职能时才能维持下去。因而，交通法规、食品卫生法规，也不是与阶级统治毫无联系的，不能认为这类规范只执行社会公共职能而不执行阶级统治职能，或只有社会性而没有阶级性。

另一方面，被有些学者认为只执行阶级统治职能的那部分法律规范（如刑法规范），恐怕也未必就不执行社会公共职能。诸如维护一定的秩序和安宁，制裁杀人、放火的反社会行为，打击贩卖毒品的行为等，这也是任何社会都必然产生的社会公共事务。就算有一种主要是维护阶级统治、实现对敌对阶级实行专政的规范，恐怕也很难说这类规范只执行阶级斗争、阶级统治的任务，而与社会公共事务毫无联系。可见，说这类规范只有阶级性而没有社会性、全人类性，也是不全面的。

因而，不能简单地、机械地认为一部分法律规范只执行阶级统治职能，一部分法律规范只执行社会公共职能。可以说，有的规范主要执行阶级统治职能或主要执行社会公共职能，但这两种职能往往交织在一起，只能在抽象思维中分开，而不能认为某类规范只执行某类职能，根本不执行另一类职能。鉴于这两类职能是内在联系、辩证统一的，我们不应把法的社会性、全人类性与其阶级性对立起来，法的阶级性和其社会性、全人类性是不矛盾的。认识任何法律规范的阶级性、社会性和全人类性时，既不应脱离它所赖以产生的社会生活和社会关系，也不应割断它与它所处的整个法律系统的联系而孤立地认识它。法的阶级性、社会性或全人类性，讲的是法的本质属性。认识法的这类属性，必须采取唯物的、辩证的观点。这是马克思主义法学的方法论原理的基本要求。

第二节　法的利益调节作用

法的社会作用的核心在于进行一定的利益分配，确认和巩固一定的利益关系。利益关系是社会关系的核心内容之一。正是人们的利益决定着他们与外部世界的关系，利益是人们把什么认为是价值的根据。理解法与利益的关系，对于深刻认识法的本质、作用与价值，学会使用法律武器有重大理论、现实意义。因而，我们在这里专门讨论法与利益的关系，说明法对利益分配、利益保障的重要作用。

一、利益的概念和分类

（一）利益与需要、目的的区分

利益是主、客体之间的一种关系，表现为主体的需要的满足和满足这种需要的措施。

什么是需要？人的需要是人类生命活动的表现和必然要求，是人的生存的必然要求，是一种客观必然性。正是人们的需要使人们结成一定的社会关系、利益关系。所以，需要是利益的基础和始因，人们的一定需要形成人们的利益，而利益不仅指对这种自然需要的满足，而且还包括满足这种需要的措施和手段。满足需要的措施、手段不对头，也不能满足需要、实现利益。

需要是客观的，是客观规律作用于主体而产生的，满足需要的措施和手段也受客观规律和历史条件的限制，也是客观的，所以，主体客观上能有的利益也是客观的，是主体同其周围现实中能帮助其作为一定社会的成员而生存、发展的对象和现象的客观关系的表现。应该把客观上存在的利益同人们主观上对这种利益的认识即"主观利益"区别开来。主观上认识的利益同客观上存在的利益可能一致，也可能不一致而有很大差异。常常有这种情况：自认为是根据自己的利益而行动的人，实际上采取的却是违背自己利益的行动。这恰恰说明利益是不以人的认识为转移而客观存在的。

什么是目的？目的是行为主体根据需要，借助意识、观念的中介，预先设定的行动目标或追求的结果。目的是一种主观现象。需要产生利益，目的是被意识到的利益，目的是需要和利益的主观表现。就其本性来看，目的是从属于需要和利益的。

什么是意志？意志是带有一定的目的的意识，表现人在活动中所特有的自觉目的性、能动性、有选择性的价值取向。社会物质生活条件决定着人们的需要和利益，这些需要和利益在人们意识中获得反映，形成人们的意志，需要和利益是从客观上把意志和物质生活条件联结起来的重要因素。目的、意志，虽有客观的基础，但它们本身是主观现象，所以固定在法律中的利益，往往带有一定的主观性，它同客观中存在的利益可能大体一致，也可能不一致而有很大区别。这是因为法虽然归根结底决定于一定的物质生活条件，但它并不等于这种物质生活条件，而是通过统治阶级的意志反映、折射出来这种物质生活条件，是统治阶级意志的反映，属于社会意识范畴。

(二) 利益的分类

对利益按不同的标准，可以有不同的分类，如按阶级内容的不同，可分为不同阶级的利益；按这些阶级在社会中是否占统治地位，可分为统治阶级的利益和被统治阶级的利益；按其发生的领域，可分为经济利益（物质利益）、政治利益和精神利益；按主体的不同可分为个人利益和公共利益，而公共利益又可被分为人类利益、国家利益、民族利益、阶级利益、集体利益、家庭利益，等等；按其重要性及其程度，可分为根本利益和非根本利益；按其时间上的长短，可分为长远利益、短期利益和暂时利益；按其有无经济内容，可分为经济利益和非经济利益；按其作用范围，可分为整体利益、局部利益和个别利益；按其实现状况，可分为既得利益和将来利益；按其是否合法，可分为合法利益和非法利益；等等。

二、法推动利益关系的形成、实现和发展

经济关系首先表现为利益关系，利益关系影响着法的面貌，而法一旦形成又会对利

益有能动的、有力的反作用。这主要表现在如下方面。

(1) 法能促进一定利益的形成和发展。法本身不能创造利益，但在具备一定客观条件时，可以促进一定利益的形成和发展。如法对公民权利与自由的确认和保障，就促进着公民利益的形成和发展。

(2) 法也可能阻碍一定利益的形成和发展。如法通过禁止性规定，使一定的利益成为非法的，为其形成和发展设置了障碍或将其予以取缔。对统治阶级的共同利益和各种利益关系认识得不及时、不正确，也会使法对统治阶级共同利益的形成和发展产生阻碍作用。

(3) 法是协调和实现利益的有效手段。制定法律、法规的过程，实际上就是认识各种利益、在统治阶级共同利益的基础上协调各种利益的过程。法律、法规为各种利益的协调、分配提供了实现公平、正义的原则和标准，法的实施、适用过程实际上是使这些原则和标准转化为人们的行为，在个别调整中进一步协调利益关系，落实法律规定的公平、正义的过程。国家在运用法律手段协调和实现各种利益的过程中，不仅是国家利益、社会共同利益的维护者，而且也能充当个人正当利益强有力的保卫者。

三、利益关系决定着法的形成和发展

社会利益的分化导致法的产生，这是我们在分析法的起源时已分析过的问题。与国家权力有内在紧密联系的法这种社会规范，是随着阶级的分化，逐渐出现了各对立阶级的利益，原来的某些社会规范（原始社会的习惯）已不能适应社会利益出现阶级分化的状况，而与国家权力相伴而生，或由原来某些规范变化而来的。

(1) 统治阶级的共同利益决定着法的存在和本质。在社会发生阶级分化的情况下，社会中占统治地位的阶级，一方面必须以国家的形式组织自己的力量，另一方面还必须给予由它们的共同利益所决定的意志以国家意志即法律的一般表现形式。这种共同意志不受它们之中任何一个单个人的任性所左右，这一点之不取决于它们的意志，如同他们的体重不取决于他们唯心主义的意志或任性一样。至于法与被统治阶级或其他阶级的利益，一般可分三种情况：不与统治阶级的共同利益相冲突的利益，属于全人类、全社会、全民族共同利益的那部分（如兴修水利、维护一定的秩序、环境保护等公共事务），可以被吸收在统治阶级共同利益之中，成为法存在的基础；对于虽与统治阶级暂时的共同利益有一定矛盾，但却不与统治阶级长远的、根本的利益相对抗的利益，统治阶级在法律上可以作出适当的让步，给予"照顾"，以争取同盟者、缓和阶级之间的斗争；对于那些与统治阶级的根本利益相对抗的利益，一般不予考虑。也就是说法律在考虑全社会共同利益，协调不同阶级、阶层、个人的利益时，都是以不违背统治阶级的根本利益为前提的。正是这一点说明了法的阶级社会本质。

(2) 利益的发展、变化决定着法的发展、变化。社会是不断发展、变化的，社会中的各种利益也在不断发展、变化。法按其性质来说是稳定的社会调整系统，但社会上各种利益发生变化，新利益出现，旧利益消失，或迟或早会引起法发生相应的发展、变化。

(3) 从法律调整的过程来看，利益问题在法的创制和实现中都占有非常重要的地位。

这就是说，认识人们的各种需要和利益是法的创制的初始点；在维护统治阶级根本利益的前提下，对各种利益作出取舍和协调，是做好法的创制工作的关键；利益也是法的实现的动力和归宿，法的实现是法所体现和保护的利益的实现。

第三节　法的作用的局限性

在认识法的作用时，应当强调“两点论”：对法的作用既不能夸大，也不能忽视；既要认识到法律不是无用的，又要认识到法律不是万能的；既要反对“法律无用论”、法律虚无主义，又要反对“法律万能论”“法律拜物教”。

法的确具有其他社会规范所不具有的优点，例如法的国家强制性、权威性、公开性、程序性、稳定性、明晰性等，所以法不是其他社会规范可以取而代之的。但不能因此而陷于对法律的迷信，毕竟法律只是社会关系中的上层建筑现象，它不可能超越经济社会关系所允许的可能性而发挥其作用。因而，认识法的功能，既要认识到法具有不可替代的社会调整功能，也要认识到其不可避免地所具有的局限性。而且，只有全面客观地认识其局限性，才能科学地把握法的积极调整作用。当然，认识到法有其局限性，显然不能因此而陷于法律无用论。任何社会调整方式，有其优势，自然就有其局限性。没有完美无缺的治国之“术”。这就要求尽量在认识各种社会调整方式的优势及局限性的基础上，综合协同、综合施策，充分发挥各种社会调整方式的作用，以达到最佳的社会治理效果。法的局限性，主要表现在以下几个方面。

一、法律调整的范围是有限的

法只是众多社会调整手段中的一种。法是调整社会关系的重要手段，但并不是唯一手段。在处理复杂社会问题时，除运用法律来调整外，还应用政策、纪律、规章、习俗、道德等进行调整。在需要综合治理的场合，法律有时也不是首选的手段。

法发挥其调整作用的范围不是无限的，而是有限的。对于有些社会领域的问题，法律管不了、也管不好。在社会生活中，并非所有的问题都可以适用法，法只调整那些重要的社会关系领域，而有些“私”领域（诸如人们的思想观念、认识和信仰等问题），只要它尚未表现为外在的行为，并产生超出该领域的社会影响（例如信仰可能外化为暴力行动），那么就不宜采取法律手段加以调控。以“公”的手段来解决纯粹“私”的问题，不仅无效无益，反而有害。

二、法的规范特性与社会现实之间存在着矛盾

法作为一种特殊的规范性社会调整方式，具有概括性、稳定性、滞后性、普遍性等特点。这与社会现实的具体性、复杂性等之间存在着矛盾。首先，法是规范，不是规律本身，它总是体现着人的意志。不管是出于阶级目的还是由于立法者认识上的局限，法

律总会存在着某种不合理、不科学的地方。其次，法是概括性的规范，它不能在一切问题上都做到天衣无缝、缜密周延，也不能处处做到个别正义。同时，法律作为一种语言文字，总是有其模糊性、不精确性。再次，法具有稳定性和保守性，它往往落后于现实生活的变化。在一定意义上，某种程度的滞后性是法的固有特点。最后，法是讲究程序的规范，有时不能对紧迫的社会事件作出及时应对和处理。

三、法的制定和实施受人的因素的深刻影响

“徒善不足以为政，徒法不足以自行”。法是一种“人造物”，法也是由人来实施和遵守的。现代社会中，实现良法善治必须要有高素质的专业人员。如果没有高素质的立法者，就不可能制定出良好的法律。如果没有具有良好法律素质和职业道德的专业队伍，法律再好，也难以充分发挥作用。同时，人的法律意识状况、社会的精神条件及文化氛围，如法治意识、权利义务观念、程序意识等，都会直接制约和影响着法的作用的发挥。

四、法受政治、经济及文化等社会因素的影响

法律是一种社会现象，法的形成和实施总是非常依赖其外部条件，其作用的发挥总会受各种社会条件的制约。诸如经济体制、政治体制、执法机关的工作状况、公职人员及普通公民的法律观念、传统法文化等等，都会深刻影响法律的实现程度、法律实施的社会效果。

认识法的局限性，其意义在于使我们更全面、更理智地了解和掌握法的特性，从而在运用法律的时候能够注重对其弊端的克服。为了减少和克服法的局限性，就应当进行适当的弥补和匡正。补救措施是多种多样的，比如，规范并加强法律解释，补充判例等形式，科学设计法律程序，提高执法队伍的素质，造就职业法律群体，辅以其他治国手段（道德、政策、行政等），等等。

问题与思考

1. 法的规范作用主要有哪些方面？
2. 如何理解法的社会作用？
3. 怎样认识法的阶级统治职能与法的社会公共职能的关系？
4. 如何认识利益与法的关系？
5. 如何理解法的局限性问题？

阅读文献

1. 周旺生. 法的功能和法的作用辨异. 政法论坛，2006（5）
2. 罗斯科·庞德. 通过法律的社会控制. 沈宗灵，译. 北京：商务印书馆，2010

3. 秦国荣. 法治社会中法律的局限性及其矫正. 法学，2005 (3)

4余成峰. 法律的“死亡”：人工智能时代的法律功能危机. 华东政法大学学报，2018 (2)

5. 约瑟夫·拉兹. 法律的权威：法律与道德论文集. 朱峰，译. 北京：法律出版社，2005

6. 瞿同祖. 法律在中国社会中的作用：历史的考察. 中外法学，1998 (4)

第四章
法的价值

本章概要

法的价值与法的作用有着内在的联系。法的作用问题侧重研究法这一社会调整工具在客观上所具有的调整社会关系和行为的能力；法的价值问题侧重从主体的需要方面来认识法的属性，所强调的是，法作为特殊的社会调整工具在何种程度上满足主体的需要，以及法对社会主体的意义和有用性。法的价值的概念有多重含义，包括法本身的价值、法的工具性价值、法所中介的价值。法所中介的价值实际上是就是法的价值目标，法的价值目标包括自由、平等、效益、秩序以及正义等。法的诸价值目标之间会有冲突，因而应当确立处理法的价值冲突的基本原则。

关键术语

法的价值　法所中介的价值　法的工具性价值　法本身的价值　自由　社会秩序　正义　平等　经济效益　分配正义　矫正正义　实体正义　形式正义　社会正义　消极自由　积极自由　形式平等　实质平等　法的价值冲突　法的价值协调原则　社会主义法的价值

第一节　法的价值概述

一、法的价值的概念

法的价值问题是法哲学的基本问题之一。研究法的价值问题的根本意义在于，揭示人们所追求的正当之法、正义之法、理想之法，并以此法引领法律实践。法的价值是社会价值体系的一个方面，也是法理念的核心。法的价值反映了人们对法的社会调整能力的最高期待，也反映了法对于人的理想生活和社会治理的意义。

理解法的价值概念，首先要了解“价值”这一概念。人们在多种意义上使用“价值”这个概念，“价值”在语义上具有一定的不确定性或多样性。对概念的不同理解或界定是正常的，概念使用者要交代清楚概念的使用方式，界定其内涵。在我们看来，价值是某一客体（比如各种物质的、精神的、制度的对象）因能够满足一定主体（如某些人、某群体或阶层等）的生存和发展需要而对主体所具有的意义或功能。简而言之，价值是一定客体因满足主体的需要和利益而具有的积极意义。价值总是在一定客体与主体的关系当中显现出来的，一定的主客体关系是一种事物的价值存在的前提和场所。① 在人与外界物的关系背景中，一种对象或客体如能满足主体的需要，对主体有利益，那么它对主体而言便是有用的、有意义的、有价值的。因此，某一事物的价值，以事物本身的性能为前提和基础，进而取决于主体的需要。离开主体的需要，客体就没有价值。随着主体需要的变化，客体所具有的价值也发生变化。

与价值概念的含义的不确定性或多样性一样，人们对法的价值概念也有多种界定或定义。在我们看来，法的价值概念所要描述的是社会主体对理想之法的期待或诉求，是指法作为客体对于满足社会主体的共同或特殊需要所具有的积极意义。法的价值的客体是一种制度化的规范及机制，即法律制度。法律制度作为客体有无价值、价值大小，既取决于这种法律制度的性能，又取决于一定主体对这种法律制度的需要和期待，取决于该法律制度能否满足该主体的需要和满足的程度。

对法的价值问题的研究，一方面，有助于深入认识社会关系、社会生活对法律调整的客观要求；另一方面，也有助于深入认识社会主体对法的主观需要及期待，并从将主体的主观需要与社会生活的客观要求结合来的角度认识法律调整的问题。

二、法的价值的特点

大致而言，法的价值有两方面的特点：一是它的客观性，二是它的主体性。法的价值的客观性与主体性统一于法律主体的社会实践。

(一) 法的价值的客观性

法作为一种社会调整工具，具有调整社会关系、规范社会行为、实现社会控制和社会整合的实际作用和能力。法的社会调整作用和功能，表明了法对人们的有用性，也表明它确实能够满足人们的需要。正是基于这种工具的实际功能和作用，人们对法的理想调整能力和作用产生了期待、需求。就此而言，法的价值是与法的作用相联系的，是从主体角度对法的理想作用或功能的一个描述。

法的价值的客观性，旨在说明法对人具有积极意义，能够满足人的需要，必定是有其客观原因、客观条件的，而并非仅仅源于社会主体的好恶、兴趣或主观意愿。法的价值的客观性是指，法对主体所具有的积极意义之产生、发展及变化，都是有其客观原因和条件的，最终取决于社会物质生活关系的内在要求。有鉴于此，研究法的价值问题、使法充分发挥其价值，就要研究社会生活对法的客观需要，研究人的法律需要的客观基础；要如实地揭示法作为客体的价值，使主观的评价努力符合或接近客观实际的需要。

① 马克思曾说："'价值'这个普遍的概念是从人们对待满足他们需要的外界物的关系中产生的……"（《马克思恩格斯全集》，第 19 卷，406 页，北京，人民出版社，1963。）

法的价值的客观性主要表现在如下几个方面。

（1）从社会生活本身来看，高度复杂性的社会生活以及具有阶级性的社会统治必然需要法这样一种特殊的调整工具。这种社会需要是客观的，是不以人的意志为转移的。这是一种来自社会物质生活关系的客观性。法的价值并非一种实体性的社会存在，而是一种观念性的、制度性的社会存在。

（2）从社会主体的角度看，社会主体总是需要、期待一种理性之法、理想之法、正义之法，这种需要和期待作为一种社会事实，是客观的。法的价值尽管从形式上看是与人的愿望、需要、期待、理想等相关的，人对法的愿望、期待、理想是主体的主观意识表现，但这种意识的产生及内容本身并不是随意、任意的，它是由社会生活中的具体关系决定的。尽管社会主体对法的需要的具体内容是多种多样且经常冲突的，但这种需要本身是客观的、真实的，即人的法律需要作为一种社会事实是客观的。因而，从法的价值的内容及其发展变化的动因等都来自社会生活关系这一点来看，法的价值是客观性的。

（3）法这种社会调整工具基于其所具有的强制性、国家性、阶级性等内在属性而可以发挥广泛的社会作用，法对于人的生活具有积极意义，这也是客观存在的事实。法的价值要以法的这些属性、性能、作用为前提和条件。

（二）法的价值的主体性

法的价值的主体性特点所强调的是，主体的需求、期待、愿望等是判断法的价值的一种尺度。法的价值是从主体的角度对法的理想状态及功能、作用所作的一种规定性、要求或愿望。法的价值的主体性特点表明，法在满足一定社会主体的共同需要、符合其期待的背景下才呈现出其价值，法的存在及价值与主体的实际需要相关，要通过发挥人的主体性来认识社会生活对法律的客观需要。

法的价值的主体性主要表现在如下方面。

（1）充分发挥人的主体性以认识社会生活的法律因素或法律规律性。人的主体性是人的本质的核心要义。在人与世界、社会的关系的历史发展中，人的主体性不断提高，其创造性、能动性、积极性不断提升，人对社会、自然的认识和改造能力不断增强，人越来越按照人的需要来改造世界，在这个过程中人的需要也不断扩展。人基于其主体性进行社会生活的沟通、交往，可以更加理性地、现实地认识自己的法律需要、法律期待，更加自觉地按照客观条件的可能性范围和潜力来满足自己的法律需要，更加自觉地将人的主观需要与社会生活的客观要求结合在一起。因而，通过主体性概念，可将法律调整的客观前提及条件与法律需要的主观意愿及期待有机结合起来。

（2）法的价值集中表达了社会主体对理想之法、完美之法的需要、愿望或期待。法具有价值，是基于社会主体的需要。在这个意义上，法的价值是社会主体面向未来的生活愿景而对法提出的一种期待或要求。法的价值作为一种主体愿望或需要，是对社会生活的法律需要的一种主观表达，是基于社会发展的客观状况而逐步现实化的。当然，对法的理想状态或完美状态的主观认识或意愿，经常是或多或少偏离社会生活的客观需要或要求（尤其是社会经济生产方式的客观要求）的，这就要求提高个人的认识能力，超越个人的、阶级的或政治的、文化的等各种偏见。对法律的功能及作用的理想状态的期待、追求凝结为诸如法所追求的正义、自由、平等等法的价值目标。这种价值目标作为规定性诉求成为主体的需要和愿景，反过来这些价值诉求又似乎变成了具有独立性的理想法、正当法，进而反过来对现实生活的发展进行“规定”或指引。因而，法的价值追求实际上也意味着现实之法具有不完满性，应当追求理想之法。

（3）法的价值观念的多样性。社会生活的主体是多样的，有无数的个人，也有多种群体、阶级或阶层等。社会主体的需要和利益是多方面、多层次的，他们对法律的理想状态之期待和愿景也必然是多样的、多层次的、分散的，甚至经常是相互冲突的。而且，同一法律制度对不同的主体，或者对不同时间、地点的同一主体的价值或意义是不同的。因而，对于法的价值目标，自然会有人言人殊的各种看法，这就形成了各种各样的法律价值观。这就需要进一步说明，到底社会主体的各种法律价值观念如何最终凝聚成现实的法的价值共识。

（4）基于主体间性的法的价值共识性。鉴于法本身是一种公共产品，是一种以治理社会为目标的社会制度，因而，这种作为制度性产品的法的价值，必然要超越单个个人或群体的法律价值观。法的价值所集中指向的是，社会成员在公共制度平台中逐步形成的社会共识，因而可以说，民主社会的法的价值基于主体间性的社会共识，其中体现了民主、沟通与商谈。实际上，这种共识不但是必要的，也是可能的。生活在同一时代、同一社会的人们总有某种共同的法律价值追求，即使是根本利益或有不同的各个阶级的价值体系之间也有一些共性成分，而且生活在不同时代、不同社会的人们也会有某种共同的法律价值标准。社会主体的沟通越是充分，社会基本制度越具有民主性，关于法的价值的共识程度便会越高，主体的价值共识与社会关系的内在法律需要的契合度也越高。由此可以看到，从将全体社会成员作为价值主体角度来认识法的价值问题，有助于更深入和完整地把握社会主体对法的共同需要。

（5）法的价值观念随主体需要变化的变动性。这是说，法的价值总是随着主体的需要和利益的变化而变化的。法的价值观念因时代、社会、阶级、群体的不同而呈现出多样性，也因此呈现出变动性。法的价值基于社会主体的需求而产生，也随着主体的多种多样而且不断发展的需要而变动。因而，应当及时研究社会生活客观需要的变化，认识主体对法的新需要、新期待，这样才能制定出更好的法律，让法律发挥更好的功能。

资料链接

人们在自己生活的社会生产中发生一定的、必然的、不以他们的意志为转移的关系，即同他们的物质生产力的一定发展阶段相适合的生产关系。这些生产关系的总和构成社会的经济结构，即有法律的和政治的上层建筑竖立其上并有一定的社会意识形式与之相适应的现实基础。物质生活的生产方式制约着整个社会生活、政治生活和精神生活的过程。不是人们的意识决定人们的存在，相反，是人们的社会存在决定人们的意识。①

——马克思

……一切社会变迁和政治变革的终极原因，不应当到人们的头脑中，到人们对永恒

① 《马克思恩格斯全集》，2版，第31卷，412页，北京，人民出版社，1998。

的真理和正义的日益增进的认识中去寻找，而应当到生产方式和交换方式的变更中去寻找；不应当到有关时代的哲学中去寻找，而应当到有关时代的经济中去寻找。对现存社会制度的不合理性和不公平、对“理性化为无稽，幸福变成苦痛”的日益觉醒的认识，只是一种征兆，表示在生产方法和交换形式中已经不知不觉地发生了变化，适合于早先的经济条件的社会制度已经不再同这些变化相适应了。①

——恩格斯

三、法的价值的两重内涵

法的价值，可大致区分为两个方面，即法本身的价值（法律价值）以及法所中介的价值（法的价值目标）。这两个方面的价值有其内在联系，大致类似于手段与目的的关系。正是由于法本身所具有的特别价值，法才能促进实现各种社会价值目标。

（一）法本身的价值

法本身的价值，也可称为法律价值，是指法这种调整社会关系的手段和工具本身的特殊价值。法在社会调整规范体系中具有特别的地位和功能，具有其他调整社会关系的手段所不具备或者很少具备的一些特别调整能力和调整方式。法的形式特点（如国家强制性、权利义务的制度设计、高度体系性、稳定性、程序性、可诉性等）使法正好呈现出不同于其他社会规范和制度的特别调整价值。法本身的价值，是法作为法基于其固有的专门调整方式和调整能力而满足主体之法律需要的价值，是人们所追求的法在形式上的品质或理想状态。有的学者也把这种价值叫作“法律价值”，以区别于“法所中介的价值”。法这种社会调整工具有其特别的性能，能够满足主体的“法律需要”。自人类进入阶级社会以来，需要运用法这样的有国家权力和国家强制支持的规范性调整，来实现复杂的社会管理、公共治理和阶级性的社会统治，法就应运而生了。法与其他社会调整手段相比，更能最大限度地保障社会关系的组织性、协调性和稳定性，因而是满足社会主体和社会统治的“法律需要”所必不可少的手段。

由此可见，法本身的价值与法的作用有密切关联。正是由于法作为一种特殊调整工具具有专门的特别功能和作用，法才具有价值，这种价值就是法本身的价值。所以，可以将法本身的价值问题与法的作用问题合并来谈了。人们实际上在不少场合将法的价值与法的作用两个概念通用，有作用或功能即是有价值。正是因为这一点，我们在讨论法的价值问题时，就不过多讨论法本身的价值问题，而集中谈论法的社会价值目标问题（法所中介的价值问题）。

法本身的价值，大致可以粗略分为形式方面和内容方面。其中，形式方面的法本身的价值，是法具有的服务于实现社会诸价值的工具性价值；内容方面的法本身的价值，是指法这一价值的评判和保护工具（这体现了法的工具性价值）在社会生活各领域（如

① 《马克思恩格斯全集》，2版，第25卷，395页，北京，人民出版社，2001。

个人生活、社会秩序、国家权力等）的运用中所呈现出来的价值。

归结起来，法本身的价值主要包括如下几个方面。

1. 将社会诸价值纳入法体系，评判和保障诸价值

法作为一种特殊的社会调整工具，可以将社会关系、社会价值引入法律制度之中，给予法律的评判和保护。就此而言，法是中介其他价值的手段。法之所以具有所谓“法所中介的价值”，能够将社会价值纳入或融入法律制度，就是因为法具有中介、整合、协调平衡各类价值的能力，法是中介和整合各类社会价值的专门方式和手段。在此意义上，法具有实现社会价值的工具性价值、服务性价值。

法在价值评判和保护方面的工具性价值，主要包括如下几点。

（1）价值确认。这是指法能够确认社会各种价值，将其纳入法律体系，如确认一定的经济关系、政治关系，确认一定的社会事实，确认一定的社会关系模式。

（2）价值分配。这是指法有分配其他价值（如财富、权利等）的价值。法是国家分配社会财富的有力工具，国家通过所有权制度、分配制度、债权制度、税收制度、遗产继承制度、基本权利制度等，分配社会财富和权利。

（3）价值评判。这是说法律往往对其所中介的价值，依其价值的大小多寡作不同的规定，从而法律就成了人们评判或衡量不同价值的标准。

（4）价值保护。这是指法具有保护其确认和分配的价值的价值。法的保护性价值是通过两种方式实现的：一是对违法、犯罪行为的惩罚，二是对被侵害的权利的恢复和补救。

（5）价值认识和影响。法可以成为人们认识法所调整的社会事实、社会关系及社会行为的手段。法具有帮助人们认识一定社会价值或社会关系的价值，进而也具有提高人的认识水平、对人们进行一定价值观引导的意识形态性、宣传性的价值。

2. 促进个人自由与社会秩序的互动和统一

法作为一种体系化、形式化、程序化的社会规范体系，能把主体在一定历史条件下的行为自由与行为义务有机结合，将人的主动性和积极性与社会生活的纪律性有机结合起来，将正常的行为模式与处理纠纷、化解矛盾机制相结合。这正是法律调整的精巧之处，也是法本身的基本价值所在。这样，社会生活便可以避免单纯的偶然性和任意性，具有社会发展和进步的活力与动力；法律秩序下的生活既保障社会主体的积极性、主动性、创造性，也保障社会生活的秩序性、稳定性。可以说，法律将个人的生活自由与社会责任相结合，将个人主体性与社会秩序的公共性相结合，从而促进达到一种基本的社会秩序，促进个人与社会之间关系的协调与和谐。

3. 促进社会安定和社会发展的平衡与协调

社会生活需要稳定、和平和秩序，法是促进社会生活和谐与稳定的重要调节器。促进形成和巩固社会秩序与社会稳定，是法的一项基本职能。这也体现着法的安定性价值。法的安定性价值，是说法律治理首先要致力于保障社会安定、社会和平，维护现有秩序。法的安定性价值在宏观层面主要体现在：法律的内容应当是明确的，即确立和保障公民权利及义务、国家职权及职责的内涵及边界；法律应当是有权威性的，即确立法律制度在社会调整体系中的权威性、优先性，确定法律作为化解各种矛盾、减少纠纷冲突的权威方式；法律应是稳定的，不得随意修改，立法修改应当依照正当程序；等等。法的安定性价值在具体制度层面的体现则有：确立法不溯及既往原则、信赖保护原则、既判力原则等。法的安定性价值的核心就在于，强调法要维护秩序、社会和平与安定，有法胜于无法。

社会的稳定是相对的，社会总是在不断发展、变化的。因而，法律应是稳定的，可是它又不能静止不变。恰当协调法的稳定性与法的变动性，是人类法律文明发展进程中的永恒问题。人类法律文化已积累了相当多的经验，通过法律治理，既能保障法的稳定性、社会的稳定性，保证主体生活的安定有序，又保障法的灵活性和社会的活力。因而，法本身的重要价值就在于，法保障社会生活在和谐、稳定中发展，在发展中获得更大的和谐、稳定。也就是说，法是保证社会可持续发展、人类永续发展的有效手段。

4. 巩固国家权力的合法性、正当性，限制权力滥用

法是一种追求公平正义的治理方式。从法的词源本意来看，法本身至少包含着最低限度的正义。法作为一种专门的社会调整技术，可以巧妙地将“力”与“理”相结合，实现以“力”护“理”、以“理”助“力”。这里的“力”主要是指国家权力，“理”则是指公平正义、正当性。

法体现着国家的权力和治理能力，法本身就是国家权力的一部分；法也是规范和治理国家权力的一种方式、一种艺术。国家权力需要来自法律的支持和正当化。如奥古斯丁所言，“如果没有正义，政权是什么？不过是有组织的强盗罢了”。法律可以规范国家权力的运用方式、方法、方向，赋予国家权力以正当性、合法性。通过法律的制度化安排，国家权力、国家强制转化为法定权力、法律强制，国家强制的“力”与一定的“理”得以相结合，国家借助法获得了正义的“光环”。这样，国家权力的运用获得了基于法律的合理性、正当性、系统性、常规性以及公开性。这表明，法具有防止和限制国家权力滥用、加强国家权力正当性的价值，法是国家权力经常的、系统的、公开化的表现和运用。

法本身具有公开性、程序性、一般性、明确性、系统性等特点，法运用于规范国家权力，便可加强国家权力运用的公开性、程序性、确定性等，从而使法对国家权力的运用，既有限制和约束，又有加强和巩固。比如，现行法和依法建立、维护的法律秩序，也是国家权力经常性的表现。此外法具有公开性的特点，法律的制定过程、法律的公布、法律适用的公开，同时也是对国家权力的公开化运用。法律对国家权力的正当化与限制，对社会生活具有重大价值，有助于维护法律所中介的合法利益，防止权力的滥用和腐败。

（二）法所中介的价值

法所中介的价值，也被人称为法的目的性价值，或被称为法的目标性价值。这表示法总是致力于确认并追求社会生活诸领域中由国家或社会所认可或促进的各种价值诉求。法是社会经济、政治、文化等因素的综合表现。法没有脱离开社会经济、政治、文化发展史的自己的历史，法的历史是同社会经济、政治、文化的发展紧密联系的。因此，研究法的价值，不应脱离开法所中介的经济制度、政治制度、文化传统等因素的价值而单纯就法本身的价值来认识法的价值。法的诸价值中，首先包含着法所中介的经济、政治、社会制度的价值，也包含着人们所追求的并且是法可以中介的其他一些价值，如自由、平等、正义、秩序、效益等等。

应当指出的是，虽然我们将法的价值划分为法本身的价值和法所中介的价值两类，但这只是一种理论化的分类，实际上，这二者之间并没有那么严格的界限，比如，法本身的价值也涉及法所中介的一些价值，如秩序、安全、自由等。

第二节 法的价值核心：正义

法所中介的价值，须借助于法的形式价值、法本身的价值才能得到实现，同时，法所中介的价值赋予法的形式价值以“灵魂”。法的价值研究的核心内容就是，认识法所中介的各种价值，其中尤其重要的是诸如正义、自由、平等、效率、秩序等。将这些社会价值纳入法律治理过程之中，既是对社会各项重要价值的有力推动和落实，更是为法律治理提出了崇高的目标、理想和方向。这些所中介的价值，也往往被称为法应当追求的价值目标。对法的价值目标的研究，是法理学的核心课题之一。思想家为此付出了经久不绝的努力，构建了洋洋大观的各种理论。马克思主义法学对此也提出了相应的科学论断。在法的各种价值目标体系中，正义是一种综合性的、总体性的价值。可以说，正义是法的最高价值目标，在这个价值目标之下，综合衡量和协调诸如秩序、自由、平等、效率等具体价值目标。

一、正义（公正）的概念

正义（公正）、公道、公平这些词在具体词义上虽略有不同，但所表达的意思大致相同或接近，都是表示人类在社会生活中所应当追求的一种理想状态。还有一些与正义、公正等相关联的概念，如正义感、正义观、正义秩序、正义规则等。至于这种理想状态的具体所指，有很多不同的回答，由此形成了丰富的正义理论或正义观。如博登海默所说，正义具有一张普洛透斯似的脸，变幻无常，随时可呈不同形状，并具有极不相同的面貌。这些不同的回答有一点是一致的，就是把正义与资源（满足人的需要的各种事物，如权力、利益、权利、机会等）的分配相联系，即在资源具有稀缺性的情况下，如何进行资源分配。由此，人们把正义界定为“各得其应得”。就像罗马法学家所说，“正义是给予每个人他应得的部分的这种坚定而恒久的愿望”①。这就是说，正义的最基本含义就是，“给每个人以其所应得者”所形成的理想的、适当的状态。在这里，“应得”与“适度”是正义的“一体两面”。

但是，什么才算是“应得”？根据什么理由、依据或标准让每个人“各得其应得”？对此又有广泛的争论。这种标准或理由经常表现为当事人自己的主观感觉、满意度，但

① ［罗马］查士丁尼：《法学总论——法学阶梯》，张企泰译，5页，北京，商务印书馆，1989。

是这种感受并不是凭空产生的，而是取决于特定社会条件下利益关系的状况。正义的核心是对利益关系的评价，是处理利益关系的观点或原则，利益是产生正义或不正义评价的前提。因此，人们对正义的感受或认识即正义观，是具体的，而不是抽象的。脱离具体社会条件、具体利益关系，抽象地谈论正义，是没有意义的。

社会中没有永恒的正义，正义总是随着时代的变化而变化的，并且不同的人所追求的正义很不相同。对此，马克思主义理论科学地揭示了判断人们的思想、行为和社会制度（包括法律制度）的正义性的社会基础。马克思和恩格斯认为，正义、公正这些观念始终是与一定生产方式相适应的观念，是反映现存经济关系的保守方面或革命方面的观念的神圣化的表现。①

资料链接

马克思、恩格斯论正义

二、正义的分类

思想家在对正义的探讨中都重视探讨正义的分类，提出了诸如分配正义与矫正正义、程序正义与实体正义、形式正义与实质正义、社会正义与个人正义等多种关于正义的分类方式。

（一）分配正义与矫正正义

古希腊哲学家亚里士多德首先提出了将正义划分为分配的正义与矫正的正义的理论。这一划分方式对后世影响巨大。分配的正义，是指对不同的人给予不同的对待，对相同的人给予相同的对待，即根据人的功绩、出身等的不同来分配财富、荣誉。“如果要从公共物中分配，就要按照人们各自对公共事业的贡献来进行”②。分配的正义既包含平等原则，也包含合理差别原则。

矫正的正义，是指要就对他人所造成的损害给予同等的补偿，以矫正并恢复被损害者的利益。这就是说，要通过剥夺损害者的非正义所得来使他受到相应损失，以恢复正义的正常状态。“这就好像如果一条线段被分成两个不等的部分，法官就要把较长线段的超过一半的部分拿掉，把它加到较短的线段上去”③。矫正的正义一方面要求“有罪必罚”，即发生损害就应当进行赔偿或惩罚；另一方面要求“罪罚相当”，即责任人承担的

① 参见《马克思恩格斯选集》，3版，第3卷，261页，北京，人民出版社，2012。

② ［古希腊］亚里士多德：《尼各马可伦理学》，廖申白译注，137页，北京，商务印书馆，2003。

③ ［古希腊］亚尼士多德：《尼各马可伦理学》，廖申白译注，138页，北京，商务印书馆，2003。

赔偿或惩罚应当与所造成的损失相当。刑法中的“罪刑相适应”原则、侵权法中的损害赔偿原则，就是矫正正义的直接体现。

分配的正义与矫正的正义的分类，是集中于有关资源分配结果的正义原则。其中，分配的正义主要适用于资源的初次分配，矫正的正义适用于资源的再分配。矫正的正义包括运用强制力推行的再分配，也包括自愿进行的再分配（如民事交易中遵守的“等价交换”的原则）。

(二) 实体正义与形式正义

分配的正义和矫正的正义都属于实体正义问题。实体正义是指有关如何合理、适当地分配资源的正义。与实体正义相对的是形式正义，形式正义是指分配的过程或方式的安排应当合理、适当的正义。

法的形式正义是对法的形式特点的理想状态的追求，是法在形式方面应追求的品质。程序正义是法的形式正义的重要内容。法的形式正义与法本身的价值问题有着密切联系。在现代社会，法的形式正义的基本要求包括：(1) 法的普遍性。这要求对法律主体规定的普遍性和对行为规定的普遍性，要反对对法律主体的不适当的差别对待。(2) 法的明确性。这要求对法律主体的行为要求要具有明确性、准确性，尽量避免模糊和宽泛。(3) 法在体系上的统一性。这要求法体系的内在无矛盾性、等级性。(4) 法的公开性，即立法过程、法律文本、法律适用过程、法律监督过程等公开、透明。(5) 法的稳定性，指法体系的稳定性、法律适用上的稳定性及一致性。(6) 法的权威性，指法与其他社会规范相比具有最高的权威性，法得到有效的、完整的实施和遵守。(7) 法的适用平等性。这要求法应当得到平等的适用，反对法外特权和不公平对待。(8) 法的非溯及既往性。这要求法的规则是预先设定的，不得以事后的规则来惩罚人们的先前行为。(9) 法的程序正当性。这要求任何人也不能自己审理自己的或与自己有利害关系的案件，要求程序具有公开性、参与性、辩论性等。

人们历来对实体正义的内容或界定有争议。正义理论中的主要争议也集中于实体正义、分配正义问题。矫正的正义领域的正义内涵大致有一种相对明确的标准，而分配的正义领域的正义标准比较模糊，历来就有很多讨论。分配的正义要求“同等情况同等对待，不同情况不同对待”，这其实也是一个形式化的要求。关于何为相同情况、何为不同情况、如何界定差别程度等分配正义，思想家提出了多种多样的判断标准，比如，同等分配（平均分配）、按身份和地位分配、按能力和贡献分配、按需分配，等等。这些标准中哪个或哪些更合理，人们有很多不同的看法。马克思主义认为，人类社会最理想的分配方式是“按需分配”①。这里所说的需要，不是主观性的单纯欲望或偏好，而是客观需

① “……共产主义的最重要的不同于一切反动的社会主义的原则之一就是下面这个以研究人的本性为基础的实际信念，即人们的头脑和智力的差别，根本不应引起胃和肉体需要的差别；由此可见，‘按能力计报酬’这个以我们目前的制度为基础的不正确的原理应当——因为这个原理是仅就狭义的消费而言——变为‘按需分配’这样一个原理，换句话说：活动上，劳动上的差别不会引起在占有和消费方面的任何不平等，任何特权。”（《马克思恩格斯全集》，第 3 卷，637～638 页，北京，人民出版社，1960。）

要。社会总体分配意义上的“按需分配”只有到了共产主义社会才能实现。[①] 但是，局部范围内的“按需分配”在历史上和现实中还是很常见的。“按需分配”可被作为一个标准，用以审视某项具体的法律制度或公共政策是否合理适当，即法律或政策安排是否满足了社会需要、是否将资源或利益分配给了最需要它们的那些人或组织。比如，如何做到病有所医、老有所养、幼有所教、住有所居、弱有所扶等，就面临着让最需要的人得到必要资源的重大社会分配正义问题。

（三）社会正义与个人正义

依所涉及的内容，正义可以划分为社会正义和个人正义。社会正义的核心是社会制度是否合理适当，个人正义的核心则是一个人的行为是否正当、适当。通常而言，社会正义高于个人正义，个人正义从属于社会正义。

正义可以指个人的正义，即个人的一种美德，一种指向他人的行为之善，是个人在与他人的社会关系中所应达到的一种合宜的、合法的、应然的状态。如人们经常说的，公正的裁判员、正义的法官等。个人正义大致包括两个方面：一是个人在与他人关系中行为的正义，如要父母公平地分配物品给子女、适度地关心他人（如见义勇为的利他行为）等等。二是个人作为第三人对其他社会关系的评价正义，如法官的不偏不倚的居中裁判等。

社会正义，是指有关社会制度、社会结构、社会分配和社会交往关系的正义。其核心是基本制度正义，或者称为国家正义或政治正义。社会正义所关注的是人们在共同社会生活中进行合作的品性。制度正义的核心是国家就社会资源分配、人的重要社会活动准则等所应当作出的适当安排。如罗尔斯的正义理论以社会正义为中心，认为社会正义是关于社会制度是否正义的问题，只有首先确定社会正义原则才能确定个人正义原则。他提出了著名的社会制度正义原则，认为这些社会正义原则不同于“用于个人及其在特殊环境中行动的”个人正义原则，社会正义的最一般性要求是，所有的社会价值都应该平均分配，除非任何不平等分配对每一个人都有利。至于制度正义的基本内容或要求，学者有不同的概括和论证。思想家通常将体现了现代社会基本特点的现代性诸原则作为社会正义或制度正义的基本要求或原则，但关于现代性原则也有诸多争论。

资料链接

正义是社会制度的首要价值，正像真理是思想体系的首要价值一样。一种理论，无论多么精致和简洁，只要它不真实，就必须加以拒绝或修正；同样，某些法律和制度，不管它们如何有效率和有条理，只要它们不正义，就必须加以改造或废除。[②]

——罗尔斯

社会制度的正义原则：“第一个原则：每一个人对与其他人所拥有的最广泛的基本自

① “在共产主义社会高级阶段……在随着个人的全面发展，他们的生产力也增长起来，而集体财富的一切源泉都充分涌流之后，——只有在那个时候，才能完全超出资产阶级权利的狭隘眼界，社会才能在自己的旗帜上写上：各尽所能，按需分配！”（《马克思恩格斯选集》，3版，第3卷，364～365页，北京，人民出版社，2012。）

② ［美］罗尔斯：《正义论》，何怀宏等译，1页，北京，中国社会科学出版社，1988。

由体系相容的类似自由体系都应有一种平等的权利。第二个原则：社会的和经济的不平等应这样安排，使它们被合理地期望适合于每一个人的利益；并且依系于地位和职务向所有人开放。”“这两个原则是按照先后次序安排的（词典式序列），第一个原则优先于第二个原则。”①

——罗尔斯

公平正义是中国特色社会主义的内在要求。要在全体人民共同奋斗、经济社会发展的基础上，加紧建设对保障社会公平正义具有重大作用的制度，逐步建立以权利公平、机会公平、规则公平为主要内容的社会公平保障体系，努力营造公平的社会环境，保证人民平等参与、平等发展权利。

——党的十八大报告

三、法与正义之间的关联

（一）法总是体现一定的形式正义

“法”这个字本就有“平”“正”“直”的含义。在很多民族的语言中，法与正义往往是同一个词或者是有直接关联的词。古罗马的法学家曾有“法是善和正义的艺术”“法学是正义与非正义的科学”的名言。法作为规则体系，其本身就体现了一种最低限度的、基于规则的“同样情况同样对待”的正义要求，而且法律调整本身也意味着基本的社会秩序和安全。因而，在这个意义上，法与形式正义有着内在的关联。从这个意义上说正义是法本身的价值之一，也有其道理。

法与最低限度的形式正义之间的内在联系，旨在说明法是正义的一种象征，服从法律也就是服从正义和践行正义。这是从合法律性的角度来看待正义，也就是自古以来思想家谈到的“法律正义”。法律正义是正义体系的基本内容之一，其意味着，守法即是正义，执法包含着最低限度的平等正义，有关公开性等的程序正义等。正义要求秩序、安全和平等，因而它也一定追求合法律性、尊重法律的权威性和服从法律治理。如亚里士多德说过：一个违反法律的人被认为是不公正的，守法的人和均等的人被认为是公正的，因而合法和均等当然是公正的，违法和不均则是不公正的。既然违法的人不公正，而守法的人公正，当然一切合法的事情在某种意义上都是公正的。② 可以说，法律正义是形式正义的一项基本要求。

（二）法律是实现正义的一种基本方式

正义对法具有一定的依赖性。这是说，正义理念和正义原则需要借助于法来获得实

① ［美］罗尔斯：《正义论》，何怀宏等译，1页，北京，中国社会科学出版社，1988，61页。

② 参见［古希腊］亚里士多德：《尼各马可伦理学》，89页，北京，中国社会科学出版社，1990。当然，正义还有另外一面，也就是亚里士多德所说的：“纠正法律普遍性所带来的缺点，正是公平的本性。这是因为法律不能适应于一切事物，对于有些事情是不能绳之以法的。”（同上书，110～111页。）

现。如果没有法律，正义的落实就失去了一种重要支撑。法通过对社会关系的具体权利、义务化安排，促进构建正义的社会制度和实现其他分配正义要求。法律通过有效的实施，通过恰当的程序性安排，促进正义的落实，也向人们展示出“看得见的正义”。因而，在一定意义上可以说，没有法律就没有正义。

（三）正义是法的核心价值，引领法的发展

一个正常社会秩序之中的法总体上体现了该社会主流的实体正义价值。正义是社会价值体系的核心，正义体系作为社会生活内在客观要求的显现，凝聚着人们对理想生活的期待、对社会之应然状态的认识和追求。因而，正义作为法的价值核心，对法的发展具有重要的指引作用。通过正义的指引，社会各个领域中关于社会生活发展的重要理念得以进入法律领域，对法律制度的设计发挥影响。在这个意义上，正义充当了判别现行法是否正当、引领法律发展走向的高级法角色。法律制度的设计是否体现社会制度正义的基本要求，成为法是否值得被尊重、是否应当被变革的理由。自然法理论强调法与正义之间的内在关联，就是试图找到一种判断法的更高的、更具有权威性的标准。因而可以说，在一定意义上，正义可以成为检验法律优劣良恶的最高价值标准，正义可以成为推动法律发展与变革的强大观念力量。

第三节　法的具体价值：秩序、自由、平等及效率

在社会价值体系中，正义居于最高的地位，并具有统摄性功能，即对各个更具体的价值理念予以综合与平衡以达到整体的正义状态。社会的制度正义一方面强调了诸如自由、平等、安全、效率等价值目标的不可或缺、不可被忽略，另一方面也强调对这些价值必须予以协调，才能达到整体的适当状态。没有诸价值的协调平衡，也就没有整体的制度正义。这里简要说明法的几项重要的具体价值目标，说明法与诸价值的关联性。

一、法与秩序

秩序是法的目的性价值体系中一项基础性的价值。如前所述，秩序也是法本身的价值的一个方面。作为法的基本价值目标的秩序价值，主要关注良善秩序的建构，侧重说明秩序与自由、平等等其他价值的结合与协调。

（一）社会秩序的概念

秩序与混乱相对，强调自然界或人类社会进程中某种程度的一致性、连续性、确定性、可预测性、稳定性等。秩序可以分为自然秩序和社会秩序。社会秩序是通过人的有目的的社会活动所形成的稳定生活状态。一定的社会秩序，是与一定生产方式相适应的、内在有机联系的、整体性的社会关系状态，是一个社会摆脱了单纯偶然性和单纯任意性所形成的稳定形态。阶级社会的社会秩序，总是一定阶级在其中占统治地位的秩序，因

而，从实质上看，社会秩序总体上是维护和巩固现有统治集团或统治阶级利益的秩序；从形式上看，社会秩序的基本表现是社会的安全、和平与稳定。一种社会秩序的形式方面和实质方面是有机结合和统一的。

社会的安全、和平与稳定，必然有赖于社会规范来建构，没有规范就没有秩序。由法律、道德、习惯、宗教等组成社会规范体系是社会秩序的构成性要素。法作为一种重要的社会规范，对社会秩序的建构起着不可或缺的作用。

（二）法的秩序价值

法是形成、巩固和完善社会秩序的重要手段和方式。法被创造出来调整社会关系，其首要的功能就是促进形成一定的秩序。法作为规范系统，其本身就是社会秩序的化身，法律意味着秩序。法总体上体现、确认并保护着有利于现有统治阶级的一定社会秩序。

（1）法是促进社会和平的有力工具。法律通过确认和保障人们的自由和权利以及义务和责任，确认了正常的社会行为方式和行为要求，抑制和减少了大量社会纠纷产生的机会，人们各安其分、互不侵害；法律也通过有效解决纠纷来减少社会矛盾，由此，社会的和平与稳定得以形成和保障。

（2）法是保障社会安全和信用的有效方式。法律的基本使命就是保障社会成员的生命、人身、健康、财产等基本利益，这是最基本的社会安全。法律通过规定社会成员的权利、义务与责任而在社会成员之间建立长期稳定的、可预期的交往关系，从而保障社会交往中的基本信用和信任。比如，从经济领域的安全和信用来看，法律有助于维护正常的社会经济秩序，如将内在于社会生产、分配和交换等经济活动中的规则予以法律化，使之明确化、合理化以及权威化，从而建立起有条不紊的社会生产和交换秩序。

（3）法有助于维护现有的政治统治秩序。在现代社会中，国家主要是以法律为手段来调整社会各阶级、各集团之间的矛盾和冲突，法律对于建立和维护社会政治秩序起着不可替代的作用。法律使社会政治秩序合法化、社会化，把阶级冲突限制在社会存在所允许的范围之内。实际上，法律也是正式形成、宣告阶级利益的最重要方式，尽管是以普遍利益和普遍意志的方式来予以宣告。对于维持政治秩序来说，法律治理方式的优越性在于，法律规则在表面上对一切社会成员都是一视同仁的，显示出普遍性、公共性、中立性以及客观性等，而法的这些特点使法律更容易被社会成员接受和遵守，经由法律“美化”后的国家暴力或国家强制显得更加温和、客观和更少压迫性，社会政治统治秩序便因此而得到巩固。

（4）法律是公共权力秩序的有力工具。法律是维护公共权力运行秩序的基本力量。在现代社会中，通过法律对国家权力系统的结构作出科学的安排，规定国家机构之间的权限划分以及相互间的合作、协调与制约关系，各权力主体内部的职权分配以及权力运行的程序机制等，公权力得以在法治的理念和制度下自我限制，也自我强化。权力的法治化，既巩固了权力，也巩固了法律制度。

二、法与自由

在社会价值体系中，自由是核心的价值要素之一。在正义的社会制度安排中，自由也居于核心地位。在现代社会中，没有自由的制度正义是不可想象的。正义的法律价值追求，必须妥善安置自由。法应当确认和保护人的自由，恰当处理自由与平等、秩序等价值之间的关系。

(一) 自由的概念

1. 自由与限制

自由这一概念的通常语义，就是社会主体按照自己的意志行事而不受他人或组织的任意限制。实际上，自由又总是受到诸多限制，总是与限制有关，并没有完全“随心所欲”的自由。一个人的自由会受到客观规律、社会传统、社会规范和他人意志及权益等诸多限制。[①] 而限制又有两种形式：一是自我限制，二是外在限制。应当辩证地理解自由与限制的关系。

关于客观规律对自由的限制：在主体认识到规律之前，主体盲目受制于规律，这属于外在限制，主体会感觉不自由；而在认识到规律之后，主体顺应规律，利用规律，这属于自我限制，主体不会觉得不自由。

关于社会规范对自由的限制：当主体主动遵循社会规范时，属于自我限制（自律），主体不会觉得不自由；而当主体被动遵循社会规范时，属于外在限制（他律），主体会感觉不自由。

著名的政治理论家约翰·密尔曾经在其《论自由》中提出的两条自由原则涉及自由的限制问题。他提出的原则之一是，一个人的行为如果只涉及自己的利益，那么他享有绝对自由、绝对权利（个人是最高主权者），不存在责任，别人不应强行限制，只能是忠告、规劝或者回避不理；原则之二是，如果一个人的行为涉及别人的利益，那么他只享有相对自由，负有不损害别人的义务，要为自己给别人造成的损害承担责任，行为人应当自我约束，社会也有权强行限制（社会是最高主权者）。[②]

2. 自由的主观性与客观性

自由与人的意志、人的选择有关，因此具有主观性、个体性。不同的人面对相同的境遇，由于其各自意志、欲望的不同，便会有不同的自由感觉。主观唯心主义哲学和宗教在这方面作了充分发挥，强调自由首先是一种内在的心理状态。

实际上，人的意志并不是凭空产生的，而是最终决定于特定的社会条件，人的自由程度受制于社会发展水平。唯物主义哲学强调了自由的物质条件。马克思主义认为，人们的自由取决于其对客观规律的认识，自由的性质、内容、大小，取决于不同的社会条件，归根到底取决于生产力发展的水平。人类就是不断地从较低的自由向较高的自由发展的，“……文化上的每一个进步，都是迈向自由的一步”[③]，人的自由的全面发展是人类社会发展的理想之境。脱离人的认识水平和社会发展程度，抽象地谈论自由是空洞无力的。

---

① 这只是一种抽象概括，实际上这几种限制有时是混合的，在社会规范和他人意志中会有客观规律的成分，在社会规范中会有他人意志的成分。

② 参见［英］密尔：《论自由》，许宝骙译，113页，北京，商务印书馆，1959。

③ 《马克思恩格斯选集》，3版，第3卷，492页，北京，人民出版社，2012。

(二) 自由的类型

1. 哲学意义上的自由与社会意义上的自由

哲学意义上的自由，是从自由与规律、必然性的关系的角度对自由作的理解。斯宾诺莎、黑格尔等哲人较早对此进行了深刻论述。黑格尔第一次深刻阐述了自由和必然之间的关系。在他看来，自由是对必然的认识，必然只是在它没有被了解的时候才是盲目的。马克思和恩格斯吸收了这一思想，并对其加以唯物主义改造，指出了人类从必然王国走向自由王国的必然的历史进程。

社会意义上的自由，是从自由与社会规范、他人意志的关系的角度对自由作的理解。人具有社会性，处于与别人的不断交往之中，人们之间的意志和行为会发生关系，因此，一个人的自由会受到社会制度、社会秩序、他人意志、他人行为等的约束。就如卢梭所说的，人是生而自由的，但却无往不在枷锁之中。① 社会意义上的自由所考察的就是如何协调社会成员之间的自由。法律上所讲的自由主要是指社会意义上的自由。

哲学意义上的自由与社会意义上的自由虽然对自由的理解角度不同，但相互联系，后者以前者为基础。

资料链接

恩格斯论自由

2. 消极自由与积极自由

对社会意义上的自由可以进一步分为消极自由与积极自由。

消极自由是从否定方面来界定自由的，是指不受外部专横意志，包括不合理的规则、他人的不合理命令的限制。消极自由被认为是最基本的自由。霍布斯最早阐述了消极自由的概念，认为自由就是“外界障碍不存在的状态”②。贡斯当对古代人的自由与现代人的自由的区分，其中也涉及消极自由与积极自由的区分。贡斯当、密尔、托克维尔等思想家都认为，在社会政治生活中，应当存在一个最低限度的、不可侵犯的个人自由领域，个人在这个领域中享有免于被强制、被干涉的选择自由。有些学者认为，只有消极自由才是真正的自由。

积极自由是从正面来界定自由的，是指能够依照自己的意愿来做某种事，即自主（做自己的主人）、自我实现。积极自由所强调的是，个人从与外界的主奴关系中解放出

① 参见［法］卢梭：《社会契约论》，何兆武译，4页，北京，商务印书馆，2003。

② ［英］霍布斯：《利维坦》，黎思复、黎廷弼译，97页，北京，商务印书馆，1985。

来而成为自己的主人，让自己从非理性的、欲望的自我中摆脱出来而成为自主的理性自我；有时也指，给予个人自我实现的平等机会。有些学者如以赛亚·柏林等认为，积极自由有走向极权主义奴役和压迫的可能性。

资料链接

法律的目的不是废除或限制自由，而是保护和扩大自由。①

——洛克

自由是做法律所许可的一切事情的权利；如果一个公民能够做法律所禁止的事情，他就不再自由了，因为其他的人也一样会有这个权利。

——孟德斯鸠

任何政治结合的目的都在于保护人的自然的和不可动摇的权利。这些权利就是自由、财产、安全和反抗压迫。

——《法国人权与公民权宣言》

自由就是指有权从事一切无害于他人的行为。因此，各人的自然权利的行使，只以保证社会上其他成员能享有同样权利为限制。此等限制仅得由法律规定之。

——《法国人权与公民权宣言》

法典就是人民自由的圣经。②

——马克思

（三）法的自由价值

（1）法是现实自由的必要方式。任何时代的法，都或多或少确认和体现着一定的行为自由。一种正义的现代社会制度和法律制度，必须在尽可能的范围内确认和保障每个人的最大限度的自由。在一定意义上，没有法律就没有自由。法律把自由确认为具有“正当性”的行为，确认为权利即自由权。法律既是自由的保障又是自由的边界，法律界定自由的范围，并保障自由的现实。自由被作为法律设计社会行为模式的基本方式，通过法律之下的自由来保障社会的竞争和个人的自主性，引导社会的发展，实现自由与责任的统一。因而，法能把人的行为自由与社会纪律有机结合起来，既保障自主选择和自主空间又反对任性和专横。法是人类从必然王国走向自由王国的一个路标，法是人类自由水平的一个标尺。

（2）法律所保障的自由，包括消极自由和积极自由。近代法制最初所保障的自由，主要就是消极自由，强调国家应当奉行“不干预主义”，不干涉个人的思想、行为自由。随着法制的社会本位主义倾向的强化，现代国家逐步广泛干预经济社会生活，国家对自由的干预也逐步增多，国家的促进自由实现的功能增加，国家应当为人们实现自由创造更多的机会和条件。当代法制既继续保障最广泛、平等的消极自由，也强调国家为实现

① ［英］洛克：《政府论》（下篇），36页，叶启芳、瞿菊农译，北京，商务印书馆，1964。
② 《马克思恩格斯全集》，2版，第1卷，176页，北京，人民出版社，1995。

平等的自由创造条件和提供保障；既强调免于被国家干涉的个人自由，也强调“进入”国家的政治参与自由，以及对国家提供自由保障的“请求权”；既确认“法不禁止即自由”的原则，又防止社会主体对自由的滥用。

（3）法律通过多种具体制度设计来确认和保障自由。法律保障自由的具体制度广泛存在于各个部门法之中，比如：法律依法划定国家权力的合理权限范围，明确规定公权力正当行使的程序，保障社会主体的自由免受公权力的侵害；法律设置合宪性合法性审查机制，追究公权力侵害自由的行为的责任；法律明确主体的各项自由的范围和限制，预防并制裁主体之间对各自自由的相互侵害；法律确立对各种非法侵害自由的行为的救济手段与救济程序，注重通过司法机制保障自由。

三、法与平等

（一）平等的概念

平等与公平、正义具有内在的相关性，平等是正义的一项基本要求。分配的正义所要求的“同等情况同等对待”“不同情况按比例地差别对待”，就是一种平等要求。平等是一个内涵复杂的概念，人们心目中都在诉求平等，但关于平等的具体要求可能差别很大。

作为基本价值的平等，要求“同等情况同等对待”，同时也要求“不同情况按比例地差别对待”。平等有时意味着完全等同即均等，有时则意味着必须有差别。平等并不否认差别对待的正当性，它本身也要求差别对待。差别平等所要求的是差别必须是合理的，按照差别的程度而成比例地差别对待，否则就构成歧视和不正义。

平等问题是一个历史问题，平等观念具有历史性。在不同的历史时期，由于生产方式、政治制度、文化观念等的不同，平等观念不尽相同。古代社会的平等观念是一种相对平等观，社会中占主导地位的思想是等级观念，是不平等，只有在同一个等级之内才谈得上平等。资本主义社会的平等观念是形式上的平等，它反对等级、特权，强调“法律面前人人平等”。近现代的平等总是与反奴役、反特权、反歧视联系在一起的。社会主义社会的平等观念以马克思主义平等观为基础，致力于实现实质上的平等，而不仅仅是形式上的平等。但是，在生产资料公有制下实行的按劳分配体制中，仍然会产生差别，而真正的实质平等，只有到了共产主义社会才能实现。

在当代中国，平等是社会主义价值体系的核心理念之一，平等是社会主义制度的内在要求。为了进一步解放和发展生产力、促进社会发展，我国实行按劳分配的基本分配正义原则，在按劳分配之外还有其他的分配形式，比如，按生产要素在产出中的贡献分配。应当看到，社会贫富差距过大、民族差别、城乡差别、身份歧视、职业歧视、性别歧视等问题都影响到社会平等理念的落实，影响到社会的公平正义。在当今中国的社会发展进程中，诸如尊严平等、权利平等、规则平等、机会平等等形式方面的平等，以及公平分配、调节贫富差距、现实共享发展、共同富裕的实质平等方面，都尚有漫长的路要走。

（二）平等的基本分类：形式平等与实质平等

1. 形式平等

形式平等即形式意义上的平等，与形式正义相对应，是形式正义的基本要求。形式平等要求一定的制度或规则应当对所有人一视同仁，平等对待每一个人。这包括了规则和制度本身对所有人的平等对待，在狭义上则集中于在规则适用方面的平等对待。

形式平等首先要求人的道德地位、人的尊严的普遍平等，也就是将人作为平等无差别的人来对待。简要而言，形式平等的第一要义就是人的尊严平等。人的尊严平等是说，任何人，不论其种族、民族、地域、年龄、性别、职业、财富、地位、信仰等有何差异，只要作为人，在精神上、尊严上都是平等的。尊严平等立足于人与人的抽象共同点，即都是人，都具有道德主体地位，都具有尊严。尊严平等要求一个人、一种制度都应当平等地尊重每一个人。

形式平等在规则设计上的具体要求是：确立人的基本权利平等、法律地位平等、规则平等，反对身份等各类特权；确立义务分配、责任分配的平等。主体地位平等、基本权利平等，是落实人的尊严平等、道德人格平等的重要方式，是实质平等的前提。法律通过权利义务的平等分配方式，确认和保障财富、资源、机会与社会负担的平均分配。

我们在探讨平等问题时，总是会谈到机会平等。形式平等理念要求确认和保障人人享有最大限度的机会平等。由于对机会平等的界定不同，机会平等便被一些人归入形式上的权利平等，而被另一些人归入实质平等的范畴。机会平等通常所强调的就是，获取成功的机会对每一个有能力的人平等开放，即为能力相同的人提供相同的、公平的竞争机会。机会平等也有形式的机会平等与实质的机会平等之区分。形式的机会平等与权利平等、规则平等有直接的关联，反对人为的垄断或歧视。实质的机会平等则可能要求通过社会校正或补偿来创造事实上的平等机会，让每个人有尽可能平等的能力和潜力。因而，机会平等涉及很多方面，诸如，获取成功机会的平等，即有同等能力的人能够得到同等的机会施展其能力，如就业的机会平等；发展能力机会的平等，即有同等潜能的人能够得到同等的机会以开发其能力，如教育平等。机会平等有利于做到“人尽其才”，激发有能力者发挥更大的潜能。

2. 实质平等

实质平等即实质意义上的平等，与实质正义相对应，尤其与分配正义有着内在联系。实质平等主要关注的是在分配结果上的平等。形式平等无法必然带来实质上的平等，甚至经常会导致实质上的不平等。实质平等的要求可以表现在政治、经济、社会生活等各个领域。政治领域的有些类别的平等如权利平等、男女平等、选举平等等，被有些人认为属于形式平等，被另外一些人归入实质平等。我们在此将其作为形式平等的内容。在经济社会领域中对财富和收入等的平等分配，主要强调的是，在分配上注重结果平等，对经济上的弱者给予实质利益上的特别补偿、特别保障，保障社会中所有人的基本生存和发展条件的平等，以弥补历史、文化等因素所造成的不合理差别，使每个人都有实质性的发展机会，让每个人都能分享社会改革与进步的成果。实质平等，显然并不反对差别对待，反而要求合理的差别对待。没有差别的所有情况下的同等和平均，与实质平等的理念相悖，也损害了实质平等。

（三）法的平等价值

平等的正义诉求需要借助法律来达到，没有法律的介入和支持，平等诉求更容易被误解或曲解。法对平等的保障和促进作用是非常明显而重要的。

（1）法律确立法律平等原则，通过具体制度设计促进社会平等。法律面前人人平等被普遍承认为现代法制的基本原则，社会主义法制也承认并保障这一原则。法律平等原则被确认在各国宪法之中，并在各个部门法之中被体现出来，被确立为刑法、民法、社会法、诉讼法等各个部门法的基本原则。这是对平等价值理念的具体落实，也是对法的正义品质的有力提升。

（2）平等被确认为现代法的基本权利即平等权。平等权作为一项概括性基本权利，广泛地与各项具体权利相结合而发挥作用，使各项基本权利都有平等权的视角。对平等权的法律保护，首先强调的是保障机会平等的权利；与此同时，也对有着长久不平等历史的一些重要领域予以特别保护，这就涉及实质平等问题了。如我国《宪法》第48条规定：妇女在政治的、经济的、文化的、社会的和家庭的生活等各方面享有同男子平等的权利。国家保护妇女的权利和利益，实行男女同工同酬，培养和选拔妇女干部。

（3）通过法律推进社会的实质平等进程。在资源和财富的初次公平分配、校正社会不平等的社会再分配、对社会弱势群体予以特别保障等方面，法律都可以发挥重要作用。这促进了实质平等理念的落实，促进了社会的共享发展、公平发展、人本发展、可持续发展。我国社会主义法律制度重视实质平等，努力促进社会平等事业，促进每个人在实际社会地位、实际社会生活状况等方面的实质性平等。当然，也要认识到，不能因为致力于实现实质平等而忽视形式上的平等。实际上，当今中国正义和法制领域的问题恰恰在于形式平等原则还远远没有得到落实。

四、法与效率

效率也是认识社会正义必须考虑的问题，是衡量社会正义水平的一个维度。一个正义的社会制度安排，需要能最大限度地激发人们创造的积极性，进而努力促进社会总体福利的最大化，即正义社会也应当是一个有效率的社会。

（一）效率的概念

效率，是指以尽可能小的成本或代价（如时间、利益、精力等）获得尽可能大的收益，即实现资源的优化配置，产生更大的社会效益。效率或者表现为以同样的投入得到更大的产出，或者表现为以较小的投入得到同样的产出。在19世纪边沁开创的功利主义哲学中，已开始强调法律的目的在于实现最大多数人的最大幸福。这一观念又被后来密尔、耶林、庞德等强调。20世纪后期兴起的经济分析法学（法经济学）则将此推向极致，认为效率是法最主要的目的。当代法制将效率作为法的目的性价值来强调，集中体现了现代经济学对法学的影响。

关于对效率的界定和衡量标准，西方经济学曾经出现三种主要的标准：一是“社会财富最大化”，二是“社会总效用最大化”，三是“帕累托最优”以及“卡尔多-希克斯补偿”。这三种衡量标准各自都存在相应的问题。要想找到一个既得到广泛认可又切实可行的效率衡量方式，并不容易。

（二）法的效率价值

法律调整总是会考虑法律调整手段是否能达到其立法设计的目的，会考虑法律实施的实际效果如何，会考量法律对社会关系的调整是否确实促进了社会发展和进步，等等。在这个意义上，法总是或多或少要考虑效率问题的。立法者总是希望在节约法律资源和社会资源等社会成本的前提下实现良好的法律治理。法律本身的良善程度，与其制度设计是否有效率有一定关联。法律促进效率的制度安排是多方面的，关于权利、权力、义务、责任、机构等的制度设计都会直接关涉效率。

法律保障和促进效率的表现，举其要者，有如下方面。

（1）确立基本自由是促进效率、生产力发展的最重要制度安排之一。社会主体拥有现实的自由，便为提高社会效率打开了最重要的一扇门。人是社会生产和社会发展中最积极的因素。对人的尊严和基本人权予以确认，人被视为受尊重的社会主体，会极大地激发人的主动性、积极性和创造性。法律促进效率，要从对人的平等自由的尊重和保障做起。

（2）以法律有效保障主体的财产及福利等利益，诸如各类产权等，权衡和调节各种利益冲突。对利益或福利的追求，是提高生产力、促进经济增长和社会发展的动力。激励人们在法的范围内尽其所能地实现物质利益，是提高效率的重要方式。利益的保护和调节机制便是法律的核心机制之一，法律通过对利益的确认、平衡、选择、取舍来促进社会效率。

（3）以法律确认、保护具有效率的经济运作模式，发挥市场经济体制的效率功能。法律确立市场经济的基本架构，充分发挥市场在资源配置中的决定性作用。如通过保障主体的市场经营自由、契约自由，保障产权、消除市场壁垒等，促进市场的自由竞争，促使各类资源能够得到高效率的利用。依法设定国家权力的市场界限，减少对市场的不适当干预，保障市场的非市场条件，对市场过程予以必要的宏观调控，旨在力求避免生产和经营中的偶然性、任意性，减少资源的浪费，进而提高经济的整体效率。

（4）法律调整过程本身的效率性。这是指法律机制运作应当努力达到简便、快捷、省时、省力、高效。法律调整过程自身的效率性追求表现在，立法过程要高效，及时适应社会需要进行立法的立改废释，以节约立法机制运行成本；在法的适用过程中，应在保障公正性的同时提高司法效率和执法效率，比如正义要求及时得到实现，法律适用的及时性就是效率追求，司法受时限限制，不能无限拖延。在一个没有效率的法律机制下，正义也无从得到实现。

效率是法律调整所考虑的重要因素之一，但这显然不是说效率是法的最高价值。要将效率价值置于正义价值体系之中，与其他法律价值如平等、公平、秩序等予以综合考量，使之协调共存。

五、法的诸项价值目标的协调

正义，可以被看作是法所追求的最高价值目标，或法的价值体系的核心。正义的要求本身包含着对自由、平等、秩序、效率等诸项重要价值的衡量与协调。法的价值体系所追求的目标，就是在正义的名义下，恰当协调自由、平等、效率、秩序等各个价值项，使之可以协调发展，以共同促进对社会的良善治理。

(一) 法的诸项价值目标之间的矛盾与统一

一方面，法所确认、体现和保护的自由、秩序、效率、正义等价值，不是截然对立的，而是并存的，是我们对同一种社会状态从不同方面观察的表现。法体现一定物质生活条件下人们一定的行为自由和纪律，也体现有效率的正义秩序。现代法律秩序努力追求的便是一种自由的、平等的、讲求效率的社会秩序，这种秩序体现了一定类型的社会正义要求，也维护着各类社会利益（如社会中占统治地位的阶级的利益、社会的共同利益以及个体利益、群体利益等）。

另一方面，在具体的社会关系下，自由、秩序、平等和效率等之间会存在矛盾冲突。法律诸项价值目标之间的冲突是社会生活的一种正常现象。并不是说所有这些冲突都是破坏性的，只是说法律调整必须认真对待这些冲突和矛盾，并在适当的机制和程序下协调这些矛盾。法的价值之间的冲突多种多样，如自由与平等、自由与秩序、平等与效率、秩序与效率、平等与秩序、个人与社会、自由与权威、稳定与发展，等等。在法律治理的过程中不仅不能忽视这些矛盾，而且必须正确地认识并注意协调这些矛盾，使之服从于社会发展的总体目标。

(二) 协调各项价值之间冲突的基本原则

法律领域中如何协调各项价值目标之间的冲突呢？大致来说，可以遵循如下几项基本原则。

(1) 正义原则。法律调整要以追寻社会正义为基本的价值原则，基于正义的要求而对各项具体的价值目标予以恰当的安排。在这种安排中，要尊重以秩序为核心的法的安定性价值，尊重法的形式正义、程序正义的基本要求，进而综合考量和协调诸如人性尊严、个人自由、社会平等、社会效率等各种价值。

(2) 社会发展原则。在考量各种价值时，法律调整应以发展的眼光看待价值冲突，关注社会发展的具体需要和国情实际状况，对实现各种价值的先后顺序或轻重缓急予以安排。正义或价值理念是抽象的，但社会关系是具体的，应当在具体的社会情境中，结合国情、社情、民情等社会现实条件，对各种价值予以综合协调平衡。各种价值冲突以及法律利益之争，从根本上看是在社会发展过程中才能逐步得到合理、适当的协调。将发展的辩证法纳入价值协调的过程，就可以看到价值衡量背后的社会条件、社会因素、社会后果，从而比较容易找到解决问题的切入点。

（3）“统筹兼顾”原则。在对各项冲突着的价值予以衡量和比较的过程中，要对各种价值予以充分的尊重，认识和评估各项价值诉求的合理性，要有全面性的眼光；要在最大范围内最大限度地致力于实现各项价值目标，尽量考虑各项价值的共融性，也就是要以包容性眼光看待各项价值；要结合社会发展的具体条件，综合考虑基本价值与非基本价值、不同社会发展阶段中的价值倾斜等。

（4）“最小损害”原则。在价值衡量过程中，如果对某一项价值不能给予优先保护而必须予以限制的话，要最大限度地减少损害，对这一价值诉求的限制不得逾越达到目的所必要的程度。这也是说，价值衡量过程中要遵循比例原则，在不得已情况下，不得不有所牺牲时，应努力达到对正当价值的损害的最小化。

（5）“利益协调”原则。价值冲突的背后实际上是利益之争，因而要围绕着对各种利益的认识和平衡来解决价值冲突问题。正义（公平）与效率、自由与平等的价值协调问题，实际上可被还原为利益与利益的协调问题。我国历史上争论不休的义利之辨，实际上是各种利益之间的协调问题。什么是“义”？义者乃更大之利也。舍生取义，就是指为了一个更大的利益、更根本的利益，如民族的利益、阶级的利益，而牺牲个人的利益包括生命。中国历史上讲的“义”，外国学者讲的所谓“正义”，实际上都是体现一定利益关系的主张，都是关于协调不同的利益以求得一定效益的主张。因而，在价值冲突的衡量中，要从利益的角度协调各类正当利益，实现总和利益的最大化。比如，要注重协调平衡总体利益与局部利益、暂时利益与长远利益、不同群体的利益、多数人的利益与少数人的利益、社会公共利益与个人利益等之间的关系。

资料链接

《关于适用认罪认罚从宽制度的指导意见》（摘引）

海瑞的“决狱术”

疑狱。两造俱备，五听三讯，狱情亦非难明也。然民伪日滋，厚貌深情，其变千状，昭明者十之六七，两可难决亦十之二三也。二三之难不能两舍，将若之何？古称“与其杀不辜，宁失不经；与其失善，宁其利淫”，处疑大概也。即此推之，窃谓凡讼之可疑者，与其屈兄，宁屈其弟；与其屈叔伯，宁屈其侄；与其屈贫民，宁屈富民；与其屈愚直，宁屈刁顽。事在争产业，与其屈小民，宁屈乡宦，以救弊也。（乡宦计夺小民田产，债轴假契，侵界威逼，无所不为。为富不仁，比比有之。故曰救弊。）事在争言貌，与其屈乡宦，宁屈小民，以存体也。（乡宦小民有贵贱之别，故曰存体。弱乡宦擅作威福，打缚小民，又不可以存体论。）上官意向在此，民俗趋之。为风俗计，不可不慎也。①

问题与思考

1. 如何认识法的价值的一般特点？
2. 如何理解法与正义的关系？
3. 如何认识法的秩序价值？
4. 如何认识法的自由价值？
5. 如何认识法的平等价值？
6. 如何认识法的效率价值？
7. 如何理解协调法律价值目标间之冲突的基本原则？

阅读文献

1. 张恒山. “法的价值”概念辨析. 中外法学，1999（5）
2. 亚里士多德. 尼各马可伦理学：第5卷. 廖申白，译. 北京：商务印书馆，2003
3. 罗尔斯. 正义论：修订版. 何怀宏，等译. 北京：中国社会科学出版社，2009
4. 保罗·罗宾逊，莎拉·罗宾逊. 海盗、囚徒与麻风病人：关于正义的十二堂课. 李立丰，译. 北京：北京大学出版社，2018
5. 以赛亚·伯林. 两种自由//以赛亚·伯林. 自由论：修订版. 胡传胜，译. 南京：译林出版社，2011
6. 张文喜. 重新发现唯物史观中的法与正义. 中国社会科学，2017（6）
7. 张维迎，邓峰. 信息、激励与连带责任：对中国古代连坐、保甲制度的法和经济学解释. 中国社会科学，2003（3）
8. 胡玉鸿. 新时代推进社会公平正义的法治要义. 法学研究，2018（4）
9. 玛莎·C. 纳斯鲍姆. 正义的前沿. 朱慧玲，等译. 北京：中国人民大学出版社，2016
10. 孙国华. 公平正义与中国特色社会主义法治. 北京：中国人民大学出版社，2018

① 海瑞：《兴革条例》，载《海瑞集》，上册，陈义钟编校，117页，北京，中华书局，1962。

第五章 法律调整

本章概要

法律调整是从法的动态方面认识、描述法的运作和实现的一个范畴。法律调整是一个系统性的过程。从总体上说明法律调整的基本问题，可以了解法从形成到实现的全过程，初步认识法发挥其社会作用的方式及机制。法律调整的主要问题包括法律调整的对象、方法、过程以及法律调整的机制框架。本章从各个角度来详细研究法律调整的各个环节。

关键术语

法律调整　法律调整对象　法律调整方法　法律调整方式　法律调整类型　法律调整机制　法的创制　法的实施　法的适用

第一节　法律调整概述

一、法律调整的概念

法律调整是从法的运作方面描述法的实现、法在生活中如何起作用的一个范畴。法律调整是根据一定社会的社会生活的需要，运用一系列法律手段（法律规范、法律关系、实现法的活动等），对社会关系施加的有结果的规范组织作用。社会主义社会的法律调整，就是按照社会主义社会一定阶段社会生活的需要，归根到底是按照解放和发展社会生产力、最终达到共同富裕的需要，运用一系列法律手段，对社会关系施加的有结果的规范组织作用。

法律调整是于20世纪七八十年代在苏联等社会主义国家的法学理论中出现并逐渐被广泛使用的一个术语。近些年来，人们逐渐认识到法作用于社会生活是一个过程，这个过程中总是运用一系列法律手段，按一定的社会生活的需要对该社会的社会关系施加影响，这种影响的特征在于规范和组织人们的社会行为，并且这种影响总要表现为一定结果。这反映了人们对法发挥作用的过程的规律性认识的深入，也是系统方法在认识法的运作中的运用。恩格斯曾指出，一门科学提出的每一种新见解，都包含着这门科学的术语的革命。[①] 法律调整、法律调整的过程和机制等术语的出现和使用就是这种情况，它反映了人们已不再满足于静止地、孤立地分析法律现象，而是要在其运动中，在相互联系和相互制约中来研究、认识法是怎样在生活中起作用的。

法律调整作为一种特殊的社会调整，有着不同于其他社会调整的特点。这些特点主要在于：(1) 法律调整是随着国家与法的产生而产生的，它是统治阶级（掌握国家权力的阶级）运用国家权力对社会关系所作的带有一定价值判断的规范性和组织性的调整的中介；(2) 法律调整具有有目的、有结果、有保证的性质，有国家强制力作为后盾。

法律调整体现了法律的作用，但不应把这二者等同。法律的作用是比法律调整的内涵更为广泛的一个概念，对许多社会关系法律不调整，但不等于法律对它们没有影响作用。法律调整需要通过一整套法律手段来实现，即需要通过法律调整机制来实现，而法律的作用不一定都需要通过法律调整机制来实现，如法的思想影响作用就是如此。法律规范能给人们提供国家允许什么行为、要求什么行为、禁止什么行为、制裁什么行为等的信息，同时，法律规范是经济的、政治的和文化的价值的承担者，本身凝结着一定的价值观，因此，法律能影响人们的价值观、法律意识，对人们所接受的价值观、法律观等施加无形的影响。法的这种思想影响作用也可以叫作法的一般意识形态作用，其性质和内容取决于法的阶级、社会本质及法的社会进步性等。社会主义法由其本质所决定，具有巨大的思想影响作用。我们可以看到，认识法律调整与法律作用的区别，认识社会主义法所蕴含的思想影响作用，具有重要的意义。对于有些关系（如党内关系、一般的友谊关系），法律并不调整，但并不意味着法律对它们没有作用。有些法律制定后尽管未能立即实现，并不等于没有发挥作用。我们还可以从这个角度去认识法律对我国精神文明建设，对于执政党自身的建设，对于加强和改善执政党领导水平的重要意义。

二、法律调整的对象

(一) 法律调整对象的概念

法律调整的对象是社会关系参加者的意志行为。这就是说：第一，法律调整的对象是指法律对之直接起作用的对象。法律对人与自然的关系的调整，也是通过对人与人的关系即社会关系的调整来实现的，人与自然的关系不可能是法律调整的直接对象。第二，法律不调整孤立的、不与其他人有关的单个人的意志行为，而调整在一定社会关系即人与人的关系中的意志行为，调整这种意志行为，实际上也就是调整社会关系。

既然法律只调整人们的意志行为，那么，社会关系只有在其表现为通过人们的意志而形成的思想关系时，才能成为法律调整的对象。对于生产关系的总和、不依人的意志而形成的物质关系，法律不能调整。生产关系只有在其表现为具体的财产关系、劳动关系、买卖关系时，才能进入法律调整的领域。这时，其不依人的意志而形成的属性仍然存在，表现为一旦法律规范违背客观规律，则或者不可能在生活中获得实现，或者虽能

① 参见《马克思恩格斯全集》，第23卷，34页，北京，人民出版社，1972。

获得实现却达不到法律调整的预期目的，会产生意料不到的效果。

社会关系是法律调整的对象，但并非所有的社会关系都是法律调整的对象。有些社会关系法律不能调整，有些社会关系法律没必要调整；有些社会关系法律已经调整，但新的发展要求法律不必调整；有些社会关系法律尚未调整，但新的发展要求法律调整。因此，对作为法律调整对象的社会关系应当界定。

我们认为，法律调整对象，是指已被法律调整的或客观上要求法律调整的以人的意志为中介的具体的社会关系，或者说，法律调整对象是客观上能够“接受”法律调整且在一定的社会条件下又要求对之进行法律调整的社会关系。

(二) 法律调整对象的主要特点

1. 法律调整的对象是社会关系、社会过程

自然过程与物理、化学、生物过程，如台风、暴雨、生物的生长等，不是，至少目前还不是法律调整的直接对象。这些现象是按照自然规律发生、发展的，是自然科学研究的对象，法律可以考虑到这些情况，把它们作为法律事实，要求人们遵守自然规律，利用它为社会谋福利，但它们不是，也不可能是法律调整的直接对象。法律对生态环境、资源的调整，也是利用科技的成果，把技术规范转化为法律技术规范，要求人人必须遵守。在这种情况下，法律调整的直接对象仍然是人的意志行为。

2. 法律调整的是通过人的意识和意志发生的具体社会关系

法律不能调整处于睡眠状态、心理不健全状态下的人作出的行为（精神病患者、未成年人对其行为不能负责任），也不能调整人的生理上不受意志控制而必须作出的行为（如打喷嚏、打鼾等）。不以人的意志为转移的关系如血缘关系、事实上的亲子关系不能改变，但人们可通过其意思表示脱离父子关系，或承认拟制的养父子关系。这说明，法律关系不同于事实关系的重要特征就在于，它是通过人的意识和意志，首先是法律中反映的国家意志而形成的。

法律调整的是具体的社会关系。这意味着，在法律调整对象中不包括依社会生活客观规律发生的大规模的、群众性的社会过程。值得注意的是，这个过程虽然不包括在法律调整的对象之中，但并不是说法律不能对其起作用，这种作用表现在：一是阻碍，为其发展设置障碍；二是促进，为其发展创造有利条件。

3. 法律调整的是那些客观上要求法律调整的关系

社会生活中有很多的社会关系或社会行为，并不需要或无法借助法律来予以调整。诸如爱情、友谊、个人饮食习惯、衣着、发式等一般都不是法律调整的对象，这些社会关系或社会行为在客观上不要求、不接受或者也不需要法律的调整，由其他社会规范（如道德、习惯、社会风气、美学规范等）予以调整反而能取得更好的效果。

4. 法律只调整社会统治阶级认为重要的社会关系

所谓重要的社会关系，即不运用国家权力就不能保证个人利益服从集体利益、局部利益服从整体利益、暂时利益服从长远利益的那种社会关系。而这种关系的范围不是固定不变的，它决定于国家所处的历史发展阶段、经济发展水平、国内和国际环境，以及统治阶级对调整这种关系是否关切。因而，随着社会的发展，法律调整的对象会发生变化。这就是说：一类社会关系从生活中消失或者虽未消失但已丧失进行法律调整的必要；另一类社会关系产生，迫切要求法律调整。在现代社会中，法律调整对象发展的主要倾向是“扩大”和“加深”。“扩大”意味着法律调整的量的增加，即原来不需调整的社会关系，在发展中变成法律必须调整的了，法律调整对象的范围扩大了；“加深”则意味着法律调整的质的提高，要求法律上有更为准确、细密的规定，可操作性更强。

比如，基因科技在过去几十年的迅速发展，带来了社会生活的许多新课题，迅速扩展了法律调整的范围。克隆动物、人的克隆生殖、基因治疗、基因检测、转基因食品、异种移植基因技术、动植物间的基因转移等都成为医学伦理、法律调整等领域的新问题。比如，仅就人权方面而言，基因技术对人的生育权、生命健康权、基因隐私权、人格平等权、社会保障权、环境权等都会有直接的影响。对此，1997 年，联合国大会通过《世界人类基因组与人权宣言》；2001 年，联合国大会通过《禁止生殖性克隆人国际公约》；2005 年，联合国大会通过《联合国关于人的克隆的宣言》。不少国家也都通过国内法对基因技术、人的克隆生殖、转基因食品等予以法律规制。

资料链接

《联合国关于人的克隆的宣言》（2005 年）摘引①

认识到迅速发展的生命科学的某些应用，可能引起人类尊严、人权和个人基本自由方面的伦理问题，

重申生命科学的应用应当旨在设法减少痛苦，以及增强个人乃至全人类的健康，

强调应当以保障对人权的尊重和造福全人类的方式来促进生命科学领域的科技进展，

注意到人的克隆可能对所涉及的人产生医学、身体、心理和社会方面的严重危险，也认识到必须防止对妇女的剥削，

深信必须紧急防止人的克隆可能对人类尊严造成的危险，

郑重宣告如下：

(a) 会员国应当考虑采取一切必要措施在应用生命科学方面充分保护人的生命；

(b) 会员国应当考虑禁止违背人类尊严和对人的生命的保护的一切形式的人的克隆；

(c) 会员国还应当考虑采取必要措施，禁止应用可能违背人类尊严的遗传工程技术；

(d) 会员国应当考虑采取措施防止在应用生命科学方面剥削妇女；

(e) 会员国应当考虑毫不延迟地通过并实施国内立法以落实上文 (a) 段至 (d) 段；

(f) 会员国也应当考虑在为包括生命科学在内的医学研究筹措资金时考虑到尤其影响到发展中国家的艾滋病毒/艾滋病、结核病和疟疾等紧迫的全球性问题。

① 该宣言由联合国大会 2005 年 3 月 8 日第 59/280 号决议通过。

第二节　法律调整的方法

一、法律调整方法的分类

法律调整的方法，是指对社会关系施加法律影响的方法、方式、类型的总和。研究法律调整的方法，就是研究运用于调整社会关系的“法律工具库”。法律调整方法集中体现着法律调整的艺术和法律文化的发展水平。

法律调整的对象不同，所运用的调整方法也不尽相同。运用什么样的法律调整方法，基本上决定于法律调整的对象；同时，法律调整方法的运用，也取决于国家所处的具体历史条件，要看生活的需要和人们的意愿。

对法律调整方法，可以从以下方面进行一些分类。

(1) 规范性调整与个别性调整的不同结合方式所产生的不同方法。有的法律调整未给个别调整留下余地，如基于绝对确定性规范的调整；有的法律调整则在不同程度上给个别调整留下了余地，如基于相对确定性规范的调整。关于这两种法律规范的界定，可以参看下一章的介绍。

(2) 基于平权型关系的方法与基于隶属型关系的方法。在私法领域的法律调整中，通常基于规定法律关系参加者是平权主体而运用平权关系的方法；在公法领域中，通常基于规定一方法律主体管辖或管理另一类法律主体而运用隶属关系的方法。行政法、财政法基本上采取隶属关系型的方法，民法基本上采取平权型的方法。

(3) 集中的方法或非集中的方法。一般而言，规范性调整是集中的方法，但集中的方法也可以是个别调整的方法，如宣布全国处于戒严状态。隶属关系型的方法是集中的方法，而平权关系的方法是非集中的方法。但这两种分类不是简单的等同，二者的区别也不是绝对的，可以适应不同的需要，在“放”（非集中）中有“管”（集中），在“管”中又有“放”。

要找到最适合的法律调整方法，一是要调查研究，深刻、准确地了解生活对法律的需要；二是要总结经验，借鉴历史上的和他人的经验。以历史唯物主义为指导，坚持实践—认识—实践的认识路线，才能找到最适合满足这种需要的调整方法。在这方面，进行历史的、比较的研究，吸收人类优秀的、有用的法律文化，是重要的。

二、法律调整的基本方式

法律调整的基本方式，也可以被看作是广义上的法律调整方法的一个侧面。法律调整按其作用于人们行为的基本方式，可被分为三种：允许、积极义务、禁止。

(1) 允许的方式，即赋予人们为某种行为（或不行为）的权利。“允许”的方式使人们有根据生活的需要和利益选择行为方式的自由。这种调整方式最能使法律调整符合社会生活的客观需要。

(2) 积极义务的方式，即要求人们作出某种行为、承担作出某种积极行为的义务，如转让、交付某种东西等。“积极义务”的方式用在要求人们作出一定积极行为的场合。

(3) 禁止的方式，也可以被称为消极义务的方式，即要人们承担不为一定行为的义务。“禁止”的方式是保证人们自由的必要条件。

这三种调整方式各有所用，缺一不可。这三种调整方式都与社会关系参加者的权利、义务有直接关联：“允许”这种调整方式的内容是赋予主体以自由和权利；“积极义务”“禁止”的调整方式的内容则是，要求义务人履行积极义务或消极义务（禁止）以保障权利人的权利或社会秩序得到实现。

大致而言，在集中的方法占主导的法律部门（如刑法、行政法、财政法等），以“积极义务”和“禁止”的方式为主；在非集中的方法占主导的法律部门（如民法、劳动法等），以“允许”的方式为主。

三、法律调整的基本类型

法律调整的基本类型实际上也是对法律调整方法的一种划分方式。这是基于法律具体规范人们行为的方式来进一步说明法律调整的类别。法律对人们行为的调整手段，可以最简洁地归结为“允许”和“禁止”两种基本方式。“允许”与“禁止”的不同结合，形成法律调整的两个基本类型：一般允许型和一般禁止型。

一般允许型的法律调整，是按“凡法律所不禁止的，都是允许的”原则所进行的调整。在这种类型的法律调整中，禁止是被明确、在具体规定的，允许是一般的。按照具体的禁止与一般的允许的相结合的方式，人们只要不违反具体的禁止，可以作出任何行为。

一般禁止型的法律调整，是按“凡法律所不允许的，都是禁止的”原则所进行的调整。在这种情况下，允许是具体的，禁止则是一般的。在具体的允许和一般的禁止相结合下，人们只能做法律允许的事，如没有法律的允许，就不能做任何事。所以，这种调整类型也被叫作批准（或准许）的法律调整。

一般禁止型的法律调整可用来制约国家机关及其工作人员行使权力的活动，即要求国家机关及其工作人员的活动都有法律根据即国家的授权，以防止权力滥用，这有助于保障公民和各类组织的权利与自由。而一般允许型的法律调整直接授予并保障公民和各类组织以权利和自由，有利于发挥公民和各类组织的主动性、创造性。

第三节 法律调整的过程

一、法律调整过程的阶段

社会是一个内在有机联系的大系统，法律调整是社会系统中的一个子系统。法律调整本身是一个系统的过程。研究法律调整问题，需要研究法律调整的过程。

法律调整的过程可被分为以下阶段。

(1) 第一阶段：法律规范的形成和生效阶段。经过法的创制活动，法律法规被通过并付诸实施，这便开启了对一定社会关系的法律调整过程。这个阶段是法律调整的初始阶段，其特点在于确立了法律调整的规范性根据，把一定的社会关系纳入了法律调整的领域。

(2) 第二阶段：产生法律关系阶段。在这个阶段，当出现一定法律事实时，根据法律的规定，在一定主体之间产生、变更或消灭法律上的权利义务关系，法律规范进而转化为现实关系。

(3) 第三阶段：法律上的权利和义务获得实现，转化为主体享受权利、承担义务的行为的阶段。其特点是把包含在法律规范中的应然的要求既转化为具体社会关系参加者之间的具体行为尺度（具体的法律权利和义务），又转化为社会关系参加者的实际行为，权利被享用、义务被履行、禁止被遵守，法在生活中获得了实现。

(4) 第四阶段：机动性的阶段，即法的适用阶段。法律调整过程，并不是在法律被制定后，就不再需要国家权力的干预或介入而可以自发地进行下去的。在法的实施阶段，有时不需要国家权力的介入，如在法律、法规被自觉遵守的情况下。实际上，法律实施往往需要再次运用国家权力排除障碍，或把一般的规定结合具体情况来具体化。国家权力的介入或法的适用有时出现于法律关系产生前，有时出现在法律关系产生后。这个机动阶段的特点是，有管辖权的机关（如国家权力机关、法院、行政机关等）发布产生法律效力的个别性文件（如决定、判决、裁定等）。

法律调整的过程的上述四个阶段，从另一个角度来看，又可以归结为两大阶段，即我们通常说的法的创制阶段以及法的实现阶段。下面我们分别对法的创制阶段、法的实现阶段以及（作为法律调整机动阶段的）法的适用阶段，作一点概括性的简要介绍。关于当代中国法的创制、实施、实现及适用中的更具体问题，留待后面的章节详细说明。

二、法的创制阶段

法的创制，是指有关国家机关在其法定的职权范围内，依照法定的程序，制定、修改和废止规范性法律文件以及认可法律规范的活动。

（一）法的创制的方式

法的创制的方式，大致可分为法的制定和法的认可。

法的制定，是指专门国家机关在法定职权范围内依照法定程序，制定、修改、废止规范性法律文件的活动。通过这种方式创制的法律规范，称为成文法。在我国，绝大多数的法律规范都是通过这种方式创制的，表现为宪法、法律、行政法规、地方性法规和规章等形式。

法的认可，是指国家承认并赋予某些行为规范以法律上的效力的活动。通过这种方式创制的法律规范，称为不成文法。法的认可又分为两种情况：一是国家在事实上承认并赋予某些行为规范以法律上的效力，例如，对习惯、判例、法理、政策等的认可。二是国家在法律文件中明确认可某些行为规范具有法律上的效力，如《中华人民共和国香港特别行政区基本法》第8条规定，“香港原有法律，即普通法、衡平法、条例、附属立法和习惯法，除同本法相抵触或经香港特别行政区的立法机关作出修改者外，予以保留”。

(二) 法的创制的阶段

各国法的创制活动虽然不尽相同，但基本上可以分为两个独立的阶段：准备阶段和确立阶段。

1. 准备阶段

法的准备阶段，又可以被称为法的起草阶段，这一阶段从提出创制法律、法规的建议被列入起草工作开始，主要包括起草规范性法律文件草案的各项工作，如进行有关的调查研究，草拟具体的法律条文，按照立法技术的要求对其进行相应的修改、补充，同有关机关、组织和人员协商、征求意见等。直到把草案提交有权创制法律、法规的机关进行审议、讨论，准备阶段即告结束。

2. 确立阶段

法的确立阶段，又可以被称为法的正式通过阶段。这一阶段大致包括四个程序：法律法规案的提出；法律法规案的审议；法律、法规案的通过；法律法规的公布。这一阶段较之法的准备阶段更为法律化、程序化。各国宪法和有关法律对于有关国家机关，特别是立法机关在这一阶段的活动，通常都有专门的规定。例如，在我国，宪法、全国人大组织法和地方人大组织法、全国人大议事规则、国务院组织法和立法法，对于制定法律的程序，制定行政法规的程序，制定地方性法规、自治条例、单行条例和规章的程序，都作了明确的规定。

三、法的实现阶段

(一) 法的实施与实现

法的实施，是指使法律规范的要求在生活中获得实现的活动。其直接目的是法的实现。考察一国的法律调整状况，不但要看法律规定了什么，更重要的是看这些规定在实际社会生活中的实现程度和效果如何。纸面上的法再好而如不能在社会生活中转变为现实，无异于一纸空文，法对社会关系的调整作用也无从发挥。

法的实施方式有多种，包括了国家机关对法的专门适用、各类主体的守法行为等等。国家机关对法的适用和遵守活动，在法的实施过程中具有特别的重要意义。通常人们关注比较多的法的实施活动包括行政执法、司法、公民守法、法律监督等。

法的实施的直接目的是法的实现。法的实现是法律规范在人们行为中的具体落实，即权利被享用、义务被履行、禁令被遵守。这几种落实方式是法作用于现实关系的重要阶段和重要形式。要发挥法的作用，就必须使法在生活中真正实现。立法过程固然很重要，但它毕竟只是第一步，更重要的是使已创制的法律规范在社会生活中得到实现。比如，仅仅承认公民在宪法中的基本权利是不够的，还必须通过各种贯彻宪法的法律、法规及其在生活中的实施，使公民真正享受到这些权利。法的实施的理想结果是达到法的实现，而这二者之间有可能是脱节的，即如果法的实施状况不够理想，就意味着法没有得到真正全面的实现。

(二) 法的实现的方式

法律规范在社会生活中实施的具体形式是多种多样的，可以从不同的角度对其进行分类说明。这里，按照法律调整方式的不同，将法的实施及实现形式分为权利的享用、积极义务的履行和禁令的遵守。

法的实施和实现的这三种形式的特点与法律调整方式有密切的联系，它们取决于在法律调整中是采用允许（授权）、积极义务（作为的义务）还是禁止的方式。这三种实现方式分别对应着三种法律规范的实现：权利的享用是授权性规范实现的方式；积极义务的履行是规定积极作为义务的义务性规范实现的方式；禁令的遵守是禁止性规范获得实现的方式（参见图 5－1）。

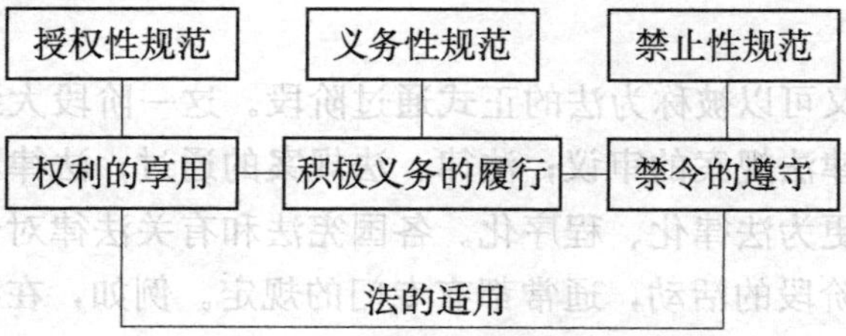

图 5－1　法的实现的基本形式

四、机动阶段：法的适用阶段

法律规范有时必须由国家机关参与才能在社会生活中得到实现。在有些情况下，需要由国家机关及其工作人员以国家的名义参与实施法的活动。这时就出现了法的适用问题。法的适用是法的实施的机动阶段，也是法的实施的特别形式，同法的实施的上述三种形式相交错。

(一) 法的适用的概念

法的适用，也称法律适用或法律规范的适用，是指国家机关以及国家授权的组织按照法律的规定运用国家权力，将法律规范运用于具体人或组织以解决具体问题的专门活动。法的适用属于由国家依法进行的个别调整，其法律后果是产生、变更、消灭社会关系参加者的权利和义务关系，或者对违法主体予以法律制裁。

从事法的适用活动的国家机关范围广泛，包括国家权力机关、国家行政机关、国家司法机关、国家监察机关以及国家所授权的某些组织等。其中，行政机关和司法机关的法律适用活动最为普遍。行政机关的法律适用，也就是行政适用，是行政执法的一个部分。司法机关的法律适用，也就是司法适用，是程序更完整的法律适用活动。鉴于法院适用法律的裁判活动是最为典型的法律适用活动，有些人在更狭义上使用法律适用或司法适用一词，即法的适用特指法院的法律适用活动。我们在本书中是在广义上使用这一概念，即认为各类国家机关都会有法的适用活动。

国家机关对法的适用情形多样，比如，当当事人之间出现争执，发生纠纷而寻求国家救济时，如合同当事人不按规定履行义务，婚姻当事人感情破裂，财产继承人对继承份额发生异议，行政机关依法作出行政处罚决定而当事人不服等；当发生违法犯罪需要国家予以追究时，如当事人违反市场监督管理法规，当事人侵犯他人合法财产权、人身权、知识产权，或者发生犯罪行为；当某一种社会关系或事实产生，或者需要由国家主管机关审查、确认、监督和检验时，如经济组织的注册、登记，婚姻、税务、专利登记，商标注册，车辆、房产或其他不动产登记、公证，对企业或组织的财务活动进行审计等；当实现法律规范的要求必须由主管的国家机关给予支持时，如由国家给工程项目分配资金、装备、人员、自然资源、财政支持等，需要由国家机关运用国家权力对社会关系进行第二次的调整或对已调整好的法律关系给予保护。这时即产生法的适用问题。

（二）法的适用的方式

可以从多个角度认识法的适用的方式。按照法的实施的正常形式和非正常形式，可以将法的适用方式分为对法律规范处理部分的适用和对法律规范制裁部分的适用。

对法律规范处理部分的适用，是指国家机关及其工作人员在没有出现违法的情况下，依法执行法的调整性职能的适用法的活动，如立法机关选举或决定国家行政机关等的领导人员的活动，市场监督管理机关对企业进行登记的活动，司法行政机关确认律师资格的活动，公安机关的户籍登记、车辆牌照登记活动，税务机关的税收活动，民政机关的婚姻登记、社团登记等。

对法律规范制裁部分的适用，是指在出现违法、犯罪行为的情况下，国家机关执行法的保护职能，恢复被侵害的权利或对违法行为实行追究，给予制裁的活动，如公安机关、人民检察院对犯罪行为的侦查活动，人民法院刑事法庭的大量审判活动，市场监督管理机关查处违反市场管理法规行为的活动，海关查处走私等行为的活动，人民检察院对犯罪行为提起公诉的活动，等等。

（三）法的适用的主要阶段

法的适用是一个复杂的程序化过程，大致可以被分为以下阶段。

1. 调查和确认事实

法的适用，首先得查明事实真相。查明事实真相，必须根据客观存在的事实情况，并从中找出与案件有联系的有法律意义的事实。这就是调查、收集法定证据。调查、收集证据必须采用合法途径和方式。确认案件事实是法律适用的基础和确保其公正性的关键。对调查所发现的事实需要甄别分析，以确认这些事实是否与本案有联系、是否具有法律意义、是否符合法定证据的形式要件等。

2. 选定所适用的法律规范

选定所适用的法律规范意味着把具体事实与相应的法律规范联系，反复地使一般规定具体化，又使具体事实一般化。在确认事实的基础上，选择确定适用何种法律规范最为适宜。在这一阶段一般可以分为以下步骤：一是根据事实在法律上的性质，确定应由哪一个部门法来调整；二是确定该案件与这一部门法的哪些规范性法律文件或法律文件的哪一部分有关；三是从有关的规范性法律文件中，找出最适合该案件的法律规范，找出法律规范的假定、处理、制裁；四是正确理解法律规范中所运用的术语、词汇，并把所运用的法律规范与所要处理的问题、案件联系起来作出理解和解释。

3. 作出适用法律的文件

这是法的适用过程的决定性阶段。在这一阶段，要作出适用法律的结论，并形成适用法律的正式文件。其意义在于将法律规范的一般规定创造性地运用到所处理的具体事件中。一般情况下，法律规范本身就规定了解决问题的各种具体方法，但立法者不可能预见到一切情况的一切特点，因此，法律规范通常为执法机关留下一定的自由裁量的余地，使法律适用机关可以在法律规定的一定幅度内选择最合理的方法。适用法律的文件反映出国家对被适用法的具体情况的立场以及所作出的法律评价，是法律规范发挥作用的重要方式。

4. 送达法律文件和执行

在将适用法律的文件发布以后，须及时通知有关的人员或组织，送达的方式或者依法律规定，或者由作出决定的国家机关依职权指定等。对于基于法律适用文件在当事人之间产生的权利和义务，国家机关有责任保证这些关系的实现。只有在实际执行该文件的行为完成以后，才能够确认法律规范在实际生活中得到了实现。

第四节 法律调整的机制

一、法律调整机制的概念

法律调整机制，有广义、狭义之分。广义的法律调整机制，是指法律发挥作用的全部联系，包括法律调整的专门法律机制、法律调整的社会机制（法律调整与社会各种因素，如经济、政治、文化等社会条件的联系）和法律调整的心理机制；狭义的法律调整机制，仅指法律调整的专门法律机制，是指用来保证对社会关系实现有效法律影响的各种法律手段组成的整个系统。法律调整的专门法律机制，也可以成为法律调整的专门机制。

法律调整机制的概念是从法律调整的概念中引申出来的。法律调整的专门法律机制的概念不仅能使我们把作用于社会关系的各种法律手段集合在一起，作为一个整体来加以描绘（“法律系统”“法律体系”“法制”的概念也可实现这一点），而且能以“运作着的”、动态系统的形态来反映这些法律手段，说明它们的相互联系和相互制约关系，说明每个法律手段在整个“机制”中的地位、职能作用，说明从法律方面达到立法者提出的目的的能力、效果。

二、法律调整的专门法律机制的构成

与法律调整的三个阶段加一个机动性阶段相适应，法律调整的专门法律机制也可明确划分出法律调整的三个基本要素和一个机动性要素，这就是现行法律规范、法律关系、实现权利和义务的行为与法的适用（参见图5-2）。

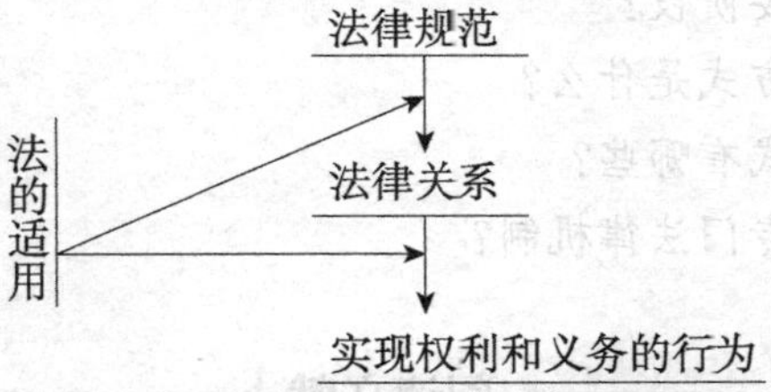

图5-2 法律调整的专门法律机制的构成

法律调整的基本阶段中出现的这些要素，与其他法律工具相结合，又构成法律调整这个大系统中的四个子系统。例如，在法律、法规开始生效阶段，以现行法律规范为核心形成一个由法的创制程序、规范性法律文件、解释性文件、法规汇编、法典编纂等构成的子系统；在产生法律关系阶段，以法律关系为核心形成一个由权利主体、权利能力、行为能力、权利客体、权利和义务、法律事实等构成的子系统；在实现权利和义务的阶段，以实现权利和义务的行为为核心形成一个由适用法的活动、法律解释、法律监督等构成的子系统；在法的适用这个机动性阶段，也以适用法的活动为核心，形成由法律事实的认定，法律解释，法律案件的立案、取证、审理、辩论、判决、执行等构成的子系统。在每一个子系统中的各种法律现象都在统一和相互联系中发挥职能，各个子系统集合构成法律调整的整个系统、整个机制。法律意识，在法律调整的整个过程中都是必要的、不可少的"润滑剂"，没有它，"机器"就不能正常运转，所以，法律意识的作用贯穿于法律调整的全过程。

三、法律调整的社会机制和心理机制

前面所讲的法律调整机制，仅仅是从法律运作的专门法律手段方面观察的，是指法律调整的专门法律机制。观察法的运作，还可扩大范围，如从法、法的运作与社会环境联系的角度来分析法律调整的社会机制，这时就可以引进社会学的方法，进行法社会学的研究，如研究社会条件、社会环境、社会传播工具、法律信息的性质和水平等社会因素对法的运作与实现的影响；也可从法、法的运作的心理方面分析法律调整的心理机制，即引入心理学的方法，进行法律心理学的研究。

我们对法律调整过程和机制的描述只是一个大概的轮廓，实际的过程和联系远比我们讲的复杂，但掌握我们讲的这个一般模式，有助于我们认识各种法律现象、社会现象、心理现象在整个法律调整系统中所处的地位，以便把各种手段更合理、恰当地配置在调整过程的各个环节之中，并找出其薄弱的环节予以加强和改进，提高法律调整的整体效果。

问题与思考

1. 怎样理解法律调整的概念？
2. 法律调整对象的特点有哪些？
3. 法律调整的方法及其类型有哪些？
4. 法律调整有哪些主要阶段？
5. 法的创制的特点及方式是什么？
6. 法的实现的主要方式有哪些？
7. 什么是法律调整的专门法律机制？

阅读文献

1. 宋瑞兰. 论法律调整机制. 法律科学，1998（5）
2. 谢晖. 论法律调整. 山东大学学报（哲学社会科学版），2003（5）
3. 黄建武. 论作为法律调整对象的社会关系. 中南政法学院学报，1991（1）
4. 王晨光. 和谐社会中的法律调整机制. 法学杂志，2005（4）
5. 黄建武. 法律调整：法社会学的一个专题讨论. 北京：中国人民大学出版社，2015

第六章

法律规范

本章概要

欲理解法，就应研究法律规范。法律规范是构成法的基本要素或细胞。法律规范是一种发达的社会规范，不同于法律条文，也不同于作为整体的法，但法律规范体现了法的若干特点。法律规范主要可以被划分为法律规则、法律原则。规则有着内在的逻辑结构。法律原则在法体系和法律秩序建构中发挥着独特的功能。

关键术语

法律规范　法律概念　法律原则　法律规则　法的逻辑结构　命令性规则　调整性规则　保护性规则　授权性规则　义务性规则　禁止性规则　强行性规则　任意性规则

第一节　法律规范概述

一、法律规范的概念

按照系统论的观点，一定社会中的法也是一个复杂的系统，是由各种内在要素组成的具有特定功能的有机整体。在法律系统内部，构成整体的每一个要素都有别于其他要素，但同时又都是作为整体的一个组成部分，诸要素既相互区别又相互联系，既相互制约又相互补充、相互作用。

法律规范这一要素无疑是法的构成中最大量、最基本的要素，是构成法的“基本细胞”。它直接反映着法律调整的特点，实现着法律调整的功能，没有规范，法就不成其为法。正因为如此，我国学者一般都将法定义为“法律规范”的系统。

（一）规范的一般特点

“规范”一词来源于拉丁文 norma，意为规则、范式、标准、尺度。无论何种规范，都以不同方式规定了某种行为模式，指出人们必须做什么、可以做什么和不可以做什么，以引导人们的行为。不包含行为模式或尺度的意志形态，如一般性的倡议、号召等，都不能被称为严格意义上的规范。

规范是一种抽象的行为规则。所谓抽象，是指规范将各种具体事实状态和行为方式的特点与共性概括、归纳出来，舍弃它们的具体形态，以“类场合”或“类行为”的方式加以描述和规定。正由于规范所提供的是抽象的行为模式，它在适用范围上才具有普遍性。在一般情况下，效力等级高、适用范围广的法律规范，其内容的抽象性程度往往也比较高，而效力等级比较低或适用范围比较窄的规范，其内容也比较具体。

规范是一种一般的行为规则。规范的一般性大体上可以理解为受其调整的对象范围的普遍性，它不是针对某一特定主体，而是针对较为广泛的主体提供的行为方案。在相同条件下，所有处于规范调整范围内的主体都必须遵守规范的规定。规范的这种一般性是使社会生活秩序化的基本要求，因此，法律规范不同于国家的个别性命令。后者也有法律效力，有的甚至有普遍约束力，但其不含有一般性规范，且其效力大都是针对特定主体或场合的，如立法机关的个别性决定、行政个别性措施、司法机关的判决等，它们的直接功能在于赋予特定主体法律地位或资格，或者确认特定主体之间的权利、义务关系以及法律责任。

（二）法律规范的定义和特征

法律规范，也称法的规范，是指由国家制定或认可的、逻辑上周全的、具有普遍约束力的行为规则。它规定了社会关系参加者在法律上的权利和义务，并有国家强制力作为其实施的保障。

法律规范既不同于其他社会规范，也不同于国家机关发布的个别性命令。它的基本特征可被大致归纳如下。

(1) 法律规范是一种一般的行为规则，它使用同一的标准，对任何处于其效力范围内的主体的行为进行指导和评价。这一特点使法律规范区别于任何个别性调整措施。

(2) 法律规范规定了一定的行为模式，是一种命令式的必须遵守的行为规则。这使它区别于不包含确定行为方案或仅具有倡导性的口号或建议。

(3) 法律规范是由国家制定或认可的行为规范，具有国家意志的属性，它的贯彻实施有国家强制力的保证。这是法律规范区别于其他社会规范最基本的特征。

(4) 法律规范规定了社会关系参加者在法律上的权利和义务以及违反规范时的法律责任和制裁措施。

(5) 法律规范有明确的、肯定的行为模式，有特殊的构成要素和结构，是一种高度发达的社会行为规则。

上述所有这些特点，使法律规范具有其他调整措施所不具备或不完全具备的品质，从而成为对社会关系进行法律调整的权威性根据。

（三）法律规范与法律规则

法律规范有不同的分类方式，从其构成方式和功能的特点角度，我们将法律规范区分为法律规则和法律原则两大类。在本章第三节中会谈到法律规则与法律原则的区别。

鉴于“规范”与“规则”这两个概念在字面含义上原本并没有严格的区别，且法律规则是法律规范的主体部分，人们有时会将法律规范和法律规则混用，也有人将法律原则视为一种特殊的规则（如称为原则性规则）。有些人将二者相区分，将法律规则作为法律规范的现实表现形式。这主要是突出法律规范与法律规则在具体构成上的区别，认为法律规范是一种逻辑上完整的规范（也有人称之为“逻辑性规范”），而法律规则表现为更突出国家意志性的“命令性规则”。这种区分对认识法律规范的表现形式及内在逻辑具有积极意义。下一节会谈到这种命令性规则的具体特点。

二、法律规范的功能

法律规范直接实现着法对社会关系的调整功能和保护功能，它通过规定一定的行为模式来指导人们的行为。其功能具体表现在两个方面：第一，它指出哪些事件或行为是具有法律意义的，即当发生何种事件或行为时，当事人之间就会产生、变更或消灭法律上的权利、义务关系。第二，它指出当发生了某种在法律上有意义的事实时，当事人之间在法律上将产生什么样的权利、义务关系或责任关系。

对某种事实状态的法律意义和法律后果作出明确规定，是法律规范的显著特征。通过法律规范的规定，人们才能预先知晓自己的行为是否具有法律意义、将会产生何种法律后果，并据此作出选择，从而将自己的行为纳入法律预先设定的目标和秩序之中。

三、法律规范、法律条文与法

（一）法律规范与法

法律规范是法的系统的基本细胞，它与法的整体的关系是系统中的个别因素与系统整体的关系：一方面，一切法律规范是整体的组成部分，任何法律规范都具有法的一般规定性；另一方面，具体的法律规范作为法的整体中的个别现象，又有自己的特殊性。

单个的法律规范作为一国的法的组成部分，与法的整体的主要区别如下：（1）整体的法反映着统治阶级的国家意志，而单个法律规范的阶级内容与使命只有在和法的系统的联系之中才能体现出来。孤立地观察个别法律规范的规定，不能揭示法的社会阶级本质和历史使命。（2）法在整体上是一定社会经济结构和政治结构的反映，法的整体职能是阶级统治职能和社会公共职能的统一，而单个法律规范只执行着整体职能当中某一方面的职能，也往往不能直接反映一定社会的经济结构和政治结构。

（二）法律规范不同于法律条文

法律条文，也称“法条”，是指法律规范的文字表述形式，是规范性法律文件的构成因素。法律规范是法律条文的内容，而法律条文是法律规范的表现形式。

对法律规范与法律条文二者之间的关系大体上可以作如下理解。

（1）法律条文是法律规范的重要表现形式，制定法的规范必须以规范性法律文件和法律条文的方式获得表现。但同时，法律条文又不是法律规范的唯一表现形式，法律规范本身是一种以意识的形式存在于人们头脑中的行为规则，它可以表现为成文法，也可以表现为不成文法。

（2）法律规范与法律条文不一定是一一对应的。一项法律规范的内容可以表现在不同的法律条文甚至不同的法律文件中；一项法律条文也可以反映若干个法律规范中的相同内容。大量的法律条文并非表达完整的法律规则要求的规范性条文。一些法条，如定义性法条、宣告性法条、附属性法条等，都不直接表达完整的规范意涵。

四、法律概念

法律概念广泛地存在法律之中，在一定意义上，法是以各个概念为材料建构起来的体系。每一个法律规范也都离不开概念，规范语句是在概念的基础上构成的。因而，理解法律规范应当关注各类法律概念。

法律概念，是指在法律上对各种事实进行抽象，概括出它们的共同特征而形成的权威性范畴。法律概念在法律文件中具有重要作用，它将各种法律现象加以整理、归类，为规范和原则的构成提供前提与基础。

（一）法律概念的功能

法律概念在法的系统中的功能主要表现在三个方面。

（1）认知功能。只有通过法律概念，才能将纷繁复杂的法律现象加以整理和归类，使之相互区别开来。这是建构和发展任何法律系统所必需的。

（2）构成功能。无论是规范还是原则，在形式逻辑上都表现为一定的判断，而任何判断都是两个以上概念的结合，因此，法律概念是构成法律规则和原则的基本要素。

（3）准规范功能。在特定场合，即当法律规范不够完备时，法律概念也可以同法律原则结合起来，直接规范主体的行为。

（二）法律概念的分类

可以根据不同的标准对法律概念予以分类。

（1）依法律概念的普遍性程度，可以把法律概念分为一般性概念和具体概念。

（2）依法律概念所涉及的社会关系的种类，可以将其分为宪法概念、刑法概念、民法概念、诉讼法概念等等。由于法律体系的整体性和相关性，在不同部门法之间也有一些共同的或交叉的概念，如违法、法律责任、当事人、原告、被告等。

（3）依照法律概念所涉及的法律事实要素的类别，可以把法律概念区分为涉人概念、涉事概念、涉物概念三大类。涉人概念用于界定和区分法律关系的主体，如公民、法人、代理人、权力机关、行政机关等。涉事概念用于界定和区分法律事件与法律行为的性质及类别。这类概念十分广泛，包括法律关系主体的各种权利、义务和法律责任，如所有权、人身自由、违约、故意、侵权、刑事责任等。涉物概念泛指具有法律意义的无人格现象，包括标的、证券、不动产、著作等法律关系客体，以及其他具有法律意义的无人格现象，如程序、管辖、时效、居所地等。

第二节 法律规则

一、法律规则的逻辑结构

法律规则的逻辑结构是法理学中一个重要的问题，通常指一个法律规则由哪些要素构成以及这些要素之间在逻辑上的相互关系问题。

传统的、获得多数学者认可的学说认为，法律规则是一种特殊的、在逻辑上周全的规范，一个完整的法律规则在结构上必定由三个要素组成，即假定、处理和制裁。

假定，是指法律规则中规定适用该规则的条件的部分，它把规则的作用与一定事实状态联系起来，指出在发生何种情况或具备何种条件时法律规则中规定的行为模式便生效。

处理，是指法律规则中为主体规定的具体行为模式，即权利和义务，它指明人们可以做什么、必须做什么、不可以做什么，以此指导和衡量主体的行为。

制裁，是法律规则中规定主体违反法律规定时应当承担何种法律责任、接受何种国家强制措施的部分。

法律规则的三个逻辑要素是具有内在联系的统一整体，任何一个完整的法律规则都具备上述这三个要素。这三个要素之间存在着逻辑上的必然因果联系，这种联系可以表述为“如果……则……否则”，即如果发生了规则的“假定”部分规定的事实状态，则主体之间就会产生“处理”部分所规定的权利和义务关系；而如果义务人不履行义务或者侵犯了权利主体的权利或权利人滥用其权利，“制裁”部分的规定就会发生作用，使违法者承担法律责任、受到法律制裁，恢复被损害的权利，维护受到破坏的法律秩序。各要素之间在逻辑上具有的这种因果性联系是使法律能够切实有效地发挥社会整合作用的重要保证。

有的学者提出，应当把法律规则分为两类：一类是制裁性规则，其逻辑结构要素是假定、处理、制裁三个部分；另一类是奖励性规则，其逻辑结构是假定、处理、奖励。我们认为这是不恰当的。国家的确可以通过立法对某些有益于社会的行为规定一定的奖励措施，但这些奖励性规定实际上属于三因素中“处理”部分的授权，行为人由于从事了有益于社会的行为而享有取得某些利益如一定的物质或精神奖励的权利，相对应的主体承担使其获得这种利益的义务，如果义务人没有履行这种义务，或者权利人滥用了这种权利，就应当承担相应的法律责任。从一个完整的法律规则结构的因果链条来看，凡是法律授予的权利，必须要通过有关制裁的规定来保护，这恰恰体现出法律调整的基本特征之一在于法的国家强制性，即对违法行为必须追究法律责任，要通过对违法行为的制裁来保护合法权利的享用和义务的履行。

也有的学者建议以“法律后果”取代“制裁”，并将法律后果区分为肯定性的后果和否定性的后果，肯定性后果是对合法行为法律效力的承认，而有关制裁措施的规定属于否定性后果，它体现了国家对违法行为的否定态度。我们认为这种概括也不妥当。如果把肯定性后果理解为授予一定的“权利”，那么，仅有对“肯定性后果”的规定还不能认为是一个逻辑上完整的法律规则，必然还需要规定对侵犯这一定权利的行为的制裁措施的部分，作为这项权利的保障。

二、法律规则的表现形式——命令性规则

（一）命令性规则的构成

一个完整的法律规则在逻辑上必然包含假定、处理和制裁三个因素，它的逻辑公式为“如果……则……否则……”，但这种逻辑上完整的规则是人们通过抽象思维来把握的，在现实生活中它通过国家命令表现出来。当我们研究作为法律规则表现形态的国家命令的结构时，就会发现这些具体的命令的结构往往只包含两个因素，即“如果……则……”，指明在一定事实情况下会产生什么样的法律后果。由两个因素构成的国家命令本身也是一种规则，因为一般说来，构成一个最简单的行为规则只需要具备两个因素，即“如果……则……”，前者规定适用某一行为模式的条件，后者规定行为模式（或责任模式），只要具备这两个因素，就具有一个行为规则的基本素质和功能，因此，我们可以将这种国家命令称为命令性法律规则。

命令性法律规则，是直接体现国家规范性命令的行为规则，其基本结构公式是“如果……则……”。命令性法律规则中的“如果”是规则生效必须具备的条件的部分，它指出引起规则生效的事实状况。命令性法律规则中的“则”或者是处理，或者是制裁。也就是说，命令性法律规则依其具体内容和功能的不同可以分为两种：一种由“假定”和“处理”两个因素构成，另一种由“假定”和“制裁”两个因素构成。

由“假定”和“处理”构成的命令性法律规则可以称为调整性规则，它为主体规定在一定场合的权利和义务，旨在建立一种正常的法律秩序，执行着法的调整职能。

由“假定”和“制裁”构成的命令性法律规则可以称为保护性规则，它的“假定”部分所指出的是违法行为的事实状况，当出现这种违法行为时，就适用“制裁”部分的规定追究法律责任。这种命令性法律规则规定了对违法行为的制裁措施，执行着法的保护性职能，旨在维护正常的法律秩序，或者使被破坏的法律秩序得到恢复。

执行调整职能的规则和执行保护职能的规则之间在逻辑上有内在的联系，二者必须结合起来，才能完整地发挥法律的职能。保护性规则中的“假定”，恰恰就是违反某个调整性规则中“处理”部分规定的事实状态。我们将在内容上有必然关系的调整性规则和保护性规则结合起来，就形成了一个由假定、处理和制裁三要素构成的逻辑上完整的法律规则。

应当注意的是，调整性规则与保护性规则的结合往往不是一个命令简单地与另外一个命令相对应，实际上，一个调整性规则可以和多个保护性规则相对应，如“公民的人身自由不受侵犯”是一个调整性规则，同时有规定各种侵犯人身自由的违法行为应承担

何种法律责任的多个保护性规则；反之，一个保护性规则往往也可以作为多个调整性规则的保障措施。

（二）区分法律规则的逻辑结构与现实形式的意义

区分法律规则的逻辑结构与现实形式在法学研究中有重大意义。否认逻辑完整的法律规则应由三因素构成，就无法理解法律调整的基本特点，无法理解国家强制力的保障对法律调整的意义，进而混淆法律调整与其他社会调整方式的区别；而如果否认两因素构成的命令性法律规则，就很难深入了解法律在社会调整中的不同职能和方式。例如，早期的法律通常是诸法合体的，但随着社会关系的发展和法律调整的日益复杂化，法律规则中规定刑事制裁措施的部分日渐成为独立的规则，并与其他部门法分离开来，形成独立的刑法部门。这并非立法者主观所为，而是由刑法规则特定的职能和调整方式所决定的。

从理论上说，一个完整的法律规则中的三个因素可以表现在一个法律条文中，但在现代立法中这种情况比较罕见，因为调整性规则与保护性规则各有特点，在规范性法律文件中往往分别加以规定。而命令性法律规则与法律条文之间的对应关系比较明显，在许多情况下，规则中的“如果……则……”这两个要素都表现在一个法律条文当中，一个条文就是一项规则。但有时立法者出于文字表述简洁或者其他立法技术上的需要，也可以将不同规范中的相同内容集中起来，规定于一个条文中。如刑法分则条文中有关犯罪构成的绝大多数“假定”中都没有体现犯罪主体的责任年龄，而是将有关犯罪主体责任年龄和责任能力的规定集中起来，规定于刑法总则的若干条文当中。随着立法技术的发展，特别是法典化程度的不断提高，这种现象也越来越普遍。

三、法律规则的分类

从不同角度出发，按照不同标准可以对法律规则进行不同的分类。例如，按法律调整的是国内关系还是国际关系，可以将法律规则分为国内法规则和国际法规则；按照法的渊源形式，可以将法律规则分为成文法规则和不成文法规则；按照法律调整的对象和领域，可以将法律规则分为不同部门的法律规则；等等。这些分类都有重要意义，这里介绍的主要是指根据法律规则的自身特点以及不同法律规则在法律调整中的作用方向、方式、职能等因素进行的分类。

（一）按照法的职能和专门化对法律规则所作的分类

1. 调整性规则和保护性规则

按照法律规则的职能是调整职能还是保护职能，可以把法律规则分为调整性规则和保护性规则。

法一方面要规定人们的权利和义务，调整人们之间的行为，另一方面也要规定人们一旦作出违法行为应当承担何种法律责任，受到何种法律制裁。前者通常被称为法对社会关系的调整职能，后者则被称为法对社会关系的保护职能，因为规定法律责任和制裁措施的目的就是抑制违法行为，保护社会关系的正常存在和发展。

调整性规则就是直接体现法对社会关系调整职能的规则，包括授权性规则、义务性规则和禁止性规则。它为社会关系参加者规定了权利和义务，提供了各种合法行为的模式和尺度。其使命在于用法律权利和法律义务的手段确认、调整社会关系，把社会关系“理顺”，并将其纳入一定目的和秩序范围之中。

保护性规则体现着法对调整好的社会关系的保护职能，它规定的是违法行为所应承担的法律责任和法律制裁措施（包括恢复权利的措施）。例如，刑法和治安管理处罚法中的绝大部分规则都是规定这类措施的；其他部门法，如民法、行政法、经济法等，在规定主体的权利、义务的同时，也包含了有关法律责任的规定。

调整性规则和保护性规则的区分，反映着法律调整发展的专门化趋势。法的调整职能和保护职能本来是紧密联系的，但在法的发展中，这两种职能日趋分化，产生出专门规定国家强制措施的命令，这类命令的内容以及其对社会关系发生作用的方式都与执行调整职能的命令有所不同，因此，保护性规则也就作为一种独立的命令应运而生。

2. 授权性规则、义务性规则和禁止性规则

依照调整性规则为主体提供行为模式的不同方式，可以把调整性规则分为义务性规则、禁止性规则和授权性规则。

义务性规则也叫作积极义务规则，是规定主体应当或必须作出一定积极行为以实现一定利益的规则。禁止性规则规定主体不得作出一定行为，即规定主体的消极的不作为义务，它禁止主体作出某种行为，以实现权利人所追求的一定利益。授权性规则规定主体享有作出或不作出某种行为的权利，肯定了主体为实现一定的利益所必需的行为自由。

有时人们将前述义务性规则和禁止性规则合称为义务性规则而与权利性规则（授权性规则）相对应。如果仅就义务性规则和禁止性规则都是对主体义务的规定而言，这种分类也无不可，但是，如果进一步分析不同规则在法律调整中的功能就会发现，禁止性规则和义务性规则分别实现着法律调整的不同职能。在静态的社会关系中，义务人的义务是消极的不作为，双方权利、义务指向的对象并不发生法律意义上的转移，权利人只有通过自己的积极行为才能实现其利益。在这里，对义务人之消极义务的规定，并不能反映出权利人的权利是什么，因此，禁止性规则必须与授权性规则结合起来，才能实现法的静态调整职能。反之，在法的动态调整过程中，义务人的积极义务的内容同时也就是权利人权利的内容，对义务人之积极作为义务的规定也就体现了权利人的权利，因此，义务性规则所实现的是法的动态调整职能。①

---

① 有的学者将规定积极义务的规则称为命令性规则，而将规定消极义务的规则称为禁止性规则。问题在于，任何法律规则都是国家的命令，只把规定积极义务的规则称为命令性规则很容易引起混淆。（参见张文显主编：《马克思主义法理学》，168～169页，长春，吉林大学出版社，1993。）还有的学者认为，在义务性规则（包括积极义务与消极义务）和授权性规则之外，存在一种“权义复合规则”，它兼具授予权利和设定义务两种性质：一方面，被指定的对象有权（职权）按照法律规则的规定作出一定行为；另一方面，作出这些行为是他们不可推卸的义务。其中绝大部分是有关国家机关的组织和活动的规则。（参见沈宗灵主编：《法理学》，37页，北京，高等教育出版社，1994。）

(二) 按照与个别调整的关系对法律规则所作的分类

法律调整从总体上讲是一种规范性调整，但它并不排斥个别调整，在很多场合，规范性调整必须以个别调整作为补充，因而确切地讲，法律调整是规范性调整同个别调整有机结合的调整方法。这种结合表现为：在许多情况下，法律规则在规定一般行为模式的同时，又留有一定余地，允许执法人员根据问题或案件的具体情况在法律规定的方向、范围之内作出个别决定，也就是赋予他们法律范围内的自由裁量权。根据法律规则是否允许个别调整以及允许个别调整的程度，可以将法律规则分为绝对确定性规则、相对确定性规则和非确定性规则。

绝对确定性规则明确、具体而又全面地规定了法律规则的假定、处理、制裁，没有留下任何可以进行自由裁量的余地或空白，执法人员和司法人员只需执行法律规则的规定。绝对确定性规则的规定在条文中通常表述为“应当……”或“必须……”等。例如，我国《刑法》规定：对于被判处死刑、无期徒刑的犯罪分子，应当剥夺政治权利终身。

相对确定性规则是指关于法律规则的假定、处理和制裁仅有概括的规定，允许执法人员在规则规定的范围内根据具体事实状态作出一定自由裁量的规则。这类规定在法律条文中有时表述为“可以……”或者“可以……也可以……”，有时则概括规定在某些问题上可以由执法机关根据具体情况作出裁决，如刑法分则中规定对于“情节严重”“情节恶劣”“情节轻微”的犯罪行为应作出不同处罚，至于何种情况是“情节严重”，需要司法机关作出具体分析。①

非确定性规则是指法律的规定很不确定，确定性程度很低，留给执法人员自由裁量的权限很大的规则。一个成熟的法律系统中，这类规则应当很少。原则性规则、宪法性的规定等有很强的概括性，但这种规则必须与绝对确定性规则或相对确定性规则相结合，才有利于法制建设。

(三) 按照是否允许自主调整对法律规则所作的分类

自主调整与个别调整十分相似，二者都在法律范围内允许一定程度的自由选择，但个别调整，是指通过授予主管机关和执法人员在适用法律中一定的自由裁量权而进行的个别性调整，而自主调整，是指通过允许法律关系参加者在法律范围内自行设定和支配自身的权利、义务而实现的个别性调整。

根据法律调整是否允许当事人进行自主调整，即按照自己的意愿自行设定权利和义务，可以把法律规则分为强行性规则和任意性规则。

强行性规则是表示：规则为社会关系参加者规定了明确的行为模式，行为主体必须遵守规则的规定，不允许他们自行协议解决问题，违反法定行为方案的协议是无效的。一般说来，禁止性规则与义务性规则都是强行性规则。

任意性规则是表示：规则在规定主体权利、义务的同时，也允许当事人在法律许可

---

① 有的学者认为，根据规则中允许个别调整的方式和程度，相对确定性规则还可以进一步区分为情况性规则、择一性规则和任选性规则。参见孙国华主编：《法理学教程》，336～337页，北京，中国人民大学出版社，1994。

的范围内通过协商自行设定彼此的权利与义务，只有在当事人没有协议的情况下，才适用法律规则的规定。任意性规则在民商法、婚姻法等部门法中较为常见。如《民法典》第 1065 条第 1 款规定："男女双方可以约定婚姻关系存续期间所得的财产以及婚前财产归各自所有、共同所有或者部分各自所有、部分共同所有。约定应当采用书面形式。没有约定或者约定不明确的，适用本法第一千零六十二条、第一千零六十三条的规定。"这是一条任意性规则。

任意性规则与授权性规则有密切联系，但又不能简单等同。授权性规则规定的权利，主体可以行使，也可以不行使，但不能任意作出与法律规定不同的处分。如公民在选举中可以投票，也可以弃权，但却不可以同候选人商定出售自己的选票，贿选是违法行为。而任意性规则规定当事人各方可以就相互的权利和义务作出法定行为模式以外的约定，只有在他们没有约定时，才以法律规定的权利、义务作为他们的行为标准和尺度。因此，任意性规则可以被看作是一种特殊的授权性规则，它赋予主体更大范围的行为自由。

（四）按照规则所调整的关系是否发生在其产生之前所作的分类

按照这一标准，可以把法律规则区分为确认性规则与构成性规则。

确认性规则（有的学者称为调整性规则，这里将其称为确认性规则是为了区别于前文所述的调整性规则与保护性规则），是对在法律调整之前就已经存在的各种行为方式和行为关系进行评价，通过授予法律权利和设定法律义务对该社会关系予以确认并加以调整的规则。确认性规则所调整的社会关系在该规则产生之前就已经存在，如大量的民事关系、婚姻家庭关系等。确认性规则的作用只是按照一定价值标准对这些关系加以区分和选择，将某些既存的社会行为方式上升为法律上的权利、义务，使之合法化和规范化，从而纳入法律调整的轨道。

构成性规则，是以该规则的规定作为产生某种行为方式的前提条件的法律规则。在构成性规则生效之前，受其调整的社会关系并不存在，只有在规则产生之后，相关的行为才可能出现，例如：没有关于税种、税率的规定，就不会形成具体的税收关系；没有关于诉讼程序的规定，也就不会产生诉讼活动中的权利义务关系。

如果说确认性规则说明法是一定现实社会关系的法律表现的话，那么，构成性规则体现着法在规划和建构社会关系方面的积极性与能动性。

资料链接

从法律规则分类认识法条的类别

《反垄断法》第 45 条规定："行政机关和法律、法规授权的具有管理公共事务职能的组织不得滥用行政权力，制定含有排除、限制竞争内容的规定。"

《行政处罚法》第 43 条第 1 款规定："执法人员与案件有直接利害关系或者有其他关系可能影响公正执行的，应当回避。"

《政府信息公开条例》第 55 条第 1 款规定："教育、卫生健康、供水、供电、供气、供热、环境保护、公共交通等与人民群众利益密切相关的公共企事业单位，公开在提供社会公共服务过程中制作、获取的信息，依照相关法律、法规和国务院有关主管部门或者机构的规定执行。全国政府信息公开工作主管部门根据实际需要可以制定专门的规定。”

《民法典》第25条规定：“自然人以户籍登记或者其他有效身份登记记载的居所为住所；经常居所与住所不一致的，经常居所视为住所。”

《民法典》第1012条规定：“自然人享有姓名权，有权依法决定、使用、变更或者许可他人使用自己的姓名，但是不得违背公序良俗。”

第三节 法律原则

一、法律原则的概念

从哲学意义上讲，原则就是一定的出发点、初始点。原则作为行动的方针，对人们的自觉活动有特殊重要意义，一旦被认识和提出，就能成为组织、指导社会运动或指引个人行动的动力，并可成为一定道德的、政治的、文化的和法律制度的基干。先进的原则是革命和改革的旗帜，是实现崇高理想的促进剂。原则可以自发地作为日常生活的感性经验提出（如习惯、民族习惯），也可自觉地在意识形态、理论观点的水平上提出，这时原则就带有了科学思维的基本原理的性质。原则的内容归根到底是由社会物质生活条件所决定的，人们提出了它并在生活中为实现它而奋斗。社会生活及其制度的原则，离开人们的观点和活动是不存在的。

法律原则是指在一定法律制度中作为法律规范的指导思想、基础或本原的原理和准则。

二、法律原则与法律规则的区别

法律原则作为一种特别的法律规范，具有不同于具体的法律规则的表现形式和功能。它们之间的区别主要有如下方面。①

在形式上，法律原则并不具备法律规则必需的结构要素，它往往只是提出了立法者对某一类行为的倾向性要求，而没有提供明确、具体的行为模式。法律原则的这种高度抽象和概括的性质使它比法律规则更具有稳定性。

在适用范围上，法律原则的适用范围更广泛；法律规则的适用范围一般比较明确而具体。

在适用方式上，法律原则的适用更具有灵活性、权衡性。这就是说，多个原则是可

---

① 当然，也许原则与规则之间的区分并非那么严格。在有些学者看来，法律原则是一种专门的、特殊的法律规范。比如，有的学者将法律原则称为原则性规范（规则）。

以同时适用的，法律原则的适用通常是衡量性的，而不是像法律规则那样要么适用要么不适用的“全有或全无”的适用模式。即便是两个或多个法律原则在具体适用时相冲突，也不是说就要完全不适用其中的某一个原则，而是要对原则予以权衡，结合具体案件情况予以考量。

借助于原则，在法律适用中可以更多地考虑公共政策、社会情势、道德价值等社会因素。

三、法律原则的功能

法律原则在法的系统中具有重要的功能，这主要可以从法的创制和法律实施的角度来分析。

在法的创制过程中，法律原则的功能表现在：首先，概括并体现着法律制度的基本性质、内容和价值取向，是整个法律制度的指导思想和核心，而法律规则是法律原则所确定的基本价值理念在不同方面和领域的具体化。其次，法律原则是法律制度内部协调、统一的保障。立法时必须以法律的基本原则为指导，并通过法律原则将不同种类、不同等级的规范组织起来，使之相互关联、相互协调、相互作用，成为统一的整体而发挥作用。

在法的实施过程中，法律原则的功能表现在：首先，它可以为法律解释和法律推理提供基本出发点和价值导向，避免法律解释和推理的任意与无序；其次，当出现法律空白或漏洞时，法律原则往往可以直接成为适用法律的根据。

案　例

张某与王某于2015年3月登记结婚，次年生下一女小丽。2021年12月张某去世，小丽随王某生活。王某不允许小丽与祖父母见面，小丽祖父母向法院起诉，要求行使探望权。

法官在审理中认为，我国《民法典》并没有直接规定隔代亲属的探望权利，但正确行使隔代探望权有利于儿童健康成长，依据《民法典》第8条有关“民事主体从事民事活动，不得违反法律，不得违背公序良俗”的规定，判决小丽祖父母可以行使隔代探望权。

四、法律原则的分类

法律原则依据不同的标准可以分为不同种类。如，按照法律调整的对象和调整方法，可以分为不同部门法的原则；依法律的运作过程，可以分为立法原则、执法原则和司法原则；依权利、义务涉及的领域，可以分为实体性原则和程序性原则；等等。以下介绍的是几种更基本、更具普遍性的分类方法。

（一）基本原则与具体原则

基本原则是体现法的总体指导思想、基本精神和价值取向的原则，其内容较之具体原则更抽象、更稳定，通常可以适用于整个法律系统。具体原则是基本原则在不同领域或法律调整过程不同阶段的具体化，具体原则的适用必须以基本原则为指导，而基本原则的要求也只有通过大量的具体原则才能在不同领域中获得体现。

也要看到，基本原则与具体原则的划分有一定的相对性。例如，罪刑法定原则相对于法治这一基本原则只是一个具体原则，但在刑法领域，它是一项基本原则。

（二）一般社会原则与专门法律原则

就涉及的内容来看，可以将法律原则分为法的一般社会原则和专门法律原则。

法的一般社会原则是法反映和体现一定形态社会关系的基本内容，确认政治、经济、社会以及文化等方面社会制度和根本要求的原则，例如，资本主义社会私有财产神圣不可侵犯的原则，一夫一妻制原则，民事交往中平等、自愿、等价有偿的原则，等等。法的一般社会原则来自社会关系本身，反映法所确认的社会关系中所蕴含的价值理想，因而在不同社会形态中，法的一般社会原则存在差别。

专门法律原则是反映和体现法律运作的自身特点与规律性的原则，可以被称为真正意义上的“法律原则”或者“纯粹”的法律原则，例如，法治原则、无罪推定原则、举证责任原则等。专门法律原则反映法律调整特有的内在规律性，只有遵循这些规律的要求，法律才能充分有效地发挥作用。

法的一般社会原则与专门法律原则之间存在着目的与手段的关系，法的一般社会原则是目的，专门法律原则是实现目的的手段，只有遵守专门法律原则，才能有效地实现法所追求的社会理想。同时，专门法律原则又必须服务于法的社会目标。

在下编中，对于中国社会主义法律制度下的一般社会原则及专门法律原则，我们将进行更详细的分析。

（三）公理性原则与政策性原则

从原则的普遍性和稳定性的角度，可以把法律原则分为公理性原则和政策性原则。公理性原则是从一定形态的社会关系本质中产生出来，得到社会成员广泛公认并被奉为法律准则的公理。例如，“民事活动应当遵循自愿、公平、等价有偿、诚实信用的原则”即是一条公理性原则。在同一社会形态或社会关系的某些方面具有共性的国家中，相关的公理性原则往往是普遍适用的。政策性原则是国家在管理社会事务的过程中为实现一定目标而作出并被确认为法律准则的政治决策。例如，我国为实现环境、资源和人口的均衡发展而制定的“计划生育”政策就是政策性原则。与公理性原则相比，政策性原则往往依各国不同时期具体条件和任务的不同而呈现出更强的灵活性、多样性。

公理性原则和政策性原则之间有密切的联系。政策性原则往往是公理性原则在特定国家或特定时期的具体表现，而一个政策性原则中如果的确包含了某种社会关系的普遍性要求，也会逐步为大多数国家所认可，成为公理性原则。

问题与思考

1. 怎样理解法律规范的概念和特征？

2. 怎样理解法律规则的逻辑结构和现实形式？

3. 如何理解法律规则与法律条文的关系？

4. 对法律规则有哪些主要的分类方式？

5. 法律原则与法律规则的主要区别是什么？

6. 法律原则在法律调整中的重要作用有哪些？

7. 法律原则的主要分类方式有哪些？

阅读文献

1. 哈特. 法律的概念：第 3 版. 许嘉馨，李冠宜，译. 北京：法律出版社，2018

2. 罗纳德·德沃金. 规则的模式//罗纳德·德沃金. 认真对待权利. 信春鹰，吴玉章，译. 北京：中国大百科全书出版社，1998

3. 罗伯特·阿列克西. 论法律原则的概念//罗伯特·阿列克西. 法：作为理性的制度化. 雷磊，译. 北京：中国法制出版社，2012

4. 黄茂荣. 法学方法与现代民法. 5 版. 北京：法律出版社，2007

5. 陈林林. 基于法律原则的裁判. 法学研究，2006 (3)

6. 刘作翔. 当代中国的规范体系：理论与制度结构. 中国社会科学，2019 (7)

7. 泮伟江. 法律社会学视野中的法律规范. 中国法律评论，2023 (1)

第七章

法的渊源和效力

本章概要

研究法的渊源问题时，可以分别从外在表现形式、效力等级等方面来更全面地认识法的这一现象。这里的“法的渊源”特指法的形式渊源，即法律规范的外部表现形式。研究法的渊源问题，可以帮助我们通过法的“外貌”来识别法，为找法提供一个指引。各国的法律渊源各具特点。当代中国法的渊源主要是制定法。法的效力包括法的效力等级和效力范围。关于法的效力问题要研究的是法在何种范围和何种情况下能对人、对事产生调整效果。在采用以立法为主的方式构建法律体系的国家中，规范性法律文件的系统化具有重要意义。

关键术语

法的渊源　法的形式渊源　法的效力渊源　制定法　习惯法　判例法　学说　法理　法规清理　法律效力　法的效力等级　法的效力范围　时间效力　空间效力　对人的效力　规范性法律文件的系统化　法律汇编　法典编纂　法规清理

第一节　法的渊源概述

一、法的渊源的含义

(一) 法的渊源的多种用法

法的渊源（source of law），其原意为法的“来源”“源泉”“根源”。在现实生活中，一个行为规则产生并上升为法律，往往是多种因素共同作用的结果。因此，对“法的渊源”一词可以有不同的理解，比如可以理解为法的历史渊源、法的理论渊源、法的政治渊源、法的社会渊源、法的物质渊源、法的形式渊源或法的效力渊源等等。

法的历史渊源，通常指引起特定法律原则或规则产生的历史背景和历史事件或行为。如罗马法的历史渊源是《十二铜表法》，普通法的历史渊源是12世纪至14世纪前后英国法官在巡回审判中形成的判例，而中华法系的成文法传统渊源于春秋战国时期的“刑书”和《法经》。不同的历史渊源可能会影响到不同国家或民族的法律传统和思维方式，并进而影响到人们关于法的观念本身。

法的理论渊源，是指对一定法律原则的产生和发展具有重大影响的理论学说。这些学说提出或论证了某种行为或法律原则的合理性，成为特定法律制度或法律原则的理论基础，如自然法学说、分析法学理论、功利主义哲学、实用主义哲学等。社会主义法的理论渊源是以辩证唯物主义和历史唯物主义为基础的马克思主义关于国家和法的理论。

马克思主义法哲学侧重揭示法的政治渊源和物质渊源。法的政治渊源是统治阶级的政策。只有掌握国家政权的统治阶级才有可能通过国家机关把自己的意志上升为国家意志，把自己的政策上升为法律。法的物质渊源是统治阶级赖以生存的物质生活条件，主要指一定社会中占统治地位的社会生产方式。这是法的最终的来源，是法的内容和力量的最深刻的根源。

(二)“法的渊源”在此专指“法的形式渊源”

作为专门术语，“法的渊源”在法学（特别是立法学）中有特定含义，即仅指法的“形式渊源”，也称“法源”。它是指与法的创制方式相关的法律规范的外部表现形式。这一概念的意义在于说明法律出现在哪里，说明一个行为规则通过什么方式产生、具有何种外部表现形式才被认为是法律规范，才成为国家机关审理案件、处理问题的规范性依据。

法的渊源的研究通常包括两个方面的问题：（1）说明法律规范的创制机关、创制权限和创制方法（如制定、认可等），即哪些国家机关可以在什么领域内以何种方式创制法律规范。（2）说明法律规范有哪些外部表现形式，不同形式规范之间的效力关系如何。

这个意义上的法的渊源就被称为法的“形式渊源”，因为它不涉及法律规范的内在的、实质意义上的来源，而仅仅指出法律规范形式上的来源，即与国家制定或认可规范的方式相关的法律规范的外部表现形式。行为规则（规范）的某些形式（立法机关发布的规范性文件、司法判例等）被视为国家意志的特定表现形式，只有具备这种形式，一个行为规则才能被视为法律规范。

法的形式渊源属于法的外部形式方面的问题，但严格说来法的形式渊源与“法的形式”并不能等同。这不仅是因为“法的形式”这一概念过于宽泛，可以有多种不同理解，更重要的是，法的渊源的本意并不仅仅是法的表现形式，它还与法律规范的创制机关和创制方式紧密联系，而这些都是隐藏在法律规范的表现形式背后并决定着它的形式的关键性因素。因此，一般地讲“法的形式”，还不能把“法的渊源”一词的含义准确表达出来。但是，在上述意义上使用的“法的渊源”一词，已是各国法学约定俗成的通用术语。

二、法的渊源的种类

在不同的国家，在法发展的不同时期，法的形式渊源往往有所不同。除了法的阶级本质和经济条件的原因，一定国家或地区在一定时期的政治制度、思想道德、宗教信仰、历史传统，乃至国际交往等因素对法的形式渊源都有影响。

法的主要形式渊源大致可以被概括为以下几种。

(一) 制定法

制定法又称成文法，是指由国家机关依照一定程序制定颁布的，通常以条文形式表现出来的规范性法律文件。从广义上说，制定法既包括国家立法机关制定的法律，也包括国家中央行政机关和地方国家权力和行政机关在职权范围内制定、发布的规范性文件。

(二) 判例法

判例是指法院对诉讼案件所作判决之成例。此种判例由于对于法院以后审理类似案件具有普遍约束力，因而成为法的一种渊源。判例法并不是简单的判例汇编，它的意义不仅在于法院在此后的案件审理中能够根据先例理解法律的规定，而且在于把先前的判例所确立的原则视为审判过程中必须遵循的根据，据此审理同类案件。这样，判例就不仅是一种对个案的决定，而且是具有普遍意义的法律规范，即判例法。判例法是指由有约束力的判例中所包含的法律规则或原则形成的法。

在英美法系国家中，判例是一种重要的法源，大陆法系在理论上否认判例可以作为法的渊源。

英美法系实行“遵循先例”的原则。所谓遵循先例，是指只要两个案件的基本事实相同或相似，法官就应当遵从先前判例所确定的规则来处理案件。按遵循先例的原则，司法判决不仅是个别性的决定，其中还确定了一定的法律原则，这一原则可以成为以后法院审理类似案件的根据。

英美法系国家法院的判例在结构上主要由两个部分构成：一是判决的必要根据，称为“判决理由”（ratio decidendi，在美国称为 holding）；二是法官陈述的意见，称为“附带意见”（obiter dicta 或 obiter dictum）。只有判决理由可以作为今后遵循的法律规则，附带意见则没有这种权威。附带意见中可能也包含着对这一判例今后的发展有影响的内容，但它本身并不是判决中的法律原则，它的影响力取决于发表意见的法官本人所作分析的正确性等因素。

一般说来，形成判例的法官并不明确区分判例中的哪些部分是“判决理由”、哪些是“附带意见”，而是由后来适用这一判例的法官来区分它们。

判例法的适用有其独特的方法：法官在审理案件时，首先必须寻找与当前案件相似的先例，先例中的法律事实必须与当前的案件事实在实质上是类似的，然后他应从先例中提炼出一定的法律原则，再适用于当前的案件。由于与当前案件事实相近的先例有许多，法官为了找出最适合的先例，就必须运用“区别技术”，对先例中的案件事实与本案事实是否相符作出判断，并对先例中的判决理由和附带意见作出区分，在此基础上选择应适用的判例。因此，“区别技术”是判例法国家法律适用的重要方法。值得注意的是，法官往往运用“区别技术”来选择或规避适用某些先例，并在此基础上发展判例法。

可见，尽管英美法系的许多法官声称确定性是判例法遵循先例原则的优点之一，但实际上一个判例中究竟包含了什么样的法律原则，以及它应当适用于什么场合，在很大程度上由法官决定。由于判例法不仅来自法官的判决，也由法官来确认和发展它们，因此，判例法又被称为“法官法”。

（三）习惯法

习惯法是指有权的国家机关以一定方式认可，赋予其法律规范效力的习惯和惯例。当社会生活中已经存在的习惯、惯例等经过有权的国家机关包括立法机关、行政机关和司法机关以一定方式认可时，它们就上升为法律，具有法律规范的效力。在法产生和发展的早期，法的渊源大多表现为判例和习惯。随着人类认识和掌握自己命运能力的不断提高，制定法逐步发达起来，并成为法的主要渊源，习惯法的作用范围显著缩小，日益成为制定法的补充形式，但不应低估从生活中产生的习惯、判例和解释等形式的意义。

（四）学说、法理和解释

学说是法学家对法律问题的见解或观点，法理通常指“事物的当然之理”或“法之一般原理”，实际上就是我们所说的法的基本精神。在一定历史条件下或在某些特定场合，当现行法律对某些司法实践中遇到的问题缺乏规定时，法官可以依据法学家的权威性学说或者自己对法的基本精神的理解来审理案件。现代国家中，由于制定法和判例法体系的不断完善，直接将学说或法理作为法的渊源的情况已不多见。但学说通过对法律的理解和解释，对法的制定和实施仍有重要作用。

案　例

谢某、阮某与曾某在曾某经营的酒吧喝酒，离开时谢某从楼梯上摔下，被扶起后谢某要求在酒吧休息，第二天被发现已死亡。经鉴定，谢某系“醉酒后猝死”。

在该案审理中，合议庭对于“餐饮经营者对醉酒者是否负有义务”产生争议。法官认为，我国相关法律对此没有明确规定，但根据德国、奥地利、芬兰等国家的判例，餐饮经营者负有确保醉酒顾客安全的义务，遂认定曾某负赔偿责任符合法律保护弱者的立法潮流。

在本案中，法官在裁判论证中即运用了有关法的非正式渊源的知识。

第二节　当代中国法的渊源

一、当代中国法的渊源的一般特点

（一）法的渊源主要由以宪法为核心的制定法构成

宪法是国家的根本法，是一切现行法的根本效力渊源，因此，宪法在法的渊源体系中必然居于最高位阶。制定法之所以成为我国法的渊源的主导形式，一方面是由于它直接体现了人民当家作主的国家政权的意志，另一方面是由于中国法律文化中长期形成的成文法传统。在当代中国，经国家认可的习惯仅仅在特定场合作为制定法的补充，而司法判例并不是我国的法律渊源。

制定法表现为有权创制法律规范的国家机关制定、颁布的各种规范性法律文件，包括部门法典、单行法规等。规范性法律文件至少必须具备以下基本特点：（1）规范性法律文件只能由国家机关或国家机关授权的组织制定、发布，它体现的是国家意志。（2）规范性法律文件中必须含有通常以条文形式表现的一定的行为规则。（3）规范性法律文件具有普遍约束力，是国家机关适用法律的依据。

与规范性法律文件相对应的是非规范性法律文件，通常是指国家机关在适用法律的过程中发布的具有法律效力的个别性文件，如判决书、裁定书、任免状等。这类个别性文件属于适用法的决定，其效力只针对特定主体、事件或场合，不具有可多次适用的一般行为规则，因而不是法的渊源。

（二）立法机关和规范性法律文件的多样性

新中国成立后的长期实践证明，由于我国疆域辽阔、民族众多，不同地区的政治、经济、文化发展很不平衡，实行立法的集权体制不利于法制建设的发展和社会主义建设的需要，因而，现行宪法和组织法对原有的立法体制作出重大变动，规定全国人大和全国人大常委会行使国家立法权，国务院可以制定行政法规，省级人民代表大会及其常委会可以制定地方性法规，民族自治地方的人民代表大会可以制定民族自治条例和单行条例，国务院各部委与省、自治区、直辖市和设区的市的人民政府可以制定规章，由此形成了多层次的法律规范制定机关体系和不同形式的规范性法律文件体系。

在“一国两制”的格局下，特别行政区法的渊源将作为中华人民共和国法的渊源体系中的特殊形式在特别行政区长期存在。

二、当代中国的制定法渊源

（一）宪法

宪法是我国的根本法，是治国安邦的总章程，是我国社会主义法的基本形式渊源。

与我国法的其他形式渊源相比，宪法具有以下特征。

（1）宪法的内容与普通法律的不同。宪法规定的是国家政治、经济和社会制度的基本原则，公民的基本权利和基本义务，国家机关的组织和活动原则等国家和社会生活中最基本、最重要的问题。其他法律的规定是宪法规定的原则在某一方面的具体化。

（2）宪法的地位和效力与普通法律的不同。宪法在我国法的渊源体系中居于首要地位，具有最高的法律效力。宪法是我国全部立法工作的基础、根据和最基本的效力来源，一切法律、法规和其他规范性文件，都不得与宪法的规定相抵触。

（3）宪法的制定和修改程序与普通法律的不同。作为根本大法，宪法比普通法律具有更大的权威性、稳定性和严肃性，因而在制定和修改上也有不同于普通法律的特殊程序。宪法由全国人民代表大会制定。我国现行宪法规定：宪法的修改，由全国人大常委会或者 1/5 以上的全国人大代表提议，并由全国人大以全体代表的 2/3 以上多数通过。而普通法律只需有全国人大全体代表的过半数同意即可获得通过。

(二) 法律

法律一词有广、狭两义。广义的法律在外延上与法同义，泛指一切有权创制法律规范的国家机关制定或认可的法律、法规。在我国，作为法的渊源之一的法律一词是在狭义上使用的，专指由国家最高权力机关及其常设机关，即全国人大和全国人大常委会制定、颁布的规范性文件。其法律效力仅次于宪法的法律效力。

根据现行宪法的规定，法律又可以分为基本法律和基本法律以外的法律。基本法律由全国人大制定和修改，比较全面地规定和调整国家及社会生活某一方面的基本社会关系。如刑法、民法、诉讼法等即为基本法律。在全国人大闭会期间，全国人大常委会有权对基本法律进行部分修改，但不能同该法律的基本原则相抵触。

基本法律以外的法律由全国人大常委会制定和修改，通常规定和调整基本法律调整的问题以外的比较具体的社会关系。如《商标法》《文物保护法》《治安管理处罚法》等即是由全国人大常委会制定的。我国《立法法》第 11 条规定了只能由全国人大及其常委会制定法律的事项。

此外，全国人大和全国人大常委会发布的具有规范性内容的决定和决议，也属于法的渊源。发布这些决定和决议通常是为了对已经颁布、生效的规范性文件进行修改或补充，因此，它们与被修改或补充的规范性文件具有同等效力，如 2019 年 10 月 26 日第十三届全国人大常务委员会第十四次会议通过的《关于授权国务院在自由贸易试验区暂时调整适用有关法律规定的决定》等。

(三) 行政法规

作为法的形式渊源之一的行政法规专指由国家最高行政机关——国务院在法定职权范围内为实施宪法和法律制定的规范性法律文件。在我国，行政法规是一种重要的法律渊源，其效力仅次于宪法和法律的效力。

依照宪法和组织法的规定，国务院还有权发布决定和命令，其中具有规范性内容的，也是法的渊源，与行政法规具有同等效力。

此外，全国人民代表大会及其常委会还可以根据需要授权国务院制定相应的行政法规，这就是所谓的“授权立法”。《立法法》对此作了明确规定。《立法法》第 12 条中规定，第 11 条规定的事项尚未制定法律的，全国人大及其常委会有权作出决定，授权国务院可以根据实际需要，对其中的部分事项先制定行政法规，例如，六届全国人大三次会议所作的《关于授权国务院在经济体制改革和对外开放方面可以制定暂行的规定或者条例的决定》、全国人大常委会所作的《关于授权国务院对职工退休退职办法进行部分修改和补充的决定》等。全国人大或全国人大常委会对国务院的授权决定应当明确授权的目的、范围，国务院应当严格按照授权目的和范围行使该项权力，国务院不得将该项权力转授给其他机关。

(四) 监察法规

根据2018年宪法修正案，我国设立了监察委员会制度。国家监察委员会根据宪法和法律，制定监察法规。监察法规可以就下列事项作出规定：一是为执行法律的规定需要制定监察法规的事项，二是为履行领导地方各级监察委员会工作的职责需要制定监察法规的事项。监察法规应当经国家监察委员会全体会议决定，由国家监察委员会发布公告予以公布，并在公布后的30日内报全国人大常委会备案。监察法规不得与宪法、法律相抵触。全国人大常委会有权撤销同宪法和法律相抵触的监察法规。

(五) 地方性法规

地方性法规，是指省、自治区和直辖市、设区的市的人民代表大会及其常委会根据本地区的具体情况和实际需要，在法定权限内制定发布的适用于本地区的规范性法律文件。

根据宪法、有关组织法和《立法法》的规定，省、自治区和直辖市的人民代表大会及其常委会在不同宪法、法律和行政法规相抵触的前提下，可以制定和发布适用于本地区的地方性法规，并报全国人大常委会和国务院备案。

设区的市的人大及其常委会，也可以制定地方性法规。《立法法》第81条中规定，设区的市的人大及其常务委员会根据本市的具体情况和实际需要，在不同宪法、法律、行政法规和本省、自治区的地方性法规相抵触的前提下，可以对城乡建设与管理、生态文明建设、历史文化保护、基层治理等方面的事项制定地方性法规，法律对设区的市制定地方性法规的事项另有规定的，从其规定。设区的市的地方性法规须报省、自治区的人民代表大会常务委员会批准后施行。

经济特区所在地的省、市的人大及其常委会根据全国人大的授权决定，可以制定法规，在经济特区范围内实施。

宪法和组织法还规定，各级地方国家机关都有权在自己的职权范围内发布决定或命令。

(六) 自治条例和单行条例

我国是单一制国家，同时在中央的统一领导下在各少数民族聚居区实行民族区域自治。各民族自治地方设立自治机关，行使自治权。根据宪法、组织法、《立法法》和《民族区域自治法》等的规定：民族自治地方的人民代表大会有权根据当地民族的政治、经济和文化的特点，制定自治条例和单行条例。自治区人民代表大会制定的自治条例和单行条例，报全国人民代表大会常务委员会批准后生效；自治州、县人民代表大会制定的自治条例和单行条例，报自治区人民代表大会常务委员会批准后生效。

民族自治条例和单行条例在其制定机关的管辖范围内有效。条例的内容必须符合宪法、法律的基本原则，同时不得对宪法和《民族区域自治法》的规定及其他有关法律、行政法规专门就民族自治地方所作的规定作出变通规定。《立法法》第85条对此予以了规定。

（七）行政规章

行政规章，也通常称为规章，是特定行政机关出于执行法律、行政法规或地方性法规的需要，在本部门的职权范围内发布的规范性法律文件。行政规章可以分为部门规章和地方政府规章：前者指国务院所属各部、各委员会、中国人民银行、审计署和其他具有管理职能的直属机构，根据宪法、法律和国务院的行政法规、决定、命令，在本部门的权限范围内制定的行政规章；后者指省、自治区、直辖市和设区的市（其中包括经济特区、较大的市）的人民政府，根据法律、行政法规和本省、自治区、直辖市的地方性法规制定的行政规章。《立法法》对规章制定的有关问题予以规定，同时国务院制定了《规章制定程序条例》予以专门规范。

（八）军事法规和规章

军事法规和规章，是国家军事机关为管理国家武装力量而制定的规范性法律文件。根据《立法法》第 117 条的规定：中央军事委员会根据宪法和法律，制定军事法规；中央人民解放军各战区、军兵种和中国人民武装警察部队，可以根据法律和中央军事委员会的军事法规、决定、命令，在其权限范围内，制定军事规章。2017 年 5 月，中央军事委员会发布了《军事立法工作条例》，规定了制定军事法规、军事规章、军事规范性文件的权限、程序及相关制度。

（九）特别行政区的法源

特别行政区的法源，是指特别行政区的国家机关在宪法和特别行政区基本法授予的权限范围内制定或认可，在该特别行政区具有普遍约束力的各种行为规则。我国《宪法》第 31 条规定，国家在必要时得设立特别行政区，在特别行政区内实行的制度按照具体情况由全国人大以法律规定。这是“一个国家，两种制度”的原则构想在我国宪法中的体现。

根据全国人大制定的《香港特别行政区基本法》和《澳门特别行政区基本法》的规定，特别行政区享有高度的自治权，包括行政管理权、立法权、独立的司法权和终审权。与其独特的法律地位相适应，特别行政区的法律渊源同内地其他地区的有明显不同。以香港特别行政区为例，依照《香港特别行政区基本法》的规定，香港特别行政区的立法会是香港特别行政区的立法机关；立法会有权根据基本法依照法定程序制定、修改和废除法律。此外，香港特别行政区的立法机关还享有自己的专属立法权，在其自治权属范围内的立法，中央立法机关无权干预。只有当中央立法机关认为香港特别行政区立法机关制定的法律不符合基本法关于中央管理的事务以及中央和香港特别行政区的关系的条款时，才能予以发回，经全国人大常委会发回的法律立即失效。从两个基本法的规定可以看出，特别行政区作为中央政府的特殊直辖区域享有高度自治权，其法律无论在内容上还是形式上都具有显著的特色。

由于历史因素的影响，香港特别行政区的法律渊源具有多样性。《香港特别行政区基本法》第 8 条详细列举了各种不同的形式渊源：香港原有法律，即普通法、衡平法、条例、附属立法和习惯法，除同该法相抵触或经香港特别行政区的立法机关作出修改者外，予以保留。《澳门特别行政区基本法》中也就澳门地区的上述有关事项作出了相应规定。

(十) 国际条约

国际条约是两个或两个以上国家就政治、经济、贸易、军事、法律、文化等方面的问题确定其相互权利、义务关系的协议。国际条约的名称包括条约、公约、协定、和约、盟约、换文、宣言、声明、公报等。

虽然国际条约不属于国内法范畴，但我国政府与外国签订或者我国加入的国际条约，对我国国内的国家机关、企事业单位、社会团体和公民具有与国内法一样的约束力。从这个意义上讲，我国签订或加入的国际条约也是我国法的形式渊源之一。

以上这些由不同国家机关制定、具有不同法律地位和效力等级的规范性法律文件构成我国的规范性法律文件系统，即制定法体系，它们是我国现阶段法的渊源的主体。

三、当代中国的司法案例

制定法是我国法的基本渊源，司法案例并非我国的正式法律渊源。但不可否认的是，司法案例在司法过程中具有重要意义。

(一) 最高人民法院的“公报案例”

自 1985 年起，最高人民法院开始定期发布《最高人民法院公报》，许多公报上除了载有一般性的司法解释，还载有由最高人民法院批准的若干具有典型意义的审判案例。这些判决通常是由地方人民法院作出的，经最高人民法院审判委员会研究审查并筛选后发布。最高人民法院常常在发布这些典型案例的同时说明该案件的判决“适用法律正确，量刑适当，审理程序合法，可供各级人民法院借鉴”。通过这种形式，最高人民法院将个案判决以规范性司法解释的形式下发，对各级人民法院的审判工作都具有普遍指导意义。

对于这种案例是不是我国法的渊源之一，学术界有不同看法。我们认为，尽管最高人民法院批准发布的案例对于指导司法实践具有重大意义，但仍不应被看作法的形式渊源。这是因为：第一，从国家机关的分工和职能来看，在我国，立法权只能由有权创制法律规范的国家机关来行使，法官不能创制法律，只能在适用过程中解释法律。第二，从效力和功能来看，在我国，案例的普遍指导作用主要来自最高人民法院的规范性司法解释权，案例实际上是一种以个案形式进行的司法解释，绝大多数案例都是对于审判过程中如何适用法律所作的理解、说明和界定，也就是说，它是一种“解释例”，而不是“造法性判例”。只有在极少数情况下，主要是在法的类推适用的场合，案例才有某种“造法”的意义，而这是特定时期内对现行立法不够完善的补充，不能因此就认为案例本身便具有“法”的意义。

(二) 案例指导制度

不少学者认为，针对我国目前立法尚不完善、规范性法律文件的可操作性不够强、法官自由裁量余地较大等现象，我们也应当有意识地学习判例法制度中的某些合理因素，以补充现行制定法的不足。

2010 年，最高人民法院、最高人民检察院分别发布了《关于案例指导工作的规定》，正式确立了案例指导制度。最高人民检察院于 2015 年、2019 年对其发布的规定进行了修订。这个制度的建立对提升指导性案例在司法工作中的地位和作用有积极的建设性作用。我国建立案例指导制度的目的是，总结审判和检察工作经验，统一法律适用，提高审判和检察工作质量，维护司法公正。当然，至于指导性案例的地位、如何确定“类似案件”、如何“参照”等问题，都还需要在司法实践中继续探索。截止到 2023 年 1 月，最高人民法院共发布 37 批指导性案例，共 211 件。

资料链接

最高人民法院《关于案例指导工作的规定》，最高人民法院《关于案例指导工作的规定》实施细则

第三节　法的效力

一、法的效力的概念

法的效力，或称法律效力，是指法作为一种国家意志所具有的约束力，具体表现为由国家制定或认可的法律规范及其表现形式——规范性法律文件等法的形式渊源对主体行为具有普遍的约束作用，这种约束作用不以主体自身的意愿为转移，并有国家强制力作为外在保障。法的效力包括两方面的内容，即法的效力等级和效力范围。

二、法的效力等级

法的效力等级也称法的效力层次或效力位阶，是指一国法的体系中不同渊源形式的法律规范在效力方面的等级差别。确定制定法规范的效力等级，通常应遵循如下原则。

1. 上位法优于下位法

法律规范的效力等级首先取决于其制定机关在国家机关体系中的地位，由不同机关制定的法律规范，效力等级也不相同。除特别授权的场合以外，一般来说，制定机关的地位越高，法律规范的效力等级也越高。

2. 制定程序更严格的法优先

在同一主体制定的法律规范中，按照特定的、更为严格的程序制定的法律规范，其效力等级高于按照普通程序制定的法律规范的效力等级。例如，我国全国人民代表大会可以修改宪法和制定基本法律，依特殊程序制定的宪法的效力便高于基本法律的效力。

3. 后法优于前法

当同一制定机关按照相同的程序先后就同一领域的问题制定了两个以上的法律规范时，后来制定的法律规范在效力上要高于先前制定的法律规范。

4. 特别法优于一般法

当同一主体在某一领域既有一般性立法，又有不同于一般性立法的特殊立法时，特殊立法的效力通常优于一般性立法的效力。但必须注意的是，特别法优于一般法的原则只限于同一主体制定的法律规范，对于不同主体制定的法律规范，仍然适用制定机关等级决定法的效力的一般原则。

5. 授权法优于自定法

当某一国家机关授权下级国家机关制定属于自己立法职能范围内的法律、法规时，被授权的机关在授权范围内制定的该项法律、法规在效力上通常等同于授权机关自己制定的法律或法规，但仅授权制定实施细则者除外。

6. 成文法优于不成文法

如果一国法律渊源体系中包括不成文法，如习惯法、判例法等，由立法机关制定的成文法的效力一般均高于不成文法的效力。当然，在特殊情况下会有例外，如在司法机关享有司法审查权的判例法国家中，就不好说成文法一定优于不成文法。

三、法的效力范围

法的效力范围，是指法律规范的约束力所及的范围，即所谓法的生效范围或适用范围，包括法律规范的空间效力范围、时间效力范围和对人的效力范围三个方面。

（一）法的空间效力范围

法的空间效力范围，指法律规范生效的地域范围，包括域内效力和域外效力两个方面。

法的域内效力是基于国家主权而产生的，它意味着一国法律规范的效力可以及于该国主权管辖的全部领域，而在该国主权管辖领域以外无效。当一国的立法体制规定中央和地方政府均享有一定立法权时，域内效力又被进一步延伸为法律规范的效力及于其制定机关管辖的领域。据此，我国法的域内效力具体表现为以下形式。

（1）法律规范的效力及于制定机关管辖的全部领域。中央国家机关如全国人大、全国人大常委会和国务院制定的宪法、法律和行政法规等在全国范围内有效。

（2）地方国家机关在宪法和法律授权范围内制定的地方性法规、自治条例和单行条例及规章等在制定机关管辖的行政区域内有效。

（3）法律规范的制定机关也可以根据具体情况，规定法律规范只适用于其管辖的部分区域。例如，七届全国人大三次全体会议通过的《香港特别行政区基本法》自1997年

7月1日起对香港特别行政区有效。

法的域外效力，是指法律在其制定国管辖领域以外的效力。在殖民时期，法的域外效力通常表现为宗主国的治外法权，因而为殖民地国家人民所深恶痛绝。现代社会中，随着国际交往的日益频繁，为了保护本国国家和公民的利益，许多国家在相互平等的基础上也规定本国某些法律具有域外效力。如我国在民事和婚姻家庭等方面的一些法律，实行有条件的域外效力原则。我国刑法也规定，对一些发生于我国境外的犯罪行为，可以适用我国刑法的规定追究犯罪者的刑事责任。

（二）法的时间效力范围

法的时间效力范围是指法律规范的有效期间，包括何时开始生效、何时终止生效和有无溯及力的问题。

1. 法律规范的生效

法律规范开始生效的时间通常有两种情况：一是自法律颁布之日起生效，二是法律通过并颁布后经过一段时间再开始生效。规定法律开始生效时间的具体形式包括以下几种：一是法律条文中自行规定生效时间；二是由法律的制定机关另行发布专门文件规定开始生效的时间；三是在没有明文规定生效时间的情况下，按照惯例自法律公布之日起生效。需注意的是，随着法律调整的日益严格与确定，法律制定后无论是否立即开始生效，都应由其制定机关以法定的文字形式公告周知。

2. 法律规范的效力终止

引起法律规范效力终止的实质原因主要有：法律规定的有效期限届满；原有法律的规定与新的法律规定之间发生冲突；法律已经完成其历史使命，被调整的社会关系已经不复存在。发生上述情况时，原有法律规范应当终止其效力。

在我国，法律终止生效的形式可以分为明示废止和默示废止两种。明示废止的具体形式包括：

（1）法律中自行规定了有效期间。当有效期届满，立法机关又未作出延长其法律效力的决定时，该法律自动失效。

（2）若规范性法律文件中规定某法律仅适用于特定情况，那么当这种情况不复存在时，该法律自动失效。

（3）新法律明确规定当本法开始生效时，旧有的同类法律即行失效。

（4）有关立法机关发布专门文件宣布某一规范性法律文件终止生效。

默示废止的形式主要指，当已生效的新法律与原有法律的规定在某些方面有冲突时，尽管新法律或立法机关并未明确废止旧法律，但按照“新法优于旧法”的原则，旧法律中与新法律冲突的部分自然废止。

3. 法的溯及力问题

法的溯及力，又称法律溯及既往的效力，是指新法律可否适用于其生效以前发生的事件和行为的问题。如果可以适用，该法律就有溯及力；如果不能适用，则没有溯及力。

关于法律的溯及力问题，现代国家一般通行的原则有两个。

（1）“法律不溯及既往”原则，即国家不能用现在制定的法律指导人们过去的行为，更不能由于人们过去从事了某种当时是合法而现在看来是违法的行为而依照现在的法律处罚他们。不少学者认为，“法律不溯及既往”应当是法治的基本原则之一。

（2）“有利追溯”的原则。作为“法律不溯及既往”原则的补充，许多国家同时认为法律规范的效力可以有条件地适用于既往行为。在我国民法中，有利追溯原则表现为，如果先前的某种行为或关系在行为时并不符合当时法律的规定，但依现行法律是合法的，并且对相关各方都有利，就应当依新法律承认其合法性并予以保护。在我国刑法中，“有利追溯”表现为“从旧兼从轻”原则，即新法在原则上不溯及既往，但新法不认为是犯罪或处罚较轻的，适用新法。

（三）法的对人的效力范围

法的对人的效力范围，是指一国法律规范可以适用的主体范围，即对哪些主体有效。

1. 处理法对人的效力范围问题的主要原则

不同国家以及一国的不同部门法在确定其适用的对象范围时可以遵循不同的原则，通常包括以下几种：

（1）属地主义，即一国法对于处于其管辖领土范围内的一切人都有约束力，不论他是本国人、外国人还是无国籍人。

（2）属人主义，即根据公民的国籍确定法的效力范围。按此原则，一国公民无论其是在国内还是在国外，都要受国籍国法律的约束。

（3）保护主义，即任何人如侵害了本国或本国公民的利益，不论实施侵害行为者的国籍和侵害行为是否发生在本国境内，都要受到本国法律的追究。保护主义原则通常只限于对规定法律责任的规范的适用，实施侵权行为的外国人即使并不享受其他国家国内法赋予本国公民的权利，也必须承担不侵犯其他国家及其公民利益的义务。

（4）结合主义，即在确定法的效力时，以属地主义为基础，同时结合属人主义和保护主义。目前，许多国家都采用这一原则以加强对本国和本国公民利益的保护，我国也不例外。

2. 我国现行法对人的效力范围

依受调整主体国籍的不同，我国现行法对人的效力范围具体表现如下：

（1）对中国公民的法律效力。凡具有中国国籍的人都是中国公民，中国公民在中国领域内一律适用中国法律。中国公民在国外时，原则上仍然受到中国法律的保护，并承担中国法律规定的义务。但由于其居住在国外，当中国法律与居住国法律的规定有不同时，应区别不同情况，并根据有关国际条约、惯例和国内法的特殊规定来确定在某一具体场合应当适用哪个国家的法律。如我国《涉外民事关系法律适用法》第 11 条规定：“自然人的民事权利能力，适用经常居所地法律。”第 17 条规定：“自然人的民事行为能力，适用经常居所地法律。”

（2）对外国人的法律效力。中国法律对外国人的效力包括两种情况：一是外国人处在中国领域以内的，除法律另有规定者外，一律适用中国法律；二是外国人处在中国领域之外的，只有对中国国家或公民犯罪，按《刑法》规定最低刑为 3 年以上有期徒刑，并且中国与其犯罪地的法律都认为该行为是犯罪的，才能适用《刑法》追究刑事责任。

上述两种规定，既体现了国家主权原则，也充分尊重了别国的主权。关于外国的外交官、外交代表在中国的外交特权和豁免权的问题，我国法律也依国际惯例作出了专门规定。

第四节 规范性法律文件的系统化

一、规范性法律文件系统化的概念和意义

规范性法律文件的系统化，是指将不同国家机关制定、颁布的各种规范性法律文件按照一定要求进行分类、整理或加工，使之统一、完整、明确和有序。

立法总是在不断发展的，属于同一部门法的规范可能规定在不同国家机关在不同时期制定的规范性法律文件之中。此外，立法者在制定规范性文件时，往往首先考虑的是现实生活的迫切需要，而不是规范性文件体系或法的体系的统一和有序，这就有可能造成法的外部表现形式与法的体系的内部结构不一致，如在一个法律文件中规定若干不同部门法的规范等。这样不仅查阅起来很不方便，而且有时不同国家机关或不同时期制定的规范性法律文件内容还可能会有重复或冲突的部分。

随着法的体系的不断发展，作为法的体系外部表现形式的规范性文件体系也应当不断发展、完善，因而规范性文件的系统化具有重要意义。首先，便于查阅规范性文件，便于人们迅速判明和确定现行法规范的有效范围，有利于法的遵守和适用。其次，有助于实现社会主义法制的统一，建立与法的体系和谐一致的规范性文件体系。最后，规范性文件的系统化在立法工作中也具有重要意义。对现行规范性文件进行分类整理，可以发现立法上的缺陷和空白，为进一步立法提供依据；某些特定形式的规范性文件系统化的过程，同时也就是消除不同规范性法律文件之间的相互重复或矛盾的过程，因而，规范性文件的系统化不仅是立法的必要准备，也是进一步完善立法的重要环节。

我国规范性文件系统化的方式有三种，即法律汇编、法典编纂和法规清理。

二、法规汇编

法规汇编，又称法律汇编，是指在不改变内容的前提下，将现行规范性文件按照一定标准（如制定时间、涉及问题的性质等）加以系统排列，汇编成册。法规（法律）汇编是规范性文件系统化的最常见的形式，它的意义不仅在于为人们查阅法律、法规提供便利，而且也往往是法典编纂的必要准备。

法规汇编具有以下主要特点。

(1) 法规汇编具有一定的系统性。根据不同目的，汇编时可以采用不同的分类排列方法，如按部门法、文件制定机关、文件颁布的年代顺序及法规名称、笔画或首字母等，

通常是将各种方法结合起来使用。不论采取何种具体方式，都必须具有一定系统性，否则就失去了法律汇编的意义。

（2）法规汇编不改变原有规范性法律文件的内容，也不制定新的规范，因此，它本身并不是创制法的活动，但它往往是法典编纂的必要前提。

（3）根据法规汇编的主体，法规汇编可以分为官方的和非官方的两种。官方汇编由各级法的创制机关的工作机构，如全国人大常委会法制工作委员会、司法部等分别负责编辑。非官方汇编通常由有关国家机关、教学科研机构、社会团体或企事业单位根据工作、学习或教学科研的需要而编辑。法律汇编的正式出版应当经出版行政管理部门审核批准。

三、法典编纂

法典编纂，亦称法律编纂，是指在对某一部门法全部现行法律规范进行审查、整理、补充、修改的基础上，制定新的系统化的规范性法律文件——部门法典的活动。

法典编纂具有如下基本特点。

（1）法典编纂是法的创制的形式之一。它不仅是对某一部门法律规范的集中或整理，而且必须根据该部门法的调整对象和方法、整个法的体系的协调性以及法典编纂特定规则的要求，对原有规范进行加工和变动，废止和修改某些规范以消除相互矛盾、冲突的部分，补充新的规范以填补空白，并协调规范间的相互关系。因此，法典编纂是国家的一项重要立法活动，只能由立法机关进行。

（2）法典编纂具有较强的系统性和科学性，必须具有高度的立法技术。部门法典是规范性法律文件中最具系统性的一种形式，它是从某些特定原则出发、具有内在联系的某一部门法律规范的统一整体。除使用的语言必须准确、精练以外，法典通常有自己特定的结构形式，如总则、分则、附则、罚则，并以一定文字或符号将法典的内容划分为卷、编、章、节、条、款、项、目等。在编纂法典的过程中，立法者必须根据这些要求，对全部法律规范重新加以排列和组织，协调不同规范以及法典整体与部分之间的关系，因而法典编纂技术在一定程度上体现着一国立法技术的发达水平。

四、法规清理

法规清理，又称法规整理，是指有关国家机关按照一定程序，对一定时期和范围的规范性法律文件进行审查，并重新确定其法律效力的活动。

法规清理具有如下特点：

（1）法规清理的对象是已经颁布、生效的规范性法律文件，尽管有的规范性法律文件可能在实践中已经不再援用，但只要未明令废止，均应将其作为法规清理的对象，但国家机关在适用法的过程中发布的非规范性法律文件不属于法规清理的对象。

（2）法规清理是法律、法规创制机关的专有活动。我国法规清理权能归属的一般原则是“谁制定，谁清理”，即由各级各类规范创制机关分别负责清理自己制定、颁布的规范性法律文件，如法律由全国人大及其常委会负责清理，行政法规由国务院负责清理，部门规章由国务院所属部委清理，余者皆依此类推。

（3）法规清理活动不制定新的法律规范，也不修改原有规范的内容，而是依据一定标准对现行法律规范进行审查，以便重新确定其法律效力。审查的标准主要是已生效的规范性法律文件是否与宪法和高层次的法律、法规相抵触，是否符合国家现阶段的基本政策和已经变化了的客观情况，是否切实可行，等等。

（4）法规清理的结果具有法律意义。法规清理要依照一定程序进行，通常是由法律、法规的创制机关授权其工作机构负责审查清理工作。审查结束后，负责审查的工作机构应提出审查意见，报规范创制机关研究审议。创制机关的审议可能产生如下结果：对于经审查确认为应予废止的法律、法规、条例、规章，由其创制机关明令废止；对于确认为需要修改的，责成有关机构起草修改草案并列入立法规划；对于确认为应继续有效的，以默示方式重新确定其法律效力；对于生效期已经届满而仍应继续发挥作用的，明令延长其时间效力。

资料链接

2011年，根据全国人大常委会的部署，最高人民法院和最高人民检察院（以下简称“两高”）开展对司法解释的全面清理工作。2013年年初，“两高”分别向全国人大常委会提交了最高人民法院《关于司法解释集中清理工作情况的报告》和最高人民检察院《关于司法解释集中清理工作情况的报告》。

最高人民法院梳理出单独和联合制发的现行有效的司法解释、司法解释性质文件以及其他规范性文件共计3 351件。经研究确定纳入清理范围的有1 600件，其中确定废止的有715件、修改的有132件、保留的有753件。

最高人民检察院梳理出单独和联合制发的现行有效的司法解释、司法解释性质文件以及其他规范性文件1 000余件。经研究确定纳入清理范围的有452件，其中确定废止的有102件、修改的有55件、保留的有221件，另外还有74件文件转由其他主办部门进行清理。

2019年，最高人民法院再次对司法解释进行了全面清理，废止了司法解释103件。经过此次清理，明确现行有效的司法解释有561件。

规范性法律文件的系统化除有上述三种基本方式外，还有一种方式，即制定法律全书。法律全书又称为法律大全，最理想的法律全书是在所有部门法都编纂为法典之后，再将全部法典编纂为一个整体，但编纂这种“完善”的法律全书实际上是不可能的。一些国家和地区的法律全书包括了部分部门法，另外一些国家的法律全书或法律大全是按照部门法体系编制的部门法典和单行法规的汇编。比如，我国出版的《中华人民共和国法律全书》就属于后者。

《问题与思考》

1. 什么是“法的渊源”？

2. 法的渊源的主要种类有哪些？

3. 当代中国法的形式渊源主要有哪些种类？

4. 如何认识我国的案例指导制度？

5. 如何认识法的效力等级原则？

6. 如何认识法的效力范围？

7. 规范性法律文件系统化的基本方式有哪些？

阅读文献

1. 罗杰·赛勒. 法律制度与法律渊源. 项焱，译. 武汉：武汉大学出版社，2010

2. 刘作翔. 传统的延续：习惯在现代中国法制中的地位和作用. 法学研究，2011 (1)

3. 胡玉鸿. 试论法律位阶划分的标准：兼及行政法规与地方性法规之间的位阶问题. 中国法学，2004 (3)

4. 王夏昊. 论作为法的渊源的制定法. 政法论坛，2017 (3)

5. 朱力宇. 关于法的溯及力问题和法律不溯及既往原则的若干新思考. 法治研究，2010 (5)

6. 乌尔弗里德·诺伊曼. 法效力的问题//郑永流. 法哲学与法社会学论丛：总第 11 期. 北京：北京大学出版社，2007

7. 黄茂荣. 论民法中的法理. 北方法学，2018 (3)

8. 雷磊. 重构“法的渊源”范畴. 中国社会科学，2021 (6)

第八章
法的体系

本章概要

法是一种体系性存在，是一国现行法律规范所构成的整体结构。法的体系是从整体上对一国的法律规范体系结构的描述，不同于立法体系。法的体系可划分为多个法的部门，划分法的部门的主要依据是法律调整对象和法律调整方法的不同。当代中国已形成中国特色社会主义法律体系，这一体系具有鲜明的特点、特色，适应了中国改革开放和现代化建设的需要。中国特色社会主义法律体系仍处于不断完善的过程之中。

关键术语

法的体系　立法体系　法的部门　划分表现　公法　私法　社会法　中国特色社会主义法律体系　宪法及宪法相关法部门　行政法部门　民商法部门　刑法部门　社会法部门　经济法部门　诉讼及非诉讼程序法部门　重点领域立法

第一节　法的体系的概念

一、法的体系的定义

法的体系（system of law）即法的内在结构。一国现行的全部法律规范，按照一定的原则或标准被划分为若干法律部门，由这些法律部门形成的内在统一、整体相互联系的系统即为法律体系。法的体系，也可被称为“法律体系”或“法体系”，人们在日常生活中经常将“法的体系”与“法律体系”交替使用。不过应注意的是，这种“法的体系”与作为法律上层建筑整体的意义上的“法律体系”或“法律制度”（“法制”，legal system）是不同的。我们这里所称的法的体系或法律体系仅仅针对的是一国或地区的现行法体系。

一个国家的法所调整的社会关系是多种多样的，这些法律规范的外部表现形式也可能比较凌乱，但这些规范之间仍存在内在的协调和统一性。一国全部现行法律规范之间的这种协调和统一性，从根本上说决定于其经济基础、国家制度和反映在法中的国家意志的统一。法的这种协调和统一性，保证着法律调整的共同目的和价值取向。

一国现行法的协调和统一性表现在：（1）调整社会关系的法律思想、法律原则和法律概念是统一的；（2）普遍性很大的法律规范（如宪法和基本法规范）在普遍性较小的法律规范（如地方性法规、规章）中得到具体化，法律规范之间存在着纵的等级的从属关系；（3）法律规范之间还存在横的协调、协作关系；（4）法律规范之间互相联系和相互制约，遵守、适用或者违反一些法律规范会引起另一些法律规范发生作用。

由于法所调整的社会关系是多种多样的，内在统一的法也必然要分成不同的相对独立的部分，这些部分在法律调整中发挥着相对独立的作用，因此，一国法律规范在统一的基础上又存在着差别，可分属不同法的部门、子部门和制度。几个或十几个规范构成制度，几个制度构成部门，几个部门又构成部门群，部门群又构成一国现行法的整个系统，这就是法律体系。法的不同部分之间应是内在协调的，一国法律规范之间如果互相矛盾、互相冲突，就不能互相配合，达到整体目的，必然大大削弱法的作用的发挥。

法的体系是历史地形成的法的内在结构，而不是立法者或法学家任意建立的，它们的经济基础是社会经济状态所特有的生产关系体系。当社会经济制度具有根本不同的历史特征时，就会产生不同的法的体系。

法的体系反映着社会的运动，而社会运动是最复杂的一种运动形式，在这里，客观规律总是通过人的活动实现的。法是立法者自觉活动的产物。立法者的意志除表达社会物质生活条件外，还受一定主观因素的影响，如受一定的世界观、政治学说、一定社会集团或阶级的目的，以及对法律问题进行理论研究的程度等的影响。这就是说，在法律体系的形成过程中，不能排除主观因素的介入。阶级的、政治的、文化的目的等主观因素对法律体系的建立有相当大的影响。从辩证唯物主义的观点来看，法律体系属于社会发展的主观现象。这种主观现象有客观根据，但与阶级的目的、法律文化传统、法学状况等主观因素又有密切联系。法律体系可以说是客观因素和主观因素的统一体。

二、法的体系与立法体系

不应把法的体系和立法体系相混同。法律体系是指历史地形成的法的内在结构，而立法体系（或称规范性法律文件体系、法的渊源体系）是指法的外在表现形式的系统，二者是内容与形式的关系。立法体系可以反映法律体系，以法律体系为基础，但并不等于法律体系。在有编纂完整法典的传统的立法部门（如刑法、民法等），法的部门与立法部门基本上同名，但内容不完全相符，立法部门的大部分规范属于一个法律部门，但并不能包括该法律部门的全部规范。如婚姻法的某些规范（如对家庭暴力、买卖婚姻的制裁）规定在刑法中；而刑法的某些规范规定在其他法律、法规中等。在某些新的立法部门中，法律、法规把几个法律部门的规范结合在一起，形成包括不同法律部门的规范在内的综合法律文件（如农业法、工业法、军事法、教育法等）。

法的体系和立法体系的区别主要表现在以下方面。

1. 基本构成元素不同

构成法的体系的基本因素是法律规范和法的部门，构成立法体系的基本因素是法律条文及规范性法律文件等。法的体系是立法者最理想的样式，而立法体系是现实不同位阶法律文件的组合体。对于立法者来说，研究法律体系从来不是目的本身，而是完善立法、提高立法效果的手段。法的体系研究是能够提高法律效果的方向标，对建立科学的立法体系有重要作用。

2. 主、客观方面不同

在法的体系中，不以立法者的意志为转移的客观因素起主要作用。这种客观性，从起源方面看，表现为法的体系的发展是法的历史发展的合乎规律的结果；从内容上看，表现为法的体系以社会经济基础以及社会关系发展的需要为根据；从发展规律方面看，表现为立法者不能任意改变已形成的法律体系。而在立法体系中主观因素起更大的作用。立法者在建立立法体系时不仅遵循法的逻辑，而且遵循其他需要，如立法者的世界观、政治目的、立场、纯粹分类上和立法传统上的考虑以及在管理社会生活某方面时使用的方便等。为了达到上述目的，有时立法者不仅制定新规范，而且会把现有的规范重新编排，再根据需要重新组合。在这方面立法者裁夺的自由相当大，他们可以决定某个法律条文是规定在法典中还是规定在单行法规中、是归入法律中还是归入从属于法律的文件中等等。

3. 法的体系比立法体系更稳定

法的体系接近于有机的、自然组合起来的系统，是根据社会关系的结构历史地形成的。而立法体系是把规范性法律文件结合成一个整体和制定法典与法律汇编时由人们合理地创制的。虽然立法者积极影响法律体系，但这种影响一般不是直接的，更不是一瞬间的。新增订的法律、法规，包括立法分类的增补，均不会立即改变法的体系。法的体系的发展是由量变的积累转为质变的。

4. 结构不同

法的体系的纵向结构是规范、制度、子部门、部门、部门群；而立法体系的纵向结构是同发布规范性法律文件的国家机关的等级一致的，如地方性法规、行政法规、法律、宪法等。法的体系的横向结构是分为不同的部门，立法体系的横向结构则是不同法律部门的规范性法律文件。当然，实际上并不是每一部门法都只体现为一个法律文件，有的法律文件中包括许多部门的规范，有的则是许多法律文件的规范才构成一个部门。

正是由于法的体系与立法体系有上述区别，在立法过程中，尽管它们二者越来越接近，联系也越来越紧密，但是，要使法的体系与立法体系完全一致是不可能的。立法（制定法）不可能包括所有的法律规范，也不能涵盖整个法的体系。除制定法之外，还有习惯法和立法解释。另外，立法体系中还会有一些过时或失效的规定，而这种规定不能被列入法律体系。事实证明，很难有一个立法文件能包括一个法的部门的全部规范。在我国，甚至像刑法这样发达的部门，除了一部刑法典，还有散见于各种行政法规中关于追究刑事责任的其他规范。国家机关在颁布规范性法律文件时，不单纯是根据法律体系进行，而更多的是考虑管理国家生活的方便。为了这个目的，常常一个规范性法律文件中包括不同部门的规范。因此，立法体系与法律体系的不同也就引起了立法文件、规范性法律文件系统化的必要。

第二节 法的部门

一、法的部门的概念

为了深入认识法的结构体系，需要从内部对法律体系进行进一步的细分。通常，法律体系被划分为法的各个部门。为了达到对法律体系的科学划分，需要认识划分法的部门的标准或根据。

法的体系可以划分为不同的相对独立的部分，这就是法的部门。法的部门，也称法律部门，是指调整因其本身性质而要求有同类调整方法的社会关系的法律规范的总和。每个法的部门都因它调整的社会关系及调整方法的不同而与其他部门相区别，但同时又相互联系、协调统一。

法的各个部门构建了法律体系的基本结构。在法的部门中可以形成一种比制度更大的组合（规范联合体），也叫作子部门，它是法的部门的相对独立部分。如民法的子部门有著作权法、专利法、商标法、合同法等。子部门也可以有一些反映自己的一般原则的规定。

法的体系不仅有分化，也有组合，表现为综合性法的部门的出现。综合性法的部门是把某些互相联系的法的部门结合起来，把这些部门的有关制度合起来，或把某些法的部门的规范合起来，从而形成的法律体系的相对独立部门。这是因为在社会生活中存在着许多综合性社会关系。综合性法的部门使法的相对独立的部门建立起更紧密的，有时甚至是全新的联系和相互作用；同时，使法的形式也趋于一体化。例如，工业法、农业法、教育法、商业法、对外贸易法、军事法等，这种综合性法的部门实际上把不同部门的法律规范按照另一种标准组合起来，其中既包括一定的行政法规范，也包括民法、商法、劳动法、刑法规范等。

法的部门（或子部门）又可以被区分为不同的法律制度。[①] 这里所讲的法律制度，就是在某一个或几个法的部门中调整某一类社会关系，相互间被一定质的独特性联结为一组的那些法律规范的总和。例如，在宪法、民法、经济法中都规定了所有权制度；在民法、经济法中都规定了合同制度；在刑事诉讼法、民事诉讼法、行政诉讼法中都规定了证据制度、回避制度、公开审判制度等。法律制度与部门的不同之处主要在于调整的范围。它不是调整在性质上是同一类的社会关系的全部，而仅仅调整它的一部分或一个方面。同时，法律制度是法律体系的相对独立的、自治的部分。

法的部门和制度的划分是相对的，各个法的部门之间不是彼此孤立的，而是存在着联系。有的部门法之间的联系较紧密，如民法与经济法，实体法与相应的程序法等。有

---

① 需要特别指出的是，这里的“法律制度”的英文对应词是“legal institution”，它是法的体系的一种构成因素，不同于一个国家的整个法律制度的概念。

的部门法之间的联系较松散一些，如婚姻法与财政法。但无论如何，它们都是一个相互协调、统一的有机整体的一部分。

二、划分法的部门的根据

法的部门和法的制度如何划分，是法律体系研究的核心问题。划分法律规范属于哪个部门或制度，不应由主观的、形式上的因素决定，而应该由客观实际情况决定，这种客观实际情况就是法律调整的对象和法律调整的方法。

多数学者认为划分法的部门，首先要根据法律调整对象，同时也要考虑法律调整方法，只根据法律调整对象是不够的。比如，同是经济关系，为什么有的需要采用平权、自愿、等价、有偿的调整方法，而有的就需要采用隶属、命令、调拨的调整方法？所以，我们认为，法律调整方法是划分法的部门的直接标准，而法律调整对象是划分法的部门的基本根据，而不是唯一的根据。①

（一）根据之一：法律调整对象

法律调整对象，是指法律规范所调整的社会关系。不同的社会关系要求以不同的法律规范来调整，当某些构成调整对象的社会关系在性质上属于同一类时，调整这些社会关系的法律规范就可以构成一个部门或制度。如调整平等主体之间的财产关系和人身关系的法律规范构成民法部门，调整劳动关系的法律规范构成劳动法部门，调整诉讼行为和诉讼关系的法律规范构成诉讼法部门等。可见，划分法的部门或制度的首要根据是法律调整对象，即法所调整的社会关系。

（二）根据之二：法律调整方法

法律调整方法，是指作用于一定社会关系的特殊的法律手段和方法的总和。法律调整对象解决的是某一法的部门的规范调整什么样的社会关系问题，而法律调整方法就是指明这种关系是怎样被调整的。

法律调整方法大体包括：（1）确定权利义务的方式、方法，如权利和义务是由双方协商而定，还是根据国家法律或国家指令而定。（2）权利和义务的确定性程度与权利主体的自主性程度，如适用的是绝对确定的规范还是相对确定的规范，是强行性规则还是任意性规则。（3）法律事实的选择，如是根据人的行为决定适用某种规则还是根据事件决定依照某种规则。（4）法律关系主体的地位和性质，如双方是平等的法律地位还是管理与被管理的地位。（5）保障权利的手段和途径，如对于违反法律规范的行为所采取的行使国家权力的措施如何，即制裁的种类以及适用这种制裁措施的程序。

有学者把法律调整方法归结为两大类：一类叫作集中的方法（他律的方法），另一类叫作非集中的方法（自治的方法）。用通俗的语言讲，就是“管”和“放”的方法：集中

① 参见孙国华主编：《中国特色社会主义法律体系研究——概念、理论、结构》，第六章，北京，中国民主法制出版社，2009。

的方法就是“管”的方法，如行政法、刑法的方法；非集中的方法就是“放”的方法，如民法的方法。但这两种方法也互有交叉，“放”中有“管”，“管”中有“放”。

（三）两种根据之间的关系

法的部门的各类调整方法如何结合及具有什么具体特点，最终决定于法律规范所调整的社会关系的性质。根据社会关系的不同性质、社会生活的不同需要，集中的方法与非集中的方法以不同的比例相结合，从而就构成了各个法的部门的调整方法的特色。

可以作为法律调整对象的社会关系之所以成为某种法律规范调整的对象，也是经过了立法者有意识的选择，立法者在客观规律允许的限度内，有根据生活需要选择不同的调整方法对某种社会关系进行调整的自由。这就足以说明调整方法是划分法的部门的直接标准。

法的体系和部门是不断变化和发展的。任何一个法的部门的存在都是与一定的社会关系相适应的，一旦社会发展的过程中形成新的社会关系，就会形成新的法的部门。同时，立法者对某种社会关系的调整方法，也会随着社会的发展、生活的需要而不断变化，原来属于某一部门的法律规范，随着调整方法的改变就会属于另外的部门。因此，要建立一个一成不变的法律体系是不可能的，只能建立一个相对稳定的体系。法律体系的划分和完善是无止境的。

三、现代法的三大部门群

当代世界各国的法律体系，在宏观层次上可以被划分为三大部门，即公法部门、私法部门和社会法部门。

（一）传统的二元结构：公法部门与私法部门

把法划分为公法和私法两大类型，是对法律体系最初的内部划分。这种划分反映了社会生活的需要，反映了社会关系发展的不同法律要求。现实中存在两种不同性质的社会关系：一类需要用集中的、由上而下的“管理”的方法调整，另一类则需要用非集中的、由下而上的“放任”的方法来调整。“管”的方法和“放”的方法，也称集中（权威）的方法和非集中（自治）的方法，是两种最基本的法律调整方法。根据法律调整方法方面的这种差异对一国现行法进行分类，可以将法划分为两大部分，即公法和私法。其中，公法主要运用集中的方法、“管”的方法，而私法主要运用非集中的方法、“放”的方法。①

---

① 当然，从另一个角度看，任何法都是“公”的，即都是国家制定或认可的，都是国家意志的体现。“公法”和“私法”这种传统的叫法，并不是说有一种法是由私人制定的，国家毫不参与，或者有一种法是国家制定的，私人毫不参与，而只是表明国家对不同的问题采取的调整方法不同而已。对一定的社会关系（如商品货币关系）允许按该社会关系参加者的协议来安排其权利和义务（这是尊重经济规律和伦理规则的要求），而对另一类社会关系（如行政管理关系）则必须服从政府的法律命令（但政府也不可为所欲为）。所谓“公法”“私法”都是体现国家意志的、有国家强制力保障的行为规范，只不过两类规范适用的原则、方法不同而已。

资料链接

关于划分公法和私法的标准，长期以来都颇有争议。大致有如下几种分类标准。

（1）主体说。公法调整的是公权方作为主体或主体之一所参加的法律关系，私法调整的则是双方都是私人主体的法律关系。

（2）利益说。公法调整的是主要涉及公共利益的社会关系，私法调整的则是主要涉及私人利益的社会关系。

（3）服从说。公法调整的是命令与服从的社会关系，私法调整的是双方平等的社会关系。

（4）强力说。公法是强行法，即其法律关系必须被强制执行；而私法是任意法，其法律关系可以由当事人通过协议予以改变。

（5）综合说，即主张将上面几种因素综合起来予以考量而决定法律关系的归属。

1. 公法调整的特点

“公法”体现了社会生活要求集中、纪律、由上而下管理的需要。公法的重心在于规定国家的组织、活动原则，规定政府及官员的职权、职责，实现国家立法、司法和行政管理，防止国家权力被滥用、乱用。其近现代以来，公法获得了很大的发展，日益包含了限制权力专横、保障人权的规范，出现了更多的含有“有限政府”“权力制约”“正当程序”“责任政府”等内容的原则和规范。

公法属于法律调整中由上而下的“管”的一种，与国家权力的强制干预相适应。公法的调整方法的特点是：以强行性规范为主，其法律后果是规定带有惩罚性的行政制裁或刑事责任；同时，为防止权力被滥用，其设定了权力分工、程序制约等制度。公法的价值侧重于社会秩序与社会公平的维护，其功能是既保证权力的正常运转，又防止权力滥用，实现的是分配正义；其调整的能量是自上而下的，主要关系到社会资源的再分配。

2. 私法调整的特点

“私法”体现了社会生活本身有不受国家权力的任意干涉的特点，体现了经济规律的独立性、个人生活的自主性等。国家权力显然不是无所不能的，也显然不能无孔不入，而是应当对社会生活有一定的“放任”，必须允许社会生活主体有根据生活的需要作出选择的自由。

在私法领域，社会关系参加者根据预先设计好的典型化的法律规范，可以独立、自主地从自身利益出发作出决定。私法能够保障人们按客观经济规律办事，如实现商品交换中的等价、自愿、有偿，体现权利主体的自主和平等，保卫正当财产的不受侵犯，保卫社会关系参加者免受国家权力的专横干涉。

私法的规范主要是授权性规范，当事人可以根据自己的需要和意志进行选择。私法在调整方法方面的特点是：以意思自治为原则，法律规范大都采用任意性规范，有一些强行性规范如物权法的规范也并非对意思自治的否定；私法的制裁方法是规定民事责任和采取等价补偿的民事制裁方法；其价值侧重于自由和效率，其功能是保障市场主体的权利、自由和平等，实现的是纠正的正义；它的调整能量是自下而上的，与市场经济自行调节相适应，主要关系到社会资源的初次分配，也是最基本的分配。

(二) 第三部门的兴起：社会法部门

进入 20 世纪以来，随着社会发展进入新的历史时期，对新社会关系的调整需要运用新的法律手段。由此，在西方国家中，公法与私法相互渗透，一种非私法又非公法、介于私法与公法之间的法——社会法（也称作“混合法”）应运而生。社会法的确立既是对传统法律体系的修正，也是法律社会化的必然结果，它以反垄断法等经济法的出现为标志，由经济法、劳动法和社会保障法作为主干部门而构成。社会法的诞生使法律体系由传统的二元结构转变为三元结构，法律部门群由两大部门群转化为三大部门群。

社会法一经形成就有自己独特的调整方法，即公法方法与私法方法相融合的方法。当然，由于三大部门群在任务和所调整的社会关系方面是互相关联的，因而它们的调整方法也有着紧密的联系，表现为各部门群在调整方法上的互相衔接、互相交叉和互相借鉴等方面。

社会法部门的调整方法具体体现在以下方面。

1. 综合运用任意性调整方法和强制性调整方法

社会法综合了公法和私法的调整方法，以任意性方法和强制性方法并重为特点。如社会法中的劳动合同制度具有传统私法的特点，强调平等、协商、意思表示一致；但同时，劳动合同又不能违反劳动基准制度和劳动保障制度，这就包含明显的公法特点。

2. 对弱者的倾斜保护

公法调整不平等主体之间的关系，私法调整平等主体之间的关系；而社会法调整形式上平等、实质不平等的不对等的关系。为矫正不对等关系内在的利益不平衡，实现社会利益，有必要贯彻“倾斜保护”的原则。倾斜保护原则要求在立法上对利益分配有所侧重，对弱者的利益予以特别保护。

3. 法律主体的特殊性

与传统的民法的基本主体——抽象的“人”不同，社会法的主体是具有特殊性、具体性和集团性的社会人。它是以现实社会中特定的人群所构成的社会集团，即具体化的人所组成的“利益共同体”，作为其调整和保护的基本主体。社会法的主体是具有特殊性、集团性的社会人，最初是劳动者、失业者，后来又扩展到消费者等。

4. 法律责任机制的创新

社会法的兴起动摇了传统上的过错责任原则，无过错责任、严格责任等开始逐步出现，并有了“社会法律责任”。民事责任、行政责任、刑事责任也在社会法的框架内开始出现融合的趋势。民事责任在性质上具有私法责任的属性，行政责任和刑事责任则属于公法责任。社会法律责任并非取代原有的三种法律责任，而是作为三种法律责任的综合形式而与其并列、共存。此外，一些既不属于“私法”，也不被纳入“公法”的典型的社会法律责任形式，如“两罚制”“惩罚性赔偿”等，也逐步被广泛采用。

5. 社会权的兴起

社会权是基于福利国家或社会国家的理念，为使个人获得合乎人性尊严的生存条件，而必须予以保障的那些权利。社会权作为一种新型人权，对于克服劳资对立、贫富悬殊等各种社会矛盾与弊害，防止传统的自由权保障流于空洞化，谋求全体国民，特别是社会经济弱者的实质自由、平等，都具有重要意义。社会权产生和存在的主要目的是使社会经济弱者获得实际上的自由、实质上的平等。为此，国家权力有必要介入和干预那些原来属于“私”的领域，国家的职能不再是消极的、受限制的，而是积极的、服务性的。为保障弱势群体的体面生存，应当通过国家的积极作为来增进社会公共利益。社会法的独特的调整方式使其能够更好地实现保障社会公共利益的职能，缓和社会矛盾。

第三节 中国特色社会主义法律体系

一、中国特色社会主义法律体系的形成

形成并不断完善中国特色社会主义法律体系，是当代我国法的创制工作的重要使命。法的创制工作最重要的落实就是构建完整而对社会切实有效的法律体系。中国特色社会主义法律体系，是中国特色社会主义制度的重要方面。发展与完善中国特色社会主义法律体系，对树立当今中国的制度自信，意义重大。

（一）中国特色社会主义法律体系的形成过程

中国共产党十一届三中全会深刻总结了“文化大革命”的惨痛教训，强调为了保障人民民主，必须加强法制，必须使民主制度化、法律化；同时提出了“有法可依，有法必依，执法必严，违法必究”的方针。从此，我国的立法工作逐步走向正轨，相继制定一大批法律，立法工作取得重大进展。

随着立法工作的不断加强，立法数量和规模的逐步增大，法律体系问题逐步受到重视。1992 年，党和国家提出要实行社会主义市场经济、建立社会主义市场经济体制。之后，党和国家便提出要建立社会主义市场经济法律体系。这是中国共产党首次提出建立法律体系，体现了党对经济工作领导方式的重大转变。中国共产党十五大报告首次提出，要“加强立法工作，提高立法质量，到二零一零年形成有中国特色社会主义法律体系”。中国共产党十六大报告又重申了这一目标。

到 2010 年，中国特色社会主义法律体系如期形成。2011 年 3 月，在第十一届全国人大第四次会议上，时任全国人大常委会委员长吴邦国宣布：“目前，涵盖社会关系各个方面的法律部门已经齐全，各法律部门中基本的、主要的法律已经制定，相应的行政法规和地方性法规比较完备，法律体系内部总体做到科学和谐统一。一个立足中国国情和实际、适应改革开放和社会主义现代化建设需要、集中体现党和人民意志的，以宪法为统帅，以宪法相关法、民法商法等多个法律部门的法律为主干，由法律、行政法规、地方性法规等多个层次的法律规范构成的中国特色社会主义法律体系已经形成，国家经济建设、政治建设、文化建设、社会建设以及生态文明建设的各个方面实现有法可依，党的

十五大提出到 2010 年形成中国特色社会主义法律体系的立法工作目标如期完成。”①2012 年，中国共产党十八大把中国特色社会主义法律体系作为中国特色社会主义制度的重要组成部分。

中国特色社会主义法律体系的形成，是我国社会主义民主法制建设的一个重要里程碑，是改革开放事业的标志性成就之一，是建设中国特色社会主义的内在要求和现实需要。中国特色社会主义法律体系的形成，把国家各项事业发展纳入法制化轨道，从制度上、法律上解决了国家发展中带有根本性、全局性、稳定性和长期性的问题，为社会主义市场经济的不断完善、社会主义民主政治的深入发展、社会主义先进文化的日益繁荣、人民群众建设中国特色社会主义积极性的提高、社会主义和谐社会建设的稳步推进，为建设富强、民主、文明、和谐的社会主义现代化国家、实现国家的长治久安与繁荣富强、实现中华民族伟大复兴等，奠定了坚实的法制基础。中国特色社会主义法律体系的形成和完善，对于提升法在国家和社会生活中的重大作用等，也具有重要的意义。

大致而言，形成中国特色社会主义法律体系的重要意义在于：有助于巩固国家的根本制度；有助于坚持以人为本和促进社会和谐；有助于坚持和推进改革开放；有助于中国共产党的执政兴国；也有助于从根本上引导人们转变旧的思想观念、树立社会主义法治理念，全面推进依法治国，建设社会主义法治国家。

（二）中国特色社会主义法律体系形成的基本标志

关于衡量中国特色社会主义法律体系是否形成的基本标志，大致可以被归纳为以下几个方面。

1. 门类齐全，骨干突出

完备的法律体系首先要求，涵盖社会关系各个方面的法律部门应当齐全，各个法律部门中基本的、主要的法律应当制定出来。我国目前经济、政治、文化、社会等各方面基本的、主要的，特别是起支架作用的法律大体上已经有了。应该可以说，现有的法律体系已经总体上能够适应当前我国经济社会发展的需要。当然，这并不是说，现有的法律就已经足够了。在法律体系形成之后，我们仍然需要根据发展、变化了的情况制定新的法律，适时修改已有的法律。

2. 层次分明，各司其职

法律体系是个效力上有等级差别的规范体系，因而要求各类规范层次清晰、位阶分明。完整的法律体系，不但要有宪法作为核心，有必要的国家立法作为主干，还要有相应的行政法规、地方性法规、自治条例和单行条例、部委规章和地方政府规章。因此，在考察法律体系的状况时，要从整体上来审视整个立法状况。不仅要看法律，还要看行政法规、地方性法规、自治条例和单行条例等。各个层次的法律规范在各自的领域发挥作用，各司其职。对于用法律来规范尚不具备条件的，可依法制定行政法规，待取得经验、条件成熟时再制定法律；对于一些地方事务，可依法制定地方性法规进行规范。

---

① 吴邦国：《全国人民代表大会常务委员会工作报告》（2011 年 3 月 10 日），载《人民日报》，2011－03－19。

3. 内部和谐，功能协调

法律体系要求各个法律部门之间、各类规范之间相互和谐，不能重复，更不能矛盾。法律的体系性本身的最基本要求就是，各类法律、法规、规章之间不能相互矛盾，下位法不能抵触上位法，不同的法律规范之间应该相互配合、逻辑严谨，完成法律调整的整体功能。

4. 体例科学，文字严谨

这要求在规范性法律文件的形式上有统一规划，如法律文件的名称、篇章结构、条文设置等都清晰分明、严谨统一。法律总是借助于文字来表达的，人们也是通过文字来理解法律的真谛，所以法律体系化的最基础工作就是文字简约、清晰、准确，含义一致，等等。

中国特色社会主义法律体系是从我国的国情和实际出发，尤其从我国长期处在社会主义初级阶段这一基本的国情出发而逐步构建起来的。世界上并没有也不可能有完全统一的法律体系形成判断标准。由于不同的国家国情不同，其法律体系的内容和形式会有所不同。构建法律体系，任何时候都必须立足本国国情。恰恰由于中国的基本国情与外国的不同，因而才不能简单地以国外的法律体系为标准来衡量中国的法律体系。不是国外法律体系中有的法律我们都必须有，也不是国外法律体系中没有的法律我们就不能制定。不符合我国国情和实际的，我们不搞；我国现实生活需要的，我们要及时制定。对于国外经验，我们既要借鉴，又不能照搬。比如，如何处理司法机关和权力机关的关系在任何国家都具有普遍性，但是法院、检察院组织法在实行“三权分立”的国家和实行人民代表大会制度的中国，其内容和目的自然有不同。我们不能用国外有关司法机关组织的法律来衡量我国的法律是否完善。

二、中国特色社会主义法律体系的基本特点

中国特色社会主义法律体系是中国特色社会主义伟大事业的重要组成部分；是全面实施依法治国基本方略、建设社会主义法治国家的必不可少的重要部分；也是新中国成立七十多年，特别是改革开放四十多年来经济社会发展实践经验制度化、法律化的集中体现。

中国特色社会主义法律体系的基本特点主要有以下几点。

(一) 植根于中国特色社会主义实践

我国法律体系的鲜明特色首先就在于，它体现着中国特色社会主义的历史使命和本质要求。当代中国的法律体系是中国特色社会主义制度的法律表现形式。法律体系的性质总是与国家社会政治制度的根本性质是一致的，把握了我国的根本国家性质和国家发展的根本指导思想，才有可能更深入理解我国法律体系的根本特点。我国是工人阶级领导的、以工农联盟为基础的人民民主专政的社会主义国家，这就决定了我国的法律体系必然是中国特色社会主义性质的法律体系。这一法律体系以中国特色社会主义理论为根

本指导思想。我国所确立的各项法律制度，都旨在巩固和发展中国特色社会主义根本制度、基本制度，充分体现人民共同意志、维护人民根本利益、保障人民当家作主。这是中国特色社会主义法律体系与西方资本主义法律体系的本质区别所在。

中国特色社会主义法律体系的建构，鲜明体现了改革开放与社会主义现代化建设的时代要求。法律体系的建设与改革开放的历史进程是一致的。我国法律体系建设，始终坚持四项基本原则与坚持改革开放相结合，坚持社会主义基本经济制度与发展市场经济相结合，坚持推动经济基础变革与推动上层建筑改革相结合，坚持党的领导与人民民主、依法治国相结合，坚持解放和发展社会生产力与促进社会公平相结合，坚持促进改革发展与保持社会稳定相结合，坚持坚持独立自主与顺应全球化发展浪潮、积极参与全球治理相结合。这样，法律体系将改革开放与现代化建设的经验、成果及要求凝聚在法律之中，并进而保障和推动改革开放的顺利发展。

(二) 凝聚着现代法律文明的治理经验

中国特色社会主义法律体系是在我国走向现代化的历史进程中逐步形成的，自然要体现现代性的要求，体现现代社会文明，尤其是现代法律文明的共同要求。西方发达国家在近代以来的社会和法律发展中，走在了世界的前列。它们的法律发展经验既是西方的，又是现代的；既是民族的，又是世界的。我们没有理由无视这样的法律治理经验。实际上，中国最近四十多年经济社会快速发展的一条基本经验就是，顺应经济全球化的时代潮流，逐步融入世界，自觉积极借鉴西方有益的发展经验，在同世界的更深度联系中寻求发展机遇和空间。中国的法律体系建构不能脱离开现代法律文明的主流，而需要主动吸纳人权、自由、民主、平等、法治等人类共同价值，借鉴其他国家在民主政治、市场经济、社会治理、生态保护等各个方面的优秀的法律制度建设成果，从而让中国法制建设少走弯路，充分利用“后发展优势”，实现中国法律文明建设的跳跃式发展。当然，在借鉴西方法律文化经验的过程中，要有以我为主、以为我用的中国主体意识，要以中国人的眼光审视现代法律文明，以中国人的方式借鉴西方的先进法律调整经验。

形成和完善中国特色社会主义法律体系，应当积极统筹国内和国际两个大局，积极参与国际法治合作、借鉴国外法制的先进经验，并将国际法和他国经验纳入我国法律体系。中国在经济全球化、全球一体化的背景中展开经济和社会发展的各项事业，经济全球化一直是我国法律变革的重要推动力。经济全球化、全球治理的发展提出了大量的法律治理问题，诸如在贸易、投资、金融监管、公司治理、劳动标准、技术标准、知识产权等经济领域，在毒品打击等跨国犯罪、国际人权保护、反恐怖主义合作、反腐败国际合作、保护文化及生物多样性、人员跨境流动、国际互联网、环境与气候治理等社会诸领域，都产生了需要法律参与治理的大量问题。这些法律问题中既有国际法问题也有国内法问题。在这些领域中，西方发达国家及其主导的国际社会已经积累了相应的先进法律调整经验，我国应通过国内立法反映这些方面的法律治理经验。

(三) 法律体系结构层次分明、严谨统一

我国是统一的、多民族的、单一制的、人口规模巨大的社会主义国家。由于历史和

现实的种种原因，我国各地经济、社会发展很不平衡。与此相适应，在最高国家权力机关集中行使立法权的前提下，为了使我们的法律既能通行全国，又能适应各地方千差万别不同情况的需要，以便在实践中能行得通，遵循在中央统一领导下充分发挥地方主动性、积极性的宪法原则，我国逐步确立了统一而又分层次的立法体制。实践证明，这一立法体制符合我国国情，是行之有效的。

与这一立法体制相适应，中国特色社会主义法律体系在结构上表现出统一而又多层次的特征，既有全国人大及其常委会制定的法律，也有国务院制定的行政法规，还有地方人大及其常委会依据法定权限制定的地方性法规。这一立法体制也决定了各构成部分在法律体系中的地位和作用。概括地说，宪法是统帅，法律是主干，行政法规和地方性法规是对国家法律的细化和补充。它们由不同立法主体按照宪法和法律规定的立法权限制定，区分不同层次，具有不同效力，都是中国特色社会主义法律体系的有机组成部分，共同构成一个完整的统一体，符合统一、系统、分层的科学要求。

（四）具体制度设计呈现着鲜明的中国特色

中国特色社会主义法律体系的构建，始终立足于基本国情、社情、民情，从实际出发，将传承历史传统与结合现实国情需要的制度创新有机结合起来，法律体系的建设呈现诸多中国特色。经过多年的法制建设的实践和创新，我国已经形成了许多具有中国特色的法律制度，这些法律制度是中国特殊的基本经济、政治、文化和社会制度的法律表现。

（1）基本法律制度的构建方面有鲜明的中国特色。比如，宪法及其相关法、行政法中所规定的基本政治制度，如人民代表大会制度、民族区域自治制度、中国共产党领导的多党合作和政治协商制度、基层自治制度、特别行政区制度等；民商法、经济法中所规定的以公有制为主体、多种经济形式共同发展的基本经济制度，以按劳分配为主体、多种分配形式并存的分配制度，社会主义市场经济与宏观调控制度，社会主义公有财产神圣不可侵犯和私有财产不受侵犯的原则等。

（2）具体的法律制度创新方面也有明显的中国特色。比如，在立法基本制度上，形成统一又有多层次的立法体制，既保障中央立法权的集中统一，又注重发挥地方的立法积极性；在民事法律制度中，形成了如农村家庭联产承包责任制、农村土地集体所有和城市土地国家所有制度、国家的土地等所有权制度、司法调解制度、老人赡养制度；在刑事法律制度中，形成了如人民法院、人民检察院及公安机关分工负责、相互配合、相互制约制度，惩治与改造相结合、宽严相济的刑事政策，死缓制度，社区矫正制度等；在社会治理领域，形成了如社会治安综合治理制度、社区自治制度、人民调解制度等。这些制度都体现着中国在法制建设方面的创新，由此法律体系在制度创新层面上也展示着中国特色。

（五）法律体系处于不断发展完善的进程之中

随着中国特色社会主义法律体系的基本建成，国家在经济、政治、文化、社会生活各个方面总体上做到了有法可依。但必须看到，法律的发展和社会的发展一样，是没有止境的，中国特色社会主义法律体系应当是开放的、发展的、与时俱进的。中国特色社会主义法律体系面临不断创新、不断完善的重要任务，这是全面推进依法治国的必然要求。

中国共产党二十大提出，加强重点领域、新兴领域、涉外领域立法，统筹推进国内法治和涉外法治，以良法促进发展、保障善治。适应我国经济社会发展和改革开放的迫切要求，这三个领域的法律体系完善还有很大的空间。近些年，重点领域、新兴领域填补立法空白的立法任务繁重，加强相应立法是完善法律体系的重要要求。完善涉外领域立法，是进一步扩大对外开放、加快涉外法治建设的必然要求。同时，不断提高立法质量，修改完善法律和制定配套法规的任务更加艰巨。随着经济社会的深入发展，现行法律的一些规定可能难以适应新形势，需要及时修改完善。有的现行法律规定比较原则，需要修改得更具体明确一些、操作性更强一些。

三、中国特色社会主义法律体系的基本架构

目前，中国特色社会主义法律体系主要包括七个基本的法律部门，主要包括法律、行政法规、地方性法规等三个规范层级。截止到 2023 年 9 月 1 日，我国现行有效的法律有 298 件，其中宪法 1 部，宪法相关法 51 件，民商法 24 件，行政法 96 件，经济法 83 件，社会法 28 件，刑法 4 件，诉讼与非诉讼程序法 11 件。下面简要介绍七个基本法律部门的基本情况。

(一) 宪法及宪法相关法部门

宪法及其相关法部门所规定的是我国根本社会制度、国家制度、公民的基本权利和义务以及国家机关的组织与活动的根本原则等。该法律部门是中国社会主义法律体系的核心部门，其最重要的形式渊源是《中华人民共和国宪法》。

宪法是我国的根本法，具有最高的法律效力。其他任何法律、法规都不得与宪法相抵触。宪法在法律体系中居于“总章程”、“母法”和统帅的地位。我国现行宪法是 1982 年颁布、施行的，并分别在 1988 年、1993 年、1999 年、2004 年、2018 年作了修改。这几次修改反映了我国经济社会发展及法治建设的进步，体现了解放思想、实事求是的思想路线和与时俱进的时代要求，对我国社会主义现代化事业和改革开放事业的稳步发展具有重大意义。

宪法相关法，一般是指直接保障宪法上述规定实施和国家政权运作等方面的法律规范的总和，调整国家机关之间、国家与公民之间的法律关系，在维护国家主权、保证国家政权的运作、保障人民的当家作主权利、促进民主政治和法治建设方面，发挥着重要作用。“宪法相关法”这一说法，显然并非说其他法律部门的法律规范与宪法无关。

“宪法相关法”方面的法律目前有 50 余件。宪法相关法涉及的领域大致包括以下几个方面：(1) 有关国家机关组织机构以及选举制度的立法。具体又可以包括有关各级国家机关的基本体制、产生方式、职责权限、运作方式、工作原则、议事程序的法律规范。(2) 有关我国国家结构形式的立法。国家结构形式是指一国的整体与组成部分之间、中

央政权与地方政权之间相互关系的一种形式。(3) 有关公民基本权利、基层民主自治方面的立法。(4) 有关国家主权、国家领域、国家象征等方面的立法。这方面的法律包括国家机构组织法、选举法、法官法、检察官法、特别行政区基本法、民族区域自治法、村民委员会组织法、城市居民委员会组织法、立法法、各级人大常委会监督法、国籍法、国家标志法、反分裂国家法、国家赔偿法、戒严法、集会游行示威法等。

(二) 行政法部门

行政法部门是由调整国家行政管理活动中的各种社会关系的法律规范所构成的体系。它包括规定行政管理体制的规范，确定行政管理基本原则的规范，规定行政机关活动的方式、方法、程序的规范，规定国家公务员的规范等。行政法部门所涉及的范围非常广泛，与国家行政机关职权活动的范围一致。行政法一般可被分为一般行政法和特别行政法两大部分。一般行政法是横跨各个行政法领域规范行政行为的法律，如行政许可法、行政复议法、行政处罚法、行政诉讼法、公务员法、突发事件应对法等。特别行政法又称部门行政法，是指规范各专门行政职能部门，如治安、民政、国家安全、统计、邮政、海关、人事、国防、军事、教育、科技、文化、体育、卫生、城市建设、环境保护等方面的管理活动的法律。

有些行政法的规范，也包含在以民法规范为主的规范性法律文件之中，如商标法、专利法、著作权法等。这些规范性法律文件中既包含有任意性特征的民法规范，也包含有强制性特征的行政法规范。比如，根据我国《民法典》第 1065 条的规定，夫妻可以约定婚姻关系存续期间所得的财产以及婚前财产归各自所有、共同所有或部分各自所有、部分共同所有。这一规定就属于民商法部门的法律规范。而《民法典》第 1049 条的规定[①]属于行政法部门的法律规范。不过，这些规范性法律文件在传统上被认为属于民商法部门。

(三) 民商法部门

民法部门是由调整平等民事主体之间的财产关系与人身关系的所有法律规范所构成的。民法是一个传统的法律部门，所调整的社会关系包括物权、债权、知识产权、婚姻、家庭、收养、继承等。

民法部门中的法律规范大都是授权性规范和任意性规范，依据这些规范，民事法律主体可以自行决定自己是否行使自己的权利，是否通过与其他法律主体进行协商决定来划定彼此的权利、义务内容。国家对此不能随意进行干涉。

商法是民法的一个特殊部分，是适应现代商事活动需要而发展起来的。商法中也存在着许多民法所不具有的特殊制度与特殊规则。但是，民法与商法的关系又非常接近，它们可以分享平等自愿、诚实信用等许多民事法律原则，也可以适用同样的法律调整方法。因此，它们又被纳入同一个法律部门。商法主要由有关公司、破产、证券、期货、

① 该条的规定是："要求结婚的男女双方应当亲自到婚姻登记机关申请结婚登记。符合本法规定的，予以登记，发给结婚证。完成结婚登记，即确立婚姻关系。未办理结婚登记的，应当补办登记。"

票据、海商、保险等几方面的法律规范构成。

改革开放以来，我国先后通过了《民法通则》（已失效）、《婚姻法》（已失效）、《继承法》（已失效）、《收养法》（已失效）、《商标法》、《专利法》、《著作权法》、《合同法》（已失效）、《侵权责任法》（已失效）、《物权法》（已失效）、《民法总则》（已失效）等重要的民事法律。编纂《民法典》是民法立法领域的重大标志性工程，也是完善中国特色社会主义法律体系的标志性立法活动。2020 年 5 月 28 日，新中国第一部民法典在十三届全国人大第三次会议上通过。应当指出的是，即便有了《民法典》，仍然还会有大量的民商事单行法存在，在民商法领域难以形成像刑法领域那样高度法典化的局面。

（四）经济法部门

经济法部门是由国家从社会整体利益出发对经济活动实行干预而产生的法律规范所构成的。为了降低经济活动的风险，维护经济领域的基本秩序，现代国家开始更多地干预经济生活，并通过法律对经济活动进行更多的调控。经济法部门就是适应国家管理经济活动的需要而发展起来的一个法律部门。经济法部门和行政法部门一样，其规范散见于大量的单行法律法规中，且难以向法典化方向发展。

由于二者都涉及国家行使职权的活动，因而，经济法部门与行政法部门的调整方法是基本相同的。经济法和行政法在调整范围上有不少的交叉，因而有所谓“经济行政法”的说法。经济法所涉及的调整对象与民商法的调整对象也有交叉，如公司法、保险法、证券法等。比如，公司法中有关公司登记制度、保险法中有关保险业的管理制度、证券法中有关证券业的监管制度等，都属于经济法规范。只不过作为经济法的这类制度在调整手段和侧重点上不同，经济法更重视从整体经济利益出发，更注重对经济的管理和调控等。

经济法部门主要包括如下几个方面的立法：一是有关宏观调控方面的法律，如预算法、审计法、税收征收管理法等；二是有关规范市场秩序和竞争规则方面的法律，如反垄断法、反不正当竞争法、价格法、反洗钱法、反倾销法、反补贴法、产品质量法、会计法、注册会计师法等；三是有关经济管理、促进重点产业振兴及发展等的法律，如农业法、铁路法、城市房地产管理法、农业技术推广法、农产品质量安全法、农业机械化促进法、种子法、渔业法、畜牧法、公路法、铁路法、民用航空法、海上交通安全法、港口法、海域使用管理法、商业银行法、银行业监督管理法、邮政法、烟草专卖法、动物防疫法、进出境动植物检疫法、广告法、防洪法、政府采购法等；四是有关扩大对外开放和促进对外经济贸易发展方面的法律，如对外贸易法、进出口商品检验法等；五是有关经济活动规范化、标准化方面的法律，如标准化法、计量法、统计法、测绘法等；六是有关环境保护和自然资源保护方面的法律。

介于经济法和行政法领域之间的环境保护法和自然资源保护法，目前还被归于经济法部门。我国现在已经制定了环境保护法、环境噪声污染防治法、大气污染防治法、水污染防治法、放射性污染防治法、海洋环境保护法、海岛保护法、环境影响评价法、固体废物污染环境防治法、防沙治沙法、清洁生产促进法、气象法、野生动物保护法、森林法、草原法、水法、水土保持法、土地管理法、矿产资源法、节约能源法、可再生能源法等众多法律。从社会发展的趋势和建设生态文明的迫切需要来看，自然资源和环境法有必要成为一个独立的新法律部门。

（五）社会法部门

社会法部门是由保障劳动关系、社会保障、社会福利等公民的社会权利的各类相关法律规范构成的一个法律部门。与经济法部门相似，社会法部门也是在19世纪末、20世纪初开始逐渐产生的一个法律部门。

我国社会法部门的立法主要包括三个方面：一是有关劳动关系、劳动保障、安全生产方面的法律，如劳动法、劳动合同法、就业促进法、矿山安全法、职业病防治法、安全生产法等；二关于社会保障，尤其是特殊社会群体权益保障方面的法律，如社会保险法、残疾人保障法、妇女权益保障法、老年人权益保障法、未成年人保护法等；三是有关社会组织和相关活动方面的法律，如工会法、红十字会法、境外非政府组织境内活动管理法、慈善法、公益事业捐赠法等。

我国社会法方面的法律、法规还有很大的完善空间，目前有大量的政策性文件。我国社会保障改革目前正处于改革的攻坚阶段，就业保障、劳动集体合同、职工民主管理、劳动保障、社会保险、社会救助、社会福利、住房、医疗、教育等领域都处在改革的过程中。如何使这些举措规范化、法律化，成为我国社会法的组成部分，仍然需要试验和完善。

有许多涉及社会权利的社会立法仍然以确立国家行政管理权为重心，保护国民的社会权利的法律法规还有待完善。随着我国立法的进一步完善，有关保障公民劳动权、受教育权、适当生活水准权、环境权、健康权等的权利保障立法应进一步完善。相应地，如科学、教育、文化、卫生、环境保护和城市规划等方面的立法所包含的法律规范将更多地“溢出”行政管理法的领域，而进入社会法这一法律部门。

（六）刑法部门

刑法部门由规定犯罪、刑事责任和刑罚的法律规范构成。刑法主要执行法的保护职能，通过打击严重刑事犯罪，保护国家、集体、公民个人的财产、人身和政治权利，保护国家的基本制度和社会秩序等。所以刑法涉及的社会生活领域极其广泛。刑法的突出特点在于其所运用的调整方式，刑事法律责任的追究方法最为严厉，它可以剥夺人的自由甚至生命。由于其调整方式的独特性、威慑性，以及调整领域的广泛性，刑法部门往往是最受人们关注的法律部门之一。

在我国，刑法部门的法典化程度很高，其法律规范基本上集中于《刑法》中。我国现行的刑法典于1979年颁布、实施，于1997年修订，截至2023年10月，全国人大常委会陆续出台了11部刑法修正案、13个有关刑法的解释。除此之外，我国的一些单行法律、法规中也含有刑法规范的个别内容。

（七）诉讼法与非诉讼程序法部门

诉讼法与非诉讼程序法部门是由涉及各种争议解决机制和程序的法律规范所构成的。

诉讼法是关于诉讼程序的法律规范的总和。诉讼法主要包括刑事诉讼法、民事诉讼法和行政诉讼法。我国在这三个领域的基本法都已经制定。另外，我国还制定了海事诉讼特别程序法，作为对民事诉讼法的补充；制定了引渡法，作为对刑事诉讼法的补充。

非诉讼程序法包括仲裁和调解等方面的立法。仲裁，是解决平等主体之间发生的民事纠纷的一种非诉讼解决途径。我国已经制定了仲裁法、劳动争议调解仲裁法、人民调解法、农村土地承包经营纠纷调解仲裁法等。

四、加强重点领域立法

自中国共产党十八大以来，我国立法工作贯彻全面依法治国新理念新思想新战略，立法工作呈现出数量多、分量重、节奏快的特点，加强重点领域立法，取得一批新的重要立法成果，立法的引领和推动作用显著。其中，加强重点领域立法成为完善法律体系的亮点和重头戏。

进入新时代后，我国的社会主要矛盾已经转化为人民日益增长的美好生活需要和不平衡不充分的发展之间的矛盾。我国的重点领域立法就是针对满足人民对民主、法治、公平、正义、安全、环境等方面的美好生活需要的重大问题，针对发展不充分不平衡的重大问题、经济社会发展和改革引发的重大问题等展开的，这些问题涉及经济、政治、文化、社会以及生态文明建设的各个领域。加强重点领域立法所应秉持的基本理念包括：恪守以民为本、立法为民理念，体现民主立法原则，保障人民合法权益；坚持科学立法原则，根据国情实际进行重点立法，增强法律法规的及时性、系统性、针对性、有效性；坚持立法的公平正义性，以立法促进改革和发展等。

从经济社会发展和改革开放的实际需要、人民群众的迫切期待来看，加强重点领域立法，需要重点关注的方面包括：完善有关公民权利保障的立法，如体现权利平等、机会公平、规则公平的平等立法，有关人身权、人格权、财产权的基本权利立法，有关民生权利的立法等；推进经济发展方式转变和完善社会主义市场经济体制的立法，如有关保护产权、维护契约、平等交换、公平竞争、市场统一、市场主体平等、要素市场化配置等的立法；促进民主建设的立法，如保障人民平等参与权等民主权利的立法、基层民主立法、反腐败立法等；保障民生、促进社会和谐和社会治理的立法，如有关健康、就业、社会保障、教育、食品安全、扶贫救困等方面的权益保障的立法，有关老年人、妇女、儿童、残疾人保障的立法，有关人口流动、户籍改革、社会组织发展、互联网治理的立法等；完善关于促进文化发展的立法，如有关公共文化服务均等化、促进文化产业发展等的立法，有关道德领域突出问题的专项立法；促进生态文明建设的立法，如有关生态安全、生态修复、绿色发展、清洁能源等的立法，有关长江、黄河等生态保护和系统治理的立法；等等。

需要强调的是，在迫切需要加强的重点领域立法中，近几年国家尤其关注和强调的是社会主义核心价值观的入法、新兴领域的立法、涉外法治领域立法和国家安全领域立法等。体现社会主义核心价值观的立法，如2021年第十三届全国人民代表大会常务委员会第三十一次会议通过的《家庭教育促进法》、2022年深圳市出台的《深圳经济特区人工智能产业促进条例》《深圳经济特区细胞和基因产业促进条例》、2023年第十四届全国人大常委会第二次会议修订通过的《反间谍法》、2023年6月第十四届全国人大常委会第三次会议通过的《对外关系法》等。对如上重点领域的有关立法问题，本书后面的章节中会有进一步的探讨。

问题与思考

1. 如何理解法的体系的概念？
2. 法律体系与立法体系的主要区别是什么？
3. 划分法的部门的主要标准是什么？
4. 当代公法部门、私法部门以及社会法部门各有什么特点？
5. 中国特色社会主义法律体系形成的基本标准是什么？
6. 中国特色社会主义法律体系的基本特点有哪些？
7. 中国特色社会主义法律体系主要包含哪些法律部门？
8. 谈谈对完善中国特色社会主义法律体系的认识。
9. 谈谈对加强重点领域立法问题的认识。

阅读文献

1. 陈爱娥. 法体系的意义与功能：借镜德国法学理论而为说明. 法治研究，2019（5）
2. 朱景文. 中国特色社会主义法律体系：结构、特色和趋势. 中国社会科学，2011（3）
3. 吴玉章. 论法律体系. 中外法学，2017（5）
4. 苏永钦. 私法自治中的国家强制. 北京：中国法制出版社，2005
5. 吉村良一. 从民法角度看公法与私法的交错与互动. 张挺，译//中国人民大学法学院《人大法律评论》编辑委员会组. 人大法律评论：2012年第2辑. 北京：法律出版社，2012
6. 信春鹰. 中国特色社会主义法律体系及其重大意义. 法学研究，2014（6）
7. 张志铭. 转型中国的法律体系建构. 中国法学，2009（2）
8. 黄进. 论《对外关系法》在中国涉外法治体系中的地位. 国际法研究，2023（4）

第九章
法律解释、推理和论证

本章概要

法律解释是法理学的一个基本理论问题，也是法律实施和运作中的一个重要实践问题。法律解释既是法的实施和适用的前提，又是保证法的统一性、稳定性与社会的发展相适应的媒介。在司法实践中，法律解释的权限、效力、形式和方法等都是非常重要的法律问题．与一国的政治制度、法律制度和法律文化传统息息相关。现代法治的发展，不断赋予法律解释以新的意义和功能。法律解释问题涉及制度与技术两个方面。法律推理、类推以及法律论证等是法律适用中与法律解释相联系的方法技术问题。推理和论证都是提升法律适用活动的正当性、可接受性的重要方式。

关键术语

法律解释　法律解释方法　法定解释　学理解释　立法解释　司法解释　规范性解释　语义解释　体系解释　历史解释　目的解释　社会学解释　比较法解释　法律解释体制　法律推理　形式推理　实质推理　类比推理　法律论证　外部论证

第一节　法律解释

一、法律解释的概念

法律解释，是指对法律条文所表述的法律规范的内容、含义以及所使用的概念、术语等的理解和说明。

根据法律解释的主体、方法、尺度的不同，法律解释可以有不同的分类。我国法学界有所谓狭义的法律解释概念之说，其实际上是指按法律解释的主体对法律解释进行分类中的一种规范性的有权解释。这种狭义的法律解释特指有权的国家机关根据法定权限和程序，对法律的字义和目的所作出的具有普遍约束力的阐释。这一概念只相当于法律解释中的“法定解释”。这种解释是法律解释，但只是法律解释中的一种。只要讲清楚法律解释及其分类，讲清楚什么是法定的规范性解释，哪些主体就哪些问题所作的解释在法律上有普遍的约束力就明白了，没有必要再搞个狭义的法律解释的概念。相反，承认狭义的法律解释的概念，可能会导致这样的谬误：似乎只有法定的机关能解释法律，其他组织和人员甚至法官都不能解释法律。公民要加强法律意识、学法懂法，怎么就不可以对法律有自己的理解和看法呢？法学教学中怎么能脱离开教学人员对法律的理解和说明呢？法律解释是一回事，不同主体对法律的解释有无法律上的约束力是另一回事。

本书所采法律解释的基本特征是：（1）法律解释的主体是未作限定的国家机关、社会团体和个人。（2）法律解释的对象是广义的法律文本，包括规范性法律文件体系（如宪法、法律、法规等）、法律制度、法律条文、法律概念等等。在我国，法律解释主要是指对制定法的解释，但也包括对习惯和判例的理解与说明。（3）解释主体对上述内容和含义的揭示，包含两个相互联系的活动：理解和说明。理解是解释者对法律文本的内心把握，是说明的内容和根据；说明是对理解的外在表达和形式。

法律解释的直接对象主要是法律条文、法律概念以及其他规范性法律文件，也就是所谓法律文本。[①] 法律解释的客体是指对象（法律文本）的内容、含义，特别是有关的立法意图。法律解释的对象与客体之间又是形式与内容的关系，即对象是客体（内容和含义）的形式，客体是对象（法律文本）的内容。

法律解释的意义广泛。立法工作中需要对法案的文本有准确的理解和表述，它是法律实施的前提条件。就是说，无论是法律的执行和适用还是法律的遵守，都是以主体对有关法律内容的内在理解和表述作为根据的。从实质看，法律解释的目的在于揭示法律文本的含义，即法律规范中用法律语言所表现的立法者的意志。

二、法律解释的必要性

法律解释的必要性是由法律调整的特殊性及运作的规律所决定的。法是通过人的意志行为发挥作用的，所以人们对法律的内容及含义的理解如何，反映了人们的法律意识和法律文化，无论是对法的创制还是实施，都是不可或缺的因素。

法律解释的作用主要有以下几个方面。

1. 法律解释是将抽象的法律规范适用于具体的法律事实的必要途径

法律规范是抽象的、概括的行为规则，只能规定一般的适用条件、行为模式和法律后果，而不可能，也不应该对一切问题都作出详尽无遗的规定。在法的实施过程中，要把一般的法律规定适用于千差万别的具体情况，对各种具体的行为、事件和社会关系作出处理，就必须对法律作出必要的解释。

2. 法律解释是寻求对法律规范的统一、准确和权威的理解与说明的需要

法律规范是以严格的、专门的法律概念、术语表述出来的，有时会与实际生活用语

① 根据一些法学家的观点，广义的法律解释不限于解释法律文本，甚至主要不是对法律文本的解释，还包括类比推理、“空隙立法”、剪裁事实、重新界定概念术语乃至“造法”。本书仍采用通说的理解，把法律解释的对象限定为法律文本。

的含义不同，不易为人们所理解。同时，社会主体由于社会地位、生活环境和文化水平等特定原因，对同一法律规范往往会产生不同的理解，这就需要有权威性的法律解释，来统一人们的理解，保证法的实施的统一性。

3. 法律解释是弥补法律漏洞的重要手段

法律规范是由不同的国家机关创制的，分属于不同的法律部门。在现实的法律运作过程中，属于不同法律部门的各种法律规范之间，有时会发生各种各样的矛盾或冲突；而且，在任何法律体系中都不可避免地存在着应规定的未作规定、规定不够准确/清晰或界限不明等法律漏洞。为了弥补法律漏洞，使法律规范得到实施，有效地进行法律调整，法律解释就是必不可少的手段。

4. 法律解释是调节法律的稳定性与社会的发展变化之关系的媒介

法律规范是相对稳定、定型的规则，而社会生活是不断发展变化的，要把相对稳定的法律规定适用于不断变化的法律实际，就需要对法律规范作出必要的解释。依此在保证法律体系和基本原则的稳定性的同时，能够适时根据法律规范的基本原则、精神和规定，对新情况、新问题作出符合实际的处理。

三、法律解释的历史发展

法律解释与法律实践活动本身，尤其是与法的制定具有同样悠久的历史。

中国古代的法律实践中很早就出现了系统的法律解释活动。例如，湖北省云梦睡虎地出土的秦墓竹简中的《法律答问》，就是对秦代法律条文的解释。汉代兴起的“律学”形成了根据儒家学说对成文法进行解释的注释法学。在唐及以后各代，官方注律或私家注律十分活跃。在唐初，长孙无忌等人奉诏编撰的《永徽律疏》对《永徽律》作了系统的权威性解释，与《永徽律》具有同等的法律效力，是官方注释的典范之作，在元代之后被称为《唐律疏议》。

公元6世纪，罗马皇帝查士丁尼在进行法典编纂时，将著名法学家的学说编纂为《学说汇纂》，在西方法律和法学的发展中起到了极其重要的作用。

在西方，古代罗马很早就形成了一个职业法律家集团，他们为市民提供法律服务，进行广泛而系统的法律解释活动。其中一些权威法学家的解释，被确认为罗马法的重要渊源之一。西方中世纪的罗马法复兴运动，渊源于意大利11世纪末至13世纪对罗马法的注释法学。这一运动不仅发掘、整理了古罗马法的素材，而且从中发展出系统的法律概念和原理，构成了体系化的法律学，对罗马法在欧洲大陆的传播，乃至西方近现代法的产生和发展，具有重大的意义。

从17世纪至19世纪，随着欧洲大陆国家法典化的进程和概念法学的盛行，人们曾一度极端推崇立法者的高度理性和至高无上的权威，认为法典应该是完美无缺、逻辑自足的，而法律适用活动应该像一台自动售货机，只要投入法律规范和事实，就可以得到准确、划一的判决结果，因此，法律适用者的解释受到严格限制甚至禁止。例如，1794年的《普鲁士邦法》就明令禁止法官对该法作任何解释。法国制宪会议于1790年曾通过一项法令，禁止法院在判决中作出一般规则，在必要时法院必须请求立法机关解释法律或制定新的法律。

然而，此后的法制实践证明了这种设想的不切实际，而现代社会的急速发展又不断向司法提出新的要求。在这种情况下，进入20世纪以来，法的观念和实践都发生了显著的变化：在强调法的稳定性和确定性的同时，亦注重法的发展；在强调法律规则的统治的同时，也不否认根据社会价值与利益进行调整的必要性；在强调立法的权威的同时，也要求司法发挥更加积极、主动的社会功能。在法律解释的重要性与日俱增的同时，对法律解释的权限的规范和制约也成为重要的法律问题和社会问题。因此，在当代法治实践中，法律解释的意义和作用更加受到重视。而在我国，由于社会处于急速转型期间，加之法制尚不够健全，法律解释就显示出特殊的重要性及自身的特点。

法律解释的形式和方法在不同法系、不同国家的法律制度中有所不同，有关法律解释的理论、原则和规则亦存在相当大的差异，但其中仍有相当多的共性和普遍规律可循。

四、法律解释的分类

对法律解释可以根据不同的标准进行分类，例如：根据解释主体和法律效力，可将法律解释分为正式解释和非正式解释；根据法律解释所采取的方式和效力范围，可将法律解释分为规范性解释和个别性解释；按照解释的方法的不同，可将法律解释分为语义解释、论理解释；根据解释的尺度的不同，可将法律解释分为字面解释、限制解释和扩充解释；根据论理解释的侧重点的不同，可将法律解释分为系统解释、历史解释、目的解释、社会学解释和比较法解释；等等。以下分别对几种重要的分类加以介绍。

（一）正式解释与非正式解释

根据解释主体和法律效力的不同，可将法律解释分为正式解释和非正式解释。

1. 正式解释

对法律的正式解释，又称法定解释、有权解释或官方解释，是指被授权的国家机关（或国家授权的社会组织）在其职权范围内，对法律文本所作的具有法律效力的解释。正式解释又可分为立法解释、司法解释和行政解释。

（1）立法解释，是指制定法律的机关对其制定的法律规范所进行的解释。在我国，立法解释主要有三种情况：一种是全国人大常委会根据宪法和法律的规定对宪法和全国人大及其常委会制定的法律（包括基本法律和基本法律以外的法律）所进行的解释。[①] 因其具有最高的法律效力，故又称最高解释。第二种是省、自治区、直辖市或设区的市的人大常委会对其制定的地方性法规所进行的解释。其权限和效力只及于所辖地区范围，故又称地方解释。第三种是国务院及其他国家行政机关对自己依法制定的行政法规、规章等所进行的解释。行政法规的规定需要进一步明确具体含义的，或行政法规制定后出现新的情况需要明确适用行政法规依据的，由国务院解释；司法部拟订行政法规解释草

① 参见《立法法》第二章第四节。

案，报国务院同意后，由国务院公布或由其授权国务院有关部门公布。

(2) 司法解释，是指国家司法机关在法律适用过程中，对具体应用法律规范的有关问题所进行的解释。在我国，司法解释又可分为两种：一种是审判解释，即各级人民法院在审判工作中，对具体应用法律规范的有关问题所进行的解释；另一种是检察解释，即各级人民检察院在检察工作中，对具体应用法律规范的有关问题所进行的解释。在司法实践中，为了保证法律解释的统一性和效力，有时还采取审判和检察共同解释的形式。当然，由于对法律解释、司法解释的概念理解不同，对各级人民法院、各级人民检察院是否都具有司法解释权的认识，并不一样。

在我国司法实践中，司法解释的形式是多种多样的，包括以规范性法律文件形式出现的关于法律适用的意见、规定、通知，以及对于法律的具体适用中所出现的问题和下级司法机关的请示所作的批复、解答等等。

一般而言，最高人民法院和最高人民检察院的司法解释具有普遍约束力，基本上属于规范性解释，而其他各级司法机关的解释只对其负责的具体案件有约束力，一般属于非规范性的个别性解释。2012 年 1 月 18 日，最高人民法院、最高人民检察院联合发布《关于地方人民法院、人民检察院不得制定司法解释性质文件的通知》，重申地方各级人民法院和人民检察院一律不得制定在本辖区普遍适用的司法解释性质文件。《立法法》第 119 条第 3 款明确规定，"最高人民法院、最高人民检察院以外的审判机关和检察机关，不得作出具体应用法律的解释"。

(3) 行政解释，是指国家行政机关对于不属于审判工作和检察工作的其他法律、法规如何具体应用以及行政法规、规章等如何具体应用所作的解释。在我国，行政解释主要包括两种情况：一种是国务院及下属主管部门对于不属于审判工作和检察工作的其他法律、法规如何具体应用的问题，以及行政机关制定的行政法规、规章等如何具体应用的问题所作的解释。另一种是省、自治区、直辖市人民政府对于地方性法规如何具体应用问题所作的解释。

2. 非正式解释

非正式解释，也称非法定解释，是指未经授权的国家机关、社会组织或公民个人对法律规范所作的没有法律效力的解释。非正式解释可以被分为学理解释和任意解释。

(1) 学理解释，是指在学术研究、法学教育和法制宣传中，由专家、学者和法律工作者对法律规范所进行的解释。学理解释主要表现为法律学说。这种解释由于具有较强的系统性、逻辑性和历史性，在世界各国的法制发展史上都曾发挥过重要的作用，在不同程度上受到统治者的重视，甚至成为法律渊源之一。在我国当前的实践中，学理解释虽然不具有法律效力，但对立法、司法和普及法律知识、提高公民的法律意识，乃至推动法学教育和研究的发展，都具有十分重要的意义。

(2) 任意解释，是指一般的人（老百姓）、当事人、辩护人、代理人等按照自己的理解，对法律规范所进行的解释。这种解释本身虽然不具有法律效力，但有一定的参考价值，特别是在具体案件的处理过程中，律师的意见对当事人的决策、法官的判断和裁量等往往能够产生重要的影响。

（二）规范性解释与个别性解释

根据法律解释所采取的方式和效力范围的不同，法定解释（正式解释）一般可被分为规范性解释和个别性解释

1. 规范性解释

规范性解释，是指对于实施法律规范的一切场合、情况和对象都具有普遍约束力的解释。规范性解释对加强法律适用的统一性和确定性具有重要意义，它虽然具有普遍效力，但原则上只能根据有关法律规范作出，不应增加新的原则和规范，也不能与有关的法律规范的原则相抵触，所以，规范性解释在我国不属于创制法的活动。①

2. 个别性解释

个别性解释，是指根据具体情况、对象和场合对有关法律规范进行的，虽有法律效力但无普遍约束力的解释。例如，法官在处理具体案件时对法律规范所作的解释，是法律适用的基本活动，具有非常重要的意义和法律效力，但并不属于具有普遍约束力的规范性解释。个别性解释是将法律规范的一般规定具体化的重要手段，是法律解释最常见的形式。我国最高司法机关针对具体案件作出的一些解释、答复和批复等虽然在形式上表现为个别性解释，但其从个案中归纳出的某些普遍性的原则或规则，对各级司法机关均有约束力，因此，仍应属于规范性解释。

五、法律解释的方法

法律解释根据解释方法（主要指理解条文的方法）的不同，可被分为语义解释和论理解释。

（一）语义解释

语义解释，又称文理解释，包括字义解释和语法解释，是通过对法律条文的字义和语法的分析来了解和把握条文的含义的一种解释。

1. 字意解释

字意解释，是指通过确定法律中所用的字或词的具体的和特定的含义来理解条文。根据解释的尺度（较字面含义宽、窄）的不同，字意解释可分为字面（句）解释、限制解释和扩充解释。

（1）字面（句）解释，是指严格按照法律条文的字面含义所进行的解释，既不扩大，也不缩小。字面解释是法律解释中最常用的一种方式，它能够准确地表达立法者的意图，符合立法的原意。比如，按照《外汇管理条例》第52条第3项的规定，“经常项目”，是

① 但是，当前在由司法机关制定的规范性解释中，实际上有很大一部分是以抽象解释的形式出现的，其性质和作用相当于有关法律的细则，有些则完全表现为系统创制的规则。在一些国家，这些抽象规则被视为法院所发布的委任立法或授权立法。在我国，目前理论上的通说仍认为它们的性质属于法律适用中的解释，但也有学者认为，这类规范性解释属于我国的法律渊源。

指国际收支中涉及货物服务、收益及经常转移的交易项目。按照《民法典》第1259条的规定，民法所称的“以上”“以下”“以内”“届满”，包括本数；所称的“不满”“超过”“以外”，不包括本数。

(2) 限制解释，是指为了符合立法原意，对法律条文所进行的窄于其字面含义的解释。通常在法律条文的字面含义显然大于立法原意之时需要进行这种解释。《婚姻法》(已失效) 第21条规定，父母对子女有抚养教育的义务，子女对父母有赡养的义务。这里，前一个“子女”是指未成年或丧失劳动能力的子女；后一个“子女”则是指成年和具有劳动能力的子女。在适用法律时，宜对此作出限制解释。

(3) 扩充解释，是指为了符合立法原意，对法律条文所进行的广于其字面含义的解释。通常在法律条文的字面含义显然窄于立法原意之时需要进行这种解释。全国人大常委会在对《刑法》第384条第1款规定的国家工作人员利用职务上的便利，挪用公款“归个人使用”的含义所作的解释中指出：有下列情形之一的，属于挪用公款“归个人使用”：其一，将公款供本人、亲友或者其他自然人使用的；其二，以个人名义将公款供其他单位使用的；其三，个人决定以单位名义将公款供其他单位使用，谋取个人利益的。这里所运用的解释方法就是扩充解释。

2. 语法解释

语法解释即通过语法进行的法律解释，又称文法解释，是指通过对法律条文的语法结构、文字排列和标点符号等进行分析，来理解法律规范的内容和含义。在解释中特别需要说明法律用语和概念与日常生活用语的区别。例如，《民法典》第200条规定：民法所称的期间按照公历年、月、日、小时计算。规定按照小时计算期间的，从规定时开始计算。规定按照日、月、年计算期间的，开始的当天不算入，从下一天开始计算。期间的最后一天是星期日或者其他法定休假日的，以休假日的次日为期间的最后一天。期间的最后一天的截止时间为24时。有业务时间的，到停止业务活动的时间截止。

(二) 论理解释

论理解释是指斟酌法律理由，以一定的方法或标准进行推理论证来确定和阐明法律本意的解释方法。其特点是，以法律的整体结构、效力等级、历史渊源、法律的目的以及社会效果和发展等因素作为法律解释的依据。这样，不仅能够更深刻地解释立法者的原意，而且可以适应社会发展的需要作出解释。

论理法律解释方法在学理解释中经常被使用。它作为司法解释的一种方法，是英美法系通过司法创制法律的重要途径，此外，在现代大陆法系国家的司法实践中也已经得到普遍承认和应用。但在我国，根据法制的实际情况，当前应特别强调制定法的权威，法律解释的作用首先是正确解释立法者原意，在需要进行司法解释时以最高人民法院的规范性解释为权威性解释，以保证法制的统一性、权威性和稳定性。

论理解释可被分为如下几种。

1. 体系解释

体系解释，又称系统解释，是指分析某一法律规范与其他法律规范的联系，以及它所属的法律制度、部门和体系以及其地位和作用，以便系统地理解和阐明法律规范的内容与含义，确定法律规范的效力等级和法律规范之间的逻辑联系。其作用在于以法律体系整体为参照，保证法律体系内在的统一性，把握法律原则的精神所在。

2. 历史解释

历史解释，是通过对法律规范制定时的历史背景材料的研究，或者通过将某一法律规范与历史上同类法律规范进行比较，来理解和阐明法律规范的内容与含义。这种解释便于更准确、更深刻地把握立法者所制定的法律规范的精神实质，同时也能够更好地理解法律的情势、文化内涵以及价值取向的发展、变迁。修改前后的法律文本的对照可以很好地起到这种作用。例如，对新旧刑法中有关“正当防卫”的条文进行对照，可以更好地理解现行刑法这一规定的精神所在。

3. 目的解释

目的解释，是指从制定某一法律规范的目的来解释法律。法律的目的通常是指在特定的社会经济、政治、文化背景下，立法者在制定法律时试图达到的目标，以及法律的精神和指导思想等。目的解释可被分为两类：一类是立法者在制定该规范时所要达到的目的，另一类是该规范在当前社会条件下所要达到的目的。在司法实践中，一般仅限于考虑制定法律时的最初目的，只有在社会发生重大变动时，才需要确定原来的法律目的是否符合当前的需要并作出相应的解释。

4. 社会学解释

社会学解释，是指着重于社会效果的预测和社会利益的衡量，根据各种社会因素对法律规范的社会目的和社会效益进行解释。进行社会学解释不仅有利于更深刻地理解法律的社会内容和利益所在，更好地发挥法律的社会功能，而且可以适应社会的发展变化，在法的实施中作出符合社会要求的政策性调整。

5. 比较法解释

比较法解释，是指通过比较外国的立法和判例及其原则、经验和效果，对本国法律进行解释。当前，世界各国在法律实践中无不参考、借鉴外国法的经验，我国同样有这样的需要，特别是在立法过程中非常重视参考、吸收外国优秀的立法例。进行比较法解释有助于在法的适用中准确理解立法原意，同时可以为弥补法律漏洞提供一定的帮助。

案　例

李某在某餐馆就餐时，被邻桌互殴的陌生人误伤。李某认为，依据《消费者权益保护法》第7条第1款关于“消费者在购买、使用商品和接受服务时享有人身、财产安全不受损害的权利”的规定，餐馆应负赔偿责任，遂据此起诉。法官结合该法第7条第2款中关于“消费者有权要求经营者提供的商品和服务，符合保障人身、财产安全的要求”的规定来解释第7条第1款，认为餐馆对商品和服务之外的因素导致的伤害不应承担责任，遂判决李某败诉。

法官和李某在解释规则时各运用了什么方法？

六、我国的法律解释体制

(一) 我国法律解释体制的形成①

就规范性解释而言，在我国只有宪法和法律规定的国家机关所进行的法律解释，即法定的规范性解释，才具有普遍的法律约束力。法定的规范性解释的权限和效力涉及国家权力的行使与相互制约。鉴于这种解释在法制建设中的重要地位和作用，自新中国成立以来，我国始终重视通过宪法和法律确定法律解释的权限。

1955 年全国人大常委会曾公布《关于解释法律问题的决议》。1981 年 6 月 10 日第五届全国人大常委会第十九次会议通过了《关于加强法律解释工作的决议》，对法律解释的体制和权限作出了明确规定，确立了以全国人大常委会为主体的各机关分工配合的法律解释体制。

资料链接

全国人大常委会《关于加强法律解释工作的决议》

(二) 我国法律解释体制的基本特征

法律解释的地位、作用、方法和基本原则通常取决于一国的政治体制、法制状况和传统，因此，在不同的法律制度中法律解释体制往往有很大的差异。法律解释的一般原则，通常应包括兼顾法律的稳定性与情势性、结合立法意图与司法功能，以及正确处理立法解释与司法解释之关系等。

就我国现行法律解释体制而言，其有以下显著特征。

1. 以全国人大常委会为主体的各机关分工配合

这主要体现在：(1) 中央国家机关与地方国家机关之间的分工配合。中央国家机关的解释是指全国人大常委会、最高人民法院、最高人民检察院、国务院及行政主管部门的解释。地方国家机关的解释则指制定地方性法规的省、自治区、直辖市、设区的市人大常委会以及相应人民政府主管部门的解释。(2) 立法机关、司法机关与行政机关的分工配合，即立法解释、司法解释与行政解释之间的分工配合。但这三种解释并不是并行

① 在我国关于加强法律解释的文件中，有关法律解释指的是特定机关所作的有权的规范性解释，不包括国家机关及其工作人员的个别性解释和非正式解释，因此就使人产生一种看法，似乎这种"法定解释"就是法律解释的全部。这是所谓狭义的法律解释概念产生的原因。所以，本书所讲的法律解释体制，仅指法律规定的有权作出解释的机关所作的有普遍约束力的解释的体制。

的，而是以立法机关的解释为主体的。在最高人民法院与最高人民检察院的司法解释出现原则性分歧时，应由全国人大常委会进行解释或决定。（3）法定解释应遵循合法性原则，体现为：首先，解释权限必须合法；其次，解释内容必须合法，不得与宪法和法律相抵触。

2. 在立法解释优先的前提下，加强最高司法机关的解释

我国有权发布司法解释的主体主要是最高人民法院和最高人民检察院。地方各级人民法院和人民检察院都无权制定和发布司法解释。最高人民法院、最高人民检察院于2012年联合发布《关于地方人民法院、人民检察院不得制定司法解释性质文件的通知》，再次明确了司法解释权的归属。

从我国多年的工作实践看，在中央一级国家机关中，作出法律解释最多、影响最大的是最高司法机关，特别是最高人民法院。这是由我国司法制度和审判工作的特点所决定的：一方面，最高人民法院承担着指导各级人民法院审判工作的职能，可以通过司法解释解决法律适用中遇到的各种问题；另一方面，由于受理的案件范围广，法院遇到的需要进行解释的问题，特别是在社会发展中出现的新问题也最多。司法解释较之立法解释和行政解释，对于解决司法实践中遇到的问题更直接、更有效。

3. 重视规范性司法解释的作用

目前，我国制定法体系尚不够完善，已制定的法律中有些存在着过于原则、细则不详、难以操作的情况，因此，对有些法律的理解容易引发异议或争议。同时，在审判实践中遇到无法可依或法律规定不明确的情况时，如果完全依靠法官的个别性解释，往往会出现法律适用中较大的不统一。面对这种现实情况，应当发挥规范性司法解释在我国司法实践中的作用。其作用主要表现为：在立法不够完善时，填补法律漏洞；统一司法适用；在立法“空白”处独立制定规则，为立法及制度改革和创新积累经验等。

近些年来，我国规范性司法解释得到了进一步重视和加强，其具体内容和形式主要有：（1）在一些新的制定法公布、实施后，立即制定系统的规范性解释，如最高人民法院和最高人民检察院关于新的刑事诉讼法和刑法的适用所作的解释。（2）对我国现行法律中尚无直接规定的案件的处理作出规定。（3）制定有关司法程序的规定，例如，最高人民法院制定《人民法院法庭规则》等。（4）针对法律适用中具体应用法律的问题作出统一解释，特别是对在适用中存在疑问或界限不明确的问题作出解释，例如，最高人民法院针对各类案件处理时经常使用的“大案”“情节严重”“数额巨大”等标准所作的具体解释，等等。上述各类司法解释在实践中实际上对有关法律渊源起到了重要的补充作用。

1997年7月，最高人民法院根据《人民法院组织法》和《关于加强法律解释工作的决议》的有关规定，发布了《关于司法解释工作的若干规定》（已失效），对其自身的司法解释加以规范化。2007年3月最高人民法院发布《关于司法解释工作的规定》（已被修改），对法律解释工作作了更完善的规定。2021年，最高人民法院再次对此规定作了修正。

最高人民检察院也发布了大量有关检察工作方面的规范性司法解释，同时逐步对其解释工作予以规范化。1996年，最高人民检察院发布《司法解释工作暂行规定》（已失效），于2006年发布《司法解释工作规定》（已失效），并于2015年、2019年对此规定进行了修订。

资料链接

最高人民法院《关于司法解释工作的规定》（2021年）　最高人民检察院《司法解释工作规定》（2019年）

第二节　法律推理

一、法律推理的概念和特征

推理通常是指人们逻辑思维的一种活动，即从一个或几个已知的判断（前提）推导出另一个未知的判断（结论）。这种思维活动在法律领域中的运用，就泛称为法律推理。

法律推理的应用范围十分广泛，从立法、执法、司法到法律监督，乃至公民的法律意识中都有法律推理活动，但在法律适用中，即执法和司法机关，特别是法官对具体案件作出判决或裁决的过程中，法律推理占有最显著的地位。本节仅限于研究在具体的法律适用中的法律推理问题。此处的法律推理特指以法律和事实两个已知的判断为前提，运用科学的方法和规则为法律适用提供正当理由的一种逻辑思维活动。

要正确地适用法律，必须先确定案件事实，即对有关案件真实情况的一切证据查证属实，同时又必须确定适用于该案件事实的有关法律规定，然后，从已查证属实的事实和已确定的法律规定出发，推论出判决或裁决。法律推理是一种理性的、严密的思维活动，在法律没有明文规定或遇到疑难案件的情况下，这种推理活动就更为复杂。总之，法律推理在法律适用过程中是一个必不可少的组成部分，没有法律推理，就没有法律适用。

法律推理主要有如下几点特征。

（1）法律推理是法律适用中的一种思维活动。它不仅需要对抽象的法律规范进行理解和选择，而且还需要将这种抽象的法律规范应用于具体案件，因此，它可能是一系列复杂的推理和论证活动的总和。

（2）法律推理以法律和事实两个已知的判断作为推理的前提，在法律所作出的规定和已判明的法律事实之间建立合理的联系，以此为前提推理论证出适用结果，这也就是“以事实为根据，以法律为准绳”。

（3）法律推理是运用多种科学的方法和规则进行的。其中除最基本的逻辑推理方法

（包括形式逻辑方法和辩证逻辑方法）外，还有一些非逻辑的分析和论证，如价值分析、判断等。

（4）法律推理的目的是为法律适用结论提供正当理由。法律推理与法律适用结论的理由相关，法律推理为法律适用结论提供正当理由，故具有“说理”的成分。法律推理的方法有两大类：一类是形式逻辑方法，另一类是辩证逻辑方法。法律推理按照这两种方法又可以分为形式推理和实质推理（或辩证推理）两大类。

二、形式推理

在法律适用过程中通常使用的，以及在法学著作中通常讨论的法律推理，一般是形式逻辑的推理，即不对思维实质内容而仅对思维形式的推理。形式推理又称分析推理、先例推理或形式逻辑，是指解决法律问题时运用演绎方法、归纳方法和类推方法。一般有三种形式，即演绎推理、归纳推理和类比推理（类推）。

（一）演绎推理

演绎推理，是指从一般到特殊的推理，即根据一般性的知识推出关于特殊性的知识的推理。在适用法律过程中运用的形式推理主要是指演绎推理，或者说，主要是指通常讲的三段论的推理方式，即从一个共同概念联系着的两个直言判断（大、小前提）出发，推论出另一个直言判断（结论）。具体到法律适用过程中，一般而言，法律规定是大前提，案件事实是小前提，结论就是判决或裁决。

例如，在审理一个涉嫌非法搜查罪的案件中，判决中体现的三段论推理大致是：大前提是《刑法》第245条的规定——非法搜查他人身体、住宅，或者非法侵入他人住宅的，处3年以下有期徒刑或者拘役。司法工作人员滥用职权，犯前款罪的，从重处罚。小前提是查证属实的案件事实：甲是司法工作人员，非法搜查了乙的身体和住宅。结论是，甲的行为构成了非法搜查罪，甲必须依法为其犯罪行为承担法律责任，并应受到从重处罚。在这里，通过“非法搜查”这一概念把大、小前提联系起来，通过这种把法律规范的一般规定与本案的具体事实联系起来的推理，作出对甲的判决。法律推理的作用就在于为结论即判决提供正当理由。

（二）归纳推理

归纳推理是从特殊到一般的推理，即从个别事物或现象的知识推出该类事物或现象的一般原则的推理。在法律适用过程中运用归纳推理的典型是判例法制度。在这种制度下，法官受理案件，要将本案事实与以前类似案件的事实加以比较（区别），从这些事实中归纳出一个比较抽象的法律原则或法律规则。

我国当代法律体系不承认判例法，法官在法律适用中主要是以制定法为依据，因此很少使用归纳推理。但在审判实践中，判例也有重要的参考、借鉴作用。最高人民法院公布的案例以及对下级人民法院的请示所作的批复等，往往是从具体案件中归纳出一般法律原则或规则，因此，可以说在我国法律适用中，归纳推理也是不可缺少的。

（三）类比推理

类比推理，即类推，是形式推理在法律适用中运用的另一种形式，即根据两个或两类对象某些属性相同，推出它们在另一些属性方面也可能存在相同点的推理。类比推理在法律适用中的运用就是类推适用或比照适用。下面将具体论述这一问题。

形式推理在法律适用中具有重要作用，也是经常被使用的推理方式。它符合法律的确定性、稳定性和可预测性等基本要求，但由于它依赖于前提的真实、确定，并且只追求形式的正确，因而一般仅适用于较简单的案件。

三、实质推理

在现实的法律实践中所遇到的案件往往是复杂的，因此法律推理也是复杂的，它既不是机械的操作方式，也不仅限于形式推理。在有些情况下，特别是在疑难案件中，法律适用者必须进行一种高层次的实质推理。

法律适用中的实质推理，又称辩证推理，是指在作为推理的前提包含两个或两个以上的相互矛盾的命题的情况下，借助于辩证思维从中选择出最佳的命题以解决法律问题的推理方式。

（一）需要适用实质推理的情形

在疑难案件中，有以下几种情况可能需要进行实质推理。

（1）法律规定本身意义模糊不清，并且不仅是文字或语义上的，而且实质内容也是模糊不清的。例如，法律规定中的“公平责任”“正当”“公共利益”等概念，其内容没有绝对确定的界定，在对其进行解释时必然涉及法的目的或价值观。这些解释就属于实质推理范畴。

（2）法律规范对有关问题本身并无明文规定，也就是出现了通常所说的“法律空白”或法律漏洞。这些问题可能是法律规范本身的欠缺或遗漏，也可能是随着社会的发展新出现的问题。这就需要通过实质推理填补法律空白。

（3）法律中可能规定了两种或两种以上可供法律适用者选择适用的条款，例如，法律竞合，或者法律规范本身可能有抵触或矛盾之处，这就需要通过实质推理衡量各种利益的重要性、正当性，确定法律规范的效力等级和优先适用的条件。

（4）在法律适用过程中出现通常所说的“合法”与“合理”之间的矛盾。在实际生活中，特别是社会发生急剧变革时，法律规范可能会与现实生活中的社会规范，如道德、习俗、人们的价值观，甚至国家政策等发生冲突，这就需要通过实质推理来解决法律与现实的矛盾，使“合法”与“合理”得到适度协调。

上述情况或属于大前提模糊不清，或属于缺乏大前提，或是有几个大前提同时存在，或是原有大前提已不适当。在这些情况下，适用法律时已不可能单纯依靠形式推理，而必须根据或参考法律规范以外的某些因素和一定的价值观作出判断，即作出实质推理。从根本上，这些问题应该通过法律规范的创制来得到解决，但在实践中法律适用者不能因这些法律空白的存在而拒不作出结论，所以，实质推理是必不可少的。

资料链接

“代孕子女监护权纠纷”案

李某（妻子）与林某（丈夫）均系再婚。李某患有不孕不育症，两人非法购买卵子，将林某的精子及购买的卵子委托医疗机构体外授精，然后，非法委托他人代孕。

2019 年 2 月，异卵双胞胎小花和小木出生。2021 年 2 月，林某因病死亡。2021 年 12 月，林某的父母诉至法院，要求成为小花和小木的监护人，理由是，林某是两个孩子的生父，但李某与他们无亲生血缘关系。2022 年 7 月，一审法院以李某与小花、小木之间欠缺法定的必备要件，故未建立合法的收养关系，以及代孕行为本身不具合法性，李某与小花、小木不构成拟制血亲关系等为由，判决小花、小木由原告林某父母监护。

一审判决后，李某不服，向当地中级人民法院提起了上诉。二审法院经审理后认为，小花、小木是李某与林某结婚后，由林某与其他女性以代孕方式生育的子女，属于缔结婚姻关系后夫妻一方的非婚生子女。两名孩子出生后，一直随林某、李某夫妇共同生活，林某去世后又随李某共同生活近两年，李某与小花、小木已形成有抚养关系的继父母子女关系，其权利、义务适用《民法典》关于父母子女关系的规定。而作为祖父母的林某父母，监护顺序在李某之后，故其提起监护权主张不符合法律规定的条件；同时，从儿童最大利益原则考虑，由李某取得监护权亦更有利于孩子的健康成长，故改判驳回被上诉人的原审诉讼请求。

（二）实质推理的特点

法律适用中的实质推理具有以下特点。

（1）实质推理是在法律适用中面临两个或两个以上相互矛盾的命题时所进行的选择过程。这些可供选择的命题都存在其必要的理由或合理性，只不过要确定哪一个命题更合理，因为法律适用只能得出一个确定的结论。

（2）实质推理主要用于解决由法律规定的复杂性所引起的疑难问题，包括上述各种法律空白情况。在这个意义上，实质推理与法律的论理解释有着相同的功能。但在非判例法国家，针对个案作出的实质推理对整个法律实践的影响较之规范性法律解释的影响要小得多。法律适用中的实质推理可以成为推动法律发展的重要形式，但它在很大程度上依赖于个别法律适用者的自由裁量权，故必须受到必要的限制或制约，否则，就可能导致法的不确定性。

（3）实质推理必须建立在事物的辩证法的客观基础上。实质推理是对法律或案件客观事实的认识的推出过程。尽管法官进行的实质推理往往表现为一种与其法律意识直接相关的主观思维活动，但无论是对法律疑难内容的解释还是对案件疑难事实的分析，其结论都应该是从对事物的客观分析中得出来的，而不应该仅从主观想象中得出。即使是对案件事实和证据的判断采用“自由心证”原则，也绝不意味着法官的恣意擅断，而是针对法定证据原则的缺陷，把对证据的证明力的判断交给法官，法官则必须依逻辑法则和经验法则作出理性的科学判断。

（4）实质推理是一种理性的、逻辑严密的思维活动。作为一个复杂的过程，它不排除运用演绎、归纳和类比的形式推理方法，但这些方法只是其中的一个环节或阶段，如果从其中的某个环节或阶段来讲，它们的结论属于局部结论而不是整个实质推理的全面结论。

（三）实质推理的主要形式

实质推理与各国的司法制度以及法律适用中执法者和司法者的权限、行为方式和社会机制密切相关，因此，其在各国司法实践中的表现和运作方式也有很大的差异。

根据各国的法律实践，在法律适用中，进行实质推理的主要形式有：（1）通过司法机关对法律的精神进行解释，即进行论理解释。一般文字或语义解释不属于实质推理范畴。（2）由法院作出新的判例，修改或推翻以前的判例，确立新的原则。（3）通过衡平法来补充普通法，发展具体规则以填补空白。（4）根据正义、公平等法律伦理意识乃至习惯或法理（权威性法律学说）作出判断，平衡规则之间的冲突，解决法律规范与社会发展之间的矛盾。（5）根据国家的政策或法律的一般原则来作出决定。

案　例

在20世纪80年代，比利时布鲁塞尔发生了一个案件。[①] 一名女子在半夜不慎掉下露台受了重伤，一男子路过时发现伤者，他抢劫了这个毫无反抗能力的受伤女子。可他又不忍其伤重而亡，于是报警后离开。该男子后被抓获并被起诉。在经过长达四周的激烈辩论和商讨后，法庭作出对该男子无罪释放的判决。该案的庭审法官提出如下论证："每个人的内心深处都有脆弱和阴暗的一面，对于拯救生命而言，抢劫财物不值一提。虽然单纯从法律上说，我们的确不应该为了一个人的善行而赦免其犯下的罪恶，但是如果判决他有罪，将会对整个社会秩序产生极度负面的影响！我宁愿看到下一个抢劫犯拯救了一个生命，也不愿看见奉公守法的无罪者对于他人所受的苦难视而不见！所以从表面上看，今天法庭不仅仅是单纯地赦免了一个抢劫犯，更深远的，是对救死扶伤的鼓励，是对整个社会维持良好风气的促进和传承。"

四、法律适用中的类推

（一）类推适用的种类和性质

类推适用，即法律规范的类推适用，是指适用法律的机关在处理具体案件或问题的过程中，由于法律规范本身无明文规定，因而，比照最相类似的有关法律规定或者按照法的基本原则、精神来进行处理。类推适用在法的历史发展中曾起到过重要的作用：我

---

① 未能查到此案的准确出处，但法官的陈词颇有见地，便暂录于此。

国汉代法律中的“决事比”和明清法律中的“比附援引”，都是对类推适用的确认和规定。西方法律传统中的“衡平”和“拟制”也属于类推适用的范畴。

1. 类推适用的两种形式

在法律适用中，基本上存在着两种类推适用，即法律类推和法的类推。法律类推，又可称比照类推，是指适用法律的机关对在法律上没有直接规定的问题或案件，比照最相类似的法律条文进行推定处理。它基本上属于法律推理中形式推理范畴中的类比推理。在法律适用中说到类推，主要是指这种法律类推。

法的类推，是指在既没有直接的法律规定，也没有最相类似的法律条文可以比照的情况下，根据现行法的基本原则和精神对有关问题或案件进行推定处理。这种类推在法律适用中的作用与前述实质推理的作用基本相同，故此处不再专门论述。

2. 类推适用的意义和性质

类推适用的意义在于：社会经济的不断发展使新的法律问题不断涌现，而任何国家都不可能将对各种问题的处理事先以严密制定的法律规范包揽无遗。在法律无明文规定的情况下，就需要进行类推适用。因此，类推适用实际上是对现行法的一种补救措施，具有填补法律空白或适应社会的变化并进而发展法律的意义。

从性质上说，类推适用不属于法的创制活动。虽然类推适用与法的创制有紧密的联系，但它并不是把某些新内容加入法律规范之中，而是完全限制在解决某一具体问题或案件的范围内，适用法律的机关并没有创制新的规范，只是在现行法的类似规定或基本精神的基础上作出了个别决定，进行了灵活处理。类推适用尽管也可以为法的创制提供经验和素材，但仍是从属于制定法的法律适用活动。

同时，类推适用也不同于法律解释。类推适用是立法本身出现空白造成的，即法律规范对某一问题缺乏规定或规定得不明确，而该问题又必须得到法律的调整。可以说，类推适用是对最类似的条文或现行法的基本精神和实质内容的一定程度的“扩充”。

(二) 类比推理方法的特点

法律适用中的类推的核心要义在于通过运用类比推理找到处理案件所应依据的裁判规则。类比推理的公式大体上是：甲规则适用于乙案件，丙案件在实质上与乙案件类似，因此，甲规则也可适用于丙案件。

类比推理方法大致具有如下特征。

(1) 它属于间接推理。逻辑上的直接推理是：凡M是P，S是M，故S是P，即：

$$\frac{\begin{array}{c}M\rightarrow P\\ S\rightarrow M\end{array}}{S-P}$$

类推是间接推理，凡M是P，S类似M，故S是P，即：

$$\frac{\begin{array}{c}M\rightarrow P\\ S\approx M\end{array}}{S-P}$$

(2) 它是从特殊到特殊、由个别到个别的一种推理。它不同于一般的演绎推理，演绎推理是从一般情况推论到特殊情况；它也不同于归纳推理，因为归纳推理是由特殊情况推论到一般情况。

（3）它是从法律的精神中推出新的意思，与单纯扩张法律文义的扩充解释不同，后者是对法律词语直接所表示的内容进行认识和扩充。

（4）它的推理根据是不充分的。它是根据两个或者两类对象在一些属性方面的相同，就推出它们在另一些属性方面相同的结论，而事实上，客观事物之间既有同一性，也存在差异性，所以，类推的结论不是必然的，而是或然的。但不能因为类推的根据不足而否定其意义。

（三）类推适用的诸领域

1. 刑法的类推适用

近现代以来，随着刑法领域中罪刑法定原则的确立，刑事审判中的类推适用逐渐被否定、废弃。自 1980 年 1 月 1 日起施行的《刑法》因为在制定之初内容比较简略，为了弥补可能存在的法律空白，曾在第 79 条中对刑法的类推适用作出规定："本法分则没有明文规定的犯罪，可以比照本法分则最相类似的条文定罪判刑，但是应当报请最高人民法院核准。"由此规定了类推适用的基本条件：（1）依照类推定罪的行为必须具有社会危害性，并且已经达到犯罪程度；（2）依照类推定罪的行为，必须是刑法分则中无明文规定的；（3）必须比照刑法分则中最相类似的条文定罪判刑；（4）必须报请最高人民法院核准。随着刑法的不断完善，自 1997 年 10 月 1 日起施行的《刑法》，正式确立了罪刑法定原则，从此废除了刑法适用中的类推制度。

2. 民法的类推适用

除刑法外，我国其他法律中都没有关于类推的规定。但实际上，在许多法律部门，特别是在民法、经济法领域的法律适用中，类推大量而且不可或缺地存在着。在这些领域中，允许法官拥有更多的自由裁量权，根据当事人的自主选择、社会的发展和情势变更，选择和调整纠纷解决的规则、方式与处理结果。

民法的类推适用，是指在个案没有可直接作为依据的法律条文的时候，可选择民法的有关基本原则和最相类似的规定，进行推理并予以适用。民法类推适用的存在，原因不仅在于法律漏洞的存在，还在于社会生活的动态发展以及民事活动和纠纷解决的特殊性。类推适用可以避免法官因"无法可依"而拒绝裁判，扩大了民事司法救济的范围。

民法的类推适用一般包括以下情形：

（1）授权式类推适用。法律常以拟处理的案件与拟引用的法条所规定的案件相同与否及类似性的高低为标准，分别使用不同的属于表现其相互间之引用关系的表述，例如，适用……之规定，依照……之规定，参照……之规定，视为（视同）……之规定等。如《民法典》第 508 条规定："本编对合同的效力没有规定的，适用本法第一编第六章的有关规定。"第 1072 条第 2 款规定："继父或者继母和受其抚养教育的继子女间的权利义务关系，适用本法关于父母子女关系的规定。"

（2）例示及概括类推规定。在立法上有时对拟规范的事项难于完全列举，难免挂一漏万。在这种情况下，立法通常是在列举适当例示后，接着用概括规定来加以涵盖。如《民法典》第 1079 条第 3 款第 1～4 项列举了夫妻感情破裂的几种情形后，第 5 项又作了“其他导致夫妻感情破裂的情形”的概括性规定，用以涵盖导致夫妻感情破裂的所有情形。

（3）其他类推适用。当拟处理的案件无法律明文规定，亦无授权式类推适用的法律规范时，就需要采用类推适用的方法，发现可以适用的法律依据。例如，在《民法通则》（已失效）中，有关人身伤害侵权赔偿并未明确规定有关精神损害赔偿的内容，故《民法通则》颁行后相当长一段时间内各地人民法院在处理具体案件时均认为只有《民法通则》第 120 条关于精神性人格权的规定是精神损害赔偿的唯一渊源，而人身损害赔偿中不包括精神损害赔偿。但 1997 年北京市海淀区人民法院在处理一起因饭店卡式炉燃气罐爆炸而被毁容的人身伤害案件中，根据《民法通则》第 119 条的规定——“侵害公民身体造成伤害的，应当赔偿医疗费……等费用；造成死亡的，并应当支付丧葬费……等费用。”——推定“等费用”包括对物质性人格权的精神损害赔偿，从而作出了支持原告的精神损害赔偿请求的判决。此后，最高人民法院的司法解释确认这种精神损害赔偿，并以明确的规则对其范围和原则作出了具体规定。相关规定最终被纳入《侵权责任法》（已失效）并进而被《民法典》吸收。

第三节　法律论证

一、法律论证的概念与形式

（一）法律论证的概念

论证，就是举示出一些论据来支持某种主张或判断。法律论证（legal argument）主要是指在司法过程中对判决理由的正当性、合法性或合理性进行论证，即在诉讼过程中，诉讼主体运用证据确定案件事实、得出结论的思维过程。[①] 法律论证的目的，是从多种合理甚至合法的法律主张中论证出最佳选择。[②]

法律论证理论是对传统法律教义学和解释理论的超越，即意识到法律三段论的局限，强调“法外”因素在法律正当性论证（证成）中的意义。法律论证实际上与论理解释中的目的解释和社会学解释以及实质推理异曲同工，属于演绎论证和归纳论证之外的似真论证（plausible argument），即合情理论证。

法律论证一般由两个部分组成，即法律问题和事实问题。由于事实、法律、社会等因素的变化，论证的结论有可能被证伪或被修正，因此，法律论证的结论不是绝对的，具有可废止性（defeasibility），或称为可改写性或可证伪性。

---

① 广义的法律论证包括关于法律的论证，如立法、法学研究及执法、司法过程中对法律规则和事实判断的各种论证。本书采用的是狭义的法律论证概念。

② 参见本书编写组：《法理学》，189 页，北京，人民出版社、高等教育出版社，2010。

法律论证中的内部证成问题，即本章前述形式推理，因此无须赘述。以下简要介绍有关外部证成的意义、方法与标准的理论。

（二）法律论证的形式

法律论证的主要形式即证成（justification），也就是从多种合理甚至合法的法律主张中论证出最佳选择的活动、过程、方式及结果。对法律论证的形式可以根据不同的标准和角度进行划分。

（1）从论证依据的角度，可将法律论证分为法律规则论证、法律原则论证、案例论证、普适性论证、专业技术性论证、文理语意论证、模拟论证、历史论证、目的论证、直接原因论证、意图论证等等。

（2）从论证依据与法律的关系的角度，可将法律论证分为合法性论证（又称内部证成）及合理性论证（又称融贯性论证）。

（3）从技术方法角度，可将法律论证分为内部证成（internal justification）和外部证成（externe justification）。内部证成处理的问题是，判断是否从为了证成而引述的前提中逻辑地推导出来；外部证成的对象是这个前提的正确性问题。① 前者主要采用形式推理方法，包括：1）涵摄（subsumption）学说，即法律规定的一般规范与具体的司法判决之间的逻辑关系；2）证据学说，即评价不同种类的证据；3）关于法律规范、法律概念和法律体系的解释；等等。后者则需要援引“法外”因素作为论据。

（4）按照证成的形式，可将法律论证分为单线性证成、非单线性证成及可辩驳式证成、话语式证成。内部证成以法律规则、案例和原则为基础，以法律解释和法律推理为技术手段，以法律规则及法律内在的因素为依据，采用的是单线性思维模式，因此也被称为单线性（单一性或一元化）证成。与其相对的是非单线性证成、可辩驳式证成和话语式证成，这些方式以合理性论证为目的，将合法性与合理性进行比较，因而不能简单以既有法律规则、案例和原则为依据，也就是所谓外部证成。

二、法律论证的外部证成

法律论证的外部证成旨在证明法律前提和结论在社会体系中的正当性，即证明它与社会政策、政治理念、道德体系、利益格局、价值体系、社会发展趋势等社会整体的一致性。②

外部证成主要适用于仅仅依靠法律形式推理不足以得出正当、合理结论的情况，包括：一是作为法律前提的法律规范不明确或缺失；二是存在数个可适用的法律前提和相应的法律结论，需要在数个法律结论中寻找最佳的方案；三是需要运用公理或价值观念进行评价性证成。

---

① 参见［德］罗伯特·阿列克西著，舒国滢译：《法律论证理论》，274～283 页，北京，中国法制出版社，2002。

② 参见本书编写组：《法理学》，190 页，北京，人民出版社、高等教育出版社，2010。

外部证成与传统的基于规则、法律技术和职业经验的纯粹法律论证不同，其更重视社会力量的参与、社会规范的参照、公共价值的作用和程序的公正，其中一些主要形式有如下几种：

（1）话语式证成，即通过话语和交流陈述各自的理由，达成共识。话语式证成的形式主要是协商（谈判）、调解、协调等。当代社会的协商理论和恢复性司法等都属于这种积极尝试，即通过各参与方之间的对话形成可接受的结论。

（2）可辩驳式证成，即各方的陈述和主张都具有可被辩驳之处，通过不断地反驳和论辩予以证成。也就是说，各方的陈述和主张都具有可被反驳的地方，通过不断地反驳和论辩达到最具说服力的结论。其表现形式为多元和多向的论证。如论证会和开庭审理中的辩论。

（3）辩证式证成，即采用修辞、反证和辩论的形式论证自己的主张和观点。其表现形式主要为发表演说和发表法律意见。

（4）跳跃式证成，即在没有必然逻辑关系的前提或论据中进行比较和衡量的论证。如两个截然相反的证词、情感、经验和公理等。其论证不是按照逻辑推理的程序进行的，而是通过直接影响决策者或大众的心理来论证主张的合理性。

在法律实践中，上述外部证成的形式并没有被绝对地区分，而是常常被综合适用。

三、法律论证的正当性标准

法律论证由于大量采用法律以外的因素，并超越了传统的逻辑思维模式，因而往往容易受到质疑。迄今为止，并没有形成能被普遍接受的统一程序或规则。因此，为了保证论证结果的正当性，需要建立一些基本的标准。目前法律界认同的标准主要包括以下几项。

1. 论证的融贯性

所谓融贯，是指法律体系本身的价值与事实、整体与部分、规则与原则、原理与精神的系统性、连贯性和一致性，以及法律体系与外部社会之间的内外融贯。这不仅是在寻求一种法律意义上的合法性，而且是在追求一种广泛上的正当性即社会认同（包括道德评价和利益平衡以及消弭事实与价值之间的差异）、现实性与可行性，等等。

2. 论证程序的合理性

法律论证理论建立在对结论的非绝对性、非唯一性认知上，在认为通过话语交流达成共识和结论具有重要性的情况下，论证过程的合理、公正决定着结论的正当性，因此，应建立相应的程序标准。谈判、调解、仲裁、听证会、论证会、法庭辩论和审判等各种机制和程序，各有特定的程序规则，例如，司法程序以公开作为公正的基本标准，而非司法程序以不公开为原则；司法程序注重严格性和对抗性，而非司法程序强调灵活性和非对抗性；司法和行政执法程序以法律适用为主要目的，而民间机制追求结果的合理性。

3. 论证依据的客观性和逻辑有效性

法律论证不是完全主观和随意地主张，而是必须依据基本的法律和社会规范以及合理的逻辑规则达成。尽管评价性判断的依据可能是多元的，但原则上仍必须是客观的，如法律规则、政策、公共道德准则、科学依据、统计数据、行业惯例、地方习俗、民族习惯等等。在论证中需要遵循基本的形式逻辑规则，如概念的一致性、逻辑的严谨性、因果关系的客观性等等。一些炒作、不确定的舆论、流言或臆测都不符合法律论证的基本要求。

4. 论证结论的可接受性

法律论证的结论是否正当、合理，取决于其说服力，即能否被决策者和公众认同和接受，特别是超越既有法律的论证结论，必须具有非常正当的合理性，符合社会上绝大多数人的利益、价值观或具有人权、公共利益等正当性，否则就可能造成对法治本身的破坏。尽管有时结论不可能被社会主体全部认同或接受，可能存在重大争议，但至少应能够被公众理解，不存在重大的错误。例如，最高人民法院对“许某案”的最终处理，尽管与现行法律规定不尽相同，但经过了公众参与讨论、法律界的认真论证，考虑了我国公众的行为和心理、道德水准、金融服务的特点以及公共利益等多方面因素，在依据、程序和结果方面都能够为公众所接受。

总之，法律论证应注重广泛吸收公众参与，关注社会因素，注重协商性和实践理性，同时需要在法治精神、法律原则、民主制度以及公正程序的保障下进行，以保证法律的有效实施和与时俱进，避免法律与社会的脱节，防止法律被法律职业群体独断。

资料链接

最高人民法院《关于加强和规范裁判文书释法说理的指导意见》[①]（摘引）

一、裁判文书释法说理的目的是通过阐明裁判结论的形成过程和正当性理由，提高裁判的可接受性，实现法律效果和社会效果的有机统一；其主要价值体现在增强裁判行为公正度、透明度，规范审判权行使，提升司法公信力和司法权威，发挥裁判的定分止争和价值引领作用，弘扬社会主义核心价值观，努力让人民群众在每一个司法案件中感受到公平正义，切实维护诉讼当事人合法权益，促进社会和谐稳定。

二、裁判文书释法说理，要阐明事理，说明裁判所认定的案件事实及其根据和理由，展示案件事实认定的客观性、公正性和准确性；要释明法理，说明裁判所依据的法律规范以及适用法律规范的理由；要讲明情理，体现法理情相协调，符合社会主流价值观；要讲究文理，语言规范，表达准确，逻辑清晰，合理运用说理技巧，增强说理效果。

三、裁判文书释法说理，要立场正确、内容合法、程序正当，符合社会主义核心价值观的精神和要求；要围绕证据审查判断、事实认定、法律适用进行说理，反映推理过程，做到层次分明；要针对诉讼主张和诉讼争点、结合庭审情况进行说理，做到有的放矢；要根据案件社会影响、审判程序、诉讼阶段等不同情况进行繁简适度的说理，简案略说，繁案精说，力求恰到好处。

---

① 最高人民法院于 2018 年 6 月印发。

最高人民法院《关于加强和规范裁判文书释法说理的指导意见》

问题与思考

1. 什么是法律解释？
2. 为什么要进行法律解释？
3. 法律解释的分类有哪些？
4. 我国法律解释体制的特征是什么？
5. 如何看待我国规范性司法解释的性质？
6. 法律推理的特征是什么？
7. 什么是法律适用中的形式推理？其特点是什么？
8. 什么是法律适用中的实质推理？其特点是什么？
9. 类比推理的特征是什么？
10. 法律论证的正当性标准是什么？

阅读文献

1. 卡尔·拉伦茨. 法学方法论. 陈爱娥，译. 北京：商务印书馆，2004

2. 苏力. 解释的难题：对几种法律文本解释方法的追问. 中国社会科学，1997 (4)

3. 郑永流. 法律判断形成的模式. 法学研究，2004 (1)

4. 尼尔·麦考密克. 修辞与法治：一种法律推理理论. 程朝阳，孙光宁，译. 北京：北京大学出版社，2014

5. 强世功. 文本、结构与立法原意："人大释法"的法律技艺. 中国社会科学，2007 (5)

6. 恩斯特·A. 克莱默. 法律方法论. 周万里，译. 北京：法律出版社，2019

第十章
法律关系

本章概要

法律关系是法在社会生活中实现的形式。法律关系有不同的分类方式，研究其分类有助于从不同侧面认识法律关系。法律关系的构成要素包括主体、内容和客体。法律关系产生、变更和消灭的条件包括法律规范、权利主体和法律事实。

关键术语

法律关系　一般法律关系　具体法律关系　绝对法律关系　相对法律关系　调整性法律关系　保护性法律关系　平权型法律关系　隶属型法律关系　权利主体　权利能力　行为能力　责任能力　法律权利　法律义务　法律关系客体　法律事实

第一节　法律关系的概念和分类

一、法律关系是一种特殊的社会关系

法律关系，是根据法律规范产生的以主体之间的权利与义务关系的形式表现出来的特殊的社会关系。

（一）法律关系是人与人之间的关系

社会关系是人们在相互交往的过程中所形成的人与人之间的联系，它不同于人与自然界之间的关系，不同于人与物之间的联系。当然，在人类社会，人与人之间的关系和人与物之间的关系是交织在一起的，不能正确处理好人与物的关系就会直接影响到人与人之间的关系，反之亦然。

法律关系作为社会关系，首先是指它是人与人之间的关系，而不是人与物之间的关系，但又要受到人与物之间关系的制约。法律关系，特别是涉及保护自然资源和有关劳动工具使用等方面的法律关系，都要受到自然规律本身的制约。但这丝毫也不意味着法

律关系不是人与人之间的关系。人们之间建立法律关系要遵循自然规律，丝毫不意味着法律关系就是自然规律本身。法律关系作为一种特殊的社会关系是通过人的意识和意志形成的，它对自然规律、对“事物的法的本质”可能反映得好，也可能反映得不好。

（二）法律关系是人有意识、有目的的活动

按照马克思和恩格斯的观点，人类社会与自然界的一个最大区别就在于：“……在社会历史领域内进行活动的，是具有意识的、经过思虑或凭激情行动的、追求某种目的的人；任何事情的发生都不是没有自觉的意图，没有预期的目的的。”① 也就是说，人们在社会中进行活动，建立某种社会关系，都是有意识、有目的的。法律关系像其他具体的社会关系一样，也是人们有目的、有意识地建立的。这是由于：（1）法律关系是根据法律规范建立的，而法律规范又是国家意志的体现。（2）法律关系参加者的意志对法律关系的建立和实现也有着重要作用。有的法律关系的建立要根据法律关系参加者各方的意志，如合同法律关系的建立；有的法律关系的建立只需法律关系参加者一方的意志即可，如行政法律关系的建立；还有的法律关系的产生可以不通过人的意志，但相应法律关系的实现仍然需要通过他们的意志。因此，无论法律关系的产生是否通过其参加者的意志，它们的实现都得通过人的意志，法律关系是一种通过人的意识和意志形成的社会关系。

在法律关系产生或实现的过程中，国家意志和法律关系参加者的意志是相互作用的。一方面，法律关系参加者的意志必须符合国家意志，否则，该关系得不到国家的确认和保护，法律关系不可能建立起来。在这种意义上，国家意志对法律关系的产生和实现起着主导作用。另一方面，体现在法律规范中的国家意志，只有通过法律关系参加者的意志才能得到实现，否则，法律规范所规定的权利与义务就只能是一种抽象的可能性和必然性，不能变为现实。在这种意义上，法律关系参加者的意志对法律规范中所体现的国家意志的实现又是必不可少的。

（三）法律关系是受到社会客观规律制约的活动

法律关系是人们有意识、有目的地建立的社会关系，但它又是建立在不以人的意志为转移的客观规律的基础上的。人们在社会领域中都是有意识、有目的地进行活动的。但人们预期的目的往往是彼此重复、互相矛盾的，而无数个别意愿和个别行为发生冲突的结果，在历史领域内就造成了一种同没有意识的自然界中占统治地位的状况完全相似的状况。也就是说，行动的目的是预期的，但却受到不以人的意志为转移的客观规律的支配。

法律关系作为一种特殊的社会关系，必然既包含着其法律形式的方面，又包含着其社会内容的方面；既有以人的意志为转移的思想关系的属性，又有受到不以人的意志为转移的客观规律——物质关系制约的属性。不能仅仅看到法律关系的意志形式，而看不到其背后的物质关系。

① 《马克思恩格斯选集》，3版，第4卷，253页，北京，人民出版社，2012。

二、法律关系是依据法律规范建立的关系

与法律规范的联系，构成了法律关系不同于其他社会关系的特点，决定了它具有法所具有的重要属性，如国家意志性、国家强制性。法律关系是主体之间的联系，同时也是主体与国家之间的联系：国家支持、保证主体权利的行使，保证义务的承担，法律关系参加者任何一方如果不履行自己所应尽的义务或者滥用权利，都要受到法律的制裁。因此，法律关系参加者享受自己的权利、履行自己的义务的行为，同时也就是实现法的行为。

在现在，一般讲，法律规范是法律关系产生的前提。法律规范是法律关系的抽象，法律关系是法律规范在生活中实现的重要环节。如果没有相应的法律规范存在，就不可能产生法律关系。有些社会关系领域，比如友谊关系、爱情关系及政党、社会团体的内部关系，一般不由法律调整，不存在相应的法律规范，所以，也就不存在法律关系。还有些社会关系领域，虽然应该得到法律调整，但由于种种原因还没有形成法律规范，缺乏法律根据，故也不能产生法律关系。

在有些特殊情况下，似乎是法律关系产生在法律规范之前。比如，在法的体系刚刚建立，对有些问题还没有来得及作出正式法律规定的情况下，或者当社会关系发生较大的变动，按照原有的法律规范调整该关系会出现明显不公，还来不及对有关的法律规范进行相应修改时，具体法律关系的建立往往不是根据正式颁布的法律规范，而是采取国家实际上予以确认和保护的形式：有的直接根据法院的判决，有的直接依据国家的个别命令。随着对这些个别案件、个别问题的处理，形成了经验，最后上升为国家正式颁布的具有普遍约束力的规范性法律文件。这种一般的规范又成为以后处理同类具体问题、建立相应法律关系的前提。

总而言之，在一个发达的、成熟的法律制度下，法律规范是法律关系产生的前提，这意味着各种法律关系的建立都必须有严格的法律根据，以保障法的制定与实施的有机统一。反之，不根据法律规范任意建立“法律关系”，必然会使一个国家的法治的统一性遭到破坏。

案 例

违反“忠诚协议书”案

曾某与贾某登记结婚时签署了一份“忠诚协议书”，约定，夫妻婚后应互敬互爱，对家庭、配偶、子女要有道德观和责任感。该协议书还约定了“违约责任”：若一方在婚姻关系存续期间由于道德品质的问题，出现背叛另一方的不道德行为，要赔偿对方名誉损失及精神损失费 30 万元。婚后不久，贾某便发现丈夫不仅与前妻继续来往，也与其他女人有染，于是起诉离婚并请求赔偿。我国《民法典》第 1043 条第 2 款第一分句规定：“夫妻应当互相忠实，互相尊重，互相关爱。”

这二人所签订的“忠诚协议书”合法有效吗？请说说理由。

三、法律关系是主体之间的法律上的权利与义务关系

法律规范和法律关系都包含着主体的权利与义务，但它们在法律规范和法律关系中的表现形式不同。

（1）法律关系中的权利与义务是现实的。在法律规范中，主体的权利与义务只是一种可能性，是主体能做和应该做的行为，并不是现实的行为，是在假定发生某种事实的情况下设定主体有什么权利和义务，并不表明主体实际已经有了某种权利和义务。而在法律关系中，主体的权利与义务是现实的，法律规范所假定的事实已经发生，从而使主体之间产生实际的权利与义务关系。因此，法律规范中的权利与义务属于可能性的领域，而法律关系中的权利与义务属于现实性的领域。

（2）法律关系中的权利与义务是具体的。在法律规范中，主体的权利与义务是针对同一类人、同一类行为的，凡是出现法律规范所假定的事实、具有法律规范所规定的主体资格的人，都享有同一类权利并承担同一类义务。而在法律关系中，法律所规定的事实情况、主体、权利与义务及其所指向的对象都是具体的。因此，法律规范中的权利与义务是抽象的，而法律关系中的权利与义务是具体的，法律关系是使法律规范的规定具体化和获得实现的环节。

（3）在法律关系中主体的权利与义务也是统一的。法律关系，对一方来讲，表现为他可以做什么，他有什么权利；对另一方来讲，则表现为他必须做什么，他有什么义务。如果一方的权利不是以某种方式同另一方的义务联系在一起，就不可能有主体的权利。同样，如果一方的义务不是以某种方式同另一方的权利相联系，也根本谈不上法律义务。例如：买方对他所买的物品有支付价金的义务，同时又表现为卖方有接受买方所付价金的权利；国家有惩罚犯罪分子的权利，又表现为犯罪分子有承担法律责任接受惩罚的义务。只有一方的权利或义务，没有另一方相应的义务或权利，权利与义务本身就不可能存在。

四、法律关系的分类

在法学研究中，法律关系这一范畴具有普遍意义，在各个法律部门中都存在。① 法律关系的分类与法律规范及法律调整的分类有着密切联系，本章介绍以下法律关系的主要分类。

（一）一般法律关系和具体法律关系

按照法律关系主体具体化程度的不同，法律关系可以分为一般法律关系和具体法律

① 在以往的理论中，对法律关系的研究往往集中在民法领域。实际上，宪法、刑法、行政法、诉讼法等所有法律部门中都有使法律的抽象的、一般性的规定现实化、具体化的问题，都存在法律关系。因为任何法律规范如果不在现实生活中得到实现，不转化为法律关系，那它就只不过是一纸空文。在研究法律关系的概念和特征时，不应把只有民事法律关系才具有的特征看作所有法律关系都具有的特征，应注意区分哪些特征是所有法律关系所具有的、哪些特征仅仅是某种类型的法律关系所特有的。

关系。

一般法律关系是根据宪法形成的国家、公民、社会组织及其他社会关系主体之间普遍存在的社会联系。[①] 根据宪法规定的公民的基本权利与义务所产生的法律关系就属于此类。其特点在于：该关系的主体是不具体的个人、社会组织和国家机关。我国《宪法》规定，中华人民共和国公民在法律面前一律平等。根据该规范建立的一般法律关系的主体不特指某一特定公民，而是包括所有的中国公民。所以，一般法律关系是某一国家范围内全部社会主体之间的一种法律联系，是"每一个人对每一个人"的法律联系，体现了一国范围内全部社会关系主体之间的经常性的、稳定性的法律状态。一般法律关系不根据某一具体事实而产生，而是由某种长久的事实状态引起的，如确定公民的基本权利与义务的一般法律关系只是由主体是中华人民共和国公民这一事实而产生。正是一般法律关系的上述特点，使它常常成为产生具体主体之间的法律关系的基础。一般法律关系中的权利与义务通过具体主体之间的法律关系而具体化，是具体主体的权利与义务实现的初始阶段。

具体法律关系的特点在于，该关系的主体是具体的（或者一方是具体的，或者双方都是具体的）。具体法律关系的产生不但要有法律的规定，而且要有具体事实的发生。

（二）绝对法律关系与相对法律关系

具体法律关系依据其主体是单方具体化还是双方具体化，可以划分为绝对法律关系和相对法律关系。

绝对法律关系的主体的一方——权利人是具体的，而另一方——义务人是除权利人之外的所有的人，因此，它以"一个人对其他一切人"的形式表现出来。相对法律关系的主体，无论是权利人还是义务人，都是具体的，因此，它以"某个人对某个人"的形式表现出来。

最典型的绝对法律关系是所有权关系。例如，某房屋的所有权人是具体的，如属于张三，则义务人是除张三以外的一切人，他们都有义务不得侵犯张三对该房屋的所有权。其他如人身权、知识产权等领域的法律关系也具有类似的特点。

最典型的相对法律关系是债权关系，债的一方（债权人）享有请求他方为一定行为或不为一定行为的权利，他方具有满足该项请求的义务。

在相对法律关系中，主体之间的联系达到了最直接、最密切的程度。如果任何一方不履行自己的义务，另一方的权利就不可能实现。民商法、劳动法、行政法等领域的法律关系大都是此类关系。

---

① 学者间对一般法律关系有不同的看法。有些学者认为，所有法律关系都是具体的，包含所有主体在内的、不具体的普遍联系不是法律关系。与这种观点相联系，他们认为，不是一切权利与义务都以法律关系的形式实现，宪法上的公民基本权利与义务是在法律关系之外实现的。另外一些学者认为，法律关系相对法律规范来说是具体的，但各种法律关系具体化程度不同；一般法律关系的主体是一切公民，它排除了非公民，而且公民的基本权利与义务也是非常具体的。参见［苏］C. C. 阿列克谢耶夫：《法的一般理论》，下册，黄良平、丁文琪译，471～475 页，北京，法律出版社，1991。

（三）调整性法律关系和保护性法律关系

依据是否适用法律制裁，法律关系可以划分为调整性法律关系和保护性法律关系。

法律关系不仅仅是主体之间的联系，而且也是主体与国家之间的联系——国家支持和保障权利的行使与义务的履行，任何一方不履行其义务，将受到国家的法律制裁。

调整性法律关系是不需要适用法律制裁，主体权利就能够正常实现的法律关系。它建立在主体的合法行为的基础上，是法的实现的正常形式。有时，义务人的合法行为建立在禁止性规范和授权性规范的基础上，为了满足权利人的利益，义务人承担消极的不作为的义务。有些学者将这类法律关系称为"消极性法律关系"。有时义务人的合法行为建立在义务性规范的基础上，为了满足权利人的请求，义务人承担积极作为的义务。有的学者将这类法律关系称为"积极性法律关系"。

保护性法律关系是在主体的权利与义务不能正常实现的情况下通过法律制裁而形成的法律关系。它是在违法行为的基础上产生的，是法的实现的非正常形式。最典型的保护性法律关系就是刑事法律关系。保护性法律关系的主体一方是国家，另一方是违法者，国家拥有实施法律制裁的权力（职权），而违法者具有承担实施违法行为所导致的法律责任的义务。

（四）平权型法律关系与隶属型法律关系

按照主体之间的相互地位不同，法律关系可以划分为平权型法律关系和隶属型法律关系。

平权型法律关系，即法律关系主体之间的法律地位是平等的，相互间没有隶属关系。在各个部门法的法律关系中，民事法律关系是最典型的平权型法律关系。

隶属型法律关系，即法律关系主体之间存在隶属关系，一方须服从于另一方。行政法律关系是最典型的隶属型法律关系。行政法律关系的参加者一方——国家主管机关依法行使国家管理的职权，在其管辖范围内的任何人和社会组织都必须服从。

案　例

孙某的狗曾咬伤过邻居钱某的小孙子，钱某为此一直耿耿于怀。一天，钱某趁孙某不备，将孙某的狗毒死。孙某掌握了钱某投毒的证据之后，起诉到法院，法院判决钱某赔偿孙某600元钱。

对此案，请思考几个问题：

(1) 孙某因对其狗享有所有权而形成的法律关系，属于保护性法律关系吗？

(2) 由于孙某起诉而形成的诉讼法律关系，属于调整性法律关系吗？

(3) 因钱某毒死孙某的狗而形成的损害赔偿关系，属于平权型法律关系吗？

(4) 因钱某毒死孙某的狗而形成的损害赔偿关系，属于绝对法律关系吗？

第二节　法律关系的主体和客体

一、法律关系的主体

(一) 法律关系的主体的概念

法律关系的主体，又称权利主体，即法律关系的参加者，是法律关系中权利的享受者和义务的承担者。享有权利的一方称为权利人，承担义务的一方称为义务人。法律关系主体具有法律性和社会性。

法律关系主体的法律性，是指法律关系主体是由法律规范所规定的，与法律规范的联系构成了法律关系主体与其他形式的社会关系主体的区别。不在法律规定的范围内的，不得任意参加法律关系，成为法律关系的主体。例如，按照我国《民法典》的规定，法定结婚年龄为，男不得早于 22 周岁，女不得早于 20 周岁。低于上述年龄的，不得成为婚姻法律关系的主体。

法律关系主体的社会性，是指法律规范规定什么人和社会组织能够成为法律关系主体不是任意的，而是由一定物质生活条件决定的。

以自然人作为法律主体为例：在奴隶制国家的法律中，只有自由民才是法律关系的主体，奴隶像物一样，是奴隶主的权利与义务所指向的对象，不是法律关系的主体。这一法律规定是直接由奴隶制的生产方式所决定的：奴隶主不但占有生产资料，占有奴隶的劳动，而且直接占有奴隶本身。不仅自然人作为法律关系主体的范围归根到底由生产关系所决定，而且哪些社会组织能够参加到法律关系中也是由生产关系本身的要求所决定的。

以法人制度为例：在奴隶制、封建制社会，由于自然经济占主导地位，不可能把许多个人财产长期集中使用，因此其没有为社会团体作为权利主体参加到民事法律关系中提供普遍的经济前提。在资本主义发展初期，自由竞争的资本主义经济也没有必要这样做。只是当资本主义经济发展到垄断阶段，股份公司已成为资本集中的强有力的杠杆时，法律才把那些具有独立财产，能以自己的名义享有民事权利、承担民事义务的社会组织确认为民事法律关系的主体——法人。

(二) 法律关系主体的资格：权利能力、行为能力和责任能力

法律关系主体作为法律关系的参加者，必须具有外在的独立性，能以自己的名义享有权利和承担义务，具有一定的意志自由。这种意志自由在法律上的表现就是权利能力和行为能力。反之，依附于其他主体，没有外在独立性者，则不能成为法律关系的主体。

权利能力，是指权利主体享有权利和承担义务的能力。它反映了权利主体享有权利和承担义务的资格。各种具体权利的产生必须以主体具有权利能力为前提。权利能力实际上也是一种权利，是能够引起各种具体权利产生的最一般的、最基本的权利。产生这

种“基本”权利（权利能力）的法律事实往往只与国籍相联系，某一国家的公民都是这种“基本”权利和义务的享有者和承担者。不同的法律关系对其参加者的要求不同，所需要的权利能力也不同：在一般法律关系中，凡是取得一国国籍的公民都具有权利能力；在其他法律关系中，有时需要有某种特殊的权利能力。

行为能力，是指权利主体能够通过自己的行为取得权利和承担义务的能力。行为能力必须以权利能力为前提，无权利能力就谈不上行为能力。但是，对自然人来讲，有权利能力不一定有行为能力。作为权利主体必须有意志自由，这不仅意味着主体能够以自己的名义独立地参加到法律关系中，而且意味着主体能够理解自己的行为，并通过自己有意识的行为独立实现权利和义务。在各国的法律中对自然人的行为能力都有年龄方面和健康状况方面的限制，由此分为完全行为能力人、限制行为能力人和无行为能力人三种。

资料链接

《民法典》关于自然人的民事权利能力和民事行为能力、监护的规定

不仅自然人具有权利能力和行为能力，社会组织也具有权利能力和行为能力。作为民事法律关系主体的法人，其权利能力和行为能力是不同于自然人的。法人的权利能力从法人成立时产生，其行为能力伴随着权利能力；法人终止时，它的权利能力、行为能力也都消灭。自然人的行为能力一般通过自身实现，而法人的行为能力通过代表法人行使职权的负责人即法人的法定代表人实现。

责任能力是某人因违法而承担法律责任的能力，它是行为能力在保护性法律关系中的表现。在大多数保护性法律关系中，对责任能力无须特殊规定，如果一个人具有行为能力，他也就具有责任能力。但在刑事法律关系中，刑事责任能力具有独立意义，它表现为主体具有了解自己行为的性质、意义和后果，并自觉控制自己行为和对自己行为负责的能力。

资料链接

《刑法》有关刑事责任年龄和责任能力的规定

(三) 我国法律关系主体的种类

我国法律关系的主体主要包括以下各类。

1. 自然人

自然人，即个人主体。公民是自然人中最基本、在数量上占绝对优势的权利主体。在我国，凡是取得中华人民共和国国籍的人都是公民基本权利和义务的享有者和承担者，可以和其他公民、社会组织、国家机关以及国家之间发生多种形式的法律关系。某些重要的法律关系，如选举法律关系，非我国公民不得参加。居住在我国境内的外国人和无国籍人，也可以成为我国某些法律关系的参加者，由我国法律及我国同其他国家签订的国际条约规定他们能够参加哪些法律关系以及权利能力范围的大小。

2. 组织

组织包括两类：一类是国家机关，包括国家的权力机关、行政机关、审判机关和检察机关、监察机关等，它们在其职权范围内活动，能够成为宪法法律关系、行政法法律关系、诉讼法法律关系等多种法律关系的主体；另一类是社会组织，如政党、社会团体、企事业单位等。在民事法律关系中，具有民事权利能力和民事行为能力、依法独立享有民事权利和承担民事义务的社会组织被称为法人。法人与国家机关都属于集体性质的主体，虽然二者的性质有很大不同，但国家机关也可以以法人（非企业法人）的身份参加到某些民事法律关系中，只是在这时国家机关的活动不具有行使职权的性质。

3. 国家

国家作为一个整体，是某些重要法律关系的参加者，既可作为国家所有权关系、刑法法律关系等的主体，又可以成为国际法法律关系的主体。

二、法律关系的客体

(一) 法律关系的客体的概念

法律关系的客体，又称权利客体，是权利主体的权利与义务所指向的对象。

在哲学上，客体是相对主体而言的，是指处于主体之外、不以主体的意识为转移的客观现象，是主体的认识与活动所作用的对象。在法学上，法律关系的客体，一方面具有哲学意义上客体的一般属性，不以主体的意识为转移，具有客观性，是独立于人的意识之外并能为人的意识所感知和为人的行为所支配的客观世界中各种各样的现象。它不仅包括客观物质世界中的各种现象，如土地、森林、水源、矿藏、工厂、机器等，而且包括客观精神世界的各种现象，如国家制度、所有制、平等、休息、劳动、名誉、人格等。另一方面，法律关系的客体又具有自己的特殊性，它能够满足主体的物质和精神需要，是满足权利人利益的各种各样的物质和非物质的财富，它得到法律规范的确认和保护。因此，不是一切独立于主体而存在的客观现象都能成为法律关系的客体，只有那些能够满足主体需要并得到国家法律确认和保护的客观现象才能成为法律关系的客体，从而成为主体的权利与义务所指向的对象。

法律关系客体的范围受一定生产力发展水平和社会历史条件的制约。随着生产力的发展，许多原来不属于法律关系客体的社会财富变为客体，如清洁的空气、不受噪声干扰的环境、试管婴儿等等。在奴隶社会，奴隶不是任何意义上的权利主体，而是奴隶主买卖、赠与等关系中的权利客体，是亚里士多德所说的“会说话的工具”。在封建社会，农奴和农民对封建主仍然具有相当程度的人身依附关系，因此，在许多重要的法律关系中他们仍然没有独立的人格，是封建主的权利客体。在资本主义社会，几乎一切都商品化，都可以成为法律关系的客体，像危害社会安全的各种枪支、弹药、凶器，人的各种器官及人的尊严、感情等，都成了买卖法律关系的客体。在社会主义条件下，由于消灭了阶级对立和阶级剥削，法律关系客体的性质和范围被法律严格加以确定，包括符合社会发展需要和广大劳动人民的物质与文化需要的各种物质和非物质财富。

资料链接

近些年来，保护动物、反对虐待动物成为热门话题。2014 年，围绕着广西玉林狗肉节中大量的杀狗行为，爱狗人士和屠狗人士之间产生广泛的争论。另外，网络上也不时传出关于虐猫虐狗的新闻。总体说来，关爱动物、尊重生命的意识在社会中慢慢增强。人与动物应该是努力和睦共处的好邻居，动物不应是人类可以任意屠杀或虐待的对象。

目前，世界上许多国家（地区）出台了有关反虐待动物的法案。比如，瑞典于 1997 年制定了强制执行的《牲畜权利法》，规定不能用过于拥挤和窄小的笼舍养鸡，在夏季必须把牛放出去吃草，猪舍要有稻草铺以便猪休息。菲律宾于 1998 年通过《动物保护法》，其主旨是“通过督导及管制一切作为商业对象或家庭宠物之目的而繁殖、保留、养护、治疗或训练动物之场所，以对菲律宾所有动物的福利进行保护及促进”。新加坡通过了《畜鸟法》等等。

从法律关系的角度看，动物可以作为权利主体吗？动物权利的实质是什么呢？人类尊重和保护动物，就需要承认动物权利吗？

（二）法律关系客体的种类

法律关系的客体基本上可以分为以下几大类。

1. 国家、社会和个人的基本经济、政治和精神文化利益

国家、社会及个人之基本经济、政治及精神文化利益，是一般法律关系的客体，也可以是保护性法律关系的客体，如人民法院可以根据犯罪的不同情节，剥夺罪犯的政治自由和人身自由。

2. 物

作为法律关系客体的物，既可表现为自然物，如森林、土地、自然资源，也可表现为人的劳动创造物，如建筑物、机器、各种产品。它既可以是国家和集体的财产，也可以是公民的个人财产，还可以是财产的一般表现形式——货币及其他各种有价证券，如支票、汇票、存折、股票、债券。

3. 非物质财富

非物质财富包括创作活动的产品和其他与人身相联系的非财产性财富。创作活动的产品包括科学著作、文学艺术作品、科学发明、发现、合理化建议、商标，这些产品都是人们脑力活动的产物，因而又称智力成果。由于这些智力成果可以为其他人所享用，因而，它又不同于生产这些复制品的行为，必须对其加以尊重和保护。其他与人身相联系的非物质财富包括公民或组织的姓名或名称，公民的肖像、名誉、尊严，公民的人身、人格和身份等。

4. 行为结果

一定的行为结果可以满足权利人的利益和需要，可以成为法律关系的客体。有学者将行为结果区分为物化结果和非物化结果。如根据建筑合同建造一栋房屋，这是一种物化结果；根据演出合同某演员表演了一段相声，这是一种非物化结果。

资料链接

江苏无锡"冷冻胚胎归属纠纷"案

江苏无锡沈某、刘某夫妇在南京某医院施行体外受精即人工胚胎移植助孕手术，获取4枚冷冻胚胎，存放于该医院。在此之后，二人意外离世，双方父母对4枚胚胎的归属产生争议。沈某父母将刘某父母诉至法院，请求法院判决胚胎监管与处置权由其行使。法院将医院追加为第三人参加诉讼。

一审法院依据《民法通则》（已失效）第5条、《继承法》（已失效）第3条对原告的诉讼请求不予支持。二审法院依据《民法通则》第5、6、7条，《民事诉讼法》（2012年）第170条第1款第2项，判决4枚胚胎由上诉人共同监管、处置。

第三节　法律关系的内容：权利与义务

一、法律关系的内容的概念

法律关系的内容的概念，直接与法律关系的概念相关。学者在使用法律关系的概念时所指的有两种不同的含义：其一指的是社会关系的法律形式，即人们在法律上的权利与义务关系。在这种意义上，法律关系仅指主体的权利与义务关系本身。其二指的是披上法律上的权利与义务关系外衣的社会关系。它不仅包括权利与义务关系这一法律形式，而且还包括制约着这一形式的物质内容。在这种意义上，法律关系既包括法律上的权利义务关系，也包括在权利与义务形式下的实质的社会内容。于前一种意义上的法律关系，法律关系的内容是指法律上的权利与义务；而于后一种意义上的法律关系，法律关系的内容则是指以权利与义务的形式表现出来的人们的实际行为，而权利与义务只是这种实际行为的法律形式。

权利和义务也是一对有着不同含义的范畴，既有法律意义上的权利与义务，也有道德意义、社会学意义上的权利与义务等等。法律意义上的权利与义务有自己特定的含义，这就是它们和法律规范的联系。任何法律上的权利与义务都必须是法律规范所规定的，或者是以其他方式（如判决等）得到国家确认和保证的，权利人享受权利依赖于义务人承担义务。这是法律意义上的权利与义务不同于其他意义上的权利与义务的特殊的法律性。此外，它们同时具有社会性，即法律意义上的权利和义务不是任意的，它们受到一定物质生活条件的制约，由一定生产关系与其他社会关系所要求的社会自由和社会责任是法律意义上的权利与义务的基础。因此，对于法律意义上的权利和义务，无论是只看到它们的法律性方面而忽视它们的社会性方面，还是只看到它们的社会性方面而忽视它们的法律性方面，都是片面的。①

法律上的权利与义务和其他意义上的权利与义务在一定条件下也是可以相互转化的。在法的形成过程中，经常把其他意义上的权利与义务确认为法律意义上的权利与义务，从而使其得到国家的支持和保障。在法的实施过程中，特别是在一些没有明确法律依据的疑难案件中，道德意义、社会学意义或其他意义上的权利与义务有时也会成为法官判案的依据。

二、法律权利和法律义务的特点

（一）法律权利

法律权利，即法律意义上的权利，它反映由一定物质生活条件所决定的行为自由，是指法律所允许的、权利人为了满足自己的利益而采取的、由其他人的法律义务所保证的法律手段。

法律权利的特点主要是：（1）它来自法律规范的规定，得到国家的确认和保障。（2）它是权利人实现其利益的行为。权利与利益有着密切的联系，但权利并不等于利益，权利人实现自己利益的行为是法律权利的社会内容，而法律上的权利是这一内容的法律形式。（3）它是与义务相关联的概念，离开义务就无法理解权利，它必须有义务人的法律义务作保证，否则，权利人的权利不可能行使。（4）它确定了权利人从事法律所允许的行为的范围，在这一范围内，权利人满足自己利益的行为或者要求义务人从事一定行为是合法的，而超过这一范围，则是非法的或不受法律保护的。

案 例

某年某日，浙江舟山某公司职工罗某因琐事与公司王某发生争执，将王某杀死。浙

① 只注重权利与义务的法律含义，只看到它们来自法律规定，不深究其社会性的、道德的含义，不深究其社会经济和政治根源，是资产阶级分析法学权利理论的典型特征；反之，片面强调法律权利的社会性，否定其法律性，否定它们与法律规定的必然联系，混淆法律权利与义务同其他意义上的权利与义务的界限，则是资产阶级的社会法学和自然法学的特点。

江省舟山市中级人民法院以故意杀人罪判处罗某死刑。一审宣判后，罗某向浙江省高级人民法院提起上诉。其间，罗某的妻子郑某向浙江省舟山市中级人民法院提出人工授精的请求。一审法院告诉郑某，对此没有相关的法律规定，而且浙江省舟山市也没有进行“人工授精”的条件，因此拒绝了其请求。郑某于同年11月11日，向浙江省高级人民法院提出“人工授精”的书面申请。

省高级人民法院召开审判委员会对此申请进行讨论，认为：法律对此类问题没有规定，这种请求也不属于法院的受案范围，而且如果满足郑某的要求则导致小孩一出生就没有父亲，这对小孩以后的成长极为不利，也将致使郑某这个单亲母亲以后的生活非常艰难，遂决定对郑某的要求不置可否，以沉默的方式予以了拒绝。经依法核准死刑判决后，罗某被枪决，郑某要求留下丈夫精子的希望落空。

此案当时曾引起媒体广泛关注。请思考，死刑犯有没有生育权呢？

(二) 法律义务

法律义务，即法律意义上的义务，它反映着由一定物质生活条件所制约的社会责任，是指法律所规定的义务人按照法律或者权利要求所必须从事的一定行为，是保障权利人的利益的法律手段。

法律义务的特点在于义务的必须性、必为性：（1）义务人必须从事或不从事一定的行为，否则权利人的利益不可能得到满足；（2）如果义务人不履行义务，就要受到国家强制力的制裁；（3）义务人的必要行为也是在一定范围内的，超过这一范围，则属于义务人的自由，它有权拒绝权利人在这一范围之外的要求。

三、不同类型法律关系中的权利与义务

上述权利与义务的概念是对各种不同的权利与义务所作的抽象的、一般的概括，在不同种类的法律关系中，权利与义务有不同的表现形式和不同的组合。

在一般法律关系中，权利与义务之间的相互联系的性质突出表现在公民的法律地位上，一般法律关系的每一个参加者即公民都有相同的法律地位，都有针对其他一切主体的权利能力。与公民的权利能力相适应的是，所有其他权利主体承认他的权利能力，并且具有不作出任何妨碍权利人行使权利的行为的义务。

在绝对法律关系中，权利与义务以权利人为了满足自己的利益可以从事某种积极行为的权利（在一些法学著作中又称“对世权”“绝对权”）和义务人的消极的不作为的义务的形式表现出来，即权利的行使无须其他人从事积极行为，只需他们承担消极的不作为的义务。这种消极的法律义务起着保障作用，为人们行使权利创造条件。财产所有权、公民的人身权、人民代表豁免权等，都属于这种权利。与此相适应的是，其他人对他行使权利承担不得干预、侵犯的消极义务。

在相对法律关系中，权利与义务以权利人请求义务人完成某种行为的权利（有的学者称之为“请求权”“相对权”“对人权”）和义务人根据权利人的请求完成某种积极行

为的义务的形式表现出来，即权利人利益的满足需要义务人积极行为的配合，否则，靠权利人自己的积极行为、义务人消极不作为，权利人的利益不可能实现。由于相对法律关系中的权利与义务都是具体的，是权利与义务的典型的表现形式，所以，有的学者又把它们称为“狭义的权利与义务”，以区别于作为各种权利与义务统称的“广义的权利与义务”①。民法中的债权、诉讼法中的审判权等，都属于此类权利，与它们相对应的则是义务人按照权利人的请求完成相应的积极行为的义务。

在保护性法律关系中，权利与义务以国家要求违法者接受法律制裁的权利（有的学者称之为“要求权”“保护权”“制裁权”“救济权”等）和违法者对违法行为承担法律责任的义务的形式表现出来。国家的这种权利发生在绝对法律关系中积极行为的权利和相对法律关系中请求义务人为一定行为的权利不能正常行使的情况下，国家通过强制措施向不履行其义务的违法者给予法律制裁，使其承担法律责任。

在隶属型法律关系中，国家机关及其工作人员的职权具有行使国家权力的性质，而承担义务一方按照法律规定处于从属、服从的地位。这种法律关系中的权利、义务不同于平权型法律关系的权利、义务。国家机关工作人员的职权是其职务上的权利，当他们担任这一职务时才具有这一职权，而在不担任这一职务时，不再具有这一职权。这与公民的权利始于出生、终于死亡的情况很不一样。同时，法律对职权的范围规定了严格的界限。

四、法律权利与法律义务的一致性

法律权利与法律义务是相对而言的，一般来说，法律权利与法律义务具有一致性。正像马克思所说的：“……一个人有责任不仅为自己本人，而且为每一个履行自己义务的人要求人权和公民权。没有无义务的权利，也没有无权利的义务。”② 法律权利与法律义务的一致性有如下几个方面的含义。

（一）权利对义务的依赖性

在任何一种法律关系中，权利人享受权利都依赖于义务人承担义务，如果义务人不承担义务，权利人不可能享受权利。权利与义务表现的是同一行为，对一方当事人来讲是权利，对另一方来讲则是义务。如买方购买货物时付款，对买方是义务，对卖方则是权利；主管机关发布行政管理命令，对主管机关是权利，而对接受命令的人来讲则是义务。因此，就权利与义务的实质内容——行为——来讲，二者是统一的。权利与义务所指向的对象——客体——也是同一的，如国家对其领土范围内的矿藏享有所有权，矿藏是国家所有权关系的客体，也是其他任何主体承担不可侵犯的义务的客体。

① W. N. Hohfeld, *Fundamental Legal Conceptions as Applied in Judicial Reasoning*, Yale University Press, 1927, pp. 63 - 64. 英国学者霍菲尔德认为，“权利与义务”一词（广义的）用得太过分了，它们实际包括四对相互关联的概念：权利—义务（狭义的）；特权—无权利；权力—责任；豁免—无能力。参见沈宗灵：《现代西方法理学》，第六章，北京，北京大学出版社，1992。

② 《马克思恩格斯全集》，第16卷，16页，北京，人民出版社，1964。

(二) 义务与权利的不可分割性

不能一方只享受权利不承担义务，另一方只承担义务不享受权利。如上所述，任何权利都意味着权利人在法律所允许的范围内能做一定的行为，使自己的行为不超出这个范围是权利人的义务；而任何义务也都意味着义务人在法律要求的范围内必须做一定的行为，超过这个范围则属于义务人的自由，即义务人的权利。因此，权利人在行使自己权利的时候必须承担一定的义务，而义务人在履行自己义务的同时也享受一定的权利。虽然在不同的法律关系中权利人与义务人的联系形式不同，但无论哪一种法律关系中都不存在一方只享受权利而不承担义务、另一方只承担义务而不享受权利的情况。

在隶属型法律关系和保护性法律关系中，主管部门行使管理权必须在法律规定的范围内进行，不得超越其管理权限而侵犯公民的合法权利，这是主管部门在行使管理权时应承担的义务。同时，被管理人在服从主管机关的命令时，也有自己反对主管机关超越管理权限、侵犯其合法权益的行为的权利。

在刑法法律关系中，国家有权利对违法者实行制裁，同时又有义务使这种制裁在法律范围内施行；违法者有义务承担法律责任，同时也有权利要求国家对他的制裁不得超出法律规定的范围，对于司法机关的判决有提起上诉或申请再审的权利。

在绝对法律关系中，如所有权、人身权等，权利人对权利的行使也不是绝对的，并不是像某些启蒙时期的资产阶级思想家所说的，它完全属于“个人自由领域”。我国《宪法》第 51 条规定：中华人民共和国公民在行使自由和权利的时候，不得损害国家的、社会的、集体的利益和其他公民的合法的自由与权利。这就要求公民在行使权利和自由的同时，必须履行自己所应尽的义务，不得滥用这些权利和自由，否则，公民的权利不可能得到真正的保障。

(三) 权利的行使有一定的界限，不得滥用权利

所谓权利滥用，是指权利人行使权利的目的、限度、方式或后果有悖法律设置权利的本意和精神，或者违反了公共利益、社会利益、公序良俗，妨碍了法律的社会功能和价值的实现。我国的法律制度中体现了反对权利滥用的原则。我国《民法典》第 8 条规定，“民事主体从事民事活动，不得违反法律，不得违背公序良俗”；第 9 条规定，“民事主体从事民事活动，应当有利于节约资源、保护生态环境”；第 132 条规定，“民事主体不得滥用民事权利损害国家利益、社会公共利益或者他人合法权益”。

第四节　法律关系的产生、变更和消灭

一、法律关系产生、变更和消灭的条件

法律关系是根据法律规范产生的、在主体之间形成的权利与义务关系。但是，只有法律规范和权利主体还不足以产生、变更和消灭法律关系，法律关系的产生、变更和消

灭还必须有法律规范所规定的某种法律事实的出现。因此，法律关系的产生、变更和消灭的条件包括：（1）法律规范，即法律关系产生、变更和消灭的法律依据；（2）权利主体，即法律上权利与义务的承担者；（3）法律事实，即出现法律规范的假定所指的事实情况。其中，法律规范和权利主体是法律关系产生的抽象的、一般的条件，而法律事实是法律关系产生的具体条件。法律关系只有在一般的与具体的条件都具备的情况下才能产生。

法律事实在产生法律关系的条件中占有突出地位。只有法律规范并不能在主体之间产生法律关系，因为法律规范只是规定在某些事实存在的情况下权利主体之间的关系，而在这些事实没有发生的情况下，法律所规定的权利主体之间的关系只是一种可能性，并不是现实的关系，法律关系不可能产生。因此，法律事实具有使法律规范转化为现实的作用。有的学者认为，某些法律关系的产生并不依赖于法律事实，而是与法律规范同时产生，如一般法律关系。实际上像公民基本权利与义务这类法律关系也是和状态这种事实即国籍相联系的，只不过这种事实不同于特殊的法律事实，而是与法律规范同时产生并且长久起作用的一般法律事实。

只有权利主体也不能产生法律关系，因为权利主体的存在只表明主体具有享受权利和承担义务的资格，具有以自己的行为参加到法律关系中的能力，并不意味着主体实际享有权利与承担义务。比如，按照婚姻法，在我国凡是女性年满 20 周岁、男性年满 22 周岁的公民都可以成为婚姻法律关系的主体。但是，只有男女双方到指定的主管机关登记这一法律事实发生时，才产生婚姻法律关系。

法律事实，是指法律规范所规定的，能够引起法律后果即法律关系产生、变更和消灭的现象。法律事实必须是法律规范所规定的，只有那些具有法律意义的事实才能引起法律后果。同时，法律事实的概念又反映了法律调整受到具体社会生活情况和社会事实的制约。

由于法律事实的出现而产生的法律后果包括：（1）法律关系的产生，如取得某项财产的所有权，订立合同，取得高等学校入学资格。（2）法律关系的变更，比如由于企业兼并，原有法律关系主体发生变更；又如由于未成年子女成年，父母与子女间之法律关系的内容发生变更。（3）法律关系的消灭，如由于某人调动工作，其与原工作单位的劳动法律关系消灭；又如由于买方支付价款、卖方交付货物，原有的买卖关系消灭；等等。

二、法律事实的分类

可以根据不同标准对法律事实进行分类。这里介绍关于法律事实的几种分类方法。

(一) 行为和事件

依据法律事实是否以权利主体的意志为转移，可以将法律事实分为行为和事件。

1. 行为

行为，也可称为法律行为，是指以权利主体的意志为转移，能够引起法律后果的法律事实。行为按其与法律的要求是否一致可以分为合法行为和不合法行为。

合法行为是与法律的要求相一致的行为。合法行为依据行为人在从事该行为时的目的是否在于达到某一法律后果可分为两类：一类是以产生某种法律后果为目的的行为。大量的合法行为都属于此类，如订立合同、结婚、诉讼、行政管理等等。另一类是法律后果的出现不依赖主体要达到该后果的意志，即不以产生某种法律后果为目的的合法行为，如公民抢救国家财产的行为、见义勇为与犯罪分子斗争的行为。前一类合法行为要求主体具有权利能力和行为能力，否则其行为在法律上无效；后一类合法行为对主体没有类似的要求，无行为能力人如幼童抢救国家财产、捉拿罪犯的行为同样能引起法律后果。

不合法行为，是指与法律规范的要求不一致的行为，通常也可称为违法行为。不合法行为不能产生行为人所预期的法律后果，即不能产生调整性法律关系。但是，不合法行为不能产生调整性法律关系，并不意味着不能产生保护性法律关系。不合法行为是承担法律责任的依据。不合法行为以行为人主观上有过错作为其构成要件①，在客观上使法律所保护的社会关系受到侵犯。

在一般情况下，承担法律责任应遵循过错原则，但在有些情况下，尤其是随着高度危险性工业的发展，其随时都可能给他人造成损害，如果坚持过错原则，受害人往往得不到应有的补偿。在我国《民法典》和其他许多国家的有关立法中均规定，从事高度危险性业务，如从事高空、高压等作业，对他人造成损害的，即使没有过错，行为人也要承担民事赔偿责任。这就是所谓“无过错责任”。

对于合法及违法的法律行为，在下一章有更为详细的分析和讨论。

2. 事件

事件，也称法律事件，是指法律不把法律后果与人的意志相联系的法律事实。依是否由人们的行为而引起，事件可以被划分为绝对事件和相对事件。

绝对事件，是指不是由人们的行为而是由某种自然原因而引起的事件。例如，人的自然死亡和出生、时间的流逝等自发性质的现象。又如，人的死亡引起婚姻法律关系、劳动法律关系消灭；人的出生引起父母与子女的法律关系产生；等等。

相对事件，是指由人们的行为引起，但在一定的法律关系中，法律并不考虑它与人的意志的联系的法律事实。例如，死亡可能是由于自杀，也可能是他杀所致，但它都是人的生命的终止。就终止死者与其生前所在单位的劳动法律关系而言，法律并不考虑是自杀还是他杀，它们都是事件。

相对事件表明，行为与事件之间的界限不是绝对的。例如：交通事故，对于由肇事者所直接引起的保护性法律关系而言是行为，肇事者应该承担相应的法律责任；但对于因交通事故而死亡，从而使死者与其生前所在单位的劳动法律关系解除而言，属于事件。

① 有一类行为，虽然在客观上造成对法律所保护的社会关系的侵犯，但行为人在主观上没有过错，如无行为能力或限制行为能力的未成年人或精神病患者的有危害的行为；由不可抗力所造成的有社会危害的行为，如由于自然灾害农民不能履行粮食购销合同，或者刑法上所说的“正当防卫”和“紧急避险”行为。这类在客观上有危害后果但行为人在主观上没有过错，不能与上述行为人主观上有过错并造成危害结果的行为相混淆。

（二）肯定的法律事实和否定的法律事实

按照产生法律后果是否要求某些现象存在，法律事实可分为肯定的法律事实和否定的法律事实。

肯定的法律事实的概念旨在说明，法律后果的产生要求有一定的现象出现，如果不存在该现象，则不可能产生该法律后果。如服兵役必须达到一定年龄，得过精神病的人恢复行为能力要求有医生的证明，担任某一公职需要有主管机关的任命书，等等，都属于此类。

否定的法律事实的概念旨在说明，法律后果的产生要求不存在一定现象，如果存在该现象，则不可能产生这一法律后果。例如：婚姻登记需要不存在重婚现象、不存在某种亲属关系；被任命为政府官员需要没有被剥夺政治权利；作为某一案件的审判人员、检察人员、侦查人员，不得是该案当事人或者当事人的近亲属；等等，都属于此类。

（三）一次性作用的法律事实和状态

按照作用时间的长短，法律事实可分为一次性起作用的法律事实和连续性起作用的法律事实即状态。

绝大多数法律事实——行为、事件，都是一次性起作用的，即法律规范仅仅在该具体情况发生时将它与法律后果相联系。状态，是长时间地、连续地或定期地存在并产生法律后果的情况，如国籍、婚姻状况、外交关系等。

一些法学著作中，曾经把状态作为与行为和事件平列的第三类法律事实。但是，状态作为法律事实并不是按区分行为与事件的标准——是否以主体的意志为转移进行划分的，有些状态以主体的意志为转移，如婚姻状态、外交关系状态；而另外一些状态不以主体的意志为转移，例如，血亲状态。状态区别于其他法律事实的特点在于它的长期性和连续性。同时，状态本身往往又是由其他法律事实引起的法律后果，所以，它也是一种长期发生作用的法律事实。

（四）单一的法律事实和事实构成

按照产生法律后果所需要的法律事实的数量，法律事实可分为单一的法律事实和由足够法律事实所组成的系统，即事实构成。

单一的法律事实，所说明的是，产生某一法律后果只要求出现单一的现象，例如，出生是建立父母与子女间法律关系的单一法律事实。

有些法律关系的产生则必须具备两个或两个以上的法律事实，在这些法律事实之间形成了一个法律事实所组成的系统——事实构成。

问题与思考

1. 为什么说法律关系是一种特殊的社会关系？
2. 如何理解法律规范与法律关系之间的关系？

3. 权利与义务在法律规范和法律关系中有何区别？

4. 试比较法律关系的分类与法律规范和法律调整的分类的异同。

5. 如何理解法律关系主体的法律性和社会性？

6. 权利能力、行为能力和责任能力之间是什么关系？

7. 如何理解法律关系的内容？

8. 法律权利和法律义务有何特征？二者关系如何？

9. 不同法律关系的客体有何不同？

10. 法律关系产生、变更和消灭的条件有哪些？它们的关系如何？

11. 法律事实有哪些分类？分类标准是什么？

阅读文献

1. 黄建武. 法律关系：法律调整的一个分析框架. 哈尔滨工业大学学报（社会科学版），2019（1）

2. 陆幸福. 人工智能时代的主体性之忧：法理学如何回应. 比较法研究，2022（1）

3. 方新军. 权利客体的概念及层次. 法学研究，2010（2）

4. 张恒山. 本位与重心：关于法本位问题之争论//张恒山. 共和国六十年法学论争实录：法理学卷. 厦门：厦门大学出版社，2009

5. 常鹏翱. 法律事实的意义辨析. 法学研究，2013（5）

6. 周青林. 中国语境中的“权利能力”. 北大法律评论，2009（1）

7. 霍菲尔德. 基本法律概念：上编. 张书友，编译. 北京：中国法制出版社，2009

第十一章

法律行为和法律责任

本章概要

在法的实施过程中，会出现合法行为和违法行为两种基本形式。合法行为是法的实施和实现的正常形式；违法行为引起承担相应的法律责任，使应负法律责任者受到相应的法律制裁。所以，需要对合法行为、违法行为、产生违法的原因、追究法律责任、实施法律制裁等一系列问题加以研究和探讨。

关键术语

法律行为　表意行为　事实行为　合法行为　违法行为　违法构成　违法原因　法律责任　法律制裁

第一节　法律行为

一、法律行为的概念和分类

（一）　法律行为的概念和特点

“法律行为”是法学中经常使用的概念，但这一个概念可以有多种含义。广义的法律行为，是指一切在法律上具有意义的行为。狭义的法律行为与事实行为相对，常在民法学上使用，如我国《民法典》规定的“民事法律行为”。我们这里采用广义的法律行为概念。

法律行为的特点大致有以下几点。

1. 法律性

法律行为具有法律性，是指法律行为是受到法律直接调整或评价的行为。社会关系中有大量的行为并没有进入法律的视野之中，法律并不过问。这类行为即是法律上无意义的行为。这类行为自然也谈不上是法律行为。

2. 意志性

法律行为具有意志性，是说它都与人的有意识的、主动性的活动有关，是人的意志性活动的表现。行为的意志性，为法律调整提供了可能。如果一个所谓的行为不受人的意志的控制，那法律顶多视其为一种“事实”。所有的行为都与人的意志有关联，是意志外化的表现，也是意志的载体。

3. 社会性

法律行为具有社会性，即它都是在社会关系中发生的，是具有社会意义并能产生相应社会后果的行为。单纯的个人行为并不受法律的调整，因此不是法律行为。法律行为是人在社会生活和交往中发生的社会关系的具体表现形式之一，同时也并非所有有社会意义的行为都是法律行为，国家要进行选择，将其中具有重要社会意义的行为设定为法律行为。在这个意义上，法律行为受到社会关系诸因素的广泛而深刻的影响。

（二）法律行为的分类

关于法律行为的分类，可以有多种。

1. 表意行为和事实行为

任何行为都与行为人的意志具有直接关系，但是，有的与行为人的意志（动机）具有直接关系，是行为人所追求的、希望出现的，有的与行为人的意志（动机）不具有直接关系，不是行为人所追求的，甚至行为人是不愿意让它出现的。前一种行为就是表意行为（也可称为狭义的法律行为），后一种行为就是事实行为。

表意行为，是以引起某种法律后果为目的的行为，即某种法律关系的产生、变更和消灭是行为人所追求的。表意行为在民法领域最典型，被称为“民事法律行为”或“意思表示”，比如签合同、结婚、离婚、立遗嘱等，当事人做这些行为的目的是产生、变更或消灭合同、婚姻、财产继承的法律关系。除了民法领域，其他法律领域也有大量这样性质的行为，比如行政处罚、司法判决。

事实行为，是基于行为作为一种事实而不是基于意思表示而引起法律后果的法律行为，即某种法律关系的产生、变更和消灭虽然是该行为引起的，但它不是行为人所追求的，也就是说，不管行为人是认识到还是没有认识到、愿意还是不愿意，只要作出这一行为，就产生该法律后果。比如交通肇事，该行为会产生损害赔偿法律关系或刑事法律关系。

表意行为与事实行为在法律性质上是不同的。对于表意行为来说，其只有符合法律规定的成立和生效要件，才具有法律效力，产生行为人所希望出现的法律后果；如果不符合法律规定的成立和生效要件，就属于无效行为，不引起行为人所希望出现的法律后果（但是可能会引起其他法律后果）。对于事实行为来说，只要该行为出现，其就具有法律效力，引起法律规定的后果。

2. 合法行为与违法行为

根据人的行为是法律所准许的还是不准许的、是受到法律的肯定还是否定，法律行为分为合法行为和不合法行为（违法行为）。这是对法律行为最常见的一种分类。

合法行为有广义和严格意义之分。广义的合法行为，是指法律所不禁止的一切行为。某一行为只要未为法律所禁止，就是允许的。但是，各国学者所理解的“法律所不禁止的一切行为”都是有条件的，即这种行为不仅是法律未明文禁止的，而且是不违反法律的基本原则和善良风俗的。同时，广义上的合法行为并不一定是法律上有意义的、能引起法律后果的行为。

严格意义上的合法行为，即本来意义上的合法行为，是指社会关系参加者作出的符合法律规定的、对社会有益的、至少是无害的、受到法律保护的行为。

严格意义上的合法行为的特征包括：（1）法律上有意义的（处于法律的直接调整范围内），并且符合法律规定和法律原则的行为；（2）有益于该社会（如社会主义社会），至少是无社会危害性的行为；（3）一定社会必然要求的、希望的或允许的行为；（4）是为国家法律所保障和保护的行为。

在我国，合法行为是指对社会主义社会有利，至少是无害的，符合社会主义法律规定的，受国家保护的行为。

合法行为在很多情况下是一种有意识的自觉行为，其自觉的性质、程度和动机，构成了合法行为的主观方面。当社会关系参加者按照法律规范的要求行为而且符合法律规范的要求时，就可以认为法在生活中实现了，在社会生活中建立了法律秩序。

二、合法行为的种类

合法行为各式各样，种类繁多，既可以是作为，也可以是不作为；既可以是主动的，也可以是被动的。对合法行为，可按照不同标准加以分类，这里介绍其中的几种分类方式。

（一）按照法律行为所实现的规范的性质对合法行为的分类

按照法律行为所实现的规范的性质的不同，合法行为可分为：遵守禁令的法律行为、履行积极义务的法律行为、享有合法权利的法律行为。这几种法律行为，分别对应的规范就是禁止性规范、义务性规范和授权性规范。

（二）按照行为人的内心动机和心理期望对合法行为的分类

按照行为人的内心动机和心理期望，合法行为可分为如下几种。

（1）由于深刻理解并确信法律规定的必要性和合理性而作出的合法行为，如公民积极参加选举的行为。

（2）对法律规定并无全面、深刻理解，而仅仅出于对法律规定的服从而作出的合法行为。在社会生活中，每个人都是在与周围其他人和集体的关系中行动的，人们常常要使自己的行为同在一定集体或整个社会中占统治地位的意见、评价、规范相符合，所以，人们有时是遵循“随大流”的原则行事的，并没有专门考虑过为什么大家要这样行为。这种行为叫作顺应行为。在社会主义社会，自觉的合法行为当然重要，但国家和社会也要在一定程度上依靠顺应性的合法行为，注意培养良好的社会风尚，形成守法的气氛。

（3）行为虽然符合法律规定，但却是出于对惩罚的惧怕，在法律的强制力之下作出的。所以，如果某人作出合法行为只是由于害怕受到惩罚，那么一旦监督削弱或丧失，其行为就有可能从合法变为不合法。如前所述，法律调整机制的全部因素都对合法行为的动机的形成产生影响。

(三) 按照行为主体的不同对合法行为的分类

按照行为主体的不同，合法行为可分为：自然人的合法行为、法人或非法人组织的合法行为、国家机关及其公职人员的合法行为。

自然人的合法行为，是指个人或集体所为的，法律所要求的、允许的或不禁止的行为。这种行为总是对社会有益的，至少是无害的，符合法律基本原则的行为。在实践中确认自然人行为的合法性时应注意：(1) 行为不得违反各项法律原则、公共利益和善良风俗。(2) 实现权利、履行义务的方式不得是法律所禁止的。

法人或非法人组织的合法行为，是指法人或非法人组织在执行法人或非法人组织任务时所为的符合法律和其章程规定的行为，由其法定代表人或代理人实施。民法、经济法等部门法对法人或非法人组织的合法行为有详细的专门研究。

国家机关及其公职人员的合法行为，一般是指由公职人员实施的、与公职人员的法定职务有直接联系的行为。这种行为是依法定职权作出的，体现了国家对一定事务的管理，具有法律上的约束力。公职人员在其任职期间所为合法行为，不会因其被解职而变为无效。在现代化的法治国家中，评定国家机关公职人员行为的合法性，一般要遵循法定主义原则，即要求国家机关公职人员的行为必须有法律的根据。

三、违法行为的特点及构成

违法行为，是指有社会危害性的、有过错的、违反法律规定的行为。不履行法定义务，违反法律的禁止性规定，滥用权利等，都可以构成违法。对违法一般有广义和狭义两种理解。广义的违法，是指一切违法，包括一般违法和严重违法（犯罪）。狭义的违法，仅指一般违法，不包括犯罪。我们这里是在广义上使用违法一词。

(一) 违法行为的特点

违法行为的特点主要有如下几个方面。

1. 违法行为是一种社会行为

构成违法的只能是行为。行为包括作为和不作为。人的思想、意识，如果没有体现在行为中，就不能是违法的。

2. 违法行为是有过错的、不合法的行为

所谓不合法行为，是指从行为的外部特征看，违反法律规定的行为（作为、不作为）。仅仅违背道德规范或社会团体规范，没有违反法律规定的行为，不是违法行为。所谓有过错，是指从行为的内在方面看，行为人有故意或过失。这两者都说明了行为的违法性。

3. 违法行为是行为的社会危害性在法律上的表现

通常认为，不应仅仅把违法看作是对法律的违反，不应仅仅认为由于法律规定某种行为是违法的，才存在违法。违法行为的违法性是其社会危害性的法律表现。

社会危害性是违法行为的最本质的特征。所谓违法行为的社会危害性，首先是指该违法行为对占统治地位的社会关系和社会秩序的危害。因此，违法具有强烈的阶级性，统治阶级总是把不利于其统治、反抗其统治的行为作为违法行为来制裁。在不同历史类型的法中，规定什么是有社会危害性的违法行为，也有本质区别。其次，不少违法行为的社会危害性是指向人类生活的共同秩序的，即无论在哪一个社会都是反社会的，甚至是反人类的任意行为。不能简单地把一切违法行为都仅仅看成是对有利于统治阶级的社会秩序的破坏。最后，违法行为的社会危害性是随着社会的发展变化而变化的。在一定社会条件下，某种违法行为具有较大社会危害性，在社会条件发生变化后，其社会危害性可能会变小；反之亦然。社会的发展变化不仅影响到违法行为社会危害性的量的变化，而且影响到社会危害性的质的变化。

违法行为的社会危害性和其违法性，应是统一的。理解违法行为的概念时，缺少哪一方面都是片面的。在现实生活中，什么是实际上有社会危害性的违法行为，同什么仅仅是被法律确定为违法的行为，存在着深刻的差别。不能像法律实证主义者那样把二者简单等同。在社会主义社会，违法行为的社会危害性即其反社会性，同它的法律表现即其违法性，是统一的。被社会主义法律确定为违法的行为，都应当是真正的反社会的、有社会危害性的行为。

（二）违法行为的构成

违法行为有其特定的要件构成。违法构成是引起法律后果所必须具备的法律事实系统，是一种特殊的事实构成。只有具备这一事实系统的全部事实（要件），才能构成违法行为。这些构成要件有以下几个方面。

1. 客体

任何违法行为都有被侵犯的客体，即违法行为必须在不同程度上侵犯了法律所保护的社会关系。任何违法行为都必然给一定的社会关系和社会秩序造成危害，因此，必须把对社会的危害性作为认定行为违法的根据之一。如果某种行为没有社会危害性，没有侵犯法律所保护的社会关系和社会秩序，就不能被认为是违法行为。不侵犯任何客体的行为不能构成违法行为。

2. 客观方面

违法行为必须是违反法律规定的行为，既可以是积极的作为，也可以是消极的不作为。被视为违法行为的作为或不作为，必须具备两个特点：一是它必须表现为人的外在活动，单纯的思想意识活动是不能构成违法行为的。二是它必须表现为对法律规定的违反，即做了法律所禁止的行为，或者没有做法律所要求的行为。因此，人的无意识的本能反应行为不构成违法行为。同样，人在受到不可克服的力量和强制而完全丧失自由的情况下被迫所为的、违反自己意志的行为也不构成违法行为。要确定违法行为的客观方面，还必须查明行为与造成结果之间的联系，这是法律适用中必须解决的复杂问题。

3. 主体

违法者必须是具有法定责任能力的主体。违法行为必须是违反法律规定的、有社会危害性的、有过错的行为，但并不是任何人的这种行为都会构成违法行为。根据我国法律规定，能够成为违法行为主体的自然人必须是达到法定年龄并具有责任能力的人，能够成为违法行为主体的组织必须是能够独立承担民事责任或承担刑事责任的法人或非法人组织。如果行为者没有法定责任能力，就不能成为违法行为主体。例如，没有达到法定责任年龄的幼儿和不能理解、控制自己行为的精神病患者，其所为的有社会危害性的行为不构成违法行为。

4. 主观方面

违法行为必须出于故意或过失，即行为者在主观方面有过错。人的行为是受其思想支配的，违法行为也为违法者的思想所驱使。违法者的主观方面有故意和过失两种心理状态。明知自己的行为会发生危害社会的结果，并且希望或者放任这种结果发生，因而构成违法行为的，是故意违法行为；应当预见自己的行为可能发生危害社会的结果，因为疏忽大意而没有预见，或者已经预见而轻信能够避免，以致发生这种结果而构成违法行为的，是过失违法行为。如果某种行为在客观上虽然造成了危害社会的后果，但行为人没有故意或者过失，而是由不可抗力或者不能预见的原因造成的，则不能认为是违法行为。

现代法律理论普遍认为，行为人只有在主观上有过错（或罪过）时才承担惩罚性的责任。对自己有过错的行为承担责任，不仅是刑法、行政法的原则，也是民法、经济法等所有部门法的一般原则。但是，在民法中，在有些情况下，尽管行为人没有过错，不构成违法行为，行为人也应当就其造成的损害承担民事责任。在这种情况下，实际上行为人不是在本来意义上对违法行为承担责任，而是在承担一种积极意义的法律义务。

上述构成违法行为的四个要件，是相互联系、相互制约、缺一不可的。缺少哪一个要件，都不可能构成违法行为。只看行为对社会有危害性，不符合法律的规定，不管行为人是否有辨认和支配自己行为的能力，不管行为人主观上是否有过错，必然导致“客观归罪”，惩罚了不该惩罚的人。只看违法行为的主体和主观方面，不管行为是否侵犯了法律所调整的社会关系，必然导致所谓“主观归罪”，也是惩罚了不该惩罚的人。所以，在认定某一行为是否构成违法行为时，必须进行全面的考察。

资料链接

2005 年 3 月，深圳市公安局龙岗区分局龙新派出所在无任何证据证明在其辖区内存在“河南籍敲诈勒索团伙”的前提下，为打击辖区内的刑事犯罪，在辖区的怡丰路黄龙塘市场附近的大街上悬挂“坚决打击河南籍敲诈勒索团伙”和“凡举报河南籍团伙敲诈勒索犯罪、破获案件的，奖励 500 元”的横幅。这一明显带有地域歧视性质的横幅一挂出，当即招致不少市民的非议。

同年4月15日，在河南省某律师事务所任职的河南籍公民任某宇和李某照以深圳市公安局龙岗区分局的行为侵害了二人的名誉权为由，向河南省郑州市高新区人民法院提起诉讼。二原告认为，被告下属机构龙新派出所对二原告家乡的地域歧视和对整个河南籍人群的否定性社会评价，不仅严重违背了《宪法》第33条确立的“在法律面前一律平等”的宪法基本原则，而且直接损害了二原告家乡及所有河南籍中国公民和河南籍侨民的声誉和名誉，被告的行为已侵害了二原告作为河南籍中国公民所应享有的名誉权和精神健康。原告要求法院判令被告依法就其侵权行为对二原告公开赔礼道歉，并将道歉内容在一家人民法院认可的国家级新闻媒体上公开发表。

从违法构成要件的角度看，深圳市公安局龙岗分局的行为构成违法吗？

四、违法行为的种类

对违法行为可以从不同角度进行分类，例如，从主体角度可以分为公民的违法行为和法人的违法行为，从主观方面可以分为故意违法行为和过失违法行为，等等。根据违法行为的性质和危害程度，一般可将违法行为具体分为：

（一）刑事违法行为

刑事违法行为，也称犯罪，是指危害社会的、违反刑法并且应当受刑罚处罚的行为。犯罪在所有的违法行为中，对社会的危害性最大，是严重违法行为。

（二）民事违法行为

民事违法行为，是指违反民事法律且应当承担民事责任的行为。民事违法行为属于一般违法行为。与犯罪不同，法律对民事违法行为一般不明文详细列举。民事违法行为可分为两大类：债的不履行和侵权行为。债的不履行，是指债务人“不履行或不按合同履行自己所承担的义务”。债的不履行又可分为全部不履行和不适当履行。如买卖合同中买方根本没向卖方付款或卖方根本没向买方交货，就属于债的全部不履行。买方向卖方支付了一部分货款，或付款的时间、地点、货币品种等不符合合同的规定，或者卖方只向买方交付了一部分货物，或货物的品种、质量，交货时间、地点不符合合同的约定，都属于债的不适当履行。侵权行为是不法侵害他人人身权或财产权的行为。侵害他人的生命权、健康权、姓名权、名誉权等权利的行为属于侵犯人身权，侵害他人财产权利的行为属于侵犯财产权。侵害他人知识产权或著作权的行为，往往是既侵犯了他人的人身权，也侵犯了他人的财产权。

（三）行政违法行为

行政违法行为，是指因违反行政管理法律、法规而应当承担行政责任的行为。行政违法行为也属于一般违法行为。大部分行政违法行为是指社会关系参加者违反行政法律规范的行为，这是本来意义上的行政违法。这种违法行为的责任由相应的行政机关确定，对其中某些违法行为的认定，如果行为人不服，可诉诸法院解决。另一部分行政违法行为是指国家机关公职人员或法人、非法人组织的成员违反纪律，但尚不构成犯罪的行为。这种违法行为的责任，由行政法规范和劳动法规范分别加以规定。有些学者根据侵犯的客体和承担责任的程序的不同，认为这种违法行为是独立于行政违法行为之外的纪律违法行为。

（四）违宪行为

违宪行为，是指有关国家机关制定的某种法律、法规和规章，以及国家机关、社会组织或公民的某种活动与宪法的规定相抵触。我国宪法明确规定，一切法律、行政法规和地方性法规都不得同宪法相抵触；一切国家机关和武装力量、各政党和各社会团体、各企业事业组织都必须遵守宪法和法律；任何组织或者个人都不得有超越宪法和法律的特权。所以，对任何违宪行为，都必须予以追究。

案　例

案例一：某国有企业的副总经理王某利用职权的便利将其情妇张某安排到其公司的法务部门。张某实际上并没有上班，也没有从事任何具体业务，但在此后的三年时间内领取法务专员的薪水和奖金共约20万元。

案例二：某国有公司总经理张某利用其职权在某海滨城市设立公司办事处，该办事处的唯一工作人员是其情妇王某。王某在该办事处负责本单位人员的出差和疗养事务，每月领取的薪水是5 000元。

上面两个案例中，公司负责人的行为是构成违法行为，还是仅仅违反了公司纪律或者中国共产党的纪律？

五、行为违法的原因

（一）产生违法行为的社会根源

违法行为作为一种个人反社会的任意行为，有着深刻的社会根源。历史唯物主义是科学解释社会历史现象（包括违法行为）的理论。历史唯物主义认为，对于产生违法行为的一般社会原因，归根到底应从社会的物质生活条件中去寻找。社会的物质生活条件，对社会的发展和个人的行为都具有决定性的意义，无视它们就不能正确理解人们的行为。阶级社会的物质生活条件引起了阶级统治（一定阶级在经济上、政治上、思想上的统治）以及维护这种统治秩序的法律形式；同样，也正是这种社会物质生活条件，引起了以某种方式反对占统治地位的社会关系和保护这种关系的法律形式的行为。所以，归根到底，不是法引起违法行为，也不是地理环境或者某种人类学因素引起违法行为，而是阶级社会的物质生活条件，主要是一定的生产方式引起违法行为。

在剥削社会，产生违法行为的一般社会根源在于剥削制度本身。在社会主义社会，人们之间仍然会存在重大的利益矛盾，仍然存在产生违法行为的一般社会原因。在这里，应该注意区别社会主义社会和社会主义制度两个概念。社会主义的本质是解放生产力、发展生产力，消灭剥削、消除两极分化，最终达到共同富裕，所以，实行社会主义的社会主义制度不是产生违法行为的根源。相反，社会主义制度的建立，为人类消灭违法行为的一般社会原因创造了最基本的条件。但由于社会主义制度本身还有许多不完善的地方，加上剥削阶级思想的影响，国际上帝国主义、霸权主义和种种极端的种族主义、恐怖主义的存在，还不可能完全防止某些社会成员发生腐化堕落、违法的现象，所以，在社会主义社会仍然存在产生违法行为的一般社会原因。

（二）产生违法行为的具体原因、主观原因

产生违法行为的一般社会根源，实际上也就是产生和存在法的一般社会根源，是产生和存在法和违法行为的一般客观原因。但这种一般的客观原因，在每一个行为者身上的具体表现是千差万别的，需要作具体的分析。产生违法行为的客观原因，只是导致违法行为的外因。在同样的社会条件下，有的人选择了合法行为，有的人却选择了违法行为，这就说明，外部社会条件对人们行为的影响，是以行为者的思想为中介的。人的意志有相对的自由，某些人从事违法行为有其内在的主观原因。

社会主义社会仍然存在产生违法行为的一般社会原因，社会主义制度不够完善也往往为违法行为提供了条件，但是某些人走上违法道路，却不能完全归咎于客观条件，而是有其思想、世界观方面的原因。我们在具体分析某个人违法的原因时，应该全面地注意到客观条件和主观原因，对主观原因也不能简单地仅仅归结为旧思想的影响。在社会主义社会，违法行为事实上反映了反社会的不道德行为的特点。长期以来剥削社会产生的利己主义、贪婪、拜金主义等等，是一方面的原因；另一方面，如家庭不和、不良社会影响、封建迷信、学校教育的偏差、就业的困难、不良的居住条件、酗酒、赌博、生活困难、财产管理制度的不健全等等，也都是我们在研究违法行为的原因时应予以注意的问题。总之，对具体的违法行为的产生原因，应作全面、具体的分析。

第二节　法律责任

一、法律责任的概念和特点

法律责任有广、狭二义。广义的法律责任与法律义务同义，如每个公民都有遵守法律的责任（义务），人民法院有责任（义务）保护当事人的合法权利，等等。狭义的法律责任，专指违法者对自己实施的违法行为必须承担的某种带有强制性的责任。这种法律责任是同违法行为密切联系在一起的，凡是实施了违法行为的人，都必须对国家和受害者承担相应的法律责任。这是一种追溯性的责任。本节就是在这一狭义的意义上使用法律责任一词的。

法律责任不同于其他的社会责任如政治责任、道义责任等，具有如下主要特点。

1. 法律责任与违法行为相联系

只有对违法者才能追究其法律责任。违法行为是承担法律责任的根据，不构成违法行为的，不承担惩罚性的责任。

2. 法律责任是国家机关对违法者实行法律制裁的根据

在法律上有明确、具体的规定，对不同的违法行为，法律规定有不同的法律责任。违法者只对其违法行为承担法律规定的相应责任，并接受相应的法律制裁。通常确认了法律责任，再进一步明确法律制裁。不能超越法律的界限对违法者追究法律责任。

3. 法律责任体现了违法者与国家机关之间的关系

法律责任意味着一定的国家机关要代表国家查清违法行为的性质、特点、情节。法律责任具有国家强制性，是由国家强制力予以保障的，因此，只能由国家司法机关和国家授权的专门机关来追究法律责任，其他任何组织和个人都无此项权力。

4. 法律责任意味着国家对违法行为的否定性反应和谴责

法律责任突出强调的是违法者在法律上的应受谴责性。由于违法行为的性质和危害不同，违法者所承担的法律责任也不同，所受到的谴责程度和谴责方式也不同。刑事违法行为实施者承担刑事法律责任，民事违法行为实施者承担民事法律责任，行政违法行为实施者承担行政法律责任，违宪行为实施者承担违宪法律责任。

二、法律责任的作用

现代社会中，法律责任的作用，首先在于惩戒违法者，保护社会法律秩序，同时也具有深刻的教育人的目的。这就是法律责任的保护（惩戒）作用和教育作用。法律责任的教育职能体现在对违法者的改造和再教育方面，也体现在对所有社会成员进行遵纪守法、职业道德和社会公德的教育方面。对违法者的教育改造是以从其意识和心理中清除导致实施违法行为的旧意识和恶习、培养合法行为的动机和适应社会正常生活所要求的品质为前提的，这些都同思想、业务、技能的教育分不开。法律责任的这两个方面是相辅相成、相互促进的，其目的都是预防违法。

三、承担法律责任的基本原则

在现代社会，要实现法律责任的目的，就应遵循承担法律责任的基本原则，如民主原则、法治原则和人道主义原则等。这些原则体现了人类文明的进步，特别是法律文化的优秀成果。

具体而言，承担法律责任应遵循以下一些基本原则。

1. 合法性原则

承担法律责任的合法性原则，是指承担法律责任必须有法律的根据，必须合法，这里既包括符合实体法，也包括符合程序法。这一原则也包含法律责任的及时性原则，即在法律规定的时效期限内，及时追究违法者的责任。

2. 公正性原则

承担法律责任的公正性原则，是指承担法律责任必须符合平等、适度、尊重等公平正义原则。如刑法中要求的罪刑相适应，罚当其罪，责任与造成损害的行为相适应等；对违法者不能采取侮辱人格的措施。如果违法行为造成的损失可以逆转，则法律责任应能保证补偿损失；如果违法行为造成的损失不可逆转，则惩罚应加重。

3. 合理性原则

承担法律责任的合理性原则要求，从法律责任的目的出发，按照行为违法的程度、违法者的情况、违法行为的情节来选择对违法者的惩罚措施。如果法律责任的目的比预期更早地达到了，可以减轻责任（如减刑、假释、处分的提前撤销等）。法律规定往往给考虑合理性提供了可能，使执法机关有一定的选择余地，所以，执法者应在法律规定的限度内对具体案件仔细斟酌，给违法者以合理的制裁。

4. 不可避免性原则

承担法律责任的不可避免性原则，意味着没有任何违法行为能够逃避国家的惩罚和社会的谴责。惩罚的预防意义，主要不在于惩罚的轻重，而在于其不可避免性、不可逃脱性。所以，提高法律责任的不可避免性，是加强与违法行为进行斗争的效果的基本条件。

总而言之，在处理具体案件的情况下，法律责任的公正性、合理性应是其合法性的表现，法律责任的及时性、不可避免性也应以其合法性为前提。此外，法律责任的个人化，即违法者只对违法行为负责，反对株连，反对酷刑等，也是人类法律文化中积累的合理、进步因素。只有坚持这些原则，才能真正达到法律责任的目的和预期效果。

资料链接

《刑法》第3条规定："法律明文规定为犯罪行为的，依照法律定罪处刑；法律没有明文规定为犯罪行为的，不得定罪处刑。"

《刑法》第5条规定："刑罚的轻重，应当与犯罪分子所犯罪行和承担的刑事责任相适应。"

《行政处罚法》第4条规定："公民、法人或者其他组织违反行政管理秩序的行为，应当给予行政处罚的，依照本法由法律、法规、规章规定，并由行政机关依照本法规定的程序实施。"

《行政处罚法》第5条第1、2款规定："行政处罚遵循公正、公开的原则。""设定和实施行政处罚必须以事实为依据，与违法行为的事实、性质、情节以及社会危害程度相当。"

四、法律制裁

法律制裁，是指国家司法机关和国家授权的专门机关对违法者依其所应当承担的法律责任而采取的强制性措施。法律制裁与法律责任一样，也是基于违法行为才产生的。没有违法行为，就不能追究法律责任，也谈不上实施法律制裁。因此，法律制裁是以确定违法行为为前提的，同时也是追究法律责任的实际结果。当然，法律制裁与法律责任也有区别。在追究违法者的法律责任时，可视其违法行为的情节、危害程度、主观方面等具体情况，依法减免或从重、加重制裁。

(一) 法律制裁的两种形式：恢复权利性制裁和惩罚性制裁

法律制裁是国家保护和恢复法律秩序的强制性措施，包括恢复权利性制裁和对构成违法者实施的惩罚性制裁。恢复权利性制裁旨在消除非法行为造成的损害，恢复被侵犯的合法权利，保证已有义务的履行。惩罚性制裁旨在使违法者承担受惩罚的责任，即追加承受不利后果的新的义务。

这两种制裁都是国家对违法行为的反应，但有很大不同。前者的侧重点在于保护和恢复已有的权利，保证已有义务的履行；后者的侧重点在于追究违法者的责任，给他们追加新的受惩罚的责任。所以，前者也叫保护性制裁，后者也叫责任性制裁。前者往往具有绝对确定的性质，可以适用于客观上的不合法行为，如无意识的不当得利；后者通常具有相对确定性，在依法进行的个别调整中再具体化，并且原则上只适用于有过错的违法行为。

(二) 法律制裁的分类

根据违法者所应承担的法律责任的性质和实施法律制裁的主体的不同，可以将法律制裁分为以下四种。

1. 刑事制裁

这是指国家司法机关对违反《刑法》的犯罪者依其所应当承担的刑事责任而采取的刑罚措施。刑事制裁是各种法律制裁中最为严厉的惩罚措施。按照我国《刑法》的规定：刑罚分为主刑和附加刑两大类，主刑包括管制、拘役、有期徒刑、无期徒刑和死刑；附加刑包括罚金、剥夺政治权利、没收财产；对于犯罪的外国人，可以独立适用或附加适用驱逐出境。

2. 民事制裁

这是指国家司法机关对违法者依其所应当承担的民事责任而采取的惩罚措施。按照我国《民法典》的规定，民事制裁的方式主要有：停止侵害；排除妨碍；消除危险；返还财产；恢复原状；修理、重作、更换；继续履行；赔偿损失；支付违约金；消除影响、恢复名誉；赔礼道歉。以上方式既可以单独适用，也可以合并适用。人民法院审理民事案件，除适用以上制裁方式外，还可以对违法者予以训诫、责令具结悔过、收缴进行非法活动的财物和非法所得，并可以依照法律规定处以罚款。

3. 行政制裁

这是指国家行政机关对违法者依其所应当承担的法律责任而采取的惩罚措施，主要包括以下几种。

（1）行政处罚，是指国家行政机关对犯有轻微违法行为而尚未构成犯罪的违法者所采取的惩罚措施。行政处罚的种类主要有警告、罚款、行政拘留、没收违法所得等。我国的《行政处罚法》对行政处罚的设定和实施作了专门规定。

（2）行政处分，又称纪律处分，是指国家机关、企业、事业单位和其他组织根据法律或规章制度的规定，按照行政隶属关系，对违法失职构成违反纪律的人员采取的惩罚措施。行政处分的方式主要有警告、记过、记大过、降级、撤职和开除等。① 我国制定了《行政机关公务员处分条例》《公职人员政务处分法》等法律法规，对行政处分相关事项进行了详细规定。

4. 违宪制裁

这是指对违宪行为实施的一种国家强制性措施。在一般意义上讲，给予刑事、民事、行政等制裁，同时也是对违反宪法行为的制裁。这里所讲的违宪制裁，是指对受刑事、民事、行政制裁的行为以外的违反宪法行为所实施的制裁，如撤销违宪的法律、法规、决定和命令，解散违宪的组织，弹劾、罢免和制裁有违宪行为的国家机关工作人员等。

根据我国《宪法》，全国人大及其常委会有权监督宪法的实施；全国人大有权改变或撤销全国人大常委会不适当的决定，全国人大常委会有权撤销国务院制定的同宪法、法律相抵触的行政法规、决定和命令，有权撤销省、自治区、直辖市国家权力机关制定的同宪法、法律和行政法规相抵触的地方性法规和决议。全国人大及其常委会作出的这种改变或撤销的措施，就属于违宪制裁。

问题与思考

1. 合法行为有哪些种类？
2. 构成违法行为的要件有哪些？
3. 违法行为产生的原因主要有哪些？
4. 承担法律责任的基本原则主要有哪些？
5. 法律制裁的种类有哪些？

① 一些著作中有时还使用经济制裁一词，广义的经济制裁是指包括罚金、罚款、赔偿损失等一切有经济内容的制裁，这种制裁在刑事制裁、民事制裁、行政制裁中都有。狭义的经济制裁专指执法机关根据经济立法，对企业、法人、非法人组织或自然人实施的有经济内容的强制性措施，如赔偿损失、罚款、没收财产、停止贷款、责令停产整顿等。实际上这也就是民事制裁或者行政制裁中的一些制裁，或者是这两种制裁的某种结合。故严格说来，经济制裁并不是与刑事制裁、民事制裁、行政制裁并列的一类制裁，而是按制裁的经济性内容对制裁的另一种划分。

阅读文献

1. 黄金荣. 法理学中的“法律行为”//郑永流. 法哲学与法社会学论丛：总第 10 期. 北京：北京大学出版社，2007

2. 维尔纳·弗卢梅. 法律行为论. 迟颖，译. 北京：法律出版社，2013

3. 马驰. 普遍法律行为概念的法理学重构：以“权能”概念为基础. 法制与社会发展，2019 (4)

4. 皮特·凯恩. 法律与道德中的责任. 罗李华，译. 北京：商务印书馆，2008

5. 张骐. 论当代中国法律责任的目的、功能与归责的基本原则. 中外法学，1999 (6)

6. 余军，朱新力. 法律责任概念的形式构造. 法学研究，2010 (4)

7. 哈特. 惩罚与责任. 王勇，等译. 北京：华夏出版社，1989

8. 加布里埃尔·哈列维. 审判机器人. 陈萍，译. 上海：上海人民出版社，2019

| 下　编 |

中国社会主义法和法治的基本原理

第十二章
中国社会主义法的产生和发展

本章概要

马克思主义的历史唯物主义理论是指引我们认识、理解社会主义法的产生和发展规律的理论指南。新中国法制的创建及发展与马克思主义法学中国化有着直接的关联。新中国法制是在废除旧法统和继承革命根据地民主法制的基础上发展起来的。新中国法制的发展可被分成两大阶段，分别呈现不同的特点。

关键术语

科学社会主义　无产阶级专政　社会主义法　马克思主义法学中国化　法的继承性　新中国法制　革命根据地民主法制　改革开放　法律发展　中国特色社会主义法制理论　新时代中国特色社会主义法治理论　法制改革经验

第一节　中国社会主义法的产生

一、马克思主义关于创建社会主义法的基本观点

马克思主义为认识人类社会的发展历史，把握人类进步的内在规律性，提供了科学的方法论，为人类的解放事业指明了方向。其中的科学社会主义理论对于为什么要超越资本主义、为什么要建设社会主义以及如何建设社会主义等基本问题，给出了科学的、原则性的回答。这一理论的创立也是社会主义从空想变为科学的重要标志。马克思主义凭借其科学性和进步性，深刻、有力地影响着人类社会发展的面貌，也深刻影响着人类思想发展的走向。

运用马克思主义关于法的阶级本质或法的历史类型理论来认识法的发展史，我们可以认识到，社会主义法是法的历史类型的一种，是处于最高阶段的一种新型法律制度。社会主义法产生和发展的理论基础与理论指引是马克思主义理论，尤其是其中的科学社会主义理论。马克思主义的基本原理也是我们认识、理解中国社会主义法产生和发展历

程的指南。

(一) 社会主义法的政治制度前提

科学社会主义理论的要点之一就是关于国家政权与阶级专政的理论。马克思主义国家学说深刻阐明了社会进步动力、社会历史类型、社会变革方式、阶级专政、民主与专政的相互依赖、国家与法制的辩证关系等一系列重大理论问题。社会主义法的产生及发展首先要有其社会制度前提和基础，社会基本制度的核心是国家制度、政治制度，因而，理解社会主义法的产生及发展，须首先理解作为法制基础的社会基本制度，理解无产阶级专政对于创建社会主义制度的必要性和重要性。

马克思主义认为：社会制度类型的更新与阶级斗争、阶级专政相联系。社会各阶级①之间的斗争与合作作为人类社会基本矛盾的集中体现，是推动人类进步的基本动力之一。而阶级斗争的发展必然导致无产阶级专政代替资产阶级专政，这是社会发展的必然规律。② 在从资本主义到共产主义、从阶级对立社会到无阶级社会之间必然有个过渡时期，这个时期就是社会主义时期。就其本质来看，社会主义国家是无产阶级专政的国家，无产阶级专政是进入和建设社会主义社会的必要手段和方式，是通往人类解放和自由的一条必经之路。

理解无产阶级专政理论，要明确几个要点。第一，无产阶级专政不仅仅是暴力，而且主要不在于使用暴力。把无产阶级专政仅仅归结为对敌专政的暴力是片面的。在争取和巩固无产阶级政权的时期，革命专政和暴力镇压的作用尤其突出。马克思主义经典作家强调的是，在社会重大变革的关键时期必须借助暴力革命和专政来实现社会根本改造，革命和专政在此意义上有其重大的历史进步作用。但是，显然不能就此得出结论说专政只能是暴力，社会主义的新社会就是仅仅依靠暴力统治的社会。实际上，在和平建设和提高社会主义“水平”的时期，需要越来越致力于发展生产力，实现社会成员更多的自由和福利，让人民有更多的尊严和幸福。③ 无产阶级专政的最根本任务是建设和发展社

---

① 关于阶级的概念，列宁认为：所谓阶级，就是这样一些大的集团，这些集团在历史上一定的社会生产体系中所处的地位不同，同生产资料的关系（这种关系大部分是在法律上明文规定了的）不同，在社会劳动组织中所起的作用不同，因而取得归自己支配的那份社会财富的方式和多寡也不同。所谓阶级，就是这样一些集团，由于它们在一定社会经济结构中所处的地位不同，其中一个集团能够占有另一个集团的劳动。参见《列宁选集》，3版，第4卷，11页，北京，人民出版社，2012。

② 马克思曾指出：至于讲到我，无论是发现现代社会中有阶级存在或发现各阶级间的斗争，都不是我的功劳。在我以前很久，资产阶级历史编纂学家就已经叙述过阶级斗争的历史发展，资产阶级的经济学家也已经对各个阶级作过经济上的分析。我所加上的新内容就是证明了下列几点：(1) 阶级的存在仅仅同生产发展的一定历史阶段相联系；(2) 阶级斗争必然导致无产阶级专政；(3) 这个专政不过是达到消灭一切阶级和进入无阶级社会的过渡。参见《马克思恩格斯选集》，3版，第4卷，425～426页，北京，人民出版社，2012。列宁对马克思的阶级专政理论作了进一步的阐释，他认为：马克思学说中的主要之点是阶级斗争。人们时常这样说，这样写。但这是不正确的……谁要是仅仅承认阶级斗争，那他还不是马克思主义者……只有承认阶级斗争，同时也承认无产阶级专政的人，才是马克思主义者……必须用这块试金石来检验是否真正理解和承认马克思主义。参见《列宁全集》，2版，第31卷，31～32页，北京，人民出版社，1985。

③ 人们经常说的从大规模急风暴雨的革命到和平建设的转型、从革命党到执政党的转型、从以阶级斗争为纲到改革发展的转型等，就是从不同角度来认识专政的历史任务的转变。这种转变使得有必要区分“非常”专政期和“常规”专政期。作出这种区分的主要理由就在于，我们现在所经历的社会主义社会与当初马克思主义经典作家所想象的作为过渡期的社会主义是很不同的。

会主义，为此，就必须把解放和发展生产力作为主要目标。第二，无产阶级专政不仅仅是政党或少数人的专政，还是阶级的专政，是广大人民群众自觉行动起来行使以革命来改变自己命运的历史权利。广义上的阶级专政也可说是人民的一种自我治理形式，人民是创建社会主义制度的历史主体。第三，在社会主义的和平发展及完善时期，应当以民主吸纳专政。阶级专政是人民与反对者的斗争，也是人民自我统治的形式，因而，专政是民主的一部分。在和平建设和发展社会主义的时期，民主本身就承担着专政的职能。

(二) 革命与社会主义法的产生

社会主义法得以创建的前提是无产阶级取得政权，而取得政权是无产阶级专政的直观表现，也是社会革命的直接后果。社会主义法得以产生的必然性来自社会主义制度的必然性。社会主义法作为最高历史类型的法律制度，是在推翻资本主义社会制度的基础上建立起来的。没有建立新型的社会主义国家，就不可能有体现人民要求建设社会主义的意志和根本利益的法律、法规。因而，社会主义法借助无产阶级专政才能产生和发展，无产阶级专政为社会主义法的产生奠定了基本的政治前提。在社会制度根本变革的时期，无产阶级专政与暴力革命相联系。

列宁曾提出过一个著名论断，即无产阶级的革命专政是由无产阶级对资产阶级用暴力手段来获得和维持的政权，是不受任何法律约束的政权。① 对列宁的这个论断，人们有不同的理解。实际上，列宁这段话是在废除旧制度、巩固新政权的激烈社会变革时期说的，因而他强调了革命暴力的地位和作用，即通过革命暴力变革社会，是人民的直接社会权利，是人民所应当享有的高于法律的"天赋人权"。这一论断不是说无产阶级专政的社会主义社会可以不要法律治理，或者可以任意违背自己制定的法律，而是说，拘泥于旧法制有时是过于书呆子气的，因为不打破旧法制，新制度就无从立足。进而言之，这个论断也并不是说，法只能被看作实现无产阶级专政任务的障碍，而是说，法同样可以成为实现无产阶级专政任务的武器，只是法必须随着无产阶级专政任务的变化而变化。

革命高于法律，革命权是高于现行法律的直接社会权利、人权。但是，革命后依然要依托法律来巩固革命的成果。革命是社会制度根本变革时期的非常之举，革命后的新社会秩序显然不是靠强调革命理念就可能实现的。恩格斯曾说："整个欧洲现有的政治制度，都是革命的产物。法制基础、历史权利、合法性到处都遭到千百次破坏或彻底颠覆。但是所有通过革命取得政权的政党或阶级，就其本性说，都要求由革命创造的新的法制基础得到绝对承认，并被奉为神圣的东西。革命权原先是存在的，否则现在的执政者就是不合法的了，但是后来这种权利被取消了。"② 这一论述揭示了革命与法律的辩证关系。

(三) 社会主义国家的治理离不开法律

在社会主义国家建立的初期，很容易产生法律虚无主义情绪，法律不受重视。这是

---

① 参见《列宁全集》，2版，第35卷，237页，北京，人民出版社，1985。
② 《马克思恩格斯文集》，第10卷，528页，北京，人民出版社，2009。

因为，革命行为突破旧法律制度，使人们产生一种错觉，似乎法律是可有可无的；劳动人民对剥削阶级旧法律深恶痛绝，也影响了其对新法律的态度；经过长期革命战争，以军事的、行政的命令推行政策已成为治理习惯；在一些国家或地区存在着严重的封建残余，缺乏民主、法治的传统等。

实际上，实现国家的阶级专政职能必须自觉借助民主法制，民主法制的水平越高，阶级专政的艺术越高超。新的无产阶级政权为了其统治必须打碎旧的国家机器，但并不是要废除法这种优越的社会调整方式。无产阶级应该比其他阶级更善于运用法这样的社会调整工具，这样，才可以建设更高度的文明形式。没有社会主义法制的更加完善，便没有无产阶级专政的持久稳固，便没有社会主义事业的繁荣昌盛。

（四）社会主义法的核心职能是发展生产力和民主

社会主义就其本质而言，是一种更加民主、更加公正、更加维护人之尊严的制度。民主之中蕴含着专政，民主要求以专政来保障；专政是实现民主的手段，专政因为民主更完善而逐步变得多余。无产阶级专政不是要废弃已有的民主形式如普选制、代议制等，而是要在此基础上实现真正的人民民主。以专政之名取代一切民主形式，则专政便失去方向而沦为暴政；以民主之名而忽略在社会特定时期革命专政的意义，则民主也难以全面落实和巩固。

法的对敌专政职能只是社会主义国家在一定时期的职能之一。法即便实行专政职能也离不开发展社会主义民主，进行大规模经济、文化建设等重要职能。社会主义国家需要法律，主要是为了保证人民当家作主，发挥人民群众的主动性、创造性，发展生产力。随着政权的巩固和经济、文化建设的展开，随着阶级斗争不再是社会的主要矛盾，社会对法律调整的需求日益增长，法的发展民主、促进生产力进步和社会公正等方面的功能更加突出。对此，列宁曾指出：我们的政权愈趋向稳固，民事流转愈发展，就愈需要提出加强革命法制这个坚定不移的口号。①

社会主义法和国家的命运是一样的。作为与国家政权相伴而生的实现阶级统治方式的法，将与国家政权的消亡相伴而逐步消亡。而作为体现与社会完全一致的、执行社会公共职能、调处社会不同主体之间的利益矛盾的精巧手段的法，显然将会继续存在下去并会获得更高、更科学、更精巧的发展。②

二、毛泽东思想对于创建和发展新中国法制的意义

马克思主义法学理论的中国化，是马克思主义中国化的重要组成部分。通过马克思主义的中国化，马克思主义的基本原理被创造性地运用于中国革命、建设、改革和发展的具体实践，进而形成了指引中国社会发展方向、中华民族走向伟大复兴进程的新理论，即毛泽东思想以及中国特色社会主义理论。马克思主义与中国实际相结合的第一次理论

---

① 参见《列宁全集》，2版，第42卷，353页，北京，人民出版社，1987。

② 参见孙国华：《法律——化解社会矛盾的主要的、精巧的、不可少的手段》，载《天津法学》，2010（1）。

飞跃，是中国共产党创立了毛泽东思想。

毛泽东思想是关于中国革命与建设的正确理论原则和经验总结，其中有关革命道路、政权建设、民主法制建设等方面的理论确立了新中国革命和建设的最重要原则，如革命夺取政权、民主建国、人民民主专政、人民代表大会制度等，对于中国的革命、建设、改革和发展更是具有根本的指导意义。在毛泽东思想指引下，中国共产党带领中国人民完成社会主义革命，确立社会主义基本制度，推进社会主义建设，完成了广泛而深刻的社会变革，为当代中国一切发展进步奠定了根本政治前提和制度基础。

毛泽东思想中的国家、民主及法制思想是马克思主义中国化第一次历史飞跃的重要成果。这些思想和相应的伟大实践对于我国法学研究、法制实践都有着直接的指导意义，指明了中国法制发展的方向。下文主要从创建社会主义法的角度来分析毛泽东思想对法学的指导意义。

(一) 革命“两步走”论指引了社会主义法的创建进程

毛泽东思想深刻揭示了只有暴力革命才能给中国以出路，只有革命才能彻底改变中国半殖民地半封建社会的状况。在此前提下，中国共产党领导的革命必须分为两步：第一步，进行新民主主义革命，建立一个新民主主义社会；第二步，进行社会主义革命，建立一个社会主义社会。新民主主义革命是无产阶级领导的，人民大众的，反对帝国主义、封建主义和官僚资本主义的革命，旨在建立无产阶级领导的包括各革命阶级联合专政的民主共和国，如毛泽东指出：“国体——各革命阶级联合专政。政体——民主集中制。这就是新民主主义的政治，这就是新民主主义的共和国……”① 新中国政权首先是一个新民主主义革命政权，在社会主义改造完成后才正式成为社会主义性质的政权。新民主主义革命政权的确立为新中国后来一切发展进步（包括法制发展）奠定了根本政治前提和制度基础。

与中国革命的道路相一致，中国社会主义法的产生也是分两步走。革命根据地时期的法和新中国成立初期的一些法律就是新民主主义性质的。如在新中国成立之初，为了肃清帝国主义、封建主义、官僚资本主义残余势力，立法机关分别制定了《土地改革法》《婚姻法》《惩治反革命条例》《惩治贪污条例》等重要法律法令。这些法律法令适应了新民主主义革命事业建设的需要。社会主义法制是对新民主主义法制的继续和延伸，新中国成立后新民主主义革命时期所创立的法律、政权体制和立法体制等都顺利地得到延续。中国共产党在社会主义改造完成后提出了社会主义建设的方针，这个方针包括加强社会主义民主法制的重大任务。

(二) 民主立国论奠定了社会主义法的民主底色

国家建设理论是毛泽东思想的核心之一。毛泽东思想所确立的新中国的国家性质是，新政权是人民民主专政的政权。这种专政理论和实践是对马克思主义无产阶级专政理论的丰富和发展。毛泽东同志曾指出：“总结我们的经验，集中到一点，就是工人阶级（经

① 《毛泽东选集》，2版，第2卷，677页，北京，人民出版社，1991。

过共产党）领导的以工农联盟为基础的人民民主专政。”① 将对人民内部的民主方面和对反动派的专政方面互相结合起来，就是人民民主专政。民主和专政两个方面是紧密相连、不可分割的。

新中国以民主共和立国。《中国人民政治协商会议共同纲领》（以下简称《共同纲领》）第 1 条规定：中华人民共和国为新民主主义即人民民主主义的国家，实行工人阶级领导的、以工农联盟为基础的、团结各民主阶级和国内各民族的人民民主专政，反对帝国主义、封建主义和官僚资本主义，为中国的独立、民主、和平、统一和富强而奋斗；第 12 条第 1 款第一句中规定，中华人民共和国的国家政权属于人民。人民民主专政理论及实践对新中国的法制产生了深远的影响，它引领了新中国社会主义法的产生，决定了社会主义法的作用方式和发展方向。人民民主专政的国家性质决定了新中国法制的性质和面貌。基于这一理论，新中国坚决彻底地废除了国民党的旧法统，建立以人民代表大会立法为中心的立法体制，社会主义法从产生之日起就紧紧配合人民民主专政在各个阶段的任务和使命。

（三）“两类矛盾”论确立了新中国社会主义法的调整重心

随着社会主义改造的完成，新中国的社会主义建设正式登场。毛泽东同志适时提出了处理人民内部矛盾的问题。社会主义社会中存在着两类不同性质的矛盾，这就是敌我之间的矛盾和人民内部的矛盾。解决敌我之间的矛盾和人民内部的矛盾这两类不同性质的矛盾，需要采用专政和民主这样两种不同的方法。随着社会主义建设时期的到来，要把正确处理人民内部的矛盾问题作为国家政治生活的主题。

关于“两类矛盾”的正确理论对法制建设有重大的实践意义，它深刻影响了社会主义法初创时期法制的面貌和作用。法律要明确地具有处理敌我矛盾以及处理人民内部的矛盾的功能，社会主义法以正确处理人民内部的矛盾为工作重心，而依法处理人民内部的矛盾问题不能用对敌斗争的方式，要通过更大地发扬民主的方式，要通过建立完备法制的方式。因而，社会主义法的调整中心要从对敌斗争转移到和平建设上来，要处理经济和社会生活中大量的人民内部的矛盾。

（四）毛泽东思想“活的灵魂”为创建和发展社会主义法提供了方法论指引

毛泽东思想的“活的灵魂”是贯穿于毛泽东思想各个组成部分的最基本立场、观点和方法，它主要包括三个基本方面，即实事求是、群众路线和独立自主。这三个方面都对新中国法的创建工作有着直接的指引作用。

实事求是是毛泽东思想的精髓。以此为指引，社会主义法的创建必须本着实事求是的态度，从中国的实际出发；不能教条式地理解和运用马克思主义法学原理，而是要将其中国化，结合中国革命和建设的实际予以创造性的运用。新中国在社会主义法的初创时期，创建了人民政治协商制度并重视其立法功能；把政策与法律结合起来运用，以政策填补法律或者直接发挥法律的作用；强调立法要以对敌斗争为中心；创设死刑缓期执

---

① 《毛泽东选集》，第 4 卷，1480 页，北京，人民出版社，1991。

行制度，提出宽严相济的刑事政策，重视审判调解的作用；强调原则性与灵活性的统一；等等，都体现了实事求是、从中国社会实际出发的思想路线。

群众路线，就是一切为了群众，一切依靠群众，从群众中来，到群众中去。以此为指引，社会主义法制的创建工作，同样要运用群众路线，发动群众的革命热情，争取群众对法律工作的支持。中国共产党结合群众路线提出并运用了专门机关的工作与群众相结合的法制工作原则，提倡司法工作中的人民参与，重视立法和司法为民，注重立法调研，结合革命斗争的实际形势出台立法政策和制度。走群众路线是新中国整个法制建设事业的重要工作原则和方法之一。

独立自主，就是寻找适合本国特点的革命和建设道路，主要依靠本国人民自己的力量来争取革命和建设的胜利。以此为指引，社会主义法的创建，需要借鉴其他国家的先进立法经验和法学理论，但立足点还是在于依靠我们自己的力量，结合中国的实际，走中国自己的路。在中国这样一个封建传统浓厚、饱受多年战争创伤、农民占社会成员的绝大部分、工业文明很不发达、人口规模巨大的国家建设社会主义及其法制，根本没有现成的经验可循。社会主义的法制建设本来就是探索性的事业，而仅有的苏联经验具有很大的局限性，也不完全适合中国。中国社会主义法的产生经历了新民主主义的阶段，依托人民民主专政的政权。这就是中国独立自主探索的结果。

三、革命根据地民主法制：新中国法制的雏形

与中国革命发展的道路相一致，中国社会主义法也是从革命根据地的民主法制发展起来的。在新民主主义革命过程中，革命根据地政权在法制方面也进行了积极的探索，积累了法制建设的一定经验，在政权建设、农村改造和治理及支持革命的武装斗争等方面的法律实践经验弥足珍贵。革命根据地的法制虽然很简略，在形式和内容上都不完备，但它对于巩固和发展革命根据地政权、保护人民、发展生产、改善人民生活、维护革命秩序、打击敌人等都起到了积极作用，同时也为成立新中国的过程中立即废除国民党旧法统奠定了基础。

在第一次国内革命战争时期，农民协会实际上成了农民运动的基层政权机关。当时实行一切权力归农民协会，发布农民诸禁，取代了旧法。在第二次国内革命战争时期，中国共产党领导农民在全国各革命根据地内废除国民党的法律和封建礼教的规定，并制定了一系列体现劳苦大众利益的法律、法令、条例、训令和指示，如《湖南省工农兵苏维埃政府暂行组织法》《闽西苏维埃政权组织法》《中华苏维埃共和国宪法大纲》等。苏维埃政府后来还制定了土地法、婚姻法、劳动法、惩治反革命条例、裁判部组织条例、司法程序、经济政策决议案等。

在抗日战争时期，革命根据地政权根据抗日统一战线的总政策，结合各革命根据地的实际情况，分别制定了许多法令，如《陕甘宁边区抗战时期施政纲领》、《晋察冀边区减租减息单行条例》、劳动保护条例、婚姻条例等。各边区还制定了惩治汉奸和盗匪，针对破坏军队、金融、坚壁清野等方面的刑事暂行法规，制定了司法组织、诉讼制度方面的条例和规定等。

抗日战争胜利后，全国人民在中国共产党领导下进行了打倒反动派、解放全中国的解放战争。在此期间，《中国土地法大纲》颁布，满足了广大农民对土地的要求，同时没收官僚资本归国家所有、保护民族工商业和保护人民民主政权等项纲领出台。各解放区人民政权陆续制定和颁布了许多法律和法令，如《陕甘宁边区宪法原则》《关于保护私营工商业的布告》《东北各省市（特别市）民主政府共同施政纲领》《华北人民政府施政方针》等。各解放区人民政权还制定了有关刑事、民事方面的法规，涉及如惩治贪污、惩治反革命及战争罪犯、禁烟禁毒、森林保护、严禁破坏交通和破坏金融、劳动保护、婚姻等。

可见，在政权建设（如探索新政权的国体、政体、组织活动原则、基层民主制度等）、刑事法制、婚姻制度改革、土地制度改革、司法新体制的创建和司法运作方式等方面，革命根据地政权都做了可贵的探索，为新中国法制的创建起到了奠基性作用。正如董必武在1956年中共八大的发言中所说，在过去国内革命战争的各个时期，各个革命根据地，在党的统一领导下，制定了许多代表人民意志和符合革命利益的政策法令。尽管它们在形式上较为简单，而且不可避免地带有地方性，但是它们有力地保障和促进了革命事业的发展。不仅如此，他们并且是我们现在人民民主法制的萌芽。①

四、废除旧法统：创建新中国法制的关键步骤

在新中国成立前的国民政府时期，已逐步形成了以“六法全书”（以宪法、民法、刑法、行政法、刑事诉讼法和民事法为主的立法体系）为代表的、形式上比较完备的法律制度。这个法律制度集中反映了旧中国半殖民地半封建社会中地主阶级和买办阶级的意志，从根本上看已成为阻碍生产力发展、阻碍人民自由解放的反动制度。随着人民革命战争的节节胜利，在新中国成立前夕，彻底废除国民党政府一切法律的效力的条件已经成熟。而中国共产党在领导人民进行民主革命的武装斗争过程中，在革命根据地已经积累了一定的民主、法制建设经验，有了一整套比较成熟的新民主主义政策、法令，从而具备了彻底废除国民党“六法全书”的基本条件。

1949年元旦，中共中央在《关于接管平津国民党司法机关的建议》中指出：国民政府一切法律无效，禁止在任何刑事、民事案件中，援引国民党的法律；法院的一切审判均依据军事管制委员会公布的法令及人民政府之政策处理。针对1949年1月国民党提出的把“法统不致中断”作为“和平”的条件之一的和谈阴谋，毛泽东发表了《关于时局的声明》，明确指出，必须废除伪宪法和伪法统。1949年2月，中共中央发布了《关于废除国民党六法全书与确定解放区的司法原则的指示》，阐述了马克思主义的基本法律观，明确提出彻底废除国民党伪法统的方针。

1949年9月召开的中国人民政治协商会议通过的《共同纲领》《中华人民共和国中央人民政府组织法》等主要文件，为新中国的创建初步奠定了法律基础。

彻底废除旧法统，反映了新中国社会革命的特点，也是新中国社会主义法产生的基

① 参见董必武：《董必武法学文集》，423～424页，北京，法律出版社，2001。

本特点之一。从当时的历史背景看，彻底废除旧法有其必然性：它是社会阶级本质根本不同的两种政权彻底决裂的一个基本象征，也是当时人们期望开始一种新生活的体现。

在认识这种做法的积极革命作用的同时，也要看到与之相伴随的一些负面作用，即新中国在创建新法时对旧法中的合理性经验继承和吸收得不够，毕竟，国民政府时期已经建立了比较完备的法律体系以及法律机构体系，尽管其中有不少必须废除的内容，但其中也有诸多可予以批判地借鉴和继承的方面，可将其纳入新法律体系，为人民、为新的社会制度服务。

社会主义法的创建应当废除旧的法律制度，也应当继承和吸纳旧法的合理内容，而不能以法的阶级性来否认法的继承性。就其自身性质来讲，法有很强的工具性，可以分别为不同的阶级所利用来达到自己的目的，关键是看政权被掌握在哪个阶级手里。许多法律规范本身谈不上阶级性，从其服务的对象、目的、实际功能等方面才可以看出其阶级属性。法的社会政治内容总是通过专门法律内容表现出来的，社会主义法废除旧法主要是废除旧法中的社会政治内容，即改变法所体现的旧的统治阶级的意志和利益，而对许多专门法律内容可以赋予其新的社会政治内容，使之成为表达劳动人民意志的载体。

资料链接

废除国民党反动政府一切压迫人民的法律、法令和司法制度，制定保护人民的法律、法令，建立人民司法制度。

——《共同纲领》第 17 条

中共中央《关于废除国民党六法全书与确定解放区的司法原则的指示》

第二节　改革开放前的法制

一、改革开放前法制的发展进程

新中国社会主义法迄今已经历七十多年的发展。新中国法制的发展历程和新中国的命运一样，在曲折中不断进取，在艰辛中走向辉煌。新中国的发展历程，基本上以 1978 年年底中国共产党十一届三中全会为分界线被划分成前后两大阶段，也就是人们经常说的“改革开放前时期”和“改革开放以来时期”。我们将新中国法制发展历程也相应地划分为两大阶段：一是 1978 年改革开放前法制的曲折发展阶段，二是改革开放以来法制的蓬勃发展阶段。改革开放前的法制发展阶段又被分为两个时期：一是从新中国成立到 1956 年，这是社会主义法制的奠基时期；二是从 1957 年到 1978 年，这是社会主义法制停滞时期。

（一）1949—1956 年：社会主义法制的初创和奠基阶段

新中国社会主义法是新民主主义法的继续和发展。从 1949 年新中国成立到 1956 年社会主义改造完成，中国共产党领导全国各族人民有步骤地实现了从新民主主义到社会主义的转变。在这一时期，革命根据地的法制经过改造创新，发展为全国性的法，并由新民主主义法转变为社会主义法。这一时期的新民主主义法制为社会主义法制的正式创建和初步发展进一步积累了经验。在新中国成立前夕制定的、起到临时宪法作用的《共同纲领》和 1954 年宪法是这一时期最重要的法律文件。

《共同纲领》确认了这一时期的人民民主专政政权是中国工人阶级、农民阶级、小资产阶级、民族资产阶级及其他爱国民主分子组成的人民民主统一战线的政权，它以工农联盟为基础，以工人阶级为领导。《共同纲领》总结了民主革命阶段法制建设的经验，还规定了新中国的政权制度、军事制度以及经济、文化、外交等各方面的基本政策。为了继续完成民主革命的任务，发展新民主主义的经济、政治和文化，完成对生产资料私有制的社会主义改造，国家根据《共同纲领》制定了一系列法律、法规，如《全国人民代表大会及地方各级人民代表大会选举法》《土地改革法》《惩治反革命条例》《民族区域自治实施纲要》《农业生产合作社示范章程》等，以及有关教育、卫生、文化等方面的法规。

于 1954 年召开的第一届全国人民代表大会制定并通过了新中国第一部宪法，即 1954 年宪法，这也是我国第一部社会主义性质的宪法。这部宪法以中国共产党在过渡时期的总路线为依据，是为实现中国共产党在过渡时期的总任务，团结全国人民，团结一切可以团结和应该团结的力量，建设一个伟大的社会主义国家而服务的。这部宪法既以《共同纲领》为基础，又是对《共同纲领》的进一步发展。它反映了新中国民主革命的任务已基本完成，国家要进入社会主义建设的新时代，法的性质也开始从新民主主义转变为社会主义。1954 年宪法是我国社会主义法制建设的正式起点，它承上启下、继往开来，为新中国社会主义法制奠定了基础。

在这一时期所制定的重要法律、法规还包括：关于国家机构组织和选举方面的法律、法令，如《中国人民政治协商会议组织法》《中央人民政府组织法》《全国人民代表大会组织法》《政务院及其所属各机关组织通则》《国务院组织法》《大行政区人民政府委员会组织通则》《城市街道办事处组织条例》《城市居民委员会组织条例》《人民法院组织法》《人民检察院组织法》《中央人民政府委员会选举办法》《全国人民代表大会及地方各级人民代表大会选举法》等；关于促进社会变革和巩固政权方面的法律、法令，如《土地改革法》《婚姻法》《兵役法》《保守国家机密暂行条例》《逮捕拘留条例》《惩治反革命条例》《惩治贪污条例》《关于对反革命分子的管制一律由人民法院判决的决定》等。这些法律、法令适应了新政权建立之初的迫切需要，对于确立新中国政权，确立社会主义性质的基本国家制度，探索并形成社会主义性质的基本法律理念；对于促进从新民主主义向社会主义的顺利转型；对于巩固新政权和基本社会秩序等，都具有重要意义。

这个时期是新中国社会主义法的奠基和初创时期，其法制起点较高，成绩突出。

（二）1957—1978年：社会主义法制的停滞时期

随着1956年生产资料私有制的社会主义改造基本完成，新中国的政权业已巩固，群众性急风暴雨似的阶级斗争基本结束，政权和经济、民生发展应该逐步走向正轨，国家和社会也应当进入稳定发展时期。但由于一系列因素的影响，中国共产党在党的第八次全国代表大会上制定的正确路线没有得到有效的贯彻实施。随着反右斗争的开始和扩大化，政治路线、方针等逐步出现重大偏差，"左"倾的政治观点逐步支配了政治和社会生活，阶级斗争扩大化愈演愈烈，整个国家的发展逐步偏离正轨。在这20年里，法制工作总体进展不大。比如，在1957—1976年，全国人大作为享有国家立法权的唯一机关，仅仅通过了《1956年到1967年全国农业发展纲要》和1975年宪法，竟没有制定一部法律。享有法令制定权和单行法规制定权的全国人大常委会通过的条例、办法也只有十件。

对此习近平总书记曾指出："我们党对依法治国问题的认识经历一个不断深化的过程。新中国成立初期，我们党在废除旧法统的同时，积极运用新民主主义革命时期根据地法制建设的成功经验，抓紧建设社会主义法治，初步奠定了社会主义法治的基础。后来，党在指导思想上发生'左'的错误，逐渐对法制不那么重视了，特别是'文化大革命'十年内乱使法制遭到严重破坏，付出了沉重代价，教训十分惨痛！"①

二、改革开放前法制建设的特点

（一）确立新中国法律发展的根本原则和重大制度

改革开放之前30年的法制建设虽然经历了严重挫折，但在一些根本性问题上取得了重大成就，其中最重要的成就至少包括：确立了新中国法制的社会主义性质、人民民主性质；建立发展法制的政治机构，即全国人民代表大会及其常委会；确立了发展新法制的理论指南，即马克思主义以及毛泽东思想；确立了中国共产党对政法工作的领导制度，如中国共产党的政法委员会制度；确立并巩固了一些重大制度，如土地制度、婚姻制度、民族区域自治制度等。新中国确立了社会主义基本制度，完成了中国历史上最为广泛而深刻的社会变革。在社会主义制度下，产生了一种新的历史类型法制，即社会主义法。法制在建立和巩固新中国国家权力的"四梁八柱"方面发挥了重要作用，比如，《共同纲领》和1954年宪法确立了新中国立国的根本制度和原则，如人民民主政治制度、人民代表大会制度、民族区域自治制度、人民政协制度、人民基本权利等。又如，1950年《土地改革法》和土地改革运动实现了土地制度的根本变革，废除了地主阶级封建剥削的土地所有制，农民真正在经济上翻身做了主人；于1950年颁布、实施的《婚姻法》实现了婚姻家庭制度的根本变革，实行婚姻自由、一夫一妻、男女权利平等、保护妇女和子女

① 中共中央文献研究室编：《习近平关于全面依法治国论述摘编》，8页，北京，中央文献出版社，2015。

合法利益的新婚姻制度。

(二) 法律在社会调整体系中仅居于次要地位

于这一时期逐步形成的计划经济、权力过分集中与意识形态高度一体化的社会治理模式，使法律基本上没有受到重视，而自战争年代沿袭下来的主要靠政策治理的做法一直未变。在这一时期，人们对法的功能和作用基本上没有恰当的认识，要么把法律视为专门对付阶级敌人的专政工具，要么把法律视为束缚人民群众斗争热情的枷锁。对旧法的仇视心理，甚至有时导致有人视法律为保护阶级敌人的工具。在这种认知下，法律的权威自然难以树立起来。

(三) 政治运动深刻影响着法律治理的面貌

在这一时期接连不断的政治运动，使法制失去相对独立发展和完善的机会；使法律机构的运作以政治运动的宗旨为指导，且相当一部分法律活动也以运动的方式展开；也使法学研究没有获得相对独立的发展。

在这一阶段，法学研究和法制发展受到片面地强调政治、把政治运动扩大化的干扰，受到由“以阶级斗争为纲”理论所支配的政治运动的干扰，从而暴露出自身的很多不足。

(四) 法制建设、法学研究受苏联的影响明显

苏联是最早的社会主义国家，积累了社会主义国家进行国家建设和法制建设的一些经验。在当时东西方冷战的时代氛围中，新中国的社会主义建设受到了来自苏联的援助，借鉴了苏联的经验，深受苏联法制模式的影响。新中国法制受苏联的影响表现在立法机关、司法机关的设置及运作方式，法学教育模式、法学理论等许多方面。苏联的法制建设经验对于新中国在破除旧传统的前提下从事社会主义法制建设，具有积极意义。但不可否认，苏联法制建设的一些消极方面，如教条主义的思维方式、夸大阶级矛盾和阶级斗争、“肃反”扩大化、权力过分集中、理论与实践脱节等等，也对新中国产生了明显的影响。

第三节　改革开放与法制发展

一、改革开放推动法制实践变革

于1978年12月召开的中国共产党十一届三中全会是新中国历史上的重大转折点。从1979年至今的四十多年，是新中国社会主义法走向蓬勃发展、法治国家建设逐步全面展开的历史时期。这一时期可被分为两个阶段：一是从1978年中国共产党十一届三中全会召开到2012年中国共产党十八大召开的法律发展阶段，二是中国共产党十八大以来的新时代法律发展阶段。可以说，自改革开放以来，新中国开始了一场轰轰烈烈的“法律发展运动”，为民族复兴和国家长治久安奠定了坚实的制度基础。

党的十一届三中全会提出，要把全党工作的着重点和全国人民的注意力转移到社会主义现代化建设上来；为了保障人民民主，必须加强社会主义法制，使民主制度化、法律化，使这种制度和法律具有稳定性、连续性和极大的权威，做到有法可依、有法必依、执法必严、违法必究；应把立法工作摆到全国人大及其常委会的重要议程上来；宪法规定的公民权利，必须坚决保障，任何人不得侵犯；要保证人民在自己的法律面前人人平等，不允许任何人有超于法律之上的特权。[①] 从此以后，新中国社会主义法制建设进入一个新的历史时期，逐步开创中国特色社会主义法制事业，创建了中国特色社会主义法律体系、法治体系、法学理论体系，法制实践和理论建设的各个领域都取得了成就。

自改革开放以来，我国在治国理政基本方略、法制发展战略谋划、立法数量和质量、依法行政水平、司法制度完善、法律意识提升等各方面都发生了深刻的变化，公民的民主、法治意识也普遍增强，人权的法律保护受到重视并不断强化，法学教育和法学研究走向繁荣等。

(一) 提出依法治国的基本方略

在这一阶段，国家治理的基本理念和基本方略逐步从主要依靠政策转向靠政策也靠法律，强调依法治国，明确提出了依法治国方略，在宪法中也正式确立了“依法治国，建设社会主义法治国家”。中国共产党提出了有鲜明中国特色的民主政治和法治建设的基本理念和理论，即坚持依法治国与人民民主、党的领导三者之间的有机统一；明确提出了社会主义法治理念，以突出当代中国法治有别于西方国家法治的特点。

(二) 提出依法执政的基本理念

在这一阶段，中国共产党不断增强科学执政、民主执政、依法执政的自觉性和坚定性。中国共产党领导人民制定宪法和法律，同时在宪法和法律的范围内活动，坚持宪法和法律至上，带头维护宪法和法律的权威，最广泛地动员和组织人民依法管理国家事务和社会事务、管理经济和文化事业；通过领导立法、带头守法、保证执法来实现中国共产党对法律工作的领导、支持和监督。

(三) 持续加强立法，成就显著

在这一阶段，在加强社会主义民主、健全社会主义法制、建设主义法治国家的基本方针指引下，立法工作成绩突出。立法的科学化、民主化水平和立法质量不断提高，法律在促进经济社会发展、维护社会公平正义、保障人民各项权利、推动和制约国家权力正确行使等方面的作用不断增强。1979 年 7 月 1 日，五届全国人大二次会议审议通过了《刑法》《刑事诉讼法》《地方各级人民代表大会和地方各级人民政府组织法》《全国人民代表大会和地方各级人民代表大会选举法》《人民法院组织法》《人民检察院组织法》《中外合资经营企业法》等七部法律，拉开了新时期大规模立法建设的序幕。1982 年 12 月 4

---

① 参见《中国共产党第十一届中央委员会第三次全体会议公报》，载本书编写组：《十一届三中全会以来历次党代会、中央全会报告　公报　决议　决定》(上)，17 页，北京，中国方正出版社，2008。

日，五届全国人大五次会议对1978年宪法进行全面修改，通过了我国现行宪法。这部宪法对当代中国的经济、社会发展发挥了巨大作用，被历史证明为一部好宪法。在改革开放后的不长时间里，《民法通则》《民事诉讼法（试行）》《行政诉讼法》《经济合同法》《涉外经济合同法》《技术合同法》《公司法》等一批重要法律出台了。随着经济体制改革的深入，尤其是随着社会主义市场经济建设的推进，有关经济生活的大量法律、法规出台。迄今，已建立起了适应社会主义市场经济要求的基本法律制度，对于促进经济发展、维护市场秩序、实现社会公平正义发挥了重大作用。经过不懈努力，在经济、政治、文化和社会生活的各个方面基本实现了有法可依。到2010年年底，以宪法为核心的中国特色社会主义法律体系基本形成。

（四）加强执法和司法等法的实施工作

在立法快速、蓬勃发展的同时，依法行政和严格公正司法的水平也有了相当大的提升。依照法律行使行政权和司法权，逐步在理念和观念上成为社会的基本共识，并逐步落实到官方的执法活动之中。借助依法行政和公正司法，国家的依法治国方略逐步得到实际落实。在这一时期，实施人民法院司法改革五年规划取得显著成绩。法官和律师的数量、诉讼案件的数量大幅增长等，可以从一个侧面直观地说明我国司法事业的发展：我国法官的数量从1981年的6万多人发展到2012年的约19万人，律师的数量从1979年的约200人发展到2012年的约24万人。

（五）法学教育和法学研究快速发展

在新中国成立初期，按照中央人民政府统一规划，多个政法院校和法律系（通常说的“五院四系”，“五院”包括西南政法学院、北京政法学院、华东政法学院、中南政法学院、西北政法学院，“四系”是指中国人民大学、北京大学、武汉大学、吉林大学的法律系）在全国各地建立，中国的法学教育初具规模。但在“文化大革命”期间，法学教育几乎完全停滞，政法院校和法律系停办。到1977年高考恢复前，只有两所学校的法律系还在招收法学专业学生。自改革开放以来，法学教育进入了一个快速发展时期。经过四十多年的发展，以法学学士、硕士、博士教育为主体，法学专业教育与法律职业教育相结合的现代法学教育体系业已形成，但法学教育的整体质量亟须进一步提升。

二、中国特色社会主义法治理论的创立及发展

自改革开放以来我国法制建设的巨大成就是在中国特色社会主义理论指引下取得的，而中国特色社会主义法治理论的创立及发展，也是当代中国法制建设的一项重大成就。自改革开放以来，中国共产党人把马克思主义基本原理同中国改革开放的具体实际结合起来，创立了以邓小平理论为核心的中国特色社会主义理论，形成了建设中国特色社会主义的路线、方针及政策，阐明了中国建设社会主义、巩固和发展社会主义的基本问题。中国特色社会主义理论在中国特色社会主义事业的伟大实践中不断丰富和发展，在邓小平理论奠定的基础之上，中国共产党提出了“三个代表”重要思想和科学发展观。“三个

代表”重要思想加深了对于什么是社会主义、怎样建设社会主义和建设什么样的党、怎样建设党的认识。科学发展观坚持以人为本、促进全面协调可持续发展，深刻认识和回答了实现什么样的发展、怎样发展等重大问题。中国特色社会主义理论是马克思主义中国化进程中的第二次飞跃，是中华民族实现从站起来到富起来的理论指南。中国特色社会主义理论体系包含了中国特色社会主义法治理论，这一理论也是马克思主义法律理论中国化的第二次飞跃。

中国特色社会主义法治理论确立了当代中国法制建设的正确方向、基本方针、基本理论及基本路径，其核心观点主要包括：明确反对人治，确立依法治国、建设社会主义法治国家的治国方略；基于对社会主义本质的新认识，深化对社会主义法的本质认识，将社会主义法、法治的基本功能定位于发展生产力、促进共同富裕及社会和谐等；揭示了依法治国与依法执政、依宪执政的内在联系；坚持依法治国、人民当家作主与党的领导“三者的有机统一”；揭示了市场经济与法治之间的内在联系，提出市场经济是法治经济；主张建设法治国家应坚持依法治国与以德治国的统一；揭示和谐社会建设与民主法治建设的内在联系；坚持以法治促进科学发展、和谐社会建设；树立以人为本的法律价值，树立社会主义法治理念；等等。

第四节 新时代的法治发展

2012 年中国共产党十八大以来，中国特色社会主义建设进入新时代。在改革开放三十多年法制建设所取得的经验和成就基础上，以习近平新时代中国特色社会主义思想，特别是习近平关于全面依法治国的重要论述及习近平法治思想为指引，我国开启了新时代中国特色社会主义法治建设的新征程，更加明确地坚持走中国特色社会主义法治道路，发展中国式法治，形成并发展了新时代中国特色社会主义法治理论。

一、全面依法治国取得新成就

自中国共产党十八大以来，党和国家更加重视依法治国，更加注重法治在现代化建设和治国理政中的重要作用，明确提出了全面推进依法治国、加快建设社会主义法治国家的战略任务，将“全面依法治国”置于“五大建设”的中国特色社会主义总布局之中来认识，把“全面依法治国”提到了“四个全面”战略布局的新高度。2014 年，党的十八届四中全会通过《中共中央关于全面推进依法治国若干重大问题的决定》，制定了推进全面依法治国的顶层设计、路线图、施工图，在我国法治建设史上具有里程碑意义。党的十九大将“明确全面推进依法治国总目标是建设中国特色社会主义法治体系、建设社会主义法治国家”作为新时代中国特色社会主义思想的一项核心内容，将“坚持全面依法治国”作为新时代中国特色社会主义的基本方略之一。党的二十大进一步明确提出：“必须更好发挥法治固根本、稳预期、利长远的保障作用，在法治轨道上全面建设社会主义现代化国家。”

自党的十八大以来，新时代中国特色社会主义法治建设在各个方面取得了重大成就，大致可以被归纳为如下几个方面。

(一) 中国特色社会主义法律体系日趋完善

在 2010 年中国特色社会主义法律体系基本建成的基础上，在新时代，党和国家进一步致力于法律体系的完善，其中的重要工作就是加强重点领域立法，如完善国家安全、高质量发展、对外开放、生态环境、社会民生等领域的立法，编纂并颁行《民法典》等；科学立法、民主立法、依法立法深入推进，国家两次修改《立法法》，进一步完善立法体制、制度；宪法、法律的实施监督进一步加强，合宪性、合法性审查机制不断创新和完善。

(二) 法治政府建设取得重要进展

自党的十八大以来，国家加大推进法治政府建设力度，不断完善依法决策、科学决策、民主决策的相关制度；规范行政权力，推动严格、规范、公正、文明执法，全面推进政务公开，建立政府权力清单、负面清单、责任清单，大幅减少了行政审批事项，将非行政许可审批彻底终结，对行政权力的制约和监督不断加强。

(三) 司法体制改革深入展开

自党的十八大以来，以建设公正、高效、权威的社会主义司法制度为中心大力推进司法体制改革，司法质量、效率、公信力显著提高，人民群众对司法公平正义的信心显著增强；重点推进以司法责任制为中心的司法体制改革、以审判为中心的刑事诉讼制度改革，着力健全司法权力分工负责、互相配合、互相制约机制，确保人民法院、人民检察院依法独立公正行使审判、检察权；完善司法组织体系和案件管辖制度；强化司法工作人员职业保障；推进司法公开，加强对司法活动的监督；强化人权司法保障机制；依法纠正一批重大冤假错案件；等等。

(四) 法治社会建设稳步推进

自党的十八大以来，社会治理法治化水平不断提高，实现了从“社会管控”到“社会管理”，再到“社会治理”的历史性跨越。在社会治理中，坚持共建共治共享，注重发挥法治、德治、自治等的作用，创新发展了“枫桥经验”，推动构建多元化纠纷解决机制体制等改革，形成了现代社会治理新格局。深入开展法治宣传教育，推动全社会树立法治意识，使全社会法治观念明显增强，依法治国理念逐步深入人心，法治文化、法治信仰正在形成。

二、习近平法治思想引领新时代中国特色社会主义法治建设

新时代中国特色社会主义法治建设的重大成就之一是，创立了新时代中国特色社会主义法治思想，其核心是习近平法治思想。习近平法治思想是马克思主义法治理论中国

化的最新成果，是中国特色社会主义理论体系的重要组成部分。习近平法治思想提出了关于全面依法治国的一系列新理念、新思想、新战略等原创性思想，全面系统阐明了新时代全面依法治国的指导思想、发展道路、工作布局以及重点任务等。2020 年 11 月 16 日至 17 日，中国共产党历史上首次召开“中央全面依法治国工作会议”，将习近平法治思想明确为全面依法治国的指导思想。习近平法治思想的核心是习近平总书记在此次会议上提出的“十一个坚持”，这就是：坚持党对全面依法治国的领导；坚持以人民为中心；坚持中国特色社会主义法治道路；坚持依宪治国、依宪执政；坚持在法治轨道上推进国家治理体系和治理能力现代化；坚持建设中国特色社会主义法治体系；坚持依法治国、依法执政、依法行政共同推进，法治国家、法治政府、法治社会一体建设；坚持全面推进科学立法、严格执法、公正司法、全民守法；坚持统筹推进国内法治和涉外法治；坚持建设德才兼备的高素质法治工作队伍；坚持抓住领导干部这个“关键少数”。这“十一个坚持”，既是重大战略思想，又是重大工作部署。

习近平法治思想，坚持马克思主义立场、观点、方法，坚持科学社会主义基本原则，植根于中华优秀传统法律文化，借鉴人类法治文明有益成果，在理论上有许多重大突破、重大创新、重大发展，同中国共产党长期形成的法治理论既一脉相承又与时俱进，为发展马克思主义法治理论作出了重大原创性、集成性贡献。习近平法治思想是对中国共产党领导中国特色社会主义法治建设丰富实践和宝贵经验的科学总结，是在法治轨道上推进国家治理体系和治理能力现代化的根本遵循。

三、新时代中国特色社会主义法治建设发展的特点

法治化改革是我国改革整体事业的一部分，身处改革前沿中的法治建设也显著体现了我国改革的总体特征。可以说，我国改革开放以来的法律发展就是改革的一个缩影，法治建设也是典型的“改革型法治”，呈现转型社会的特点。

(一) 法治改革的综合性

在过去四十多年里，立法改革、司法改革与行政执法改革密切配合，有力推进社会主义法治的进程。自改革开放以来，立法成为引领、促进、保障社会各方面改革的重要方式。在 20 世纪 90 年代以后，尤其是通过完善社会主义市场经济法律体系，进而构建中国特色社会主义法律体系，立法工作驶入快车道，立法对社会发展的积极作用日益凸显。随着确立依法治国、全面依法治国的方略，我国的法治改革进程不断加快，法治国家建设全面铺开、持续推进，法治改革呈现新的综合性特点。

不断完善行政立法、全面推进依法行政、加快建设法治政府，是法治建设的一个重点，也是一个难点。行政权在社会生活中的特殊性，使依法行政是依法治国的关键环节之一。没有法治政府就没有法治国家，推进法治政府建设是法治建设在现在和以后一个时期的重要工作。自改革开放以来，对司法专业化、司法权威性以及司法公正等的需求越来越迫切。司法公正程度是法治建设水平的一个标志，司法对于处理社会纠纷、保障社会稳定起着不可替代的作用。司法改革是法治建设中的一个亮点，司法改革成功将促

进司法公信力的显著提升，促进社会公平正义。

在新时代新征程上，应更加强调法治改革的整体性、综合性，更加强调从国家治理体系和治理能力现代化的要求出发，统筹法治改革和发展，比如，要坚持法治国家、法治政府、法治社会一体建设，坚持依法治国、依法执政、依法行政共同推进，统筹国内法治与涉外法治，统筹依法治国与依规治党，等等。

（二）法治发展的渐进性

中国基于处于社会主义初级阶段的现实而走上了一条渐进式改革之路，这是一种“摸着石头过河”的社会变革方式，实行的是从农村到城市、从沿海到内地、从局部到整体、从试点到全面推开的总体改革思路和方略。民主和法治建设也明显地体现了由易到难、由局部到整体、由点到面、由政策到法律、由试点而展开、立法宜粗不宜细而留有余地等渐进性的特点。这些渐进性改革，一方面保证了中国政局和社会的基本稳定，另一方面又在现实可能的范围内步步为营地进行变革，即在稳定中求发展。这种改革在初期的效果很明显，也受到更多人的拥护，因为这时社会各阶层都是受益者。中国的法治化改革自始至终强调了中央的集中权威。自党的十八大以来，中国共产党提出了全面依法治国方略，对法治化改革作出更全面、整体性的部署。这是新形势下的渐进式改革。

大致来说，中国渐进性法治改革的特点有：一是将自上而下改革和鼓励地方创新相结合，如强调保持国家权威与扩展个人自由的结合、中央与地方两个积极性的结合、国家和民间力量的结合等。二是注重改革、发展和稳定相协调，形成稳定与改革、发展的良性循环。把改革、发展中出现的矛盾、冲突等纳入法律调整范围，在法律领域中予以整合，有助于寻求更多共识，避免因矛盾激化而产生的社会动荡。三是尽量减少渐进式改革因可能陷入利益旋涡而裹足不前的弊端。改革已经处于攻坚阶段，进入利益大调整的深水区后，避免来自既得利益集团、地方保护主义、部门主义等对法治改革的迟滞拖延，重建改革共识，坚定不移地推进改革进程，显得尤为重要。抑制渐进式改革之弊端的方式就是，突出法治改革中的中央权威，通过加强“顶层设计”来推进改革进程。

（三）法治发展的自主性

我国法治建设的一条基本经验就是，立足于中国国情和实际的自主法制创新，坚定地走中国特色社会主义法治道路。中国人法律生活的创新、法律制度的发展，应立足于中国的历史条件，充分考虑到中国的国情和中国的经济、文化发展水平，走适合自己的法治道路，而不是照搬别国模式和做法。离开中国实际情况谈法治，只能是纸上谈兵。我国一直以来高度重视中国革命、建设、改革和发展中所形成的丰富法制实践和经验。

当然，注重本国经验和实践，并不是说一概排斥外来法治经验。显然，中国的法治建设快速发展，也离不开继承中国古代及近代优秀法律文化的成果，离不开借鉴世界各国政治、法律文明中的合理、有益成分。自觉借鉴域外法律治理经验，是一种特殊的“后发优势”，可以少走弯路，加快法治进程。法治是人类文明的重要成果之一，法治的精髓和要旨对于各国的国家治理和社会治理具有普遍意义。实际上，本着“以我为主”“古为今用”“洋为中用”“推陈出新”的方针，自觉地积极借鉴域外法治的有益经验，更自觉传承中华优秀传统法律文化成果，这是我国文化自信、制度自信的表现，也是建设中国式法治的必然要求。

(四) 法治改革中的不平衡性、不充分性

中国的经济社会发展长期存在不平衡不充分发展的状况，是制约中国发展的重要因素。不平衡发展的状况也表现在法治建设方面。法治建设的重心在特定时期基于实际需要可以或必然有所倾斜和侧重，但这种侧重也是社会发展中种种不平衡的一个侧面。比如，经济领域中的法律相比于民生和民主方面的法律似乎更多，不同地区的地方性法规、规章的数量和质量也有很大差别，不同地区的法律意识水平、法律治理水平、法治专业队伍建设水平等差距明显，等等。在社会急剧转型时期，出现法律调整的不平衡状况是可以理解的，但也要认识到，法治发展中不适当的侧重和不平衡会影响整个社会的现代化进程。这些不平衡有些是历史原因造成的，有些是法治进程中的必要倾斜，有些则是法治发展中的畸形表现。在新时代，法治建设的不平衡性依然存在。人民对美好生活的需要，对公平正义的需要，是新时代社会主要矛盾的重要表现，应当在全面实现社会主义现代化的新征程中，着力解决法治发展的不平衡问题。

改革开放四十多年来，尤其新时代以来，我国法治建设业已取得重大成就，但也要看到，面对社会转型、国家治理现代化的新形势、新课题，仍有诸多重大问题亟待解决，法治改革中仍有诸多难啃的“硬骨头”。比如，一些影响着法治进程的体制性障碍依然难以消除，而这些体制性问题能否解决也是决定法律能否真正具有权威性、至上性的重要因素。走向法治的渐进性改革，往往不是首先在体制上作重大调整，而是首先在功能上作谨慎的变动。这样做所带来的一个后果就是，最困难的问题被留到了最后，而这些问题又往往会纠缠在一起。某些体制性问题，诸如党领导法治建设的具体机制体制，依法独立、公正司法的机制和制度，宪法监督与合宪性审查机制、法治政府建设的机制体制等，都是法治化过程中必须妥善解决的重要问题。又如，现实生活中，有法不依、执法不公等问题还比较突出。再如，法律、法规虽已大量颁行，呈现体系化，但法律的精巧而有力地驾驭社会矛盾和冲突的潜力还没得到充分发挥；法律在有效监督和约束权力方面有时仍力不从心，一些国家公职人员，特别是领导干部，有时仍知法犯法、以言代法、以权压法、徇私枉法等；国民的尊法、信法、守法、用法的意识还不强，法治社会建设的任务繁重。

问题与思考

1. 马克思主义关于社会主义法的重要理论观点主要有哪些？
2. 怎样理解马克思主义中国化与中国社会主义法的创建的关系？
3. 为什么说中国社会主义法是在彻底废除旧法统的基础上产生的？
4. 如何理解革命根据地的法是中国社会主义法的雏形？
5. 如何概括中国社会主义法的发展阶段？
6. 如何认识中国社会主义法发展进程的基本特点？

阅读文献

1. 关于建国以来党的若干历史问题的决议. 中国共产党第十一届中央委员会第六次全体会议，1981-06-27

2. 中共中央关于党的百年奋斗重大成就和历史经验的决议. 中国共产党第十九届中央委员会第六次全体会议，2021-11-11

3. 邓小平文选：第2卷. 2版. 北京：人民出版社，1994

4. 蔡定剑. 历史与变革：新中国法制建设的历程. 北京：中国政法大学出版社，1999

5. 强世功. 革命与法治：中国道路的理解. 文化纵横，2011（6）

6. 叶传星. 转型社会的法律治理. 北京：法律出版社，2012

7. 公丕祥. 当代中国的法治现代化. 北京：法律出版社，2017

8. 黄苇町. 苏共亡党二十年祭. 南方周末，2011-08-17

9. 张树华. 政治蜕变、制度崩溃与国家分裂：苏共败亡30周年. 政治学研究，2021（5）

第十三章

中国社会主义法的本质特点和原则

本章概要

认识社会主义法的本质和社会主义法的基本原则，是学会使用法律武器、实行并坚持依法治国、建设社会主义法治国家的理论前提。本章分析了社会主义法的阶级本质和社会主义性质，对社会主义法的基本原则的分析是进一步深入认识社会主义法的本质的要求。中国社会主义法的基本原则主要包括反映社会经济、政治、文化的要求的法的一般社会原则和反映法作为手段具有相对独立性的专门法律原则。

关键术语

社会主义法　人民共同意志　阶级性与人民性的统一　人权　国家强制性与自愿遵守性　“一国两制”　法的基本原则　法的一般社会原则　法的专门法律原则

第一节　中国社会主义法的本质特点

一、当代中国法的阶级性（人民性）

关于法的本质的一般原理适用于社会主义法。结合中国建设社会主义的独特实践，我们可以对法的本质问题进行更深入的讨论。当代中国现行法的社会主义性质决定了其有着鲜明的阶级属性，这种阶级性深刻体现了当代中国社会关系的根本要求，因而，深入探讨社会关系的阶级本质才可能深入理解我国法的社会主义本质。当代中国法的阶级本质集中体现为它的人民性。

（一）法的人民意志性

中国社会主义法的人民意志性主要指的是，当代中国法是以工人阶级为领导的、以工农联盟为基础的广大人民共同意志的体现。马克思主义法律观认为，法就其阶级实质来说，是掌握国家权力的阶级意志的体现。只有掌握国家政权的阶级，才有可能把自己的意志上升为法律，从而更有力、有效地维护其阶级利益。因此，法的阶级本质是同该国家的阶级本质相一致的。国家的性质不同，法律的性质也自然不同。按照中国宪法的规定，中华人民共和国是工人阶级领导的、以工农联盟为基础的人民民主专政的社会主义国家。与此相应，中国社会主义法也必然是以工人阶级为领导的、以工农联盟为基础的广大人民共同意志的体现。

在中国，人民是由多个阶级所构成的综合体，其中，工人阶级是领导阶级。工人阶级之所以有领导资格，是因为工人阶级是先进生产力的代表，要求解放和发展生产力，最富有革命的彻底性。历史已证明：没有工人阶级的领导，就不可能实现人民民主专政的历史使命，不可能胜利地建设社会主义。建设社会主义，不仅是工人阶级的事业，而且是在工人阶级领导下的农民和一切拥护社会主义建设与社会进步的力量的共同事业。

社会主义法既是工人阶级意志的体现，也是广大人民意志的体现，但不是这些阶级、阶层的意志的简单相加，而是在工人阶级、中国人民和中华民族的先锋队——中国共产党的领导下，在社会主义建设过程中形成的以工人阶级为领导的广大人民的共同意志。

在中国，工人、农民、知识分子以及其他拥护社会主义和祖国统一的爱国者是国家的主人，建设社会主义、解放和发展生产力、实现祖国的繁荣富强，是这些人的共同利益、根本利益所在。这种客观上存在的根本利益上的一致，就是能够形成以工人阶级为领导的广大人民的共同意志的物质前提。

（二）中国共产党的领导与人民意志的形成

以工人阶级为领导的广大人民的共同意志不是自发形成的。生活的需要、工人阶级和广大人民的共同利益，是自发地、客观地产生的，但这种需要和共同利益如果不为人所认识，也不可能形成共同意志。当代中国法中所反映的以工人阶级为领导的广大人民的共同意志，是在中国共产党的领导下，通过发展社会主义民主，集中人民群众的正确意见形成的；是在深刻认识社会发展的规律，正确认识生活的客观需要和广大人民的共同利益，并在实践中正确选择实现共同利益的途径、措施的基础上形成的。

人民群众关于国家治理、社会管理之法律需要的分散意见，经由中国共产党的领导和组织，才能有效集中起来，形成科学的、统一的认识。这种认识往往首先经由党内民主和集中而表现为党的纲领、方针及政策，然后在国家的民主生活中得到进一步审议讨论、科学论证，形成成熟的统一认识，并以制定为国家的法律法规等方式正式表达出来。在这个共同意志形成的过程中，中国共产党的领导作用、组织作用不可或缺。

（三）通过民主凝聚人民的共同法律意志

人民共同意志的正式形成过程，也必须是发扬社会主义民主的过程。在人民共同意志形成的过程中，应当将中国共产党的领导与社会主义民主高度统一起来。只有在中国共产党的领导下发扬社会主义民主，才能引导社会成员认识个人利益和社会利益、局部利益和整体利益、暂时利益和长远利益、主要利益和次要利益之间的区别与联系，并找出协调和满足这些利益的途径与手段。

应当充分运用各种民主机制，广泛听取各种不同意见和要求，切实保障人民群众的知情权、参与权、表达权和监督权，以使社会主义法更贴切地反映人民的共同意志，表达人民的共同利益。其中，人民代表大会制度和中国特色政治协商民主制度，对于人民共同法律意志的形成具有关键性的作用。

（四）借助法律和法治实现人民的共同意志

民主对于形成人民的共同法律意志是必不可少的，同时，法律对于实现人民的共同意志及民主也是不可缺少的。在事关人民和国家重大利益的问题上，在中国共产党的领导下形成人民的共同意志并把它上升为国家的法律意志，实行依法治国，是人民当家作主、治理国家的必然要求。依法治国已经成为宪法明确确认的基本治国方略。只有严格依照法律的正当程序来实行民主，依照法治的方式来落实民主，才能实现人民的共同意志，保证人民当家作主的地位；才能改善并加强党的领导、提高党的执政能力；也才能改善和提高国家机关的工作效率，防止权力的滥用，防止主观主义、强迫命令和官僚主义。

（五）法的人民意志性与阶级性的高度统一

如前所述，承认中国社会主义法的人民性显然没有否认中国法的阶级性或社会主义性质，恰恰相反，社会主义法的人民性鲜明地体现着法的阶级性。人民性是社会主义法的阶级性的表现形式，阶级性和人民性二者在根本上是统一的。这二者的高度统一是社会主义法的重大特点之一，而且也只有在社会主义社会，这二者才有可能在根本上达到统一。

中国社会主义法具有全新的阶级本质，即是以工人阶级为领导的中国各族人民共同意志的体现。在社会主义社会虽还存在阶级划分和阶级差别，但剥削阶级已被消灭，工人阶级、农民阶级和社会各个主要阶层都团结在中国共产党的周围，全体人民都具有社会、政治生活的主人翁地位。在这种基本社会结构和阶级结构的前提下，阶级意志与人民意志高度地统一起来。在社会主义时代，法的阶级性与人民性之间的关系不再像在剥削阶级社会那样是相互排斥和相互对立的了，阶级性恰恰展示着人民性。而且，随着社会主义发展到更高级的阶段，各个阶级之间的差别会逐步缩小，阶级之间的共同利益会越来越多。由此，法的阶级性便因为其更充分地体现为人民性而逐渐变弱了。

二、当代中国法的社会主义性质

上面谈到的当代中国法的阶级本质是在中国社会主义事业的伟大进程中逐步展开和呈现出来的。当代中国法的阶级本质集中体现社会主义的本质要求，是法的社会主义本质的一个重要方面。全面理解社会主义法的阶级本质和社会功能，必须完整、全面地理解“社会主义”，理解中国特色社会主义之下的社会关系的特点以及其对法的决定性。也就是说，要真正理解社会主义法的本质及特点问题，必须搞清楚什么是“社会主义”，必须搞清楚中国要建设什么样的社会主义。

（一）中国特色社会主义的要旨

经过长期艰辛探索，中国成功开创和发展了中国特色社会主义事业，为中华民族走向伟大复兴指明了方向，为当代中国走向富强、民主、文明、和谐、美丽找到了发展之路。中国特色社会主义，既坚持了科学社会主义基本原则，又根据时代条件赋予的鲜明中国特色，从理论和实践结合的角度系统回答了在中国这样一个人口多、底子薄的东方大国建设什么样的社会主义、怎样建设社会主义这个根本问题。自党的十八大以来，紧密结合国内外形势变化和中国各项事业发展、中国特色社会主义进入新时代，进一步从理论和实践结合的角度系统回答了新时代坚持和发展什么样的中国特色社会主义、怎样坚持和发展中国特色社会主义的重大课题。

中国共产党十八大报告明确了中国特色社会主义的基本要求，即坚持人民主体地位、坚持解放和发展社会生产力、坚持推进改革开放、坚持维护社会公平正义、坚持走共同富裕道路、坚持促进社会和谐、坚持和平发展、坚持党的领导。① 在新时代的历史条件下，新时代中国特色社会主义思想提出了新时代坚持和发展中国特色社会主义的总目标、总任务、总体布局、战略布局和发展方向、发展方式、发展动力、战略步骤、外部条件、政治保证等基本问题，即“八个明确”；也提出了坚持和发展新时代中国社会主义的基本方略，即“十四个坚持”，主要包括：坚持党对一切工作的领导、坚持以人民为中心、坚持全面深化改革、坚持新发展理念、坚持人民当家作主、坚持全面依法治国、坚持社会主义核心价值体系、坚持在发展中保障和改善民生、坚持人与自然和谐共生、坚持总体国家安全观、坚持党对人民军队的绝对领导、坚持“一国两制”和推进祖国统一、坚持推动构建人类命运共同体、坚持全面从严治党。

中国特色社会主义道路、制度、理论及文化等的特点决定了当代中国法的本质及重要特点。要理解当代中国法的本质及功能，就要理解当代中国法的社会主义特色。

资料链接

新时代中国特色社会主义的“八个明确”和“十四个坚持”

(二) 当代中国法是初级阶段社会主义之法

当代中国仍处于社会主义的初级阶段。② 党的二十大报告提出：“我国是一个发展中大国，仍处于社会主义初级阶段，正在经历广泛而深刻的社会变革，推进改革发展、调

① 参见胡锦涛：《坚定不移沿着中国特色社会主义道路前进 为全面建成小康社会而奋斗——在中国共产党第十八次全国代表大会上的报告》(2012年11月8日)。

② 中国共产党十五大报告曾全面概括了“社会主义初级阶段”的理论内涵：社会主义初级阶段，是逐步摆脱不发达状态，基本实现社会主义现代化的历史阶段；是由农业人口占很大比重、主要依靠手工劳动的农业国，逐步转变为非农业人口占多数、包含现代农业和现代服务业的工业化国家的历史阶段；是由自然经济半自然经济占很大比重，逐步转变为经济市场化程度较高的历史阶段；是由文盲和半文盲人口占很大比重、科技教育文化落后，逐步转变为科技教育比较发达的历史阶段；是由贫困人口占很大比重、人民生活水平比较低，逐步转变为全体人民比较富裕的历史阶段；是由地区经济、文化很不平衡，通过有先有后的发展，逐步缩小差距的历史阶段；是通过改革和探索，建立和完善比较成熟的充满活力的社会主义市场经济体制、社会主义民主政治体制和其他方面体制的历史阶段；是广大人民牢固树立建设有中国特色社会主义共同理想，自强不息，锐意进取，艰苦奋斗，勤俭建国，在建设物质文明的同时努力建设精神文明的历史阶段；是逐步缩小同世界先进水平的差距，在社会主义基础上实现中华民族伟大复兴的历史阶段。参见江泽民：《高举邓小平理论伟大旗帜，把建设有中国特色社会主义事业全面推向二十一世纪》，17页，北京，人民出版社，1997。

整利益关系往往牵一发而动全身。"[1] 考虑法律、法治问题，要牢牢把握社会主义初级阶段这个基本国情，牢牢立足于社会主义初级阶段这个最大实际。

当代中国的社会主义法，应当从社会主义社会初级阶段的生产力水平、经济结构、文化状况等国情民情出发，规定国家的基本制度，规定社会关系参加者法律上的权利和义务，以更好地保护和扩大人民群众的权利与自由，促进国家治理现代化以及社会全面发展。

社会主义初级阶段的基本国情对法的性质及发展方向的影响是深刻而全面的。比如，在社会主义初级阶段，社会主义法在基本经济制度方面，要保障社会主义公有制为主体、多种所有制共同发展，尤其要承认非公有制经济的重要性和正当性，实行以按劳分配为主的多种分配方式；要结合中国社会转型的新特点，重视促进社会正义和社会和谐等；在推进社会主义民主政治方面，要积极、稳妥地促进民主政治的制度化、规范化、程序化，结合中国的国情探索民主政治发展和依法治国的具体道路；要结合社会发展的水平和要求，切实保障人民的基本人权及各项权益；等等。

总而言之，社会主义初级阶段的国情，是中国法制建设和依法治国事业的出发点。它要求中国的法律发展和法治进步既不能走封闭僵化的老路，也不能走改旗易帜的邪路，而必须走有中国特色的社会主义法治之路。

（三）当代中国法的社会主义性质的集中表现

当代中国的法制是中国特色社会主义制度的法律表现形式。以中国特色社会主义理论为指南，结合新时代中国特色社会主义事业的特点，可将当代中国法的社会主义性质集中归纳如下。

1. 当代中国法是"人民当家作主之法"

以人民为中心是社会主义法的根本宗旨，所有的法律都围绕人民的共同需要、共同利益、共同发展而展开。实现人民对美好生活的向往，就是法制建设的正确方向。法律要发挥人民的主人翁精神，坚持依法治国的基本方略，在法治的各个环节发扬全过程人民民主，最广泛地动员、组织人民依法管理国家事务和社会事务、管理经济和文化事业、积极投身社会主义现代化建设，更好地保障人民当家作主。

实现人民当家作主必须依靠中国共产党的领导。中国共产党应当坚持立党为公、执政为民，坚持党总揽全局、协调各方，坚持科学执政、民主执政、依法执政。这样，才能真正满足人民的期待，才能够真正促进人民民主。

2. 当代中国法是"促进社会发展之法"

发展是解决中国一切问题的基础和关键。以人为本的科学发展观，创新、协调、绿色、开放、共享的新发展理念，指引着中国改革和发展的方向。发展的根本方向在于实现人的全面发展和社会的全面进步。解放和发展生产力、共同富裕、科学发展、社会和

---

[1] 习近平：《高举中国特色社会主义伟大旗帜　为全面建设社会主义现代化国家而团结奋斗——在中国共产党第二十次全国代表大会上的报告》，人民日报，2022-10-26。

谐等，都是为人的全面发展开辟道路。社会主义法的最深刻的社会本质，也在于此，即社会主义法是“促进人的全面发展”之法，比如：法律要通过各种制度设计促进解放和发展生产力，破除生产力发展的种种制度障碍，以创新理念激发改革创新及发展；法治建设要坚持以全面依法治国推进经济、政治、文化、社会及生态文明的发展和进步，实现以人为本、全面协调可持续的科学发展，促进新发展理念的全面落实；法律要不断推进开放、合作、共赢的发展，促进构建人类命运共同体，实现人类共同发展；等等。

3. 当代中国法是“促进公平正义之法”

公平正义是社会主义法的内在要求，也是法的基本价值目标。切实促进社会公平正义，是法的人民性、社会主义性质的重要体现。法制建设要积极通过各个方面的具体制度设计来促进实现社会公平正义，使促进公平正义的具体制度遍布于法律的各个领域，比如：建立以权利公平、机会公平、规则公平为主要内容的社会公平保障体系；营造公平、平等的营商法律环境；保障人民平等参与、平等发展的各项权利；促进调整国民收入分配格局，加大再分配调节力度，使发展成果更多、更公平地惠及全体人民，促进共同富裕、共享发展；等等。

4. 当代中国法是“促进社会和谐之法”

在当代中国社会大转型的过程中，在当今世界面临百年未有之大变局的时代，实现社会和谐具有重要意义。和谐是中国法的重要价值追求，法律是促进和谐的重要制度工具。法律要通过达成改革、发展、稳定之间平衡的恰当制度安排来促进社会和谐；通过保障和改善民生，实现幼有所育、学有所教、劳有所得、病有所医、老有所养、住有所居、弱有所扶等，促进社会和谐；通过共商共建共享的社会治理创新促进和谐；通过增强社会创造活力、保障人的自由和权利来促进和谐；在国际层面上，要致力于推动建设持久和平、共同繁荣的和谐世界，在人类命运共同体理念的引领下促进和平。

5. 当代中国法是“保障人权之法”

如上诸方面的法律发展都有一个人权的维度，如人民当家作主要落实为个人的基本权利；发展的根本目的在于个人的全面发展；公平正义的实现要借助人的平等和自由、权利的充分享有；社会和谐应当基于承认和拓展权利、正当利益的和谐，维权即是最大的维稳；等等。由中国社会主义初级阶段的经济、政治、社会及文化的基本特点等所决定，当代中国法必然是“保障人权之法”。社会主义法的人民性、社会主义性质的集中表现就是，法律应当最大限度地尊重和保障每个人的基本人权，提升人的尊严，提高人民的幸福生活水平。

在当代中国，依法治国与人权保障密切联系在一起，法治是人权的有力保障，人权是法治的重要价值坐标。人权是中国法律体系的核心原则，宪法和法律确认并保障着人民在革命、建设及改革的伟大实践中所争取到的广泛的权利和自由。人权是一定历史条件的产物，也会随着历史条件的发展而发展。当代中国法通过自己的调整职能和保护职能，保障和促进着人权的实现，推动着中国特色人权事业的不断发展。

资料链接

人民幸福生活是最大的人权。中国共产党从诞生那一天起，就把为人民谋幸福、为民族谋复兴、为人类谋发展作为奋斗目标。新中国成立以来，特别是中共十八大以来，在习近平新时代中国特色社会主义思想指引下，中国不断总结人类社会发展经验，在建设中国特色社会主义的伟大实践中，坚持把人权的普遍性原则与自身实际相结合，奉行以人民为中心的人权理念，始终把生存权、发展权作为首要的基本人权，协调增进全体人民的各项权利，努力促进人的全面发展。历史和现实都证明，中国成功地走出了一条符合国情的人权发展道路，丰富了人类文明多样性。

——《为人民谋幸福：新中国人权事业发展 70 年》白皮书①

三、当代中国法的社会公共性与阶级统治性的统一

我们在前文曾经指出，任何阶级统治都必须同时执行一定的社会公共职能，执行一定的社会公共职能是任何法都具备的属性。社会主义法就其本质来讲，执行着比任何剥削阶级法都广泛的社会公共职能。人民成了国家和社会的主人，自然要关心整个社会的公共事务。发展交通、兴修水利、保护环境、保护自然资源、保持生态平衡、提高公共服务水平、规制科技发展、促进人类永久和平、为人民服务等等，都是社会主义法的功能所在。在剥削阶级作为一个阶级被消灭以后，在科技发展日新月异、人类普遍交往更加深入的条件下，在社会主义法的社会公共职能方面有了更迫切的需求和更广阔的发展，出现了大量直接体现社会公共职能的法律规范。

如前所述，法的阶级属性与法执行社会公共职能二者之间并不是相互排斥的，而是紧密联系、密切交织的。实际上，法的社会、阶级本质只能在整个规范系统的联系中看到，即把单个的法律规范放在整个法的体系中，通过抽象的思维才能看到。若孤立地看待一个个的法律规范，不与该规范所调整的社会关系相联系，不与该规范所在的法的整个体系相联系，则它们（包括刑法规范）都没有阶级性，都是可供不同阶级选择利用的法律手段、法律工具，是被抽掉了社会政治内容的法律形式。在不同的社会制度下，法的社会公共职能的发挥程度与法的阶级本质是密切联系的。在剥削阶级社会，少数剥削阶级的统治与广大劳动人民的根本利益处于不可调和的矛盾之中，因而剥削阶级法尽管也执行着一定的社会公共职能，但受到很大的局限。

与以往所不同的是，社会主义法的阶级统治职能与社会公共职能的联系更为紧密、更为直接。实现人民在政治上的当家作主，实行社会主义制度，从根本上说是整个社会进步的需要，是人类解放的需要，符合社会全体成员的根本利益。人民的自我统治集中体现了社会主义法的阶级性与进步性的统一，因而，社会主义法越是执行更广泛的社会公共职能，就越是符合法的社会主义本质、人民性本质。

① 《为人民谋幸福：新中国人权事业发展 70 年》白皮书由国务院新闻办公室于 2019 年 9 月 22 日发表。

执行着广泛社会公共职能的社会主义法，与西方资本主义法有着形式上的相似性，在法律治理的许多领域可以借鉴其合理内容。有鉴于此，当代中国法完全可以，也应当借鉴和利用资本主义发达国家的先进法律文化，以此加快中国的法治建设进程。

四、当代中国社会主义法的价值取向

当代中国社会主义法的价值体系，反映了社会主义的核心价值，也反映了中华文明传统和现实生活所呈现的基本价值。这种价值体系既表达了社会主义制度的核心价值理念，也表达了现代社会法律文明的普遍价值理念，还表达了中华文化中传承下来的富有生机和活力的那些价值理念。也就是说，当代中国法的价值，既有中国因素，也有社会主义因素，还有现代因素，是三者的有机统一。应当在中国特色社会主义事业中，在中国社会发展和中华文明复兴的大背景下，在世界文明体系的交流互鉴中，来理解和建构当代中国社会主义法的价值体系。中国宪法提出的“把我国建设成为富强民主文明和谐美丽的社会主义现代化强国，实现中华民族伟大复兴”的国家发展目标，正好集中表明了构建法的价值体系所须依托的上述三大因素。

当代中国社会主义法的价值取向的特点，大致有如下几点。

（1）坚持以人民为中心的人民正义观。前面谈到，社会主义制度的价值核心为人民利益至上、以人民为中心。中国主导的基本价值体系应奉行以人民为中心的人民正义理念，应当在这一理念之下协调诸项价值。尤其应注重的是，要将人民整体利益发展与保障人的尊严、个人基本权利、个人的基本需要相结合，将人民的平等发展权与个人自由发展相结合，注重通过保障个人基本权利等来实现人民总体利益。

（2）充分体现社会主义核心价值观的要求。法是中国社会主义政治制度的一个重要部分，法的价值体系与社会主义核心价值观显然是有内在联系的。法的价值体系体现社会主义因素的表现就是，将社会主义核心价值观引入法的价值体系之中。社会主义核心价值观是一个完整的体系：从国家层面看，是指富强、民主、文明、和谐；从社会层面看，是指自由、平等、公正、法治；从公民个人层面看，是指爱国、敬业、诚信、友善。这些价值理念是构建和丰富当代中国社会主义法的价值体系的根本指引。中国宪法已经确认“国家倡导社会主义核心价值观”，也明确了国家建设目标是“富强民主文明和谐美丽的社会主义现代化强国”。宪法法律的大量制度都从各个方面体现着社会主义核心价值观。中国法治建设的改革也是更充分保障社会主义核心价值实现的新实践。在法律制度中践行社会主义核心价值观，尤其要注重的是实现国家利益、社会利益与个人利益的有机统一。

（3）注重各项法的价值的有机整合和协调。在社会主义制度下，各种价值之间的冲突不是根本对抗性的。社会主义价值体系的先进性和科学性集中体现在，它从社会制度正义的角度为价值协调及融合发展奠定了基础，人民与民主、个人与国家、平等与自由等等之间都不再是对抗性的关系。这为法的价值体系协调提供了广阔的前景。在以人民为中心的正义观下协调各项价值，更注重融合中华传统智慧，以和谐理念综合平衡和协调各项价值。当代中国这样一个超大规模国家的发展必定是不平衡的，在其法律制度的安排上，必然会有价值选择上的轻重缓急，有其基于中国发展和中国国情的价值协调难题。对这些难题，显然不可能靠简单地搬来某些西方国家的法律治理原则来解决。当代中国社会主义法的价值体系建构，需要在充分认识价值协调发展的制度空间的基础上，更自觉地发挥社会主义核心价值观的价值引领作用，并在重和谐、重协调、重人本尊严的理念下整合各种价值。比如，在法治建设的发展中，应注重个人与整体、个人与国家、个人与社会、平等与自由、效率公平、民主与个人、人的尊严与国家发展等等的有机统一。又如，人民至上、国家发展等理念通常注重整体性、全局性的价值诉求，因而要更注重对个体的自由、权利和尊严的保障，不能随意以集体正义的名义损害个人正当权益。

鉴于社会主义法的价值体系与法律制度建设的密切联系，在本书后面探讨社会主义法和法治的理论的各章节中，对社会主义法的价值所涉及的诸多问题会有具体的阐述。

五、“一国两制”下的法制

（一）“一国两制”构想的主要内容

“一国两制”是中国共产党领导人民实现祖国和平统一的一项重要制度，是中国特色社会主义的一个伟大创举，也是当代中国对马克思主义国家和法的学说的重大发展。它不仅是政治学、宪法学研究的重要问题，也是法理学研究的重要问题。

“一国两制”，是指在统一的国家之内，国家主体实行社会主义制度，个别地区依法实行资本主义制度。“一国两制”是旨在推进祖国和平统一大业的。“一国两制”是中国共产党和国家在马克思主义指导下，充分尊重历史和现实，从实际出发所提出的处理国家和平统一问题的一项基本国策。“一国两制”的国策既符合中国人民、中华民族的共同愿望和根本利益，符合世界和平与发展的时代潮流，也体现了原则性与灵活性相统一的卓越政治智慧。

“一国两制”构想已体现在我国《宪法》（第31条）、《香港特别行政区基本法》、《澳门特别行政区基本法》等重要法律文件之中。按照“一国两制”的伟大构想，香港、澳门已经实现了和平回归。“一国两制”实践已取得了举世公认的成功。这不仅显示了“一国两制”这一创造性构想的强大生命力，也彰显了法律在解决重大棘手问题上的巨大潜力。

“一国两制”的主要制度性内涵是：首先，坚持“一国”即“一个中国”是前提和基础。在国际上代表中国的是中华人民共和国，香港、澳门、台湾地区是中国的一部分。其次，在中国主权范围内实行社会主义和资本主义两种制度并存的“两制”。中国的主体部分实行的是中国共产党领导下的具有中国特色的社会主义制度，港、澳、台地区回归祖国后，根据不同的情况，实行高度自治，原有的社会、经济制度和生活方式不变。最后，“两制”从属和派生于“一国”并统一于“一国”之内。“两制”不是并列的，国家的主体部分实行社会主义制度，港、澳、台地区依法实行资本主义制度，这两种制度在“一国”的前提下长期并存，实现共同繁荣、稳定和发展。

（二）“一国两制”的法律架构

“一国两制”与当代中国的法制建设是应当深入研究的大课题。在不同的法学学科，如法理学、宪法学、民法学、经济法学、行政法学、诉讼法学、刑法学等学科中，都应作专门研究。

1. “一国多法”

在“一国两制”的国家框架下，已或将出现“一国两法”或“一国多法”的独特情形。在一国之内存在两种或两种以上不同法律制度的情况，在历史上和现实生活中不乏其例。但在当代中国随着“一国两制”而出现的“一国多法”与历史上的诸多情形不同，是绝无仅有的一个法律奇观。

实行“一国两制”，一国之内会存在两种本质不同的法律制度，其中，社会主义法律制度占据主体地位。为了和平统一祖国，解决港、澳、台地区回归祖国问题，设立特别行政区，允许特别行政区保持原有的资本主义法律制度长期不变，那么其法律制度也自然呈现出不同于社会主义法的另一种法律本质和面貌。“一国两制”条件下出现的两种或多种法律制度，已不再是相互排斥的对抗性的，而是长期并存、互利互惠、互相促进、共同发展的。作为中华人民共和国法主体的社会主义法的本质，不改变特别行政区法律的资本主义本质；特别行政区法的资本主义性质，自然也不改变中华人民共和国法的主体部分的社会主义性质。

“一国两制”下的法制不仅涉及当代中国法的本质问题，也涉及当代中国法的结构（法的体系）、法的渊源以及法的创制、实施、解释等一系列问题。对“一国两法”或“一国多法”的实践和理论探索，必然大大丰富当代中国法制的内容，比如，国家近年推进的大湾区建设，其中就涉及多法域制度的协调、多方面的区域性共同立法等重要的新课题。

2. “一国两制”下宪法与港澳法制的沟通

全面准确贯彻“一国两制”，应坚持依法治港治澳，维护宪法和基本法确定的秩序。这方面的总体要求是，把坚持“一国”原则和尊重“两制”差异、维护中央对特别行政区的全面管治权和保障特别行政区的高度自治权、发挥内地的坚强后盾作用和提高特别行政区自身的竞争力结合起来。在具体制度方面，比如，要完善特别行政区同宪法和基本法实施相关的制度和机制；要健全中央依照宪法和基本法对特别行政区行使全面管治权的制度，如完善中央对特别行政区行政长官与主要官员的任免制度和机制、全国人大常委会对基本法的解释制度，中央依法行使宪法和基本法赋予的各项权力；建立健全特别行政区维护国家安全的法律制度和执行机制；健全特别行政区行政长官对中央政府负责的制度；加强对香港、澳门社会，特别是公职人员和青少年的宪法与基本法教育、国情教育等。

3. 推进祖国和平统一进程的法制努力

依照“一国两制”原则，在确保国家主权、安全、发展利益的前提下，和平统一后，台湾地区的社会制度和台湾同胞的生活方式将得到充分尊重，台湾同胞的私人财产、宗教信仰、合法权益将得到充分保障。两岸应当运用法律思维，积极展开协商和更多法律合作。两岸应积极探索“两制”台湾方案，尽快就两岸和平发展达成制度性安排；应当进一步完善促进两岸交流合作、深化两岸融合发展、保障台湾同胞福祉的制度安排和政策措施。如，2018 年 2 月国务院台湾事务办公室、国家发展和改革委员会等部门共同发布、实施《关于促进两岸经济文化交流合作的若干措施》；2019 年 11 月，国务院台湾事务办公室、国家发展和改革委员会等有关部门出台《关于进一步促进两岸经济文化交流合作的若干措施》；2021 年 3 月，国务院台湾事务办公室、农业农村部等部门发布《关于支持台湾同胞台资企业在大陆农业林业领域发展的若干措施》；2023 年 9 月，中共中央、国务院发布《关于支持福建探索海峡两岸融合发展新路 建设两岸融合发展示范区的意见》。大陆许多省市也相继推出了关于惠台、促进两岸融合发展的地方性法规、规章或政策，取得良好效果。

第二节 中国社会主义法的基本原则

一、社会主义法的原则的概念

在谈到法律规范问题时，我们曾谈到法律原则的一般问题。这里结合当代中国社会主义法的特点，进一步论述社会主义法的原则，尤其是法的专门原则。

社会主义法的基本原则是理解社会主义法的理论的出发点，它反映着社会主义法的本质、基本内容和基本精神，体现了社会主义社会生活的需要。社会主义法的基本原则是反映社会主义法的本质和内容的指导思想，是整个社会主义法律制度的“灵魂”，是扩散在现行社会主义法律规范中的经济的、社会政治的和专门法律的要求，反映着社会主义社会发展的规律性，具有普遍性、最高命令性。所谓普遍性，就是说基本原则要渗透到一切法律手段中，并在任何法律状态下都应得到考虑；所谓最高命令性，意味着基本原则是无可争议的、必须遵守的，和那些非基本原则和从基本原则中引申出的规定相比，其必须遵守性最强。

二、社会主义法的原则的分类

(一) 基本原则与部门法原则

依原则所涉及的是全局、整体问题还是局部问题，社会主义法的原则可被分为两类：一是社会主义法的一般或共同原则，即社会主义法的基本原则；二是部门法原则，这包括社会主义法的体系中某一部门法的原则，如刑法原则、婚姻法原则等，以及几个部门（或跨部门）的原则，如所有诉讼法的原则等。社会主义法的基本原则，贯穿于其各个部门法中。在许多情况下，立法者根据法的基本原则制定原则性规范，如在宪法中就有许多原则性规范，在重要法律文件的总则部分也有这类规范。

(二) 一般社会原则与专门法律原则

依法所涉及的是法的社会关系内容（法确认、保护的是什么）还是法律手段本身

（用什么法律手段确认、保护一定的关系），社会主义法的基本原则可被分为两类：一类是一般社会原则，即法律中的经济、政治、社会和文化原则；另一类是专门法律原则。

社会主义法的一般社会原则根源于社会主义制度的性质，它回答社会主义法与社会主义法制确认、保护和发展的是什么样的社会关系。社会主义法的专门法律原则决定于法之所以为法的特点，反映法律本身的规律性。它回答社会主义法用什么样的方法、方式、手段来确认、保护、发展其所要确认、保护、发展的社会关系。因此，社会主义法的许多专门法律原则从外表来看与资产阶级法的专门法律原则是相似或相同的（如法律面前人人平等的原则、法治原则等），但专门法律原则总是受一般社会原则制约并在与一般社会原则的有机联系中起作用的。

这种分类，对于深入认识法律现象有重大的方法论意义。马克思主义认为，法作为社会上层建筑的组成部分，是社会政治、文化、经济要求的综合表现。这就是说，经济是法的基础，政治对法有直接的重大影响，文化也对法有重大影响。所以，研究法的基本原则，不能单纯看反映法律本身的规律性的那些原则，而应首先研究在内容上制约着法的发展的那些经济的、政治的、文化的原则。

（三）立法原则、适用法的原则及法律解释原则

依据法所指导的是法律调整哪一阶段的工作，社会主义法的原则可被分为：立法原则、适用法的原则、法律解释原则，等等。这些原则都应遵循和体现法的基本原则，是法的基本原则在该项工作中的具体化。立法原则还可再被细分为立法中所体现的原则和制定新法时应遵循的原则：前者是已在法律中固定的原则，后者则是制定新法时的指导原则。

三、当代中国法的一般社会原则

如何概括当代中国社会主义法的基本原则，是个值得认真研究、探索的问题。中国特色社会主义理论是指导和协调中国各项工作和制度的方针、基本出发点，自然也是当代中国社会主义法和法制最基本的指导思想、原则，法律领域的一切活动都必须以之为指导。中国特色社会主义理论，尤其是新时代中国特色社会主义思想，集中表达了当代中国法最重要的属性和社会政治内容。

基于中国特色社会主义理论和实践的基本要求确定当代中国社会主义法最基本的原则，应进一步研究和阐明该理论和实践在当代社会主义中国的经济、政治、文化、社会以及生态文明建设方面的具体展开。我们可以把它们大致概括为如下几点。

1. 反映经济发展要求的法律原则

这个方面的基本原则至少包括：坚持以人民为中心的科学发展，坚持新发展理念；坚持以公有制为主体，多种所有制经济共同发展；坚持以按劳分配为主体，多种分配方式并存；坚持把社会主义制度和市场经济有机结合，完善社会主义市场经济体制，充分发挥市场在资源配置中的决定性作用；坚持以供给侧结构性改革为主线，加快建设现代化经济体系；建设更高水平开放型经济新体制；等等。

2. 反映民主政治建设要求的法律原则

这个方面的基本原则至少包括：坚持人民民主和人民主体地位；坚持尊重和保障人权，保障人民合法权益；坚持各民族一律平等、民族团结、民族区域自治；坚持发展政治协商民主、各层次协商民主；巩固和发展最广泛的爱国统一战线；发展充满活力的基层群众自治；加强权力运行的制约和监督；坚持党的领导、人民当家作主和依法治国的有机统一；奉行和平发展、建设和谐世界的原则；等等。

3. 反映先进文化建设要求的法律原则

这方面的基本原则至少包括：坚持以社会主义核心价值观引领文化建设；丰富人民精神文化生活，健全对人民文化权益的保障；文化创作生产坚持把社会效益放在首位，社会效益和经济效益相统一；弘扬中华优秀传统文化、革命文化、社会主义先进文化；提升公民道德素质，巩固理想信念、价值理念的共识；推动文化事业和文化产业发展；等等。

4. 反映社会建设要求的法律原则

这方面的基本原则至少包括：维护社会公平正义，促进社会和谐，增强社会创造活力；保障和改善民生，增进人民福祉，健全基本公共服务体系；加强社会保障体系建设；优先发展教育，保障就业；提高人民健康水平，保障人民的健康权益；打造共建共治共享的社会治理格局；健全国家安全体系，加强国家安全法治保障；保障公共安全和社会治安；等等。

5. 反映生态文明建设要求的法律原则

这方面的基本原则至少包括：坚持人与自然的和谐共生，尊重自然、顺应自然、保护自然；坚持节约资源和保护生态环境，促进资源的高效利用；推进绿色发展、循环发展、低碳发展；实行最严格的生态环境保护制度；等等。

四、当代中国法的专门法律原则

如果说法的一般社会原则是该社会或地区的经济、政治、文化和社会原则在法律领域的表现，那么，法的专门原则就是法律本身相对独立的规律性的表现，是本来意义上的“法律原则”。这种原则受一般社会原则的支配，服务于一般社会原则，但又有相对的独立性。专门法律原则越符合一般社会原则的要求，越符合法律调整的规律性，就越能较好地服务于其经济基础和社会生活的需要。

社会主义要继承人类一切优秀文化，包括优秀、合理的政治文明、法律文化。反映法律调整的规律性的那些资产阶级的法律原则，也应是社会主义法的专门法律原则，不过具体内容有了改变，并且在服务新的社会关系、社会生活的基础上和过程中又会有新的发展。这些基本法律原则，是任何一个可以称得上现代的、文明的法和法律制度所不可少的原则。人们要有效地使用“法”这个社会关系调整器，就必须遵循法本身要求的这些规律性，否则法的作用和价值，就会大大降低。

当代中国法的专门法律原则可被概括为如下几项原则。

（一）法治原则

法治原则，也即依法治国原则，要求有完备良好的法律，且这些法律得到普遍的严格遵守。法治原则是近现代法律文明所共同认可的普遍原则，是近现代国家的法律治理理念的凝练表达。在当代中国，所谓法律良好，主要是指立法符合生活的客观需要、改革开放的需要、解放和发展生产力的需要以及广大人民的意愿；也指法律之间相互协调，法律规定科学、完善、合理。所谓法律被严格遵守，就是说一切国家机关、公职人员、公民、社会团体都严格地、不折不扣地遵守宪法、法律和法规，任何人没有超越法律的特权，所有人在法律面前一律平等，做到严格执法、公正司法、全面守法、违法必究。法治原则是人类政治、法律文明发展中产生的重要的、合理的、进步的法律原则。要充分发挥法的作用，就得坚持法治原则。作为当代中国社会主义法的基本原则之一，法治原则在我国宪法中获得庄严的宣告，它应该，也必须体现在当代中国法律调整的全过程和各个环节之中。

（二）法律面前人人平等原则

平等是近现代社会的突出特点之一，法律面前人人平等原则是近代社会文明进步过程中所产生的合理、进步的法律原则。法本身就具有最低限度的平等意义，法之所以为法，原因就在于，法把同一尺度适用于不同的人，任何人在同样条件下，权利、义务是平等的。平等是社会主义的内在要求，也是社会主义法律的基本属性。

这个原则既体现在法的创制中（不承认基于身份的特权），也体现在法的适用中（适用法律平等）。我国《宪法》第 33 条、第 34 条、第 48 条等都确认了法律面前人人平等原则。法律面前人人平等原则要求，任何组织和个人都必须尊重宪法法律的权威，都必须在宪法法律的范围内活动，都必须依照宪法法律行使权力或权利、履行职责或义务，都不得有超越宪法法律的特权；任何人不得以任何借口任何形式以言代法、以权压法、徇私枉法。

（三）司法权独立行使原则

司法权对于实现法治具有特殊的功能，司法裁判的独立公正机制是近现代法治国家的基本制度/机制。我国宪法明确规定了法院独立行使审判权、检察机关独立行使检察权。各种诉讼法、程序法及法院、检察院组织法的颁布和实施，以及不断的修改、完善，对于独立、公正行使司法权原则的贯彻具有直接的促进作用。实现这一原则仍需继续解放思想，推动国家治理各方面的进步发展，完善保障司法机关公正和独立行使审判权、检察权的各项制度。

（四）无罪推定原则

无罪推定原则，是指任何人在法院作出有罪判决之前不能被当作罪犯。在法院经论证作出有罪判决之前，即使原告、检察官或某人认为被告有罪，在法律上被告仍被推定为无罪。这一原则源于近现代刑事诉讼法、刑法中保障犯罪嫌疑人人权的重要理念。这一原则的贯彻执行，对在司法工作中避免主观片面性，努力查清事实真相，防止出入人罪，保证做到公正裁判，保障被告的基本人权等，都具有重要意义。近年来有一些学者认为，它已不仅仅是部门法（如刑法、刑事诉讼法）的一个原则，而应被提高到法的基本原则的高度（如纳入宪法之中，并视之为宪法原则）。这个原则对于保证法律面前人人平等、贯彻法治原则是不可少的条件。

(五) 过错责任原则

过错责任原则首先是部门法中追究法律责任的基本原则。现代法学理论认为，过错责任原则应被提高到法的基本原则的高度。一些国家已将这一原则写入宪法之中。过错责任原则意味着：公民按照法律，根据主管机关（如法院）的决定，对其有过错的不合法行为承担责任。这里所说的责任是指追溯性的、应受谴责的、惩罚性的责任。民事赔偿中的无过错责任，不属于这种责任，而是弥补损失的一种措施。承担无过错责任的赔偿人不受任何谴责，因为其没有过错，只是承担一种社会义务，类似社会保险向投保者支付保险金的义务。明确这两种责任原则的区别，坚持过错责任原则，只使有过错的人承担惩罚性责任，是法学理论上的一个进步，有助于分清是非，有利于增强人们的法律意识和责任感。

但如前所述，专门法律原则是受社会经济、政治原则的制约的。在前资本主义社会的经济、政治和社会条件下，尽管有些思想家提出过类似的思想（如“法不阿贵”“一断于法”），但未能在生活中予以贯彻，因那时阶级、等级的特权占支配地位。适应资本主义经济发展的需要，资产阶级思想家逐渐提出、论证并在法律上贯彻了这些原则。法律上的平等是以事实上的不平等为前提的，在资本主义社会法律上的平等实际上确认了事实上的剥削和压迫，并且在一个“钱能通神”的社会，即使这种法律上的平等也往往不能贯彻到底，法官对待富人和穷人、白人和黑人、“有教养”的人和“无教养”的人的态度显然是不同的，所以，受资产阶级法的社会经济、政治原则的支配，资产阶级法和法制虽然贯彻了这些原则，但往往又不得不背离这些原则，使这些原则不能彻底实现。这正是受到了资产阶级法的本质的局限。社会主义法的这些专门法律原则与剥削阶级法的这类原则相比，不但在服务的内容方面根本不同，而且贯彻得更为彻底。

第三节　中国社会主义法与构建人类命运共同体

当代中国的发展与当今世界的发展是联系在一起的。在当今时代，世界多极化、经济全球化、社会信息化、文化多样化深入发展，全球治理体系和全球秩序变革加速推进，人类也面临着诸多新挑战。全球秩序的发展深刻影响中国法制的发展变化，中国社会主义法的发展需要统筹国际和国内两个大局。在自中国共产党十八大以来的新时代，中国就人类发展和全球治理问题提出了一种新愿景，即构建人类命运共同体。这一愿景对国际法律体系发展，对中国社会主义法的发展，都提出了新课题，指引了新方向。

一、当代西方全球治理理论

在西方，全球化、全球治理是20世纪后半期以来在世界范围内提出的分析和解决全球问题的理论。自20世纪80年代以来，在世界范围内，无论社会主义国家还是资本主义国家，都发生了市场导向的经济变革：主要资本主义国家为了提高自己的竞争力，开始削减在六七十年代实施的福利国家政策，重视市场的作用；而社会主义国家发生了从计划经济向市场经济的转轨，为整个世界形成统一的市场创造了条件。以新自由主义为主导的全球化理论认为：全球资本已经抛弃了由民族国家调控的模式，而代之以效率和福利最大化的模式，较小的政府和较少的贸易障碍会导致更完善的市场，从而导致资源在全世界范围内更有效率地分配；由于取消贸易壁垒，各国将获得基于比较优势而具有的利益，全球资本市场将对主权国家起到约束作用，从而保证市场不被扭曲。经济一体化不单纯是经济的，它必然以国家的政策与法律的变革为先导，同时又进一步推动国家政策与法律的变革。有没有健全的法律保障系统，已经成为判断是否具有良好的投资环境的关键性因素之一。而这些法律改革的基本原则和最终目的就是增强法的可预测性、可计算性，提升其透明度，即实现法治，以保证资本的跨国界的自由流动，保证世界范围内的贸易自由。①

全球治理理论是在20世纪和21世纪之交提出的。所谓全球治理，是指对某一全球性的问题通过不同的层次的共同努力，通过多种不同的方法所进行的综合治理。全球治理的概念强调治理主体的多层次性和治理方法的多样性。全球治理不能只强调国际组织的治理一个方面，而应包括世界性的和区域性的国际组织的治理、国家的治理和非政府组织的治理。以往的法学理论几乎全部集中在以国家法律为中心的层次，国际法也是由主权国家成立的政府间组织制定的。全球治理概念的提出主要针对国家治理方式的不足，主张国家通过参加世界性的和区域性的国际组织，通过非政府组织达到全球治理的目的。全球治理可以采用多种方法，如法律、政治交易、道德、商业习惯、谈判等；法律表现了全球治理的制度化程度，就法律而言，也存在着软硬的问题，对有些问题用软法处理比较好，对有些问题则用硬法处理较为适宜，依条件而定。②

但是，西方的全球化和全球治理方案面对一系列的全球问题显得无能为力：世界经济增长乏力，金融危机阴影不散，发展鸿沟日益加大，兵戎相见时有发生，冷战思维和强权政治阴魂不散，恐怖主义、难民危机、重大传染性疾病、气候变化等非传统安全威胁持续蔓延。面对全球问题，人们期望提出新的解决问题的理论和方案：世界命运应该由各国共同掌握，国际规则应该由各国共同书写，全球事务应该由各国共同管理，发展成果应该由各国共同分享。

---

① 参见朱景文：《比较法社会学的框架和方法：法制化、本土化和全球化》，561～716页，北京，中国人民大学出版社，2001。

② 参见［英］赫尔德等：《治理全球化——权力、权威与全球治理》，14～15页，北京，社会科学文献出版社，2004。

二、人类命运共同体理念对全球法律治理的启示

构建人类命运共同体，是新时代中国面对全球一系列挑战所提出的中国理论和中国方案。构建人类命运共同体，建设持久和平、普遍安全、共同繁荣、开放包容、清洁美丽的世界，是一个全方位的战略目标，包括国际政治、安全、经济、文化和生态建设各个领域。小智治事，大智治制，在所有领域都存在着制度化建设、国际法律秩序的建构问题，中国国内的法律体系也存在着以此为目标加以调试的问题。

（1）在政治上，要建设持久和平的世界。全球化加强了各国之间的相互依赖和相互联系，但是全球化绝不意味着非国家化、去国家化，绝不意味着主权国家作为一种政治实体已经退出政治舞台，主权国家仍然是现代世界秩序的最基本构成单位。抛开主权原则，根本谈不上国际政治秩序。必须遵守《联合国宪章》的基本精神，这是国际政治新秩序赖以建立的最重要的法律基础。必须建立世界各国无论大小、强弱、贫富一律平等的原则，不能以大欺小、以强凌弱、以富压贫，搞零和游戏，把自己所得建立在他人所失的基础上，要平等相待、互商互谅，己所不欲，勿施于人，达到多赢、共赢；要相互尊重、平等协商，坚决摒弃冷战思维和强权政治，走对话而不对抗、结伴而不结盟的国与国交往新路。

（2）在安全上，要建设普遍安全的世界。随着冷战的结束，通过世界各国的合作解决世界安全问题的可能性比冷战时期提高了。但是世界并不太平，除了传统的安全领域，非传统的安全问题在各国都显得越来越突出。以军事威胁为后盾的安全属于传统安全领域，二战以后，虽然没有发生世界大战，但是局部战争仍然不断，以领土争端为核心的安全问题日益增多。而非传统安全，如经济安全、金融安全、生态环境安全、信息安全、资源安全、恐怖主义、武器扩散、疾病蔓延、跨国犯罪、走私贩毒、非法移民、海盗、洗钱等，成为威胁人类命运共同体的日益突出的因素。非传统安全问题从产生到解决都具有明显的跨国性特征，不是仅在某个国家存在的个别问题，而是关系到其他国家或整个人类利益的问题。非传统安全问题不一定来自某个主权国家，往往由非国家主体，如个人、组织或集团等所为。非传统安全与传统安全之间没有绝对的界限，如果非传统安全问题导致矛盾激化，有可能转为依靠保障传统安全的军事手段来解决，甚至演化为武装冲突或局部战争。因此，如何在新时代应对传统安全和非传统安全领域的挑战，加强国际合作（包括法律领域的合作、司法协助、引渡等），加强国际组织（包括联合国维和部队、国际法院、国际刑警组织）的作用，是在安全领域建构人类命运共同体所面临的重要问题。要营造公道正义、共建共享的安全格局，坚持以对话解决争端、以协商化解分歧，统筹应对传统的和非传统的安全威胁，反对一切形式的恐怖主义。

（3）在经济上，要建设共同繁荣的世界。经济全球化是一把双刃剑，既为全球发展提供强劲动能，也带来一些新情况新挑战，需要认真面对。经济全球化提高了效率，但是它所带来的利益在全球不是平等分配的。在经济全球化时代，各国的发展环环相扣，一荣俱荣，一损俱损，没有哪一个国家可以独善其身，协调合作是必然选择。要改变不合理的国际经济秩序，构建平等协商、共同参与、普遍受益的合作框架，增强自由贸易

安排的开放性和包容性，维护多边贸易体制。要谋求开放创新、包容互惠的发展前景，同舟共济，促进贸易和投资自由化、便利化。要警惕和防止贸易保护主义抬头、从多边主义退回到双边主义。要积极引导经济全球化发展方向，着力解决公平公正问题，让经济全球化进程更有活力、更加包容、更可持续。建立世界经济新秩序同样有一个构建与之相适应的法律框架的问题。全球经济治理应该以平等为基础，更好反映世界经济格局新现实，加大新兴市场国家和发展中国家的代表性和发言权，确保各国在国际经济合作中权利平等、机会平等、规则平等。

（4）在文化上，要建设开放包容的世界。随着全球化的进程，不同的文明之间相互交流，在一些与贸易相关的文化领域，某种文化的市场价值会突出，好莱坞大片、NBA、快餐文化等在世界的蔓延就是这种文化的市场价值的体现。但是衡量文化价值的标准并不仅仅是市场，文化具有自身的价值，它是不能只用市场价值来衡量的。面对全球化的冲击，各国要有文化定力，保持文化多样性。法律制度在确认和保护文化多样性方面具有重要作用：一方面，法律确认世界贸易组织的《服务贸易总协定》，对世界各国的文化产品和服务采取不歧视的原则，施行最惠国待遇；另一方面，法律确认和保护联合国教科文组织通过的《保护和促进文化表现形式多样性公约》，承认世界文化的多样性，尊重不同民族的文化，遵循各民族文化一律平等的原则。在文化交流中，要尊重差异、理解个性，和睦相处，共同促进世界文化的繁荣。

（5）在环境生态上，要建设清洁美丽的世界。气候变化关乎人民福祉，关乎人类未来。虽然各国由于经济发展阶段不同，所处的自然地理位置不同，拥有的自然资源的性质和数量不同，但是面对气候变化任何一个国家都不可能独善其身。气候变化是一个制约世界各国经济和社会发展的全球性问题，必须开展全球治理。为此国际社会已经签订了《人类环境宣言》（1972 年）、《联合国气候变化框架公约》（1992 年）、《生物多样性公约》（1992 年）、《京都议定书》（1997 年）等重要文件。2015 年 12 月，《联合国气候变化框架公约》的近两百个缔约方在巴黎气候变化大会上达成《巴黎协定》，这是继《京都议定书》后第二份有法律约束力的气候协议。我国政府明确表态，在环境生态领域，要坚持共同而有区别的责任原则、公平原则和各自能力原则，要实施积极应对气候变化国家战略，推动和引导建立公平合理、合作共赢的全球气候治理体系，推动构建人类命运共同体。

三、构建人类命运共同体与发展中国社会主义法

建构人类命运共同体和发展中国社会主义法，必须统筹国际、国内两个大局，要在建构人类命运共同体的总目标的指引下，使中国有关政治、安全、经济、文化、环境的外交政策法律化，被纳入中国特色社会主义法律体系之中，从而使建设人类命运共同体这一解决全球问题的方案具有国内法律基础和保障；另外，中国梦与各国人民的梦息息相通，建构人类命运共同体不是中国一个国家的事，离不开和平的国际环境和稳定的国际秩序，需要世界各国的共同努力。中国要积极地参与国际事务，信守中国的国际义务，建立、修改和完善与它们不一致的法律法规，始终做世界和平的建设者、全球发展的责

献者、国际秩序的维护者。

需要强调的是，全球化、全球治理、构建人类命运共同体所带来的法律发展和变革，并不意味着世界各国的法律模式将走向完全一致。要坚决反对借口全球化，以国际法，甚至以一个国家的国内法为标准，干涉别国内政的法律霸权主义。世界范围内法律传统和文化千差万别，任何法律制度都是独特的，每个国家都有自己的问题以及相应解决问题的法律方法和途径，每个国家对同一个问题也有自己不同的法律解决方式。即使是具有一般意义的法律技术，在运用时也必须解决与本国法律传统和文化相融合的问题，否则就会成为无源之水、无本之木。

总之，在全球化、全球治理、建构人类命运共同体的大背景下，我们应认真研究和把握当代世界法律发展的新动向，坚持从中国的实际出发，面向世界，吸收和借鉴当代世界法律中先进的成分，更好地促进中国特色社会主义法和法治的不断发展、完善。

问题与思考

1. 怎样理解社会主义法的人民性？
2. 怎样理解当代中国法的社会主义性质？
3. 如何认识中国社会主义法的公共性与阶级意志性的统一性？
4. 如何认识中国社会主义法的价值取向？
5. 在实行“一国两制”的条件下，怎样认识当代中国法的本质及特点？
6. 如何认识当代中国社会主义法的一般社会原则？
7. 如何认识当代中国社会主义法的专门法律原则？
8. 如何认识人类命运共同体理念对全球法律治理的启示？

阅读文献

1. 孙国华. 马克思主义法理学：关于法的概念和本质的原理. 北京：群众出版社，2007
2. 郝铁川. 新中国七十年法治发展的阶段、经验与展望. 中国法律评论，2019（5）
3. 赵中源. 新时代社会主要矛盾的本质属性与形态特征. 政治学研究，2018（2）
4. 庄金锋. 论“基本法”的创造性及其对法理学的新贡献. 政治与法律，2007（3）
5. 孙国华. 略论我国社会主义法的基本原则. 法学，1994（10）
6. 沃勒斯坦，等. 资本主义还有未来吗？. 徐曦白，译. 北京：社会科学文献出版社，2014

第十四章 中国社会主义法的制定

本章概要

法律是治国之重器，良法是善治之前提。立法是专门国家机关依照法定程序进行的专门活动。立法对于实现依法治国具有基础性意义。不是什么法都能治国，不是什么法都能治好国。越是强调法治，越是要提高立法质量。认识中国特色社会主义法的制定问题，是理解中国法制建设实践的重要方式。本章结合当代中国的立法实践，探讨我国的立法体制、立法程序、立法原则等立法的基本问题。

关键术语

法的制定　立法　立法制度　立法体制　立法权限　立法程序　全国人大及其常委会　国务院　法律　行政法规　规章　地方性法规　立法原则　党领导立法　依法立法　民主立法　科学立法

第一节　法的制定概述

一、法的制定（立法）的概念

法的制定，是法的创制的主要形式。法的制定，是指专门国家机关在法定职权范围内依照法定程序，创制、修改及废止规范性文件的活动。法的制定通过国家权力的运用而创设新规范，是对社会关系主体行为的可能性范围和方式的正式认可。在我国，法的制定是构建法律体系的重要方式。

法的制定，也经常被称为立法或立法活动。对“立法”一词，有不同的理解，有时指成文的法律，有时指国家创制法律规范的活动，即立法活动。而对立法活动又有广义和狭义两种理解。广义的立法活动，与本书所讲的法的制定同义。在成文法国家，立法基本上就是法的创制的替代词。狭义的立法活动，专指专门国家立法机关创制、修改、废止基本法律和法律的活动。所以，“立法”一词有多种含义，在使用时应明确其含义。在本书中，我们将法的制定与立法作为同义词使用，经常使用立法一词。

在现代社会中，立法是法治国家治理体系的重要组成部分，法的制定也是构建法治秩序的重要步骤。在当代中国，推进全面依法治国首先要有法可依，要坚持立法先行，发挥立法的引领和推动作用；要注重提高立法质量和效率，以良法促进发展、保障善治。

二、法的制定的特点

法的制定作为国家的一种专门活动，具有以下特点。

1. 法的制定是国家的一项专有活动

立法活动是国家政治职能的一部分，只有国家才能进行专门的立法活动。立法是行使国家权力的一种方式。首先，法的制定是由国家机关进行的，任何社会组织、团体和个人，非经国家机关授权，都不能进行这项活动。其次，法的制定不是任何国家机关都可以进行的，而是享有法的创制权限的国家机关的专有活动，这种权力通常是由一国的宪法和其他有关法律所规定的。最后，它不是国家机关的唯一活动方式，国家机关还有许多其他活动，如行政活动、司法活动和法律监督活动等，但这些活动一般都不能直接产生法律规范，不能直接成为法的渊源。

2. 法的制定是国家机关依照法定程序进行的活动

现代国家的立法活动应当遵从法定程序。首先，任何国家的法的制定活动都不是随意的，必须遵循由相关立法等所确定的专门程序。其次，不同国家的立法程序有所不同，但通常都是由宪法和有关的专门法律所确定的，即法的创制活动本身也必须法律化、程序化、制度化。最后，立法程序不仅包括对创制活动本身的规定，而且包括人们从事这一工作的经验积累，即包括对某些立法技术的规定。

3. 法的制定是创制、修改和废止规范性文件的活动

法的制定活动围绕着法律规范的立、改、废展开。首先，法的制定的直接目的是产生具有普遍约束力的法律规范，它实际上是对社会实行国家领导的一种方式。其次，法的制定是一种综合性的活动，它不仅包括创制新的法律规范的活动，而且包括修改、废止相应的以法律规范为主体的规范性文件的活动。也有一些人将立法机关对法律的解释作为法的制定活动的一部分。我国《立法法》列专节规定“法律解释”，并规定法律解释与法律具有同样的效力。但通常而言，法律解释并非创制新的规范，而是对已有规范的重新理解，所以多数人并不将法律解释作为法的制定活动的一部分。

三、立法制度

立法制度，是一个国家中围绕着立法活动的重要制度，是该国政治、法律制度的重要组成部分。立法制度，主要包括立法的宗旨、基本原则，立法权限的划分，不同形式的立法及立法程序，不同立法的位阶和立法技术等内容。由于立法制度是国家政治、法律制度的重要组成部分，所以，各国通常都在宪法和重要的法律中对立法制度加以规定。

任何一个国家的立法制度都是适应其经济、政治、文化、历史传统的需要而建立和发展起来的，都与该国家的政治制度的本质和特征有直接的联系。政权的本质在实质上决定了立法权属于哪个阶级；国家管理形式直接决定了法的创制权属于国家机构体系中的哪些机关；国家结构形式直接决定了中央和地方在立法权问题上的分工。当然，一个国家的立法制度归根到底受该国的经济状况制约。

我国的立法制度是由我国人民民主专政的社会主义国家的本质和人民代表大会制度及统一的多民族的国家结构形式决定的。它受我国经济、政治、文化、社会生活条件、历史传统、地理环境等因素的制约。我国的《立法法》系统规定了我国的立法基本制度。

第二节　当代中国的立法体制

一、立法体制的概念

立法体制是一个国家立法制度的核心部分，也是一个国家政治体制的基本内容。立法体制是由立法权分配、享有立法权的国家机构间之关系等所形成的体系化的制度结构。立法体制的核心内容是立法权限的划分。立法体制问题主要包括两类问题：一类是哪些国家机关具有什么性质、多大范围的立法权限，另一类是享有立法权限的各国家机关所制定的法律等规范性文件之间是一种什么样的相互关系。

一个国家的立法体制同该国的国家结构形式密切相关。立法体制既包括中央国家机关和地方国家机关关于立法权限划分的制度，也包括中央国家机关之间及地方各级国家机关之间关于立法权限划分的制度。在实行单一制国家结构形式的国家中，一般采用一元立法体制，即立法权集中在最高国家权力机关，全国的立法体系高度统一。而在实行联邦制国家结构形式的国家中，一般采用二元或多元立法体制，在这种立法体制下，一个国家中有两个或多个拥有立法权的机关。

二、新中国立法体制的发展

新中国的立法体制经历了一个不断发展和完善的过程。1954年宪法规定："全国人民代表大会是行使国家立法权的唯一机关"，负责"修改宪法"和"制定法律"；全国人大常委会负责"解释法律"和"制定法令"。当时的立法权相对来说是比较集中的，主要由全国人大来行使。1955年7月，一届全国人大二次会议授权全国人大常委会依照宪法的精神、根据实际的需要，适时地制定部分性质的法律即单行法规。1959年二届全国人大一次会议进一步确定：为了适应社会主义改造和社会主义建设事业发展的需要，大会授权全国人大常委会，在全国人大闭会期间，根据情况的发展和工作需要，对现行法律中一些已经不适用的条文，适时地加以修改，作出新的规定。

1979年《地方各级人民代表大会和地方各级人民政府组织法》赋予省、自治区、直辖市人大及其常委会制定地方性法规的权限。1982年宪法明确赋予全国人大常委会立法权，并赋予国务院行政法规制定权。1986年经修正的《地方各级人民代表大会和地方各级人民政府组织法》，赋予省、自治区的人民政府所在地的市和经国务院批准的较大的市以地方立法权。2000 年通过的《立法法》是我国立法制度发展的里程碑，对我国立法体制作了全面规定和进一步完善，同时赋予经济特区所在地的市以较大的市的地方立法权。2015 年《立法法》修改，将享有地方立法权的城市由 49 个较大的市扩大到所有设区的市，并对地方立法权限范围作出明确规定。2018 年 3 月，十三届全国人大一次会议通过的宪法修正案增加设区的市可制定地方性法规的规定，以根本法的形式确认了设区的市的地方立法权。2019 年 10 月，全国人大常委会决定，国家监察委员会根据宪法和法律制定监察法规。2023 年 3 月，十四届全国人大一次会议再次修订《立法法》，将新时代立法工作的一些新理念、新经验、新做法纳入该法之中。

三、现行立法体制的基本架构

我国现行的立法体制是新中国七十多年国家政治、法律制度发展的一个集中体现。这种体制适应了我国国情、国家政体结构，并在改革和国家治理现代化的进程中不断完善。我国是统一的、单一制的国家，同时地域广阔，各地方的经济、社会发展不平衡。与这一国情相适应，在最高国家权力机关集中行使立法权的前提下，为了使我们的法律既能通行全国又能适应各地方不同情况的需要，根据宪法关于“遵循在中央的统一领导下，充分发挥地方的主动性、积极性的原则”的规定，我国确立了统一的、分层次的立法体制。

当前，我国的立法体制通常被概括为一种“一元两级多层次”的立法体制。所谓“一元”，是指由作为最高国家权力机关的全国人大及其常委会统一行使国家立法权，国家权力机关在立法体制中居于中枢地位，在全国范围内只存在一个统一的立法体系。这一特点也是由我国的根本政治制度即人民代表大会制度的具体特点决定的。所谓“两级”，是指我国立法体制分为中央立法和地方立法两个等级。由我国的国情和制度特点所决定，立法权相对而言集中于中央；地方立法总体而言要以中央立法为依据，或不能与之相抵触。所谓“多层次”，是指根据宪法规定，不论是中央立法还是地方立法，都可以各自被分成若干个层次和类别，其中基本的是，每个层次中都包括权力机关和行政机关这两类立法主体，而行政机关的立法要从属于权力机关的立法。中央层次的立法机关主要包括全国人大及其常委会、国务院及其各部门、中央军委、国家监察委员会等。地方立法主体则有省、市、自治区的人大及其常委会，省、市、自治区的人民政府，设区的市的人大及其常委会，设区的市的人民政府，自治州的人大及其常委会，其他民族自治地方的人大，经济特区的人大及其常委会、被授权的其他机关等。此外，多层次还包括，根据宪法和香港、澳门特别行政区的基本法，香港和澳门这两个特别行政区的立法会有权制定法律，报全国人大常委会备案；香港、澳门特别行政区除对外交、国防以及其他属于中央政府管理范围的事务不能立法外，有权对特别行政区高度自治范围内的一切事务立法。

四、我国的立法机关及立法权限

(一) 全国人大及其常委会的国家立法权

在我国，全国人大是最高国家权力机关，在我国立法体制中处于核心地位。全国人大常委会是全国人大的常设机关。全国人大常委会与全国人大一道行使“国家立法权”。《宪法》第58条规定：“全国人大和全国人民代表大会常务委员会行使国家立法权”。国家立法权是最高国家权力机关以国家名义创制、修改和废除法律的专门权力，这项权力是维护国家法制统一的根本保障。国家立法权与国务院制定行政法规的立法权在性质上是不同的。

1. 全国人大及其常委会的立法权及划分

根据宪法规定，全国人大负责修改宪法。修宪权是最高的立法权，只能由全国人大行使。全国人大的立法权还包括制定或修改刑事、民事、国家机构的和其他的基本法律。全国人大常委会制定或修改除应当由全国人大制定的法律以外的其他法律；在全国人大闭会期间，全国人大常委会对全国人大制定的法律可以进行部分修改，但不得同该法律的基本原则相抵触。

《立法法》第11条规定了全国人大及全国人大常委会的专属立法事项，即这些事项只能由全国人大及其常委会制定法律。其他任何机关非经授权，不得自行就这些事项立法。

2. 全国人大及其常委会的授权立法

对于《立法法》第11条规定的事项尚未制定法律的，全国人大及其常委会有权作出决定，授权国务院根据实际需要，对其中的部分事项先制定行政法规。《立法法》对全国人大及其常委会的授权立法作了进一步明确规定，其中包括，有关犯罪和刑罚、对公民政治权利的剥夺与限制人身自由的强制措施和处罚、司法制度等事项，不得授权给国务院进行立法规制。《立法法》还规定：全国人大及其常委会对国务院的授权决定应当明确授权的目的、事项、范围、期限以及被授权机关实施授权决定应当遵循的原则等；授权立法事项，经过实践检验，制定法律的条件成熟时，由全国人大及其常委会及时制定法律；法律制定后，相应立法事项的授权终止；被授权机关应当严格按照授权决定行使被授予的权力，被授权机关不得将被授予的权力转授给其他机关。

关于立法授权，还有一类比较特殊的事项，即全国人大及其常委会可以根据改革发展的需要，就行政管理等领域的特定事项，授权在一定期限内在部分地方暂时调整或者暂时停止适用法律的部分规定。这一类授权，是近年来全国人大常委会授权立法中的一个亮点。全国人大常委会先后作出了多项授权决定，如《关于授权国务院在中国（上海）自由贸易试验区暂时调整有关法律规定的行政审批的决定》（已失效）、《关于授权国务院在中国（广东）自由贸易试验区、中国（天津）自由贸易试验区、中国（福建）自由贸易试验区以及中国（上海）自由贸易试验区扩展区域暂时调整有关法律规定的行政审批的决定》(已失效)、《关于授权国务院在北京市大兴区等三十三个试点县(市、区)行政区域暂时调整实施有关法律规定的决定》、《在实施股票发行注册制改革中调整适用〈中华人民共和国证券法〉有关规定的决定》、《关于授权国务院在北京市大兴区等232个试点县(市、区)、天津市蓟县等59个试点县(市、区)行政区域分别暂时调整实施有关法律规定的决定》等。

资料链接

《立法法》关于全国人大及其常委会专属立法权的规定

第十一条 下列事项只能制定法律:(一)国家主权的事项;(二)各级人民代表大会、人民政府、监察委员会、人民法院和人民检察院的产生、组织和职权;(三)民族区域自治制度、特别行政区制度、基层群众自治制度;(四)犯罪和刑罚;(五)对公民政治权利的剥夺、限制人身自由的强制措施和处罚;(六)税种的设立、税率的确定和税收征收管理等税收基本制度;(七)对非国有财产的征收、征用;(八)民事基本制度;(九)基本经济制度以及财政、海关、金融和外贸的基本制度;(十)诉讼和仲裁基本制度;(十一)必须由全国人民代表大会及其常务委员会制定法律的其他事项。

(二)国务院的行政法规立法权

国务院根据宪法和法律,有权规定行政措施、制定行政法规、发布决定和命令。《立法法》第72条规定,行政法规的立法事项包括:为执行法律的规定需要制定行政法规的事项;《宪法》第89条规定的国务院行政管理职权的事项。另外,《立法法》专门规定,国务院根据全国人大及其常委会的授权决定,可以就尚未制定法律的事项先制定行政法规。这也表明在我国立法体制中行政机关对权力机关的从属性。

国务院制定行政法规,应当贯彻落实中国共产党的路线、方针、政策和决策部署,符合宪法和法律的规定,遵循《立法法》确定的立法原则。行政法规的名称一般为"条例",也可以为"规定""办法"等。国务院根据全国人大及其常委会的授权决定制定的行政法规,称"暂行条例"或者"暂行规定"。

(三)国家监察委员会的监察法规立法权

根据2018年宪法修正案,我国设立监察委员会。2018年十三届全国人大一次会议通过了《监察法》。《宪法》第125条规定:"中华人民共和国国家监察委员会是最高监察机关。""国家监察委员会领导地方各级监察委员会的工作,上级监察委员会领导下级监察委员会的工作。"第127条第1款规定,"监察委员会依照法律规定独立行使监察权,不受行政机关、社会团体和个人的干涉"。为了贯彻实施《宪法》和《监察法》,保障国家监察委员会依法履行最高监察机关职责,根据监察工作实际需要,第十三届全国人大常委会第十四次会议于2019年10月通过专门决议,赋权国家监察委员会根据宪法和法律制定监察法规。赋予国家监察委员会制定监察法规的立法权,是我国立法体制的一个重要创新。

（四）地方人大及其常委会的地方性法规立法权

目前，在我国有地方性法规的立法权的国家机关有：一是省、自治区、直辖市的人大及其常委会，其可根据本行政区域的具体情况和实际需要，在不同宪法、法律、行政法规相抵触的前提下，制定地方性法规；二是设区的市、自治州的人大及其常委会，其可根据本市、州的具体情况和实际需要，在不同宪法、法律、行政法规和本省、自治区的地方性法规相抵触的前提下，对城乡建设与管理、生态文明建设、历史文化保护、基层治理等方面的事项制定地方性法规，报省、自治区的人大常委会批准后施行。

关于地方性法规的立法事项，主要包括两个方面：为执行法律、行政法规的规定，需要根据本行政区域的实际情况作具体规定的事项；属于地方性事务，需要制定地方性法规的事项。此外，有两点特别规定：一是设区的市、自治州的人大及其常委会的立法范围，即有关城乡建设与管理、生态文明建设、历史文化保护、基层治理等的事项；二是省、自治区、直辖市和设区的市、自治州的先行立法权，即《立法法》第11条规定的事项外的其他事项中，国家尚未制定法律或者行政法规的，省、自治区、直辖市和设区的市、自治州根据本地方的具体情况和实际需要，可以先制定地方性法规。

（五）民族自治地方的立法权

民族自治地方（包括自治区、自治州、自治县）的人民代表大会有权依照当地民族的政治、经济和文化的特点，制定自治条例和单行条例。这种立法权是民族自治地方自治权的一部分。自治条例和单行条例可以依照当地民族的特点，对法律和行政法规的规定作出变通规定，但不得违背法律或者行政法规的基本原则，不得对《宪法》和《民族区域自治法》的规定以及其他有关法律、行政法规专门就民族自治地方所作的规定作出变通。

自治条例和单行条例有相应的批准程序。自治区的自治条例和单行条例，报全国人大常委会批准后生效。自治州、自治县的自治条例和单行条例，报省或者自治区的人大常委会批准后生效，并报全国人大常委会备案。

（六）国务院各部门及地方政府等的规章立法权

规章的立法权大致有两个方面：一是国务院各部门等的部门规章制定权。根据《宪法》和《立法法》的规定，国务院各部、委员会，中国人民银行、审计署和具有行政管理职能的直属机构，可以根据法律和国务院的行政法规、决定、命令，在本部门的权限范围内，制定规章。二是地方政府的政府规章制定权。省、自治区、直辖市和设区的市、自治州的人民政府，可以根据法律、行政法规和本省、自治区、直辖市的地方性法规，制定规章。地方政府规章的立法范围包括：一是一般范围。为执行法律、行政法规、地方性法规的规定需要制定规章的事项；属于本行政区域的具体行政管理事项。二是特别规定。其一，设区的市、自治州的人民政府在一般范围之中的立法权限限于城乡建设与管理、生态文明建设、历史文化保护、基层治理等事项；其二，先行立法，即应当制定地方性法规但条件尚不成熟的，因行政管理的迫切需要，可以先制定地方政府规章。

鉴于规章中超越权限、滥用权力的现象存在，2015 年修改的《立法法》对规章的权限作了进一步规范，明确规定：没有法律或者国务院的行政法规、决定、命令的依据，部门规章不得设定减损公民、法人和其他组织权利或者增加其义务的规范，不得增加本部门的权力或者减少本部门的法定职责。没有法律、行政法规、地方性法规的依据，地方政府规章不得设定减损公民、法人和其他组织权利或者增加其义务的规范。

(七) 其他机关的立法权

在上述诸项立法权之外，我国立法体制中还包括了军事立法权、经济特区的立法权等。

军事立法权包括军事法规立法权和军事规章立法权。军事法规、军事规章在武装力量内部实施。中央军事委员会根据宪法和法律，制定军事法规。中国人民解放军各战区、军兵种、中国人民武装警察部队，可以根据法律和中央军事委员会的军事法规、决定、命令，在其权限范围内，制定军事规章。

经济特区所在的省、市的人大及其常委会根据全国人大的授权决定，可以制定经济特区法规，在经济特区范围内实施。全国人大及其常委会曾于 1988 年至 1996 年分别通过了关于海南省、深圳市、厦门市、汕头市和珠海市可制定经济特区法规的授权决定。

第三节　当代中国的立法原则

一、立法原则的内涵

立法原则，即立法工作的基本原则，是一个国家在构建和发展法律体系的过程中所遵循的基本指引和准则，是立法指导思想在立法活动中具体化运用时所形成的基本准则。形成和遵循正确的立法原则，对于制定出良法、提高立法质量等都具有重要意义。

立法原则与立法指导思想有着直接的联系。立法指导思想是在一个国家中处于主导地位的政治和法律意识形态，是立法工作和立法过程中最根本的理论遵循。我国立法工作的指导思想是马克思主义、毛泽东思想、中国特色社会主义理论、习近平法治思想立法指导思想结合立法工作的实际需要具体化为立法原则，立法原则体现立法指导思想的要求。

基于新中国成立以来，特别是改革开放以来，所积累的丰富的立法工作经验，在立法指导思想的指引下，我国形成并完善了中国特色社会主义立法工作的基本原则。对立法原则的概括，我国法学界在基本看法一致的前提下，具体的表述也不尽相同。党的十九届四中全会提出，要“坚持科学立法、民主立法、依法立法，完善党委领导、人大主导、政府依托、各方参与的立法工作格局”。《立法法》对立法工作的基本原则作了相应规定。本书把我国立法工作的基本原则概括如下。

二、党领导立法原则

中国共产党的领导是中国特色社会主义最本质的特征，是全面推进依法治国、加快建设社会主义法治国家最根本的保证。《立法法》第3条中规定："立法应当坚持中国共产党的领导"。立法是国家重要的政治活动，是把中国共产党的主张和人民的意志通过法定程序转化为国家意志的过程，应当坚持中国共产党对立法工作的领导，在中共中央集中、统一领导下推进立法。

坚持和贯彻中共中央的集中、统一领导，根本的要求包括：在立法工作中自觉贯彻中国共产党的基本理论、基本路线、基本方略，坚持以习近平新时代中国特色社会主义思想，尤其习近平法治思想为指导，坚持走中国特色社会主义道路，坚持在立法过程中发挥中国共产党的总揽全局、协调各方的重要作用，确保中共中央的重大决策部署在立法工作中得到有效贯彻落实。2016年2月中共中央印发的《关于加强党领导立法工作的意见》提出，中国共产党通过确定立法工作方针、提出立法建议、明确立法工作中的重大问题、加强立法队伍建设等方式，确保立法工作充分体现党的主张，反映人民意志，实现党的政治领导。

加强中共中央对立法的领导体现在具体的各项制度上，比如：在宪法修改方面，中共中央直接领导修宪工作，多次提出关于修改宪法的建议；在法律制定方面，全国人大常委会拟订的常委会立法规划由常委会党组报中共中央，经审定后以中央文件形式转发；政治方面的重要法律中需要提请中共中央决定的重大方针政策问题，全国人大常委会党组要报告中共中央审定；法律草案基本成熟后，提请全国人大或其常委会审议前，由常委会党组报经中共中央同意后，按照法定程序提请审议；有关经济建设、文化建设、社会建设、生态文明建设等方面的重大体制和重大政策调整的重要法律草案基本成熟后，在提请审议前，也要报经中共中央同意后，再按照法定程序提请审议。在地方立法层面，制定地方性法规和地方政府规章，地方人大常委会党组及地方政府党组应及时主动向同级党委请示报告。

中国共产党领导立法工作，绝不是党组织随意干预，甚至代替专门机关的立法工作，而是注重通过支持立法机关的专门工作来实现党的领导。因此，中国共产党对立法的领导，必须坚持依宪执政、依法执政、民主执政、科学执政的原则，在宪法和法律范围内进行领导立法的活动；坚持依法治国与依规治党的统一原则，自觉以法治方式和法治思维促进党对立法工作的领导的规范化、制度化和程序化；坚持加强党对立法工作的领导与尊重和发挥人民首创精神相结合，通过发挥党的组织协调、总揽全局作用将人民当家作主、民主集中制落到实处；坚持将党的领导与支持人大在立法中发挥主导作用、支持行政机关独立开展立法活动有机统一起来。

三、科学立法原则

科学立法是达到高质量立法所要坚持的重要原则。科学立法原则的根本要求在于，一切立法工作必须实事求是，一切从实际出发，遵循和体现客观规律，应以搞科学的精神和方法来从事立法活动，增强立法工作的科学性、协调性和系统性。科学立法原则要求，立法要反映和体现社会发展客观规律的内在要求，立法要与改革发展的实际需要相适应，立法要运用科学的方法，反对脱离实际需要和现实可能的任性立法、盲目立法。科学立法原则体现在立法体制机制、立法理念、立法内容、立法方法等多个方面。

科学立法原则的基本要求大致有如下几个方面。

(一) 立法应立足于基本国情

当代中国法是社会主义初级阶段之法，立法的所有工作都应当基于社会主义初级阶段的国情和实际来展开。从社会主义初级阶段的基本国情出发展开立法工作，才有可能制定出良善之法。在我国社会主义初级阶段，改革开放和经济社会不断发展。自党的十八大以来，中国特色社会主义新时代的社会主要矛盾发生新变化，在新时代，我国社会主要矛盾已经转化为人民日益增长的美好生活需要和不平衡不充分的发展之间的矛盾。我国人民美好生活需要日益广泛，不仅对物质文化生活提出了更高要求，而且在民主、法治、公平、正义、安全、环境等方面的要求日益增长。发展的不平衡不充分已经成为满足人民日益增长的美好生活需要的主要制约因素。

我国立法工作应当充分考虑社会主要矛盾的新变化，基于社会主义初级阶段的基本国情和社会发展需要，更加注重应对发展不平衡不充分问题，大力提升发展质量和效益；更加注重更好地满足人民在经济、政治、文化、社会、生态等方面日益增长的法治需要、公平正义需要，更好地推动人全面发展、社会全面进步。

立法工作应当扎根于现实国情，不能脱离、超越社会主义初级阶段的实际。这并非说立法只能亦步亦趋地、墨守成规而被动地确认秩序现实，立法机关也要基于社会发展规律，科学研判立法需求，作出富有预见性、引领性的制度安排，不能搞所谓立法“大跃进”。

(二) 立法应适应改革的实际需要

改革开放是中国大踏步赶上时代的重要法宝，是坚持和发展中国特色社会主义的必由之路，是决定当代中国命运的关键一招。改革开放深刻改变了当代中国的面貌。在新时代，随着改革进入攻坚期和深水区，遇到的阻力越来越大，发展中的问题和发展后的问题、一般矛盾和深层矛盾交织叠加、错综复杂。我国开启了全面深化改革的进程，大力推进国家治理体系和治理能力的现代化。

改革与法治，如鸟之两翼、车之两轮，相辅相成、相伴而生。改革对我国的法治建设有深刻的影响，改革是推动法治建设的最重要动力，改革提出了法治建设的最重要课题，是否有效顺应和有力保障改革也成为判断法治建设成效的基本指标。法治建设在引导、推动、规范和保障改革方面也发挥着不可或缺的作用。因而，应当坚持全面深化改革与全面推进依法治国的统一，以改革促进法治，以法治保障改革。在整个改革过程中都要高度重视运用法治思维和法治方式，在法治轨道上推进改革。《立法法》第 1 条中规定“发挥立法的引领和推动作用”，第 4 条中规定“坚持改革开放”，第 7 条中规定“适应经济社会发展和全面深化改革的要求”，第 9 条规定“立法应当适应改革需要，坚持在法治下推进改革和在改革中完善法治相统一，引导、推动、规范、保障相关改革，发挥法治在国家治理体系和治理能力现代化中的重要作用”。这些规定都直接体现了立法与改革的密切联系。

立法工作作为法治建设的重要环节，深刻体现着改革的精神，积极反映和表达改革的时代要求。立法工作必须与现代化建设和改革开放的进程相适应，不失时机地进行。这方面的具体要求包括：(1) 立法体制机制适应改革发展的要求而不断完善。法治改革是改革整体事业的一部分，立法体制机制的完善本身也是改革的重要内容。近年来，中国共产党和国家推行了诸如健全有立法权的人大主导立法工作的体制机制、赋予设区的市地方立法权、推进合宪性合法性审查工作、加强备案审查制度和能力建设、完善立法工作格局等改革举措。(2) 坚持立法与改革决策相衔接，保证重大改革于法有据。这是新时代立法工作的鲜明特色之一。立法工作应当自觉贯彻国家重大改革决策，围绕全面深化改革的重大课题加强重点领域立法，及时将有关的改革措施具体化、法律化。这要求：对于实践证明已经比较成熟的改革经验和行之有效的改革举措，要及时上升为法律；实践条件还不成熟的、需要先行先试的，要按照法定程序授权；对于不适应改革要求的法律法规，要及时修改和废止；加强法律解释工作，及时明确法律规定的含义和适用法律的依据。

（三）立法应运用科学方法

1. 加强调查研究

立法机关要发现社会的内在法律需要、形成高质量的法律规范，必须运用恰当的科学方法。广泛的调查研究，便是进行立法工作的一种重要的科学方法。没有调查就没有发言权，没有调查就没有决策权。调查研究，是对客观实际情况的了解和分析研究，目的是把事情的真相和全貌搞清楚，把问题的本质和规律把握准确，把解决问题的思路和对策研究透彻。

立法机关要创制出良善之法，就必须使自己的主观意志符合客观要求，加强立法的调查研究，深入认识社会发展的需要，倾听人民群众和专家、专业人士的意见与建议。这样，才能使立法符合客观发展的规律，才能制定出符合客观需要的立法。调查研究应当贯穿于立法的起草、审议及批准或通过的全过程。

调查研究的内容和方法是十分广泛的。在立法的调查研究的内容方面，要注重将理论指引与实践观察相结合，将实证调查与理论分析相结合，将宏观研究与微观相结合，将国内经验调查与国际经验调查相结合，将对专家的调查与对大众的调查相结合，将官方调查与民间调查相结合，等等。

2. 立法要具有科学思维

在总结调查研究的成果、提出立法方案、进行立法审议等的立法全过程中，应坚持运用相应的科学思维方法。这些方法所体现的科学思维原则或基本遵循，大致包括：坚持“摸着石头过河”和立法顶层设计相结合，坚持立法试点先行和全面推进相促进，坚持立法的原则性与灵活性相统一，坚持立法突出重点与立法整体协调发展相统一，坚持立法的稳定性、连续性与变动性相统一，坚持总结我国经验与借鉴外国经验相结合，坚持中央立法权威性与地方立法积极性相统一，坚持立法质量与立法效率相统一，坚持专家参与和大众参与相结合，等等。总体而言，在立法过程中，立法机关要努力形成战略思维、历史思维、辩证思维、创新思维、法治思维、底线思维，提高立法工作的科学性、预见性、主动性和创造性。

3. 法条设计要运用科学方法

《立法法》特别强调了法律条文设计的科学合理性。立法活动的直接结果是在具体的法律规范中确定各类社会主体的权利、义务和责任。《立法法》要求，"科学合理地规定公民、法人和其他组织的权利与义务、国家机关的权力与责任"。法条设计的科学合理性体现在内容和形式方面。一是法条设计的内容科学、合理。在公民的权利和义务、国家的权力与责任的条文设计方面，要体现社会改革发展、国家治理现代化的基本理念和根本要求，其中最重要的如，保障基本人权、促进人的发展和人民民主，限制国家权力并保障国家权威，促进社会公平正义，等等。二是法条设计的形式科学、合理。《立法法》规定："法律规范应当明确、具体，具有针对性和可执行性"（第7条）；全国人大及其常委会要"增强立法的系统性、整体性、协同性、时效性"（第55条）。

在改革开放初期，我国立法在法律条文的设计方面，突出强调如"立法宜粗不宜细""成熟一条制定一条"等立法理念。随着我国改革开放发展到更高水平，各种制度逐步定型、成熟，法律条文设计应当更加精细化，更注重可操作性。这就是要求，法律条文对人的行为模式的规定，应当清晰、明确、具体，而不是粗疏宽泛；要更有针对性，而不是泛泛而谈；要更具有可执行性，而非仅仅提出宣告性、宣示性的要求；立法要更具有体系性、系统性、协调性。

资料链接

……立法者应该把自己看作一个自然科学家。他不是在创造法律，不是在发明法律，而仅仅是在表述法律，他用有意识的实在法把精神关系的内在规律表现出来。如果一个立法者用自己的臆想来代替事情的本质，那么人们就应该责备他极端任性。同样，当私人想违反事物的本质恣意妄为时，立法者也有权利把这种情况看作是极端任性。[1]

——马克思

邓小平论立法　　　习近平论改革与法治的关系

四、民主立法原则

立法过程是政治过程的一部分，因而立法活动应当体现政治的根本原则。现代立法

① 《马克思恩格斯全集》，2版，第1卷，347页，北京：人民出版社，1995。

应当遵循民主原则，立法实际上也是民主讨论、民主决策的过程。民主的内涵丰富，既是一种国家制度，也是一种法律程序、工作方法、工作作风。

我国是人民当家作主的社会主义国家，这种国家性质决定了在立法过程中必须充分发扬社会主义民主，通过健全的民主程序来形成人民的共同意志，贯彻以人民为中心的立法理念。因而，坚持民主立法的核心在于，保障立法为了人民、依靠人民，拓宽人大代表和人民群众参与立法的途径，使立法充分反映人民的意志、保障人民的合法权益。

民主立法充分体现了人民在国家治理中的主体地位，体现了立法工作对群众路线的遵循。《立法法》确认了民主立法原则，如要求立法应"保障和发展社会主义民主"（第1条）；"立法应当坚持和发展全过程人民民主……"，"立法应当体现人民的意志，发扬社会主义民主，坚持立法公开，保障人民通过多种途径参与立法活动"（第6条）。

民主立法是提高立法质量的必不可少的方式，也有助于提高公民的尊法守法意识，降低执法成本，培育法律信仰。

(一) 坚持以人民权益为中心的立法理念

坚持以人民为中心，充分反映人民的意愿，切实保障人民的利益，不断满足人民对幸福美好生活的期盼，是社会主义法治的本质要求，也是新时代立法工作的价值取向和工作重点。立法工作坚持以人民权益为中心，核心就是法律要体现人民利益，更好地满足人民群众日益增长的美好生活需要。立法应当以保障人民的根本权益为出发点和落脚点。是否良善立法的一个基本判断标准是，是否最大限度地反映了最广大人民的根本利益和共同利益，人民对立法拥护不拥护、赞成不赞成、高兴不高兴。

在立法工作中，应当通过立法将人民群众对美好生活的现实需要进一步清晰化、具体化，通过法律制度的保障促进其落实，比如：要在立法上更加充分保证人民广泛的权利和自由，尊重和保障基本人权，完善体现权利公平、机会公平、规则公平的法律制度，健全保障法律面前人人平等的机制；要把改革发展需要同保障人民共享发展成果有机统一起来，统筹兼顾各方利益，更好地体现发展为了人民、发展依靠人民、发展成果由人民共享；等等。

(二) 发挥人大在立法工作中的主导作用

民主立法的基本制度保障是人民代表大会制度。在我国，国家的一切权力属于人民，民主的核心就是人民当家作主，人民行使国家权力的机关是全国人大和地方各级人大。立法中贯彻民主原则，应当充分发挥人大在立法中的主导作用。《立法法》第54条规定："全国人民代表大会及其常务委员会加强对立法工作的组织协调，发挥在立法工作中的主导作用。"

党的十八届四中全会提出的"健全有立法权的人大主导立法工作的体制机制，发挥人大及其常委会在立法工作中的主导作用"，是近年来我国法治改革的重要部分。实践中的改革举措是多方面的，比如：人大常委会制订立法规划、计划，统筹安排立法任务；人大常委会加强对法律案起草的组织协调，做好牵头起草、提前介入等工作；人大常委会发挥审议把关作用，凝聚立法共识；发挥人大在表达、平衡、调整利益关系方面的作用，防止利益偏向；促进和保障人大代表提出立法建议，参与立法调研、立法咨询和审议等；积极开展立法协商，发挥政协、民主党派、人民团体、社会组织等机构或人士在立法过程中的作用；等等。

(三) 保障公民参与立法

公民参与立法，有助于立法更好地接地气、察民情、汇民智、聚民力；有助于减少立法的官僚化、部门主义或地方保护主义，防止立法机关滥用立法权或任性立法，加大对立法过程的监督，从而提高立法质量，扩大立法的民意基础，提高立法的公信力；也有助于促进人民对立法的自觉服从和尊重。

公民参与立法的形式多样，如立法项目公开征集、立法重大利益调整的听证、法律草案就公开征求意见、建立基层立法联系点等。法律草案公开征求意见，是民主立法的重要体现。比如，立法机关就民法典各分编草案自 2018 年 9 月到 12 月底向民众征求意见，便有 38 万余人次提出了 79 万余条意见。建立基层立法联系点，是开门立法、民主立法的创新举措，已被写入《立法法》。2014 年 10 月，党的十八届四中全会决定提出，建立基层立法联系点制度。党的二十大报告强调"建设好基层立法联系点"。截止到 2022 年年底，全国人大常委会法制工作委员会共设立 32 个基层立法联系点，辐射带动省级人大常委会设立本级基层立法联系点 509 个，设区的市（自治州）级人大常委会设立本级基层立法联系点 5 000 多个，总体形成国家级、省级、设区的市（自治州）级联系点三级联动的工作格局。这有利于立法工作更好接地气、察民情、聚民智、惠民生，是全过程人民民主在立法领域的生动实践。

资料链接

各有关方面都要从党和国家工作大局出发看待立法工作，不要囿于自己那些所谓利益，更不要因此对立法工作形成干扰。要想明白，国家和人民整体利益再小也是大，部门、行业等局部利益再大也是小。彭真同志说立法就是在矛盾的焦点上"砍一刀"，实际上就是要统筹协调利益关系。如果有关方面都在相关立法中掣肘，都抱着自己那些所谓利益不放，或者都想避重就轻、拈易怕难，不仅实践需要的法律不能及时制定和修改，就是弄出来了，也可能不那么科学适用，还可能造成相互推诿扯皮甚至"依法打架"。这个问题要引起我们高度重视。①

——习近平

五、依法立法原则

依法立法原则是法治原则在立法过程中的贯彻，是依法治国、依宪治国理念在立法理念中的表达。依法立法是正当立法程序的基本要求。依法立法，是指立法活动应当严格依照宪法、法律的规定，在法定的权限内，严格依照法定的程序进行。改革开放以来，

① 中共中央文献研究室编：《习近平关于全面依法治国论述摘编》，44 页，北京，中央文献出版社，2015。

我国立法工作取得重大成就，但长期以来也存在一些问题，诸如越权立法，重复立法，立法工作中存在部门化倾向、争权诿责等现象。为此，需要更加强调在宪法、法律的范围内进行立法活动，以使立法更加全面地反映客观规律和人民的共同利益。《立法法》确认了依法立法原则，要求“立法应当符合宪法的规定、原则和精神，依照法定的权限和程序”，“维护社会主义法制的统一、尊严、权威”（第5条）。

坚持依法立法，核心在于严格依照宪法、法律规定的权限和程序行使立法权，完善立法体制机制，优化立法职权配置，维护国家法制统一。

依法立法原则的基本要求主要有如下几点。

（一）立法活动以宪法为根本遵循

全面贯彻实施宪法是全面依法治国的首要任务和基础性工作。宪法是国家的根本法、国家法律体系的核心和统帅，是所有立法活动的根本依据。立法工作中，要牢固树立宪法意识，自觉在宪法和法律的框架内履行职责，坚决把宪法精神贯彻到立法工作的各方面和全过程，努力使每一项立法都符合宪法精神。

制定法律法规等具体立法，是推动实施宪法的重要方式。立法过程本身就是保障宪法实施的过程：通过立法，宪法确立的国家重大制度、重大事项得以转化为具体法律制度，宪法的精神、原则和规定得以实现和具体化。通过立法和法律实施，宪法在国家事业和社会生活各方面得到全面实施。

（二）依照法定权限和程序进行立法活动

立法正当性的基本根据是，立法必须在宪法、法律、行政法规及地方性法规等规定的权限范围内展开，必须依据宪法、法律及法规规定的程序进行立法的各个步骤。

宪法和法律划分了中央与地方的立法权限、人大与行政机关的立法权限、地方各层级的立法权限，确立了我国的立法体制机制，所有的立法机关都不得超越权限立法。比如，《立法法》规定了全国人大及其常委会的国家法律专属立法事项；设区的市的地方性法规或地方政府规章所规范的事项限于城乡建设与管理、生态文明建设、历史文化保护、基层治理等事项。

立法活动是一个遵循程序的过程，正当的立法程序有助于保障立法的质量和立法的权威性。在立法规划、立法起草、立法草案提出、立法草案审议、立法草案表决和公布、立法修改或废除、立法监督、立法解释等环节中，都须遵守具体的法定程序。

（三）保障法制统一

依法立法的一个重要要求是，立法要遵循法制统一原则，立法要注重消除立法之间的内在矛盾，努力保障法律体系的内在协调性、无矛盾性。宪法和《立法法》等明确了不同层次法律规范的效力等级关系①，并在立法过程中设计了相应的程序机制，努力消

① 基本的效力体系就是：宪法具有最高的法律效力，一切法律、法规都不得同宪法相抵触；法律的效力高于行政法规、地方性法规和规章；行政法规的效力高于地方性法规和部门规章，地方性法规和规章不得同法律、行政法规相抵触；地方性法规的效力高于本级和下级地方政府规章。

除不同法律规范之间的抵触和矛盾。

为保障法制统一，维护宪法法律至上，我国实行立法监督制度。宪法规定了宪法实施的监督制度；《立法法》《各级人民代表大会常务委员会监督法》等法律规定了备案审查制度、撤销制度、批准制度、裁决制度、立法审查制度等，比如，其中规定：就行政法规要向全国人大常委会备案，就地方性法规要向全国人大常委会和国务院备案，就规章要向国务院备案；全国人大常委会有权撤销同宪法、法律相抵触的行政法规和地方性法规，国务院有权改变或者撤销不适当的规章；就最高人民法院、最高人民检察院作出的具体应用法律的解释，应当报全国人大常委会备案；县级以上地方各级人大常委会对下一级人大或常委会作出的决议、决定和本级人民政府发布的决定、命令进行备案审查。地方有关地方性法规和地方政府规章的立法工作条例中也都规定了相应的对地方立法的监督审查制度。

近年来，我国法治改革推出了保障法制统一、尊严和权威的改革措施，包括加强宪法、法律监督，推进合宪性合法性审查制度，健全备案审查制度，落实备案审查衔接联动机制等。中国共产党十九届四中全会的决定中提出，“加强宪法实施和监督，落实宪法解释程序机制，推进合宪性审查工作，加强备案审查制度和能力建设，依法撤销和纠正违宪违法的规范性文件”。这为进一步从制度上加强法制统一指明了改革方向。

资料链接

湖南省人大常委会审查纠正政府有关禁止燃放烟花爆竹管理的规范性文件[①]

2017 年 10 月，湖南省人大常委会法制工作委员会（以下简称法工委）对××市人民政府报送备案的《××市城区禁止燃放烟花爆竹管理办法》（以下简称《办法》）进行了审查。经审查法工委发现，《办法》第 9 条规定，“对未经许可举办焰火晚会或者其他大型焰火燃放活动，或者获得许可但未按照指定的时间、地点和燃放作业单位违反焰火燃放安全规程燃放的，由城管行政执法部门责令停止燃放，对责任单位处两万元以上五万元以下罚款”。该条规定的执法主体与国务院《烟花爆竹安全管理条例》第 42 条关于违法行为处罚主体的规定不一致。另外，《办法》第 10 条规定，“提供婚丧喜庆服务的酒店、宾馆等经营者未履行告知、劝阻或者报告义务，致使在其市容环境卫生责任区内发生燃放烟花爆竹或者施放电子礼炮行为的，由城管行政执法部门对提供婚丧喜庆服务的酒店、宾馆等经营者处以五百元以上一千元以下罚款”。国务院《城市市容和环境卫生管理条例》和《烟花爆竹安全管理条例》对该违法行为没有设定行政处罚，《办法》属于超越权限增设行政处罚。湖南省人大常委会向××市人大常委会发函，建议其督促××市人民政府尽快予以修改。

××市人民政府根据审查研究意见对相关条款进行了修改，修改后的《办法》由××市人民政府法制办重新报备。

---

① 选自全国人大常委会法制工作委员会于 2019 年 12 月发布的备案审查典型案例。

全国人大常委会法制工作委员会于2019年12月发布十四件备案审查典型案例

第四节 当代中国的立法程序

一、立法程序的概念

立法程序，是指宪法和法律规定的享有立法权的国家机关或公职人员在制定、修改或废止法律等规范性文件过程中的工作方法、步骤、手续和做法。狭义的立法程序，专指国家最高权力机关（或议会）制定、修改或废止法律的程序。

立法程序对于提高立法质量、制定出良法具有重要意义。通过民主的正当立法程序，立法机关得以按部就班、循规蹈矩地展开立法工作，各种不同的利益诉求得以在立法过程中呈现并在程序机制中得到平衡、协调，努力创制出得到大多数人同意的法律。

二、法律的制定程序

根据《宪法》《全国人民代表大会组织法》《全国人民代表大会议事规则》《全国人民代表大会常务委员会议事规则》《立法法》的规定，全国人大和全国人大常委会的立法程序如下所示。

（一）法律案的提出

立法程序的第一阶段是法律案的提出。法律案的提出，即享有法定权限的国家机关或个人向全国人大或全国人大常委会提出关于制定、修改、废止某项法律的建议。在这个阶段中有以下三个问题需要明确。

1. 法律案的议题

法律案是议案的一种，即国家立法机关予以审议、讨论和通过的具有法律性质的议案。除法律案外，议案还有其他许多种类，如预算案、决算案、质询案、罢免案，等等。我国宪法和有关法律将法律案放在议案之中予以规定。

2. 法律案的提案主体

法律案的提案主体问题所关注的是，谁有权向国家立法机关提出法律案。我国宪法和有关法律对享有立法提案权的机关与人员有详细、明确的规定，主要包括如下几个方面。

（1）有权向全国人大提出法律案的主体。这些主体包括：全国人大主席团、全国人大常委会、国务院、中央军事委员会、国家监察委员会、最高人民法院、最高人民检察院、全国人大各专门委员会、一个代表团或 30 名以上全国人大代表联名。《立法法》规定，向全国人大提出的法律案，在全国人大闭会期间，可以先向全国人大常委会提出，经全国人大常委会会议审议后，决定提请全国人大审议。近年来，《慈善法》《监察法》等都是经全国人大常委会两次或者两次以上审议后，提请全国人大审议通过。

（2）有权向全国人大常委会提出法律案的主体。这些主体包括：全国人大常委会委员长会议、国务院、中央军事委员会、国家监察委员会、最高人民法院、最高人民检察院、全国人大各专门委员会、全国人大常委会组成人员 10 人以上联名。

（3）有权向全国人大提出宪法修正案的主体。这些主体包括：全国人大常委会、1/5 以上的全国人大代表。

3. 法律案的法定性

提出法律案不等于提出立法倡议或建议，也不等于草拟法律草案。只有享有立法提案权的机关和人员才能提出法律案，并且其法律案有可能被列入议程，而没有立法提案权的机关和人员可以提出立法倡议或建议，但立法倡议或建议不会被直接列入议程。没有立法提案权的机关和人员，也可以参与起草法律草案，但该草案必须由享有立法提案权的机关和人员提出。

（二）法律案的审议

立法程序的第二阶段是法律案审议。法律案的审议，即全国人大和全国人大常委会对已经被列入议程的法律案正式进行审查、讨论等活动。审议法律案，是立法程序中最重要的环节。全国人大及其常委会审议法律案的过程，是充分发扬民主、集思广益和凝聚共识的过程。在这个阶段有以下三个问题需要明确。

1. 将法律案列入议程所需要的程序

（1）将向全国人大提出的法律案列入议程的程序。全国人大主席团、全国人大常委会、国务院、中央军事委员会、最高人民法院、最高人民检察院、国家监察委员会、全国人大各专门委员会向全国人大提出的属于全国人大职权范围内的法律案，由全国人大主席团决定提请各代表团审议，或者先交有关的专门委员会审议、提出审议意见，再由主席团审议决定提交大会表决。一个代表团或者 30 名以上的全国人大代表向全国人大提出的属于全国人大职权范围内的法律案，由主席团决定是否列入大会议程，或者先交有关的专门委员会审议，提出是否列入大会议程的意见，再决定是否列入大会议程。

（2）将向全国人大常委会提出的法律案列入议程的程序。全国人大常委会委员长会议可以向全国人大常委会提出法律案，由常委会会议审议。全国人大各专门委员会、国务院、中央军事委员会、最高人民法院、最高人民检察院国家监察委员会、向全国人大常委会提出的属于全国人大常委会职权范围内的法律案，由委员长会议决定提请常委会会议审议，或者先交有关的专门委员会审议、提出报告，再提请常委会会议审议。全国人大常委会组成人员 10 人以上向全国人大常委会提出的属于全国人大常委会职权范围内的法律案，由委员长会议决定是否提请常委会会议审议，或者先交有关的专门委员会审议、提出报告，再决定是否提请常委会会议审议。

2. 对法律案的审议和讨论

（1）全国人大审议法律案的程序。一是一般在会议举行前一个月将法律草案发给代表；二是在大会全体会议上听取提案人就法律草案的立法理由、起草经过、指导思想和原则以及有关主要问题作出的说明和解释；三是各代表团全体会议或小组会议对法律草案进行审议；四是宪法和法律委员会根据各代表团的审议意见，对法律案进行统一审议。

（2）全国人大常委会审议法律案的基本程序。一是在常委会会议举行的7日前将法律草案发给常委会组成人员；二是在常委会全体会议上听取提案人作对法律草案的立法理由、起草经过、指导思想和原则以及有关主要问题的说明和解释；三是常委会分组会议对法律案进行审议，在此基础上，必要时可以召开联组会议进行审议；四是有关专门委员会对法律案进行审议，提出审议意见，然后由宪法和法律委员会统一审议。

3. 对法律案的“三审制”

列入全国人大常委会会议议程的法律案，一般应当经常委会会议三次审议后再交付表决。

全国人大常委会会议第一次审议法律案，是在全体会议上听取提案人的说明，由分组会议进行初步审议。常委会会议第二次审议法律案，是在全体会议上听取宪法和法律委员会关于法律草案修改情况和主要问题的汇报，由分组会议进一步审议。常委会会议第三次审议法律案，是在全体会议上听取宪法和法律委员会关于法律草案审议结果的报告，由分组会议对法律草案修改稿进行审议。常委会审议法律案时，根据需要，可以召开联组会议或者全体会议，对法律草案中的主要问题进行讨论。

根据《立法法》的规定和实践中的做法，对于调整事项较为单一或者部分修改的法律案，如果各方面意见比较一致，也可以经全国人大常委会一次会议审议后即交付表决。比如，对于关于法律问题的决定和“打包修改”的法律案等通常都是一审通过。对于有的法律案可以经两次会议审议后交付表决。如果法律案经三次会议审议后，仍有重大问题需要进一步研究，可以暂不交付表决，交宪法和法律委员会、有关的专门委员会进一步审议。比如，全国人大常委会对物权法草案审议了7次，对行政强制法草案审议了6次，对证券法草案审议了5次，对食品安全法、监督法、环境保护法、预算法等法律草案审议了4次，才提交大会审议。

法律案经审议之后，因各方面对制定该法律的必要性、可行性等存在较大分歧而搁置审议满两年的，或者因暂不交付表决经过两年没有再次被列入全国人大常委会会议议程审议的，由委员长会议向常委会报告，对该法律案终止审议。

4. 法律案的统一审议制度

对于被列入全国人大常委会会议议程的法律案，全国人大宪法和法律委员会根据全国人大常委会组成人员、有关的专门委员会的审议意见和各方面提出的意见，对法律案进行统一审议，提出修改情况的汇报或者审议结果报告和法律草案修改稿，对重要的不同意见应当在汇报或者审议结果报告中予以说明。全国人大宪法和法律委员会审议法律案时，应当邀请有关的专门委员会的成员列席会议、发表意见。在法律案的审议过程中，全国人大常委会法制工作委员会根据全国人大常委会组成人员的审议意见和各方面的意见，对法律草案进行修改，提出法律草案的修改建议稿，提交全国人大宪法和法律委员会统一审议。实践证明，这个制度既有利于对法律案所涉及的专业问题进行深入研究，也有利于统一立法技术规范，统一协调解决重点、难点问题，维护法制的统一。

(三) 法律案的通过

法律案的通过是立法程序的第三阶段，是指全国人大和全国人大常委会对于经过审议的法律案正式表示同意与否的活动。在整个立法程序中，这是具有决定性意义的阶段。在这个阶段中有以下两个问题需要明确。

1. 法律案获得通过的法定票数

我国《宪法》、有关法律和《立法法》对此作了明确规定。《宪法》第 64 条规定，“宪法的修改，由全国人民代表大会常务委员会或者五分之一以上的全国人民代表大会代表提议，并由全国人民代表大会以全体代表的三分之二以上的多数通过”；“法律和其他议案由全国人民代表大会以全体代表的过半数通过”。对于由全国人大通过的法律，《立法法》第 27 条规定，法律草案修改稿经各代表团审议，由宪法和法律委员会根据各代表团的审议意见进行修改，提出法律草案表决稿，由主席团提请大会全体会议表决，由全体代表的过半数通过。对于由全国人大常委会通过的法律，《立法法》第 44 条规定，法律草案修改稿经常委会会议审议，由宪法和法律委员会根据常委会组成人员的审议意见进行修改，提出法律草案表决稿，由委员长会议提请常委会全体会议表决，由常委会全体组成人员的过半数通过。

2. 法律案获得通过的方式

目前，在全国人大会议和全国人大常委会会议中，经常采用电子计算机的表决方式，不仅提高了效率，也增强了准确性。

《立法法》规定了合并表决制度，即对多部法律中涉及同类事项的个别条款进行修改，一并提出法律案的，经全国人大常委会委员长会议决定，可以合并表决，也可以分别表决。

《立法法》还规定了单独表决制度，即法律草案表决稿交付全国人大常委会会议表决前，全国人大常委会委员长会议根据常委会会议审议的情况，可以决定将个别意见分歧较大的重要条款提请常委会会议单独表决。单独表决的条款经全国人大常委会会议表决后，委员长会议根据单独表决的情况，可以决定将法律草案表决稿交付表决，也可以决定暂不交付表决，交全国人大宪法和法律委员会、有关的专门委员会进一步审议。

(四) 法律的公布

法律的公布，是立法程序的第四阶段，是指全国人大和全国人大常委会将获得通过的法律用法定的形式公之于众。在这个阶段有以下两个问题需要明确。

1. 公布是立法程序的一部分

公布法律是立法程序中的重要步骤。获得通过的法律未经这一步骤，不能发生法律效力。公布法律，是为了使一切国家机关和武装力量、各政党和社会团体、各企事业组织以及全体公民都知道该项法律，以便遵守和适用。

2. 我国法律的公布机关

《宪法》第 80 条规定，“中华人民共和国主席根据全国人民代表大会的决定和全国人民代表大会常务委员会的决定，公布法律……”。《立法法》规定：全国人大通过的法律由国家主席签署主席令予以公布，全国人大常委会通过的法律由国家主席签署主席令予以公布。签署公布法律的主席令载明该法律的制定机关、通过和施行日期。

《立法法》还规定，法律签署公布后，应当及时在《全国人民代表大会常务委员会公报》、“中国人大网”以及在全国范围内发行的报纸上刊载。在《全国人民代表大会常务委员会公报》上刊登的法律文本为标准文本。

三、行政法规的制定程序

在我国，行政法规的制定程序是指国务院制定、修改、废止行政法规过程中的先后次序和方法步骤。制定行政法规，应当遵循《立法法》确定的立法原则，符合《宪法》和法律的规定。《宪法》《立法法》《国务院组织法》等对国务院的行政立法程序作了原则的规定。1987 年 4 月 21 日经国务院批准国务院办公厅发布了《行政法规制定程序暂行条例》（已失效）。2001 年 11 月，国务院颁布了《行政法规制定程序条例》，并于 2017 年 12 月修订。该条例对行政法规的立项、起草、审查、决定与公布等问题，作了具体的规定。

制定行政法规的具体程序主要包括如下几个方面。

(一) 立项

立项是制定行政法规的第一个步骤。国务院的年度立法计划，即是对行政法规起草的立项。国务院于每年年初编制本年度的立法工作计划。2018 年国家机构改革后，国务院法制办公室并入司法部。司法部应当根据国家总体工作部署拟订国务院年度立法计划，报国务院审批；国务院年度立法计划中的法律项目应当与全国人大常委会的立法规划和年度立法计划相衔接；司法部应当及时跟踪了解国务院各部门落实立法计划的情况，加强组织协调和督促指导；国务院有关部门认为需要制定行政法规的，应当向国务院报请立项。

立项项目的来源主要是两类：一是国务院有关部门的立项申请，二是向社会公开征集的项目建议。司法部应当根据国家总体工作部署，对行政法规立项申请和公开征集的行政法规制定项目建议进行评估论证，突出重点，统筹兼顾，拟订国务院年度立法工作计划，报中共中央、国务院批准后向社会公布。被列入国务院年度立法工作计划的行政法规项目应当符合下列要求：（1）贯彻落实中国共产党的路线、方针、政策和决策部署，适应改革、发展、稳定的需要；（2）有关的改革实践经验基本成熟；（3）所要解决的问题属于国务院职权范围并需要国务院制定行政法规的事项。

(二) 起草

行政法规由国务院组织起草。国务院年度立法工作计划可以确定行政法规由国务院的一个部门或者几个部门具体负责起草工作，也可以确定由司法部起草或者组织起草。

行政法规的起草，应当坚持如下几点基本要求。

1. 坚持法治原则

制定行政法规，应当贯彻落实中国共产党的路线、方针、政策和决策部署，符合宪法和法律的规定，遵循《立法法》确定的立法原则。

2. 坚持中国共产党对行政立法工作的领导

制定政治方面法律的配套行政法规，应当按照有关规定及时报告中共中央。制定经济、文化、社会、生态文明等方面的重大体制和重大政策调整的重要行政法规，应当将行政法规草案或者行政法规草案涉及的重大问题按照有关规定及时报告中共中央。

3. 坚持正确的价值取向

其中主要包括：(1) 弘扬社会主义核心价值观；(2) 体现全面深化改革精神，科学规范行政行为，促进政府职能向宏观调控、市场监管、社会管理、公共服务、生态文明建设等方面转变；(3) 符合精简、统一、效能的原则，相同或者相近的职能规定由一个行政机关承担，简化行政管理手续；(4) 切实保障公民、法人和其他组织的合法权益，在规定其应当履行的义务的同时，应当规定其相应的权利和保障权利实现的途径；(5) 体现行政机关的职权与责任相统一的原则，在赋予有关行政机关必要职权的同时，应当规定其行使职权的条件、程序和应承担的责任。

4. 坚持民主原则

起草行政法规时，起草部门应当深入调查研究，总结实践经验，广泛听取有关机关、组织和公民的意见。涉及社会公众普遍关注的热点难点问题和经济社会发展中遇到的突出矛盾，减损公民、法人和其他组织的权利或者增加其义务，对社会公众有重要影响等重大利益调整事项的，应当进行论证咨询。听取意见可以采取召开座谈会、论证会、听证会等多种形式。

起草行政法规时，起草部门应当就涉及其他部门的职责或者与其他部门关系紧密的规定，与有关部门充分协商。

(三) 审查

起草部门完成行政法规草案的起草后，应将送审稿报送国务院审查。司法部负责审查报送国务院的行政法规送审稿。行政法规送审稿应当包括关于送审稿的说明和有关材料：行政法规送审稿的说明应当对立法的必要性，主要思路，确立的主要制度，征求有关机关、组织和公民意见的情况，各方面对送审稿主要问题的不同意见及其协调处理情况，拟设定、取消或者调整行政许可、行政强制的情况等作出说明。有关材料主要包括所规范领域的实际情况和相关数据、实践中存在的主要问题、国内外的有关立法资料、调研报告、考察报告等。

1. 审查的主要问题

司法部对行政法规送审稿进行审查时，审查的内容主要包括：（1）是否严格贯彻落实中国共产党的路线、方针、政策和决策部署，是否符合宪法和法律的规定，是否遵循《立法法》确定的立法原则；（2）是否符合上面提到的正确价值取向的要求（参见《行政法规制定程序条例》第 12 条）；（3）是否与有关行政法规协调、衔接；（4）是否正确处理有关机关、组织和公民对送审稿主要问题的意见；（5）其他需要审查的内容。

2. 审查过程中的民主协商

这方面的审查要求主要有几点：（1）征求政府部门及专家的意见。司法部应当将行政法规送审稿或者行政法规送审稿涉及的主要问题发送国务院有关部门、地方人民政府、有关组织和专家等各方面征求意见。（2）公开征求意见。司法部可以将行政法规送审稿或者修改稿及其说明等向社会公布，征求意见。（3）调查征求意见。司法部应当就行政法规送审稿涉及的主要问题，深入基层进行实地调查研究，听取基层有关机关、组织和公民的意见。（4）论证咨询。行政法规送审稿涉及重大利益调整的，司法部应当进行论证咨询，广泛听取有关方面的意见。论证咨询可以采取座谈会、论证会、听证会、委托研究等多种形式。（5）部门协调。国务院有关部门对行政法规送审稿涉及的主要制度、方针政策、管理体制、权限分工等有不同意见的，司法部应当进行协调，力求达成一致意见。对于有较大争议的重要立法事项，司法部可以委托有关专家、教学科研单位、社会组织进行评估。经过充分协调不能达成一致意见的，司法部、起草部门应当将争议的主要问题、有关部门的意见以及司法部的意见及时报国务院领导协调，或者报国务院决定。

3. 形成草案

司法部应当认真研究各方面的意见，与起草部门协商后，对行政法规送审稿进行修改，形成行政法规草案和对草案的说明。

（四）决定与公布

行政法规草案由国务院常务会议审议，或者由国务院审批。国务院常务会议审议行政法规草案时，由国务院法制机构或者起草部门作说明。国务院法制机构应当根据国务院对行政法规草案的审议意见，对行政法规草案进行修改，形成草案修改稿。

行政法规由总理签署国务院令公布。有关国防建设的行政法规，可以由国务院总理、中央军事委员会主席共同签署国务院、中央军事委员会令公布。

行政法规签署公布后，及时在《国务院公报》和“中国政府法制信息网”以及在全国范围内发行的报纸上刊载。国务院法制机构应当及时汇编出版行政法规的国家正式版本。在《国务院公报》上刊登的行政法规文本为标准文本。行政法规在公布后的 30 日内由国务院办公厅报全国人大常委会备案。

另外，关于地方性法规、经济特区法规、规章等立法的立法程序，这里就不专门介绍了。

问题与思考

1. 如何认识立法的基本特点?
2. 如何认识我国立法体制的基本特点?
3. 如何认识中国共产党对国立法工作的领导问题?
4. 如何理解科学立法原则?
5. 如何理解民主立法原则?
6. 如何认识依法立法原则?
7. 谈谈对全国人大及其常委会立法程序的认识。
8. 谈谈对行政法规制定程序的认识。

阅读文献

1. 李林. 立法权：概念、性质与特征//高鸿钧. 清华法治论衡：第1辑. 北京：清华大学出版社，2000
2. 孙潮，林彦. 从简单同意到有效表达：提高人大立法质量刍议. 法学，2003 (4)
3. 梁治平. 立法何为?：对《劳动合同法》的几点观察. 书屋，2008 (6)
4. 胡健. 新中国立法工作七十年. 中国法律评论，2019 (5)
5. 侯健. 利益集团参与立法. 法学家，2009 (4)
6. 刘松山. 中国立法问题研究. 北京：知识产权出版社，2016
7. 李克杰. “人大主导立法”原则下的立法体制机制重塑. 北方法学，2017 (1)
8. 童卫东. 新《立法法》的时代背景与内容解读. 中国法律评论，2023 (2)

第十五章

中国社会主义法的实施

本章概要

法律的生命力在于实施，法律的权威也在于实施。法的实施是把法律规范中的国家意志转化为现实关系的过程，即把“纸面上的法”落实为“行动中的法”的动态过程。法的实施是依法治国的中心环节。法的实施包括了行政执法、司法、守法、法律监督等。法的适用和法律监督作为法律实施中的国家机制，对于法治建设进程具有重要意义。

关键术语

法的实施　法的适用　法律实施效果　法律效果　社会效果　行政执法　合法性原则　合理性原则　效率原则　司法　司法功能　司法基本原则　独立行使司法权　司法平等　司法人民性　司法公正　法律监督　国家监督　社会监督

第一节　法的实施概述

一、法的实施的概念

法的实施，是指通过法的适用、公民守法等方式将法律规范的要求转化为现实的社会关系或实际行为的过程，也就是使法律规范的抽象规定得到具体落实的过程。法的实施是把“纸面上的法”落实为“行动中的法”“关系中的法”的动态过程。

法的实施状况，直接影响到法律调整的整体质量，因而在法律调整过程、法治建设进程中具有重要意义和重要地位。如法律没有得到充分、有效的实施，法律对社会生活的调整功能和作用便无法得到实现，从而直接损及宪法、法律的权威和尊严。

法的实施与法的制定是相对应的两个不同过程。法的制定，是把现实生活的客观要求转化为国家意志，将人们在社会生活的法律需要上升为法律规范，即创制“纸面上的法”的过程。法的实施则是将所创制出来的法律规范在社会生活中予以落实和形成法律关系的过程。

法的实施最终目的和结果，是形成一种以法律为根据的社会秩序，即法律秩序。也就是说，通过法的实施而达到法的实现。法的实现的概念，旨在说明各类立法得到有效的施行而达到的社会效果和社会秩序。前面提到过，法的实现的具体表现形式，是权利被享用、义务被履行、禁令被遵守。

二、法的实施方式

法的实施所涉及的范围和内容广泛。作为一个整体性的过程，法的实施包括若干重要环节、重要方式等。法的实施包括对所有法律规范的实施，其中宪法的实施具有特别的重要性；法的实施也包括所有主体对法的专门适用活动或守法活动，其中国家机构的法律适用、公民的守法活动具有特别的意义。下文简要提出法的实施的三种重要方式。

（一）宪法的实施

依法治国首先要坚持依宪治国。宪法在国家的法律体系中处于核心地位，是确定国家制度大厦“四梁八柱”的总章程。宪法的实施是法的实施的核心环节，只有树立宪法的权威地位，保障宪法的切实实施，法的实施水平才有基本的保障。全面贯彻实施宪法，是建设社会主义法治国家的首要任务和基础性工作，因而宪法的实施状况直接影响到法治建设的整体水平和全局状况。法治权威能不能树立起来，首先要看宪法有没有权威，因而，在法治国家建设过程中，应当注重通过实施宪法，提升对宪法的真诚信仰，提升法的实施水平，提高法治整体水平。

在我国《宪法》明确确认了宪法的权威和至上性。《宪法》之“序言”规定，全国各族人民、一切国家机关和武装力量、各政党和各社会团体、各企业事业组织，都必须以宪法为根本的活动准则，并且负有维护宪法尊严、保证宪法实施的职责。《宪法》第5条规定：一切国家机关和武装力量、各政党和各社会团体、各企业事业组织都必须遵守宪法和法律；一切违反宪法和法律的行为，必须予以追究；任何组织或者个人都不得有超越宪法和法律的特权。宪法的至上性与严格遵循宪法是高度统一的。自中国共产党十八大以来，在依宪治国、依宪执政、宪法法律至上理念的指导下，加强宪法实施和监督的法治改革逐步展开。

对宪法的遵守和落实，有多种形式，其中的几项重要方式是：第一，立法，以立法落实宪法。宪法的规定往往都比较宏观和原则，需要通过更具体的立法来落实。我国制定的大量法律都可以被看作是推进宪法实施的举措。第二，宪法解释。宪法规定较为原则，更需要通过加强宪法解释的方式来推进宪法的实施。建立和完善宪法解释程序是加强宪法解释所必需的基本制度。中国共产党十九届四中全会提出要“落实宪法解释程序机制”。第三，宪法监督制度。为了保障宪法实施，必须加强宪法监督，健全宪法监督的体制机制。加强宪法监督的重点是，完善全国人大及其常委会宪法监督制度，推进合宪性审查工作，加强备案审查制度和能力建设，依法撤销和纠正违宪违法的规范性文件等。具体的制度举措如，全国人大的专门委员会“法律委员会”被更名为“宪法和法律委员会”①；制定备案审查工作规程，建立全国统一的备案审查信息平台，实行有件必备、有备必审、有错必纠。党的二十大报告进一步提出，“完善和加强备案审查制度”。第四，提高宪法意识，培育宪法信仰。我国已采取一系列改革措施，以加强宪法的实施，提高尊重宪法的意识。比如，2014 年 11 月，全国人大常委会作出专门决议，决定将 12 月 4 日设立为“国家宪法日”；2015 年 7 月，全国人大常委会通过《关于实行宪法宣誓制度的决定》，以立法方式确立了我国宪法宣誓制度，2018 年宪法修正案确立国家工作人员宪法宣示制度。又如，积极加强宪法宣传，在学校教育、公民普法中加强对宪法知识的普及。

(二) 法的适用

法的适用是法的实施的典型形式。法的适用，也称法律适用，是指国家机关以及国家授权的组织按照法律的规定运用国家权力，将法律规范运用于具体人或组织以解决具体问题的专门活动。所有的国家机关都会进行法的适用活动，其中，从事法的适用活动最为广泛的国家机构是行政机关和司法机关。

1. 法的适用的两种典型形式

(1) 行政机关的法律适用。行政机关对法的适用，亦称法的行政适用，是指国家行政机关及其工作人员，或者国家授权的组织，依照法定职权和程序，将法律规范适用于具体的行政相对人或特定事项的专门性活动。行政机关的法律适用，也是行政执法的一种典型形式，其主要特征是：第一，其主体是国家行政机关及其工作人员，以及国家所授权的组织。除此之外的其他社会组织或个人都不得行使国家权力而从事法的行政适用活动。第二，其是行政机关等将法律、法规适用于具体行政相对人或特定事项的活动。第三，其是行政机关依照职权范围，依照法定程序所进行的行使权力的活动。第四，其所产生的文件具有法律效力。

(2) 司法机关的法律适用。司法机关的法律适用，也可称为法的司法适用，是法的适用的典型形式。司法机关的法律适用，是指国家司法机关依据法定职权和法定程序行使司法权，运用法律处理具体案件的专门活动。法的司法适用是行使司法权的重要方式。我们在下文谈到的司法的特点，大致是法的司法适用的特点。法的司法适用的主要特点是：第一，法的司法适用的主体是国家的司法机关；第二，法的司法适用是法官将法律的一般规定适用于具体的案件之中，完成司法判断，并产生出司法适用的文件；第三，法的司法适用是依照法定程序进行的活动；第四，法的司法适用所产生的文件具有法律效力。

2. 法的适用的基本要求

法的适用的基本要求，可以被看作是对法的适用基本原则更凝练、更集中的表达。在我国，可以将法的适用的基本要求归纳为正确、合法、及时、合理。

---

① 2018 年 6 月，第十三届全国人大常委会第三次会议通过《关于全国人民代表大会宪法和法律委员会职责问题的决定》。该决定指出，宪法和法律委员会在继续承担统一审议法律草案等工作的基础上，增加推动宪法实施、开展宪法解释、推进合宪性审查、加强宪法监督、配合宪法宣传等工作职责。

（1）正确。正确要求主要是强调法的适用过程和结果要尽可能正确无误。国家机关要达到法的适用正确的要求，应当做到：第一，对案件事实的认定清楚，证据确凿、充分。第二，法律适用准确。按照案件的性质和具体情节，对案件的法律定性准确，适用法律确当，社会危害、法律责任与处罚相适应。第三，尊重事实，有错必纠。对于已经发现的法的适用错误自觉按照程序予以纠正，最大限度地消除冤假错案。

（2）合法。合法要求也可以被看作正确要求的一个特殊方面，是对正确要求的进一步展开。合法要求：第一，法的适用必须有正确的法律依据，必须依法处理具体案件。第二，法的适用必须依照严格的程序作出裁判，不能超越程序而寻求法律之外的正确性、合理性。第三，各个法的适用机关，应该各司其职、分工负责、互相监督，以保证在法的适用过程中独立行使职权。

（3）及时。这是对法的适用的效率的要求。及时要求法的适用活动要在保障办案质量的前提下注重效率，在法定期限内及时办案、及时结案，不能拖延。没有效率，久拖不决，就谈不上公正。效率本身是公正的一种要求，同时它又是为公正服务的。

（4）合理。在较为狭义上说，合理是指法的适用行为要尽量符合社会主义伦理道德的要求，符合大众的伦理价值观念。合理要求尤其强调的是，在个案处理中，要努力做到合乎伦理、情理、常理，合乎民情、民意、民德。法律一般都设置了一个让法官等法的适用主体可以在法定范围内裁量的空间，这也是为了避免法条的僵化，而要在个案中具体寻求正义。法的适用除了考虑合法，还必须考虑个案的具体情况，在法律允许的幅度内作出最佳裁判。这种对最佳裁判的追求，就是在追求合法的同时还要进一步追求合理、公正。如果说合法要求构成了对法的适用主体的“硬约束”的话，则合理要求构成了“软约束”。

（三）守法

守法是法的实施的一个重要方面。任何一种正常的法治秩序，都致力于提升各类社会主体的守法水平。守法的水平也是衡量一个国家的法治水平的基本指标之一。依法治国最基本，也最为根本的要求便是，所有社会主体严格遵守各类法律规范。守法的主体范围广泛，包括了一切国家机关、各类组织和个人等。《宪法》第 5 条规定的守法主体是“一切国家机关和武装力量，各政党和各社会团体，各企业事业组织”。守法的内容也非常广泛：从守法形式来看，守法包括了享有法定权利或行使法定职权、履行积极义务或法定职责、遵守禁令有所不为等等。国家机关的法的适用活动也可被看作是广义上的守法行为。提高全民守法的水平，是推进法治建设的一项基本要求。本章以专节进一步说明全民守法问题。

三、法的实施效果

（一）法的实施效果的概念

法律调整总是要关注法律在现实生活中的实际实施和实现，关注所运用的专门法律机制是否达到了当初立法设计时的目标，关注法发挥作用后是否真正取得好的社会效果等。对这些问题的关注，引发我们思考法的实施的效果问题。

法的实施效果，即法发挥作用所达到的法律结果和社会结果，可以通过法律起作用的实际结果与颁布该规范时所要达到的目的的对比关系来说明法律治理的实际状况、法律秩序巩固的程度。

衡量法的实施效果大致有两类指标，即一般性指标和数量性指标。衡量法的实施效果的一般性指标包括现行法律治理的实际状况、法律秩序达到的水平和巩固程度。衡量法的实施效果的数量性指标为直接目的和作用结果的对比关系，立法的直接目的是评价法的实施效果的标准和尺度。将目的与作用结果进行对比，是研究法的效果的基本手段。下面我们会基于这两大类指标，具体考察更具体的评价法的实施效果的标准。

确定制定某一规范的目的，尤其是找出法作用的结果，是复杂的过程。法不是单独发挥作用的，它总是与其他规范性调整、其他诸社会因素一起，共同导致某种社会后果的产生。只有从社会效果的整体形态来“分析”法律的实际作用，才能与立法时所设计的目的相对比，计算出法的实施效果。要做到这一点显然有相当大的难度。这种分析有一定困难，但困难不是不能克服的，可通过数学方法的运算并运用具体社会学的方法来获得一定程度的解决。

（二）法的实施效果的衡量标准

衡量法的实施的效果需要借助相应的衡量标准。在探讨、评价法的实施效果的过程中，应注意区别法的实施的几种不同的后果或效果，这几种不同的后果或效果，对应的是衡量法的实施状况的几种不同的标准。

1. 法律规则—效果性衡量

这是要考量法律调整的单纯法律效果。单纯法律效果，要说明的是法律等规范性文件在生活中实现的程度。换句话说，单纯法律效果是指法定权利、义务在社会关系参加者的行为中是否得到实现，法是否确实被执行或遵守，被执行或遵守的程度如何。一些人用法的实效（efficacy of law）概念来描述我们这里所说的这种单纯法律效果。单纯法律效果往往与法的社会效果等不完全一致。

2. 立法目的—效果性衡量

实践中存在这样的状况：某项法律可能被百分之百地执行了、遵守了，但却没有达到立法者当初所预期的目的。这就是说，立法设计中所运用的手段或机制，没有真正体现立法者的意图，立法意图和目的没有真正或完全地传达到对社会关系的调整过程之中。这样，法律虽然被不折不扣地实施了，但却出现了立法者没有预期到的意外的效果。这就是说，单纯法律效果与立法者的期待或目的之间产生了脱节。这要求立法者和执法者反思立法所提出的目的是否有根据、所运用的法律机制是否合理和有针对性等。

3. 法律的社会—效果性衡量

实践中也经常有这样的情况：尽管立法得到了有效实施，但所产生的结果未必真正符合社会秩序和社会发展的需要，没有达到社会大众对法的期待，没有满足人民对法律调整的认同。这就是说，单纯法律效果与法的社会效果之间产生了脱节。法的社会效果，是说明法的实施是否真正对社会关系产生了有益的、积极的、正面的影响和作用，是否真正回应了社会对法律调整的合理、正当期待。考察法的社会效果，不但要考量法的实施的社会资源耗费和收益情况，还要考虑其他领域的收益状况，如法律调整的道德效果、政治效果等。

单纯法律效果，是法的社会效果的前提条件，而不等同于法的社会效果，二者之间可能经常有背离。另外，法的社会效果与立法者的期待收益之间也经常有距离。立法者希望达到这样的效果，而法的实施的实际情况是出现了另外的结果。这样，立法者就需要反思自己的立法目的或期待是否符合社会需要、立法所运用的手段或机制是否适当合理。这便要求在立法者、执法者与社会大众之间建立良性的反思性沟通机制。

4. 法律调整的成本—收益性衡量

这也可以被称为经济性衡量，是指法的实施的直接法律效果同采用相应法律措施对人、财、时等的耗费之间的对比关系。经济性衡量，主要是运用成本—收益分析方法来检讨法律规则的设计是否合理。经济性衡量指标只是衡量法的社会效果和法律效果的指标之一。这一指标不是决定性的，但它影响法的总体收益性的大小。有些立法虽然也得到了实施，并且直接的社会效果还不错，但是由于其所耗费的成本太高，耗费了太多的法律资源和社会资源，因而其不能被视为一项好的法律，而且也难说其最终的社会效果算好。

5. 法的总体有益性衡量

这是衡量法的实施的效果的综合性指标。它是从法的实施的有根据性、合理性、公正性、经济性等角度来考察法的实施结果与其预期目的之对比的实际效果。具体指标包括：立法目的的设计是否合理、达到的结果对社会是否有益、达到目的的手段是否公正合理、达到立法目的的社会资源耗费是否最为经济等。这些指标都与法的实施效果有关。其中，除对经济性问题可以作定量分析外，对其他各项指标很难用数量方法来确定，而仍然需要进行定性分析。

研究法的实施的效果对于改善法律调整有重要意义。这种研究是立法者与执法者、立法者与社会、执法者与社会等之间进行反馈联系的重要渠道。这种研究也为把新的科学技术手段引入法学研究提供了用武之地，标志着法学研究侧重点的转移，为法学研究更接近科学研究创造了条件。不过，这种研究还有许多重要问题没能解决，比如，如何“分析”出“纯粹的”法律效果，如何更准确衡量法的实施的社会效果等。

（三）影响法的实施的效果的主要因素

法是在社会中生成的，也是在社会中实施的。法的实施和实现的程度总是受到复杂社会关系和社会环境诸因素的影响，故不能脱离具体的社会环境和社会关系状况，孤立地看待法的实施问题。

社会环境因素对法的实施可以起到积极的促进作用，也可以起到消极的阻碍作用。社会环境因素能够促进法律规范和法律制度的既定功能的正常发挥，产生预期的效果和目的，减少法的实施的成本，并推动法律适应社会发展的需求而不断进行改革和发展。社会环境因素也可能阻碍法律规范和法律制度的既定功能和目标的实现，增加法的实施的成本，腐蚀执法者和法律职业，破坏法律程序，并可能破坏执法机关的公信力和权威，最终对法治的运作和法律秩序产生严重的危害。应当尽量通过官方和社会的共同努力，促进法与社会相适应、法与社会的关系和谐互动。尤其要注意的是，促进法的充分实现和良好实施，不仅要从立法质量着手，从司法体制和行政体制的内部改革与完善着手，也要更广泛地看到其他社会环境因素的影响，要动员一切积极力量和因素来参与法律发展。下面简要分析一下影响法的实施和实现的主要社会环境因素。

1. 立法良善程度

“良法”是与社会发展的客观要求和具体国情相符合，充分反映和表达人民的共同意志的法。良法理念要求立法具有客观性、人民性、公正性、形式科学性等特点。良法，社会的认同程度高，自然更容易得到社会更大程度的支持、尊重和自觉服从。这种情形下，国家执法的成本便会更低，国家强制力的使用会更少，而法的实施和实现的程度会更高。反之，那些旨在移风易俗或实现社会变革/改造的法律，其实施成本一般会更高，实施难度也更大。也要看到，有些法律的良好品质所在就是除旧布新、推动社会改造，这样的法律推行起来也可能会难度相当大，所以，不能简单地说良法就必定更容易实施。

2. 国家执法水平

一个国家所能利用的执法资源越多，执法力量越强，其法律得到实施的程度就越高。如果没有必要的人力、物力、财力资源加以保证，纵有良法、美制，也不能顺利地得到实施。当然，国家执法力量强，显然并不仅仅是说国家机关运用强制力的能力强、手段多，还包括国家依靠正确的治国方针，发扬民主、厉行法治，治理有方，尊重人权、主持正义，因而有权威、受尊重，受到人们拥护，“软实力”强。仅有高压强制，仅仅靠炫耀“武力”，那只是“霸道”，而非“法治之道”。可以说，国家机关的活动中贯彻法治原则的程度越高，国家执法力量就越强，法的实施质量也就越高。

3. 社会道德和守法意识水平

道德意识和法律意识状况，代表着一个国家在法律方面的“软实力”。包括国家工作人员在内的全体社会成员的道德意识和法律意识，关系着人们对待法律和法律机构的态度。社会的守法氛围浓厚，民众的公共道德感强，人们的公民意识和法治意识强，法与社会道德的契合程度高，那么人们就更容易自觉尊重和服从法律，法的实施的成本就低，实施效果则更好。如果缺乏道德、信仰和守法意识的维系或支持，法律规则和制度就只能更主要地依靠强制力和执法来保障实施。这样的执法成本自然会更高，而且执法本身也更容易滋生腐败。一旦执法人员本身失去了道德底线和法律底线，其后果更为严重，会导致社会风气和国家的信誉信用彻底败坏。没有人们对法律的信赖和尊重，自然难以指望法的实施状况有多好。

4. 社会习惯和传统的惯性力量

在法律制度的建构中，确认已有社会关系的现实状况，尊重社会风俗、习惯、传统或常规的法律、法规更容易被社会主体理解、接受和遵守。这类法律的实施成本会相对较低，法的实现程度会相对较高。反之，缺乏传统或本土资源、超前创新的法律制度改造，其运行成本一般会更高，在实践中背离最初的制度设计与预期的可能性会更大。当然，这也并不是说就不应该进行主动的制度创新和制度变革，关键是要发现变革的真实社会需求，仔细考量民心、民气和客观条件以及合理的时机。

5. 其他社会治理的水平

社会生活中总是有多种多样的社会治理方式，诸如社区组织、宗教组织、社团组织等都是重要的治理主体。一个健康的多元化纠纷解决体系就需要依托这样的一些组织。这些组织的治理能力强了，法律组织的压力就小了，从而有助于法律组织集中地解决重大纠纷，从而提高法的实施的质量。不过也需要看到，其他的治理组织和治理方式有可能规避、对抗法律组织，这样也会影响法的正常实施。

如果上述任何一个因素出现不足或缺乏，就需要相应地增加其他因素的力量。例如，社会主体守法意识弱，就需要相应增加执法成本；再如，如果缺少足够的公共资源投入，就需要增加非正式制度的设计作为补充。但这也不是说，一个因素的不足完全可以由其他的因素来弥补或者替代。显然，只有多种因素相互配合、相互协调，才有可能使法的实施达到预期目的，达到良好社会效果。

第二节 当代中国的行政执法

一、行政执法的概念

执法，也即法的执行。人们在不同的意义上使用执法一词。在最广泛的意义上，执法可以泛指实施法的一切活动，包括履行法定职权、履行积极义务、落实法律其他要求等的一切活动，如巡逻、公民纳税、公务检查、法的适用等都可以被视为执法活动。“执法必严”就是在这种意义上使用“执法”这一词语的。所以，广义的执法是一个描述一切实施法的活动的词。有些学者则在较为狭义上使用执法概念，将执法界定为行政机关及其工作人员的执法活动，认为“执法”仅指“行政执法”。

为了区分执法概念的这两种情形，我们这里使用行政执法这一概念，将行政执法作为执法的一个方面。不过，应当注意的是，这里的行政执法概念泛指行政机关实施法的一切活动，难以把行政机关实施法的活动的各种不同形式区别开来，尤其是没有把一般的行政公务活动与行政机关的法律适用活动区分开来。

行政执法，即行政机关执法活动的总称，既包括行政机关在职权范围内适用法律法规作出个案决定的法律适用活动，也包括诸如值班、站岗、巡逻等行政行为。行政执法的实质是国家行政机关将体现在法律中的国家意志落实到社会生活之中，防止行政权力的滥用或懈怠，按照法律的要求，保障个人人权，谋取公共福利。行政执法是法律实施的重要环节。在我国，绝大多数的法律、法规都是由行政机关贯彻执行的。行政执法是国家机构体系中最大量、最繁重、最经常的日常工作，是实现国家职能的一个重要环节。

在我国，依据宪法、法律赋予行政机关的职权，中央人民政府、地方各级人民政府及其下属部门是行政执法的主体。此外，法律授权的社会组织可以在一定范围内从事行政执法活动。行政机关依法委托的社会组织也可以在一定范围内执行法律、法规。

二、行政执法的特点

行政机关的管理范围十分广泛，执法的方式也多种多样。行政执法的行为方式主要有行政处罚、行政检查、行政强制、行政许可、行政征收、行政给付、行政奖励、行政指导、行政复议、行政裁决、行政仲裁、行政调解等。

在我国行政执法的特点主要有以下几点。

1. 内容的广泛性

现代国家要贯彻依法行政原则，国家行政管理活动的方方面面都要有法可依、有章可循，这样，行政执法活动就广泛地涉及国家行政管理的各方面，涉及政治、经济、社会和文化等各个领域。根据有关法律的规定，在我国有权从事行政执法的政府工作部门主要有市场监督、公安、税务、物价、环境保护、食品卫生、技术监督、国土资源管理、城建、农业、水利、交通、铁路、民航、海关、金融、计量、统计、审计、劳动、人力资源与社会保障、教育、科学技术、文化、新闻与出版、卫生与健康等行政部门。这充分显示出行政执法活动范围之广泛。

2. 单方意志性

行政机关代表国家行使行政管理权，其与行政相对人之间，以及在行政机关的上下级之间都是管理和从属的关系。只要是在法律的授权范围之内，行政机关依照法律程序所采取的行动和作出的命令，就有法律效力，不必征得行政相对人的同意。比如，行政处罚、行政征收、行政复议决定等等，都体现着行政执法活动的单方性。在这种意义上，行政执法活动是一种典型的权力行为，具有单方意志性。作为行政相对人的另一方应当服从行政机关的决定。

3. 主动性

行政机关和其工作人员按照法律的授权可采取积极主动的职务行为，以履行其职责。这种主动性，决定于执法活动是行政机关的职责，行政机关负有有所作为的积极义务。这种主动性有时在某些行政执法活动中被扭曲，出现了选择性执法、滥用执法权、粗暴执法等行为。行政执法的主动性特点与司法适用过程中司法权行使的特点形成鲜明对比，司法权行使的一个突出特点是被动性。

4. 高效性

行政机关要处理社会生活中的很多急迫、突出问题，需要更注重执法行为的高效、快捷、权威，不能推诿扯皮，不能拖延，否则就很可能损害国家、社会和个人等的合法利益。在行政执法中，同样要贯彻公平与效率辩证统一的原则，但高效、快捷、不失时机，也是追求公平正义时的重要考量因素之一。

三、行政执法的基本原则

行政执法的基本原则，是行政机关在行政执法过程中应当遵循的一般性准则。基本原则对于指引行政执法活动具有重要意义。我国行政执法活动的基本原则，通常可以被概括为如下几项。

（一）合法性原则

合法性原则，也被称为依法行政原则，是现代法治的基本要求之一，也是现代行政法的核心原则。这一原则的根本旨意在于依法确立行政权的范围和界限，推进机构、职能、权限、程序、责任法定化，规范行政权的运作全过程，有效约束行政行为等。

就行政执法而言，合法性原则的基本要求有：（1）行政执法权的获得必须有法律根据，不得法外设定权力。（2）行政执法必须在法定权限内依据法定程序进行，坚持法定职责必须为、法无授权不可为。（3）行政执法主体的权力与责任相统一，执法主体必须勇于负责、敢于担当，坚决克服懒政、怠政，坚决纠正行政不作为、乱作为。（4）行政执法受到依法监督，要避免越权执法、滥权执法，要严肃追究越权执法、滥权执法、执法不作为、执法不力等的法律责任。

（二）合理性原则

行政机关及其工作人员的执法活动，要在法定权限和程序的范围内兼顾合法性与合理性两个方面。合理性原则旨在使行政执法主体在执法过程中恰当地行使行政自由裁量权，执法正当、客观、适度。

合理性原则的基本要求包括：（1）公平性原则，即要平等地对待行政相对人，不偏不倚，不搞歧视，不搞特权，执法时只考虑符合法律目的的各种相关因素，而不考虑其他因素。（2）客观性原则。行政执法决策尽量追求符合客观现实的要求，而不能凭借主观臆断、个人好恶作出执法决策，不能将合法性作为逃避合理性追问的借口。（3）合比例原则。其具体要求是：合目的性，即行政机关所采取的措施必须符合法律目的；适当性，即行政机关所允许或者采取的措施或手段，应当是为达到结果所必需的，结果与措施或手段之间存在着正当性关联；损害最小原则，即在可能采取的诸方式或手段中，应当采取对当事人的权益损害最小的方式或手段。

（三）效率原则

行政执法是运用行政权管理社会的一种方式。行政治理的重要特点在于高效、直接、快捷，故国家在配置行政执法资源以及处理涉及执法的问题时，要考虑尽可能降低执法成本、提高执法效率，要把效率观念贯彻到行政执法体制运行的全过程之中。

效率原则的基本要求包括：（1）执法要权责相统一，提高其运行效率，减少不必要的管理或领导成本，减少拖延、敷衍塞责。（2）要合理设计行政执法方式，在政府与社会之间建立良性互动，减少行政争议。（3）执法要考虑社会效益，努力实现执法的法律效果与社会效果的统一。应当指出的是，奉行效率原则显然并不是任意执法、越权执法、暴力执法、野蛮执法的借口。效率原则不能超越合法性原则和合理性原则，而是要在合法性原则与合理性原则之下追求执法的效率。损害合法性与合理性的效率，是不值得追求的。

第三节　当代中国的司法

一、司法的概念

司法权是国家的一项重要权能，司法机关对法的适用是司法机关以国家的名义行使司法权的主要方式，是国家运用法律来调整社会关系、维护社会秩序的重要方式之一。与其他国家机关的活动方式相比较，司法活动具有以下特征。

(一) 司法主体具有法定性和特定性

司法机关是被宪法和法律依法确认的专门行使司法权的机构。在此意义上，运用司法权的主体具有特定性和法定性。在我国，司法机关是指国家检察机关和审判机关，在一定情况下还包括公安机关。鉴于人民法院适用法律的司法裁判活动是法律适用问题研究的重点，在有些人看来，司法活动特指法院的审理裁判活动，法院是行使司法权的专门机构。

司法机关必须在权限范围之内从事法的适用活动，超越法定权限的，其活动无效，直接从事法的适用活动的法官或检察官还要被追究责任。

(二) 司法活动是连接规范与事实的专门性活动

在法院的司法活动中，法官将法律的一般规定适用于具体的案件之中，完成司法判断，并产生出司法适用的文件（如判决书、裁定书、调解书等）。连接具体案件事实与一般性法律规范，是法的适用的突出特点。司法活动在这种连接方面，更强调通过法官的创造性活动，在严格的法定程序下，达成规范与事实的连接，并形成司法裁判结果。

司法活动具有个别调整的特征，但又不是单纯的个别调整，而是根据法律规范作出的从属于规范性调整的个别调整，是在规范性调整指导下的个别调整；既具有能够对社会关系作出原则规定，防止偶然性、任意性的优点，又具有能够对具体问题作具体分析和具体处理的个别调整的长处。

(三) 司法活动具有严格的法定程序性

程序性是司法活动最重要、最显著的特点之一。司法的公正性和权威性，在很大程度上就是建立在正当司法程序的基础之上的。我国三大程序法分别规定了三种诉讼程序，即刑事诉讼程序、民事诉讼程序、行政诉讼程序。法的适用活动要严格依照程序进行才具有正当性。离开了法定程序，便无法保证法的适用的公正性，也就很难保障当事人的合法权益。值得注意的是，人民法院的法律适用程序的启动具有被动性。在大多数情况下，人民法院并不主动介入当事人之间的纠纷及其解决，只是应公诉人、自诉人或当事人的要求才启动法定的裁判程序。

(四) 司法活动是一种创造性的法律判断活动

司法活动是一种专门的法律判断活动，是一门专门的技艺。司法活动的一般结果是产生裁判，这种裁判具有对个案的拘束力。这种司法判断活动，不是机械的自动售货机式的运用法律活动，而是需要充分运用法官的知识、经验和智慧的创造性活动，是展示和运用专门法律思维与推理的专业性活动。对法律的解释，对事实的合法性及真实性的判断，对法律推理的娴熟运用，都是具有创造性的活动。这就要求司法机关及其工作人员有政治责任感、职业伦理，还要求其有丰富的专门法律知识、技能等专业素养。这样，司法机关及其工作人员才能从事这样的创造性活动，才能作出受到尊敬的司法判断，司法活动才具有让人们信服的权威性和公信力。

二、司法的基本功能

法院的审判活动是司法的中心，法院的审判权典型地体现了司法的社会功能。司法的功能就是法院通过法律适用、诉讼程序和审判活动所发挥的作用。司法的基本功能是多层次的，除了解决纠纷或利益冲突这一最直接的功能，还包括某些不可或缺的重要社会功能。

(一) 解决纠纷，巩固法的权威

司法的直接功能是解决纠纷、调整利益冲突，保护社会主体的合法权益。尽管不同的诉讼程序所要处理的案件性质有所不同，但司法的直接功能都是解决纠纷。现代司法制度和司法程序是社会主体权利实现的根本保障，一定的权利必须有相应的司法救济作为后盾。

司法活动是解决纠纷的最正式、最程序化的方式。相对于“私的”或“民间的”、“准司法的”纠纷解决方式，司法活动更具有权威性。虽然当事人拥有程序选择权，很多的民事和经济纠纷未必通过司法程序解决，然而，即使是选择以其他方式解决纠纷，也以司法机制的存在作为先决条件。这是因为司法是解决纠纷的典型方式，它所提供的是一种法律的标准答案；也是其他解决方式的“定位仪”。裁判是法院以国家名义行使审判权活动的结果，因而从裁判权的设置和属性来看，司法裁判具有最高权威性。

司法的权威性主要体现在以下方面：

(1) 基于正当程序的权威性。裁判过程中的法律程序具有公开性、中立性、参与性等，这就会使公平正义更加直观，能够以人们看得见的方式予以呈现，这显然也增强了司法裁判的权威性。

(2) 基于实体公正的权威性。司法裁判应当充分考虑争讼双方提供的理由和事实、法律根据及社会的正义观和公共道德观念等因素。这样的裁判才能更具有公信力，更能得到大众的信服，因而也更具有权威性。

(3) 基于裁判终局性的权威性。在法治社会，维护公平正义可以有很多途径，但一般而言，社会正义的最后一道制度防线是司法。裁判的终局性本身既体现了正义和效率，也体现了司法的权威。如果法院已经作出的终局裁判可以被随意改变，就会使争议永无休止，会引发人们更加不信任解决纠纷的正常制度性渠道和方式，进而会诱导人们通过非正义或非法律的方式来解决纠纷。一旦如此，便会引发更多的社会纠纷，正常的秩序也无从建立和稳固。

（二）适用法律，发展规则

司法活动是一个适用法律的过程，审判过程中的法律适用是把抽象的规范适用于具体案件，这既是实现法律规范的过程，又是将法律规范具体化为裁判规范的过程。而且在出现法律缺漏或空白之时，诉讼和审判活动是在维持法律稳定的前提下发展或者续造法律规范的重要途径。在这个意义上，司法实现了一种"准立法"功能。这一点，在判例法国家，体现得尤为明显。司法裁判作为让法律运行起来的重要方式之一，在建立和维护社会秩序方面，与立法活动具有相辅相成的作用。司法活动也担负着形成和完善法律体系的任务，只是在不同法系的国家中，这一任务的重要程度不同。在成文法国家，司法发展规则、补充立法的功能对于法律体系的建构来说是补充性的、辅助性的。

在当今中国这样的快速转型社会中，发挥司法的这种"积极造法"功能，还是有其正当性的。实际上当今中国的司法机关在发展法律规则方面起到了很重要的作用，从最高司法机关发布的大量司法解释即可窥见一斑。

（三）巩固社会秩序，促进社会和谐

司法通过运用规则和运用司法权威解决纠纷，有助于保障法律调整机制的有效和正常运转，有助于建立和维护法律秩序，从而可以保障社会的安全和正常的生活秩序、经济秩序以及管理秩序等，进而化解社会的暴戾情绪，促进社会的团结与和谐。

司法活动有助于把社会中存在的激烈矛盾和利益冲突转化为具体的诉讼问题而加以解决，从而缓和剧烈的社会动荡，避免大规模的动乱和社会的崩溃，抑制社会走向暴力。通过司法活动，可以展示规则，宣示国家态度，由此预防纠纷，也有助于稳定秩序。显然，司法活动并不可能解决所有纠纷，但是，司法机关通过所处理的案件，向社会宣示了法律处理的结果，昭示了法律的精神、原则和规则，以及通过解决具体纠纷所确立和维护的规范、秩序，从而可以促进更多的纠纷据此自发地得到解决，进而长久地、间接地实现纠纷解决的功能。同时，这也是向民众进行法制宣传教育的良好形式之一。

（四）维护社会正义，巩固国家合法性

任何社会都需要正义这一理念，需要把这一理念全面地渗透到社会的各个方面。正义作为一种意识形态对于建立和巩固社会秩序具有重要意义。社会秩序没有正义理念的支持，注定是不稳定的，也不能得到长期的维系。

司法制度正是正义的一个制度性符号。司法向全社会宣示和承诺了公平和正义，促使包括执政者、在社会中占主导地位的成员在内的社会成员，都接受法的普遍约束，接受司法裁判的权威性。司法公正对社会公正具有引领作用。司法可以强化社会正义，社会正义理念也强化了司法的正当性。

司法是一种裁判活动，更是国家的权力活动。国家借助树立和强化司法的正义形象来强化自身的正当性。国家通过各种方式强化司法的正义形象，如国家总是不遗余力地

建立并维持司法的正常运行，并努力通过加大司法投入、法律援助和司法改革等措施，不断拓宽和保障公民诉诸司法的权利与机会。在现代社会中，司法机关由于国家积极培育起来的公正性形象、解决矛盾的有效性而得到了社会的普遍信任，而司法的正义形象越是强大，国家的正当性和正义性也就更强烈，人们对国家权力和统治的服从也就更自觉、更主动，于是，国家权力转变为国家权威，国家强制和统治更具有正义色彩。在这个意义上，司法便被视为国家权力和统治秩序的正当性或正义性的象征，司法的运作过程也就是确认这种正当性或正义性的再生产过程。可以说，司法越权威、越公正，社会秩序就越稳定，国家权力就越具有正当性。

为有效发挥司法的社会功能，不断提升司法能力、司法效能和司法公信，完善公正、高效、权威的中国特色社会主义司法制度，自1999年开始，最高人民法院先后发布了五个五年改革纲要，持续推进系统的司法改革。在全面推进依法治国的整体战略下，最高人民法院第五个五年改革纲要深化了人民法院司法体制综合配套改革，提出了新的改革目标和具体改革措施。

资料链接

最高人民法院《关于深化人民法院司法体制综合配套改革的意见——人民法院第五个五年改革纲要（2019—2023）》（摘引）

三、司法的基本原则

司法的基本原则反映了现代法律治理理念的共同要求，也反映了我国社会主义法治国家建设的特殊要求。学者对我国司法的基本原则有不同的概括，我们将我国司法的基本原则概括为以下几个方面。

（一）司法职权独立原则

司法职权独立原则，也被称为依法独立行使司法职权原则。司法权依法独立行使，是现代法治国家和民主政治建设的一条重要治理经验，因而它被提升为现代法治的专门法律原则，得到广泛认可。① 各国的政治法律体制不同，对司法职权独立的具体制度设

① 比如，1985年联合国第七届预防犯罪和罪犯待遇大会通过的《关于司法机关独立的基本原则》规定："司法机关应不偏不倚、以事实为根据并依法律规定来裁决其所受理的案件，而不应有任何约束，也不应为任何直接间接不当影响、怂恿、压力、威胁、或干涉所左右，不论其来自何方或出于何种理由。""司法机关应对所有司法性质问题享有管辖权，并应拥有绝对权威就某一提交其裁决的问题按照法律是否属于其权力范围作出决定。""不应对司法程序进行任何不适当或无根据的干涉；法院作出的司法裁决也不应加以修改。"

计也各有特色。

我国《宪法》《刑事诉讼法》《民事诉讼法》《行政诉讼法》《人民法院组织法》《人民检察院组织法》等明确确认了这一原则。如我国《宪法》第131条规定："人民法院依照法律规定独立行使审判权，不受行政机关、社会团体和个人的干涉"；第136条规定："人民检察院依照法律规定独立行使检察权，不受行政机关、社会团体和个人的干涉。"在我国，司法机关依法独立行使职权就是要依法独立公正行使审判权和检察权。

1. 司法职权独立原则的要求

司法职权独立原则的基本要求包括：

（1）国家司法权的机构专属性。在我国，司法权只能由人民法院和人民检察院统一行使，其他任何组织和个人都无权行使司法权。

（2）司法职能独立。司法机关在国家权力体系中职能独立，只服从宪法、法律，不受行政机关、团体和个人的干涉。在行使司法职能的过程中，司法机关拥有独立的司法判断权，司法决定由司法机关独立作出，司法的正常程序独立运行，司法决定不能由其他机构非法修改或废除。

（3）司法权体系内部独立负责。司法权体系运行的一项原则是有权必有责，权责相统一。《人民法院组织法》第8条规定，"人民法院实行司法责任制，建立健全权责统一的司法权力运行机制"。司法权体系内部独立负责的具体要求包括：一是同级人民法院之间、人民检察院之间，上下级人民法院之间、人民检察院之间，应在各自的职权范围内彼此独立；二是加强司法责任制，"让审理者裁判，让裁判者负责"，建立健全相关制度，如主审法官及合议庭独立办案制度、办案终身负责制、错案责任倒查问责制等；三是强化法官、检察官的职业独立保障、职业伦理素养。

2. 司法职权独立行使与对司法的监督

司法机关依法独立行使职权，并不意味着司法机关的职权行为不受约束、不受监督。实际上，通过司法监督来促进司法公正是我国司法改革的重要举措。司法机关独立行使职权与司法监督应当是有机统一的，表现在：

（1）司法工作要坚持中国共产党的领导，党组织支持法院、检察院依法独立公正行使职权是党的领导的重要内容。我国既强调党对政法工作的绝对领导①，也建立了领导干部干预司法活动、插手具体案件处理的记录、通报和责任追究制度。

（2）各级人民法院和人民检察院的院长、检察长由同级人民代表大会选举产生，对它负责并报告工作，受它监督。但人大监督是对司法机关的司法活动起监督和保证作用，而不是代替、干涉司法机关的活动。

（3）在上级人民法院与下级人民法院之间有监督与被监督之关系，在上级人民检察院与下级人民检察院之间有领导与被领导的关系。但上级司法机关的监督或者领导，并不是说可以随意干涉下级司法机关的活动，它们只能依法通过诉讼程序变更下级司法机关的决定。

---

① 2018年1月中共中央印发的《中国共产党政法工作条例》提出，要"坚持和加强党对政法工作的绝对领导"。

(二) 司法平等原则

平等是社会主义法的基本属性，平等是公平正义的基本要求。平等原则、法律面前人人平等原则，被普遍认可为现代法治的基本原则。我国《宪法》第33条第2款规定，“……公民在法律面前一律平等”。司法平等原则是该宪法原则在司法领域的展开。我国《刑法》《刑事诉讼法》《民事诉讼法》《人民法院组织法》《人民检察院组织法》等法律对此都专门加以规定，如《人民法院组织法》第5条规定，“人民法院审判案件在适用法律上一律平等，不允许任何组织和个人有超越法律的特权，禁止任何形式的歧视”。

司法平等原则的基本要求包括以下内容：

(1) 平等对待，反对歧视。在司法过程中，对全体公民，不分民族、种族、性别、职业、社会身份、宗教信仰、教育程度、财产状况等，都应当一律平等地适用法律规范，不能因人而异。要在司法过程中反对和禁止任何形式的歧视行为，切实保障所有诉讼参与人诉讼权利的平等享有、诉讼义务的平等履行。

(2) 保障司法过程中权利和责任相统一。对每个个人或组织的合法权利都应予以平等司法保护，对任何人的法律责任也都要严肃追究，给予法律制裁。

(3) 反对任何形式的法外特权。特权带来司法不公，造成徇私枉法，因而应当强调，在司法过程中，任何人都不得在法律适用中有超越法律的任何特权。中国共产党十八届四中全会的决定明确提出，要“坚决破除各种潜规则，绝不允许法外开恩，绝不允许办关系案、人情案、金钱案。坚决反对和克服特权思想、衙门作风、霸道作风，坚决反对和惩治粗暴执法、野蛮执法行为”；“绝不允许任何人以任何借口任何形式以言代法、以权压法、徇私枉法”①。

(三) 司法人民性原则

我国法治建设的一项基本原则是，坚持以人为本，坚持人民主体地位，真正做到以人民为中心。司法为民、司法人民性原则正是这一总体原则的具体化。司法人民性原则要求，司法活动要坚持以人为本、以维护人民的基本人权和权益为本，努力满足人民对司法公平正义的期待和需要，注重依靠人民推进公正司法。

司法人民性原则的具体要求至少包括如下几点：

(1) 切实以司法保障基本人权。司法的人民性的最基本表现就是，在一切司法活动中切实保障基本人权，以公正司法维护、保障人民的各项合法权利。《人民法院组织法》规定，“……依法保护个人和组织的诉讼权利和其他合法权益，尊重和保障人权”。比如，司法工作要坚持惩罚犯罪和保障人权相统一的理念，克服“重打击轻保护”、重实体轻程序、重口供轻物证、重严惩轻预防的倾向。

(2) 保障人民群众参与司法。司法活动要尽量做到便民、利民，为人民群众通过司法保障其权益提供便利和司法援助，减少人民群众参与的制度成本。

---

① 《中共中央关于全面推进依法治国若干重大问题的决定》(2014年10月23日中国共产党十八届四中全会通过)。

（3）坚持司法的群众路线。在司法工作中，要相信群众、依靠群众，深入群众调查研究，实现专门机关的工作与群众路线相结合。司法也是向群众进行法制宣传教育的重要方式，应积极借助司法增强群众守法护法的自觉性和主动性。

（4）提高司法公开性。司法工作应被置于群众监督之下，鼓励人民群众通过各种合法方式监督司法工作，推进建设更加开放、动态、透明、便民的阳光司法机制，如：在司法调解、司法听证、涉诉信访等司法活动中保障人民群众参与；完善人民陪审员制度，保障公民的陪审权利，扩大参审范围，提高人民陪审制度的公信度等。

（5）司法尊重民意。司法工作在严格适用法律的同时，也应积极回应人民大众的公平正义观念，努力达到司法的法律效果与社会效果的统一。司法裁判要讲明情理，体现法、理、情相协调，符合社会主流价值观。如在刑事司法中，要兼顾天理、国法、人情，尊重群众的朴素情感和公平正义观。

（四）司法公正原则

公正是法治的生命线，也是司法公信力、司法权威的生命线。追求公平正义是司法的核心价值。司法公正包括实体公正和程序公正，二者应当是统一的。实体公正注重的是结果的正当性，而程序公正注重的是过程的正当性。实体公正的核心是，基于事实和法律作出公正裁判结果，即司法裁判以事实为根据、以法律为准绳，也关注司法的法律效果和社会效果的统一。程序公正则是要求司法过程中遵循法定的司法程序。司法的程序公正含义丰富，如包括司法公开、法官居中裁判、法官与案件无利害关系、对诉权的充分保障、法庭参与的同等机会、证据规则合理、仅依证据裁判等。我国的司法工作在一定程度上存在“重实体轻程序”“重结果轻过程”的思想。冤错案件的发生，多与当时的司法活动没有严格遵守法律程序有关。归结起来，司法公正原则的基本要求是，坚持实体公正和程序公正相统一，司法裁判应当以事实为根据、以法律为准绳，司法过程中严格遵循正当司法程序。

以事实为根据、以法律为准绳原则，是我国一直坚持的司法基本原则。在我国的《刑事诉讼法》《民事诉讼法》《行政诉讼法》《人民法院组织法》等法律中，对此原则均有明确规定。①“以事实为根据”的要求是，司法机关在适用法律时，应当以案件的客观事实为依据，努力发现与案件有关的各种社会事实，完整、全面地把握案件的各项证据。“以法律为准绳”的要求是，司法机关在其法定的权限内，按照相应的法定程序，在具体的案件事实背景下建立起裁判规范，处理具体案件。以法律为准绳，并不排斥在法律适用过程中充分考量公共政策、社会伦理道德以及社会政治发展的具体形势等因素，即合法性并不排斥合理性。实际上，对社会价值等因素的适当考量，正是法律达到其最佳社会效果所必需的。但是，对这些合理性追求，必须在法律允许的范围之内，并在相应的法律程序的框架之内予以考量。

---

① 比如：《刑事诉讼法》第6条规定，人民法院、人民检察院和公安机关进行刑事诉讼，必须依靠群众，必须以事实为根据，以法律为准绳；《民事诉讼法》第7条规定，人民法院审理民事案件，必须以事实为根据，以法律为准绳；《人民法院组织法》第6条规定，人民法院坚持司法公正，以事实为根据，以法律为准绳，遵守法定程序。

案 例

矿权纠纷背后的行政权与司法权

案例一：2010 年 7 月 17 日，陕西省榆林市横山县一煤矿与当地的村民之间发生了一起群体性械斗事件。此事件源于一起矿权纠纷的行政诉讼案件。2002 年，横山县该煤矿原负责人因采矿许可证被陕西省国土资源厅予以变更而起诉国土资源厅。在横山县、榆林市两级法院的一、二审判决中，陕西省国土资源厅均获胜诉。2005 年形势逆转，榆林市中级人民法院重审该案，判决陕西省国土资源厅批准该矿变更采矿许可证的行为违法，应予撤销。陕西省国土资源厅提起申诉后，陕西省高级人民法院于 2007 年 4 月裁定，维持一审判决。但此后两年多的时间里，判决书一直得不到执行。2010 年 3 月 1 日，陕西省国土资源厅组织召开“波罗镇山东煤矿采矿权属协调会”，否定了法院的终审判决。该协调会后来被新华社等媒体批评为行政干预司法、搞“庭外审判”的样本。

案例二：陕西省榆林市凯奇莱能源投资公司起诉西安地质矿产勘查开发院的煤矿勘探合同纠纷案，也引起社会热议。在该案上诉至最高人民法院审理期间，2008 年 5 月 4 日，陕西省人民政府向最高人民法院发出《关于西勘院与凯奇莱公司探矿权纠纷情况的报告》。该报告“请求最高人民法院以事实为依据，以法律为准绳，充分考虑和重视陕西来之不易的良好发展大局，作出公正判决”。该报告认为“省高院一审判决对引用文件依据的理解不正确”，并称“执行一审判决将造成国有资产严重流失”。该报告还称，如果维持陕西省高级人民法院判决，将使已形成的煤矿开发正常秩序产生混乱，并将“对陕西稳定和发展大局带来较大的消极影响”。

第四节　当代中国的守法

一、守法的概念

全民守法是依法治国最基本、最一般的要求。国民守法的水平是衡量一个国家法治水平的基本指标之一。我国全面推进依法治国的一个重要改革目标就是推进全民守法。

人们对守法概念有不同的界定。我们这里采用广义的守法概念：守法就是一切社会成员、各类社会组织和国家机关等都遵守和服从宪法、法律、法规以及依法作出的执法和司法文件的过程和相关活动。在这个定义下，守法的主体极其广泛，涉及一切社会成员及组织，用我国宪法中的说法就是“一切国家机关和武装力量、各政党和各社会团体、各企业事业组织”，当然也包括了在中国的外国人、外国组织、国际组织以及无国籍人等；守法的内容也非常广泛，守法不仅仅是指遵守宪法、法律、法规及规章等，也包括遵守有法律效力的其他规范性文件。

从主体角度对守法的一种分类是，将守法分为“官员守法”和“公民守法”。广义而言，“官员守法”也可被称为“政府守法”，包括了一切国家机关及其工作人员的守法活动，其中也包含了法律适用等执法、司法行为。“公民守法”包括了一切社会成员、社会组织、企事业单位等的守法行为，其守法的内容包括享有权利、履行义务以及遵守禁令等。

守法是人们日常生活中的常规行为。在一个稳定的法律秩序中，守法总是法的实施及实现的一种常规方式。关于守法的原因，有多种理论解释，比如：基于对权威的尊重和服从，即权威服从论；基于守法对自己有利、有益的理由，即功利论；基于对违法遭受惩罚的畏惧，即威慑论；基于对法秩序的自觉尊重、对法律的自觉信仰，即合法性论；基于对道德理由的考虑，认为守法是一种道德义务，即道德守法论；基于日常及传统生活的习惯，即习惯论；等等。实际上，人们的现实守法行为是多种因素交汇作用的结果，而不是某种单一因素所致。

二、公民守法的内涵

对公民守法的内涵，可以从公民守法层次的角度来认识。公民的法律意识和法律行为有一个从初级到高级的发展层级，这些不同层次展示了公民对法的消极服从到积极捍卫法律、从消极畏避法律到自觉尊重和信奉法律的不同法律态度。

全民守法的要求大致有以下几个方面：

(1) 守法的第一层次，是公民不敢违抗法律的“畏法”态度，即在消极守法的意义上，遵守法律的禁止性规定，因惧怕法律的惩罚而不敢违抗法律。这种心态下，法律是一种高压惩罚的国家工具，公民对法律并非出自内心地尊重和服从，而往往持屈从、逃避的心态而已。这是守法的最基本，也最低层级的要求。任何法律都具有强制性的特点，这决定了法律都是有强制惩罚功能的。但是，法治治理下的公民守法态度显然不应当止步于此。

(2) 守法的第二层次，是公民自觉其有服从法律的强制性规定的“从法”义务，因而守法。公民遵守其法律义务，在很多时候当然也并非因为惧怕法律惩罚，而是因为其从内心认为其应该服从国家，服从公共权威。因而，这种态度不是消极的畏避法律，而是认识到“没有规矩不成方圆”，从而认识到法律的惩罚是应当的、正当的，自己应当服从法律。这样便建立了对现有法律及法律运行机制的基本信任，确认了公民与国家之间、人与法之间的基本信任态度。这是一种低层次的“信法”态度。

(3) 守法的第三层次，是公民积极利用法律来捍卫自己的权益。这是一种积极的“用法”“信法”态度。守法，并非仅仅遵守自己的法律义务，更为重要的是积极地利用法律来追求和保障自己的利益，即积极地诉求法律自由平等，诉求公平正义。在“用法”的层面上，守法不再是一种限制自己的外在手段，也是一种实现自己利益的工具。这种“用法”是一种积极的守法，其前提是“学法”“懂法”。在这个意义上，法律对正常生活的重要性呈现出来：法律不仅仅是惩罚性的，也是正常社会生活的必要安排。人们开始逐步学会运用法治思维，逐步注重以法治方式来处理矛盾纠纷，理解日常生活。

(4) 守法的第四层次，是法治精神真正融入公民的日常生活伦理，成为一种典型的大众文化观念。这是一种真正高层次的“崇法”“敬法”“尊法”态度。在此，法治理念便不再仅仅是一种国家治理理念，还是一种普遍的社会治理理念、一种大众生活观念。基于这种崇法、尊法的自觉态度，公民会自觉超越一己之私利，而捍卫法治原则的普遍尊严。即便遵守某一法律可能损害自己的某些利益，但出于一个公民的公共责任或公民美德，公民依然选择尊重法治。同时，同样重要的是，公民基于对法律尊严的捍卫意识，有积极同违法行为作斗争的“护法”意识，有关于现有法律制度完善的建设性的批判意识。这是公民守法精神的最高境界。在这个意义上，才真正形成了公民对法律的信仰。这个层次上的守法，显然是一种积极主动的守法精神、一种融入日常生活和日常伦理之中的积极守法意识，是人的主体性在法律领域的展示，是个人主体性的自觉实践。

三、培养法治意识，促进全民守法

培养法治意识对于实现全面守法具有重大意义。守法的最基本动力因素是人们内心自觉自愿地服从法、尊重法。如果一个人内在有宪法、法律至上的观念，他就容易心悦诚服地守法信法。可以说，守法的根本动力来自人民对法律的内心拥护和真诚信仰。因而，培养公民的法治意识，塑造有法治观念的公民，就是在推动全民守法、促进依法治国。在我国改革发展、建设法治国家的进程中，应将培养法治意识作为一项基础性、长期性工作来抓。

（一）法治意识与法律意识

1. 法律意识

法治意识是法律意识的核心内容，因而，理解法治意识，需要先说明法律意识的概念和内涵。法律意识是人们关于法律现象的思想、观点、知识和心理的总称。法律意识包括人们对法律现象的理论化观点和认识，也就是法学理论、法律知识、法律思想等；也包括人们对法律现象的日常性理解、认知、愿望、情绪等，也就是人们的日常法律观念、法律心理等。法律意识是社会意识的一种特殊形式，是法律现实的一个特殊组成部分。

法律意识作为一种社会意识，与其他社会意识有一些共同点。比如，法律意识由社会存在所决定，但可以超越或落后于社会存在的现实状况，法律意识可以也必然积极反作用于社会存在；法律意识与其他社会意识形式相互作用、相互影响；受制于各种社会环境因素，处于不同文化传统、社会制度、发展水平的人们的法律意识各具特点；法律意识在历史发展中有明显的继承性特点，这些法律意识会形成本民族或本国家（地区）特有的法律文化传统。近代以来随着国家治理法治化水平的提高，法律在社会生活中的地位提升，法律意识逐步成为一种被独立关注和研究的社会意识形式。在近现代的社会意识体系中，法律意识区别于政治意识、道德意识的特点凸显。

法律意识的特殊性突出表现在，它是一种与现实法律制度、法律实践密切相关的思想上层建筑。法律意识对法的创制、实施等都具有直接的影响，同时也深受法律制度和实践的影响。比如，法律意识是法的创制的前提条件之一，也是法的实施的指导思想，而且，在一定条件下法律意识可以起到法的作用，在一个国家法律制度不完备、缺乏明确的法律规定时，统治阶级的法律意识往往直接起到法的作用。由此，在一个国家占统治地位的法律意识成了法律制度（legal system）的组成部分。可以说，国民的法律意识水平是一个国家法治状况最直观，也最根本的表现，培养国民知法守法尊法信法的法律意识是法治建设的重要环节。

也要认识到，法律意识本身并不等于法。在一定条件下法律意识可以起到法的作用，这并不是法律意识本身所固有的属性，而是国家在特定条件下赋予某些法律意识的属性，不能因此而认为法律意识在任何条件下都可以起法的作用，甚至认为法律意识就是法。实际上，一些人会持有旨在反对、对抗现行法及法律秩序的法律意识。模糊法律意识与法的界限，并不利于严格遵守法律，不利于以法律意识促进法的实现。

2. 法治意识

法治意识是现代法律意识的核心内容，是高水平法律意识的集中体现，也是公民守法的一种高层次境界。在我国，培养适应社会发展所需要的公民法律意识，核心就是培养法治意识。法治意识也是现代公民意识的核心内容之一。

法治意识，从形式来看，就是指具有知法守法尊法信法的观念和情感，是关于自觉守法、遇事找法、解决问题靠法的信念和态度；从内容来看，法治意识的核心观念是宪法法律至上观念、法律公正观念、法律平等观念、基本人权观念、法律义务观念等。从关联概念来看，法治意识与法治文化、法治理念等概念密切相关，甚至形成一个有机整体：法治理念是法治意识的核心内容，法治文化则是法治意识得到普及而在文化层面所形成的结晶。

鉴于法治意识与政治、法律制度的密切联系，认识法治意识，必须关注其背后的意识形态问题、价值立场问题，尤其是要对当代西方国家的法律制度、法律文化和法律理论的阶级实质有清醒的认识。西方的宪政法治理论、自由主义法律文化、繁荣的法学理论研究等的确有诸多值得借鉴之处，但对现代西方法律文化和法学理论中超阶级、非意识形态的观点全盘接受，是不可取的，对于开展中国法治建设也是不利的。

培养法治意识，是在中国开展的法治国家建设、法治社会建设的重要内容。中国共产党十八届四中全会决定提出：要“增强全民法治观念”，“推动全社会树立法治意识”；要使“全体人民都成为社会主义法治的忠实崇尚者、自觉遵守者、坚定捍卫者”。中国共产党十九大报告提出，“加大全民普法力度，建设社会主义法治文化，树立宪法法律至上、法律面前人人平等的法治理念”。党的二十大报告进一步提出：要“弘扬社会主义法治精神”，“引导全体人民做社会主义法治的忠实崇尚者、自觉遵守者、坚定捍卫者”。

（二）法治意识的培养方式

法律意识有其自发性，但高水平法律意识并不是自发产生的，而是在长期的法律实践中逐步“习得”的。法治意识的培养显然也是如此。在我国这样的缺乏民主法制传统的国家培育法律信仰，需要有计划、有目的地进行教育和培养。这种法制教育和法律观培养需要系统化、制度化且持续进行。

提高全社会的法治意识是一项系统工程，需要运用各种各样的方式方法，尤其需要从制度与观念、实践与理论、法律与政治、法律与社会、法律与改革等各个方面，来认识法治意识的培养与提升问题。这里简要强调两个方面：一是大力开展高水平法学教育，二是广泛开展全民普法教育。也就是说，既要培养与提高法律职业人员、公职人员的法治意识，也要培养与提高国民大众的法治意识。

专门法学教育对于培养与提升全社会的法治意识具有重要的引领作用。现代法治建设需要依托专业化、职业化、正规化的各类执法、司法人员，法治队伍建设不可或缺。中国特色社会主义法治体系包括了“有力的法治保障体系”一项，法学教育、法律专门人才队伍建设就是法治保障体系建设的重要内容。法学教育和法律培训是培育法律专门人才的专门制度。通过专业的法学教育，专门的考试制度、培训制度等，可以造就专业的法律职业群体。通过法学教育形成的专业队伍，是高素质法治意识群体的典型代表。他们的日常执法、司法、用法活动，对全社会的知法守法尊法都具有示范作用。改革开放以来，我国的法学教育发展迅速，培育了大批的法学人才，也已建立了中国特色的法律职业准入制度，建立了全国统一法律培训制度、专业法律人员职业培训制度等。当然，法学教育制度、法律培训制度等都还有完善的空间，需要不断创新法治人才培育机制。

全民普法教育是一项颇具中国特色的提升全民法律意识、法治意识的教育方式。全民普法教育已经开展了三十多年，取得了重要成效。1985 年 11 月，全国人大常委会通过《关于在公民中基本普及法律常识的决议》，启动了我国的“一五”普法（1986—1990 年）。2021 年 6 月，第十三届全国人大常委会第二十九次会议通过《关于开展第八个五年法治宣传教育的决议》。决议提出，要以习近平法治思想引领全民普法工作，大力弘扬社会主义法治精神，突出重点内容，深入宣传宪法和宪法相关法，深入宣传民法典，深入宣传加强国家安全体系和能力建设、推动更高水平平安中国建设等与社会治理现代化密切相关的法律法规。决议要求，持续提升公民法治素养，如：实行公民终身法治教育制度，把法治教育纳入干部教育体系、国民教育体系、社会教育体系，不断提升全体公民法治意识和法治素养；要落实国家工作人员学法用法制度，重点抓好“关键少数”，发挥领导干部带头示范作用，建立领导干部应知应会法律法规清单制度。普法教育的目的显然不是简单地让公民懂得一点法律知识，更重要的是，培育法治意识、树立法治理念。

资料链接

全国人大常委会《关于开展第八个五年法治宣传教育的决议》

四、“官员守法”的示范表率作用

提高社会守法水平，应当注重发挥各类国家机关及国家工作人员守法的示范引领作用。国家法律职业群体的素质、能力和执法、司法水平，对于提高国民的法律意识水平、社会的守法水平，尤其意义重大。国家机关的执法、司法行为本身就是生动的法制教育课。高素质的法治工作队伍，也是提升国民法治信仰的“宣传队”。国民从公职人员的行为中直观地感受到法律的权威和力量，感受到公平公正，感受到尊奉法律的重要性，也感受到法律的公平正义品格。由此，国民对法律的尊重情感会油然而生。

在法治建设中，应当抓住领导干部这个“关键少数”，注重发挥领导干部在守法方面的引领、示范和表率作用。领导干部具体行使中国共产党的执政权和国家立法权、行政权、监察权、司法权，是全面依法治国的关键。按照现代法治政治的责任原理，有权必有责，职权越大，责任也越重。在依法治国进程中，领导干部带头掌握法律、遵纪守法、依法办事的责任和意义尤其重大。领导干部应当不断提高运用法治思维和法治方式深化改革、推动发展、化解矛盾、维护稳定的能力，做尊法学法守法用法的模范，并以此带动全社会整体守法水平的不断提高、法治意识的不断增强。

资料链接

《关于建立领导干部应知应会党内法规和国家法律清单制度的意见》（摘录）

2023 年 7 月，中共中央办公厅、国务院办公厅印发了《关于建立领导干部应知应会党内法规和国家法律清单制度的意见》，此处摘录其部分内容。

二、学习重点

（一）习近平法治思想

把学习掌握习近平法治思想作为重要必修课程，深入系统学习习近平总书记《论坚持全面依法治国》、《习近平关于全面依法治国论述摘编》、《习近平关于依规治党论述摘编》，学习《习近平法治思想学习纲要》，吃透基本精神、把握核心要义、明确工作要求，深刻理解习近平法治思想是习近平新时代中国特色社会主义思想的重要组成部分，是新时代全面依法治国的根本遵循和行动指南，带头做习近平法治思想的坚定信仰者、积极传播者、模范实践者。

（二）党内法规

1. 认真学习党章。把学习党章作为必修课、基本功，深刻理解党章是党的根本大法，是全党必须共同遵守的根本行为规范。用党章规范自己的言行、按党章要求规规矩矩办事，始终在政治立场、政治方向、政治原则、政治道路上同党中央保持高度一致。凡是党章规定党员必须做的，领导干部要首先做到；凡是党章规定党员不能做的，领导干部要带头不做。

2. 认真学习党的组织法规。根据工作需要，深入学习中国共产党中央委员会工作条例、地方委员会工作条例、纪律检查委员会工作条例、党组工作条例、工作机关条例

(试行)、组织工作条例、支部工作条例（试行)、党政领导干部选拔任用工作条例、推进领导干部能上能下规定等，熟悉掌握党的组织结构、组织体系以及各级各类组织的设置定位、产生运行、职权职责。

3. 认真学习党的领导法规。根据工作需要，深入学习中国共产党农村工作条例、统一战线工作条例、政治协商工作条例、政法工作条例、机构编制工作条例、宣传工作条例、中国共产党领导国家安全工作条例、信访工作条例、地方党政领导干部安全生产责任制规定等，深刻理解坚持和加强党的全面领导的丰富内涵，增强做到“两个维护”的自觉性和坚定性。

4. 认真学习党的自身建设法规。根据工作需要，深入学习关于新形势下党内政治生活的若干准则、中国共产党廉洁自律准则、重大事项请示报告条例、党政机关厉行节约反对浪费条例、中央八项规定及其实施细则、党委（党组）落实全面从严治党主体责任规定、党委（党组）理论学习中心组学习规则等，深刻理解推进新时代党的建设新的伟大工程的重大意义，时刻保持永远在路上的坚韧和执着，增强坚定不移全面从严治党的政治定力。

5. 认真学习党的监督保障法规。根据工作需要，深入学习中国共产党党内监督条例、巡视工作条例、党政领导干部考核工作条例、问责条例、纪律处分条例、党员权利保障条例、组织处理规定（试行)、党内法规执行责任制规定（试行)、纪律检查机关监督执纪工作规则等，坚决贯彻党的自我革命战略部署，不断强化党的意识、纪律意识、规矩意识。

（三）国家法律

1. 认真学习宪法。深刻把握宪法原则和宪法确立的国家根本制度、根本任务、大政方针，坚持宪法确定的中国共产党领导地位不动摇，坚持宪法确定的人民民主专政的国体和人民代表大会制度的政体不动摇。强化宪法意识，弘扬宪法精神，推动宪法实施，更好发挥宪法在治国理政中的重要作用。根据工作需要，学习全国人民代表大会组织法、国务院组织法、监察法、地方各级人民代表大会和地方各级人民政府组织法、人民法院组织法、人民检察院组织法、民族区域自治法、立法法等宪法相关法，熟悉掌握国家机构的产生、组织、职权和基本工作制度，增强依照法定职责、限于法定范围、遵守法定程序推进国家各项工作的意识和能力。

2. 认真学习总体国家安全观和国家安全法。根据工作需要，学习保守国家秘密法、网络安全法、生物安全法、突发事件应对法、反恐怖主义法、反间谍法、数据安全法等，统筹发展和安全，提高领导干部运用法律武器防范化解重大风险的能力，增强依法斗争本领。

3. 认真学习推动高质量发展相关法律。根据工作需要，学习循环经济促进法、乡村振兴促进法、预算法、科学技术进步法、中小企业促进法、外商投资法、著作权法等，学习与建设现代化产业体系、优化营商环境、全面推进乡村振兴、推进高水平对外开放、实施科教兴国战略、推动绿色发展等相关的法律，增强领导干部推动高质量发展本领。

4. 认真学习民法典。深刻把握平等、自愿、公平、诚信、公序良俗、绿色等民事活动基本原则和坚持主体平等、保护财产权利、便利交易流转、维护人格尊严、促进家庭和谐、追究侵权责任等基本要求。把民法典作为决策、管理、监督的重要标尺，提高运用民法典维护人民权益、化解矛盾纠纷、促进社会和谐稳定的能力和水平。根据工作需要，学习其他民事法律。

5. 认真学习刑法和公职人员政务处分法。深刻把握罪刑法定、对任何人犯罪在适用法律上一律平等、罪责刑相适应等刑法基本原则，推动依法打击犯罪和保障人权。学习关于职务犯罪的刑法规定、公职人员政务处分法，牢固树立底线思维，不触碰法律红线。根据工作需要，学习反有组织犯罪法等其他刑事法律。

6. 认真学习行政法律。根据工作需要，学习行政许可法、行政处罚法、行政强制法、行政复议法、行政诉讼法、国家赔偿法、公务员法等，深刻把握合法行政、合理行政、程序正当、高效便民、诚实守信、权责统一等行政法基本原则，牢固树立职权法定、法定职责必须为、法无授权不可为等法治理念，强化依法行政意识。

7. 认真学习与履职密切相关的其他法律。根据工作需要，学习社会治理、“一国两制”、涉外法治、反腐败斗争等领域的法律；学习与我国司法制度相关的法律，支持和维护公正司法；学习重大行政决策程序、政府信息公开等行政法规和军事法规、监察法规等，善于运用法治思维和法治方式谋划和推进工作。

第五节　当代中国的法律监督

一、法律监督的概念

对法律监督通常有广义和狭义两种理解。广义的法律监督，泛指一切国家机关、社会团体和组织、全体公民对各种法律活动的合法性所进行的检查、监察、督促和指导以及由此而形成的法律制度。狭义的法律监督，专指有关国家机关依照法定权限和程序，对法的创制和实施的合法性所进行的检查、监察、督促以及由此而形成的法律制度。我们这里采用广义的法律监督概念。

按照广义的法律监督概念，在我国，法律监督概念的内涵包括以下内容：

（1）监督主体。能够进行法律监督的主体主要包括国家机关、各政党、各类社会组织、全体公民等。也就是说，人人都可以进行监督活动，国家机关的监督活动处于核心地位。

（2）被监督的对象。接受法律监督的对象包括进行各种法律活动的所有国家机关和武装力量、各政党、各社会组织、全体公民等。也就是说，人人都必须受监督，人人都是被监督的对象，而对国家机关的监督具有特别重要的意义。

（3）监督的内容。法律监督的内容广泛，就是一切与法的制定、实施、守法等相关的法律行为或法律活动。其中，对国家公权力运行的制约和监督具有核心意义。让专门机构发挥监督职能，让人民监督权力，让权力在阳光下运行，是实现监督的重要方式。

对法律监督可按不同标准进行分类，通常的一种划分方式是，按照从事监督活动的主体，将法律监督划分为国家监督和社会监督。国家监督，即国家机关所进行的法律监督活动，又可以被分为权力机关监督（人大监督）、行政机关监督（行政监督）、司法机关监督（司法监督）、监察机关监督（监察监督）。社会监督，即各政党、社会团体、组织和人民群众对法律实施所进行的监督。

二、法律监督的意义

法律监督制度是现代法治的重要组成部分。建设中国特色社会主义法治体系的重要要求之一就是建立“严密的法治监督体系”。法治监督体系建设，要求在权力体系分工和制约基础上建立完备的权力制约监督机制，以权力制约权力，以制度抗衡私欲和野心，以监督机制对抗腐败和任性。鉴于权力的自发扩展本性，任何权力都需要被监督。来自道德的约束固然重要，但制度监督的制约更为根本。要以制度性监督促进良法的创制以及法律的良好实施，克服立法、执法和司法中的滥用权力、懈怠和腐败，更加高效、正确、公正地实施法律。只有实行符合法治要求的法律监督，才能真正树立宪法和法律的权威，严格维护法制的统一和尊严，切实保证公民合法权利的享有和法定义务的履行，促进国家的廉政建设，实现国家长治久安。构建法律监督体制机制的基本要求是，制度设计要科学、严密、高效、权威、公正，真正做到“行得通、真管用、有效率”。

法律监督贯穿于法律调整的各个阶段，在法治国家建设过程中具有重要的意义和作用。可以从法律监督在法的创制阶段和法的实施阶段的作用来分别认识其意义。

1. 法律监督在法的创制阶段的作用

在法的创制阶段，通过法律监督保证法律体系的统一，比如：通过全国人大及其常委会监督宪法实施，保证宪法在法律等体系中的最高权威和核心地位，其他立法都不得与宪法相抵触；保证国家权力机关制定的法律等规范性文件的效力高于同级行政机关制定的法律等规范性文件的效力；保证上级国家机关制定的法律等规范性文件的效力高于下级国家机关制定的法律等规范性文件的效力。

2. 法律监督在法的实施阶段的作用

在法的实施阶段，法律监督致力于保证各种法律关系的建立、各种法律问题的处理都依法进行，特别是保证行政执法和司法活动的合法、公正、高效和权威，具体而言：可以保证国家机关及其工作人员依法行使职权，保护公民、法人和其他组织的合法权益，维护社会和谐和国家的长治久安；结合社会生活的具体情形协调和理顺各国家机关内部的权责关系、各个国家机关之间的关系以及公权力和公民权利、国家与社会、政府与人民等之间的关系等；保证国家机关在法定范围内依照法定程序进行法律适用活动，避免或减少执法和司法工作人员的主观性、任意性。

三、国家监督

国家监督，即国家机关进行的法律监督，是我国法律监督体系的核心部分，是具有法律效力的监督活动。就对国家机关之活动的合法性的监督而言，主要有以下几种监督方式。

（一）人大监督

人大监督，是指由各级国家权力机关对权力机关的立法及其他活动、执法及其他行政活动、司法活动、监察活动等方面的监督。

1. 对立法活动的监督

对立法活动的监督，也称立法监督，是指对国家机关制定、修改或废止法律、法规、规章以及其他规范性法律文件等的活动所依法进行的监督活动。各国关于对立法活动的监督的法律规定不同，监督的形式和内容也有所不同。我国已经形成了富有中国特色的立法监督体制机制。

在我国，根据《宪法》和有关法律的规定，对立法的监督方式主要包括：

（1）对立法的改变或撤销。第一，全国人大及其常委会对立法的改变或撤销。全国人大监督宪法实施，有权改变或者撤销全国人大常委会所制定或修改的法律或决定，撤销全国人大常委会批准的自治条例和单行条例；全国人大常委会有权撤销国务院制定的与宪法或法律相抵触的行政法规，有权撤销省、自治区及直辖市的人大及其常委会制定的与宪法、法律和行政法规相抵触的地方性法规，有权撤销省、自治区、直辖市人大常委会批准的自治条例和单行条例，有权撤销被授权机关制定的超越授权范围或者违背授权目的的法规。第二，地方人大对立法的改变或撤销。省、自治区、直辖市的人大有权改变或者撤销它的常务委员会制定的或批准的不适当的地方性法规；省、自治区的人民政府有权改变或者撤销下一级人民政府制定的不适当的规章；省、自治区、直辖市人大常委会和设区的市、自治州人大常委会有权撤销本级人民政府制定的不适当的规章。

（2）对立法的批准。批准是指一个国家机关制定的规范性法律文件，需要报其他有关国家机关同意后才能颁布、生效和实施的制度和活动。在立法过程中主要有几种批准制度：自治区的自治条例和单行条例，报全国人大常委会批准后生效；自治州、自治县的自治条例和单行条例，报省、自治区、直辖市的人大常委会批准后生效；设区的市的地方性法规报省、自治区的人大常委会批准后施行。

（3）对立法的备案审查。备案审查制度，是指有关国家机关将其通过或批准的规范性法律文件报其他有关国家机关登记、存档、审查的制度。我国已经形成了具有显著特色的备案审查制度。《立法法》《各级人民代表大会常务委员会监督法》等法律以及各个省、自治区、直辖市等制定的地方性立法条例中规定了相关立法备案的程序。目前，在我国对于行政法规、地方性法规、自治条例和单行条例、司法解释等都要予以备案。对备案的立法文件，备案机关应当予以审查。对立法的备案审查制度，我国近年来立法监督制度建设的一个重点，也是亮点。

此外，各级人大常委会组织的执法检查、有关立法的询问或质询、立法后评估等活动，也都可以被视为权力机关对立法的监督活动。

资料链接

全国人大常委会法制工作委员会《关于十三届全国人大以来暨 2022 年备案审查工作情况的报告》

2. 对行政机关、司法机关及监察机关之活动的监督

（1）对行政机关的活动的监督。这主要包括：第一，全国人大常委会监督国务院的工作，如有权撤销国务院制定的同宪法、法律相抵触的决定和命令；国务院对全国人大负责并报告工作，在全国人大闭会期间，对全国人大常委会负责并报告工作。第二，地方人大及其常委会对行政活动的监督，如县级以上地方各级人大常委会监督本级人民政府的工作，有权撤销本级人民政府的不适当的决定和命令；地方各级人民政府对本级人大负责并报告工作；县级以上的地方各级人民政府在本级人大闭会期间，对本级人大常委会负责并报告工作。第三，地方人大常委会对同级以及下级人民政府制定的立法之外的大量规范性文件予以备案审查。

（2）对司法机关的活动的监督。这主要包括：第一，全国人大常委会监督最高人民法院、最高人民检察院的工作，最高人民法院、最高人民检察院对全国人大和全国人大常委会负责并报告工作。第二，县级以上的地方各级人大常委会监督本级人民法院、人民检察院的工作，地方各级人民法院、人民检察院对产生它们的国家权力机关负责并报告工作。

（3）对监察机关的活动的监督。按照《监察法》的规定，国家监察委员会对全国人大及其常委会负责，并接受其监督；地方各级监察委员会应当接受本级人大及其常委会的监督；地方各级人大常委会听取和审议本级监察委员会的专项工作报告，组织执法检查；县级以上各级人大及其常委会举行会议时，人大代表或者人大常委会组成人员可就监察工作中的有关问题提出询问或者质询。

（二）行政监督

行政监督，是指国家各级行政机关对行政立法及实施法的活动所进行的监督。各国关于对行政活动的监督的法律规定不同，形式和特点也不相同。在我国，根据宪法和有关法律的规定，行政监督主要包括以下内容。

1. 对行政立法的监督

在国务院对行政立法活动的监督方面，国务院有权改变或者撤销各部、各委员会发布的不适当的规章，有权改变或者撤销地方各级人民政府规章，有权改变或者撤销地方各级人民政府发布的不适当的决定和命令。在地方行政机关对行政立法活动的监督方面，省、自治区人民政府有权改变或者撤销设区的市、自治州人民政府制定的不适当的规章。

2. 对行政活动的监督

（1）国务院统一领导全国各级行政机关的工作，有权改变或者撤销各部、各委员会发布的不适当的命令、指示，有权改变或者撤销地方各级人民政府的不适当的决定和命令。地方各级人民政府都是国务院统一领导下的行政机关，都要服从国务院的领导。

（2）县级以上地方各级人民政府领导下属各工作部门和下级人民政府的工作，有权改变或者撤销下属各工作部门和下级人民政府的不适当的决定。地方各级人民政府对上一级人民政府负责并报告工作。县级以上地方各级人民政府有权改变或者撤销下属工作部门和下级人民政府的不适当的决定。另外，各级人民政府对于自己制定的规章之外的大量规范性文件，应当向上级人民政府备案。

（三）司法监督

司法监督，是指国家各级司法机关，包括审判机关、检察机关，对适用法的活动所进行的监督。在司法权力体系内部加强对司法活动的监督，是确保司法公正、高效、权威的重要方式。

根据我国宪法和有关法律的规定，司法机关对适用法的活动的监督主要有：第一，最高人民法院监督地方各级人民法院和专门人民法院的审判工作，上级人民法院监督下级人民法院的审判工作。第二，最高人民检察院领导地方各级人民检察院和专门人民检察院的工作，上级人民检察院领导下级人民检察院的工作。第三，人民法院、人民检察院和公安机关办理刑事案件应当分工负责、互相配合、互相制约而产生的互相监督，以及人民法院和人民检察院在其他诉讼活动中产生的互相监督。

司法机关对权力机关、行政机关、监察机关等的工作人员的执法活动进行司法监督，如办理行政诉讼案件，办理贪污、贿赂及渎职等国家工作人员犯罪的司法案件，向行政机关提出司法建议等。

（四）监察监督

监察监督，即国家监察机关的监督。在2018年依照宪法修正案和《监察法》，我国建立监察制度。各级监察委员会是行使国家监察职能的专门机关，有权对所有行使公权力的公职人员进行监察，调查职务违法和职务犯罪，开展廉政建设和反腐败工作。监察委员会依照法律规定独立行使监察权，不受行政机关、社会团体和个人的干涉。

监察机关的监督职能主要包括如下几个方面的内容。

1. 监察权体系内的监督

国家监察委员会领导地方各级监察委员会的工作，上级监察委员会领导下级监察委员会的工作；地方各级监察委员会对上一级监察委员会负责，并接受其监督。领导本身包含教育、管理和监督。国家监察委员会在全国监察体系中处于最高地位，主管全国的监察工作，率领并引导下属各内设机构及地方各级监察委员会的工作，地方各级监察委员会都必须服从它的领导。地方各级监察委员会负责本行政区域内的监察工作，除了依法履行自身的监督、调查、处置职责，还应对本行政区域内下级监察委员会的工作实行监督和业务领导。在开展监察监督工作的过程中，应处理好上级监察委员会的“领导权”与监察委员会“独立行使监察权”之间的关系。

2. 对各类公职人员的监察

监察机关所监察的公职人员的范围是：中国共产党机关、人大及其常委会机关、人民政府、监察委员会、人民法院、人民检察院、政协各级委员会机关、民主党派机关和工商业联合会机关的公务员，以及国有企业、公办的科教文卫等组织中从事管理的人员等等。监察委员会对公职人员依法履职、秉公用权、廉洁从政从业进行监督，对涉嫌贪污贿赂、滥用职权、玩忽职守、权力寻租、利益输送、徇私舞弊以及浪费国家资财等职务违法和职务犯罪进行调查，依法作出政务处分决定、进行问责等。

3. 向监察对象所在单位提出监察建议

各级监察机关根据监督、调查结果，可以依法对监察对象所在单位廉政建设和履行职责存在的问题等提出监察建议。监察机关可以提出监察建议的主要情形包括：拒不执行法律、法规或者违反法律、法规，应当予以纠正的；有关单位作出的决定、命令、指示违反法律、法规或者国家政策，应当予以纠正或者撤销的；给国家利益、集体利益和公民的合法权益造成损害，需要采取补救措施的；录用、任免、奖惩决定明显不适当，应当予以纠正的；依照有关法律、法规的规定，应当给予处罚的；需要完善廉政建设制度的；等等。

4. 监察监督与党内监督的统一

我国监察监督制度的一个重要特点是，坚持监察监督与党内监督的有机统一。在我国法治建设格局中，依规治党实际上依法治国的重要组成部分。在全面从严治党的战略下，中国共产党不断完善党内法规，推进依规治党。党内监督，是依规治党的重要方式，是指党的各级机构对全体党员，尤其是党员干部，实施的监督活动。我国绝大多数的领导干部是中国共产党员。这就决定了党内监督与监察监督的高度统一性。在依规治党与依法治国统一的背景下，坚持党内监督与监察监督的统一，是我国法律监督的一个重要特点。

四、社会监督

社会监督，即非国家机关的监督。虽然社会监督不具有国家监督那样的法律效力，但在我国，它与国家监督之间有密切的联系，是国家监督的基础，都是为了促进法治的实现。同时，社会监督还有自己的独特意义，即它本身便是人民当家作主、直接参与管理国家和社会事务的重要方式，是直接监督党政机关及其工作人员的活动的重要手段。

在我国，社会监督涉及的范围广，形式多，手段和途径也多种多样。社会监督的主要方式有以下几种。

(一) 政治协商监督

政治协商监督，也被称为民主监督，是指民主协商组织及民主党派所进行的法律监督。中国共产党领导下的多党合作和政治协商制度是中国特色民主的基本制度，是社会主义协商民主的独特优势。人民政协和民主党派在我国民主政治建设过程中发挥着重要作用。人民政协和民主党派进行政治协商、民主监督过程中的重要活动就是，促进立法的民主协商、执法的民主监督。

人民政协和民主党派的监督主要有：通过各种形式，参与有关国家事务和地方事务重要问题的讨论；就国家的大政方针和群众生活的重要问题，提出建议和批评；密切联系各界群众，倾听他们的意见和要求；等等。

各民主党派参与的政治协商在我国法治建设进程中扮演着重要角色。各民主党派通过批评和建议的方式，对中国共产党和政府的工作进行监督，对立法工作、司法和行政执法工作经常提出建议。随着我国协商民主的进一步发展，民主党派发挥法律监督作用的空间逐步扩大。

（二）社会组织监督

这里在广义上使用社会组织的概念，包括人民团体、社会团体、企业、事业单位等各类组织。在我国，工会、共青团、妇联等群众性人民团体是实行社会监督的重要力量。这类团体除了进行一般的社会监督，还对涉及职工、青年和妇女儿童的权益保障问题，发挥特别的监督作用。另外，专业团体、学术团体等公益性组织，企业等经济性组织对于保障法的实施也都发挥着积极作用。

（三）媒体舆论监督

新闻媒体的舆论监督，主要是通过报刊、广播、电视、互联网等新闻传媒来揭示和批评立法、法的实施等方面存在的问题的方式，进行社会监督。新闻媒体的舆论监督具有广泛性、及时性等特点，是现代社会进行法律监督的强有力手段。

中国共产党和国家一贯重视新闻媒体的舆论引导和舆论监督作用。中国共产党十九届四中全会的决定指出："完善坚持正确导向的舆论引导工作机制"，"完善舆论监督制度"。加强舆论监督，是保障人民的知情权、参与权、表达权、监督权的重要方式。媒体舆论监督，对于落实人民民主、提高国家治理能力、加强对公权力运行的制约和监督，都具有重要意义。欲提高新闻媒体的舆论监督能力，需要落实人民的知情权、参与权、表达权、监督权，提高媒体的政治站位，保证媒体的报道自由，让权力在阳光下运行，以制度保障媒体自由，使公共媒体免于对资本和权力的屈从。

近些年来，媒体舆论监督、网络民意与司法公正独立等之间的关系是热门话题。新闻媒体，尤其是网络等新媒体，展示出更强的力量，经常就一些司法案件形成社会舆论。诸如，关于看守所"躲猫猫"案、唐某珍自焚案、邓某娇案、佘某林案、药某鑫案、湖南唐某案、山东于某案等，都形成了广泛的社会舆论。在这些公共舆论事件中，媒体、公众意见、"公知"等对司法和政府施加了影响。媒体舆论、民意在发挥监督和敦促作用，促进案件公正处理的同时，也引发了对"媒体审判"的广泛担忧。

（四）公民监督

我国《宪法》规定，一切国家机关和国家工作人员必须依靠人民的支持，经常保持同人民的密切联系，倾听人民的意见和建议，接受人民的监督，人民群众对国家机关和国家工作人员有批评、建议权。在根本上说，我国的一切权力都属于人民，所以，人民群众有权通过各种方式和途径，对党政机关及其工作人员的活动进行直接的监督。

这种监督是多种多样的，主要有：各级人大代表要受原选举单位或选民的监督，原选举单位和选民有权依照法律规定的程序罢免由他们选出的代表；县级以上地方各级人大常委会受理人民群众对本级人民政府、监察委员会、人民法院和人民检察院及其工作人员的申诉和意见；在各级国家权力机关、行政机关、监察机关、审判机关和检察机关中专门设立处理人民来信、来访的机构；等等。

问题与思考

1. 如何理解法的实施的概念？
2. 如何认识我国宪法实施的主要特点？
3. 如何认识法的实施效果的内涵？
4. 影响法的实施效果的社会环境因素主要有哪些？
5. 我国行政执法的特点是什么？
6. 我国行政执法的基本原则有哪些？
7. 我国司法的功能是什么？
8. 我国司法的基本原则有哪些？
9. 如何认识公民守法的层次？
10. 我国国家监督的基本形式有哪些？
11. 我国社会监督的基本形式有哪些？

阅读文献

1. 法治政府建设实施纲要（2021—2025 年）（2021 年 8 月）
2. 最高人民法院关于深化人民法院司法体制综合配套改革的意见：人民法院第五个五年改革纲要（2019—2023）（2019 年 2 月 27 日）
3. 周旺生. 论法之难行之源. 法制与社会发展，2003（3）
4. 孙笑侠. 论司法多元功能的逻辑关系：兼论司法功能有限主义. 清华法学，2016（6）
5. 江必新. 在法律之内寻求社会效果. 中国法学，2009（3）
6. 刘连泰. 中国合宪性审查的宪法文本实现. 中国社会科学，2019（5）
7. 齐佩利乌斯. 法学方法论. 金振豹，译. 北京：法律出版社，2009
8. 陈卫东. 司法机关依法独立行使职权研究. 中国法学，2014（2）
9. 汤姆·R. 泰勒. 人们为什么遵守法律. 黄永，译. 北京：中国法制出版社，2015
10. 董淳锷. 法律实施激励机制的基本原理及立法构造. 法学，2023（9）

第十六章

中国社会主义法治

本章概要

法律是治国之重器，法治是国家治理体系和治理能力现代化的重要依托。法治是人类迄今为驯服政治权力、尊重和保障人权所找到的最精巧而有力的武器之一。新中国经过艰辛探索，终于确立了依法治国的基本治国方略，并开辟了中国特色社会主义法治道路。新中国法治建设的成功经验是对人类自由和进步事业的重要贡献，是人类法律文明之树的又一个新的硕果。全面推进依法治国是一个系统工程，是国家治理领域一场广泛而深刻的革命。在新时代的社会发展进程中，应当加快建设社会主义法治体系，全面推进科学立法、严格执法、公正司法、全民守法，推进法治中国建设。

关键术语

法治　德治　法制　社会主义法治　依法治国方略　全面依法治国　中国特色社会主义法治体系　中国特色社会主义法治理论　法治中国　中国特色社会主义法治道路

第一节　法治的概念

一、法治的词义渊源和用法

法治，也即通常说的“依法治国”。法治，在英文中的对应词是“rule of law”，相近的术语还有“rule by law”“government by law”“government through law”等；在德文中的相应词是“Rechtsstaat”（法治国）。在中文中，“法治”“法治国家”“依法治国”几个词经常互换使用。

有关“法治”一词的类似说法，在中文中最早见于先秦诸子文献，比如，商鞅有“法任而国治”（《商君书・慎法》）、“缘法而治”（《商君书・君臣》）、“秉权而立，垂法而治”（《商君书・壹言》）等说法，韩非子有“……治民无常，唯治为法”（《韩非子・

心度》)、“以法为本”(《韩非子·饰邪》)等说法，管仲有“以法治国”(《管子·明法》)等说法。显然，这些类似“法治”的说法与我们现在所讲的“依法治国”有相当的不同。

在我国曾在一段时间内，人们往往把“法治”与“法制”两个术语混同使用。目前学界已大都认为“法治”与“法制”、“依法治国”与“以法治国”等词的内涵不同，应当区别使用。不少学者把法治与一些范畴联结使用，以突出表达法治在某些方面的特点，如“法治精神”“法治原则”“法治理念”“法治秩序”“法治国家”“法治政府”“法治社会”“法治意识”“法治思维”“法治文化”等。

法治理论和观念的历史源远流长。现代法治理念首先在欧洲文明中发展起来，同时也首先在近代以来的欧洲被落实为一种社会实践，并且深刻地影响了欧洲以及整个世界的政治法律文化和实践的发展。现代法治至少有两个渊源，并因此形成了两种法治观，即形式主义法治观和实质主义法治观。在英国，法治原则表述为“法的统治”(rule of law)，即除法律之外，任何人不受其他统治。这种法治观与自然正义观念相联系，体现着衡平精神和尊重权利等理念。这也被称为“实质主义法治观”。在德国，法治被理解为“法治国”(Rechtsstaat)。德国的法治国理论发源于康德、费希特等人的政治法律学说。这种法治观侧重于把法与公共意志、公共权力相联系，强调法律、国家、公共权力和意志四位一体。它尤其关注行政权力的行使在形式上的合法性，对法的正义内容却较少考虑。这也被称为“形式主义法治观”。

二、现代法治的定义

人们对法治概念的内涵有不同的概括方式。就其基本含义而言，法治即“法的统治”或依法治理国家。现代意义上的法治概念，通常是指国家奉行“法律之治”、依法而治的一种治国根本理念、一种严格实施和遵守良法的国家治理制度、一种基于法律有效实施而形成的社会秩序。法治概念的基本内涵至少包含以下几个方面的内容。

(一)奉法律至上为基本方略的治国理念即依法治国

在治国基本方略层面，治国之根本原则和方式有“法治”与“人治”的分野。现代法治的最基本定位是，确认法律在国家和社会治理中的权威性和至上性，把法律调整作为社会调整的最基本、最重要方式。也就是说，法治首先指的是一种治理国家的基本方略、一种优于“人治”的治国方略。法治作为治国方略所强调的是，通过法律来限制国家权力，并将实行或不实行法治作为判断国家权力的政治合法性的基本标准。与之相对应的治国方略是“人治”以及类似的诸如“礼治”“德治”“力治”等治国理念。在现代社会，“法治优于人治”已成为人们的共识。

(二)“良法”借助制度机制得到有效实施

依法治国方略、法律至上理念，需要落实为国家的具体制度，国家政治法律制度的有效运行才能落实和保障依法治国方略。现代法治原则和法律制度体系与社会其他制度体系总是相互交织的，也是相互影响的。诸如民主立法制度、责任政府制度、独立司法制度、法律监督制度、基本人权制度等，都是落实法治理念的重要制度。而且，这些制度需要体现一定的现代性价值理念以及本国国家治理的基本价值理念，即法律应当是良善之法（“良法”），法律体制机制应当是“良制”。这些制度保障了良法的实施和遵守，使法律对社会生活的调整得到实现。

依法治国的基础在于“良法”，依法治国是依“良法”治国，法治是“良法良制之治”。由于国情、社情、民情、时代和历史等的不同，各国良法良制的具体标准并不相同，重要的是，其既要尊重本国历史传统和现实的社会实际，又要体现具有普遍性的现代性理念，如人民主权、尊重和保障人权、法律平等、公权力受约束等。当代中国的社会主义法治尤其强调社会主义制度所蕴含的价值追求。

法治的核心要求在于“良治”。实现依法治国，要求良法得到有效实施，产生良好治理效果。通过严格高效地实施法律，国家公权力受到有效的约束和监督，基本自由受到国家的有效保障，法律对社会生活才能发挥实际的正面功能。法律不是自动实施的，需要借助良好的法律实施体制机制，需要这些体制机制有效运行。通过这些制度的有效运行，法律得到有效的实施，法治原则逐步被贯彻到国家和社会生活各个领域之中。以立法和法的实施为中心的良法善治，是一种“国家法治”，即以有效规范和约束国家公权力运行为中心的法治。

（三）基于法律治理的社会生活秩序

法治原则进一步要求，通过法的实施和遵守而形成一种以法律为主导的社会秩序，即形成“良序”之社会生活。这是说，现代法治不仅是国家政治领域中规范和限制权力运行的原则与制度，也是保障社会治理有效性和社会生活自主性的原则与制度。法治的最终要求是，有效保障人的自由发展，实现社会和谐发展，培育社会成员对法律的真诚信仰，形成宪法、法律至上的社会氛围，并在此基础上逐步形成一种新型的法律秩序。

基于法治原则的社会秩序，不是单靠强制性的“暴力之法”来维持的，而是依靠人民对法的尊重、自觉遵守和积极维护来实现的。这种法律秩序是一种积极的、开放的社会秩序，这种法律秩序是这样一种状态：法律被国家严格地实施和遵守，个人享有人权和基本自由成为社会生活的常态，社会和平稳定、和谐发展，法律至上的信念深入人心，自觉尊法守法成为大众日常生活中的主流观念，等等。在这个意义上，法治原则便从一种“国家法治”原则延伸到社会日常生活之中，成了一种“社会法治”原则。

资料链接

法治应包含两重含义：已成立的法律获得普遍服从，而大家所服从的法律又应该本身是制定得良好的法律。①

——亚里士多德

① ［古希腊］亚里士多德：《政治学》，吴寿彭译，199页，北京，商务印书馆，1965。

国无常强，无常弱。奉法者强，则国强；奉法者弱，则国弱。

——《韩非子·有度》

故治民无常，唯治为法。法与时转则治，法与世宜则有功。故民朴而禁之以名则治，世知维之以刑则从。时移而治不易者乱，能治众而禁不变者削。故圣人之治民也，法与时移而禁与能变。

——《韩非子·心度》

三、中国古代的“德治”观和“法治”观

(一) 古代儒家的“德治”观

“德治”思想是中国古代法律文化的精华部分。中国古代在治国方式上曾有儒、法之争，后来儒法合流，形成一种独特的封建法律文化。先秦儒家主张“德治”。中国古代的“德治”论主要包括以下内容。

1. 道德为治国之本

在德、刑这两种治国之方式中，儒家首先重视道德的作用。儒家从性善论的人性预设出发，重视道德教化的作用，主张“德主刑辅”、明德慎罚、先教后刑，反对专任刑罚。儒家有个著名说法，“道之以政，齐之以刑，民免而无耻，道之以德，齐之以礼，有耻且格”（《论语·为政》）。

2. 圣君当政，施行王道

德治的集中体现就是德政、王道，即为政以德，以德服人，以德去刑。“德治”论重视贤人、圣人、仁人的道德感召力，并以其为立国之本；认为当权者，尤其是君主，要以身作则、施德行仁；甚至提出，“……惟仁者宜在高位。不仁而在高位，是播其恶于众也”（《孟子·离娄章句上》）。“德治”论主张，施仁政、行王道，省刑罚、薄税敛，慎刑慎罚；反对酷刑峻法，反对滥杀，反对苛政、暴政。

3. 以礼治行德治

德治与礼治直接相关联，礼治是德治的具体化。礼治强调以人伦为基础的等级特权和行为规范，力图融道德、习俗、宗族规范、宗教规范等为一体。礼的精神实质表现为三纲五常、亲亲尊尊长长、男女有别等等级伦理理念。礼治强调以礼教治天下，“为国以礼……”（《论语·先进》），“……事无礼则不成，国无礼则不宁”（《荀子·修身》）。

中国古代的“德治”观是贤人政治观的一种，与现代法治思想有着根本的区别。法治和德治代表着两种不同的治国理念和模式。德治理念往往只是看上去很美，现实中的运行往往难有仁政之实，难行以民为本，甚至导致“以礼杀人”，等等。这与其理想设计显然差距甚大。德治的主旋律是等级性、伦理性，难有现代法治所力倡的平等、自由的气息。德治是为封建君主制服务的，而现代法治是和民主制度相关联的。

当然，儒家的“德治”论所留给后世的治理理念中值得肯定的因素很多。儒家重视规则的社会治理作用（重视“礼”这种规则，在这个意义上，儒家比法家更具有“规则意识”），强调道德与法的配合（如“隆礼重法”“德主刑辅”等），强调天道与人道的沟通，强调民本、仁政、仁爱的思想，强调自省、教化和榜样的力量，等等。这些都是卓越的思想，长久地影响了中国的社会治理实践。

（二）古代法家的“法治”观

中国古代的“法治”观在法家诸子的学说中首先得到系统阐发，首先在秦国被落实为一种基本治国方式。法家的“法治”观主要包括以下内容。

1. 治国以法为本，垂法而治

古代法家重视法在治理国家方面的作用，尤其是重视法在统治臣民方面的作用。与重道德治理的儒家相比，法家主张统治者要首重法律，认为法律而非道德感化或训诫是实现秩序的基本方式，主张君主独掌立法大权并以法治国。管子首次明确提出“以法治国”的说法——“威不两措，政不二门。以法治国，则举措而已”（《管子·明法》）；商鞅提出，“明王之治天下也，缘法而治”（《商君书·君臣》）；管仲提出，“有生法，有守法，有法于法。夫生法者，君也；守法者，臣也；法于法者，民也。君臣上下贵贱皆从法，此谓大治”（《管子·任法》）。

2. 刑无等级，一断于法

法家主张在法律制定出来后，要严格适用法律，在适用时上下一律平等。法家提出，“民于一君，事断于法，是国之大道也”（《慎子·逸文》），“大君任法而弗躬，则事断于法矣”（《慎子·君人》），法的适用要不别亲疏、不殊贵贱，一断于法。这就是法家经常被人称道的“刑无等级”“法不阿贵”“壹刑”的法律平等思想，如“所谓壹刑者，刑无等级，自卿相、将军以至大夫、庶人，有不从王令、犯国禁、乱上制者，罪死不赦”（《商君书·赏刑》）；“法不阿贵，绳不挠曲。法之所加，智者弗能辞，勇者弗敢争。刑过不避大臣，赏善不遗匹夫”（《韩非子·有度》）。

3. 严刑峻法，厚赏重罚

法家认为：单靠仁义不足以治国，治国必须靠重刑。只有重刑才可以“去奸”，使“民莫敢为非”。而且，重刑即是“至德”，通过重刑才可以培育社会的仁义道德，要“以刑去刑”。所谓重法治即是刑赏之治，要信赏必罚、厚赏重罚。

4. 法、术、势紧密结合

法家强调君主要运用法、术、势多种方式来实现社会控制和治理，以共同确保君主的专制集权。如此一来，法家所奉行的“法治”观，倒是一种“综合治理”了。商鞅提出“法、信、权”三位一体的治理方案：“国之所以治者三：一曰法，二曰信，三曰权。法者，君臣之所共操也；信者，君臣之所共立也；权者，君之所独制也……”（《商君书·修权》）法家还把法术之治与国富强兵、奖励耕战等相联系。

秦的重刑酷政，是其政权迅速瓦解的重要原因之一。在其后一段时间内，人们甚至把法治与暴政联系在一起而有些“谈法色变”。而这也是儒家礼治思想得以走向正统意识形态的契机，也由此绵延于整个中国封建时代的德治、礼治传统逐步形成了。当然，值得注意的是，自秦以后，尽管没有哪个思想家独倡法家之说，但法家一脉未从此断续，故有“百代皆行秦制”之说。法家思想后来逐步与儒家思想相结合，因“儒法交融”“外儒内法”而成为治国基本方略的重要部分，常常是理念上和表面上倡德治、行仁政，而实际上行法家之说，即重权术、重君权、重刑罚。古代的这种“法治”观由于吸纳了儒家思想的温情而显得更为精致、更有说服力了。

不可否认，法家在当时就能认识到法律对国家治理的重要性（如提出“以法治国”“唯治为法”“垂法而治”等思想），认识到法律对富国强兵的重要性，有“一断于法”“法不阿贵”等执法平等追求，强调治国要重视多种因素（如法、术、势，君、臣、民，刑、德等）的配合等。这也是难能可贵的。

但必须认识到，法家的“以法治国”“壹刑”“刑无等级”“法不阿贵”等常为人们所乐道的富有积极意义的法治思想，其实质仍是维护君主制，法仍是维护专制统治的工具。比如，法家讲“刑无等级”“法不阿贵”，但在其思想中，君、臣、民的身份、地位是不同的。法家力图从某方面破除宗法等级特权，但其所期待建立并维护的是封建等级及其特权。以法家理论所行之秦制，可谓是暴政之法、严苛之法，基于此所达到的秩序乃是恐怖的秩序。这与现代法治所倡导的要基于权利和合意而开创自由的秩序，相去甚远。司马迁所言“法令者治之具，而非制治清浊之源也”（《史记·酷吏列传序》），倒是揭示了古代中国所谓“法治”的真相。

四、法治与法制

我们在前面章节中曾说明过法制的概念。目前，区别使用“法治”与“法制”两个概念，基本上是学界的一个共识。在我国官方正式文件中已广泛使用“法治国家”“社会主义法治”等术语，宪法中也确认了社会主义法治国家、依法治国等概念。从“法制”到“法治”的术语变化，也从一个侧面展示了国家治国方略的根本转型。实际上，这两个术语在人们约定俗成的用法上也早有不同。法制与法治这两个概念的区别主要表现在以下方面。

1. 二者的所指及关注的重心不同

法制是法律制度（legal system）的简称，指一国或一地区法律上层建筑的系统。与它相对应的是政治制度、经济制度、文化制度等概念。而法治首先是指治国的一种方略和原则，是相对于人治而言的。法制首先强调的是法作为制度化构成物所形成的统一体，而法治首先强调的是法在社会控制和治国诸方式中的主导地位和功能。

2. 二者与民主政体的联系不同

有国家就有法制，但不一定有法治，只有在奉行自由民主政体的国家中才有法治。也就是说，有法制不一定就有法治，而实行法治的法制，必是以自由民主政治为前提的。可见，法治作为一种制度性实践，是一个现代性事件，而法制是久已有之。

3. 二者的价值取向不同

法治要求严格依法治理，法律在各种社会调整措施中具有至上性、权威性，而且法律应当是“良法”“善法”。而法制并不必然蕴含严格依法办事的内容，它也并不必然包括严格限制权力、奉行法律至上的内容。大致而言，法治总是与专制、特权、任性相对立，而法制并不必然意味着这种对立，它可以充当专制、特权的工具；法治意味着要限制国家权力、追求法律平等、尊重人权，而法制并不必然有这些要求。

第二节　全面依法治国方略

一、依法治国方略的形成和丰富

治国方略是国家治理中的最根本方向和根本措施问题。治国方略得当，社会发展就会更平稳、更快。在新中国成立后，中国共产党在领导人民建设什么样的社会主义以及如何建设社会主义的大主题下，对治国理政基本方略进行了长期的艰辛探索。随着改革开放的推进，中国共产党领导人民开创并发展了中国特色社会主义，确立了中国特色社会主义的依法治国方略、法治道路、法治理论。

以毛泽东为代表的中国共产党人领导人民创建了新中国，建立起社会主义制度，为当代中国的一切发展、进步奠定了根本政治前提和制度基础，也奠定了社会主义法制的政治基础。

以邓小平为主要代表的中国共产党人，深刻揭示了社会主义的本质，确立了社会主义初级阶段的基本路线，明确提出走自己的路、建设中国特色社会主义，也深刻总结了我国和其他社会主义国家在民主和法制建设方面的经验教训，明确提出“加强社会主义民主，健全社会主义法制”的历史性任务，确定“有法可依，有法必依，执法必严，违法必究”的社会主义法制建设“十六字方针”。邓小平从建设有中国特色社会主义的战略高度来思考民主和法制问题，把民主和法制建设放在中国特色社会主义的总体框架之内来认识，把法制问题放在民主、经济建设的框架之内来认识。他强调：“民主和法制，这两个方面都应该加强，过去我们都不足。要加强民主就要加强法制。没有广泛的民主是不行的，没有健全的法制也是不行的。我们吃够了动乱的苦头……民主要坚持下去，法制要坚持下去。这好像两只手，任何一只手削弱都不行。”① 他还很有针对性地指出：“还是要靠法制，搞法制靠得住些”②；“……制度好可以使坏人无法任意横行，制度不好可以使好人无法充分做好事，甚至会走向反面”③。这些论述深刻揭示了我国发展民主、加强法制对于保障国家长治久安、开辟中国社会主义发展的新历史时期等都具有重要意义。从此我国社会主义法制建设走上正轨，踏上了推进依法治国的大道，依法治国的基本治国方略也逐渐形成了。

以江泽民为主要代表的中国共产党人，进一步丰富和发展了邓小平民主法制思想，

---

① 《邓小平文选》，2版，第2卷，189页，北京，人民出版社，1994。
② 《邓小平文选》，第3卷，379页，北京，人民出版社，1993。
③ 《邓小平文选》，2版，第2卷，333页，北京，人民出版社，1994。

明确提出并确立了依法治国方略，对依法治国、建设社会主义法治国家作出部署。1997年9月，中国共产党十五大报告明确提出，“进一步扩大社会主义民主，健全社会主义法制，依法治国，建设社会主义法治国家”；明确了依法治国的内涵；强调实行依法治国是社会文明进步的重要标志，是国家长治久安的重要保障。1999年3月，在九届全国人大二次会议通过的宪法修正案中，写入“中华人民共和国实行依法治国，建设社会主义法治国家”。至此，依法治国方略得到宪法的正式确认；从此我国社会主义民主法制建设进入了一个新的发展时期。在这一时期，还确立了社会主义市场经济体制的改革目标和基本框架，对市场经济法治、法治经济等问题进行了深入阐述。2002年，中国共产党十六大报告把依法治国作为民主政治建设和小康社会的重要内容与目标，提出要“把坚持党的领导、人民当家作主和依法治国有机统一起来”。这一论断也被简略地表述为“三者有机统一”。

以胡锦涛为主要代表的中国共产党人，深刻认识和回答了新形势下实现什么样的发展、怎样发展等重大问题；强调坚持以人为本、全面协调可持续发展，以科学发展观引领法治建设；强调发挥法治在构建社会主义和谐社会中的重要作用；提出依宪治国、依法执政、社会主义法治理念等新命题。2007年12月，在全国政法工作会议代表和全国大法官、大检察官座谈会上，胡锦涛第一次提出了“三个至上”的重要论断，即“党的事业至上、人民利益至上、宪法法律至上”。

资料链接

为了保障人民民主，必须加强法制。必须使民主制度化、法律化，使这种制度和法律不因领导人的改变而改变，不因领导人的看法和注意力的改变而改变。①

——邓小平

把一个国家、一个党的稳定建立在一两个人的威望上，是靠不住的，很容易出问题。②

——邓小平

依法治国，就是广大人民群众在党的领导下，依照宪法和法律规定，通过各种途径和形式管理国家事务，管理经济文化事业，管理社会事务，保证国家各项工作都依法进行，逐步实现社会主义民主的制度化、法律化，使这种制度和法律不因领导人的改变而改变，不因领导人看法和注意力的改变而改变。依法治国，是党领导人民治理国家的基本方略，是发展社会主义市场经济的客观需要，是社会文明进步的重要标志，是国家长治久安的重要保障。党领导人民制定宪法和法律，并在宪法和法律范围内活动。依法治国把坚持党的领导、发扬人民民主和严格依法办事统一起来，从制度和法律上保证党的基本路线和基本方针的贯彻实施，保证党始终发挥总揽全局、协调各方的领导核心作用。③

——江泽民

① 《邓小平文选》，2版，第2卷，146页，北京，人民出版社，1994。

② 《邓小平文选》，第3卷，325页，北京，人民出版社，1993。

③ 江泽民：《高举邓小平理论伟大旗帜，把建设有中国特色社会主义事业全面推向二十一世纪》（1997年9月12日），载中共中央文献研究室编：《十五大以来重要文献选编》（上），30～31页，北京，人民出版社，2000。

依法治国，前提是有法可依，基础是提高全社会法律意识和法制观念，关键是依法执政、依法行政、依法办事、公正司法。依法治国首先要依宪治国，依法执政首先要依宪执政……要适应新形势新任务的要求，不断改革和完善党的领导方式和执政方式，坚持依法治国的基本方略，把依法执政作为党治国理政的一个基本方式，坚持在宪法法律范围内活动，严格依法办事，善于运用国家政权处理国家事务。①

——胡锦涛

二、全面依法治国方略的提出

2012 年中国共产党十八大以来，以习近平同志为核心的中共中央形成了新时代中国特色社会主义法治思想，这集中体现为习近平法治思想。依法治国方略在新时代进一步丰富发展为“全面依法治国”战略。在统筹推进“五位一体”总体布局、协调推进“四个全面”战略布局进程中，我国形成了关于法治建设的一系列新理念新思想新战略。

中国共产党十八大提出，全面推进依法治国，加快建设社会主义法治国家；强调“法治是治国理政的基本方式”；提出了到 2020 年法治建设的阶段性目标，即“依法治国基本方略全面落实，法治政府基本建成，司法公信力不断提高，人权得到切实尊重和保障”；明确提出了“科学立法、严格执法、公正司法、全民守法”的法治建设“新十六字方针”；提出要更加注重发挥法治在国家治理和社会管理中的重要作用，提高领导干部运用法治思维和法治方式深化改革、推动发展、化解矛盾、维护稳定的能力。

2013 年，中国共产党十八届三中全会从全面深化改革的角度提出法治建设的新要求，将“推进法治中国建设”作为深化改革的重要目标，提出“建设法治中国，必须坚持依法治国、依法执政、依法行政共同推进，坚持法治国家、法治政府、法治社会一体建设”②，指明了走中国特色社会主义法治道路的基本途径。

2014 年，中国共产党十八届四中全会对全面推进依法治国作出全面、系统的战略部署，制定了全面推进依法治国的顶层设计、路线图、施工图。会议通过了《中共中央关于全面推进依法治国若干重大问题的决定》，提出了全面推进依法治国的总目标、基本原则、基本任务和重大改革措施。

2017 年，中国共产党十九大明确提出中国特色社会主义进入了新时代，将“坚持全面依法治国”作为新时代中国特色社会主义思想的重要内容，开启了全面依法治国、坚定不移走中国特色社会主义法治道路的新征程；进一步明确了新时代法治中国建设的总体要求、重点任务、进度安排等；明确提出，到 2035 年，法治国家、法治政府、法治社会要基本建成。2018 年，中共中央成立全面依法治国委员会，加强对法治中国建设的统

① 胡锦涛：《在首都各界纪念全国人民代表大会成立五十周年大会上的讲话》，载《胡锦涛文选》，第 2 卷，232、233 页，北京，中央文献出版社，2016。

② 《中共中央关于全面深化改革若干重大问题的决定》，31～32 页，北京，人民出版社，2013。

一领导。

2019 年，中国共产党十九届四中全会将“坚持全面依法治国，建设社会主义法治国家，切实保障社会公平正义和人民权利的显著优势”作为我国国家制度和国家治理体系的一项显著优势；提出“坚持和完善中国特色社会主义法治体系，提高党依法治国、依法执政能力”的制度创新和改革措施，如“加快形成完备的法律规范体系、高效的法治实施体系、严密的法治监督体系、有力的法治保障体系，加快形成完善的党内法规体系，全面推进科学立法、严格执法、公正司法、全民守法，推进法治中国建设”。

2020 年，中国共产党二十大对法治中国建设进行了新部署。

上述这些都表明，在我国改革开放、经济社会发展、推进国家治理体系和国家治理能力现代化的进程中，中国共产党和国家对依法治国方略的定位、内涵等的认识逐步深入和全面，依法治国战略日益融入我国改革和发展的实践。

资料链接

全面推进依法治国，总目标是建设中国特色社会主义法治体系，建设社会主义法治国家。这就是，在中国共产党领导下，坚持中国特色社会主义制度，贯彻中国特色社会主义法治理论，形成完备的法律规范体系、高效的法治实施体系、严密的法治监督体系、有力的法治保障体系，形成完善的党内法规体系，坚持依法治国、依法执政、依法行政共同推进，坚持法治国家、法治政府、法治社会一体建设，实现科学立法、严格执法、公正司法、全民守法，促进国家治理体系和治理能力现代化。

——《中共中央关于全面推进依法治国若干重大问题的决定》

三、全面依法治国的重大意义

正是基于对我国民主法制建设的历史经验和教训的科学总结，基于对我国社会发展大方向的正确把握，基于对世界政治法律文明发展大趋势的深刻洞察，中国共产党和国家顺应时代潮流，把握历史机遇，在治国理政的根本方式上作出重大抉择，确立了依法治国的基本治国方略，并在中国特色社会主义事业发展中不断丰富依法治国的方略和实践，形成了全面依法治国方略，以全面推进法治中国建设。从“社会主义法制”到“社会主义法治”，从“有法可依，有法必依，执法必严，违法必究”到“科学立法、严格执法、公正司法、全民守法”，从“依法治国”到“全面依法治国”，表明中国共产党和国家越来越深刻认识到，治国理政须臾离不开法治，法治国家建设势在必行。

实行依法治国，对于实现中国的长治久安，完善和发展中国特色社会主义制度，提高中国共产党的执政能力和执政水平，实现国家治理体系和治理能力的现代化，满足人民日益增长的美好生活需要，实现中华民族的伟大复兴，具有重大而深远的意义。

实行全面依法治国方略的重大意义主要表现在如下几个方面：

从中国特色社会主义总布局的角度看，实行全面依法治国，有助于促进社会主义市场经济发展，促进社会生产力进步，实现以人为本的经济发展；促进社会主义民主政治建设，真正实现人民当家作主，促进尊重和保障基本人权；促进社会主义文化建设，普及社会主义核心价值，提升社会文明水平；促进社会和谐稳定、社会治理现代化，促进社会的公平正义；促进生态文明建设，建设美丽中国，实现中华民族永续发展。这表明，全面依法治国，对于实现中国社会主义物质文明、政治文明、精神文明、社会文明、生态文明协调发展具有重大意义。

从战略布局的角度看，实行全面依法治国，可以为全面建成小康社会、全面深化改革、全面从严治党提供长期稳定的法治保障。在“四个全面”中，全面依法治国具有基础性、保障性作用，要充分发挥法治固根本、稳预期、利长远的保障作用。比如，全面依法治国，有助于在法治轨道上推进全面深化改革，推进国家治理体系和治理能力现代化；有助于实现中国共产党的执政方式的重大转变，实现依宪执政、依法执政，从而始终保持其生命力和先进性。在新时代，在实现中华民族伟大复兴的历史进程中，依法治国应当发挥更大的推动和保障作用。在这个过程中，中国丰富的依法治国实践将有助于促进法律文化的创新，创建富有中国特色和中国气派的法律文明。

总之，切实贯彻和落实全面依法治国方略，是推进新时代中国特色社会主义事业，推动中国迈向富强民主文明和谐美丽的社会主义现代化强国的有力保障和强大推动力；是实现国家治理体系和治理能力现代化，实现中华民族伟大复兴的必然要求。

四、全面依法治国方略的内涵

我国的全面依法治国方略在改革和发展进程中形成，内涵不断丰富。这里提出全面依法治国方略的几项核心要求，也就是这一方略的基本内涵。

（一）坚持人民主体地位

这强调的是依法治国与人民当家作主的统一。人民是依法治国的主体和力量源泉，依法治国必然是人民的依法治国。谁有权治国，为谁而治国，这是依法治国方略首先要考虑的问题。在我国社会主义制度下，国家的一切权力属于人民，人民拥有、管理、治理国家，社会主义制度保障了人民的主体地位。法治的根本政治属性就是，法治是人民的法治、民主的法治。

法治建设的基本价值目标就是，为了人民，依靠人民，造福人民，保护人民。法治建设应当以保障人民的根本权益为出发点和落脚点，保障人民依法享有广泛的权利和自由、承担应尽的义务，维护公平正义，促进共同富裕；要把体现人民利益、反映人民愿望、维护人民权益、增进人民福祉落实到依法治国全过程，努力让人民在每一项法律制度、每一个执法决定、每一宗司法案件中都感受到公平正义。人民的幸福感、安全感和获得感，是判断国家立法和法的实施活动的根本标准。

实现国家政治生活中的人民主体地位、人民民主，需要借助法定程序和法律机制，需要借助法治化的制度，即民主依赖法治，人民共同意志的形成和落实依赖法治，民主建设必须运用法治方式。人民有权治理国家，但人民也必须借助法律来治理国家，否则人民意志难以真正形成、难以得到保障，反而容易被扭曲、被滥用。

（二）坚持中国共产党的领导

这强调的是依法治国与中国共产党的领导的统一。依法治国方略特别强调中国共产党作为最高政治领导力量和领导核心在治国理政中的重要作用。宪法确认，中国共产党领导是中国特色社会主义最本质的特征。依法治国方略是中国共产党提出来的，也借助党的全面领导来不断推进和落实。依法治国是党全面领导下的依法治国，全面依法治国绝不是要削弱党的领导，而是要加强和改善党的领导，不断提高党领导依法治国的能力和水平，巩固党的执政地位。

坚持党的领导，是依法治国的内在根本要求，是社会主义法治的根本保证。中国法治事业是一项极其艰巨、复杂和长期的伟大事业。在当今中国这样一个有长期封建传统、缺乏民主法制传统、正在发生着广泛而深刻的社会变革的巨型国家中，在世界发生百年未有之大变局的状况下，必须有中国共产党这样一个组织上强有力的、政治上成熟的领导核心来引领国家发展。中国共产党的领导是我国实行全面依法治国的独特政治优势，是民主法治事业顺利推进的客观要求。只有在中国共产党的领导下依法治国、厉行法治，人民当家作主才能充分实现，国家和社会生活法治化才能有序推进。坚持中国共产党的领导，必须具体体现在党领导立法、保证执法、支持司法、带头守法等各项制度与实践之中。

中国共产党的领导必须依靠社会主义法治，中国共产党要善于通过法治方式实现领导和治国理政。这就要将依法治国与依宪执政、依法执政结合起来，也要将党的领导与全面从严治党结合起来，即通过依宪执政、依法执政、依规治党来实现全面从严治党。可以说，全面从严治党是加强中国共产党的领导的方式，也是落实全面依法治国的关键方式。

（三）坚持宪法、法律至上

这强调的是依法治国与依宪治国的统一。这就是说，依法治国方略要求树立宪法和法律在社会调整系统中最高的权威和尊严，维护国家法制统一，对一切违反宪法、法律的行为予以追究。《中共中央关于全面推进依法治国若干重大问题的决定》指出，“坚持依法治国首先要坚持依宪治国，坚持依法执政首先要坚持依宪执政”。这就是说，法治国家首先就是宪治国家。

宪法是中国共产党和人民的共同意志的集中体现，维护宪法权威就是维护党和人民的共同意志的权威，保证宪法实施就是保证人民根本利益的实现，因而，应当切实维护和保障宪法在法律体系中的核心与统帅地位，切实保障宪法在效力上的至高性，保障整个法律体系的完整性、内部协调性，尤其要保障宪法实施所要求的公权力严格服从宪法和法律，权力受到有效的法律约束，基本人权得到切实尊重和保障。宪法、法律的至上性和权威性要通过体制机制，如合宪性审查机制、宪法解释机制等来保障和落实。

坚持宪法、法律至上的关键是所有公权力严格服从宪法、法律，执政党尊宪守法是重中之重。宪法、法律至上要求执政党依宪执政、依法执政，要求所有政党都服从宪法、法律，尤其是执政党必须在宪法和法律范围内活动。

（四）坚持法、德并治

这强调的是，依法治国要坚持依法治国与以德治国相结合。在一定意义上，法律是成文的道德，道德是内心的法律。国家和社会治理需要法律与道德共同发挥作用，需要把他律和自律、教化与强制结合起来。要实现依法治国，必须充分发挥道德的教化作用，发挥道德对法治的支撑作用，以道德滋养法治精神，从而做到法治和德治相辅相成、相互促进、相得益彰。

以德治国与法律制度相互配合，有助于实现社会治理与国家治理的结合、个人品德修养与国家治理机制的融合；有助于把法律从外在的国家强制变为内心自觉自愿的服从；有助于把法治理念内化于心，升华为普遍的道德信念；有助于把法治精神转化为国民的真诚信仰。因而，应当将提升思想道德信念和观念看作是促进全面依法治国的基础性观念，尤其要注重将社会主义核心价值观等融入法治建设的全过程。

（五）坚持良法善治

这强调的是，依法治国是形式法治与实质法治的统一，是法治国家与法治社会的统一，是依法治国与以德治国的统一，是国家法治与社会自治的统一。依法治国是一个系统工程，是一个体系性的、协调性的、整体性的治理过程。

依法治国要依据完备的法律规范体系，即所依之“法”要形式上完备、系统，也要具有特定的价值品格，即依法之治是依“良法”之治。为创制良法，要通过中国共产党的领导和健全的立法程序，保障民主立法、科学立法、依法立法，使立法充分反映人民的共同意志，反映社会发展的客观要求。

依法治国要求在良法的基础上实现善治。这里的善治的基本要求包括：一是法律得到切实实施，如实现依法行政、公正司法、高效监督等；二是法律的实施面前人人平等；三是共商共建共享的法治社会治理，实现自治与法治相结合。

可见，全面依法治国方略的内涵丰富，是多种因素的辩证统一、有机结合。这集中体现在：人民主体地位与依法治国的统一、党的领导与依法治国的统一、依法治国与依规治党的统一、依法治国与依宪治国的统一、形式法治与实质法治的统一、立法平等与法的适用平等的统一、法治国家与法治社会的统一、国家法治与社会自治的统一、依法治国与以德治国的统一。这“九个统一”也集中反映了全面依法治国方略的中国特色和社会主义本质。

第三节　中国特色社会主义法治体系

一、社会主义法治的基本要求

中国所要建立的社会主义法治国家具有现代法治国家的一般特点。现代的法治国家与人治国家、专制国家、警察国家、暴力国家等相对立，法治国家一般意味着，尊重宪法的至上性，国家服从法律，依法用权，依法限权，依法治理社会。同时，中国的法治国家建设特别强调法治国家的社会主义性质、法治国家建设的“中国性”。法治的社会主义性质主要表现在法治国家的基本理念、价值目标和法律制度的特点及运作方式等方面，可以从形式要求与价值内涵两个方面来认识社会主义法治国家的基本要求。

(一) 法治的形式要求

法治要求法律在形式上具备一些基本品格，即在形式上合理，符合现代社会治理的形式理性原则。这要求从具体规范的构造到法律体系的建构等，都具有形式上的合理性。依法的形式合理性，法律应具有形式方面的某些特征和品格才符合法治原则的要求，如法具有一般性、公开性、明确性、稳定性、可循性、可诉性、体系性等特点，法得到严格遵行。

1. 法的一般性

法的一般性所要求的是，法律是针对社会中的一般人而非特定人而设定的行为模式，从而同样的情况应受法律上的同样对待。这些行为模式是将个别的、具体的行为概括为一般性的权利、义务和责任规则，从而使之普遍化，可被反复适用。

2. 法的公开性

法的公开性所要求的是，法律必须公布，使所有人有机会了解法律的内容。人们有机会了解法的内容和形式，才能指望他们守法。立法的公开性是法律公正的最基本要求之一。没有公开性，法不为人所知，其运用的正当性便无从谈起。

3. 法的明确性

法的明确性所要求的是，法律对所调整的社会关系或行为的规定应该是清晰而明确的，这样才便于人们认识到合法行为与非法行为的界限，从而有效地指引人们的行为，也有助于限制法的实施中的偶然行为、任意行为。

4. 法的稳定性

法的稳定性所要求的是，法律不能过于频繁地变动，不能朝令夕改，而要在一定时期内保持相对的稳定，这样才能稳定人们行为的预期，提高社会信任的水平。法不能一成不变，而必须随着社会发展而有所变动和创新，否则法律也不能起到良好的作用。但是在法的变动过程中又必须尽量保持法的稳定性和连续性。在法的稳定性与变动性之间保持平衡和协调关系，是法制建构的重要课题之一。

5. 法的可循性

法的可循性所要求的是，法律只能规定和要求社会大多数人有可能做到的行为，而不能不切实际地规定那些人们事实上做不到或者绝大多数人很难做到的事情。

6. 法的可诉性

法的可诉性所要求的是，当法律中规定的权利被侵犯或滥用、义务被违反时，法律必须提供适当的救济程序和手段，尤其要提供专门的法律机制使权利人有可能通过专门的司法机关如法院来保障其合法权利或正当利益。

7. 法的体系性

从法律体系的结构来看，一国的法律制度在整体上要尽量做到体系完整、统一和科学。这就要求：法的各部门之间、法律的效力等级之间、实体法和程序法之间要彼此衔接、界限明确；法的各部门、各个子部门、各种具体制度、各种规则之间要协调一致，不能彼此重复或相互矛盾；凡是需要法律调整的社会关系，都要分门别类地被纳入各个法律部门，不能有重大的缺漏；法律的用语要尽量严谨，体例要科学等。

8. 法得到严格遵行

法治不但要求有上面所言的形式上的“善法”，更要求形式上的“善治”，即法从“纸面上的法”落实为“实际中的法”，也就是说，法得到国家执法、司法机关的严格实施，得到所有人的遵守；所有的机构和人都依法行事，国家和社会实现依法治理。对法的严格遵守，是法治之形式要求的核心要义。要做到严格、有效地实施法律，必须有健全的专门法律制度和机制。法治总是与各种具体的法律制度联系在一起的，必须有相应的制度、机制及程序等才能将法治原则落实。保障法的严格实施的制度包括严格执法、依法行政的制度①，公正、独立司法的制度②，高效、权威的法律监督制度③等。

(二) 法治的价值内涵

法治所肯定和追求的价值理念本身就展示着时代精神的精华，是法治的灵魂。这些价值理念事实上是各种制度、机制设计的基本依据。价值理念根植于一定社会的经济、政治、文化等诸方面的必然性要求之中。适合法治需要的各项制度是法治的核心价值理念的展开和具体化，价值理念自身必须具体化为一整套完整的、具有形式合理性的制度，才能充分发挥其引导和规制作用。中国法和法治的价值理念与社会主义的价值理念相关联，与现代社会的现代性精神相关联，与基于中国改革和发展实践的中国特色相关联。

中国社会主义法治的价值内涵可以被归纳为如下几点。

1. 人的尊严

社会主义法治应以尊重和保障人的尊严为基本价值追求。社会主义应该是更有人道感召力，更能促进人的自由、解放和发展潜能的社会制度。社会主义制度的本质决定了它应该比其他社会制度更为尊重人的尊严以及人权，社会主义的最高使命便是实现人的普遍而全面的自由发展。保障人的尊严集中体现了社会主义公平正义的核心要求。保障

① 如，行政立法制度、重大行政决策制度、重大决策终身责任追究制度及责任倒查机制、政府权责清单制度、行政程序制度（如行政许可制度、行政处罚制度、行政听证制度、行政复议制度等）、行政公开制度（如以公开为常态、以不公开为例外原则，实行决策公开、执行公开、管理公开、服务公开、结果公开等制度）、行政监督制度、行政执法责任制度和责任追究制度等。

② 如，司法权独立行使的制度（如司法机关与人大之间的关系的制度、司法机关与中国共产党的领导之间的关系的制度、人民法院与人民检察院之间的关系的制度、司法机关上下级之间的关系的制度）、司法监督制度、司法办案责任制度、人权司法保障制度、法律职业保障制度（如法官资格及遴选制度、身份保障制度、待遇保障制度等）、司法回避制度等。

③ 如，国家权力机关的监督制度（如宪法法律监督制度、合宪性审查制度等）、专门法律监督机关（人民检察院）的监督制度、人民法院的监督制度、监察机关的监督制度、民主协商的监督制度、媒体舆论监督制度，以及执政党的党内监督制度等。

人的尊严，就是要将人视为法律秩序的最高价值，对国家权力运行予以指引，防御国家权力的任性，具体而言：将国家的一切活动都置于是否有利于保障人的尊严的考量之中；国家平等地尊重和关切其所有国民；最大限度地尊重每个人的平等自由和基本人权；给每个人以最大限度的平等发展机会；不得以牺牲人的尊严为代价换取所谓的发展；等等。

2. 人民民主

人民主权是现代国家正当性的根据，人民民主更是社会主义的根本追求之一，全过程人民民主是人民民主在当代中国的生动实践。社会主义理念要求人民通过民主制度真正实现自我治理、管理国家和社会事务，成为国家的主人。人民民主的价值追求表明法和法治是为全面实现社会和国家治理的民主化、为每个人真正享有尊严和基本人权服务的。人民至上的民主原则与法律至上的法治原则、宪法至上的宪治原则是一体贯通的。法治的人民性价值理念强调的是，将全过程人民民主的理念和要求贯穿于法治建设的全过程之中，具体而言：一是人民的至上性，即法治建设要以人民的根本权益为出发点和落脚点，要以为了人民、依靠人民、造福人民、保护人民为己任。二是人民以法治方式来实现当家作主、发展民主，民主离不开法治。三是人民权益的实现以保障每个人的尊严和发展为基础与前提，应将人民的根本权益具体化为每个人的基本人权。四是将人民民主落实为各个领域的民主权利，即人民的选举权、知情权、参与权、表达权、监督权等。

3. 制约公权

现代法治的基本功能之一，是确立国家权力（公权）的正当性根据，并有效约束和监督国家权力的行使。中国社会主义法治的价值追求也强调这一方面，且包含更丰富的内容。鉴于权力自发扩张的腐败本性、国家的异化本能等，国家治理、法律治理必须时刻警惕国家权力的行使中滥权、越权、懈怠、腐败等倾向。社会主义国家公权力的人民性固然使权力运行更容易做到“为公”“为民”，但国家权力依然有走向异化的自发倾向。因而，国家权力必须受到有效的监督，不受监督和制约的权力会走向腐败，也会最终背叛人民民主和基本人权原则。

国家权力必须受到限制，也必须有权威、有作为，即国家权力必须“有限”，也必须“有为”。正是使权力受到限制，将权力关进制度的笼子里，让权力在阳光下运行，权力的行使才有正当性和公信力，国家权力才真正姓“公”。国家从保障人的尊严和人权的根本使命中，从权力体系的自我有效约束中，获得其政治的正当性、权威性和高效率。在中国的政治权力体系中，制约国家权力包括全面从严治党、依规治党。

4. 公平正义

公平正义是对现代法治的价值理念的一般性概括。公正是法治的生命线，任何法律都或多或少地追求正义，但正义在不同的时代有不同的具体内容，社会发展在不同的时代也有不同的正义诉求。在我国社会主义法治建设过程中追求和实现正义，最重要的是构建和不断促进社会制度层面的正义，即社会制度正义。这要求，充分尊重并最大限度地实现各项重要的正义价值目标，充分考量与协调诸如尊重人的尊严和基本自由、人民民主、社会平等、社会安定有序、效率等诸价值；要通过分配正义、交换正义、程序正义、矫正正义等方式来努力实现法律的制度正义，体现各项价值的平衡等。

资料链接

一次不公正的审判，其恶果甚至超过十次犯罪。因为犯罪虽是无视法律——好比污染了水流，而不公正的审判则毁坏法律——好比污染了水源。

——培根

法官是法律世界的国王，除了法律就没有别的上司。

——马克思

正义不仅要实现，而且要以看得见的方式实现。

——丹宁勋爵

迟来的正义非正义。

——法谚

不知人权、忽视人权或蔑视人权是公众不幸和政府腐败的唯一原因，所以决定把自然的、不可剥夺的和神圣的人权阐明于庄严的宣言之中。

——《法国人权和公民权宣言》"序言"

二、中国特色社会主义法治体系的构成

建设中国特色社会主义法治体系，是全面推进依法治国的总目标之一，也是其"总抓手"，依法治国的各项工作都要围绕这个"总抓手"来谋划和推进。中国特色社会主义法治体系是中国特色社会主义制度的法律表现形式，坚持和完善中国特色社会主义法治体系，是坚持和发展中国特色社会主义制度的重要内容，也是社会主义法治国家建设的重中之重。

中国特色社会主义法治体系建设的基本内容是：形成完备的法律规范体系、高效的法治实施体系、严密的法治监督体系、有力的法治保障体系，以及完善的党内法规制度体系。

（一）完备的法律规范体系

法治体系的基础是要有完备的法律体系。建设社会主义法治体系，必须坚持立法先行，注重发挥立法的引领和推动作用。健全法制，必先有良法。完备的法律规范体系，也即良法体系。因而，构建完备的法律规范体系的基本要求是，立法在形式结构上、内容及价值上具有"完备性"。关于相关的具体要求，前已述及，这里不赘述。

法律规范体系在形式上的完备性要求是：在体系方面，体系完整，结构合理，逻辑协调；在法条设计方面，清晰明确，有针对性，有可操作性；等等。

法律规范体系在价值上的完备性要求是：规范内容科学合理，旨在尊重人的尊严、自由和人权，体现人民的主体地位、人民的意志，促进人民民主、社会公平正义和社会发展，等等。

构建完备的法律规范体系，需要通过科学的、民主的立法体制机制来达到，如中国共产党十九届四中全会决定所要提出的，要“坚持科学立法、民主立法、依法立法，完善党委领导、人大主导、政府依托、各方参与的立法工作格局”。

（二）高效的法治实施体系

高效的法治实施体系，是法治体系的核心。法治的权威性来自法律的严格实施。我国当今法治建设的最大问题在于有法不依、执法不严、违法不究的现象仍然存在，执法司法不规范、不严格、不透明、不文明现象并不鲜见。因而，实现高效的法律实施正是提高我国法治水平的关键之举。

构建高效的法治实施体系的基本要求包括：法律实施机构体系完备，机构职能设计科学高效、权责统一协调；宪法实施机制处于核心地位，切实发挥制度机能；执法、司法、普法等机构的活动既有高效率又有高质量，既严格遵守法律程序又有良好治理效果；法律实施机制切实体现执法责任制、司法责任制、普法责任制等责任理念；法律实施机构具有权威性、公信力。我国法治建设所强调的依宪治国、依宪执政、严格执法、公正司法等，都旨在促进构建高效权威的法治实施体系。

（三）严密的法治监督体系

严密的法治监督体系，也可被看作是法治实施体系的一部分。鉴于其在法治实施体系中特别的重要地位，将其单列，予以突出强调。没有监督体制机制，就没有良好的法律实施，就没有对公权力的有效制约。没有制度保障的贤人政治、德治天下，往往流于空谈误国或过度权力的压迫。法律监督体系对于维护法制的尊严、统一和权威，对于严格法律实施，对于提高权力运行的效率和质量等，都具有重要意义。前面提到，法律监督制度是法治的基本制度要求。我国法治监督体系的现状不尽如人意，仍存在诸如监督体制机制不完善、监督程序不健全、监督手段和力度不足、监督权威性不强和执行力不高等问题。

构建严密的法治监督体系的基本要求包括：法律监督体系完整，如形成党内监督、人大监督、行政监督、司法监督、监察监督、审计监督、公民监督、媒体舆论监督等体系化的监督制度；监督机制分工明确、相互制约、运行顺畅、权威高效；保障宪法实施的监督机制在监督体系中处于权威地位；充分发挥党内监督和监察监督的作用；等等。

（四）有力的法治保障体系

有力的法治保障体系是法治体系顺畅运行的基本支撑。法治不是凭空实现的，必然有相应的外部和内部保障体制机制。按照通常的说法，法治保障体系包括政治保障、根本制度保障、指导思想保障、组织人才保障、运行机制保障等。执政党的领导，执政党的依宪执政、依法执政、依规治党，是法治体系的政治保障；中国特色社会主义制度是其根本制度保障；马克思主义、毛泽东思想和中国特色社会主义理论，尤其是习近平新时代中国特色社会主义思想，是其指导思想保障；素质过硬的法治工作队伍是其组织人才保障；人民民主体制机制、社会治理体制机制、立法体制机制、执法体制机制、司法体制机制、法律监督体制机制等，是其运行机制保障。

（五）完善的党内法规体系

构建完善的党内法规体系，实现依规治党，在中国特色社会主义法治体系中具有特殊的重要地位。中国共产党在中国政治体系中处于核心地位，中国共产党治党管党的水平直接决定着治国理政的水平，也决定着依法治国的水平，因而，需要强调依规治党与依法治国的统一。依规治党是执政党党的建设的重要内容，依规治党的前提是有完善的党内法规体系。党内法规体系是治党管党的重要依据，也是建设社会主义法治国家的有力保障。

党内法规，是中国共产党的中央组织、中央纪律检查委员会以及中共中央工作机关和省、自治区、直辖市党委等制定的体现党的统一意志、规范党的领导和党的建设活动、依靠党的纪律保证实施的专门规章制度。构建完善的党内法规体系的基本要求是：党内法规体系完整、内在协调、层级清晰，内容科学合理；党内法规的制定体制机制完善；党内法规的执行体制机制完备，执行力强，有效约束党内权力；党内法规与国家法律协调衔接；领导干部带头遵守党内法规；等等。

第四节　走中国式法治道路 建设法治中国

一、法治中国建设的基本内涵

“法治中国”这一概念，在党的十八届三中全会上首次被正式纳入我国全面改革的总体规划。党的二十大明确提出要“推进法治中国建设”，“在法治轨道上全面建设社会主义现代化国家”。党的二十大还提出了“中国式现代化”的战略，在此战略下，“中国式法治”也成为研究和阐述“法治中国建设”的重要概念。以“法治中国建设”为引领，我们可以对中国特色社会主义法治建设的整体性、协同性、系统性、文化性及世界意义等有新的理解，对于法治在国家治理现代化、中华民族伟大复兴、中华文明重建辉煌等进程中的重大意义有新的认识。这些特点正是“中国式法治”概念所要聚焦的。中国式法治的建设，既突出了法治的现代性，也强调了法治的社会主义性质，尤其突出了法治的“中国性”，凸显中国法治与西方法治的不同特点。

法治中国建设的基本内涵大致包括：第一，总目标，即实现全面依法治国，构建中国特色的法治文明；第二，核心要求，即建设中国特色社会主义法治体系、建设中国特色社会主义法治国家；第三，价值核心，即以人民为中心，有效制约国家权力，充分保障人民的基本人权和各项权益，提升人的尊严，实现人的全面发展；第四，根本途径，即从中国的国情、民情、社情出发，基于中华优秀传统法律文化，坚定不移走中国特色社会主义法治道路；第五，关键环节，即全面实现科学立法、严格执法、公正司法、全民守法；第六，理论指南，即在改革发展进程中不断丰富和发展着的中国特色社会主义法治理论；第七，最终落脚点，即培育出全体人民真诚自觉的法律信仰，形成中华民族永续发展的法治文化“基因”。

二、法治中国建设的系统性和长期性

全面依法治国，建设法治中国，是前无古人的事业，无疑需要艰辛的长期探索，需要综合运用中国制度的治理优势，适应改革发展的总体进程，统观当今世界秩序的变革格局，利用中国文化的厚实根基。建设法治中国，要在方法论上努力达到“整体推进”与“重点突破”的统一、“顶层设计”与“形成合力”的统一、紧迫性与长期性的统一、“不忘本来”与“借鉴外来”的统一、制度文明与观念变迁的统一等等。

（一）法治中国建设的系统性

法治中国建设是全面依法国的“升级版”，因而是一项艰巨而复杂的系统工程，必须统筹兼顾、把握重点、整体谋划，更加注重系统性、整体性、协同性。

法治中国建设的系统性，是指全面依法治国是社会发展整体事业的一部分，是一个需要各方面发力、各方面协同配合的事业。

法治中国建设的系统性主要体现在如下诸方面。

（1）法治建设的社会基础系统性。这是说，法治进程与“五大建设”进程密切相联系，只有在“五大建设”的过程中才能逐步确立起法治的权威性、至上性及法治信仰；在“四个全面”的战略布局中，全面推进依法治国随着全面建成小康社会、全面深化改革、全面从严治党的推进而稳步发展和充分发挥功能。因而，不能孤立地看待法治建设，不能就法律谈法律、就法治论法治，而应把法治作为中国特色社会主义事业的一个有机部分，把法治置于社会主义事业进步和社会发展的全局之中，把法治置于当今中国社会大转型的具体历史进程之中。更深入和全面地认识这一重大课题，便是本书下面几章的任务。

（2）法治建设的制度体系性。这是说，立法、执法、司法、监督以及守法等法治各环节有着内在联系；依法治国的多重价值目标如人民民主、社会稳定、经济发展、公平正义、人的全面发展等有着内在联系；保障中国共产党的全面领导与人民主体地位的制度有着内在联系；国家法律、党内法规、民间自治规范等有着内在联系。

（3）法治建设的途径协同性。这是说，法治国家、法治政府和法治社会一体建设；依法治国、依法执政和依法行政共同推进；依法治国与依宪执政、依法执政、依规治党有机结合；制度创新与观念变革有机统一；法治与自治、德治有机结合；国内与国外两个大局有机统一；等等。

（二）法治中国建设的长期性

法治中国建设是国家治理领域的一场广泛而深刻的革命，也是实现中华民族伟大复兴的必然要求。这不是一朝一夕就能成就的事业，而是一个需要几代人为之奋斗的长期过程。全面依法治国，建设法治中国，是一个长期的、艰辛的过程。

其长期性主要表现在：

第一，从外部因素看，法治进程与国家建设以及执政党建设的进程大体一致，并受其制约。法治建设不可能超出社会的经济、政治结构和文化状况而单独发展。只有在法治建设所需的经济、政治和文化等基础条件基本具备时，法治原则才能得到全面落实。就此而言，法治和其相应的秩序具有某种滞后性。而我国社会主义制度建设、经济社会发展虽然已取得了重大成就，但仍需要长期的努力，甚至可能会经历某些曲折，才有可能形成更加成熟、更加定型的新体制机制。社会诸领域的发展进程是复杂的、长期的，法治中国建设也必然是复杂的、艰巨的、长期的。

第二，从内部因素看，上面提到的法治诸制度和机制的创新与完善、法律调整机制的协调运作、全民族法律信仰的培育、法治新文化的形成等，都必然要经历一个长期的，甚至有相当自发性的过程，不可能一蹴而就。

三、法治中国建设的核心环节

与法治体系建设的重点任务相关联，全面依法治国的核心环节或者核心任务是：全面推进科学立法、严格执法、公正司法、全民守法。这四大任务，也正是整体上推进法治中国建设的核心任务。鉴于对这四大任务已从多个角度作了相关介绍，这里只作简要说明。

科学立法，旨在创建完备的法律规范体系（良法）。实现科学立法的基本要求大致包括：立法体现我国经济社会发展的客观规律，适应改革发展的实际需要；立法以民为本，反映人民意志，积极回应人民对美好生活的期待和需要；立法体制机制设计科学合理，如在中央立法和地方立法方面能充分发挥两个积极性；立法工作方法科学高效，体现科学思维和科学精神；等等。

严格执法，旨在实现行政机关严格依法行政，建成法治政府。严格执法是依法行政的核心要求，也是建设法治政府的难点。实现严格执法的基本要求大致包括：执法体制机制科学高效，权责统一，发挥中央和地方两个积极性，克服地方保护主义和部门主义；行政机关合法、公正、及时地适用法律、法规、规章；严格遵从行政程序，以正当程序保障严格执法；有效监督执法，贯彻执法责任制；高效执法，节约行政成本，精简执法事项，最大限度减少不必要的行政执法事项；文明执法，执法便民利民，反对粗暴执法；执法平等，反对选择性执法、任性执法；等等。

公正司法，旨在使被侵害的权利受到保护和救济，使违法（犯罪）受到制裁和惩罚，让人民群众在每一个案件中都感受到公平正义。实现公正司法的基本要求大致包括：司法职权依法独立行使，不受任意干涉，以独立促公正；司法体制设计科学；严格规范司法行为，实行司法责任制；建立开放、动态、透明、便民的阳光司法机制，以公开促公正；司法裁判以事实为根据、以法律为准绳；司法程序中立、公开、便民、高效，以正当程序促公正；加强人权司法保障；等等。

全民守法，旨在使所有人充分享有权利、履行义务或职责，使法律得到普遍遵守和尊重。实现全民守法的基本要求大致包括：所有人都自觉守法，依法维护权利，文明解决纠纷；培育国民对法律的真诚信仰，形成学法、尊法、守法、用法的良好社会氛围；

人人平等守法，反对超越宪法和法律的一切特权；在全社会弘扬法治精神，建设法治文化；注重道德建设和公民教育，以道德促守法；等等。

四、走中国特色社会主义法治道路

全面推进依法治国必须走对路，要从中国国情和实际出发，走适合自己的法治道路，决不能照搬别国模式和做法。经过几十年的艰辛探索，在中国特色社会主义事业的进程中，中国成功开辟了走向法治的道路，这条路就是中国特色社会主义法治道路。

（一）中国特色社会主义法治道路的核心理念："三者有机统一"

法治理念是法治理论的核心内容，也是决定法治本质的核心要素。法治理念是对法治的社会性质、社会功能、价值取向以及实现途径等最一般问题的集中概括和凝练表达。法治理念可以对一个国家的法治事业的发展方向起到标杆和基准的作用。

我国社会主义法治道路的核心理念的核心内容可以被概括为：坚持中国共产党的领导、人民当家作主与依法治国的三者统一。"三者有机统一"，也是我国社会主义法治建设的一条基本经验，是中国特色社会主义法治区别于西方法治的一个基本点。

1. 依法治国与中国共产党的领导的统一

中国共产党和法治的关系是我国法治建设的核心问题。中国共产党的领导和社会主义法治是高度一致的，表现在：社会主义法治必须坚持党的领导，党的领导是法治的根本保证；党的领导必须依靠社会主义法治；党的领导必须制度化、法治化；党内法规体系建设是法治体系建设的重要内容。坚持这二者的统一，就是要将依法治国与依法执政、依宪治国与依宪执政、依法治国与依规治党统一起来。

2. 依法治国与人民当家作主的统一

这就是说：人民是依法治国的主体和力量源泉；人民当家作主必须依靠法治，发展人民民主必须坚持依法治国，维护宪法法律权威；依法治国必须坚持人民主体地位，以保障人民根本权益为出发点和落脚点。

3. 党的领导与人民当家作主的统一

宪法和法律是中国共产党和人民的共同意志的集中体现。捍卫宪法、法律的尊严，就是捍卫中国共产党和人民的共同意志的尊严。保证宪法、法律的有效实施，就是保证人民根本利益和中国共产党依法执政的实现。因而，必须善于借助法治来将中国共产党的领导与人民民主有机统一在一起，将中国共产党的领导贯彻于民主的过程之中，将民主集中制原则融入中国共产党的领导之中。

总而言之，"三者统一"所集中强调的是，要在民主政治的视野内全面理解法治。社会主义法治并不局限于孤立地强调宪法、法律至上，而是将法治作为政治，从更广阔的政治视野来看待法治，把宪法、法律至上与中国共产党的领导、以人民为中心联系起来。在法律与政治、法律与民主、法律调整与社会全面发展等的密切联系中，才能更准确、全面地理解宪法、法律至上的法治理念。

（二）中国特色社会主义法治道路的基本特点

1. 坚持依法治国、依法执政、依法行政共同推进

从一般意义看，依法治国蕴含依法执政和依法行政，依法治国作为一种整体方略和布局，在三者中具有全局性、统领性。提出三者共同推进，旨在突出依法执政、依法行政在全面推进依法治国整体事业中的地位和作用，即依法治国的关键在于党要坚持依法执政，各级政府要坚持依法行政。这是从国家政治权力体系中执政权、行政权的重要性与关键性角度来明确依法治国的推进方向和重心。将三者“共同推进”，是抓住了中国法治建设的“牛鼻子”。三者共同推进，就是既要形成推动国家法治的合力，又要有重点，要实现三者的彼此协调、相互促进。

2. 坚持法治国家、法治政府、法治社会一体建设

从广义的“国家”概念看，法治国家建设也包含法治政府建设和法治社会建设。法治国家建设从宏观和总体上设计依法治国的目标、进程及方式、途径等。在法治建设进程中，在法治国家建设的总体规划和总体目标下，重点突出行政领域的法治以及社会治理领域的法治这两个难点和重点方面。法治政府建设以依法行政、严格执法为基本点，更全面地提出了政府厉行法治、建设“有限政府”和“有为政府”的课题。法治政府建设是法治国家建设的重中之重、难中之难。法治社会建设强调的是法治原则作为“社会法治”“生活中的法治”的意涵，强调在社会治理领域的依法治理，尊法守法观念的社会普及，形成国民的法律信仰等，因而法治社会奠定法治国家大厦的日常生活基础。提出三者“一体建设”，旨在从行政控权、社会治理的法治化角度来理解法治建设的协调推进。这三者彼此之间是相互关联、内在统一的，如没有成功建设法治社会、法治政府，法治国家也难以说建成了。正是鉴于这三者一体建设的重要性，中国共产党十九大报告将“法治国家、法治政府、法治社会基本建成”作为到2035年我国“基本实现社会主义现代化”这一国家目标的一个重要指标。

五、中国特色社会主义法治理论

中国特色社会主义法治理论，作为中国特色社会主义理论体系的重要组成部分，是建设中国特色社会主义法治体系的理论指引，是全面推进依法治国的行动指南。中国特色社会主义法治理论包含了对法治的社会性质、法治的社会功能、法治的道路选择、法治的基本价值体系、法律制度的发展重心、法治理论的创新方向等重大问题的科学认识。中国共产党十八届四中全会从全面深化改革全局以及建设社会主义法治国家全局的高度，明确提出要“发展符合中国实际、具有中国特色、体现社会发展规律的社会主义法治理论，为依法治国提供理论指导和学理支撑”。

（一）构建中国特色社会主义法治理论的方法论原则

中国特色社会主义法治理论要真正成为指引法治中国建设的指南，就要基于对中国国情和社会改革发展特点的深刻把握，要基于对中国法制建设经验和教训的系统总结，要基于对中华优秀传统法律文化的当代意义、现代政治文明的基本经验以及现代世界的发展大势的深刻理解。

中国特色社会主义法治理论的建构，要基于中国国情、民情、社情，与改革发展的客观需要相适应，凸显法治的“中国性”。中国特色社会主义法治理论首先是面对中国的治理理论，要回答中国这样一个走向复兴的东方大国如何在当今世界百年未有之大变局中走出中国的法治发展道路的问题。中国特色社会主义法治理论力图克服那种脱离中国的国家性质和实际国情，盲目照搬或片面移植西方法治和法律理念的错误观念与倾向。这一理论应有深刻的现实针对性，要直面种种“中国问题”，凸显法治理念和理论上的“中国立场”“中国意识”。

中国特色社会主义法治理论要注重对人类法治文明成果的吸纳，彰显法治的“现代性”。国家治理体系和治理能力现代化是全面深化改革的基本方向，相应地，法治也要体现“现代化”取向。中国特色社会主义法治理论的形成，需要借鉴西方政治法律文明发展的有益经验和进步法律理念，如人民主权论、基本人权论、法律平等论、权力分工制约论、社会公平正义论、宪法至上论等。实现中国特色社会主义法治，要自觉积极吸纳其他国家治理的基本理念和经验，但又不能照抄西方的法治理念及法治模式。

中国特色社会主义法治理论要突出法治的“社会主义性质”。它的主要理论基础和指导思想是中国特色社会主义理论，特别是习近平新时代中国特色社会主义法治思想。它本身也是中国特色社会主义理论的重要组成部分。法治理论的“社会主义性质”所突出强调的是，相比于西方自由主义法治理论，社会主义法治理论应更彻底地、更真实地实现人的尊严、人民民主、自由平等、公平正义、稳定和谐等重要社会价值，应在更高层次上克服人的异化，实现人和社会的全面发展。社会主义所珍视的这些价值理念都应当被融入法律制度的创新之中，都应当被吸纳到社会主义法治理论之中。

中国特色社会主义法治理论要注重从中华优秀传统法律文化中汲取营养，彰显法治的文化“本土性”“中国性”。传统法律文化中所蕴含的“民惟邦本”“天下为公”“法不阿贵”“礼法并用”“崇德重礼”“以和为贵”“为政以德”“以德治国”“修齐治平”，以及“中庸”思维，天理、国法、人情相统一等理念或观念，都或隐或显地影响着对中国特色社会主义法治理论的诠释。发掘法治理论与传统观念的接续空间，实现中华优秀传统法律文化的创新性发展，是试图为中国特色社会主义法治理论找到来自本土文化的接应力量，为融合传统观念与现代观念寻找新机缘。

（二）中国特色社会主义法治理论的核心要义

中国特色社会主义法治理论应当承认并借鉴那些体现人类文明发展规律的现代民主、法治及宪治等现代治理原则和制度，将其纳入自己的理论框架之内。在此基础上，这一理论所着力说明的核心命题是，要在中国发展的基本国情背景下推进法治，要在中国特色社会主义事业总布局下认识法治，要在国家治理体系和能力现代化的背景下推进法治，要在中国特色社会主义理论的总体框架下理解法治，要在中国独特发展道路背景下探索推进法治建设的路径和方式，等等。

对于中国特色社会主义法治理论的理论框架及要义，可以有不同的概括方式，我们将其核心观点和命题归结如下：(1) 关于社会主义法治的社会基础理论（在“五大建设”“五大文明”的格局下认识和开展法治建设）；(2) 关于全面依法治国方略的理论；(3) 关于社会主义法治的价值体系理论；(4) 关于中国特色社会主义法治道路的理论；(5) 关于中国特色社会主义法治体系的理论；(6) 关于宪法至上、依宪治国理政的宪治理论；(7) 关于中国共产党领导法治的理论；(8) 关于中国特色社会主义法律体系的理论；(9) 关于中国特色法治政府建设的理论；(10) 关于中国特色司法制度的理论；(11) 关于中国特色法律监督制度的理论；(12) 关于中国特色法治社会建设的理论；(13) 关于中国特色法治文化的理论；(14) 关于人权的法治保障理论；等等。

问题与思考

1. 如何理解“法治”一词的含义？
2. 如何认识中国古代“德治”观、“法治”观？
3. 法治与法制有哪些区别？
4. 我国全面依法治国方略的基本内涵是什么？
5. 全面依法治国的核心任务有哪些？
6. 社会主义法治国家的基本要求是什么？
7. 简述中国特色社会主义法治体系的基本构成。
8. 中国特色社会主义法治理论的主要观点有哪些？

阅读文献

1. 中共中央关于全面推进依法治国若干重大问题的决定（2014 年 10 月 23 日中国共产党第十八届中央委员会第四次全体会议通过）
2. 布雷恩·Z. 塔玛纳哈. 论法治：历史、政治和理论. 李桂林，译. 武汉：武汉大学出版社，2010
3. 夏勇. 法治是什么：渊源、规诫与价值. 中国社会科学，1999 (4)
4. 朱苏力. 二十世纪中国的现代化和法治. 法学研究，1998 (1)
5. 李贵连. 法治是什么：从贵族法治到民主法治. 桂林：广西师范大学出版社，2013
6. 顾培东. 当代中国法治话语体系的构建. 法学研究，2012 (3)
7. 李林. 新时代坚定不移走中国特色社会主义法治道路. 中国法学，2019 (3)
8. 叶传星. 法律信仰的内在悖论. 国家检察官学院学报，2004 (3)
9. 汪习根. 论中国式法治现代化的理论体系. 政法论坛，2022 (6)

第十七章
中国社会主义法与经济建设

本章概要

社会主义法作为一定社会上层建筑的组成部分，决定于该社会的经济基础，并最终决定于社会生产力。经济基础是决定法的性质及发展的根本因素。但法并不是一种消极、被动的力量，它在被经济基础决定的同时，也对经济基础发挥着重要的作用：法能够成为推动经济发展的重要手段。社会主义法治建设在推进经济改革、完善社会主义市场经济方面，发挥着不可替代的积极作用。同时，也正是在市场经济发展、经济改革及对外开放深化的过程中，法治原则逐步展开并确立其权威。

关键术语

社会主义法　生产力　生产关系　经济基础　市场经济　法治经济　社会主义法治　科学发展　经济改革　基本经济制度　营商环境　对外开放

第一节　社会主义法的经济基础

在分析法和社会主义法的本质问题时，我们曾指出，作为经济基础的生产关系对法具有决定性作用，法的物质制约性的核心是生产关系对法的决定性，所有制与法之间的关系具体而集中地体现了经济基础与上层建筑之间的关系。这里进一步展开这一原理，分析社会主义社会中作为社会上层建筑的法与作为经济基础的生产关系之间的关系。通过这一分析我们可以认识到，建设社会主义法治必须注重从经济结构、生产关系、生产力的角度考虑问题，搞法治离不开发展社会主义经济结构或经济基础，只有在经济关系发展（尤其是生产关系进步）的基础上才有可能建成法治国家；以法治保障和促进生产力、生产关系的发展，实际上也是在促进法治自身的发展，是在巩固法和法治自身的基础。

一、社会主义法与生产力

生产力状况是经济的物质力量方面。生产力是人们在生产过程中影响和改造自然界、获得物质资料的力量，它反映着人与自然的现实关系。生产力是推动人类社会进步最活跃、最革命的因素，是推动人的解放和自由发展的原初动力。生产力状况是人与人之间的社会关系发展的前提和基础，它最终决定着社会关系发展的程度和方式。一个社会的经济结构、生产关系以一定发展阶段的生产力为前提和基础，现代社会中社会生产力的发展状况越来越成为社会治理的直接考量因素，科学技术发展带来法律治理的很多新课题，因而，理解法治的经济基础，需要探讨法与生产力之间的关系。

（一）生产力状况对法的最终决定性

法属于社会的上层建筑，它与生产力之间的关系须通过社会关系（其中起决定和主导作用的是生产关系）这一“中介”来联结。生产力是社会发展的最终决定因素，它最终决定着经济基础和法律等上层建筑的发展状况。一个社会的生产力状况最终决定了生产关系的具体形式，决定了生产关系变革的方式及进程。如马克思所言：“社会的物质生产力发展到一定阶段，便同它们一直在其中运动的现存生产关系或财产关系……发生矛盾。于是这些关系便由生产力的发展形式变成生产力的桎梏。那时社会革命的时代就到来了。”①

一种社会制度（包括法律制度）之合理性或正当性的最终依据在于它所能够容纳的生产力发展的限度。剥削制度在一定历史时期是合理的，也是必然的。其合理性就在于它以某一部分社会成员的被奴役、被剥削为代价，带来生产力的发展和人类整体能力的提升。而同时，其不合理性也在于，到了一定时期它又由于其自身的内在局限性而成为生产力发展的桎梏。

生产力对法律制度的影响、作用尽管是最根本的、最终意义上的，但却是间接的，需要借助对社会关系之具体形式和内容的影响来实现，因而，不能把这种决定性片面化、简单化。应当承认，在生产力总体处于低水平的社会中，难有更高级的、更文明的社会制度。在以小农经济为主的自然经济中很难孕育真正的社会主义，社会化大生产才为过渡到社会主义提供了最现实的条件。中国在低水平生产力基础上建设社会主义，更要把发展生产力作为社会主义的根本任务。这是因为，在实现更高的生产力之前，社会主义制度（包括其法律制度）的优越性不能充分显示出来，还算不上是“合格的”社会主义。如没有发达的生产力为依托，便不会有真正符合社会主义本质追求的法律制度。

总体而言，生产力水平影响社会主义法的基本价值取向，法律调整的具体内容和形式也深刻地影响着人们的法律观念和意识，如影响着人们法律意识的水平、法律观念变迁的速度等。我国在国家发展目标上将发展作为第一要务，将解放和发展生产力作为社会主义的本质要素，这实际上也是将发展生产力确立为社会主义法的根本性质和基本价值追求，是不是有利于发展生产力成为判定法的社会主义性质及法的价值目标的重要指标。

① 《马克思恩格斯选集》，2版，第2卷，32～33页，北京，人民出版社，1995。

资料链接

在我们这个时代，每一种事物好像都包含有自己的反面。我们看到，机器具有减少人类劳动和使劳动更有成效的神奇力量，然而却引起了饥饿和过度的疲劳，财富的新源泉，由于某种奇怪的、不可思议的魔力而变成贫困的源泉。技术的胜利，似乎是以道德的败坏为代价换来的。随着人类愈益控制自然，个人却似乎愈益成为别人的奴隶或自身的卑劣行为的奴隶。甚至科学的纯洁光辉仿佛也只能在愚昧无知的黑暗背景上闪耀。我们的一切发现和进步，似乎结果是使物质力量成为有智慧的生命，而人的生命则化为愚钝的物质力量。现代工业和科学为一方与现代贫困和衰颓为另一方的这种对抗，我们时代的生产力与社会关系之间的这种对抗，是显而易见的、不可避免的和毋庸争辩的事实。①

——马克思

(二) 社会主义法对生产力发展的影响

生产力具有最活跃性质和根本性并不是说它可以不受观念和制度的影响，而是说它最终能够冲破各种观念和制度的束缚而向前发展。生产力的发展必然会受到社会制度的广泛而深刻的影响。法并不能直接作用于自然界，但它可以通过规范人的社会行为来影响生产力的发展进程及方向。社会主义法可能对生产力发展起到积极的推动作用，也可能起到消极的阻碍作用。法的社会主义性质决定了在总体上而言法是发展生产力的有力制度保障。法的这种促进和保障功能是通过调整社会关系来实现的。

解放和发展生产力，促进经济发展，是社会主义法最基本的使命和功能之一。具体而言，社会主义法对生产力的作用主要表现在如下方面。

1. 以权利保障制度激发人的创造性活力

生产力中的“人的因素”是生产力发展的动因，劳动者是生产力发展中的最积极因素。在社会主义社会，法律能够有力地保障劳动者的社会主人翁地位，并为其生产、生活提供良好的制度保障，保障其基本权利，为实现其正当利益提供恰当的制度安排。这显然有助于激发劳动者劳动和创新的积极性、自觉性。正是因为有了对人的需要和能力的激励与保障，生产力才成为最活跃的力量。法律对权利和利益的确认与保障，是激发人的合理欲望、需要和创造潜力的最重要的制度安排。

2. 为生产力诸要素合理配置提供制度保障

劳动者、劳动资料和劳动对象是生产力的实体性要素，科学技术和生产的技术性管理是生产力的智能性要素。这些要素之间有合理的配置才能减少浪费并创造更高的生产力。越是在生产力和社会发展的更高阶段，人们越是能够自觉地促进生产力的提高。在社会主义制度下，人与劳动、人与劳动资料、人与劳动产品等之间的异化被逐步克服，因而，生产力的发展空间大大扩展。法律的合理规制和保障，可以促进劳动者更好地与

① 《马克思恩格斯选集》，3版，第1卷，776页，北京，人民出版社，2012。

劳动资料、劳动对象结合，保护劳动资料和对象，促进科学技术的发展，提高生产的技术管理水平；也可以促进科学技术转化为直接的生产力，促进生产力的实体性要素和智能性要素的结合。

3. 抑制生产力发展中的负面社会后果

生产力本身并无积极或消极、有益或有害之分，它只是表明人的一种能力，但当把这种能力或力量放在人与自然之间的关系的框架中予以分析时，我们就会发现生产力所存在的正面或负面的社会影响。生产力从资本主义时代起取得了跳跃式的巨大发展，自然的有用性被迅速开发出来。也正是从这时起，人类开始了对自然的全面掠夺，人与自然的关系开始畸形发展，人与社会的关系也更明显地受到生产力的制约。人类为了永续发展，必须努力谋求与自然的和谐相处，敬畏自然、顺应自然，在这个前提下发展生产力，实现社会进步。人与自然的和谐相处，也是人类历史发展的必然选择。比如，人类应积极努力来解决日益严重的各类全球性问题，如生态问题、环境问题、能源资源问题、人口问题等；应当充分发挥法律在构建人与自然的和谐关系方面的积极作用，如以立法建设生态文明、保护环境、节约能源资源、促进可持续发展。又如，新技术如互联网、数字技术的快速发展，带来人类生活的巨大便利和效益，但也带来“数字鸿沟”的新问题，带来了侵犯人权和自由的新方式；人工智能的发展会极大提升人的能力，但也带来了机器支配人，甚至毁灭人类的极大忧虑。生产力发展带来的这些新技术问题带来了大量的法律治理新问题。

资料链接

2018年“基因编辑婴儿”事件

自2016年6月开始，南方科技大学副教授贺某组织包括境外人员参加的项目团队，使用安全性、有效性不确切的技术，实施国家明令禁止的以生殖为目的的人类胚胎基因编辑活动。2017年3月至2018年11月，贺某通过他人伪造伦理审查书，招募8对夫妇志愿者（艾滋病病毒抗体显示为男方阳性、女方阴性）参与实验。为规避艾滋病病毒携带者不得实施辅助生殖的相关规定，贺某策划他人顶替志愿者验血，指使个别从业人员违规在人类胚胎上进行基因编辑并植入母体，最终有2名女性志愿者怀孕，其中1名已生下双胞胎女婴，另1名在怀孕中。其余6对志愿者中有1对中途退出实验，另外5对均未受孕。

该事件被报道后，2018年11月27日，中国科学技术协会生命科学学会联合体发表声明，称坚决反对有违科学精神和伦理道德的所谓科学研究与生物技术应用。声明称，“基因编辑婴儿”事件实属违反伦理道德和有关规定，已严重扰乱科研秩序，对中国生命科学领域的国际声誉造成严重损害。声明指出，基因编辑技术作为一项革命性技术正在推动着生命科学研究发展，但其应用安全性尚有待进一步全面评价，如何审慎使用该新兴技术关系到人类健康和长远福祉。

中国政府于2003年和2015年分别出台了《人胚胎干细胞研究伦理指导原则》《干细胞临床研究管理办法（试行）》，为基因编辑技术等的应用明确了基本准则，为开展相关生物技术研究与应用提供了法律规制根据。随着新技术的发展，对其法律规制的水平也应当相应提升。

二、社会主义经济基础对法的决定性

社会关系体系中，经济关系是具有基础性、根本性的社会关系。经济关系的核心是生产关系，生产关系的总和构成了社会的经济基础、经济结构。生产关系最终决定着社会生活其他领域中的社会关系的性质和形式。在当代中国，社会主义初级阶段的经济基础决定着法的本质、基本特点、核心内容及基本价值等，主要表现在如下几点。

（一）经济基础决定着社会主义初级阶段法制的性质、基本内容及价值取向

政治权力的社会主义性质直接决定了法律的性质及核心内容，而以公有制为主体的生产关系是决定法的更深沉、更根本的力量。在当今中国，决定社会发展根本走向的是处于社会主义初级阶段的生产关系，相应地，法制也是社会主义初级阶段的法制，法制的发展也必然社会主义具有初级阶段的特色。

社会主义公有制作为社会主义初级阶段生产关系的核心，是巩固和发展社会主义法制的经济前提，也决定了法制的根本性质。在社会主义公有制的基本经济制度下，人民才可能真正成为国家的主人，法律才可能真正是民主的产物，法律的人民性才更充分地展示出来。公有制的根本在于，它是一种新型的人民所有制，是人民在国家中的主体地位的根本体现。公有制经济制度决定了法制的社会主义性质、捍卫公有制的使命以及以人民为中心的法律价值取向，比如，按照生产关系的要求，应当最大限度地实现发展成果由人民共享，实现社会公平，应当循序渐进地实现社会主体的权利和自由，应当奉行权利平等、自由交换等原则，应当兼顾公平与效率、自由与平等，应当确立平等的适当法律内涵，等等。

（二）经济基础内在地要求法制协调和保障多元利益

社会主义初级阶段中多种所有制的并存及共同发展，各种所有制之间的合作、互补和竞争，使多元的社会利益和多元价值观的并存及竞争成为必然。这有利于社会主体的权利和自由的范围及方式的不断扩展，也使社会主义初级阶段的法制所表达的意志和利益更具复杂性，呈现“多元性”。立法中的共同意志的形成及意志内容也必然以多元利益的协调为基础，在共同的目标下尽力实现多种所有制的要求。同时，由多种所有制共同发展而产生的多元利益博弈及协调，有助于促进形成经济权力体系中的相互影响和制约，进而促进政治民主，限制政治权力的任意性，从而有利于培养宪法、法律的至上权威。

社会主义初级阶段的经济基础要求实行以市场经济为基础的社会交换和资源配置制度，实行以按劳分配为主体、多种分配方式并存的分配制度。这一制度深刻地影响着社会主义法的利益实现形式，比如，影响到法律如何实现社会的初次分配机制和再分配机制，如何对待利益差别以及如何设计利益表达和利益协调方式等。

（三）经济基础影响社会主义法律体系的结构及特点

在社会主义初级阶段，各种所有制的发展水平是不平衡的，在不同生产领域之间，在不同地区之间，在城乡之间，社会发展也呈现巨大的不平衡。这要求法律治理不能搞“一刀切”，而要在追求法制统一和权威的同时，更多尊重地方的自主性、创造性，鼓励其探索和完善有益于其自身经济社会发展的法律治理形式。法律制度设计应考虑到所有制结构发展的特点，在保障中央立法统一、坚持原则性的前提下，充分发挥地方立法、部门立法在促进经济发展方面的积极性，实现中央与地方、部门与整体在立法和法的实施领域的协调，充分发挥双方的积极因素。这样才有利于生产关系的整体发展。

（四）经济基础的决定性作用并不排斥其他社会因素对法的影响

尽管经济基础是决定法律制度及其实践的根本因素，但显然不能把经济基础作为唯一起积极作用的因素。生产关系对法的决定性作用总是通过人的主体性活动来展现的，而人的活动总是受到经济、政治、文化等多方面因素的影响的。人的主体性活动使法律呈现多样性、丰富性、偶然性等。通过对人的活动的直接影响以及对人的活动环境的塑造等，政治、宗教、历史/文化传统、民族习惯、社会意识状况等因素，都会对法的面貌及法在社会生活中的实现产生影响，有时会产生非常直接且重要的影响。对法的“经济决定论”的简单化理解，有悖于历史唯物主义的基本原理。

资料链接

恩格斯论经济关系与上层建筑

三、社会主义法对经济基础的反作用

法对经济基础具有能动的反作用，这种反作用是在经济基础起决定性作用的前提下实现的。法律调整充分展示了人在创造和发展社会关系方面的主动性、创造性，也说明法不是被动的、消极的因素。法对生产关系的服从，并非表明法只能消极地被决定、被塑造。实际上，经济基础对法的决定性作用恰恰是通过法的相对独立性、法的积极作用而展示出来的。法的相对独立性、法律治理的独特性等使法作为一支相对独立的力量能够在社会生活中发挥积极或消极作用，对经济基础也可以发挥促进或阻碍作用。不过，经济结构决定了法律这一上层建筑的自主性和创造性的可能范围。法是被经济基础决定的，但它又深入生产关系的内部，成为生产关系内在结构形式的基本方面，从而可以对经济基础发挥其内在的、必不可少的功能。

在我国社会主义初级阶段，法对经济基础的反作用主要表现在积极和消极两个方面。

1. 从积极方面看，法确认和保护经济基础

宪法、法律对公有制等基本经济制度的确认和保障正是生产关系健康发展的内在要求。宪法和法律明确确认社会主义初级阶段的经济关系、经济制度，通过种种制度安排维护和保障生产关系，如保护公有财产神圣不可侵犯，保障民营经济等多种所有制共同发展，发展国有企业及混合经济等；通过以行政、刑事和民事的手段制裁各种侵害生产关系的违法（犯罪）行为，巩固和完善经济基础；也通过促进经济交换、分配关系等的发展，促进各个领域社会关系的发展，以此间接地维护和促进现有经济基础的稳固和发展。

2. 从消极方面看，法会阻碍生产关系的正常发展

法对经济基础的反作用，也包括法律制度从消极方面影响生产关系的发展状况。不合时宜的、不符合经济发展规律的法律制度，会阻碍经济和社会发展的步伐，会成为某些利益阶层保持自己特权利益的护身符。比如，限制非公经济正常发展的市场准入制度、维系不公平对待和不公平竞争的各种制度、不合理的税收管理制度等，都会直接影响生产关系的正常发展。

为了顺应生产关系发展的要求，参与经济关系以及其他社会关系的良性变革，法应当因时而变、与时俱进。“世易时移，变法宜矣”（《吕氏春秋·慎大览》），只有及时顺应生产关系的要求而对法律予以立、改、废，与时俱进地“变法”，法律才能成为“良法”，法律之治才能成为“善治”。当今中国正处于社会快速转型和发展时期，法律因过时而成为经济发展的制度障碍的情形时有所见，故更要加快法律的修订及完善工作。

认识到法对经济关系发展的消极作用，有助于更自觉地、更充分地利用法律来促进经济发展。

第二节 社会主义法治与市场经济

一、社会主义市场经济是法治经济

市场经济是市场在资源配置中起决定性作用的经济运行形式。随着资本主义的兴起和发展，市场经济逐步取代自然经济而成为近现代社会的基本经济体制。市场经济与社会主义相结合所构建的社会主义市场经济，是中国现代化进程中具有深远意义的重大理论和实践创新。中国从计划经济体制向社会主义市场经济体制的过渡是一场渐渐推进、不断深化的深刻变革。社会主义市场经济体制已经成为社会主义基本经济制度之一。市场化改革的各主要环节联结为相互联系、相互制约的有机整体，构成了社会主义市场经济的基本框架。坚持社会主义市场经济改革方向，核心问题是处理好政府和市场的关系，充分发挥市场在资源配置中的决定性作用，更好地发挥政府的作用。

随着市场化改革的推进，人们越来越深刻地认识到市场经济与社会主义法治之间的内在联系，“社会主义市场经济是法治经济”的命题也得到了广泛的认同。《中共中央关于全面推进依法治国若干重大问题的决定》中指出：“社会主义市场经济本质上是法治经济。使市场在资源配置中起决定性作用和更好发挥政府作用，必须以保护产权、维护契约、统一市场、平等交换、公平竞争、有效监管为基本导向，完善社会主义市场经济法律制度。”

“市场经济是法治经济”这一命题是指，倡导运用法治方式和法治思维维护社会主义市场经济体制，促进市场经济发展，将市场经济发展纳入法治轨道，依法保护市场主体，规范市场行为，维护市场秩序，规范政府的经济规制职能，推动市场规模不断扩展，使市场经济在法治原则的指引下健康、稳定、有序地发展。

具体而言，对“市场经济是法治经济”这一命题，可从如下方面理解。

1. 厉行法治是发展市场经济的制度性条件

市场经济是规则经济、自由经济、竞争经济，要求市场主体交易自由、公平竞争；市场经济寻求市场的自主性、开放性，反对权力过度干预经济，要求严格规范政府权力；市场经济要求国家为市场提供公平的交易环境、保障交易安全、制裁违约侵权行为等。所有这些特点都必须借助于厉行法治原则来充分实现。这里的“必须”，表明法治是市场经济自身发展的内在需要，即市场必须借助法律来实现自我完善。只有基于法治的市场经济，才是一种好的市场经济、一种值得追求的市场经济。因而，厉行法治是社会主义市场经济的内在要求。如果没有法治原则和制度全面地渗透到市场经济运行的全过程之中，市场经济非常容易蜕变为权贵经济、权力经济，容易形成或垄断的或资本放任的或依附权力的畸形市场经济。

2. 法治具有促进市场经济发展的功能

市场经济对法治的需求，突出了市场经济与法治的社会功能之间的互补和契合。厉行法治，将使法律充分发挥其调整能力。基于法治的法律调整，可以促进法律规则更完善、更具体系性，更具有权威性、至上性、中立性，并被严格奉行；可以使政府权力被有效约束和限制；可以提供独立公正的司法裁判服务，保障市场纠纷得到公正解决；可以创造和平、合作、诚信的和谐社会环境，降低市场交易成本；可以发展法律的自创生系统，使法律调整的发展更平稳；可以对市场的自发性、市场发展中的贫富差距拉大、市场化侵蚀社会价值的消极方面等在公平程序的前提下予以法律规制和协调。法治的这些品质和功能，使其完全契合了市场经济发展的需要，可以为市场经济的健康发展提供制度性保障。

3. 法治秩序的形成有赖于市场经济的健康持续发展

市场领域是社会生活的基本领域，对社会各个领域都有深刻的影响，因而市场领域的治理水平对于整个社会治理的水平有着深刻的影响。法律调整在满足市场经济要求的过程中，也被市场重塑着自身。市场化是推动法治化的强大动力，市场化与法治化是相互促进、相互依赖的积极互动关系。在近现代，事实上不可能脱离市场经济体制的基础地位而单独确立政治领域的法律权威。市场化改革推动在市场领域形成一种遵从规则的市场秩序，这种市场秩序本身就是法治秩序的一部分；市场化改革要求严格限制政府的市场权力、保障市场自治。因而，发展市场经济是推动构建法治秩序的最基本力量之一。

二、法治对社会主义市场经济的保障和促进

厉行法治是发展社会主义市场经济的内在要求，促进市场经济发展是法治的基本功能。基于市场经济对法治的内在需要，社会主义法治可以在如下方面对市场经济发挥直接的促进和保障作用。

(一) 保障市场主体的平等地位及合法权益

市场主体是市场体制有效运转的微观基础，企业是市场主体结构中的决定性要素。激发各类市场主体的活力对于市场经济的发展具有重要意义。法治是保障市场主体平等地位、保障其各项合法权益的基本制度方式。

对市场主体及其权益的法律保护，主要表现为以下方面。

1. 依法确认和保护各类市场主体的平等法律地位

市场主体的法律地位平等，是指使各类市场主体都成为自由、自主、独立的市场主体，比如：通过国有企业公司制改革，依法明确企业的平等法人地位；确认非公有制企业、外资企业的平等法律地位等；保障各类市场主体依法平等使用资金、技术、人力资源、土地使用权及其他自然资源等各类生产要素和公共服务资源；对各类市场主体依法平等适用国家支持发展的政策；等等。要把平等保护贯彻到立法、执法、司法、守法等各个环节，依法平等保护各类市场主体。

2. 依法保障市场主体的合法利益不受侵犯

捍卫各类市场主体的合法权益，才能保障市场经济的持续发展。法律在此领域的作用表现在：明确确认各类所有制经济不受侵犯；国家依法保护市场主体的财产权和其他合法权益，保护企业经营者的人身和财产安全；明确市场主体依法享有经营自主权，对于依法应当由市场主体自主决策的各类事项，任何单位和个人不得干预；明确合法产权不受侵犯，规定严格依法定程序进行对私人财产的征收、征用，严格依法征税，禁止对私人财产的非法剥夺；当合法权益受到侵害时提供有效的救济手段和方式；依法规范政府规制市场主体权益的活动，既防范政府侵犯各类市场主体的权益，又要保障严格执法，惩处各类侵犯市场主体权益的活动；强化司法的产权保障功能，使司法机关及时公正处理涉及市场主体权益的各类纠纷及犯罪行为，恰当运用行政、民事及刑事方式来保障权益。

(二) 促进市场经济秩序的形成和稳定发展

市场经济所产生的是一种稳定的、自由的、开放的、不断扩展的自发秩序。市场秩序内在地需要规则，而适应市场经济需要的规则也是随着市场经济的发展而逐步完善的。可以说，市场中的规则、交换、秩序是三位一体的。法治对市场经济秩序的保障和促进，即依法保障商品生产、交换和分配秩序的稳定、安全、公平和高效，具体而言，体现如

下几个方面。

1. 建立完备的产权制度

产权制度是市场经济的基石。有恒产者有恒心，经济主体财产权的有效保障和实现是经济社会持续、健康发展的基础。只有产权得到有效保护，市场交易才有基本的前提。只有产权平等受到保护，才能激发市场主体的活力，激励市场机制发挥效能。保护产权不仅包括保护物权、债权、股权，也包括保护知识产权及其他各种无形财产权。改革开放以来，通过大力推进产权制度改革，我国基本形成了归属清晰、权责明确、保护严格、流转顺畅的现代产权制度和产权保护法律框架。

2. 依法保护市场的公平竞争，创造良好的自由竞争环境

市场经济的核心是公平的自由竞争。只有通过公平的自由竞争，才能实现有效的资源配置。没有自由竞争，市场的价值规律就不能发挥作用；没有公平竞争，市场秩序就无法稳定、持续。为保障公平的自由竞争，法律要确认市场主体的独立性、自主性；要保护竞争过程的公平性，为竞争者提供平等的竞争机会；要限制竞争等因素所造成的财富两极分化，为公平竞争创造稳定的社会秩序和条件；要反对不正当竞争行为、限制垄断行为以保护公平竞争；要限制政府权力对经济领域的不适当干预等。

3. 依法保护和推动市场的开放

贯彻法治原则，借助有效的法律机制，可以促进国内市场的开放，打破各种形式的地区封锁、部门分割和非关税壁垒，从而有助于建立统一的国内市场；同时，可以促进市场的国际开放，连接国内市场与国际市场，加入国际经济的大循环，从而抑制经济全球化等所带来的某些负面影响。

（三）依法宏观调控以保障市场经济的持续发展

市场机制本身存在局限性和缺陷，如市场竞争的不完全性导致市场失灵，经济的外部性，公共物品的供给不能由市场机制来调节，市场机制本身不能解决社会目标问题，市场调节的事后性会引起经济波动，市场不能自觉维护市场秩序，市场本身不能解决宏观总量的均衡问题等。这便要求国家对经济进行必要的、有效的宏观调控。同时，中国的社会主义制度和具体国情对国家进行宏观调控的职能提出了新要求。中国正处于经济体制转型和经济增长方式转换时期，容易发生经济结构失衡和社会动荡，需要国家积极协调区域发展，培育统一市场，调节收入分配，实现社会公平，防止两极分化等。这些也都要求国家通过法律在经济生活中发挥调控功能。

法律在宏观调控方面的主要作用大致包括：促进政府经济管理职能的转变，把直接干预转变为间接调控，把以行政手段为主的管理转变为以经济、法律手段为主的管理；促进宏观调控决策的民主化、科学化、制度化；防止市场的外部性行为对自然资源和环境的破坏；为满足社会公共服务的需要，通过法律促进国家提供必要的公共产品，如公共基础设施、公共教育、公共医疗服务、养老保障等；反对垄断，促进合理竞争；等等。

（四）抑制市场经济对基本社会价值和利益的侵害

市场经济的发展过程中有一个“怪圈”：一方面，它热情地呼唤公正、平等、秩序、

民主、自由等社会价值，并且确实为这些价值的实现奠定了必要的经济基础；另一方面，它也具有损害这些价值的倾向，而且对社会共同目标、基本价值等关注不够，甚至有所损害。市场有一种把一切都变为能交易的商品的自发倾向，如没有限制，人的基本权利和自由都可能成为交易的对象。如果允许市场法则来操纵一切社会领域，就会给社会带来灾难，最终会使社会丧失自由、平等和政治民主。

法律是捍卫社会基本价值的强有力盾牌，法治具有在更程序化、更制度化层面上追求法律诸价值目标之间协调与平衡的重要功能。法律除了在经济领域中促进市场缺陷的克服，还在社会价值领域中阻止市场经济的不良影响，防止市场经济吞噬社会。实现法律的正义目标远远不能仅靠市场，它还需要社会、政治、文化等方面的支持。市场经济最关心效率，效率也确实是社会价值体系的一个重要方面，但经济效率只应当是法所追求的诸多价值目标之一，法律的价值追求要恰当协调自由、平等与效率等价值。

自由、平等之于市场具有内生性，但市场也以其自发的逐利本性（对利润、效率的最大化追求）时时威胁着自由和平等。法律在阻止市场对自由、平等的侵犯方面可以发挥广泛的作用，主要包括：第一，法律确认一些基本的自由和权利并禁止其交换，从而保障人们在享有基本自由和权利方面的平等。这些基本自由保护了个人不受国家或其他人的侵犯，也否定了他人以金钱优势对个人平等尊严的剥夺以及对个人平等参与社会公共生活的资格的剥夺。第二，促进必要的社会平等，限制不公正的社会不平等。这是对人们的体面生活的保障、对社会稳定的维持，也为市场经济发展创造了良好的社会环境。第三，完善法律机制，确认法律作为社会公正裁判者与捍卫者的相对独立地位和价值，努力避免法律成为市场交易和金钱的牺牲品。

案　例

中科公司与某某县国土局土地使用权出让合同纠纷案[①]

【基本案情】

2009 年，某某县政府招商引资高科技项目，中科公司与某某县国土局签订土地使用权出让合同并已实际占有、开发建设案涉工业用地。在中科公司积极投资建设过程中，某某县政府调整了包括中科公司案涉土地在内的两百余亩用地规划。案涉土地被政府单方收回并由某某县国土局另行高价出让，由其他公司拍得并开发房地产。中科公司的投资建设被拆除，其损失未获赔偿。中科公司于 2013 年 1 月以某某管委会和某某县国土局为被告提起民事诉讼，请求赔偿损失。

【裁判结果】

一审法院以本案为国有土地使用权出让合同纠纷、并非属民事案件受理范围为由裁定驳回起诉。中科公司不服，提起上诉。最高人民法院裁定本案由一审法院审理。一审法院审理后，仅判决支持了中科公司赔偿地上物的基建损失的诉讼请求，未考虑到中科公司的履行利益损失。中科公司不服，向最高人民法院提起上诉。

最高人民法院二审认为：地方政府招商引资出让土地使用权给中科公司，后又单方

① 参见最高人民法院（2017）最高法民终 340 号民事判决书。

收回、另行出让给案外人，导致案涉出让合同不能继续履行，客观上终结了招商引资进程，违背了中科公司落地投产的意愿，构成根本违约，应承担相应责任。对中科公司请求解除合同并返还已经支付的国有土地使用权出让金、投资款、租金及承担损害赔偿责任的诉讼请求，依法应予支持。最高人民法院综合考虑某某县国土局因违约行为的获利，案涉工业用地的土地使用权利益，中科公司实际投入的资金数额、资金使用利益的损失及未来经营收益、市场风险等因素，判决某某县国土局赔偿中科公司直接损失及相关合同利益总计一千万余元。

【典型意义】

当前，地方政府在发展地方经济过程中以“新官不理旧账”、政策变化、规划调整等理由违约、毁约，侵犯民营企业的合法权益的行为不同程度存在。对此，《关于完善产权保护制度依法保护产权的意见》明确要求，“大力推进法治政府和政务诚信建设，地方各级政府及有关部门要严格兑现向社会及行政相对人依法作出的政策承诺，认真履行在招商引资、政府与社会资本合作等活动中与投资主体依法签订的各类合同……”。《中共中央国务院关于营造企业家健康成长环境弘扬优秀企业家精神更好发挥企业家作用的意见》也明确要求：“研究建立因政府规划调整、政策变化造成企业合法权益受损的依法依规补偿救济机制。”最高人民法院《关于充分发挥审判职能作用为企业家创新创业营造良好法治环境的通知》（法〔2018〕1号）更具体要求：“对于确因政府规划调整、政策变化导致当事人签订的民商事合同不能履行的，依法支持当事人解除合同的请求。对于当事人请求返还已经支付的国有主体使用权出让金、投资款、租金或者承担损害赔偿责任的，依法予以支持。”本案为最高人民法院二审改判案件，针对地方政府的违约毁约行为，最高人民法院依法判决政府有关部门承担违约责任，有利于规范地方政府在招商引资中的不规范行为，严格兑现其依法作出的承诺；对于推动地方政府守信践诺和依法行政，保护企业的合法生产经营权益，促进经济持续、平稳、健康发展具有积极意义；对于处理同类案件具有典型的指引价值。

三、市场经济对社会主义法治进程的推进

市场经济内在地需要法律调整，这种需要又为法律发展提供了巨大动力。市场经济的发展为社会主义法治的实现奠定了坚实的基础。没有市场经济的推动，法治原则很难在社会生活中落实。

市场经济对法治的作用主要表现在如下方面。

（一）激发人们追求权利和自由的法律积极性

市场经济内在地需要广泛的经济自由（如竞争自由、契约自由、交换自由、择业自由、经营自由、迁徙自由等），也需要广泛的平等（如身份平等、机会平等、规则公平等）。这些自由和平等涉及市场经济的各个环节，是市场经济充分发展的条件。同时，也只有在市场经济的实践中，平等和自由才能真正成为现实。

市场经济孕育着与自由和平等相应的规则，即它促进着人们权利意识的增强，实现权利能力的提高。市场经济除了直接促进经济领域自由的成长，还对其他领域自由的成长有着积极影响，如：对政治自由的发展而言，市场经济通过创造更多的社会财富，奠定了政治自由扩展的物质基础；市场经济解除了政府对社会资源的垄断，而把社会资源广泛地分配到各种市场主体手里，形成权力的分散化或多元中心化，这就减少了政府对民众的经济强制和超经济强制而扩展了政治自由。

（二）造就从外部约束政府权力的经济力量

市场经济是一个分散的系统，它允许广泛的多样性，其固有特性之一就是排除过度的强制性权力。市场经济的发展有助于排除政治权力对经济的过度控制，使经济和政治领域相对独立。过度的强制性权力会直接损害市场交易自由和竞争自由。通过市场活动组织摆脱政治当局的控制，市场便排除了这种强制性的权力的源泉。它使经济的力量牵制政治力量，而不是加强政治力量。①

随着市场经济的发展，市场主体有了更广泛的选择自由和更多样化的利益。经济自由和经济自主性使政府不再能够垄断全部社会资源，使市场对于权力过度干预经济有更高的警惕性，使政府对人的过度强制也减弱了。这样，政治权力就会逐步受到来自市场的一种有力约束。同时，市场经济还要求把这种约束逐步转化为通过法治对政治权力的约束。

（三）基于市场体制的丰裕社会促进法治原则的落实

市场经济是创造财富的最有效率的机制。市场经济的发展可以提高社会的富裕程度，提高社会的生活水平。市场经济推动形成一个丰裕的社会。这种丰裕社会为法治的治理提供更多的经济性支撑，也为法治治理提供更有利的社会条件。虽然不能说法治只能建立在经济高度发达的社会之中，但从历史的经验事实来看，法治原则确实只有在市场经济发达的国家或地区才更稳固。

一方面，任何治理都要耗费社会经济资源，社会治理都需要相应的经济条件。法治的社会治理是一种高成本的社会治理方式，实现自由、权利，运行专门法律机制等都需要耗费大量的资源。这便意味着，只有国家比较富足才可以更容易落实法治。

另一个方面，社会富裕大致是实行法治的社会条件之一。管子曰，“仓廪实而知礼节，衣食足而知荣辱”（《管子·牧民》）。一般来说，在一个经济发达、国民富足的丰裕社会中，社会关系往往更和谐，社会文明程度更高，社会信任程度更高，社会规则的受尊重和认可程度更高，用来支撑治理的资源也更多，因而，法治原则在这样的社会中也往往更容易得到切实落实。

第三节　以法治方式促进经济发展

我国经济已由高速增长阶段转向高质量发展阶段，正处在转变发展方式、优化经济

① 参见［美］米尔顿·弗里德曼：《资本主义与自由》，17页，北京，商务印书馆，1986。

结构、转换增长动力的攻关期。建设现代化经济体系是我国新时期经济发展的战略目标。在建设现代化经济体系的进程中，随着全面依法治国进入新时代，应当更注重将经济发展纳入法治轨道，注重以法治方式和法治思维全面深化各个领域的经济改革，实现经济更有效率、更公平、更可持续的科学发展。法治原则在推进经济体系现代化改革方面的运用，不但表现在合理及时的新立法以及对法律的修改和废止方面，而且表现在严格的行政执法机制和公正权威的司法机制完善等方面。

一、加强对社会主义经济制度的法治保障

(一) 在法治框架下促进多种所有制经济共同发展

公有制为主体、多种所有制经济共同发展的制度，是我国的基本经济制度之一。这一基本经济制度，既是中国特色社会主义制度的重要支柱，也是社会主义市场经济体制的根基。应当坚持和完善以公有制为主体、多种所有制经济共同发展的各项制度，激发各类市场主体的活力。《中共中央关于全面深化改革若干重大问题的决定》指出："公有制经济财产权不可侵犯，非公有制经济财产权同样不可侵犯。国家保护各种所有制经济产权和合法利益，保证各种所有制经济依法平等使用生产要素、公开公平公正参与市场竞争、同等受到法律保护，依法监管各种所有制经济。"

1. 加强对公有制经济主体地位的法治保障

社会主义制度力图通过公有制来解放和发展生产力，打破束缚个人发展的私有制枷锁，发展真正彻底的人民民主。我国宪法和法律为巩固、壮大公有制经济提供了有力法律保障，表现在：宪法和法律确认了社会主义公有制的主体地位；各个部门法通过具体的制度安排和责任机制，全面保护公有制经济不受侵犯，制裁侵犯公有制经济的违法（犯罪）行为。为促进公有制经济的稳定发展，应更自觉地运用法治方式在一些重要领域促进国有经济改革，其中包括深化国有企业改革，完善国有企业法人治理结构、市场化经营机制，激发国有企业发展活力和内生动力，保障国有企业真正具有"民有民享"的性质；依法鼓励和发展混合所有制经济，以多种形式实现公有制，实现各种所有制资本取长补短、相互促进、共同发展；依法促进国有经济布局优化和结构调整，增强国有经济的竞争力、创新力、控制力、影响力及抗风险能力；形成以管资本为主的国有资产管理机制，赋予企业更多自主权；等等。

完善发展公有制经济的法律机制，应重点解决国有企业的内部人控制、国有资产流失、主体缺位、效率低下、垄断特权等问题，需要加强相应的立法和执法活动，如：要通过专门立法清晰界定国有经济的范围和运行方式，推动国有资本更多投向关系国家安全和国民经济命脉的重要行业与关键领域；要通过完善企业法人治理机制切实增强国有企业的活力；要通过专门立法防范壮大国有经济的控制力和影响力成为不合理垄断或特权的借口；要防范国有经济不适当地与民争利，侵蚀民营经济的发展机会；要完善国有资产管理和分配的法律机制，使其真正被公共监督、全民共享。

2. 加强对非公有制经济发展的法治保障

非公有制经济是我国基本经济制度的重要部分，非公有制经济受到什么样的法律待遇，直接关系到我国社会主义市场经济的发展水平。中国共产党二十大报告重申“毫不动摇鼓励、支持、引导非公有制经济发展”。非公有制经济和公有制经济一样，都是我国经济社会发展的重要基础。

当前，民营经济在市场准入、市场竞争、政策扶持等方面依然遭遇法律困境，没有完全彻底成为公平竞争的平等市场主体。健全支持民营经济、外商投资企业发展的法治环境，其中最重要的是，依法保障各种所有制主体依法平等使用资源要素，公开、公平、公正地参与竞争，同等受到法律保护；保障各类主体权利平等、机会平等、规则平等。为此，应当通过专门法律来进一步明确对私有财产的平等法律保护，保障民营经济公平参与市场竞争、平等使用生产要素；完善反垄断立法，打破国有企业的不合理垄断；及时清理和废除对非公有制经济各种形式的不合理规定（包括法律、法规、规章以及其他规范性文件等），消除各种隐性壁垒；在司法中，应充分考虑非公有制经济发展的特点，保护民营企业产权和企业家权益，慎用刑事法律，严格划分罪与非罪、合法财产与非法所得、个人财产与家庭财产、企业财产的界限，准确认定经济纠纷和经济犯罪，防范刑事执法介入经济纠纷，防止选择性司法，严格遵循罪刑法定、疑罪从无、严禁有罪推定的原则等，保护民营企业家的自主经营权、人身权和财产权益等。

资料链接

中共中央、国务院《关于促进民营经济发展壮大的意见》（2023年）（摘录）

一、强化民营经济发展法治保障

健全对各类所有制经济平等保护的法治环境，为民营经济发展营造良好稳定的预期。

（一）依法保护民营企业产权和企业家权益。防止和纠正利用行政或刑事手段干预经济纠纷，以及执法司法中的地方保护主义。进一步规范涉产权强制性措施，避免超权限、超范围、超数额、超时限查封扣押冻结财产。对不宜查封扣押冻结的经营性涉案财物，在保证侦查活动正常进行的同时，可以允许有关当事人继续合理使用，并采取必要的保值保管措施，最大限度减少侦查办案对正常办公和合法生产经营的影响。完善涉企案件申诉、再审等机制，健全冤错案件有效防范和常态化纠正机制。

（二）构建民营企业源头防范和治理腐败的体制机制。出台司法解释，依法加大对民营企业工作人员职务侵占、挪用资金、受贿等腐败行为的惩处力度。健全涉案财物追缴处置机制。深化涉案企业合规改革，推动民营企业合规守法经营。强化民营企业腐败源头治理，引导民营企业建立严格的审计监督体系和财会制度。充分发挥民营企业党组织作用，推动企业加强法治教育，营造诚信廉洁的企业文化氛围。建立多元主体参与的民营企业腐败治理机制。推动建设法治民营企业、清廉民营企业。

（三）持续完善知识产权保护体系。加大对民营中小微企业原始创新保护力度。严格落实知识产权侵权惩罚性赔偿、行为保全等制度。建立知识产权侵权和行政非诉执行快速处理机制，健全知识产权法院跨区域管辖制度。研究完善商业改进、文化创意等创新成果的知识产权保护办法，严厉打击侵犯商业秘密、仿冒混淆等不正当竞争行为和恶意抢注商标等违法行为。加大对侵犯知识产权违法犯罪行为的刑事打击力度。完善海外知识产权纠纷应对指导机制。

（四）完善监管执法体系。加强监管标准化规范化建设，依法公开监管标准和规则，增强监管制度和政策的稳定性、可预期性。提高监管公平性、规范性、简约性，杜绝选择性执法和让企业“自证清白”式监管。鼓励跨行政区域按规定联合发布统一监管政策法规及标准规范，开展联动执法。按照教育与处罚相结合原则，推行告知、提醒、劝导等执法方式，对初次违法且危害后果轻微并及时改正的依法不予行政处罚。

（五）健全涉企收费长效监管机制。持续完善政府定价的涉企收费清单制度，进行常态化公示，接受企业和社会监督。畅通涉企违规收费投诉举报渠道，建立规范的问题线索部门共享和转办机制，综合采取市场监管、行业监管、信用监管等手段实施联合惩戒，公开曝光违规收费典型案例。

（二）依法坚持和完善社会主义分配制度

以按劳分配为主体、多种分配方式并存的分配制度是社会主义基本经济制度之一。分配制度的设计对社会发展进程有着重要影响。我国的分配制度，既有利于鼓励先进、促进效率，最大激发社会活力，又有利于防止两极分化，促进实现共同富裕、共享发展成果，因而促进了效率与公平的有机统一。这一分配理念对我国法律制度设计的价值取向、法律体系的内容、执法司法理念等都产生了深刻的影响。以法治方式巩固和发展社会主义分配制度，是分配制度完善的内在要求。

以法治方式坚持和完善社会主义分配制度，重点要做到以下几点。

1. 完善初次分配的法律制度

初次分配，是按照各生产要素对国民收入贡献的大小所进行的分配，主要由市场机制形成。在初次分配制度中，应坚持以多劳多得、着重保护劳动所得为原则，依法建立健全提高劳动报酬在初次分配中的比重的制度、工资正常增长机制、企业工资集体协商制度、工资支付保障制度等；健全依市场平均贡献分配市场要素（包括劳动、资本、土地、知识、技术、管理、数据等）的制度机制。

2. 健全再分配调节的法律制度

再分配，是在初次分配基础上对部分国民收入进行的重新分配，主要由政府调节机制起作用。税收、社会保障、转移支付等是再分配的主要调节手段，应当健全这几方面的法律制度，将政策适当转化为相应立法，合理调节城乡、不同区域、不同群体之间的分配关系，如：建立更合理的税制，调节高收入群体的收入；完善社会保障制度的法治化，发挥社会保障的保民生兜底功能；加强对落后地区、重点人群等的转移支付制度的法治化。

在第三次分配方面，发挥民间捐赠、慈善事业、志愿行动等的济困扶弱功能，加强法律保障。

3. 依法落实合理的分配调节原则

在初次分配和再分配的基础上要更加突出社会公平、共享发展理念，以公平与效率相统一原则来构建社会分配秩序，借助法律机制来实现分配中的效率与公平统一，比如：要完善鼓励劳动致富的制度，注重保护合法收入；以税收等调节过高收入，稳步扩大中等收入群体；坚决取缔非法收入，依法遏制以权力、垄断或不正当竞争为方式的寻租收入、非法隐性收入。

（三）依法加快建设社会主义市场经济体制

我国社会主义市场经济不断健全、完善，但在一些方面仍存在市场主体活力受束缚、市场秩序混乱、市场竞争不充分、市场机制未恰当发挥作用等弊端。市场化改革越深入，越需要强调和贯彻法治原则。以加快建立统一开放、竞争有序的高标准现代市场体系为目标，应当运用法治方式来促进社会主义市场经济体制机制的完善，加快完善市场经济法律体系，并从行政执法、司法和守法等各个方面贯彻市场法治精神。

1. 健全产权保护制度

按照法治原则健全以公平为核心原则的产权保护制度，是完善市场经济体制的迫切任务。2016 年 11 月，中共中央、国务院印发《关于完善产权保护制度依法保护产权的意见》，提出完善产权制度的改革要点。《民法典》也格外重视产权保护，完善物权、债权、知识产权相关法律制度，将平等保护作为规范财产关系的基本原则。目前，完善产权保护制度的重点是加强对民营经济产权等的平等保护，废除各种制度性的歧视。比如，暴力拆迁等非法征收征用问题长期以来广受关注，应进一步完善对土地、房屋等财产的征收征用法律制度，合理界定征收征用适用的公共利益范围，不得将公共利益扩大化，在执法、司法中切实落实《民法典》关于征收的规定①，遵循及时、合理补偿原则，细化规范征收征用法定权限和程序，完善国家补偿制度，进一步明确补偿的范围、形式和标准。又如，进一步完善农村集体产权制度，加强知识产权保护等。

2. 营造法治化的公平竞争环境

随着市场化改革的深入，人们开始认识到“法治是最好的营商环境”。营商环境，一般是指企业等市场主体在市场经济活动中所涉及的体制机制性因素和条件。2019 年国务院公布的《优化营商环境条例》提出，优化营商环境应当坚持市场化、法治化、国际化原则，为各类市场主体投资兴业营造稳定、公平、透明、可预期的良好环境。

构建法治化营商环境的改革重点是，完善市场公平竞争的法律制度，依法保障各类市场主体公平参与市场竞争。主要的制度举措包括：全面实施全国统一的市场准入负面清单制度，改革生产许可制度，对于市场准入负面清单以外的领域各类市场主体均可以依法平等进入；消除各种歧视，保障居住自由、择业自由，打破城乡、地区、行业分割

① 《民法典》第 117 条规定：“为了公共利益的需要，依照法律规定的权限和程序征收、征用不动产或者动产的，应当给予公平、合理的补偿。”

和身份、性别等歧视，建立健全人力资源市场体系，促进人力资源有序流动和合理配置；落实公平竞争审查制度，进一步完善《反垄断法》《反不正当竞争法》等法律法规，加大反垄断和反不正当竞争执法力度，有效预防和制止市场经济活动中的垄断行为、不正当竞争行为以及滥用行政权力排除、限制竞争的行为，营造公平竞争的市场环境；推进要素市场的法制建设，促进土地、金融、科技等领域商品要素的自由流动，实现要素价格市场决定、配置高效公平，全面放开竞争性领域商品和服务的价格。

资料链接

《优化营商环境条例》

3. 依法规范政府的市场管理权力

近些年来，我国在规范政府和市场的边界、减少政府的市场干预方面的改革取得重要进展。清晰厘定政府与市场的边界，让政府有所为有所不为，是充分发挥市场的资源配置作用、免于陷于权力经济的前提，也是有效约束政府权力、建立法治政府的核心内容。

应当通过健全法制，持续深化简政放权、放管结合、优化服务改革，最大限度减少政府对市场资源的直接配置，最大限度减少政府对市场活动的直接干预，加强和规范事中事后监管，着力提升政务服务能力和水平，切实降低制度性交易成本，更大激发市场活力和社会创造力，促进市场公平竞争秩序。这方面的改革内容广泛，归纳起来有几个方面：一是政务服务方面。政府应当为市场主体提供规范、便利、高效的政务服务，比如，深化商事改革，实现工商注册登记制度等的便利化。二是政府监管执法方面，切实贯彻法无授权不可为原则，保障依法监管。政府应当严格按照法律法规和职责，明确监管对象和范围、厘清监管事权，依法对市场主体进行监管，实现监管全覆盖。三是政府责任方面，针对政府工作人员在市场监管中的违纪违法犯罪行为，严肃追究责任。比如，针对政府违约等导致企业和公民的财产权受到损害等情形，建立赔偿、投诉和救济机制，实行政府失信责任追究制度及责任倒查机制。

二、依法落实新发展理念，促进科学发展

在全面推进改革中践行新发展理念，是关系我国发展全局的一场深刻变革。党的二十大报告提出，“发展是党执政兴国的第一要务”，“必须完整、准确、全面贯彻新发展理念”。新发展理念的内涵各有侧重、相互贯通、相互促进，在总体上都是针对我国发展的主要矛盾、突出问题和短板，是我国在新时代实现更高质量、更有效率、更加公平、更可持续发展的纲领和指南。我国《宪法》“序言”确认“贯彻新发展理念”。在经济改革

进程中，应以法治方式推动新发展理念融入整个改革进程，实现以人为本的科学发展。

(一) 依法促进经济发展方式转变

落实新发展理念，要积极转变经济发展方式，推动经济发展质量变革、效率变革、动力变革。提高经济发展的质量和效益，要深化供给侧结构性改革，加快建设创新型国家，促进乡村振兴、区域协调发展，完善市场体系，促进开放，加快发展绿色经济等。

应注重以法治方式改革经济高质量发展方式，主要的制度改革多方面的，比如：第一，以法治方式激励科技创新。创新是引领发展的第一动力，应当完善《科学技术进步法》等法律、法规，依法促进科技创新，激发科技创新的积极性；完善国家创新体系和知识创新体系的法律机制，完善科技创新评价标准、激励机制和转化机制方面的立法等；加强对知识产权的立法和执法保护。第二，加快促进绿色发展，优化产业结构，进一步完善节约资源和循环经济的立法，降低经济发展的环境和资源代价。第三，加快促进区域经济协调发展的立法，尤其是加快推动城乡发展一体化、乡村振兴的法律调整，比如，改革户籍、促进城镇化的立法，促进农民分享发展成果的立法，完善农村土地制度改革的立法（如完善承包地“三权”分置制度等），完善统筹城乡发展、促进公共服务一体化的立法，加快促进区域经济协调发展的立法（如转移支付立法、促进不发达地区发展的立法等），加强区域性的立法协调，等等。第四，在执法和司法中，将推动高质量发展的理念、新发展理念融入执法理念、司法理念之中。

(二) 依法优化政府的经济管理职能

落实新发展理念，要处理好政府与市场的关系，优化政府的经济规制职能。多年以来我国都强调要适应社会主义市场经济的要求而转变政府职能，但迄今依然没有转变到位，政府职能越位、缺位、错位现象依然存在，政府管了一些不该管，也管不了、管不好的事情，而对该管的事情并没有管好。

应当通过法律清晰界定政府的权力边界，切实减少政府对市场的干预，强化对政府的制度性监督，简政放权，建立公共服务政府、阳光政府、法治政府。重要的制度改革包括：第一，以基本法的形式完善政府的公共服务职能，提升政府管理的公开性和透明度，促进共享发展理念。第二，厘清政府、企业与市场的法律关系，以及中央政府与地方政府的法律关系，在法治框架下，构建新型的政府政绩考核和激励机制，使中央向地方“分权”、政府向社会“让权”，给市场以自由，让市场的归市场。第三，建立高效的法律机制，强化人大对政府的预算监督，强化对宏观调控、国有资产管理、公共财政和税收制度等的严格约束和监督。

(三) 依法促进以人为本的发展

以人为本是科学发展的要义所在。经济发展的目的，不单单在于努力创造更多的社会财富，更根本的是促进人的全面发展。对经济财富的有效、合理运用，正是经济的人本性的重要表现。社会财富的更公平分配和使用，事关社会公平正义，事关以人为本的科学发展，也事关经济改革能否赢得民心、经济能否可持续发展。影响经济人本性的现实因素多种多样，如：政府过度干涉市场的自主性，以权力配置资源而使经济发展以权力为本，既无效率也不公平；社会结构失衡、分配机制不合理，区域、城乡、贫富等差别巨大；发展中的唯经济主义、唯 GDP 论英雄的政绩观；公共服务不到位，公共财政民主不充分；基本权利（尤其是表达自由权、民主参与权等）的落实不充分；等等。

法治是保障人的尊严、基本权利的重要方式，以人为本是法治的基本价值。法治也是促进经济发展的人本性的基本制度机制。法治保障以人为本的发展的具体制度理念很多，这里提出几条基本法律理念：宪法和法律确认并有效保障基本权利，不得以发展的名义侵害基本权利；人本发展的目的内在地包括了促进人的发展和增进基本权利；对经济发展的法律规制应体现兼顾效率和公平；人民公平共享经济发展成果；控制资本的自发性和掠夺性；等等。

三、加强开放型经济体系建设的法治保障

坚持对外开放的基本国策，实行积极主动的开放政策，是我国改革的重要经验。经过四十多年的持续开放，我国业已形成了全方位、多层次、宽领域的全面开放新格局，为我国创造了良好国际环境，开拓了广阔发展空间。在新时代，适应经济全球化的新形势，我国致力于建设更高水平开放型经济新体制，实施更大范围、更宽领域、更深层次的全面开放，以共建“一带一路”为重点，坚持“引进来”和“走出去”并重，形成开放新格局。高水平开放必须有良好的法治环境，法治对于保障和推进开放型经济体制建设具有不可替代的重要作用。随着法治化水平和对外开放水平的提高，更应当注重以法治方式推进开放型经济建设。

法治对开放型经济体制建设的积极作用，主要表现为如下几点。

（一）筑牢“引进来”的全面开放环境的法治基础

以法律建立信任机制，依法保障外来投资的合法权益，是对外开放中最重要、最基础的工作之一。运用法治思维来处理经济开放问题，有利于提高中国在国际经济交往中的信用，从而有助于吸引和利用外资，发展稳定的国际经济合作关系。完善的法律制度有利于克服不同国家之间由于文化的差异和国家意识形态的不同而形成的在经济合作方面的障碍。需要运用法治方式来保障外来投资的合法权益，增强规则的公开性、稳定性、连续性、有效性，建立稳定的外来投资预期，保障外来投资的合法权益，减低投资风险和交易成本，营造稳定、透明、可预期和公平竞争的市场环境等。

1979 年，全国人大通过了《中外合资经营企业法》，开启了中国通过立法保障对外开放的进程。后来全国人大又通过了《外资企业法》《中外合作经营企业法》。这三部法律共同组成了“外资三法”，奠定了中国吸收外来投资的法律基础。1985 年 4 月，第六届全国人大三次会议通过《关于授权国务院在经济体制改革和对外开放方面可以制定暂行的规定或者条例的决定》，授权国务院制定对外开放方面的行政立法，以适应对外开放中的迫切法律需要。1994 年，全国人大常委会通过《对外贸易法》。为适应新时代全面对外开放的需要，2019 年 3 月，十三届全国人大二次会议通过了《外商投资法》，进一

步促进对外商投资的保护，为推动新一轮高水平对外开放提供更加有力的法治保障。

健全立法和法律机制，依法保护外国投资者在中国境内的投资、收益和其他合法权益，是建设对外开放法律环境的核心工作。推动产业扩大开放，扩大吸引外来投资，大幅度放宽市场准入等，都需要从法治的角度予以保障，加强配套立法，如健全外商投资准入、去国民待遇加负面清单管理制度，将投资自由化、便利化政策通过立法予以细化，促进内、外资企业公平竞争。

建设自由贸易试验区（以下简称自贸区）是新时代推进改革开放的一项战略举措。自 2013 年以来，我国的自贸区建设布局逐步完善，形成了覆盖东西南北中的改革开放创新格局，在投资贸易自由化便利化、金融服务实体经济、政府职能转变等领域进行了大胆探索，取得了显著成效。2013 年 9 月，首个自贸区上海自贸区挂牌。到 2020 年年底，全国共设立 21 个自贸区。在自贸区建设中，国家高度重视立法保障，全国人大常委会先后多次通过决定授权国务院在自贸区暂时调整适用有关法律规定；国务院通过各个自贸区的“总体方案”；各个自贸区所在省、自治区、直辖市先后制定了自贸区条例以及相应的条例或规章等。

（二）加强“走出去”过程中的法律保障和服务

随着开放水平的提升，中国经济更深入融入全球经济体系之中。在这个过程中，中国市场主体的国际化经营水平逐步提高，开拓国际市场的能力在提升，深入融入全球供应链、产业链、价值链、创新链。中国以共建“一带一路”为引领，遵循共建共享共治原则，推动国内企业“走出去”，带动中国装备、技术、标准和服务“走出去”，进而构建面向全球的贸易、投融资、生产、服务网络。

拓展对外贸易多元化，健全对外投资政策和服务体系，需要健全相应的各项法律制度，创新对外投资方式，完善对外投资管理服务机制，规范企业的海外经营行为，保护在海外工作的劳工的权益等。目前，保障企业海外投资、参与国际经贸活动的国内立法总体上层级较低，许多规定还停留在政策层面，内容也较粗疏或不够全面，如《企业境外投资管理办法》《民营企业境外投资经营行为规范》《中央企业境外投资监督管理办法》《规范对外投资合作领域竞争行为的规定》《对外投资合作境外安全事件应急响应和处置规定》《对外投资合作环境保护指南》《对外劳务合作管理条例》。应当在现有立法及政策的基础上进一步健全有关海外投资、海外贸易等的专门法及配套法规，加强海外投资保护及监管，促进相关法律服务等，推动中国企业在对外经贸合作、援助、投资中遵守驻在国法律，履行社会责任。党的二十大提出，要加强“涉外领域立法，统筹推进国内法治与涉外法治”。这包括加强国海外企业及海外劳工等的权益保障的法律制度建设。

（三）推动国际经贸法治，进行相应国内法制改革

国际经贸合作实际上都是在一定的国际经贸条约、公约的框架内展开的，国际经贸条约或公约有助于国际经济合作的深入和减少合作中的风险。构建国际经贸领域中的国际法治框架，对于全面提升国际经贸往来、推动经济全球化，具有基础性的意义。我国支持开放、透明、包容、非歧视性的多边贸易体制，促进贸易投资自由化、便利化，推

动经济全球化朝着更加开放、包容、普惠、平衡、共赢的方向发展。建立这样的多边贸易体制、实现贸易投资自由化、推动经济全球化，必须有国际经贸条约或公约的法治支撑。国际经贸法体系是国际法治的重要组成部分。我国要建设性参加全球经济治理，积极加入全球性的或地区性的国际经贸条约和相关国际组织，建设性参与国际经贸规则的谈判，争取在国际公约或国际合作框架下更多的话语权。这是争取主动、化解经济全球化负面影响的有效法律策略。

切实履行我国所加入的各类国际经贸条约或公约的义务，必须进行国内法制的相应改革。以国际法治标准“倒逼”国内法制改革，也是我国改革开放以来法治进步的一项重要经验。在这一过程中需要关注的方法论原则是，处理好法律与国际通行做法接轨和法律符合本国国情之间的关系。适应经济全球化的法律改革，要与本国的经济、政治及文化等发展的客观需要相适应，必须反对不顾国情的盲目“接轨”或移植，也必须反对以国情特殊、西方霸权等为借口拒绝与国际接轨，或采取不适当的贸易保护主义，以损害全局的方式来维护某些局部利益，拖延我国开放进程而丧失发展良机。

（四）以法治维护开放进程中的国家经济安全

经济全球化使一国经济发展受到全球经济体系或他国状况的影响大为增加。在全球化背景下，保障国家经济安全是我国对外开放进程中须高度重视的问题。保护国家经济安全也是我国总体安全观的要求。国家经济安全涉及的范围广，包括信息安全、国际金融风险、国际贸易摩擦、石油供应、重要矿产资源供应、粮食供应安全、保护民族工业等。

要注重运用法治方式来实现发展与安全、对外开放与经济主权的有机统一。我国已经建立了一些维护国家经济安全的法律制度，如《外商投资法》第 35 条第 1 款规定，“国家建立外商投资安全审查制度，对影响或者可能影响国家安全的外商投资进行安全审查”。完善对外开放进程中的国家经济安全保障体系，要健全外商投资国家安全审查制度、反垄断审查制度、国家技术安全保障制度、不可靠实体清单制度，以切实维护国家主权、安全和发展利益。

问题与思考

1. 如何理解社会主义法与发展生产力之间的关系？
2. 如何认识社会主义经济基础对法的决定作用？
3. 社会主义法对生产关系的影响表现在哪些方面？
4. 如何理解“市场经济是法治经济”这一命题？
5. 社会主义法治对市场经济发展的促进作用主要有哪些？
6. 如何认识社会主义市场经济对法治的促进作用？
7. 如何认识法治对社会主义基本经济制度的保障作用？
8. 如何认识法治对建设开放型经济体系的积极作用？

阅读文献

1. 优化营商环境条例（2019 年 10 月 22 日）

2. 关于促进民营经济发展壮大的意见（2023 年 7 月 14 日）

3. 汤姆·金斯伯格，汤姆·尤伦. 法律与经济发展：我们知道什么？我们不知道什么？. 李增刚，译//黄少安. 制度经济学研究：第 14 辑. 北京：经济科学出版社，2007

4. 杰夫雷·萨克斯. 胡永泰，杨小凯，译. 经济改革与宪法转型. 开放时代，2000（7）

5. 吴敬琏. 努力实现向法治市场经济的过渡//吴敬琏. 呼唤法治的市场经济. 北京：三联书店，2007

6. 翟国强. 经济权利保障的宪法逻辑. 中国社会科学，2019（12）

7. 谢海定. 中国法治经济建设的逻辑. 法学研究，2017（6）

8. 朱民，等. 社会市场经济：兼容个人、市场、社会和国家. 北京：中信出版集团，2019

第十八章

中国社会主义法与政治建设

本章概要

法与政治的关系最为直接，法往往被看作政治的一个方面。政治是上层建筑中最活跃的部分，是经济的集中表现。社会主义政治是一种新型的民主政治。建设中国特色社会主义政治，就是要实现人民当家作主、党的领导与依法治国的有机统一。我国社会主义法与民主政治有着直接的、内在的联系，实行法治是社会主义民主政治的题中应有之义，只有在民主政治框架下才能全面推进依法治国建设。社会主义民主政治也只有在法治的轨道上才能健康地发展。以法治方式推进民主政治建设，将依法治国与人民民主有机结合，是我国民主政治发展的必由之路。

关键术语

民主政治　人民民主　中国特色社会主义民主　社会主义法治　法治执政党政策　依法执政　依规治党　人权　人权体系　人权的普遍性　人权法治保障　权力制约　政治文明　民主监督　政治改革

第一节　社会主义法治与民主的关系

一、现代政治民主的内涵

民主有多种形式，如政治民主、经济民主、社会民主等。我们这里谈论的是政治民主。在政治领域中，民主制和君主专制是两种最基本的政治统治类型。自由民主制度是近代以来的主要政治形态。各国的民主制度和实践各具特色，相关的民主理论和理念也各有侧重。这里主要概括在现代政治民主认识上的一些基本共识。

（一）国家权力属于人民

现代民主政权的合法性来自人民的同意，政权运作的功能是表达与实现人民的意志和利益。这是说，民主政治要求主权在民、人民至上、人民当家作主。人民主权是民主政治最根本的、最重要的特征，民主的其他特点可以说都是从这里引申出来的。同时，民主的理念必须具体化为更明确的民主体制、民主程序、民主权利、民主方法等，民主才不会落空，才不会仅仅是一种口号或单纯的理念。

(二) 国家权力有明确界限

人民当家作主的基本问题是处理人民与国家的关系，保障人民对国家权力的最终控制，即将国家作为人民治理的手段和工具，使国家为人民服务。民主政治所要解决的重要问题之一是，如何既有效规制和限制公权力，又充分保障公共权力的治理能力、树立国家的权威。在民主政治下，国家权力必须是有明确界限的、受到有效约束的、对人民负责的，即国家必须是有限国家、责任国家。①

民主制与君主专制最显著的区别就是，它有效地约束了国家权力，使公权力不能够为所欲为。国家权力的自我限制符合现代自由民主的要求。就民主的本意而言，首先关注的是国家权力的来源和归属，而不是对权力的限制。这可能给民主的健康发展带来麻烦。现代的自由民主并不意味着多数人可以不受限制地行使一切权利、决定一切事情，这样其实也会损及真正的民主。事实上，在社会生活的许多领域并不适宜运用民主原则，民主决策的范围必须受到限制。企图以民主方式来解决一切问题，最终只能葬送民主。如果民主权力不受限制，就可能以民主的名义、以多数人决定的形式不公正地剥夺少数人的自由和权利。这就是有些学者所称的“多数人的暴政”问题。现代民主能够成为现代政治的普遍形式，其中很重要的一点就是，正视民主权力泛滥所造成的负面影响而在制度上控制民主权力，将民主与自由相结合，将民主与法治宪治相结合，从而限制民主决策的范围和方式。现代民主政治已形成一套完整的国家权力约束机制，其中比较重要的经验就是国家权力的分工和制约机制、代议制、普选制、基本人权制度、违宪（合宪性）审查制等。

(三) 实行尊重少数的民主决策机制

从政治过程的运行来看，民主是人民行使其权力的一种方法和过程，是一种最有利于达到各种利益的平衡，从而实现利益最大化的决策机制。作为决策机制的民主的基本要求就是有完善的民主程序，完善的程序可以保障民主活动稳定地、有步骤地、和平地进行，使权力的行使规范化，使政治行为具有可预测性。民主程序涉及多个方面，如选举程序、政党竞争程序、议政程序、自治程序等。

民主程序的基本决策原则就是少数服从多数，依数量的优势来进行政治决策。但是，民主程序也充分注意到多数者一方也可能犯错误，甚至可能多数方压制、打击少数方，所以又补充了多数要尊重和保护少数的原则。尊重少数，是民主保持长久活力的重要因素。尊重少数，展现了现代民主的宽容特点以及对民主决策机制内在局限的警醒。只有

① 当然，国家权力具有受制约性和有限性，并不是说公权力就只能是软弱的权力。相反，真正民主之下的政权应该有强有力的政治权力。

充分尊重少数、宽容异己，参与民主的各种人才能充分发表自己的意见，并且就少数意见与多数意见展开讨论，而不必担心被打击和排斥。何况，多数意见本身并不一定代表着真理，真理有时就在少数方。

（四）保障公民参与政治生活的民主权利和自由

现代民主重视大众的政治参与，但国家不能强迫公民参加政治生活。政治参与必须是自愿的，而强迫公民参与政治其实是侵犯了其民主权利和自由。但是，国家应当为保障和扩大公民参与政治提供便利，创造条件。现代民主期待公民广泛地参与政治生活，如表达政治意愿、了解公共议程、参与政治决策、参与公共事务管理等。公民的政治参与状况，其民主权利行使的状况，是衡量民主程度的重要指标。现代民主要求公民享有政治参与的民主权利和自由。民主政治所要保障的公民政治民主权利大致包括：平等选举权、知情权、言论自由、出版自由、结社自由、游行示威集会自由、监督权、参与权等。

（五）遵循法治原则

现代民主政治必须被纳入法治轨道，必须在宪治的框架内活动。这也是现代民主自身的内在要求，是其自身完善和发展不可缺少的条件。健全的民主政治应当是民主宪治、宪法政治、法治政治。通过贯彻法治原则和宪治原则，民主才能健康、持续地运行并发挥作用。宪治与法治是内在一致的，都强调规则的至上性和权威性。大致而言，宪治是法治的核心，法治是宪治的展开，依法治国首先就是依宪治国。宪治理念重在从总体上限制民主权力的范围，保障国家权力行使的合法性，尤其强调基本权利和自由的不可侵犯。应将这一理念落实为一系列制度，如合宪性审查制度、基本权利制度等。法治注重使民主权力在宪法法律的框架内具体地展开，并在法治的轨道内运行。法治和宪治作为对民主权力的一种制度性限制，力求避免民主权力过度膨胀或滥用的弊端。宪治和法治可以对上面提到的民主的各个侧面都予以规范、保护，使民主政治得以健康发展。

现代民主还有其他方面的一些特点，这里谈到的只是其中比较重要的几点。

二、中国特色社会主义民主政治的特点

社会主义民主政治是现代政治的一种形式，同时也是试图超越西方式民主的一种尝试形式。按照马克思主义的看法，受制于资本主义制度本身的局限性，资本主义国家难以真正实现民主，资本主义民主只能是一种形式的、实质不平等的，甚至虚伪的民主。

中国特色社会主义民主政治，除应具备现代民主政治的前述一般性特点外，更重要的还在于它具有社会主义性质和相应的中国特色。中国民主政治的社会主义性质集中表现为它坚持人民主体地位、坚持真正的人民民主、坚持中国共产党的领导。在社会主义制度下，可以实现更广泛、更真实、更管用的现代民主，比如，克服权力异化以使权力真正属于人民和受到约束，人民真正成为社会的主人而其参与政治生活的热情和主动性被激发以及更充分地实现基本权利，等等。民主政治的中国特色则集中表现在它立足于

社会主义初级阶段的实际国情和民情，即民主政治建设必须适合中国的社会发展阶段，必须探索适合中国的民主政治形式等。

经过长期的艰辛探索，中国终于开辟并不断完善中国特色社会主义民主政治发展道路，强调民主是社会主义的生命。发展社会主义民主政治，就是要体现人民意志、保障人民权益、激发人民的创造活力，用制度体系保证人民当家作主。中国特色社会主义民主政治制度，举其要者大致有：人民代表大会制度这一根本政治制度、中国共产党领导的多党合作和政治协商制度、基层民主自治制度、民族区域自治制度等。

三、社会主义民主对法治的积极作用

如果从人民当家作主这一角度来理解民主，那么社会主义法治只是实现民主的手段，民主具有决定性的意义。而在民主作为社会治理的方式和手段的意义上，民主与法治相互依存、相互支持、相互促进。在社会主义制度下，民主愈发展，法治也愈发展；民主受挫折，法治也难以进步。离开了人民当家作主的民主，法治就失去了政治前提和群众基础，法治原则的贯彻落实就会失去了动力和方向。法律治理若缺少民主的支撑，即便有一定程度的依法办事，也难说有法治的全面落实。这种“法治”也容易沦为对付人民的假法治。社会主义法治必然是人民的法治、民主的法治。

社会主义民主对法治的积极作用主要有如下方面。

（一）民主是法治的政治前提和基础

1. 人民民主的国家政权是社会主义法治国家的政治基础

法治作为一种政治和社会治理的原则与方式，必然依托一定的政治架构。民主与法治原则在历史上是有分离的情形，但那都是不完整的民主和不完整的法治。从民主作为一种现代国家制度而言，现代法治奠定在民主国家的基础之上，在民主国家的框架内展开。民主国家的建立为法治原则的贯彻、构建法治国家，提供了最重要的制度依托。没有基于民主的国家架构，法治国家便游谈无根。在中国，法治国家建设与民主国家建设更加紧密地联系在一起。人民民主政权的创建，确立了社会主义的根本政治制度、经济制度，这为构建法治国家奠定了基本的政治基础。人民只有掌握了国家政权，才能更好地形成自己的共同意志，并将其上升为国家意志和法律意志。

2. 民主的国家性质决定了法治的社会主义性质及核心内容

民主与法律制度的性质是一致的，都是政治上层建筑的一部分。在社会主义制度下，民主政治是人民民主专政、人民当家作主，法治也必然是人民民主的法治；民主是法治的力量之源，法治的根本价值和功能便在于保障人民当家作主，促进人民从事国家和社会事务管理，实现人民权益等。这也决定了社会主义法的核心内容、法律实施的根本政治保障。在我国，社会主义民主政治本身就包括了依法治国，“三者有机统一”才是民主政治的全貌。法治进程与人民民主进程是一致的，并受制于民主治理的质量。

3. 民主政权要求以法治原则实现自身的稳固与发展

法治的重要地位在相当程度上来自它对于民主治理的重要性。现代民主治理难以想象能脱离开法治，实行法治实际上是民主发展的内在要求。这一事实便是法治进步的强大动力，即民主化要求法治化，推动法治化。民主意味着人民对国家权力行使的参与，人民对国家权力的最终控制和有效监督。法治国家的核心就是将法治原则贯穿于民主国家的政权体系，并切实有效地约束国家权力，以规则之治提升国家的治理效能。可以说，实行法治是民主国家建设的一个重要方面，依法治国是民主国家建设的重要组成部分。

(二) 民主作为公共决策机制有助于提高立法质量

在社会主义制度下，法律必须真正反映人民的根本利益和共同意志。社会主义法治是良法之治，法治的基本要求就是制定体现人民共同意志的良法。而只有充分发展社会主义民主，借助民主的公共决策体制机制，才能制定表达人民共同意志的良法。

立法的民主化促进多元利益的表达、协调和整合。通过发扬民主，可以把社会中分散的、潜在的、相互矛盾的利益要求明确地提出来，使多样化的利益要求都通过正常的渠道进入公共决策领域的讨论。立法专门程序的民主化、公民立法参与的扩展等，能广开言路、广纳群言，促进立法更广泛地吸纳民意，从而防范立法的地方主义、部门主义，防范立法的懈怠和不作为。

(三) 民主有助于提升公民的权利自由意识和守法意识

民主是一所大学校，是民众进行自我教育、自我提高的场所。人民群众会在积极的政治参与中逐步学会管理国家事务，也学会自我管理，从而提升当家作主的意识和能力。

1. 发展民主的过程也是公民权利意识和能力提高的过程

民主进程可以直接激发公民在选举、表达、结社、参政及监督等方面的权利意识，并使公民学会以适当的方式行使自己的权利，学会为争取自己的权利而斗争。除此而外，民主对经济、文化和社会领域的公民权利或自由的发展都有积极的促进作用。民主对公民权利或自由的促进，实际上是对社会主义法治进程的有力推动，因为公民享有广泛的权利或自由正是社会主义法治的基本要求之一。

2. 民主的发展有助于培育全民守法精神

现代民主制度就是要激发民众的政治参与和法律参与的积极性，激发他们在此领域中的创造性。它鼓励民众不是疏远而是接近法律，不是消极畏避而是积极利用法律。民主要求民众严格服从法律，同时也允许对法律自由批评。在良好的民主秩序中，对法律的信仰与对法律的批判可以是且应当是统一的。实际上，也只有在这样的秩序中，这二者才会统一起来。这是一种与法治要求相契合的守法精神，它根植于一个社会的民主体制、经济体制和文化精神之中。

(四) 基于民主的权力制约会促进法治

在代议制民主体制下，通常会强调公权力的行使者要对人民负责，接受人民的监督。发扬社会主义民主的基本要求之一，就是保障国家权力有效、受约束地行使。民主要求国家权力的运行全面贯彻民主原则，要求在国家权力体系内通过分工和制约实现权力的自我约束与规范化，要求提高公职人员的民主意识。同时民主也要求从外部监督公权力，如动员人民群众对国家公务活动提出批评和建议，通过舆论监督等从外部约束权力；要求扩展社会自治，使人民群众更多地进行自我管理，使国家权力退出其不应干预的领域；要求通过促进政党的政治参与来促进对国家权力的监督。

民主监督的这些要求正好契合了以约束权力为己任的现代法治的追求。民主监督的水平提高了，法治的水平一般也会得到提高。现代法治的核心是国家机构及其工作人员严格守法，按照法律规定的职权范围和程序从事公务活动。因而，提高民主监督的意识和水平，有助于提升法治的水平。实行法治是人民约束国家权力的手段，且是一种不可缺少的手段。在实践民主的过程中，法治原则逐步深入人心，通过法律的权力控制逐步奏效。同时，也只有通过法律对政府权力的约束不断强化，民主才得以克服其发展中可能出现的弊端：通过“大民主”走向无政府状态，或以民主名义压制个人意志而导致“有集中而无民主”的极权状态。

四、社会主义法治对民主的积极作用

社会主义法治的发展要求贯彻民主原则并以民主为基础。同时，民主也内在地需要法治，要求将法治原则贯彻于民主发展的全过程。没有法治，就没有社会主义民主；没有法治，也没有中国正在发展着的全过程人民民主。一方面，厉行法治的制度可以被看作民主政权的一部分；另一方面，法治作为一种相对独立的社会治理方式，能够对国家政治生活发挥重要的调整功能。法治是社会主义民主政治的本质规定性要求，人民民主与依法治国具有内在的共生性。可以从以下几个方面来理解社会主义法治对民主的积极作用。

（一）确认和保障社会主义民主政治的各项制度

就法治对社会主义民主的作用而言，首要的就是，法律赋予民主一种法律上的合法性、正当性，并以国家的强制力来维护民主制度。实际上，民主制度也必须借助法律才能得到维持并健康发展，比如：法律的确认和引导功能可以使民主制度化、规范化、具体化；通过法律的意识形态功能民主制度获得更高的权威；通过法的纠错功能侵犯民主制度的行为受到法律的制裁。

（二）保障和促进人民的法律权益

民主权利的实现、政治参与水平的提升，必须依托法治框架下的政治法律制度。如果没有法治原则的贯彻，没有法律制度的有效运作，政治参与便是不稳定、不充分的。应当把民众参与活动纳入法治的轨道，以法律来促进政治参与的扩展，从而保障并切实实现人民群众在政治领导中的广泛的权利和自由。有了良好的制度条件，人民便能从自己争取民主和权利的活动中确实看到希望，他们当家作主的政治热情就会被充分地激发出来。

（三）保障对国家权力的制度性约束

在法治原则之下，宪法、法律确立了国家权力的法律基础，即国家权力要通过宪法、法律构建其存在和运行的合法性基础。通过确认宪法、法律的至上性、权威性，树立国家服从法的理念，要求任何具体国家权力的行使都必须有法律依据，任何权力都不能对抗宪法和法律。

法为国家权力的行使规定了方向、原则、界限，有助于国家权力行使的制度化、程序化、规范化、合理化，尤其是，通过法律确认国家权力的内部分工及相互关系，通过社会主义法组织和完善国家权力体系，规定国家机构的权限和职责范围，保障各国家机关各司其职、各安其位。法律作为一种有效的约束手段，可以把国家权力分散到不同部门、不同层次的机关，以使权力之间可以相互制约。如关于立法权、行政权以及司法权等的合理划分，中央权力与地方权力的分工，政府与执政党权力的分工，政府的政治权力与经济权力的分工等，都需要借助立法和法的实施来形成相应权力分配的基本架构及合理界限。

（四）弥补民主制度的内在缺陷

从实践来看，民主与法治可能存在一定的矛盾。从其本性来看，民主也有某种否定法治的倾向，即蔑视规则、以民主的至上性取代法律的至上性的倾向。民主作为一种决策权可能被滥用，即其决定范围被不适当地扩大；它也可能被用来压制甚至打击少数人，即不能充分尊重个人的意志和选择，而导致“多数人的暴政”。这便是民主的内在缺陷。

近现代民主致力于解决民主的缺陷的方式就是将民主与法治、自由、共和相连接，以法治原则、自由及共和精神约束民主。这也是现代民主顺利、健康发展的政治前提。民主通过与法治相结合而使民主的方式、范围等受到约束，从而成为健康的社会主义民主。实际上，这也是现代民主的自觉选择。这样，法治的外在限制被纳入民主的框架内而成为民主的内在自我约束。

第二节　党的领导与依法治国

一、社会主义法与执政党政策

政策，即政治策略，通常是指一定政党或其他政治组织为达到一定时期的政治目标、处理国家事务及社会公共事务，而提出并贯彻的路线、方针、规范和措施的总称。政党政策因不同政党在社会政治生活中的不同地位而具有不同的意义。其中，执政党的政策最具影响力，与国家政权的联系最密切。执政党的政策实际上就是国家政策的核心，是社会调整的重要形式之一。但在不同的政治和经济体制中，执政党政策发挥作用的具体方式、所发挥作用的限度等都会有很大差别。

在新中国成立以后的一个相当长时期内，执政党政策一直是我国社会调整的主要形式，政策通常具有高于法律的权威。当时政策的主导地位是与政治和经济体制相适应的。自中国共产党十一届三中全会以后，才开始了从依靠政策治国向依法治国的转变。这同时意味着执政党领导方式的转变。执政党政策与社会主义法作为社会调整的两种基本形式，它们之间有着内在的一致性，也有着明显的区别，故它们都有各自不可替代的作用。在中国走向法治化的进程中，必须协调好这二者的关系，使其各自在其适当的领域内发挥最大的作用。

(一) 法与执政党政策的一致性

社会主义法是执政党和人民意志的共同体现。执政党的意志与人民意志具有高度的统一性。法与执政党政策的一致性主要表现在：二者都产生于并服务于社会主义社会的经济基础，都体现着广大人民的意志和要求；二者的基本指导思想和价值取向是一致的；二者所追求的社会目的在根本上说也是一致的；二者在政策落实和法的实现方面，相互支持。

(二) 法与执政党政策的区别

1. 二者的意志属性不同

尽管法与执政党政策在阶级本质上是一致的，但从形式来看，二者所代表的意志仍有不同属性。法代表着一种国家意志，它对全体国民具有普遍效力。执政党的政策是工人阶级、中国人民和中华民族的先锋队组织的主张，代表着全党的意志。它本身并不是国家意志，其效力也只及于党的组织和成员，对党外的人员和组织等没有法律上的约束力。

2. 二者的表现形式不同

执政党的政策表现为党的决议、决定、规定、通知等党内文件。有些政策的内容可以主要是或完全是原则性规定，不具有法律规则那样的严格逻辑结构。有些政策的内容本身就是针对个别问题的具体规定，因而不具有规范性。政策也一般没有法律那样的系统性、公开性。而法则表现为国家的规范性法律文件或国家认可的其他法律渊源形式。法主要由规范构成，具有高度的明确性、具体性，有严格的逻辑结构。法律文件内部结构完整、层次分明，具有系统性。此外，法必须是公开的，而有一些政策不向，也不宜向社会公开，甚至在党内也不公开。

3. 二者实施的途径和保障方式不同

执政党的政策除进一步上升为法律而获得国家强制力保障以外，主要依靠党员的忠诚和广大人民群众的信赖来自觉实现，也以党组织自身的纪律来实现——对党的组织和党员违反党的政策的行为追究纪律责任。执政党可以通过自身的凝聚力、感召力来动员党外群众及其他社会组织拥护并贯彻执政党的政策。法是由国家强制力来保证实施的规范，对于违法行为由国家专门机关依法追究法律责任，且法的实施有一整套专门机制。政策实施机构的专门化程度一般不及法的实施机构的专门化程度。

4. 二者的稳定性程度、程序化程度不同

政策在制定和实施方面都具有更大的灵活性，往往有更快的变动性。从另一方面看这是政策调整的优势所在：政策能够随着形势变化而迅速调整，从而可以有效、迅速地发挥指导作用。但政策的制定和实施的稳定性程度、程序化程度一般都不及法律的。法律具有较高的稳定性：朝令夕改，变动过于频繁，会影响法的权威。当然，这并不是说法律不能因时而变。法律调整的每一个环节都有相应的法定程序，它注重借助程序的合理性来达到实质的合理性。

（三）法与执政党政策的联系

执政党政策与社会主义法在本质上的一致性以及在外部形式和调整方式上的差异决定了二者之相互关系的特点。正确认识这二者的关系，就是要看到二者之间的互补性，它们实际上是两种在功能上可以互补、在价值追求上可以相互支持的社会调整方式。

1. 执政党政策是法的核心内容

执政党本身就是形成和表达人民共同意志的重要机构，它能够比较迅速地体察到社会关系的新发展，尽快地制定出相应的对策，而社会中的法律需要也往往首先被执政党认知。中国共产党所提出的主张和措施在根本上体现了人民群众的共同意志和利益。作为执政党，中国共产党有能力把自己的政策上升为法律，且通过政策的法律化来实现自己的政治领导，维持其执政地位。民主和法治建设的健康发展，也要求法律反映和表达执政党的政策，自觉接受执政党的领导。这其实也是使法律更大程度地表达人民的真实意愿的途径。鉴于执政党政策已对社会生活中的重大问题提出了明确的认识和指引，政策已是对人民共同意志的一种政治表达，社会主义法在内容方面以执政党的政策为核心、反映和表达执政党的政策，是自然的，因而，在一定意义上可以说，执政党的政策是人民意志法律化的中间环节，社会主义法的核心内容即是执政党的政策。

法受执政党政策的指引和以其为核心，并不意味着法只是简单地、被动地把政策“翻译”为法律条文。实际上，立法过程中有大量的创造性工作要做，如通过有广泛代表性的人民代表对多种意见、利益的衡量和选择，进一步丰富、完善执政党的政策，使政策的原则性规定具体化，使之与法的整体结构相协调，使政策获得相应的专门法律实施机制的支持。因而，那种认为“党的政策就是法，是我们最好的法”的观点并不可取，容易导致的后果便是以政策取代法律、轻视法律的作用。

2. 法是实现执政党政策的一种方式

社会主义法是贯彻执政党政策、完善和加强执政党的领导、提高执政党的执政能力的不可或缺的基本手段。执政党的政策只有被制定为法律，才能上升为国家意志，获得更有力的实施保障。政策的法律化，使政策借助法律调整所特有的方式和机制而得到更好的贯彻。这一过程也意味着执政党的领导方式的转变。

3. 执政党政策的良好实施能够促进法的实现

执政党政策的贯彻，能够规范执政党的领导方式，提高党组织的工作能力、执政能力，提高党员的素质和水平，尤其会促使各级领导干部带头遵纪守法。政策的强化也有可能压制法的发展，问题的关键在于贯彻什么样的政策。在倡导法治的名义下，把政策与法对立起来，认为执政党的政策是法治化的阻碍，其实是法律超阶级、超政治的旧法观点的表现，或者是对过去那种以政策代替法律的观点的矫枉过正。它没有认识到或否认了执政党的政策对法治化进程的指导作用。

二、依法执政理念的提出

历经革命、建设和改革，中国共产党已经从领导人民为夺取全国政权而奋斗的革命党，成为领导人民掌握全国政权并长期执政的执政党；已经从受到外部封锁和实行计划经济条件下领导国家建设的党，成为在对外开放和发展社会主义市场经济条件下领导国家建设的党。这两大历史性的变化，对中国共产党的领导方式和执政方式提出了新的更高的要求。中国共产党在总结几十年执政经验以及社会主义建设和发展经验，总结人类社会发展规律的基础上逐步明确提出，加强、改善党的领导和执政方式的最重要举措之一就是，坚持依法执政。

党的十六大报告谈到了党的依法执政问题："共产党执政就是领导和支持人民当家作主，最广泛地动员和组织人民群众依法管理国家和社会事务，管理经济和文化事业，维护和实现人民群众的根本利益。"党的十六届四中全会通过的《关于加强党的执政能力建设的决定》更明确地提出，党必须坚持"科学执政、民主执政、依法执政"。自此以后，依法执政成为我国国家治理的重要原则之一。

2013 年 12 月 4 日，习近平在首都各界纪念现行宪法公布施行 30 周年大会上的讲话中进一步指出："依法治国，首先是依宪治国；依法执政，关键是依宪执政。新形势下，我们党要履行好执政兴国的重大职责，必须依据党章从严治党、依据宪法治国理政。"①

党的十八届三中全会提出，坚持依法执政与依法治国、依法行政共同推进。党的十八届四中全会提出建设中国特色社会主义法治体系，将"形成完善的党内法规体系"和"坚持依法治国、依法执政、依法行政共同推进"作为法治国家建设的基本内容之一。

中国共产党十九大提出要"坚持党对一切工作的领导"，"必须把党的领导贯彻落实到依法治国全过程和各方面"。

2018 年宪法修正案在《宪法》第 1 条增加了"中国共产党领导是中国特色社会主义最本质的特征"的内容，进一步明确了党依宪执政、依法执政的宪法基础。中国共产党二十大进一步提出："中国特色社会主义制度的最大优势是中国共产党领导，中国共产党是最高政治力量，坚持党中央集中统一领导是最高政治原则。"

依法执政对于巩固执政党的合法地位，提高执政党的执政能力，全面推进依法治国，实现党的领导、人民当家作主与依法治国的有机统一，具有广泛而深刻的意义。

三、依法执政的基本要求

依法执政，是指执政党依照法定程序进入国家政权并在其中处于领导地位，使执政党的主张经过法定程序上升为法律而成为国家意志，依据宪法和法律发挥执政党的总揽全局、协调各方的核心领导作用，依据党内法规从严管党治党，督促、支持和保证国家机关依法行使职权，推动党和国家的各项工作在法治轨道上运行，实现国家经济、政治、

① 习近平：《在首都各界纪念现行宪法公布施行三十周年大会上的讲话》，载《人民日报》，2013-12-05。

文化及社会生活的法治化、规范化，实现党的全面领导。

资料链接

依法执政，既要求党依据宪法法律治国理政，也要求党依据党内法规管党治党。必须坚持党领导立法、保证执法、支持司法、带头守法，把依法治国基本方略同依法执政基本方式统一起来，把党总揽全局、协调各方同人大、政府、政协、审判机关、检察机关依法依章程履行职能、开展工作统一起来，把党领导人民制定和实施宪法法律同党坚持在宪法法律范围内活动统一起来，善于使党的主张通过法定程序成为国家意志，善于使党组织推荐的人选通过法定程序成为国家政权机关的领导人员，善于通过国家政权机关实施党对国家和社会的领导，善于运用民主集中制原则维护中央权威、维护全党全国团结统一。

——《中共中央关于全面推进依法治国若干重大问题的决定》

具体而言，依法执政的基本要求主要有如下几个方面。

（一）依法执政的关键是依宪执政

我国宪法是国家的根本法，是治国安邦的总章程，凝结着国家治理的最高理性选择。我国宪法集中体现着我国各族人民的共同意志和根本利益，集中体现着党和国家的中心工作、基本原则、重大方针、重要政策等。它以根本法的形式确立了中国特色社会主义道路、理论及制度发展的成果。宪法具有最高的法律地位、至高的权威和法律效力。我国宪法明确规定："一切国家机关和武装力量、各政党和各社会团体、各企业事业组织都必须遵守宪法和法律"；"任何组织或者个人都不得有超越宪法和法律的特权"。中国共产党作为政治组织，同样没有超越宪法和法律的特权。《中国共产党章程》明确规定，"党必须在宪法和法律的范围内活动"。

因而，执政党依法执政，首先应当尊重、服从和维护宪法作为最高的法的至高权威。这也是实现和改善执政党领导的重要努力方向。维护宪法权威，就是维护执政党和人民的共同意志的权威；捍卫宪法尊严，就是捍卫执政党和人民的共同意志的尊严。只有强调依据宪法来执政，才能更彻底地实现执政党的正确领导，才能使执政党的主张更充分地体现全体人民的共同意志，才能更快地全面推进依法治国事业。

（二）依法进入国家政权组织，参与行使国家权力

执政党对国家的组织领导，对国家权力的直接参与，要更加重视通过法定程序来实现，因而，要在宪法、法律框架下健全靠人民执政、为人民执政的制度，健全提高党的执政能力和领导水平的制度，完善党领导人大、政府、政协、监察机关、审判机关、检察机关、武装力量等的制度，等等。这要求：通过宪法来确立中国共产党作为国家政权机构体系中的领导党、执政党，确立执政党在整个政权体系中处于核心地位；执政党依照法律程序向国家机关推荐重要干部，并通过在国家机关中的党组织和党员的活动，保证所推荐的干部依法担任国家机关的领导职务。依法实现组织领导，是依法执政的基本

要求之一。

（三）党领导立法，注重通过立法来实现党的意志

执政党要善于使党的重要主张通过民主的法定程序成为国家意志，上升为具有普遍约束力的法律，保证党的路线、方针、政策更富有创造性地通过法律得到贯彻实施；要更重视借助法律的稳定性、规范性、权威性、程序性等调整优势和特点，使党的主张进一步升华和完善，具有更广泛的群众基础、更强的稳定性。通过领导立法工作，执政党将其执政理念、重大方针政策等通过法定程序，体现为国家意志和法律意志，使党的意志与人民的意志高度凝聚在一起，形成法律化的共同意志。具体的制度如：人大、行政机关的立法规划和计划、重大立法决策等由执政党的相应机关批准，人大党组和行政机关党组向党的相应组织报告立法工作等。可以说，执政党领导立法，决策重大立法问题，是其依法执政的一项基本要求。

（四）保证执法司法，支持、监督各类国家机关依法尽职尽责

中国共产党的依法执政，不是取代国家政权各个机关的独立工作，而是要保障各类各级国家机关实现宪法和法律赋予的职权/职责。在战争年代形成、在计划经济年代沿用的那种党政高度一体的治理机制，在民主宪治时代会削弱执政党的领导，甚至损害党的执政地位。各级党委要在同级各种国家组织中发挥总揽全局、协调各方的领导核心作用，集中精力抓好大事，尤其要支持各国家机关依法独立、负责地开展工作，依法协调、有力保障各个国家机关忠于职守、执法为民、严格依法行政、独立公正司法。而且，中国共产党对各类国家政权机关的领导、监督和保障工作，都应符合法律的规定，依照法定程序开展。可以说，保障执法、司法机关独立行使职能，是中国共产党依法执政的一项基本要求。

（五）带头守法，党必须在宪法和法律的范围内活动

执政党依法执政，不但要领导和保障其他各类国家机关依法办事，更要使执政党的各级机构行使权力的行为真正严格遵守宪法和法律，即执政党要带头遵守宪法和法律。可以说，执政党带头守法，保障各级党的机构，尤其是党的各级领导干部，严格守法，也是依法执政的一项基本要求。

带头守法，是依宪执政原则的具体化，是“党在宪法和法律范围内活动”原则的具体要求。带头守法，不仅是一项政党的政治伦理，更是法治原则、宪治原则的法律要求。中国共产党的各项执政行为必须被纳入法治轨道，必须在宪法和法律的范围内进行。这要求：各级党的组织和领导干部要严格按照宪法和法律规定的范围、程序、时限和手段行使执政权力；党的各级领导干部要提高运用法治思维和法治方式深化改革、推动发展、化解矛盾、维护稳定的能力，在法治轨道上推动各项工作；要健全对党的权力运行的制约和监督，做到有权必有责、用权受监督、失职要问责、违法要追究。

（六）依据党内法规管党治党

依法执政，要求中国共产党依据党内法规管党治党。依规治党被纳入社会主义法治

体系，“形成完善的党内法规体系”是建设中国特色社会主义法治体系的一项基本内容。党内法规是一种极具中国特色的制度形态。党内法规既是管党治党的重要依据，也是建设社会主义法治国家的有力保障。党内法规制度建设是全面从严治党的长远之策、根本之策。

党内法规是体现中国共产党的统一意志、规范党的领导和党的建设活动、依靠党的纪律保证实施的专门规章制度。党内法规制度体系，是以党章为根本，以民主集中制为核心，以准则、条例等中央党内法规为主干，由各领域各层级党内法规制度组成的有机统一整体。党章在党内法规制度体系中居于核心和统帅地位，全党必须一体严格遵行。自中国共产党十八大以来，党内法规制度体系建设受到高度重视，党内法规制度体系建设显著加快。党内法规制度体系的基本框架是，以党章为核心和根本，具体制度包括党的组织法规制度、党的领导法规制度、党的自身建设法规制度、党的监督保障法规制度等。

资料链接

《中国共产党党内法规制定条例》

四、依法执政与依法治国的统一

（一）依法执政与依法治国的内在一致性

依法治国方略要求彻底改变单靠政策治国、“以党治国”的治国方式。但依法治国并不是要否定政策的重要作用和排斥或否定中国共产党的领导，而是要求推进中国共产党的领导制度化、法治化。中国共产党的领导制度化、法治化，既是加强党的领导的应有之义，也是法治建设的重要任务。依法执政正是中国共产党的领导法治化的基本要求。依法执政与依法治国的统一，是中国共产党的领导和社会主义法治的一致性的集中体现。

依法治国作为执政党治国理政的基本方略，依法执政作为中国共产党执政的基本方式，都体现了中国共产党崇尚法治、反对人治的法治精神，都服务于相同的社会发展目标，都旨在促进国家的长治久安，都是社会主义民主政治的基本要求。二者在落实的过程中相互支持、相互促进。但是也必须看到，依法治国与依法执政在实施主体、治理对象、具体要求和直接目标等方面有所不同，党毕竟不是国，党务也未必是国事，因而，承认二者的内在一致性，并不是说二者可以相互取代，而是说它们不可分割、相辅相成、相得益彰。

(二) 依法执政是依法治国的内在要求和关键

实现依法治国，要求一切政党、一切政治组织都必须在宪法和法律范围内活动，尊宪守法。中国共产党的领导和执政必须在法治框架内展开，必须依靠法治来达到。这既是完善和保障党的领导的要求，也是厉行法治的要求。依法执政作为实现中国共产党的领导的重要方式，是依法治国的内在要求。通过依法执政来体现坚持中国共产党的领导，是全面依法治国方略得到落实的根本政治保证。

鉴于中国共产党在国家和社会中的领导核心地位及重要作用，中国共产党的依法执政无疑是依法治国的核心。中国共产党能否依宪执政、依法执政，直接影响着党的权威，直接影响着国家机构能否依法运作、国家权力能否受到有效制约和监督，从而决定着能否真正实行依法治国。只有坚持依法执政，依宪依法依规行使执政党的执政权和领导权，从而巩固政治权威，指引法治道路的正确方向，将党政权力关进制度的笼子里，依法治国建设才能顺利向前。

(三) 依法治国带动依法执政

依法治国方略的逐步落实，依法治国事业的不断推进，也对中国共产党的领导方式和执政方式提出了更高的要求，依法执政的基本主张就是在依法治国理念的推动和启发下明确提出的。依法治国水平的提高，会有效提升对法治的功能和价值的认识，这为依法执政、执政党守法提供了良好的政治氛围、社会氛围和社会动力。伴随着从政策治国到重视法制，进而到实行法治的治国方略转型，中国共产党对执政与治国、政策与法律、党权与政权、党的建设与国家建设、党内民主与政治民主等之间的关系的认识，也逐步深化。随着依法治国方略成为党和国家的共识，中国共产党的依法执政理念也应运而生。随着依法治国进程中不断出现新问题、提出新目标，中国共产党的依法执政也不断充实新内容。

第三节　人权保障与社会主义法治

政治建设的根本在于实现人民民主，促进人民的幸福生活。尊重和保障人权与基本自由，是实现人民民主的具体表现，也是我国民主政治建设的重要内容。在这样的背景下，人权实为政治的核心议题。其实，不单是政治权利，所有其他的权利，诸如经济、社会、文化及环境等各个领域的权利，其实现，都离不开基本政治结构的保障以及国家权力的正当运用。此外，人权领域的重要争论几乎都与政治有关。因此，我们在此讨论人权与法治之间的内在联系。

一、人权的概念

人权是权利的一种特殊形态，也是最为重要的、基础性的一类权利。人权的理念和制度是人类政治法律文明成果的结晶。以人来修饰权利，是进一步强调这种权利对人的重要性，也是进一步强调人作为权利主体对权利的限定。我们认为，人权是每个人基于其作为人的尊严而应当享有的、对其生存和发展具有基础性意义的权利。

理解人权的概念时，应注意把握人权如下几方面的特点。

（一）人权的普遍性

人权最显著的特点是它是普遍的，是所有人都得以平等享有的权利。人权的普遍性，首先体现在人权的权利主体是最普遍的，即权利主体是每一个人。人权是所有人都应普遍享有的那些权利，而不管他们在性别、种族、国籍、宗教、身份、职业等方面有何具体差异。人权的普遍性还体现在，承认人权是一种应当得到各个文明共同肯认的人类共同价值，人权应当是“所有人民和所有国家努力实现的共同标准”。人权呈现着人类的共同价值和人类文明的共识。

（二）人权的道德性

人权首先是一种在道德上具有强烈正当性的权利，或者说，是一种在道德上具有高度优先性的权利诉求。在此意义上，人权具有超法律的一面。人权的核心理念之一就是，人权不是从属于而是在道德意义上“高于”国家或法律的权利，人权的正当性并非来自国家权力或法律规定。在一定意义上，人权恰恰是用来约束或限制国家或法律的，这就是人权的防御性功能。人权的道德性，使人权具有开放性、批判现实性以及与时俱进的品格。借助人权这一概念，那些日益成长的权利或利益诉求可以被有力地提出来，引起关注。

（三）人权的基础性

人权是指对人的尊严、人的生存和发展而言最基本、最重要的那些权利，是关于人的生存和发展的一种基础性标准，即它是指人得以体面地、有尊严地生存和发展所必须具备的最基本也最根本的权利。人权是确认并保障人的尊严和发展的重要方式。在这个意义上，这些被称为人权的权利应是不可转让的、不可侵犯的、不可或缺的，是为人所生而“固有”的。

（四）人权的社会制约性

权利不可能在真空中得到实现，而只能在具体的社会关系和社会实践中得到落实。马克思、恩格斯反对用典型的资产阶级世界观（资产阶级“法学世界观”）看待人权问题，即反对把人权问题仅仅看作是个法律问题、观念问题，而认为人权问题从根本上说是个社会问题、社会制度问题。深入认识人权问题，应当坚持历史唯物主义的方法论。理解人权的社会制约性时，应明确的是：人权不是从来就有的，它的产生有其具体的历史条件；人权的发展和实现方式，受到各种社会条件的深刻影响，一个社会的经济关系、政治关系、社会发展水平、文化传统等都深刻地影响着人权的面貌；人权作为一种政治现象，其阶级本质是由该社会的生产关系所决定的；超出社会关系的具体要求和现实条件而提出不切实际的权利诉求，最终会损及人权事业的进步。

（五）人权的意识形态性

人权具有鲜明的政治性，是一种强有力的政治性诉求。一方面，人权在现实中往往代表着社会中弱势者的社会要求，即人权作为一种抗议性的理想，往往是弱势者的意识形态，弱势者可以借助人权符号来增强其诉求或主张的正当性。这就是说，人权往往是弱势者对抗强势者的有力手段，是被压迫者和期待改善自己命运与地位之人的话语形式。在此意义上，人权成为被压迫者实现解放和自由的一面旗帜。另一方面，人权也是一种强势者的意识形态。随着人权语言的意识形态化，人权有时也成为强势者美化自身统治、压迫弱势者、取消弱势者的权利要求、要强制性地改造弱势者的生活等做法的一个借口。在国际政治中，人权也是一个重要议题，关于人权与主权间之关系的争论、人权外交等都经常充满着意识形态色彩。一些西方国家推行所谓人权外交，经常以人权、人道主义援助等为口号干涉发展中国家的发展，推行霸权主义。

（六）人权的内在相互依赖性

人权作为权利体系不是由一些权利散乱拼凑在一起的，这些权利具有内在关联性、内在的相互依赖性。作为人权的公民权利、政治权利、经济权利、社会权利、文化权利等，都是相互联系、相互促进的。脱离它们彼此的联系，每一项权利的实现都将遭遇到更多的困难，甚至不大可能得到充分实现。因而，当代许多国家的人权文书都强调人权的不可分割性。这也是当代全球在人权问题上的一项重要共识。

资料链接

权利决不能超出社会的经济结构以及由经济结构制约的社会的文化发展。①

——马克思

人人生而自由，在尊严和权利上一律平等。他们赋有理性和良心，并应以兄弟关系的精神相对待。

——《世界人权宣言》第1条

一切人权均为普遍、不可分割、相互依存、相互联系。国际社会必须站在同样地位上、用同样重视的眼光、以公平、平等的态度全面看待人权。固然，民族特性和地域特征的意义、以及不同的历史、文化和宗教背景都必须要考虑，但是各个国家，不论其政治、经济和文化体系如何，都有义务促进和保护一切人权和基本自由。

——1993年《维也纳宣言和行动纲领》

人人生而自由，在尊严和权利上一律平等。人的尊严不仅涉及人的自由，而且关系人的全面发展。人权是个人权利与集体权利的统一。各国人民的生存权、发展权、和平权、环境权等，既是重要的集体人权，又是实现个人人权的前提和基础。所有人权不可分割、相互联系。公民和政治权利的获得离不开同时获得经济、社会和文化权利，两者

① 《马克思恩格斯全集》，2版，第25卷，19页，北京，人民出版社，2001。

同等重要，相互依存。

——2017 年首届“南南人权论坛”《北京宣言》

二、人权的体系

基于对人权之概念及内涵的理解，我们将人权体系的基本内容分为如下几个方面。

（一）基本自由权

基本自由权大致是公民权利和政治权利方面的基本人权。这种自由权是最早被作为人权而确认下来的权利，主要指那些免于国家干涉的“消极权利”。基本自由权是个庞大的权利体系，举其要者大致有：身心自由权，即以人的生命、思想和行动自由为中心展开的权利；生活自由权，如婚姻家庭权、私生活安宁权、通信自由权、住宅不受侵犯权、私人信息受保护权等；政治自由权，如选举权、表达自由、结社自由、罢工自由、游行示威集会自由、参政权、知情权、监督权等；经济生活自由权，如财产权、交易自由、契约自由、职业自由、经营自由等；法律面前人人平等的权利；司法领域中的程序性权利，如无罪推定、禁止刑讯逼供、少年犯特别程序、错案赔偿、禁止双重惩罚、非法证据排除、不得强迫自证其罪等。

（二）经济、社会和文化权利

这一类权利是“积极权利”，也被认为是所谓的第二代人权。这类权利着重于在实质上为个人自由之实现提供基本的社会与经济条件，在一定意义反映了自 19 世纪以来兴起的社会主义思想。这一类权利主要包括工作权、获得适当生活水准的权利、获得社会保障的权利、健康权、受教育权、享受文化发展成果的权利等。

（三）特定群体的人权

社会中总是存在一些弱势群体，即某些由于自然或社会原因其权利处于不利地位的特定群体。这些人群主要包括少数民族/族裔、妇女、儿童、残障人、被强迫失踪者、移徙者、难民等。对这些特殊群体之人权的特别保护并没有损害普遍性的人权，反而是人权平等保护的必要步骤。国际上专门制定了保护妇女、儿童、残障人等群体的多项核心人权公约，发展出了妇女人权、儿童人权、残障人人权、移徙者人权等基本人权。

（四）集体人权

集体人权是指社会中一定群体或者团体组织所享有的人权，它是一种作为有机整体的“人民的权利”。关于集体权利的人权属性有很多的争论，我们认为，人权是个人人权与集体人权的有机统一，集体人权是人权体系的组成部分，两类权利相互促进才能实现人权的最大化。按照通常的看法，集体人权主要包括自决权、环境权、发展权、和平权等。

三、以法治保障人权

在法治理念下所建构的法律制度及法律机制是当代人权保护的最重要方式。人权的实证化、法律化，是人权保障的关键性步骤之一。通过将人权确认为法律权利并借助法律的权威性和强制性予以保障，人权将更有可能得到充分落实和实现。

改革开放以来，我国已构建了较为完备的人权保障法律规范体系，在人权执法建设、人权司法保障方面也都取得了显著进步。中国共产党十八大以来，加强人权的法律保障显著成为法治建设的重要内容，比如，推进人权的司法保障是近年来深化司法改革的一个亮点，如保障犯罪嫌疑人/被告人的获得公平审判的权利、人格权、人身健康权等，健全法律援助制度、国家赔偿制度、律师辩护制度等。

中国共产党十九大明确提出，要“加强人权法治保障”。加强人权保障的法治保障，就是要在法治的各个环节都充分体现对人权的尊重和保障，将人权原则贯彻于法治建设的全过程。具体而言，要突出宪法的人权保障功能，加强宪法的实施和监督，完善合宪性审查机制和程序；完善人权保障的专门立法，诸如加强保障权利公平、保障平等权、反对歧视的立法，加强保护公民人格权、财产权、人身权的立法及制度，加强保障公民平等参与权、平等发展权的立法，加强保障民生基本权利的立法等；将尊重和保障人权原则贯彻到各个部门法的立法完善过程；加强行政执法、依法行政中的人权保障，保障执法机关严格执法，明确权力边界，做到“法无授权不可为”，保障公民的合法权利；加强人权的司法保障，通过司法改革，增强司法权威和司法公正，有力保障对受侵犯的公民各项权利的司法救济；健全保障人权的法律监督机制，保障国家公职人员的职权行为合法、尊重人民的合法权益，对违法侵权行为予以追究；等等。

四、尊重和保障人权对法治建设的意义

人权需要借助法治才能充分展开和顺利推进，同样，现代法治也必须借助人权才能得到健康发展。尊重和保障人权，充分贯彻人的尊严和人权理念，是现代法治健康发展的内在必然要求。将尊重、保障和发展人权作为我国法治事业的一项基本价值，有助于推进全面依法治国，保障中国特色社会主义法治的人民性。人权保障水平，是衡量法治发展水平的基本指标之一。

1. 尊重和保障人权，是法治的基本价值之一

人权是我国法治的重要价值坐标。现代法治作为民主政治制度的一部分，是包含内在价值的一项事业，其内在价值的核心就是尊重和保障基本人权。人权被纳入法治的价值体系之中，既是对人权的有力保障，也是对法治事业发展方向的价值引领。人权可以说是一项综合性的法价值，这就是说，人权作为法治的价值和法律制度，也综合了诸如自由、平等、秩序、民主等多项价值。其中很重要的就是，人权促进了法治的民主价值以及社会主义价值。人权制度是将人民民主具体化的重要方式，也是社会主义制度的基

本要求。社会主义制度和民主制度都要求促进每个人的自由全面发展，提升人的平等、尊严，而尊重和保障人权正是达到这一价值的基本方式。

2. 尊重和保障人权，将增强法治发展的推动力

法治建设是人民的事业，尊重和保障人权有助于动员广大人民自觉地守法用法尊法。法治是宏大的国家建设工程，也是每个人从身边做起的日常生活实践，而尊重和保障人权正是将个人的日常生活与国家层面的体制革新联系起来的好方式。一个普通国民为争取和捍卫自己的人权而抗争，就是在为推动法治事业而努力。在认识到法治的人权保障功能后，人民才会自觉地服从和遵守法律，才能逐步树立起对法律的信仰、对法律的尊重。法律尊重人权，人民才信仰法律。

3. 尊重和保障人权，有助于提高法治在国家治理现代化中的作用

当前，我国正处于全面社会转型和国家治理现代化的关键性时期，也正处于一个社会矛盾、文化价值冲突等集中爆发的时期。对权利的不重视不尊重是社会矛盾累积、社会冲突增加的一个重要原因。尊重、保障和发展人权，突出地体现了“以人为本”的发展观、社会和谐观，也适应了社会转型和进入新时代的需要。法律治理要在社会转型和国家发展中发挥更积极的、更具建设性的作用，就必须更充分利用人权这个精巧而有力的治理方式，即通过尊重和保障人权来限制国家权力，增强对权力的监督意识，满足人民对美好生活的追求。尊重人权和保障人权，是勘定国家权力与公民权利间之界限、以权利制约国家权力的重要方式。通过贯彻人权保障原则，加强人权法治，法治建设才可以在国家治理现代化进程中发挥更大作用。

第四节　以法治方式发展政治文明

发展社会主义民主，是中国现代化事业的重要目标之一。民主是社会主义制度的立国之本，民主是社会主义的生命，没有民主就没有社会主义。① 为实现全面的人民民主，需要稳步有序地推进政治的民主化改革。政治的民主化改革需要对政治生活中的一系列基本政治关系予以优化和调整，进而创造出富有中国特色的政治制度、体制和运行机制等。应当妥当处理的重要关系包括人民、国家与执政党的关系，政治、民主与法治的关系，个人、社会与国家的关系，人大、政府与司法机关的关系，政府、市场与社会的关系，中央与地方的关系，领导个人、组织与制度的关系，等等。处理这些政治关系，都要在法治的框架下贯彻民主原则并积极、稳妥、有序地展开。

法治国家建设是民主政治建设的一部分，全面推进依法治国是政治体制改革的重要内容之一。实行依法治国的过程，就是人民行使民主政治权利的过程，是国家政治权力运行制度化、规范化、程序化的过程。同时，厉行法治能够加快推进政治改革进程，并能降低政治改革引发社会动荡的风险。政治民主化改革必须在法治的轨道上展开，也只

① 参见《邓小平文选》，2版，第2卷，168页，北京，人民出版社，1994。

有在法治的轨道上才能顺利持续推进。从法治的角度看，政治民主化改革要通过一整套的法律机制来限制政治权力、增强民主意识、提高民主管理能力，以真正实现人民当家作主，使民主、法治与社会主义相互支持、相互协调。这里主要说明如下几个方面的当前迫切需要关注的改革方向和措施。

一、扎实推进依法执政

依法执政本身是发展民主政治的内在要求，也是全面依法治国的重要体现。依法执政是中国政治民主化改革和法治国家建设的核心问题之一。如何依照科学、民主、合法原则加强和完善中国共产党的领导，如何做到依宪依法依规实现中国共产党的执政，直接关系到执政合法性建设，关系到中国政治改革乃至整个社会转型的进程。推进依法执政，最根本的是要把立党为公、执政为民的执政理念法律化，落实为具体的法律制度；要通过依法执政来全面实现科学执政、民主执政；要通过法律渠道把党内民主与人民民主连接起来，并以党内民主来推进政治民主。

（一）加强对执政党活动的党规国法规制

在当今中国，中国共产党在国家政治生活中处于执政和领导的核心地位，因而，中国共产党活动的民主化、法治化是政治民主化的重要部分和关键环节。加强执政党活动的法治保障，使其依法执政，善于通过法治方式实现领导，是实现党的全面领导的重要方式。将所有国家权力置于民主监督和法治约束之下，是民主和法治的基本要求。鉴于党务活动实质上是国务活动，执政党机关实际上也是国家机关，需要在加强全面依规从严治党的同时，加强对党组织活动和党的领导干部行为的法律规制。执政党越是将自己置于法治的框架之中而依宪依法执政、依宪依法展开党务活动，就越能巩固党执政的合法性，越能提高民主质量。

按照依法治国理政的要求，健全中国共产党党内法规和涉及党组织活动的法治建设，要全面贯彻民主集中制，促进党的各级机关决策的规范化、程序化、法律化，比如：完善党内民主制度，如选举制度、党务公开制度、问责制、民主监督机制等，并与国家民主、国家监督相结合；健全为人民执政、靠人民执政的各项制度；完善全面从严治党制度；等等。在条件成熟时，考虑制定政党组织法、政党政治协商法等专门法律，完善选举法等，规范政党的活动，保障政党的活动符合现代民主和法治精神。

（二）优化党组织与国家机关之间关系

按照改革与法治相结合的要求，要在法治框架内完善中国共产党领导人大、政府、政协、监察机关、审判机关、检察机关、武装力量、人民团体、企事业单位、基层群众性自治组织、社会组织等制度的要求，要把党的领导贯彻到党和国家所有机构履行职责的全过程，推动各方面协调行动，增强合力。这需要在宪法和法律的框架内推动党和国家机构改革。按照党中央的部署，我国在 2023 年进行了新一轮的党和国家机构改革。

按照中国共产党总揽全局、协调各方的原则，党的工作重心应转向对各类国家权力运行的协调和统筹，在顶层设计方面展示党的领导核心作用，而不是在具体工作方面干预各个机关独立行使职能。具体的改革举措有多种，比如，党更注重通过正式的民主机制吸纳、表达和整合民意，更善于通过法定程序将党的意志和政策变成国家的意志和法律；全力支持人大依法履行国家权力机关的职能，使党的领导融入人民代表大会制度之中，在人民代表大会体制中通过主导立法权、人事权、重大事项决定权和行使监督权实现党对国家的领导；支持政府履行法定职能，促进依法行政；完善党对政法工作的领导，支持审判机关和检察机关依法独立、公正地行使审判权和检察权，支持监察机关依法独立行使监察权。

二、完善全过程人民民主的法律机制

（一）完善人民代表大会制度的民主立法功能

人民代表大会制度是我国的根本政治制度，是我国人民行使当家作主权力的机构。人民代表大会制度适合我国国情，但仍需不断完善以使其民主功能得到更好的发挥。完善人民代表大会制度的中心是，更充分发挥人大的表达民意、协调利益、整合民智的功能。

通过完善人大的组织制度、议事机制、选举制度，以及公民参与制度等，人民代表大会的民主功能可得到更充分的发挥，人大代表可以更有能力、有机会、有责任地议政，公民将更有机会、有兴趣积极参与政治，国家公职人员得以更有自觉被监督、被约束的意识。这些方面的改革都与法律有关，都应当以法治方式进行。相关的法律改革举措至少包括如下几点。

（1）完善民主选举制度，如扩大基层直接选举的范围；完善选举制度和程序，增强选举的竞争性、公平性；借助选举来提升人大代表的议政素质和议政责任等。

（2）强化人大的民意表达和整合功能，健全人大的组织制度，完善有关人大的组织体系、工作机制、议事规则等方面的法律制度；完善人大的论证、评估、评议、听证等制度；健全人大代表与选民的联系机制，加强人大代表依法履职，如代表述职制度、履职监督制度等；积极引导并规范利益群体的活动，发挥其积极的政治影响力，抑制其负面作用；健全人大制度中的民主协调机制等。

（3）提高立法过程的民主化水平，如扩大/提高公民的立法参与方式/程度，完善立法起草、立法协调和立法审议的机制，尝试建立重大立法的全民公决制度，加强立法的组织协调工作等。

（4）健全由有立法权的人大主导立法工作的体制机制，如健全人大主导立法规划、立法起草的制度，人大主导立法草案审议中协商的制度；加强人大各专门委员会的审议职能，加强人大常委会委员审议立法的能力；创新人大代表参与立法机制，拓宽人大代表参与立法的途径和渠道等。

（二）完善协商民主的法律机制

协商民主是我国民主政治的重要特色。以法治方式促进协商民主，完善中国共产党领导的多党合作和政治协商制度，应重点努力的改革方向包括：完善各类协商的民主程序；完善各民主党派发挥政治监督、建言献策、参政议政作用的制度，着力促进政党之间的民主协商制度；统筹推进政党协商、人大协商、政府协商、政协协商、人民团体协商、基层协商以及社会组织协商等。

（三）完善民族区域自治制度

完善民族区域自治制度，需要健全相应法制，保障民族自治地方依法行使自治权，保障少数民族在政治、经济、文化发展方面的各项权利，促进各民族共同团结进步、共同繁荣发展。尤其要从维护民族地区稳定和发展的角度，强化法律治理效能，疏解社会矛盾，加强各民族交往交流交融。要通过健全民族区域自治制度，铸牢中华民族共同体意识，强化国家权威、国家统一的意识，依法打击各种形式的民族分裂势力，依法打击制造民族对抗、分裂国家的违法（犯罪）行为，依法确保民族地区稳定的大局，支持和帮助民族地区加快发展。

三、完善权力制约的法律机制

我国社会主义民主要求有效制约和监督国家权力，规范国家权力的运行。基于法治方略的各项制度建设，是规范、制约和监督权力运行的有效方式。在我国新时代的民主化进程中，强化权力制约的基本思路大致是，坚持权责法定、权责透明，明晰权力边界，加强人大监督职能，健全分事行权、分岗设权、分级授权、定期轮岗等制度，规范工作流程。这里简要分析其中几点。

（一）有效推进权力运行的公开化

政治公开性、透明性是民主政治的内在要求。实现人民切实监督权力，真正落实和保障公民的公共事务知情权，都需要推行权力运行的公开化。让权力在阳光下运行，把权力关进制度的笼子里，才能根治国家权力运行中的腐败，克制官僚主义或公权私用，保障权力的人民性。关于这一点在国际社会主义运动的实践中曾有过深刻的教训。通过公开化推动监督，是现代自由民主制度的重要成就。我国民主化进程中也一直强调通过公开化监督制约权力。

以权责透明、公开，用权公开来推动对权力的民主监督，其具体要求是多方面、全方位的，例如：推进全领域公开，如立法公开、政务公开、司法公开、党务公开、基层民主事务公开等；以公开为常态，公开权力和责任的范围，完善具有操作性的公开制度和程序；推进全过程公开，如决策过程及决策信息、实施过程及实施信息等公开；扩展政治舆论的表达自由，以便公民交流信息、沟通意见、自由讨论、表达诉求；等等。

资料链接

罗莎·卢森堡《论俄国革命》（摘引）

（二）加强人大的民主监督职能

人大在我国国家权力体系中处于核心位置，监督权是其基本权能。加强人大的监督权，是健全权力制约机制的关键举措之一。加强人大监督的一个重要机制是健全维护宪法、法律至上的专门机制。现代政治文明的重要共识之一就是权力必须分工且受制约和监督。我们不能照搬西方国家所谓的三权分立模式，但国家权力的分工和相互制约是必不可少的。以维护宪法、法律的至上性为中心，建立专门的违宪（合宪性）审查机制，促进以权力约束权力，是现代政治法律治理的基本经验之一。中国共产党十九大提出，加强宪法实施和监督，推进合宪性审查工作。合宪性审查机制是中国民主化改革和法治建设事业中的“标志性工程”，也是坚持和完善中国共产党的领导的历史契机。

此外的改革举措还有许多，如，加强人大对政府财政预算的全面监督，加强人大对政府、监察机关、司法机关、中国共产党的机关日常活动的监督，完善预算法、税法、国有资产管理法、监督法等，完善罢免制度、问责制度、质询制度等。

（三）强化司法机关及监察机关的权力制约功能

司法机关在权力运行体制中具有重要作用，应当加强司法机关的权力制约功能。加强依法独立行使司法权的方式是，通过司法改革，促进人民法院、人民检察院依法独立审判权和检察权。近些年的司法改革主要是从加强中国共产党的领导，完善人员管理、财政经费管理、司法权配置、司法程序、司法监督、司法公开等方面，完善对依法独立行使司法权的制度设计。

发挥国家监察机关的监督职能，应当不断深化纪检监察体制改革，完善国家监察体制机制，加强上级纪委监委对下级纪委监委的领导，推进纪检监察工作规范化、法治化，推进纪律监督、监察监督、派驻监督、巡视监督统筹衔接。

（四）切实保障公民的政治参与权利

保障公民的平等参与权，是国家治理现代化的重要标志。充分的政治表达自由和政治参与，是政治民主化必须迈过的一道门槛。提高公民的政治参与兴趣、能力和机会，是政治民主化改革的必要步骤。公民的政治参与是加强对公权力的监督不可或缺的方式。提高公民政治参与热情的重要方式是，切实保障公民在宪法上的言论出版自由、游行示威集会自由、结社自由、批评建议权等，切实保障公民的知情权、参与权、表达权、监督权；同时，切实保障媒体的舆论监督权，通过更充分的新闻自由来提升舆论监督水平。

在民主化的社会转型过程中，公民的表达权、参与权等是逐步扩展的，不可能是一蹴而就的，因为经济社会的各种因素都影响着权利进程。

扩展基层民主是扩大公民民主参与的重要方式，也是我国近年来民主化改革的一个亮点。基层民主是一种最接地气的民主形式，是奠基政治民主大厦的基础工程。公正的基层直选和大众政治参与热情及能力的提高，对我国的政治民主化改革会产生深远的影响。这种起于基层的民主化路径的风险相对较小，并能够与自上而下的民主化改革举措相互促进。这种基层民主具有典型的中国特色，也是社会主义民主的内在要求。可以说，不断扩展基层民主，保证人民群众直接行使民主权利、依法自主管理自己的事务、创造人民自己的幸福生活，是社会主义民主基本的实践形式之一。以法治方式发展基层民主参与的主要要求包括：扩展地方自治的范围，完善基层民主的立法，探索制定专门的地方自治法；完善现有的村民自治和社区居民自治的立法，保障将基层自治进一步落到实处；在村民自治基础上，发展乡镇自治，提高县域自治水平；扩展基层直接选举的范围，真正落实自我管理、自我服务、自我发展；着力扩大乡镇人大、县市人大的民主治理功能。

四、依法稳妥推进政治改革

政治民主有助于巩固社会秩序，但通向政治民主化的转型过程，通常容易引发社会动荡。如何探索出一条既能稳步推进民主又能避免大的社会动荡的民主化道路，是当今中国的重要关切。中国共产党十九大提出，要“积极稳妥推进政治体制改革”。这就要求努力避免政治改革过程中的社会动荡，减少风险。以法治方式积极推动民主化进程，建立政治改革的共识，便是推进民主化改革的风险较小、效益较大的一种方式，是协调政治稳定与改革发展的一种方式。

政治体制改革的基本前提是政治和社会秩序稳定。如果政治民主化的步伐过快、措施失当，极易引起社会动荡，而这又会影响经济发展，而经济持续稳定发展是中国发展的关键。经济的市场化转型和民主化进程的深入推进，要求有强有力的政治权威，但这种权威有可能受到政治民主化的威胁。为了维系稳定的政治权威和持续的经济增长，尤其需要强调民主化进程的稳妥推进。但必须注意的是，这种经济优先、稳定优先的状况并不能够自动消解民主不彰的问题，甚至会累积政治民主化过程中的社会政治矛盾，从而引发更大的政治动荡风险。因而，既不能一味求稳求安而停滞不前、回避矛盾、不思进取，这样必然会丧失改革的最佳时机，也不能不顾现实条件，生搬硬套外国制度模式而轻率推出民主化改革举措，这样会事与愿违，往往引发社会动荡。有鉴于此，在中国社会转型过程中，寻求维稳与发展改革的平衡便尤其具有重要意义。在稳定与改革的权衡之中，中国选择了渐进式的改革道路，在中央的统一领导下稳步、有序地积极推进民主化进程。

贯彻法治原则是稳妥、积极地推动政治改革的重要方式。推动政治民主化、政治治理现代化改革，应切实贯彻依法治国方略，力求在法治的框架内协调矛盾冲突，凝聚共识，形成合力，稳步前进。运用法治方式推动改革本身就是一项重要的社会安定措施，法治体现着以和平方式解决纠纷的理性精神、对多元性利益及价值的协调精神。在法治框架内的政治民主化，通过和平方式探讨改革决策，以妥协求得合意，便有可能最大限度地减少暴力，避免大的社会动荡。以法治方式推动改革的过程，通过运用表达自由和政治法律参与权，来形成更广泛的对话协商、公共讨论，将提升大众的政治法律参与意识，壮大改革合力，提高制度设计和决策的科学性。总而言之，以法治推进改革进程，在法律领域展开民主讨论和民主决策，以法治来凝聚改革共识和降低改革风险，便最终能够在政治领域带来和平与稳定，推动民主化进程持续展开，保障经济的可持续发展，促进社会公平正义。这样，中国必将实现长治久安。

问题与思考

1. 现代民主政治的基本内涵是什么？
2. 如何认识社会主义法治对民主的促进作用？
3. 如何认识社会主义民主对法治的促进作用？
4. 社会主义法与执政党政策的主要区别是什么？
5. 如何认识社会主义法与执政党政策的联系？
6. 如何认识依法执政的基本要求？
7. 如何理解依法执政与依法治国的关系？
8. 如何认识以法治方式推进政治民主改革的问题？

阅读文献

1. 邓小平文选：第2卷. 2版. 北京：人民出版社，1994
2. 托克维尔. 论美国的民主. 董良果，译. 北京：商务印书馆，2013
3. 张恒山. 依法执政：中国共产党执政方式研究. 北京：法律出版社，2012
4. 王绍光. 代表型民主与代议型民主. 开放时代，2014 (2)
5. 杨光斌. 民主的社会主义之维. 中国社会科学，2009 (3)
6. 李林. 当代中国语境下的民主与法治. 法学研究，2007 (5)
7. 王浦劬，汤彬. 当代中国治理的党政结构与功能机制分析. 中国社会科学，2019 (9)
8. 王若磊. 依规治党与依法治国的关系. 法学研究，2016 (6)
9. 胡玉鸿. 全过程人民民主的法治向度阐析. 法学研究，2022 (3)
10. 韩大元. 论我国现行宪法的人民民主原则. 中国法学，2023 (1)

第十九章

中国社会主义法与文化建设

本章概要

发展社会主义先进文化，广泛凝聚人民精神力量，是国家治理体系和治理能力现代化的深厚支撑，也是法治建设的有力支撑。对于中国社会主义法与文化建设的关系可以从多个方面来认识，我们集中认识法与道德、宗教、法治文化事业之间的关系。正确处理好法与道德、宗教、法治文化事业之间的关系，对于建设社会主义精神文明、落实全面依法治国方略、践行社会主义核心价值观、巩固文化自信、实现社会长治久安等都具有重要意义。法对于促进我国的文化强国事业具有重要保障和推动作用，社会主义文化的发展和繁荣离不开法。从文化角度认识法治问题的一个特殊角度是研究法律文化、法治文化。法律文化、法治文化是文化的一个特殊部分，也是法律现象的一个专门内容。

关键术语

法　法的道德基础　道德　社会主义道德　法和道德的阶级性与共同性　法的道德界限　以德治国　无神论　宗教信仰自由　政教分离　社会主义核心价值观　公民道德建设　文化建设　精神文明　法律文化

第一节　社会主义法与道德

一、社会主义法与道德的联系

法与道德的关系历来是古今中外法理学的一个重要内容，也是法学家、哲学家一直争论不休的一个问题。

道德是一种社会现象，是由经济关系最终决定、按照善恶标准来评价，并依靠社会舆论、内心信念和传统习惯来维持的规范、原则和意识的总称。道德区别于其他社会现象的特点在于：第一，它评价人们的行为和思想的标准是善与恶，包括公正与偏私、光荣与耻辱、正义与非正义等等；第二，它依靠社会舆论、社会习俗和人们的内心信念来维持。由于道德的上述特征，它与法既有明显的区别又存在着密切的联系。

（一）社会主义法必然有其道德基础

法与道德是两种有着十分密切联系的现象。法是国家颁发的行为规范，法律规范包含国家对人们应该做什么、允许做什么和禁止做什么的要求，它是从国家立场出发对人们的行为的评价，包含立法者关于什么是正义与非正义、合理与不合理、善与恶的价值判断，反映了支持什么、反对什么、赞成什么的价值取向。法不可能脱离道德。

法，作为一个整体，体现统治阶级的道德，但这并不否认在个别时期，国家所制定的个别法律可能不符合统治阶级的道德。在社会主义国家，社会主义道德仍然是评价法律是否公正、是否符合广大人民共同利益的标准。法律若失去了社会主义道德基础，势必会蜕变为立法者的专横任意。

（二）社会主义法的道德基础取决于经济基础

在历史唯物论看来，道德观念归根到底也是由一定的物质生活条件决定的，人们自觉地或不自觉地，归根到底总是从他们的阶级地位所依据的实际关系——他们进行生产和交换的经济关系，获得自己的伦理观念。

在社会主义条件下，法的道德基础同样不是脱离社会的实际利益和历史发展的抽象观念，它归根到底是社会主义经济基础的要求的反映。我国正处在社会主义初级阶段，坚持以公有制为主体、多种经济成分共同发展的方针；在分配方面，坚持以按劳分配为主体、兼顾公平与效率的收入分配制度，在共同富裕的目标下鼓励一部分人先富起来。而社会主义市场经济体制是同社会主义基本制度结合在一起的。在这样的历史条件下，社会主义法的道德基础就应该肯定由此而来的人们在分配方面的合理差别，同时鼓励人们发扬将国家利益、集体利益、个人利益相结合的集体主义精神。在我国，由于封建伦理观念的长期影响以及“左”的思想的束缚，在贯彻集体主义原则时，应当注意批判那种不重视个人正当利益，轻视个人尊严、价值和权利的错误倾向，不能把封建士大夫的“重义轻利”和小农经济的平均主义作为我国社会主义法的道德基础。

但是，也不应该把我国社会主义法的道德基础片面地、错误地理解为只调动个人积极性，只强调个人利益、小团体利益，而无视国家利益、集体利益，甚至像某些人所鼓吹的那样，我国社会主义法的道德基础已从集体主义转向个人主义。个人主义与集体主义是两种根本对立的价值观。个人主义是资产阶级道德与法律的基本精神，它建立在私有制的基础上，把“私有财产神圣不可侵犯”和“私人利益至高无上”奉为最高的准则。鼓吹个人主义，实际上往往导致损人利己、损公肥私、金钱至上、以权谋私、欺诈勒索等极端利己主义的思想和行为。这最终会导致社会主义法与道德赖以存在的社会基础瓦解。

（三）社会主义法反映社会主义道德

按照历史唯物主义的观点，在阶级社会道德具有阶级性，在社会中占统治地位的道德总是统治阶级的道德；法律所反映的道德不是抽象的，而是具体的、历史的，是社会上占统治地位的道德，即统治阶级的道德。统治阶级的道德具有巨大的意识形态作用，它把该社会中占统治地位的社会关系神圣化，并以全社会普遍道德的形式出现，使无论是统治者还是被统治者，都相信现存的社会制度和社会安排是合理的、天经地义的、不可改变的。由于法律具有人人必须遵守的表现形式，因而它在体现和执行在社会中占统治地位的道德方面，在把某种统治阶级的道德打扮为全社会共同道德方面，具有不可替代的作用。当然，不同阶级的道德由于一般代表历史发展的不同阶段，也有共同的历史背景，因此，也必然具有许多共同之处。

同时，统治阶级的道德作为社会上正统的道德观念，为了维护占统治地位的社会关系，必然反映该历史条件下社会生活的客观需要，这又使它具有全人类性（社会性）的因素。例如，中国封建地主阶级的道德中有“仁者爱人”等包含人类社会共同生活准则因素的思想；资产阶级的道德中也包含提倡诚实、守信之类的内容，也有对无限制榨取工人血汗以满足无穷贪欲的行为的谴责。在某种意义上可以说，道德调整的主要内容是解决个人与社会整体活动的矛盾，在二者冲突时，要求个人作出必要的节制与牺牲。由于道德的物质制约性、社会性和阶级性，反映在法律中的道德既具有绝对性的一面又具有相对性的一面，是绝对性与相对性的统一。

我国社会主义法有着广泛的社会主义道德基础。社会主义道德是当代中国社会中占统治地位的道德。爱祖国、爱人民、爱劳动、爱科学、爱社会主义，既是社会主义道德的基本要求，又是我国社会主义宪法所提倡的基本的社会公德。社会主义、爱国主义、集体主义、人道主义等这些社会主义道德的基本原则，也体现在我国社会主义法中。

社会主义法作为人们必须遵守的规范，必须考虑社会上大多数人的道德水准，体现对人们行为的广泛性要求。显然不能把一个社会中只有少数先进分子才能身体力行的道德作为要求社会全体公民都做到的道德准则，作为法律的道德基础。《淮南子》卷十一·齐俗训中曰，“高不可及者，不可以为人量；行不可逮者，不可以为国俗”。也就是说，立法要以一般人能够达到的水平为标准，不要强众人所难。在西方法学中也有“法律是道德的最低限度”的主张，把道德区分为高低不同的层次，有些道德要求，如勿杀人、勿奸淫、勿偷盗等，是一个社会得到维系的最基本的条件，是对人们最低限度的要求，是人们必须遵守的“义务性道德”；而另外一些道德，如舍己为人、仁慈、博爱等，给人们提供了一个道德理想，与前一类道德相比处在较高的层次上，不可能要求每个人都做到，属于“愿望性道德”。但是，我们不同意某些西方学者关于法律只反映义务性道德而不反映愿望性道德的主张。这种主张只看到两种道德是对人们的不同层次的要求，只看到它们之间的区别，没看到它们之间的内在联系和相互转化的可能性。

社会主义法与更高层次的道德——共产主义道德也有着内在联系。社会主义道德和共产主义道德是同一阶级的道德，它们之间存在着内在联系。共产主义毕竟是我们追求的伟大目标，我国社会主义宪法不仅把“五爱”作为社会公德加以提倡，而且规定，在人民中进行爱国主义、集体主义和国际主义、共产主义的教育，进行辩证唯物主义和历史唯物主义的教育，反对资本主义的、封建主义的和其他的腐朽思想。因此，那种把社会主义道德和共产主义道德割裂开来，否定共产主义道德对社会主义法的深远影响的观点也是错误的。

二、社会主义法与社会主义道德的区别

一方面，社会主义法与社会主义道德有着不可分割的联系，社会主义法具有广泛的道德基础；另一方面，作为两种不同的调整社会关系的方式，它们在形成方式、表现形式、作用机制、调整对象和范围等方面各不相同。

（一）二者的形成方式不同

从二者的形成看，社会主义法的形成虽然受到经济、政治和文化等各种因素的影响，但其形成以国家的确认为标志，离开社会主义国家不可能存在社会主义法。而对社会主义道德的形成而言，虽然社会主义国家的宣传、教育有着重要作用，但它们之间没有不可分割的联系。社会主义道德属于无产阶级道德范畴，它早在无产阶级夺取国家政权之前就存在。在建立社会主义国家政权之后，它变成了社会中占统治地位的道德。

（二）二者的表现形式不同

从二者的表现形式看，社会主义法具有明确、正式的表现形式，规定在一定条件下人们法律上的权利与义务以及违反这种规定的制裁或补救措施，而社会主义道德往往缺乏准确的、正式的表现形式，通常只是指出人们应作出或不应作出某种行为的一般原则。例如，在家庭关系中尊老爱幼是社会主义道德的基本原则，这一基本原则在我国《民法典》第 26 条中被表述为：父母对未成年子女有抚养、教育和保护的义务，成年子女对父母有赡养、扶助和保护的义务。《民法典》的有关规定与尊老爱幼的道德的不同之处在于，前者将后者具体化为父母子女之间在各种情况下的法定权利与义务关系，有国家强制力作为保障：当父母不履行抚养义务时，未成年、不能独立生活的子女有什么法定权利；在父母离婚时，他们对子女的法定义务应如何分配；在父母死亡时，对其子女的抚养义务由谁承担；当父方或母方拒不承担抚养义务时，国家将作出什么反应；非婚生子女、继子女、养子女，是否与婚生子女享有同等的权利；等等。而此原则在道德中只表现为一般原则，不作上述具体区分。

（三）二者的作用机制不同

从二者的作用机制看，法律不但是一种规定法律上的权利与义务的规则，且其作用的发挥需要特殊的机制。首先，这种规则需要有国家的权威性，需要有正式颁布法律并确认其效力的机关。其次，当发生纠纷和对法律有不同理解时，需要有根据法律与事实对法律作出有权解释并对纠纷进行裁决的有权威性的机关；当违反法律时，需要有对违法者加以审判和制裁的机关，使违法者破坏的社会秩序得到保护。也就是说，关于法律上的权利与义务的规则需要有一系列授予职权、区分情况、进行审判、保护权利以及制

裁违法行为的规则相伴随。只有把上述几类规则相结合，才可能形成完全意义上的法律规则。[①] 而道德仅存在于社会舆论、习俗和人们的内心信念之中，缺乏明确的表现形式，当人们对道德上的权利与义务发生争执时，一般也没有像法院那样的权威机构对其中的是非曲直明确作出裁决，即使有这种裁决，也是舆论性质的，缺乏像法院那样的权威机构来保证其实施。道德建立在人们对权利与义务有基本共识的基础上，当人们缺乏必要的共识时，特别是在阶级对立的社会中，只靠道德是难以达到治理效果的。

（四）二者的调整对象和范围不同

从二者调整的对象看，不能简单认为法律调整人们的外部行为而道德调整人们的思想动机，因为不论是法律还是道德，其调整对象都既包括行为也包括行为的动机。二者的区别在于：法律着重要求的是人们外部行为的合法性，而不能离开行为过问动机，单纯的思想不是法律调整的对象；而道德所要求的不仅仅是人们的外部行为合法，它还要求人们行为的动机高尚、善良，对人们行为时心理的“内在”影响是道德发挥作用的特殊机制。

从二者调整的范围看，一般来说，道德调整的范围比法律调整的范围更广。法律调整的是那些要求并可能由国家来评价和保证的社会关系，有些关系，如爱情关系、友谊关系、社会组织内部成员之间的关系等，既不需要，也不应该由法律调整。而道德调整的领域是几乎一切社会关系，需要法律调整的社会关系，大都需要道德调整。一般来说，凡是违反社会主义法律的行为大都同时受到社会主义道德的谴责，但违反社会主义道德的行为中有很多不是违法行为。因此，在司法实践中，我们不应把违法（犯罪）行为当作一般的违反道德的行为看待，而不予以法律制裁；也不应把只违反道德的行为当作违法（犯罪）行为而予以法律制裁。

法律调整与道德调整的界限是客观存在的，但不是固定不变的。有些问题原来属于法律调整的领域，新的情况出现后法律不再过问。例如，在不少国家，当需要人口发展时，妇女堕胎即为法律所明文禁止，堕胎被视同杀害生命。但随着“人口爆炸”以及人们观念的转变，堕胎逐步被看作是由个人决定的事情，法律不加干预，政府还为堕胎提供必要的医疗服务。有一些原来只由道德调整的问题，由于新的需要的产生，进入了法律调整的领域。例如，不实广告及含有诋毁他人产品内容的广告，在前几年还只属于由道德调整的问题，但随着我国市场经济的发展、公平竞争原则的贯彻和广告业的发展，对这个问题在我国有关广告的立法中已有明确禁止性规定。

三、依法治国与以德治国的结合

相比于道德调整，在法律调整中，对行为模式的规定更具体、更明确，法律对行为

① 英国学者哈特把法律规则分为两类：第一类是主要规则，即规定权利与义务的规则；第二类是次要规则，是保证主要规则能够发挥作用的规则。他认为：在小型的、简单的原始社会，即前法律世界，仅存在主要规则。只是由于次要规则的出现，完全意义上的法律规则才产生。参见［英］哈特：《法律的概念》，3版，第五章，北京，法律出版社，2018。

的预测清晰程度更高，法律对合法行为的保证力度更大，对违法行为的制裁更有力，因而，法律比道德具有更强的确定性、可预测性和有保证性。

法律调整的这些特点随着现代社会的发展，越来越显示出其重要性。社会主义现代化建设是国家有组织、有秩序的活动，要求把许多重要的经济、政治和其他社会关系以明确、正式的形式确定下来，增强对人们的行为进行指导的确定性、可预测性和有保证性，从而把法律调整放在了重要地位。现代经济不同于自给自足的自然经济，它建立在高度的社会分工和相互依赖的基础上。如果在参与经济活动的每个个人、经济组织之间不建立一种明确的、可预测的、有保障的关系，则现代经济活动很难顺利开展。现代政治也不同于君主政治或人治，它是民主政治，只凭“人民主权”“为人民服务”之类的政治道德原则也是远远不够的。为了保证民主政治的实现，必须有一整套包括法律在内的具体制度。没有这些具体制度，只凭人们的道德信念、革命热情和理想，是不可能有现代民主政治的。

在现代化建设过程中法律作用的加强并不意味着道德作用被削弱，二者之间不存在“此消彼长”的关系。中国特色社会主义建设需要依法治国与以德治国密切相结合、彼此支持。依法治国与以德治国的相辅相成，是中国特色社会主义法治的重要特点之一。实现以德治国的核心是践行社会主义核心价值观，将社会主义核心价值观融入社会生活的各个方面，包括融入法治建设之中。

依法治国与以德治国的有机结合主要表现在如下方面。

（一）依法治国有赖于道德支持

法律规范必须有道德基础，失去道德基础，法律规范势必会蜕变为立法者的专横、任意。与社会主义现代化相适应的法律并没有失去道德基础，更不是把利己主义的资产阶级道德的原则作为自己的基础。建立社会主义市场经济和民主政治更需要加强以培养有理想、有道德、有文化、有纪律的新人为目标的社会主义精神文明建设。

有许多社会生活领域，不适于或不完全适于用法律来调整。在这些领域加强社会主义道德调整有助于形成良好的社会风气和社会环境，而道德调整所形成的良好社会风气有助于法律调整。那种认为实行依法治国，什么问题都要由法律调整，单靠法律就可解决所有问题的想法，是错误的；那种放弃思想教育，认为法律不调整，道德就不必干预，以及法律调整了，道德就没啥作用的想法，也是错误的。

（二）法律与道德相互配合才能达到良治

法律和道德都是社会调整规范体系的重要内容，二者有机配合才能达到社会调整的良好效果。从法律方面而言，社会主义法治的加强有助于培养社会主义道德：社会主义法的制定以法律的形式将社会主义道德的基本原则和要求确认下来；社会主义法的实施，对违法（犯罪）行为的打击和对合法行为、对社会有贡献的行为的鼓励，有利于扶持正气、压制邪气，树立和发扬社会主义道德风气。

从道德方面而言，鉴于许多社会生活领域由法律和道德共同调整，道德建设的加强有助于法律调整的顺利进行，并使之达到更好的社会效果；反之，道德建设被削弱，法律调整的任务便会极大地加重，甚至会形成“防不胜防”“罚不胜罚”的局面。近年来，我国社会主义精神文明建设和法治建设的经验都表明，凡是社会主义精神文明建设搞得好的地方，社会风气好，人际关系和谐，犯罪率低；凡是社会主义精神文明搞得不好的地方，社会矛盾激化，人际关系紧张，社会风气腐败，犯罪率高。

(三) 道德建设在一定程度上弥补了法律调整的不足

有些社会生活领域应该由法律调整，但由于某些原因，法律没有作出明确规定。在这些领域加强道德调整有助于弥补法律调整的不足，同时也为以后制定法律准备了条件。我国经济体制改革中曾经遇到了不少法律没有规定或者规定较为含糊的情况，如在市场经济中不是采取正当竞争的手段，不是着眼于降低成本、提高质量、增加效益，而是搞不正之风和地方保护主义，抵制优质产品，推销劣质产品；又如，有些领导干部，特别是从事与股票业务直接相关的工作的人员，购买股票……在上述这些领域，在一段时期内我们缺乏完备的立法，通过社会主义道德教育、职业道德教育、为人民服务的思想教育，在一定程度上可以弥补法律的不足，同时也积累了经验，为制定《反不正当竞争法》和反腐败方面的立法奠定了基础。

社会主义道德建设能为实行社会主义法治创造良好的思想道德环境。社会主义道德建设不仅是社会主义法的制定的基础，而且对社会主义法的实施也有重要影响。如果没有提高广大人民群众和干部，特别是执法人员的道德水准，就不可能提高全民族的法治观念，全面依法治国方略就不可能顺利贯彻实施。从个人角度看，现实生活中走上违法（犯罪）道路的人，一般也是从道德上出现问题开始的。

可见，依法治国与以德治国是我国社会主义上层建筑的两个紧密相连的部分。法律和道德对社会主义社会来说，都是必不可少、不可偏废的。必须有意识地发挥二者相辅相成、互相促进的作用，在建设中国特色社会主义总体布局的高度，把社会主义法治建设与道德建设和其他精神文明建设相结合，使依法治国与以德治国相辅相成、协调发展。

资料链接

坚持依法治国和以德治国相结合。国家和社会治理需要法律和道德共同发挥作用。必须坚持一手抓法治、一手抓德治，大力弘扬社会主义核心价值观，弘扬中华传统美德，培育社会公德、职业道德、家庭美德、个人品德，既重视发挥法律的规范作用，又重视发挥道德的教化作用，以法治体现道德理念、强化法律对道德建设的促进作用，以道德滋养法治精神、强化道德对法治文化的支撑作用，实现法律和道德相辅相成、法治和德治相得益彰。

——《中共中央关于全面推进依法治国若干重大问题的决定》

法律是成文的道德，道德是内心的法律。要发挥法治对道德建设的保障和促进作用，把道德导向贯穿法治建设全过程，立法、执法、司法、守法各环节都要体现社会主义道德要求。及时把实践中广泛认同、较为成熟、操作性强的道德要求转化为法律规范，推动社会诚信、见义勇为、志愿服务、勤劳节俭、孝老爱亲、保护生态等方面的立法工作。坚持严格执法，加大关系群众切身利益重点领域的执法力度，以法治的力量维护道德、凝聚人心。坚持公正司法，发挥司法裁判定分止争、惩恶扬善功能，定期发布道德领域典型指导性司法案例，让人们从中感受到公平正义。推进全民守法普法，加强社会主义法治文化建设，营造全社会讲法治、重道德的良好环境，引导人们增强法治意识、坚守道德底线。

——《新时代公民道德建设实施纲要》①

道之以政，齐之以刑，民免而无耻。道之以德，齐之以礼，有耻且格。

——《论语·为政》

徒善不足以为政。徒法不能以自行。

——《孟子·离娄上》

第二节 社会主义法与宗教

一、法与宗教的联系

宗教和法律、道德、习惯等一样，也是一种社会现象，它包括人们关于超自然、超社会的力量如“上帝”“神灵”的信仰以及相应的行为、规范、仪式和活动。恩格斯说，一切宗教都不过是支配着人们日常生活的外部力量在人们头脑中的幻想的反映，在这种反映中，人间的力量采取了超人间的力量的形式。② 宗教产生于人们对制约着他们活动的自然力量与社会力量的不理解。在古代社会，由于生产力低下，人们的生产与生活在很大程度上受到自然界的支配，故人们认为收成的好坏、人口的兴衰都是由某种超自然的存在物决定的。原始人把自然界的事物人格化，并赋予它们以“神”的力量。在阶级社会中，人们对于人被划分为奴隶与奴隶主、农民与地主、富人与穷人的现象不理解，以为决定这种现象的社会力量也和自然力量一样，是完全异己的、神秘的，为自然必然性所支配。随着科学技术与文明的发展，无论在自然界还是社会领域，人类都在不断地由必然王国走向自由王国，人们揭开了许多制约着自然现象与社会现象的“不解之谜”，宗教的影响力日益减小，但仍然有许多未知的领域使人们困惑不解，使许多人相信有一种神秘的力量（神、上帝）在支配着自然界。在社会领域情况就更为复杂，那种公开宣扬宗教世界观，宣扬现实世界的不平等是由上帝安排的主张虽然不那么流行了，但正像恩格斯所说：……在目前的资产阶级社会中，人们就像受某种异己力量的支配一样，受自己所创造的经济关系、自己所生产的生产资料的支配。因此，宗教反映活动的事实基础就继续存在，而且宗教反映本身也同它一起继续存在。③ 当代资本主义社会中所存在的“商品拜物教”“金钱拜物教”“国家拜物教”等，实际上仍然是宗教在社会领域存在

① 《新时代公民道德建设实施纲要》由中共中央、国务院于 2019 年 10 月印发。
② 参见《马克思恩格斯选集》，3 版，第 3 卷，703 页，北京，人民出版社，2012。
③ 参见上书，704 页。

的反映。马克思主义哲学、政治经济学和科学社会主义在科学地回答了商品、货币、国家与法的起源、本质的问题以后，也就揭露了这些“非神圣形象”宗教的实质。

（一）法与宗教的历史联系

在历史上，宗教和法是两种有着密切联系的社会现象。在当代世界各国，特别是在发达国家，大多都实行政教分离的制度，反对宗教团体干预国家事务，并把这一点作为文明社会的一个标志。宗教规范是由宗教团体制定的，只对其成员有拘束力，它是社会团体规范的一种；而法律规范是由国家颁布的，对该国的所有人，无论是教徒还是非教徒，无论是信奉何种宗教者，都有拘束力。但在历史上二者的关系曾是非常紧密的。

一切古代的法律几乎都具有广义的神权政治的属性。君主为了论证自己统治的合法性，都把其统治权的渊源归于上帝、归于神。《汉穆拉比法典》把古巴比伦国王汉穆拉比称为诸神的代理，称是诸神把国家交给他统治。中国历代君主也把自己视为“天子”，认为自己是“奉天承运”，统治子民。

历史上许多国家都曾经实行政教合一的制度，形成了所谓“宗教法律体系”，如伊斯兰教法、印度教法、犹太教法和中世纪欧洲的教会法。所有这些法律制度都相信有一种超人的权力存在，或者作为人格化的“上帝”“神”的意志，或者作为非人格化的秩序。

在宗教法律制度中，宗教法是最高的法律渊源，它与君主的命令、“世俗法”之间既相互作用又相互补充。如在印度教法中，宗教法主要表现在《达摩法论》中：它教导统治者如何取得权力，如何使国家昌盛、使人民富裕。君主的命令受到达摩的限制，同时君主也利用对《达摩法论》的重新解释来达到自己的目的。在伊斯兰教法体系中，《古兰经》和《圣训》是最高的法律渊源，伊斯兰政教合一的领袖哈里发所发布的命令必须符合它们。但是，伊斯兰教法的法官在执行《古兰经》和《圣训》的过程中有很大的自由裁量权。在中世纪欧洲的教会法中，《圣经》以及历代教皇的教令集具有至高无上的权威。在公元10世纪教皇改革以前，教会法只适用于神职人员，只具有宗教规范的性质，而在此之后，形成了教权与王权、教会法与世俗法的对立。在教会法发展的鼎盛时期，凡涉及教会利益的案件或涉及宗教信仰的民事、刑事案件，诸如违反誓言、亵渎神灵、侵犯教会的经济利益以及婚姻案件，都依教会法审理，从而使教会法真正具有法律规范的意义。而在教会法之外形成了另一个独立的世俗法体系。

（二）法与宗教的共同点

有的法学家注意到，宗教规范与法律规范之间具有某些共同的要素，法律规范中所包含的仪式、传统、权利和普遍性等要素可能起源于宗教中的相应因素。① 还有的学者提出：宗教规范与法律规范的执行机制也有相似之处。法律规范的执行必须通过法律解释的机制，随着法律解释的发展出现了专门的法学家阶层，在古罗马还出现了《学说汇纂》这样解释罗马法的专门著作。宗教规范的执行也是如此。如在印度教法中，对《摩奴法典》等宗教经典的解释权由婆罗门行使，他们对统治者保持一定的独立性，从而形

---

① 参见［美］伯尔曼：《法律与宗教》，46～47页，北京．三联书店，1991。

成对印度教经文的注释。在伊斯兰教和犹太教中也存在着专门从事对宗教教义进行解释的阶层，他们对宗教经典的解释对于宗教法的发展往往具有决定性的作用。

二、中国社会主义法与宗教的联系

当代中国对宗教的态度建立在马克思主义世界观的基础上。马克思主义者是无神论者，我国社会主义宪法明确宣布，要在人民中进行辩证唯物主义与历史唯物主义教育，反对封建主义、资本主义和其他腐朽思想；并把“爱科学”作为国家提倡的社会公德之一。毫无疑问，科学与宗教、唯物主义与唯心主义、无神论与有神论，作为两种世界观和思想体系，是对立的。

处理宗教信仰问题不能用强制的办法、行政命令的办法，必须贯彻“宗教信仰自由”的原则。我国《宪法》第 36 条前 3 款规定：“中华人民共和国公民有宗教信仰自由。”“任何国家机关、社会团体和个人不得强制公民信仰宗教或者不信仰宗教，不得歧视信仰宗教的公民和不信仰宗教的公民。”“国家保护正常的宗教活动……”我国《刑法》第 251 条也规定，国家机关工作人员非法剥夺公民的宗教信仰自由和侵犯少数民族风俗习惯，情节严重的，处 2 年以下有期徒刑或者拘役。

我国的宗教信仰自由原则的内容包括：第一，公民有选择宗教信仰的自由。每个公民既有信仰宗教的自由，也有不信仰宗教的自由；有信仰这种宗教的自由，也有信仰那种宗教的自由；有过去不信教现在信教的自由，也有过去信教现在不信教的自由；在同一宗教，有信仰这个教派的自由，也有信仰那个教派的自由。总之，不论信教还是不信教，也不论信什么教，公民自己完全有权自由决定。第二，任何国家机关、社会团体和个人，都不得强制公民信仰宗教或者不信仰宗教，不得歧视信仰宗教的公民和不信仰宗教的公民。第三，国家要保护正常的宗教活动，但任何人不得利用宗教进行破坏社会秩序、损害公民身体健康、妨碍国家教育制度的活动。第四，我国宗教团体和宗教事务不受外国势力的支配。宗教信仰自由是现代世俗化社会的基本准则，也是受到当代国际人权公约明确保护的普遍人权，各国宪法也都将其确认为基本人权。我国宪法和法律对宗教信仰自由的保护，既符合国际标准，又体现了自己的特色。

保障宗教信仰自由，必须坚决反对邪教。邪教是指冒用宗教、气功或者其他名义建立、神化首要分子，利用制造、散布迷信邪说等手段蛊惑、蒙骗他人，发展、控制成员，危害社会的非法组织。邪教组织聚众围攻、冲击国家机关、企事业单位，扰乱国家机关、企业事业单位的工作、生产、经营、教学和科研秩序；非法举行集会、游行、示威，煽动、欺骗、组织其成员或者其他人聚众围攻、冲击、强占、哄闹公共场所及宗教活动场所，扰乱社会秩序；煽动、欺骗、组织其成员或者其他人不履行法定义务，出版、印刷、复制、发行宣扬邪教的出版物，印刷邪教组织标志。这些行为完全是破坏国家法律的活动。我国 1997 年修订的《刑法》第 300 条就规定了组织、利用会道门、邪教组织、利用迷信破坏法律实施罪，以及组织、利用会道门、邪教组织、利用迷信致人死亡罪两个罪名。1999 年 10 月 30 日第九届全国人大常委会第十二次会议通过的《关于取缔邪教组织、防范和惩治邪教活动的决定》规定，对组织和利用邪教组织破坏国家法律、行政法规实施，聚众闹事，扰乱社会秩序，以迷信邪说蒙骗他人，致人死亡，或者奸淫妇女、诈骗财物等犯罪活动，必须依法予以严惩。这是保护人权、贯彻宗教信仰自由的必要条件。

我国一方面提倡唯物主义、反对唯心主义，另一方面又要贯彻宗教信仰自由的原则。这是因为：第一，宗教信仰属于思想领域的问题，对于思想问题，采用简单的强制办法是不能予以解决的。如上所述，宗教产生的根源在于人们对于制约自己行为的自然力量与社会力量的不理解，在于科学的不发展和社会的不平等。只有随着科学的发展和人类自身的解放，才能从根本上解决宗教信仰问题。第二，宗教具有一定的群众基础，与民族传统和生活方式有关。在人类发展的现阶段，信仰一定的宗教，似乎还是一定群体、民族社会生活的需要。我国是多民族的国家，宗教问题往往同民族问题、文化问题相联系，宗教问题处理不好，就会伤害民族感情、影响民族团结。第三，实践证明，正确贯彻宗教信仰自由的政策，不但不会削弱社会主义制度和中国共产党的领导，而且有利于社会和谐；反之，在宗教信仰问题上处理得不好，就会激化社会矛盾，不利于社会主义制度的巩固。总之，宗教信仰不仅是宗教问题，而且是生活方式问题、文化问题。比如，在世界上影响范围最大的三大宗教即佛教、伊斯兰教和基督教的形成和发展，就分别与东方文化、阿拉伯文化和西方文化紧密联系在一起，具有广泛的国际性。贯彻宗教信仰自由的原则有利于我们建立最广泛的爱国统一战线。

总之，贯彻宗教信仰自由的原则，依法加强对宗教事务的管理，目的在于引导宗教与社会主义社会相适应。宗教是一种历史现象，在社会主义社会中将长期存在。这种适应并不要求宗教信徒放弃唯心主义、有神论的思想和宗教信仰，而是要求他们爱祖国，拥护社会主义制度和中国共产党的领导，遵纪守法。同时，也要改革不适应社会主义的宗教制度和教条，利用宗教教义、教规中的某些积极因素为社会主义服务。只有社会主义才能救中国和发展中国，这是全中国人民的共识，也是宗教能够与社会主义社会相适应的政治基础。

资料链接

《公民权利和政治权利国际公约》（摘引）

第十八条

一、人人有权享受思想、良心和宗教自由。此项权利包括维持或改变他的宗教或信仰的自由，以及单独或集体、公开或秘密地以礼拜、戒律、实践和教义来表明他的宗教或信仰的自由。

二、任何人不得遭受足以损害他维持或改变他的宗教或信仰自由的强迫。

三、表示自己的宗教或信仰的自由，仅只受法律所规定的以及为保障公共安全、秩序、卫生或道德、或他人的基本权利和自由所必需的限制。

四、本公约缔约各国承担，尊重父母和（如适用时）法定监护人保证他们的孩子能按照他们自己的信仰接受宗教和道德教育的自白。

第三节　以法治方式发展精神文明

文化建设是中国特色社会主义事业总体布局的重要组成部分，是提高国家软实力的重要方式。文化兴国运兴，文化强民族强。没有文化繁荣发展，就没有社会主义现代化，就没有中华民族伟大复兴。建设社会主义文化强国，关键是增强全民族的文化创造活力。围绕这一重大课题，需要深化文化体制改革，解放和发展文化生产力，保障人民的基本文化权益等。目前，我国在文化领域已经有《文物保护法》《非物质文化遗产法》《公共文化服务保障法》《电影产业促进法》《公共图书馆法》等少数法律，在演出、电影、广播、电视、出版、公共文化服务等方面也制定了大量的行政法规和规章。总体而言，我国文化领域法律较少，大部分为行政法规和规章，对人民群众文化相关权益的保障尚不充分。目前，加强文化领域立法是国家推进重点领域立法进程中的一个重点。贯彻法治原则，运用法律调整推进文化发展，有非常广阔的空间。随着全面依法治国方略的实施，国家应更加注重以法治方式来促进文化建设，加快完善公共文化服务和文化产业法律体系，建立健全有利于中华优秀传统文化传承发展的法律制度，更加充分保障人民的文化相关权益。

一、依法促进文化事业体制机制的完善

满足人民对美好生活的期待，必须提供丰富的精神食粮。促进文化事业发展，体制机制建设是基础。应当以激发文化创新创造活力、满足人民的文化相关权益为中心，加快构建把社会效益放在首位、社会效益和经济效益相统一的体制机制，深化文化体制改革，积极推进文化事业发展。重点推进的几项改革包括：一是要以法治方式推进公益性文化事业，加快完善公共文化服务体系，如完善城乡公共文化服务体系，优化城乡文化资源配置，提高公共文化服务的效能。二是要以法治方式促进文化产业发展，出台文化产业促进法，促进文化创作生产，健全现代文化市场体系，建立社会效益与经济效益相统一的文化企业制度。三是要依法深化文化体制改革，结合“放管服”改革，转变文化行政管理职能，深化文化事业单位改革。

二、依法营造文化发展的自由环境

文化发展繁荣的根本点在于扩展文化领域的自由，让一切文化创造的源泉涌流。文化创新有其内在的规律性，“双百”（“百花齐放、百家争鸣”）方针是激励文化创新的根本之道。保障文化权益和自由，是促进文化发展的不二法门。文化管理是必要的，但管理不是为了取消而是为了保障文化创造的自由。“双百”方针的要义就在于艺术创作自由、文艺欣赏自由、文艺发展自由。“二为”方针（“为人民服务、为社会主义服务”）的要义是为自由明确指引方向，而显然不是取消文化自由。实际上，只有借助文化教育

自由、艺术自由、学术自由、研究自由等，“二为”的目标才能得到实现。

我国《宪法》第22条第1款规定，国家发展为人民服务、为社会主义服务的文学艺术事业、新闻广播电视事业、出版发行事业、图书馆博物馆文化馆和其他文化事业，开展群众性的文化活动。第47条明确规定，公民有进行科学研究、文学艺术创作和其他文化活动的自由。公民的言论、出版、集会、结社、宗教信仰等方面的基本自由，也直接关涉到文化发展的基本权利。这些都是对文化创新的自由环境的有力保障，应当在文化建设中更加切实地落实，并在“放管服”改革中进一步解放文化生产力。

值得注意的是，我国某些行政法规、规章等在文化管理方面往往更强调“管”，而轻视“放”，似乎“管”字当头就万事大吉。这种状况，往往与部门利益有关，也与不合时宜的政府管理方式有关。必须改变这种状况，明确“管”不是目的而只是为发展文化提供一个制度环境，“管”本身不会直接造就文化的大发展。解放和发展文化生产力的根本在于保障文化自由，保障人民的文化相关权益。

三、营造科学技术发展的法治环境

科学技术是文化的一部分，科技创新又是文化快速发展的重要引擎，因而，要发挥文化和科技相互促进的作用，深入实施科技带动战略，增强文化的核心竞争力。科学技术的发展给社会带来了巨大的变化，也引起了许多新的社会问题。这些变化和问题已成为国家治理所必须密切关注的变化和问题，对科技的发展方式、进程及保障等予以法律调整，已是大势所趋。关于法律对科学技术发展的调整和保护作用，在前面谈到生产力与法的关系时已有一些说明，这里进一步说明如下。

（一）依法完善对科技发展的组织和管理

法律要确认科技发展在一个国家和社会生活中的地位，确定一个国家的科技发展战略，确定科技发展的合理布局及人力、物力和财力的合理分配。我国已经制定了一定的法律法规，如《科学技术普及法》《中小企业促进法》《促进科技成果转化法》《科学技术进步法》《标准化法》《国家科学技术奖励条例》等，这些法律、法规对于促进我国科技又好又快地发展起到了积极作用。在科技发展管理方面，应注重完善科技人才发现、培养、激励机制，健全符合科研规律的科技管理体制和政策体系，改进科技评价体系。这需要结合文化体制改革、文化事业单位改革等，结合修法立法，优化科技管理体制、管理方式，为科技发展提供更科学的组织保障。

（二）通过法律调整促进科技成果的开发、保护、合理使用以及推广

激励科技创新，要保障对科技成果的各项权利，加强创新，促进科技成果转化。通过法律确定著作权制度、专利制度、科技服务管理制度、科技开发和转让合同制度、科技成果鉴定和管理制度、科技方面的财务及税务管理制度等，可以全方位地促进科技的发展和科技成果的转化。要以立法及政策引导方式，加大基础研究投入，健全鼓励支持基础研究、原始创新的体制机制，建立以企业为主体、以市场为导向、产学研深度融合

的技术创新体系。

法律加大对文化成果的保护力度，可以有力提升人们从事文化创造活动的积极性，从而可以保障文化可持续性地繁荣发展。在这个方面已经颁行了多部法律、法规，如《专利法》《商标法》《著作权法》等，基本法律框架已经建立起来了。为了更加充分和有力地保护知识产权，在法律修改完善、配套立法等方面还有很多工作要做。完善保护产权，尤其是保护知识产权的法律制度，是近年来强调的重点立法领域，比如健全知识产权侵权惩罚性赔偿制度、健全企业商业秘密保护立法等。

（三）法对科技发展所带来的消极后果有抵制和防范作用

科学技术发展具有双重的社会意义：一方面，它能够造福于人类，为人们认识、征服和改造自然提供有力武器，促进生产力的发展和社会的进步。另一方面，它也可能损及人类的福祉。比如，某些犯罪分子利用网络等从事高科技犯罪；又如，人类在利用科学技术改造自然和社会时由于没有充分预见其可能带来的负效应，没有采取相应的配套措施，可能产生贻害无穷的悲剧性后果。随着对科技发展所带来的消极后果有更多的警醒和教训，人类应当运用各种手段，不仅包括技术的手段，而且更主要的是社会的、法律的手段，健全科技伦理治理体制，以法律手段强化科技伦理，针对科技成果的推广和运用“扬善避恶”，利用其积极效果，抑制其消极后果。

四、将社会主义核心价值观融入法治建设

核心价值观是文化最深层次的内核，决定着文化的性质和方向。社会主义核心价值体系是兴国之魂，是社会主义先进文化的精髓，决定着中国特色社会主义的发展方向。社会主义核心价值观是当代中国精神的集中体现，是凝聚中国力量的思想道德基础。这一价值体系实际上也大大丰富了我们对社会主义法的价值的认识。

全面依法治国方略要求德法兼治，要求将社会主义核心价值观融入法治建设之中，以社会主义核心价值观引领法治建设的方向，以法治推进社会主义核心价值观的落实和普及。中国共产党十九届四中全会提出，坚持以社会主义核心价值观引领文化建设，要“完善弘扬社会主义核心价值观的法律政策体系，把社会主义核心价值观要求融入法治建设和社会治理”。

我国社会主义法在推进和实践社会主义核心价值观和道德原则方面已经发挥了重要作用，如《宪法》确认了自由、平等、法治、民主、富强、文明、爱国等基本价值，并制定了“国家倡导社会主义核心价值观”的条款。许多法律也都分别肯定了这些核心价值，肯定了和谐、诚信、敬业、公正等价值；司法等法的实施活动也以捍卫核心价值为己任。2018 年 5 月，中共中央印发《社会主义核心价值观融入法治建设立法修法规划》。2018 年 9 月，最高人民法院发布《关于在司法解释中全面贯彻社会主义核心价值观的工作规划（2018—2023）》。近些年来，国家重视加强道德领域突出问题专项立法，把一些基本道德要求及时上升为法律规范，比如，制定了英雄烈士保护方面的法律《英雄烈士保护法》，形成崇尚和关爱英雄烈士的良好社会风尚；探索完善社会信用体系相关法律制

度，研究制定信用方面的法律，健全守法诚信褒奖机制和违法失信行为联合惩戒机制；探索制定公民文明行为促进方面的法律制度，引导和推动全民树立文明观念，推进移风易俗等。因而，捍卫宪法和法律，就是捍卫社会主义核心价值体系。借助贯彻全面依法治国方略，实现宪法、法律至上，可以非常有力地促进践行社会主义核心价值观。在这个意义上，我们的宪法和法律是充满着道德关怀的。

五、以法治方式提高公民的道德素质

法治原则在社会生活中的落实，可以让人们逐步培养起良好的守法习惯和守法意识，而这种守法自觉性本身就是一种道德要求。守法是一种法律义务，也是一种道德义务。守法的社会意义不局限于法律之内，普遍的守法行为有助于巩固社会主流道德，有助于践行社会主义核心价值观。当然，社会道德水平的提升，也对人们的自觉守法有重要意义。在一定意义上，守法、惩恶、扬善，是三位一体、齐头并进的。

高水平的执法和守法，有助于巩固社会公德教育、职业道德教育、家庭美德教育、个人品德教育的社会效果，有助于提高人们的道德判断力，增强其道德责任感，有助于促进男女平等、尊老爱幼、敬业尽职、扶贫济困、扶弱助残、礼让宽容，从而有助于在全社会形成知荣辱、讲正气、作奉献、促和谐的良好风尚。因而，中共中央、国务院印发的《新时代公民道德建设实施纲要》提出，要“坚持发挥社会主义法治的促进和保障作用，以法治承载道德理念、鲜明道德导向、弘扬美德义行，把社会主义道德要求体现到立法、执法、司法、守法之中，以法治的力量引导人们向上向善”。

我们在前文中指出，对于很多社会行为实际上法律和道德都在调整，只是调整的方式方法不同。从法律角度对某一行为的保障或约束，通常会有助于对这一行为的道德调整。比如，对于社会公德、职业道德、家庭责任、尊老爱幼、劳动义务、志愿服务等，法律都有介入、调整。法律对这些方面的道德要求的保障，会大大促进社会大众道德水平的提高。

案　例

张某某诉韦某某健康权纠纷案①

【基本案情】

2019 年 10 月 11 日，某大学在校学生张某某和韦某某参加学校组织的篮球比赛，分属两队。比赛过程中，张某某起跳上篮时，韦某某亦起跳防守，双方发生碰撞，张某某倒地受伤，韦某某被判犯规。事故发生后，张某某被立即送往医院，经诊断为左肩外伤。张某某诉至法院，请求判令韦某某赔偿医疗费等费用共计 6 万余元。某大学体育教学部出具“情况说明”，确认韦某某系违反体育运动精神的犯规。

① 摘自最高人民法院于 2023 年 8 月 2 日发布的《人民法院抓实公正与效率践行社会主义核心价值观典型案例》，载最高人民法院官网，https://www.court.gov.cn/zixun/xiangqing/408162.html。

【裁判结果】

上海市第一中级人民法院认为：张某某自愿参加具有相当风险的篮球比赛，韦某某的防守行为虽然构成犯规但其主观上没有故意或者重大过失。且涉案篮球比赛为学校组织的比赛，属业余性质的校内高级别赛事，对于业余参赛者能力及犯规行为不能过于苛责。遂判决韦某某无须承担侵权责任，驳回张某某的诉讼请求。

【典型意义】

《民法典》第1176第1款明确了“自甘风险”规则适用的基本标准，首次在法律层面正式将“自甘风险”规则确定为法定的阻却违法性事由，以保障体育活动参加者自由参加文化体育活动，促进文化活动健康有序发展。本案中法院明确体育比赛中犯规行为并非必然导致侵害行为，从而确立了“自甘风险”规则在司法适用中的具体标准。本案贯彻社会主义核心价值观的理念要求，在裁判中打破了“有损必有赔”的思维模式，避免脱离具体事实情况和法律原意的“和稀泥”做法，回应了人民群众对公平正义的期待。

第四节　法律文化

一、法律文化的概念

文化，本身是一个多义词。在人类学和社会学视野中，文化具有以下含义：（1）是一个民族的由习惯发展而来的生活方式；（2）是人类历史演进、进化的过程中智力和创造力的经验和成果，是一种传统；（3）是一个社会各种精神文明和制度文明的综合体，包括知识、艺术、信仰、风俗、政治和法律等。总之，文化具有社会性、历史性和综合性，并有丰富多彩的形式或载体。鉴于文化的多义性，法律文化的概念也呈现多重性、多样性的特点，可以在不同意义上使用，主要包括如下几个方面。

（一）作为法律体系（法制）的法律文化

这个意义上的法律文化，泛指一定国家、地区或民族的全部法律活动的产物和结晶，既包括法律意识，也包括法律制度、法律实践，是法的制定、法的实施、法律教育和法学研究等活动所积累起来的经验、智慧和知识，是人们从事各种法律活动的行为模式、传统、习惯。这个意义上的法律文化相当于法律体系（法制），也被称为法律传统。比较法研究对不同国家（地区或民族）的法律进行分类和比较时，主要就是根据这种意义上的法律文化。不同的法律文化决定了不同的国家（地区或民族）在面对相同的社会问题时可能会选择完全不同的方法加以解决，设计出不同的法律制度、程序，基于不同的价值观选择不同的行为方式，而法律在社会中的作用也会迥然不同。

（二）作为法律意识的法律文化

这个意义上的法律文化是指一个国家（地区或民族）的社会成员对于法的态度，包括对于法的性质、价值及在社会生活中的作用的认识、利用程度等。在这个意义上，法律文化相当于法律意识，其中既包括法律意识形态、法律思想、法学理论学说，也包括普通民众对法律的感性认识；既包括法律职业人员的专业思维和意识，也包括决策者和一般执法者对法的态度。这种意义上的法律文化决定着一个国家（地区或民族）的法律制度的设计、运行、社会功能，也决定着法的创制和实施的合理性和效益。一旦社会发展，国家性质变更，这意义上的法律文化也会随之变化。西方国家近现代史上的启蒙运动、我国当代开展的全民普法活动，在一定意义上也就是一种建立或培养新法律文化的运动。在这个意义上，社会主义法治理念和法律文化与西方当代资本主义国家法律文化具有本质的区别，例如，共产党的领导、马克思主义有关国家与法的学说、社会主义制度等；但是在具体制度、程序、原理上又存在一些共性，如法律面前人人平等、司法权依法独立行使、司法公正等。

（三）作为民族习惯传统和法的社会基础的法律文化

这是最狭义的法律文化概念，是指一个国家（地区或民族）固有的，长久不变、始终延续的习惯、定式或历史传统，或特指法律意识中非意识形态的部分。这种意义上的法律文化是法社会学和法人类学特别重视的。这种意义上的法律文化是既有的、可以通过实证研究把握的，无论国家的阶级性质、现代化程度如何，法律制度本身如何发展，其作用仍然存留，并对现实的司法实践、社会主体的行为乃至整个社会生活和社会调整方式产生深刻或潜移默化的影响。例如，婚姻家庭习惯文化决定着一个国家的婚姻家庭法律制度及其运行，在我国，尽管婚姻法未明确规定婚约和彩礼，但是在民间社会生活中，这种传统和事实不仅存在，而且一时难以改变，由此引发的纠纷也屡见不鲜，以至于最高人民法院在相关司法解释中，根据实践需要针对处理彩礼纠纷作出了专门的解释。在司法实践中很多法院也对这些习惯和风俗高度重视。

然而需要注意的是，如何认定传统文化因素的形态和作用，并准确判断它们对于一个国家（地区或民族）的法律制度及其实践的实际影响程度，是十分困难的，而简单化的归类或推定也容易引起一些误解。例如，很多西方法学家认为，包括中国在内的东亚国家有强烈的崇尚“和”文化、喜好调解及厌讼的倾向，但是，不少历史资料证明，这种事实判断是相对的。如果不仅关注官方或主流意识形态中的“非讼”主张和“无讼”理想，还根据史料考察民众的实际行为，可以发现，中国民众在历史上也曾积极利用诉讼，甚至出现“滥讼”和“缠讼”的现象；而西方社会在历史上同样对诉讼持否定态度，对诉讼的推崇主要是部分法学家和法律职业人员的偏好。实际上，诉讼率及民众利用诉讼上的差别，也可以被视为传统社会与现代社会在纠纷解决方式选择方面的差别。现代法治国家通过扩大法律和司法的作用范围，减少或削弱了传统社会控制机制的作用及范围；而国家或社会对某些价值或文化的强调和崇尚，也确实影响到许多现代法律制度的建构和运行。今天，我国对和谐与调解的重视和提倡，可以克服法治的某些局限，更好地协调法与社会的关系，缓和现代移植法与本土传统法律文化的冲突，并使之与现代司法诉讼制度共同承担纠纷解决的功能。

上述三种意义上的法律文化均有其特定内涵和侧重点，故对于法学研究以及法的创制与实施都具有重要的意义和价值。然而，前述三种概念所指的内容和目标存在明显的差异，导致其结论或落脚点迥然不同。因此，在研究中需要对法律文化的概念作出明确界定。

二、法律文化存在差异的原因

各种法律文化之间的差异是非常明显的，而造成这种差异的原因也非常复杂，主要包括如下方面。

（一）经济发展和社会发展水平

社会的生产方式和生活方式之间存在密切的关联，因此，法律文化具有阶级性，并且会随着社会的发展而发生实质上和形式上的变化。古代社会中的人身依附和等级关系、小农经济下的“熟人社会”、自由资本主义时期的个人主义和福利社会中的社会本位，都使社会结构、人际关系、法律与国家的作用以及社会观念和法律意识具有明显的差异。例如，在古代社会，东方社会与西方社会的法律均具有身份法的特征，在处理民间纠纷时都会较多地依赖共同体，法律在农业社会的作用均非常有限，而城市的商会或行会及其自治规范及仲裁也有一定共性。同样，当代某些法律体系之间的有些差异是由发展程度的不同造成的，而随着社会的发展，一些传统的因素会逐步消失。例如，在古代中国以唐律为代表的法律文化虽然曾对东亚各国产生深刻的影响，形成了“中华法系”或“远东法”文化，但随着法律移植和现代化进程，在今天它已经很难被称为一种现存的法律文化了。同样，西方法律传统中的许多重要因素，例如宗教的作用，也随着时代的变化而消失或改变。中国现行法律文化与西方国家法律文化的某些差异，同样有社会发展和法律现代化程度方面的原因。忽视经济和社会发展对法律文化的决定作用及法律文化的阶级性，简单地把一切差异均归因于民族性，可能会导致一些错误的判断或结论。

（二）历史传统

法律文化作为一种上层建筑，具有相对独立性。在历史发展的过程中，由于自然、地理、宗教、历史发展中的特殊因素以及法律职业的作用等，可能会产生许多影响法律体系的独特结果，使法律技术、观念、经验以及法律对一个民族的生活方式的影响具有明显的民族性、地方性和历史延续性。这样，即使在相同的经济发展程度和社会体制下，法律体系及其在社会生活中的地位和样式也会迥然不同，例如，日本成功地移植了欧洲大陆法体系，也建立了高质量的司法职业队伍，但是其国民的法律意识与西方民众的有很大不同，然而日本适应本土社会需求而建立的调停制度在现代化进程中发挥了沟通现代法与传统法文化的重要作用。如果忽视这种深层次的法律文化及其作用，就可能导致法律移植和现代化进程中的轻率，甚至造成“南橘北枳”的结果。

（三）对法律文化传统的传承与改造

在现代化进程中，国家决策者或民众对特定的法律文化的态度和价值评价，对传统法律文化的态度和政策，在法律文化的延续、转型及作用方面具有重要的作用。例如，日本统治者在现代化过程中将其"和"文化作为国家统一和民族凝聚力的精神，有意识地通过特定的制度和政策鼓励西方政治文明与本民族传统文化的融合，因此，一方面，其制度移植和社会改造十分彻底，并将西方文明引进国民生活中①，另一方面，日本政府有意识地鼓励民众通过协商、调解解决纠纷，发展集体主义的共同体（企业、村庄等）文化等。由此，日本逐渐发展出一种既不同于西方两大法系，也与中国等亚洲国家和地区的法律体系存在明显差异的独特模式。

（四）理念及制度建构的不同设计

不仅传统法律文化会对制度建构产生重要的决定作用，而且，通过理念、价值观和利益平衡（博弈）建构而形成的制度、程序和规则，也会形成一种特定的新的法律文化。例如，美国的法律体系基本沿袭了英国的普通法传统，但是从其建国开始，美国就遵行一些独特的理念，形成了特殊的法律文化，使其法律体系在发展中与传统的普通法体系出现了游离，一些相似的制度在运行结果上更是出现了明显差异，例如，违宪审查制、联邦法院与州法院的二院体制、陪审团制度、律师制度、集团诉讼制度，等等。

因而，在分析和认识各国（地区或民族）的法律文化时，既需要充分注重经济和社会发展对法律的决定作用，同时也需要客观认识传统法律文化的独立性；既要承认客观因素和现实条件的决定作用，也需要重视传统法律文化在建构现代法律制度方面的积极作用，以及理念和制度建构在塑造和发展法律文化方面的作用。

资料链接

（1）女性割礼。在过去几十年里，女性割礼受到国际社会越来越多的关注，围绕此问题引发了激烈的争论。迄今，女性割礼主要在非洲存在。女性割礼的支持者认为，这是一个民族文化传统习俗的一部分，保持某种习俗是其权利，是该民族文化自决权的一部分，其他国家无权干预。女性割礼的反对者则认为，割礼严重损害妇女和儿童的身体与情感，必须废除这一残忍习俗。世界卫生组织、联合国儿童基金会等国际组织多次通过决议，敦促相关各国政府制定政策和法律，废止女性割礼习俗。

（2）"荣誉谋杀"。"荣誉谋杀"（honor killing）是指为了"捍卫家族声誉"，由其家人或族人对那些被认为或被怀疑"失贞"或"不检点"而给家族带来"耻辱"的男女所进行的残忍杀害行为。"荣誉谋杀"的受害者几乎都是女性。2010 年 3 月 4 日，联合国人权事务高级专员纳瓦内泰姆·皮莱发表声明指出，全球每年约有五千名妇女因"荣誉谋杀"而惨遭不幸。"荣誉谋杀"主要发生在中东和南亚地区，在欧美也时有发生。

---

① 例如，将传统节日统一为西历，引进西方的生活方式，如喝牛奶等。

三、当代中国的法律文化

（一）当代中国法律文化的形成

由于特殊的历史发展道路，新中国的经济社会现代化和法制现代化经历了复杂、曲折的道路。新中国的法律体系，孕育于战争时期的革命根据地。在新中国成立前夕，中共中央决定废除国民党政府的“六法全书”，以新民主主义的法律和政策取而代之。新中国成立后，人民司法机关取代了旧司法组织系统。现代中国法制的发展在20世纪60年代以后遭受严重挫折。在20世纪80年代以后，中国的法制发展与改革开放同时推进，法制现代化也被提上了日程，建设社会主义法治国家被作为一个目标。经过各个发展阶段，不同的法律文化交互影响，新中国的法律文化具有多元化和复合型的特征。一般而言，当代中国法律文化主要来源于四种因素。

1. 由社会主义国家主导建立的主流和正式的法律文化

我国现代法律文化发源的特定的历史背景和社会基础决定了新中国在其发展初期不能在一个稳定的环境下通过全盘继受或民主程序理性地建构一个现代法律制度。中国现代法律制度不得不在一个较长的时期内，通过各种利益和理念的斗争，在理想和现实的妥协中曲折前行。从新中国成立至今，中国的法律制度及法律文化始终处在一个建立、发展、改革的过程中，在这个过程中，国家政治体制、经济发展和改革、意识形态因素与各种社会现实需求和利益博弈相互作用，并且与其他法律文化因素相互融合，形成了具有中国特色的现代法律制度。

2. 自中国古代传承至今的传统法律文化

尽管我国现代法律制度很少明确吸收或继受了传统法律文化，但是传统法律文化深刻地渗透在各种主体（包括法律职业人员和普通当事人）现实的法律意识和法律实践中，事实上影响甚至决定着许多制度的建构和运作，例如，社会公众对死刑的态度、中央对地方的治理方式、家庭赡养传统、对实体公正的强调和对程序公正的轻视、对法律程序以外的救济途径如信访的偏好等等。如何协调传统法律文化与现代法律制度的关系，正是今天我国需要积极面对的法制本土化课题。我国的民族区域自治制度，在传承民族习惯、保持传统法律文化与现代法律制度的协调发展方面，具有重要的作用。

3. 苏联社会主义国家的法律文化

我国的政治体制和基本经济制度以及意识形态属于社会主义体系，社会主义法律文化对我国当代法律文化的影响主要体现在政治体制和司法体制方面。在20世纪50年代，社会主义国家苏联的某些制度对我国当时的法制建设产生过直接的影响。然而，在今天，这种法律文化在微观的法律制度、程序和技术等方面的影响已经相对较弱，并已经融入当代中国法律文化整体之中。

4. 西方现代法律文化

从清末变法到当代中国的法治建设，西方法律文化通过法律现代化进程对中国现代法制和法律文化产生着深刻的影响：从法律概念和用语，到基本的技术、原理、原则、规则、制度、程序，乃至法治理念和思想体系，无不体现着西方法律文化的影响。在这种背景下，在立法、制度建构和改革中，如何适应中国国情和需要，选择有现实可行性和效益的西方法律制度加以借鉴或移植，就成为法学研究的重要课题。

(二) 当代中国法律文化的特征

当代中国法律文化具有典型的混合法特征，其中，由社会主义国家主导建立的以马克思主义、毛泽东思想、中国特色社会主义理论、习近平新时代中国特色社会主义思想为指导思想的主流法律文化，不仅体现在宪法和所有法律中，也是执法活动的基本准则。然而，在具体的制度建构和司法实践中，西方法律文化和传统法律文化的作用也不可低估。各种法律文化因素相互融合，形成了我国现有的以成文法为中心的法律等规范性文件体系，以简易、便利和效率为特征的司法模式，以及特有的法律职业群体和社会主义法治理念。尽管一些基本制度和规则在形式上已经非常接近现代法制，但是仍存在一些明显的差异。此外，目前我国的现代法律制度和法律文化本身仍然处在建构、改革和发展进程中。

在法系的划分上，由于标准的不同，法学界对我国当代法律体系的划分结果也各有不同，例如：（1）根据政治体制、经济制度和意识形态，可以被划归社会主义法系；（2）根据发展或现代化程度，可以被纳入发展中国家法律体系之列；（3）根据法律形式特征，我国当代法律体系比较接近大陆成文法体系；（4）就实际情况而言，我国法律体系兼容了大陆法系与英美法系的制度要素，现代西方法律机制与本土化传统同时存在，同时，政治体制、经济体制、社会文化传统以及法律职业群体、法律环境等多方面的特殊因素产生综合作用，使我国的法律体系具有典型的混合法特征。因此，在判断我国法律体系的法系所属时，应对各种共同性和特殊性因素均加以重视，而不宜简单地强调某一标准及划分结果。

(三) 发展法律文化的基本原则

当代中国社会主义法律文化的发展，应该坚持以中国特色社会主义理论、习近平新时代中国特色社会主义思想为指导，立足于中国，放眼世界，面向未来，构建、弘扬和传播中国特色社会主义法律文化。

所谓立足于中国，就是注意总结中国自己的实践经验，保持中国自己优秀的法律传统，实现法律文化的现代化。法律文化是扎根于一国土壤中的活的东西，在其他国家的土壤上生长得再好的法律制度也只有在适合中国的国情时才可能有生命力，否则，永远只是外国的法律文化，不可能成为中国的东西。构建和发展当代中国的法律文化、法治文化，试图简单地照抄照搬外国的某种法治模式、法治思想，是不可能成功的。

所谓放眼世界，就是把中国法律文化放在世界法律文化的整体中去观察和研究，注意从域外法律文化的现代化进程中吸取经验和教训。现代世界各国（地区或民族）的法律文化都不是封闭的，而是在相互交融、相互借鉴的过程中发展起来的。可以这样说，现在世界各国（地区或民族）的法律文化没有不受到其他法律文化的影响的。因此，那种闭关自守式的经验主义态度也是不可取的。我们既反对那种根本否定中华优秀传统法律文化、主张“全盘西化”的民族虚无主义，又要防止排斥一切外来法律文化的倾向。

所谓面向未来，就是要有长远的设想，跟上时代发展的潮流，要坚持“古为今用”“洋为中用”，推陈出新，不断完善，不断创新。比如，在“古为今用”方面，要坚持“创造性转化、创新性发展”原则，充分利用中华优秀传统法律文化和治理中的优秀成分，以时代精神激活中华优秀传统法律文化的生命力。只有这样，才可能推动以发展中的马克思主义为指导的、既充分体现时代精神又继承优秀历史传统的、适合中国国情的、适应社会主义现代化要求的、充满活力的中国特色社会主义法律文化不断丰富和发展。

问题与思考

1. 如何理解法、法律必须有道德基础？
2. 如何理解社会主义法与社会主义道德的关系？
3. 如何认识“法律是最低限度的道德”这一说法？
4. 社会主义法与道德有哪些区别？
5. 怎样看待依法治国与以德治国的关系？
6. 我国社会主义法对待宗教的一般原则是什么？
7. 如何认识将社会主义核心价值观融入法治建设的问题？
8. 法律对于推动科技发展可以有哪些促进作用？
9. 如何理解法律文化的概念？
10. 如何认识当代中国的法律文化？

阅读文献

1. 新时代公民道德建设实施纲要（2019 年 10 月）
2. 梁治平. 从礼治到法治. 开放时代，1999（1）
3. 富勒. 法律的道德性. 郑戈，译. 北京：商务印书馆，2005
4. 伯尔曼. 法律与宗教. 梁治平，译. 北京：商务印书馆，2012
5. 小 W. 科尔·德拉姆，布雷特·G. 沙夫斯. 法治与宗教：国内、国际和比较法的视角. 隋嘉滨，等译. 北京：中国民主法制出版社，2012
6. 孙笑侠，郭春镇. 法律父爱主义在中国的适用. 中国社会科学，2006（1）
7. 高鸿钧. 法律文化的语义、语境及其中国问题. 中国法学，2007（4）
8. 孙光宁. 社会主义核心价值观的法源地位及其作用提升. 中国法学，2022（2）
9. 杨建. 作为政治概念的法治文化：内在张力与规范诉求. 法制与社会发展，2018（1）

第二十章
中国社会主义法与社会建设

本章概要

社会建设是中国特色社会主义总体布局中的重要部分。创建中国特色社会主义和谐社会是社会主义法治的重要使命之一。通过促进民生建设和社会管理创新，社会主义法治可以对社会建设发挥重要作用。同时，社会建设的进展，也进一步完善了社会主义法治理念在中国得以落地生根的现实社会条件。

关键术语

社会主义法治　和谐社会　社会建设　民生建设　劳动权　健康权　受教育权　社会保障权　民生保障义务　社会治理创新　社会治安　利益表达机制　国家安全　公共安全　社会应急管理　社会自治　基层自治　社会组织自治

第一节　社会主义法与社会和谐

一、社会建设的概念

社会建设是中国特色社会主义建设总体布局中的重要一环。中国共产党十七大首次提出经济建设、政治建设、文化建设、社会建设共同构成社会主义建设事业的“四位一体”总体布局。中国共产党十八大报告进一步提出“五位一体”总体布局，社会建设也居其一。

关于社会建设的内涵和外延，人们有不同的理解。这与“社会”这一概念的多义性有关。① 对社会建设这一概念，大致而言，有广义、中义和狭义几种理解。广义上

① “社会”一词可以指相对于自然而言的人类社会，这个意义上的社会包括经济、政治、文化等人的一切活动领域；可以指相对于经济活动而言的社会，即社会是一个非市场的领域；可以指相对于国家政治治理而言的社会，即社会是一个非政治的领域；可以指相对于经济、国家、文化而言的社会，即社会是一个非国家、非市场、非精神文化的领域；也可以指相对于个人而言的社会，即社会是以人与人之间的交往关系为中心的社会。社会的这种多义性使人们对社会建设的界定并不相同。

的社会建设，包括经济建设、政治建设、文化建设、生态文明建设和狭义社会建设等在内。这种社会建设的范围最广、内容最繁杂。中义上的社会建设，是指除经济建设以外的其他方面的社会建设。狭义上的社会建设，则是指与经济建设、政治建设、文化建设、生态文明建设等相并列的社会建设。随着人类社会生活复杂性程度、社会分化程度、社会治理水平的提高，从经济、政治、文化建设之中分离出来而形成一个相对独立的狭义社会领域，更具有必要性。我们这里是在狭义上使用社会建设这一概念。

这里所使用的“社会建设”一词，主要是指以民生改善、社会治理方式创新、社会治理水平提高、社会组织体系壮大、社会结构转型等为重点内容的狭义社会建设。大致而言，可以说，狭义的社会建设是指要在除市场、政府、文化、家庭等之外的社会公共领域和公共空间之中，提高人民生活质量，抑制社会矛盾激化，巩固社会基本秩序，促进社会公平，激发社会发展活力，促进社会和谐，实现社会永续发展等。

中国共产党和国家曾提出建设中国特色社会主义的和谐社会。[①] 提出和谐社会建设的国家目标，具有强烈的现实针对性，是对中国经济社会发展中的重大社会问题的理论回应。我们这里说的社会建设，是和谐社会建设的核心方面。简要而言，社会建设作为“五位一体”总布局的一个方面，其基本目标是，应对社会矛盾累积增加[②]、社会贫富差距急剧拉大、国民有不公平感等严峻社会现实问题，补正中国经济和社会发展中多年来已存在的“一条腿长，一条腿短”的短板，加强民生建设和社会治理，使社会生活达到公平正义、和谐有序、富有活力的状态。也就是说，社会建设的基本目标是，努力实现社会安定和谐、社会公平正义、社会自由活力。

二、和谐社会建设推进法治进程

社会建设的各个方面都与法治建设具有高度的契合性，彼此相互支持。社会建设在各个领域中的推进，都有助于直接提升法律治理的水平。可以说，社会建设所追求的，既是一种基于法治的社会和谐，也是一种促进法治的社会和谐。

社会建设内在包含对法治的期待和需求。社会建设需要借助法治来达到社会和谐秩序，实现社会建设所追求的安全秩序、社会自由、公平正义等，因而，加强法治是社会建设的题中应有之义。离开了法治，社会建设的各项目标无从达成。如果没有法治原则的普遍推行，要构建和谐社会是难以想象的。在这个意义上，社会建设与法治建设是内在地相互促进、相互支持的。社会建设在民生改善、社会治理等方面所取得的成就，会

① 在理论上看，和谐社会建设与这里所言的狭义社会建设的范围相近，但二者又不完全等同。和谐社会建设的基本内涵是，按照民主法治、公平正义、诚信友爱、充满活力、安定有序、人与自然和谐相处的总要求，形成全体人民各尽其能、各得其所而又和谐相处的局面，因而，和谐社会建设作为一种整体性的社会发展战略，不仅仅包括狭义上的社会建设，还包含民主法治、人与自然和谐相处等要求。

② 比如，曾有一个时期内，各地发生的群体性事件影响广泛，成为影响社会和谐的突出问题。2005 年的安徽池州事件、2007 年的四川达州事件、2007 年的广东河源事件、2008 年的贵州瓮安事件、2009 年的湖北石首事件、2010 年的黑龙江富锦长春岭事件、2010 年的安徽马鞍山事件、2011 年的广东乌坎村事件、2012 年的四川什邡事件等，都是轰动一时的典型性群体事件。按照一些学者的研究，目前群体性事件的种类主要有维权类、社会泄愤类、社会骚乱类、价值追求类等。群体性事件所涉及的社会冲突主要有征地拆迁、劳资关系和环境保护等。

直接提升法治化治理的品质。

社会建设的发展，能够带来更多的社会公平正义、更安定的社会秩序、更体面的基本生活、对弱势者尊严的更多尊重、更具有活力的社会关系、民主治理水平的不断提升、基本公共服务水平的不断提高，等等。所有这些价值理念和具体实践，显然都会积极促进法律治理水平的提高。法治化事业同样追求基于规则的社会和平、安全和秩序，基于个人自由的持续社会活力，基于经济社会权保障的公平正义，等等。可见，社会建设与法治建设二者的使命、目标多有契合之处。故社会建设的各项进展或成就，都会直接或间接地促进法治所追求的各项价值目标和治理理想的实现。

三、以法治方式促进社会和谐

社会建设要求将法治原则贯穿于其中，以促进社会建设各项事业的顺利开展。法治的各项制度在社会建设中发挥的保障和促进作用，突出表现在厉行法治对于促进社会和谐秩序及社会公平正义方面，并在此基础上形成一种有稳定又有活力、有效率又有公正、有自由又有权威的和谐秩序状态。具体而言，法治对社会和谐秩序的建构和促进作用表现在如下方面。

(一) 保障社会安定有序

社会和谐秩序的基本要求是社会安定有序。社会的安定有序必须依靠规则，尊重法治。法律调整最突出的特点便是基于服从和运用规则带来社会的和平、安全与秩序。立法关于权利和义务的制度性设计，就可以起到定分止争、建立社会信任、预防矛盾的作用。科学、民主的立法过程有助于协调和平衡社会中的多种利益与价值，抑制其间的冲突。一个公正、独立、权威、高效的司法体系，通过解决社会纠纷，可以直接化解矛盾，提升人们行为的安全感，有助于建立社会信用，促进社会的诚信，带来社会稳定。

(二) 激发社会活力

社会和谐要求的安定秩序，不是死水一潭般的消极秩序，而是充满活力、保障个人生活选择权的自由秩序。社会和谐所要求的自由和活力，也是保障社会安定和谐的长久之道。没有社会活力的秩序难以持续、稳固。如何激发社会的活力？从法律的角度看，基本方式就是，尊重和保障基本人权，创造公平正义的法治环境。自由是社会活力之源，自由激发创造热情。自由制度、平等制度、公平制度等都是激发社会活力的制度条件。厉行法治，正是保障基本人权、践行制度正义的不二法门。以法治方式尊重和保障人权，每个人才能充分发挥主动性和创造性，整个社会才具有和谐发展的生机与活力。每个人如无法享有被平等对待的法律权利和公平机会，社会就可能失去稳定的基础条件，也谈不上社会基本制度的正义。

依宪依法保障人权和基本自由，是将社会的安定有序和社会发展活力相结合、将自由与平等相结合、将个人生活与制度正义相结合的好方式。比如，保障产权、交易安全、交易自由、居住自由、人身自由、表达自由、信仰自由等各项基本权利，能够促进社会秩序和活力的共同发展；又如，就社会治理中人们经常谈到的维稳而言，维稳的根本在于维权，权利得到维护才有真正的稳定，保障人民的权益才能促进社会的长治久安。无视人权的、权力高压下的所谓稳定或秩序中实际上蕴含动荡的巨大危险。

（三）保障社会公平正义

社会和谐、安定离不开该社会的公平正义，社会不公是社会动荡不安的重要原因。在改革进程中，曾经有过片面追求经济增长而轻视社会民生建设的情形，如收入差距拉大、利益矛盾突出、贫富冲突加剧、地区发展不平衡、民生短板突出等。这就是中国共产党十九大所指出的社会发展不平衡不充分的一种表现。面对种种社会不公平和社会失衡现象，应当以促进社会公平正义、增进人民福祉为出发点和落脚点，健全保障公平正义的各种制度，加强对公平正义的法治保障。建立健全以权利公平、机会公平、规则公平为主要内容的社会公平保障体系，是法治国家建设的重要内容。

以法治原则促进社会公正公平，要注重规则设计及实施的公平合理，营造公平的法治环境。其具体要求是非常广泛的，比如：确认每个人的人格尊严、基本权利和自由，促进人的权利平等、机会公平；社会财富要合理分配，“蛋糕”要做大，也要分好，这就要不断扩展人民的社会保障权、受教育权、工作权等经济社会权，尤其要给社会最贫弱者以尊严和体面，保障人民的平等参与、平等发展的权利；在法律价值方面，通过民主、科学的立法和独立、公正的司法，在公平与效率、自由与平等、强制与自治、秩序与自由、初次分配与再分配、机会平等与结果平等、规则正义与个案公平等之间，达成恰当的平衡。

（四）促进社会诚信友善

社会和谐需要社会诚信、彼此友善。背信弃义、恃强凌弱、坑蒙拐骗、以邻为壑、人情冷漠的社会显然不可能是一个和谐社会。在诚信友善的社会氛围中，社会交往成本减少，社会冲突的强度会降低，人与人之间的信任增加，违法现象自然会减少，法律治理成本会降低，社会和谐程度自然会随之提高。

法治化的制度体系和治理体系将诚信友善纳入法律调整范围，以法律保障诚信友善在社会生活中的落实。这也体现了以德治国与依法治国相结合，体现了社会主义法与道德的相互支持，如：法律明文规定要尊重社会公德、职业伦理、善良风俗；法律保障交易秩序，鼓励公平、自由竞争，打击坑蒙拐骗、恃强凌弱、以大欺小，矫正或惩罚失信行为，如依法建立健全合同制度、社会征信体系、反不正当竞争制度等；法律鼓励见义勇为、助人为乐的行为；法律将公职人员的“官德”或政治责任伦理法律化，依法促进“官德”水平的提升，如注重以法治方式来治理官僚主义、形式主义、腐败等官德败坏行为；依法倡导家庭美德，如将尊老爱幼、男女平等、夫妻和睦、邻里团结等伦理原则法律化；等等。

第二节　民生建设的法治保障

一、民生建设的基本要求

民生建设是社会建设的重要部分。在我国现阶段，民生建设所涉及的主要是人民群众最关心、最直接、最现实的那些“民之生计”问题，如就业促进、教育公平、收入分配、住房保障、公共医疗、养老保障、环境保护、社会稳定、社会管理秩序等。民生建设的宗旨就是，努力做到学有所教、劳有所得、病有所医、老有所养、住有所居等，不断提高人民的物质文化生活水平，让人民得以体面地生存，过上有尊严的生活。民生建设的实质就是实现社会基本公共服务、社会财富分配、国民生存与发展等方面的公平正义。

在改革开放以来的四十多年里，我国的民生建设虽取得了重大成就，但依然是整个社会发展中的“短板”。民生领域的社会矛盾多种多样，比如，国民的生活水平、劳动者收入有普遍提高，但贫富差距在过去一些年里依然巨大，收入不公问题严峻；国民受教育程度整体提高，但教育不公平和教育质量不高等问题依然严重；医疗服务设施和服务不断改善，但国民健康权保障、公共医疗体制仍有很大提升空间；就业自由大幅度扩展，就业方式日益多元化，劳动者权益保障状况持续改进，但就业歧视还较严重，就业压力依然很大，劳资关系依然紧张；国民居住条件有普遍改善，但近些年来“房奴”、“房改”、房价等涉住房问题一直是社会热议话题；社会保障制度逐步健全，国民低保、社会救济、养老保障等的水平逐步提高，但离真正做到“老有所养”“老有所乐”还有很大距离；社会公共安全、社会群体性事件、环境保护等问题近年来依然严峻，受到越来越广泛的社会关注；等等。可见，民生建设的状况无法满足人民对美好生活的期待，社会民生问题和矛盾大量增加，人民群众无法充分共享改革成果，对社会不公的意见大。国家在政治层面提出和谐社会建设等重大课题，就是为了应对和解决这些现实问题。

加强民生建设，需要有更高效、更有力的体制机制保障，尤其要注重发挥法治的推动和保障作用，注重以法治方式在立法、司法、执法等各个层面为民生建设提供法律保障，比如：在立法理念和法律体系完善方面，以人民利益至高无上、让改革发展成果更多更公平地惠及全体人民为基本立法理念，以增强政府的民生责任、完善民生权利为重点，加强民生领域的立法；在执法、司法领域以执法为民、司法为民为宗旨，以落实和保障民生权利为重点，注重解决人民关注的利益问题，纾解民生矛盾，促进民生改善等。

二、以保障权利促进民生改善

以法治方式促进民生建设的重要方式之一是，确认、保障和完善民生方面的权利。民生保障的根本在于“民权”。民生建设中蕴含“扩权”因素，即“扩展国民权利”。也就是说，从基本权利保障和扩展的角度来看待民生改善，通过强化民权诉求来促进民生建设。

民生权利在宪法基本权层面上直接关联的主要是社会权或福利权，与自由权等基本权也有着密切的关联。民生权利包括生存权（如获得适当生活水准的权利等）、发展权、工作就业权、社会保障权、受教育权、健康权等，与其相关密切的基本自由权有生命权、人身自由权、表达自由权等。以法治保障民生权利主要体现为以下几点。

(一) 保障平等发展权

社会和谐之本在于以人为本的均衡发展。社会和谐在很大程度上取决于社会生产力的发展水平，取决于发展的协调性。以人为本的发展，不只是经济发展而是社会、经济、文化的整体发展；不只是国家的发展而是包括个人的发展；不只是国家促进发展的政治责任问题，也是保障国民的基本权利问题。从权利的角度看待发展，可以更好地认识发展的人本性、协调性、整体性。

1. 保障农民的基本权利，促进城乡协调发展

应当通过深化改革，贯彻协调发展理念，实施乡村振兴战略，加快改变阻碍农民享有平等公民权的城乡二元结构，健全城乡治理一体化、城乡融合发展的体制机制以及相应的法律法规、政策体系。尤其是，要依法深化农村集体土地制度改革，完善承包地“三权”分置制度，切实保障农民对承包地、宅基地的各项权利；处理好被征地农民的就业和社会保障等问题；深化农村集体产权制度改革，保障农民的财产权益；促进乡村自治，保障村民的自治权，保障农民发展专业合作组织等的结社权；通过完善精准扶贫机制改善贫困农民的生活条件，处理好脱贫后的发展问题；促进城乡社会保障、城乡义务教育的一体化；等等。

2. 促进区域协调发展，改变权利享有的地区不均衡状况

实现全国各地区之间的共同发展，才有全局性的稳定。地区之间的发展不平衡已经是制约民生建设整体水平的重要问题。应当贯彻协调发展理念，以地区的均衡协调发展带动全体国民共享发展成果，获得平等发展机会，实现共同富裕。对于贫困落后的中西部地区、民族地区等而言，唯有在国家治理整体层面实施区域协调发展战略，加大扶持力度，才能改变其贫困落后状况，并建立解决相对贫困的长效机制。对这些地区而言，更应该强调国民在获得教育、卫生、文化等公共服务方面的平等权利，在生存和发展方面的平等权利。

3. 保障国民共享改革发展成果的权利

人民的平等发展权包括了共享发展成果的权利。中国的改革和发展坚持以人民为中心，人民是推动改革和发展的主体，人民共享改革发展成果天经地义，而且，只有人民真正共享改革发展成果，全面深化改革才能持续平稳推进。保障和促进国民共享改革发展成果，要立足于国情，立足于经济社会发展水平来设计和完善制度，既要有紧迫感、敢于啃硬骨头，又要量力而行、稳步有序，而不能好高骛远、开空头支票、口惠而实不至。贯彻共享发展的新发展理念，要求健全保障国民共享改革发展成果的体制机制，不让一个人掉队，不让一个人例外。国民共享改革发展成果的权利机制是其中的重要机制。要优先保障基本的民生权利，从坚守底线、保民生、不返贫等角度保障生存权和发展权。

另外，要完善收入分配制度，如增加居民的财产性收入，提高居民收入在国民收入分配中的比重；推行企业工资的集体协商制度，健全最低工资制度，完善工资正常增长机制；通过税收等方式依法调节过高收入；等等。

(二) 保障和促进公民劳动权

就业是民生之本，要从社会经济发展和人的发展的角度来看待就业问题，保障劳动者的就业权利和自由。切实尊重并保障劳动者在就业和工作中的权利，是缓和劳资关系紧张、促进劳资关系和谐的最重要措施之一。劳动权或工作权的基本内容包括，保障劳动者免于被强迫劳动或劳役的权利、获得免费就业服务的权利、自主择业的权利、获得公平工资的权利、集体谈判的权利、获得正当而适宜的工作条件的权利、获得带薪休假的权利、获得公平报酬的权利等。我国已建立了保障劳动权的法律制度体系①，对于保障劳动者的劳动权、发展和谐劳动关系起到了重要作用。

在我国涉就业保障、劳动关系的矛盾目前仍处于高发时期，局部地区矛盾突出，有关劳动争议的群体性事件时有发生，劳动关系各领域发展不平衡问题比较突出，职工诉求的表达和利益协调机制、劳动关系矛盾协调机制和权益保障机制仍有待健全。其中应当重点关注的是劳动就业权问题，比如，工作领域的性别平等、非正规就业者的权益保障、工作场所的安全保障、企业集体协商制度、职工参与管理权、组织工会权利、完善劳动关系矛盾调处机制；尤其需要关注特殊群体就业问题，诸如农民工及时获得公平报酬、女性就业平等及职业保障、残障人平等就业等问题。

在进一步的法治改革中，要注重保障自由择业、平等就业、充分就业，努力消除各种就业歧视。重点的制度性改革举措包括：通过深化户籍、劳动就业等制度改革，破除妨碍劳动力、人才社会性流动的体制机制弊端，逐步形成城乡统一的就业市场；健全公共就业服务和终身职业技能培训制度，完善重点群体就业支持体系；加强再就业援助，对就业困难人员实行托底帮扶；坚决防止和纠正就业歧视（如性别歧视、地域歧视、政治面貌歧视、身份歧视等），营造公平就业制度环境；完善政府、工会、企业共同参与的劳动关系协调机制，促进劳动者实现体面劳动、全面发展。

(三) 保障和促进公平受教育权

保障公民的受教育权对于保障民生意义重大。在我国公民的受教育权已经由多部法律法规予以确认和保障②，公民受教育水平持续提高，各类教育机构蓬勃发展。但是，教育发展不平衡、不公平、不充分问题依然突出，尚不能满足人民群众对教育质量、教育公平的要求；基本公共教育均等化水平亟待提升，区域之间、城乡之间教育发展差距明显，政府保障受教育权的责任仍不到位，大学办学自主权有待加强，等等；农村地区、

① 我国目前相关的主要立法包括《劳动法》《劳动合同法》《就业促进法》《职业教育法》《民办教育促进法》《劳动争议调解仲裁法》《残疾人保障法》《妇女权益保障法》《未成年人保护法》《女职工劳动保护特别规定》《禁止使用童工规定》《残疾人就业条例》《保障农民工工资支付条例》等。

② 相关立法包括《教育法》《义务教育法》《高等教育法》《职业教育法》《民办教育促进法》《残疾人教育条例》等。

贫困地区、民族地区、农民工群体的孩子受高质量教育问题仍是明显短板，残障儿童、女童的受教育权更是需要受到重视。近年来，异地高考、高考中考加分、高考分省配额制、“超级中学”、高校管理行政化、教育产业化等问题都广受关注，切实落实公民的公平受教育权还有很长的路要走。

以法治方式促进公民的受教育权，要大力促进教育公平、公共教育资源的平等共享，高度重视农村义务教育，办好学前教育、特殊教育和网络教育，普及高中阶段教育；统筹职业技术教育、高等教育、继续教育协调发展，支持和规范社会力量兴办教育。其中值得特别强调的是，为了促进教育公平，要更加注重依法推动城乡义务教育一体化发展，努力让每个孩子都能享有公平而有质量的教育；要把教育资源重点向农村、边远、贫困、民族地区倾斜，逐步缩小城乡和区域教育发展差距；对家庭经济困难的学生要提供必要资助，保障农民工子女、异地就学学生、残障儿童等平等地接受教育。

资料链接

《残疾人教育条例》

（四）保障和促进社会保障权

社会保障是保障人民体面生活，保障社会稳定、和谐的一项基本制度。建立健全社会保险、社会救助、社会福利等保障制度，稳步提升社会保障水平，是满足人民的美好生活需要的重要组成部分。公民获得社会保障的权利是一项基本人权，是一个人得以体面生存和发展的重要法律基础。我国《宪法》第 14 条第 4 款规定，“国家建立健全同经济发展水平相适应的社会保障制度”；第 44 条规定了对退休人员的保障，第 45 条中规定了公民获得物质帮助的权利。国家也颁行了关于社会保障的多部法律法规。①

目前，覆盖城乡居民的社会保障体系基本建立，中国共产党十九大进一步明确提出，要“按照兜底线、织密网、建机制的要求，全面建成覆盖全民、城乡统筹、权责清晰、保障适度、可持续的多层次社会保障体系”。加强对社会保障权的法律保障，应当完善覆盖城乡居民的社会保障体系，其中包括：完善城镇职工基本养老保险和城乡居民基本养老保险制度，尽快实现基础养老保障的全国统筹；完善失业、工伤、医疗、生育等方面的社会保险制度；统筹城乡社会救助体系，完善最低生活保障制度；发展以扶老、助残、救孤、济困为重点的社会福利制度；完善城市低保、农村五保供养、特困户救助、灾民

① 如，《社会保险法》《慈善法》《失业保险条例》《工伤保险条例》《城市居民最低生活保障条例》等涉及社会保障权的法律、法规，《妇女权益保障法》《未成年人保护法》《老年人权益保障法》《残疾人保障法》《职业病防治法》《城市生活无着的流浪乞讨人员救助管理办法》《农村五保供养工作条例》等涉及各类特殊人群的社会保障权的专门法律、法规。

救助等制度；完善农村留守儿童和妇女、老年人关爱服务体系，健全残疾人帮扶制度，加强残疾康复服务；保障国民的住房权，加快建立多主体供给、多渠道保障、租购并举的住房制度，让全体人民住有所居；等等。

（五）保障和促进公民健康权

健康是促进人的全面发展的必然要求，是人民的一项基本权利。健康权的基本含义是，“每个人都有权享有能够达到的、有益于体面生活的最高标准的健康”①。健康权是一项综合性权利，其中一部分是与保健有关的内容，包括医疗保健、预防保健、初级医疗保健、儿童保健以及心理卫生服务等；另一部分是与健康的基本条件有关的内容，如获得安全的饮用水及食物、适当的卫生设备、适当的营养、有关健康的信息、环境卫生以及职业卫生等。同时，健康权与许多权利和自由密切相关，如获得食物权、住房权、工作权、教育权和人的尊严权等，也与生命权、不受歧视的权利、平等权、禁止使用酷刑、隐私权、获得信息权、结社自由、集会自由和居住自由等密切相关。

人民健康权益在我国改革发展进程中受到积极保障，人民健康水平不断提高。但是，健康权保障的不均衡、不充分、不公平情况依然存在，医疗卫生体制有待进一步深化改革，医疗卫生服务理念和模式有待转换，医疗领域的不公（如少数人挤占或浪费医疗资源）、看病难、看病贵、因病致贫、医患纠纷等引发广泛社会关注。“健康中国”建设是从国家义务角度保障和促进健康权的重要战略。2016 年，中共中央、国务院印发《“健康中国 2030”规划纲要》，确立了“以人民健康为中心”的大健康观、大卫生观；倡导“共建共享、全民健康”理念，强调全方位、全周期健康服务，推动健康领域基本公共服务均等化。自此，我国卫生健康工作以及健康权保障进入新阶段。

我国《宪法》规定了国家发展医疗卫生事业、保护人民健康的义务；已有多部法律分别从不同方面保障了公民的健康权。② 为保障公民的健康权，亟须以法治方式推进全民医保体系建设，完善公民健康政策，让广大人民群众享有公平可及、系统连续的健康服务。重要的改革包括：深化医药卫生体制改革，健全基本医疗卫生制度；逐步缩小城乡、地区、人群间基本健康服务和健康水平的差异；加强公共卫生防疫和重大传染病防控；健全重特大疾病医疗保险和救助制度；加强重点人群健康服务，加强妇幼健康服务能力，完善老年健康服务体系，推进积极老龄化政策，提高残疾人健康和康复服务水平；改革和完善食品药品安全监管体制机制。

---

① 《经济、社会及文化权利国际公约》第 12 条规定：“缔约各国承认人人有权享有能达到的最高的体质和心理健康的标准”，以及“为充分实现这一权利而采取的步骤应包括为达到下列目标所需的步骤：（甲）减低死胎率和婴儿死亡率，和使儿童得到健康的发育；（乙）改善环境卫生和工业卫生的各个方面；（丙）预防、治疗和控制传染病、风土病、职业病以及其他的疾病；（丁）创造保证人人在患病时能得到医疗照顾的条件”。《消除对妇女一切形式歧视公约》《儿童权利公约》等也分别规定要保障妇女、儿童的健康权益。

② 如《民法典》《传染病防治法》《职业病防治法》《药品管理法》《食品安全法》《突发事件应对法》《疫苗管理法》《基本医疗卫生与健康促进法》《老年人权益保障法》《妇女权益保障法》《未成年人保护法》《残疾人保障法》等，都保障了公民健康权。

资料链接

《基本医疗卫生与健康促进法》（摘引）

三、依法加强国家的民生保障职能

（一）国家权力的定位与民生保障

民生建设包含着国民权利与国家权力之间关系的一种新模式。确认和保障国民的民生权利本身就为政府设置了相应的法律义务即保障和促进这些权利实现的义务，国家要尽其所能，推进这些权利在实践中落实。民生建设要求国家在促进民生改善方面承担更大的责任，要求国家有更强的行动能力及资源支配和分配能力。民生权利不是或主要不是那种免于国家干预的所谓“消极权利”，而是需要国家介入并作出大量积极行为予以推动的“积极权利”，是国民对国家的“请求权”。这样，国家作为实现民生权利的义务主体，承担着尊重、促进、保障和实现民生权利的重要责任。

国家在民生建设方面的用权行为，既有“越位”又有“缺位”，二者并存。一方面，存在“用权过度”的越位。民生建设中存在权力错位、越位问题，权力的过度膨胀使社会和市场难以独立、发展。在全能主义理念支配下的国家权力极大地抑制甚至毁灭了社会和市场的自主性，但国家权力对社会的全面干预，国家包办一切，并没有带来民生的全面和持续改善。因而，民生建设之中包含“限权”因素，即要“限制国家权力”，更加强调权力的受制约性。在这个意义上，民生问题也是关于限制国家权力的宪治民主问题：民生之中蕴含民权问题，也包含民主问题。另一方面，存在“用权不足”的缺位。民生建设方面也存在权力缺位的问题，国家懈怠履行其公共服务责任，该管的没有管或没有管好。国家必须是权力有着明确边界的有限国家，但这不是说要搞“懒政”或让国家放弃其公共服务责任。“懒政”也会使政府的公信力受到损害。因而，在民生建设方面，既要限制国家权力，又要强化国家权威，要让国家有所作为；既要摆脱全能主义的国家模式，又要超越那种消极主义的守夜人国家模式，国家要提供必要的基本公共服务，承担重要的社会经济职能，维系社会的公平正义。

（二）国家保障民生的法律职责

为促进民生权利，推进民生建设，需要进一步明确政府保障和促进民生权利的法律义务，尤其要加强政府在公共服务方面的法律责任，使其从重行政管制转向重公共服务，寓管理于服务之中。对国家保障和促进民生建设的义务，至少可以强调如下几个方面：

（1）完善合理配置教育资源，促进教育公平和均衡发展的制度，如保障义务教育、发展各个层次的教育、推行素质教育、防止教育腐败、鼓励和引导社会力量兴办教育等。

(2) 保障和促进就业的制度，如推行更积极的促进就业政策、保障择业自由、反对就业歧视、开展就业技能培训、提升劳动者的就业创业能力、健全人力资源市场和就业服务体系、健全劳动标准体系、完善劳动关系协调机制、加强劳动保障监察和争议调解仲裁等。

(3) 完善公共财政方面的法律制度，实现基本公共服务均等化，如加大财政在教育、卫生、文化、就业与再就业服务、社会保障、生态环境、公共基础设施、社会治安等方面的投入，注重向农村、基层、欠发达地区倾斜，逐步形成惠及全民的基本公共服务体系。

(4) 完善关于社会保障体系的法律制度，如完善基本养老保险和基本医疗保险的法律制度，完善社会救助法律制度，健全社会福利法律制度，保障弱势群体权益等。

(5) 建设覆盖城乡居民的基本公共卫生保健制度，如，在医疗保障、医疗服务、公共卫生、药品供应、监管体制等方面推进改革，加强对食品、药品、餐饮卫生的监管等。

(6) 完善国民收入分配调节的制度，如依法完善按劳动要素贡献参与分配的初次分配机制，加快健全再分配调节机制，保护合法收入，增加低收入者的收入，扩大中等收入群体，调节过高收入，逐步形成橄榄型收入分配格局。

(7) 依法完善对流动人口的管理服务，如推进流动人口服务管理的制度创新，切实保护流动人口在就业、居住、就医、子女教育等基本民生方面的权利，建立健全城乡一体化和服务全覆盖的人口动态管理机制。

运用法治思维，以法治方式推进民生建设，其基本方式就是，以立法来规范政府的民生管理权力，强化政府在民生方面的法律义务。多年来，民生改革的法治化程度不高，对政府权力运用的监督不够，改革的动力不足，一些重要领域的改革雷声大雨点小。因而应当努力做到如下几点：强化人大在民生法治建设方面的作用，强化人大制度下的公共讨论以提高民生立法的质量，强化人大对政府履行民生责任的监督；强化司法对民生权利的维护和保障，督促政府恪尽其责任；强调政府信息的公开性、民生决策的参与性和程序性等；减少行政审批，提高行政效能；注重扩展社会自治力量、扩展新闻媒体等社会舆论力量，督促政府履行职责；依法推进政事分开、政社分开、政企分开等。

第三节　加强社会治理创新的法治保障

一、构建新时代社会治理体系的基本要求

社会治理是社会建设的重要部分，是指国家、个人和社会组织等社会治理主体以实现社会和谐稳定和社会公正为目标，运用各种治理手段和方式对社会秩序、社会结构、社会事业、社会利益关系等所进行的治理活动。从社会管制、社会管理到社会治理的概念转换以及理念创新，是我国社会建设发展的一个标志。

在改革开放前，新中国主要奉行以单位制为主、国家全面吸纳社会、基层单位管理

与地域管理相结合的国家管理体制。自改革开放以来，随着社会转型的加快、国家与社会的分化，这种社会管理体制需要改革。在当今社会深度转型的关键时期，社会阶层之间的差距拉大，社会各阶层利益诉求的复杂性大大增强，社会的流动性大大增强，社会各阶层的权利意识不断提高，各种类型的群体性事件发生，社会焦虑情绪浓厚，社会矛盾趋于激化，社会不稳定的风险因素增加。由此更需要改革社会管理体制，开展社会建设，以化解社会矛盾，协调各类利益关系，促进社会公正，实现社会稳定和谐、人民群众安居乐业。

中国共产党十九大明确提出，“打造共建共治共享的社会治理格局”，“加强社会治理制度建设，完善党委领导、政府负责、社会协同、公众参与、法治保障的社会治理体制”。党的二十大重申要“建设人人有责、人人尽责、人人享有的社会治理共同体”。构建新时代社会治理体系，推进社会治理现代化，应当以共商共建共享为核心理念，充分动员各方力量，发挥各方的积极性，形成人人参与、人人尽责、人人享有、和谐有序又充满活力的治理共同体。

构建新时代社会治理体系的基本要求，主要有如下几个方面。

（一）党委领导

社会治理创新是一项高度复杂的系统工程，必须坚持中国共产党的领导，发挥党组织总揽全局、协调各方的核心作用。加强党在社会治理创新中的全面领导，可以有效协调和理顺社会治理创新中的复杂关系和权力格局，统筹各方力量协调行动，超越部门利益关系或既得利益群体的纠缠，使治理参与各方相互配合、相互促进，也促进将社会治理融入经济社会发展的总体进程。

（二）政府负责

推动实现社会有效治理，是政府的基本职责之一。政府在社会治理体系中负有特殊的责任，应当建立高效权威的政府体制机制，优化政府引导和规范社会治理、整合各种治理资源的职能，从而提高社会治理效能。提高政府的社会治理效能，要打破部门分割、各自为政、上下不通畅的弊病。政府负责，也要求处理好政府、市场与社会的关系，明确政府与社会的界限、政府管理权与社区自治权的界限，要在社会治理中转变政府职能，深入推进“放管服”改革，强化公共服务职能，从管制型政府转变为服务型政府，充分尊重和促进实现社会成员的权利与正当诉求。

（三）民主协商

民主协商是体现社会治理的共商共建理念的重要方式。社会治理是众人之公共事务，众人之事要多协商多商量，这也是民主协商的基本要求。民主协商有助于凝聚社会治理的共识，权衡和协调不同利益诉求，形成治理合力。在社会治理中，要创新民主协商的方式方法，更充分发挥政协、群团组织、基层群众组织、社会组织等的治理功能。

（四）社会协同

社会治理要注重发挥各类社会组织和社会力量的积极性、主动性。支撑社会治理的社会组织类型很多，如公益性、服务型、互助性社会组织，社区自治组织，行业协会商会等。要遵循“让社会的归社会”的原则，实现“政社分开”，并加强政府与社会的沟通互动。社会治理创新，不是政府的“独角戏”，而是社会各种力量积极配合、共同参与的“大合唱”。社会治理要求开放多元的各类组织参与，形成多元一体的社会结构。社会基层自治组织和各类社会组织，是形成社会自治、促进社会活力的重要力量，也是制约政府权力的重要力量。但应当指出的是，社会力量制约公权，不是对抗公权，而是要在政府与社会之间形成良性互动的制约关系。

(五) 公众参与

人民是社会治理的主体。富有活力的社会治理离不开人民的积极参与，要充分发挥社会成员在社会治理中的基础性作用，扩大基层民主，扩展参与途径，吸引社会成员参与各个方面的社会治理。公众除了通过各种类型的社会组织、基层自治组织等来参与社会，还可以通过向各种公共媒体发表意见、向有关机关提出意见或建议等各种方式来实现共商共建共享的治理理念，因而要不断拓宽参与渠道，完善公众参与的体制机制。同时，公众参与既是权利也是责任，既包括参与治理，也包括参与共享治理成果，这样才能实现人人有责、人人尽责、人人享有的社会治理共同体。

(六) 法治保障

法治是社会治理现代化的基本标志，也是推动社会治理现代化的重要方式。为形成新时代社会治理格局，化解各种社会矛盾，协调各层次利益诉求，践行法治原则不可或缺。要善于运用法治思维来推进社会治理创新，要善于运用法治方式在社会治理的体制机制创新、治理方式变革过程中凝聚共识并推行，比如：应加强社会治理领域立法，完善公共法律服务体系，应对生产安全、生态环境、食品药品等领域存在的执法不严等问题，充分发挥执法、司法规范社会行为、引领社会风尚的重要作用；应当将法治保障理念贯穿于系统治理、综合治理、源头治理等各种治理方式之中，积极推进多层次多领域依法治理，加快法治社会建设。

(七) 科技支撑

科技对社会治理的支撑作用，也可以说是一种“智治”。随着进入智能社会、互联网时代，科技在社会治理中的作用凸显。社会治理智能化是提升社会治理效能、促进社会治理方式现代化的重要手段，有助于解决信息碎片化、条块分割、人力成本高等治理问题。要善于把大数据、人工智能等现代科技与社会治理深度融合起来，建设数据驱动、人机协同等的智能化治理新模式，推进社会治理决策科学化、社会治理精细化，促进公共服务便捷化。

二、完善解决社会矛盾纠纷的法律机制

社会治理的创新，必须以尊重和维护最广大人民的现实利益为出发点、落脚点。

“管”本身不是目的，而只是实现人民正当权益和社会公平正义的必要手段。高压“维稳”不是实现社会治理的出路，暴力“打压”打不出一个和平安稳的社会秩序。需要运用人权和法治这样更和平、更理性、更有效率、更能实现长治久安的方式，来实现社会的良治。社会治理的根本在于通过法治方式扩展国民的权利、实现国民的利益，从而实现社会的秩序、活力和公平正义。因而，协调利益诉求，化解利益矛盾，就成为社会治理的重中之重。要在法治的框架下，正确把握最广大人民的根本利益、现阶段群众的共同利益，不同群体、特殊利益之间的关系，建立科学有效的利益协调机制，统筹协调各方面群众的关切，依法处理人民内部矛盾。

我国依然处于社会转型的关键时期，社会矛盾依然高发，在诸如土地房屋征收拆迁、企业改制、教育医疗养老等社会保障、环境保护、安全生产、食品药品安全、涉法涉诉信访等方面，都存在群众反映强烈的权益保护不力问题。矛盾纠纷明显增多直接影响人民群众的安全感。应当结合我国社会结构和利益格局的发展变化、社会矛盾的新特点，完善从源头上、根本上预防和化解人民内部矛盾的体制机制，形成科学有效的利益协调机制、诉求表达机制、矛盾调处机制、权益保障机制等，努力将矛盾化解在基层。

以法治方式化解社会矛盾纠纷，主要从两个方面着手。

（一）健全群众利益诉求表达、利益协调及保障机制

要健全利益诉求表达和协调机制，就要更充分保障人民的表达自由，拓宽社情民意的制度性表达渠道，完善利益协调机制，比如：更充分发挥人大代表、政协委员的联系群众功能；完善协商民主制度，更全面地实行公务信息公开，鼓励对决策的公共参与；充分保障新闻媒体的新闻自由和舆论监督权；完善信访的法律制度，实现官民的良性沟通，保障公民的诉愿权；健全最低工资、最低生活保障正常增长机制，完善社会保险制度，加强对留守儿童、妇女、老年人及残障人等弱势群体、困难群体的关爱帮扶制度；健全司法救助体系、政法服务体系，依法严惩违法犯罪；等等。

（二）完善多元化的矛盾纠纷预防及化解机制

要加强矛盾风险的防控，构建科学高效的风险防范化解体系，比如：要健全源头治理机制，完善、落实社会稳定风险评估机制，完善有关政策制度；健全发现、预警机制，提高对各类风险动态监测、实时预警的能力；健全应急处置机制，确保能够及时快速反应、高效稳妥处置；健全社会心理服务体系和危机干预机制；等等。

应充分发挥现有的制度优势，完善人民调解、行政调解、司法调解衔接联动机制，健全诉讼与调解、仲裁、行政裁决、行政复议等非诉讼方式相衔接的机制，健全化解矛盾纠纷的综合机制。要贯彻系统治理、源头治理、综合治理的理念，综合运用法律、政策、经济、行政等手段，运用教育、协商、疏导等多重办法，努力把矛盾化解在基层、解决在萌芽状态。近年来，国家倡导发展新时代“枫桥经验”，提倡用多种方式将矛盾纠纷化解在基层。各地创造了新的“枫桥经验”。同时，要进一步强化专业机构在解决社会矛盾方面的功能，当前的重点工作有健全仲裁制度、改革行政复议和行政裁决制度、健全行政复议案件审理机制、健全涉诉涉法信访依法终结制度、加强专业性矛盾纠纷化解

平台建设、完善公共法律服务制度，等等。

资料链接

新时代“枫桥经验”

在20世纪五六十年代，浙江省诸暨市枫桥镇创造了“依靠发动群众，坚持矛盾不上交，就地解决”的经验。“小事不出村，大事不出镇，矛盾不上交”，这就是著名的“枫桥经验”。这一经验得到了毛泽东主席的批示肯定。1963年毛泽东同志曾亲笔批示，“要各地仿效，经过试点，推广去做”。

2018年11月12日，纪念毛泽东同志批示学习推广“枫桥经验”55周年暨习近平总书记指示坚持发展“枫桥经验”15周年大会在浙江绍兴召开。时任中共中央政法委员会书记郭声琨总结了创新发展“枫桥经验”的特点：

——创新了党建引领的方式方法，让党组织的服务管理触角延伸到社会治理每个末梢，确保了基层社会治理的正确方向。

——探索了群众路线的实现路径，创新为民谋利、为民办事、为民解忧的机制。

——丰富了“三治结合”的有效形式，积极探索构建“自我管理、自我服务、自我监督”的自治建设体系、“严格执法、公正司法、全民守法”的法治建设体系、“以评立德、以文养德、以规促德”的德治建设体系。

——开创了“三共一体”的治理格局，统筹政府、市场、社会力量，共同建设治理体系，共同实施治理活动，共同分享治理成果。

——健全了“三不目标”的实现机制，把工作基点转移到预测预警预防上来，创新完善基层矛盾纠纷源头预防、排查预警、多元化解机制。

——迈向了“三和融合”的崭新境界。各地区各有关部门把中华传统治理智慧和现代化治理理念结合起来，努力促进百姓和顺、城乡和美、社会和谐。

2023年9月20日，习近平总书记在“枫桥经验”发源地浙江省诸暨市枫桥镇考察时指出：“要坚持好、发展好新时代‘枫桥经验’，坚持党的群众路线，正确处理人民内部矛盾，紧紧依靠人民群众，把问题解决在基层、化解在萌芽状态。”

三、加强社会安全法治

（一）依法加强社会治安综合防控

社会治安综合治理是社会治理的一个重要方面。社会治安综合治理是一项具有鲜明中国特色的制度创新，是我国新时期预防和治理违法犯罪，维护社会和谐稳定、国家长治久安的重要举措。平安是老百姓解决温饱后的第一需求，是极重要的民生，也是极重要的发展环境。社会治安综合治理是“平安中国”建设的重要内容。

我国社会治安综合治理的方针和制度，是在社会治安和社会治理形势不断发展变化、实践经验不断丰富、认识不断深化的基础上逐步形成和发展起来的。中共中央在20世纪80年代初就提出了社会治安综合治理的方针。1991年3月，全国人大常委会发布《关于加强社会治安综合治理的决定》。2001年9月，中共中央、国务院制定了《关于进一步加强社会治安综合治理的意见》。中国共产党十八大提出要“完善立体化社会治安防控体系”。中国共产党十九大提出，要“加快社会治安防控体系建设，依法打击和惩治黄赌毒黑拐骗等违法犯罪活动”。中国共产党二十大提出，要“强化社会治安整体防控，推进扫黑除恶常态化，依法严惩群众反映强烈的各类违法犯罪活动”。

在新时代完善社会治安整体防控所遵循的主要原则应包括：坚持源头治理、动态治理，标本兼治，重在治本；增强社会治安防控的整体性、协同性、精准性，使各种治理机制有机衔接，形成合力；坚持预防为主，将防范、打击、整治、教育相结合；坚持专门机制与群众路线相结合，突出群防群治；坚持多管齐下，把法治与德治、政策与法律、管理与服务等多种治理手段相结合；提高社会治安管理的立体化、法治化、专业化、智能化水平。

加强社会治安整体防控的法治保障，应当将依法治理融汇于系统治理、综合治理、源头治理之中，预防违法犯罪，创造平安的治安环境，比如：要重点关注特殊人群，依法建立健全对各类特殊人群的帮教、安置、救治、管理等制度，消除治安隐患①；要依法加强对重点行业（如快递物流、交通、餐饮、金融等行业）的风险管控；要依法推进扫黑除恶常态化，依法打击黑恶势力；等等。

（二）加快国家安全法治建设

国家安全是安邦定国的重要基石，是社会平安和谐的基础。国家安全涵盖多个领域，内容丰富，包括政治安全、国土安全、军事安全、经济安全、文化安全、社会安全、科技安全、信息安全、生态安全、资源安全、核安全、生物安全等。维护国家安全，要统筹发展和安全，坚持人民安全、政治安全、国家利益至上有机统一；要以人民安全为宗旨，以政治安全为根本，以经济安全为基础，以军事、科技、文化、社会安全为保障，健全国家安全体系；要坚持统筹外部安全和内部安全、国土安全和国民安全、传统安全和非传统安全、自身安全和共同安全等，增强国家安全能力。

加强国家安全法治保障，是维护国家安全的必然要求。我国已经初步形成了国家安全法律制度体系框架，在国家安全的重要领域基本上已有法可依②，为维护国家安全、社会平安提供了有力保障。当然，国家安全领域的法治化水平仍有提升空间，需要不断健全国家安全法律制度体系，需要重点关注的问题包括：国家安全法律体系涉及面广，

---

① 比如：健全政府、社会、家庭“三位一体”的关怀帮扶体系，落实对刑满释放、社区矫正、戒毒等人员的帮教衔接机制；对青少年违法（犯罪）的依法预防和改造，突出以人为本理念；妥善安置刑满释放人员、吸毒人员、违法（犯罪）的青少年、容易肇事肇祸的精神病人、艾滋病患者等的就业和生活，保障其平等就业权、受教育权、福利权等基本权益，消除就业、教育歧视；健全社区矫正法律制度，注重从基层治理来保障治安；推进社会工作的专业化、职业化，加强对社会工作的法律保障，提高社会工作服务水平；等等。

② 比如，已经制定的涉及国家安全的法律包括《国家安全法》《反间谍法》《反恐怖主义法》《网络安全法》《国家情报法》《戒严法》《境外非政府组织境内活动管理法》《国防交通法》《军事设施保护法》《核安全法》《保守国家秘密法》《反分裂国家法》《国防法》《国防动员法》等。

应当在体系化方面继续完善，形成法律、法规有机配套的立法体系；一些重点领域如太空安全、海外人员及利益安全等方面亟须立法，加强我国法域外适用的法律体系建设等；一些现有法律法规亟须修改、完善；有大量的安全规章立阶不高，治理能力有限；依法完善集中统一、高效权威的国家安全领导体制；依法建立健全国家安全风险研判防控化解机制；依法严厉打击国家安全领域违法犯罪；增强全民国家安全法治意识；等等。当前，为保障人民安全、公共安全、政治安全，尤其需要强调以法治方式坚决防范和严厉打击颠覆破坏国家政权活动、分裂国家活动、暴力恐怖活动、民族分裂活动和宗教极端活动。

（三）依法加强公共安全保障

公共安全是国家安全体系中的一个重要部分，国家安全的许多领域都与公共安全相关，比如，暴力恐怖活动、宗教极端活动等往往直接威胁和损害的就是公共安全。加强公共安全的法治保障，应依法完善公共安全隐患排查和公共安全预防控制体系，这要求：一是完善安全生产领域的法治，如加强安全生产的依法治理，健全以《安全生产法》为主体的安全生产法律法规体系，完善安全标准，落实安全生产责任制，依法严格管理与财产、生命安全直接相关的行政许可事项，完善安全监管执法机制、监管保障体系，加强执法监管制度化、标准化、信息化，依法完善安全生产风险防控机制，等等。二是依法加强和改进食品药品安全监管制度，保障人民的身体健康和生命安全。要坚持“最严谨的标准、最严格的监管、最严厉的处罚、最严肃的问责”，健全以《食品安全法》《药品管理法》为主体的食品药品安全法律法规体系，依法健全一系列制度，如关于食品药品安全追究、全过程监管，医疗器械监督管理，医疗器械召回管理，药物非临床研究质量管理，网络餐饮服务食品安全监督管理等的制度。

（四）依法加强社会应急管理

应急管理体系是社会治理体系的重要部分。现代社会是风险社会，我国作为一个正处于快速、全面转型关键时期的超大人口规模国家，更是充满着各类转型风险、发展风险。这对政府应对各种风险的能力提出了更高的要求，要求政府不断加强危机管理和抵御风险的能力，建立健全有效应对自然灾害、事故灾难、公共卫生事件、社会安全事件等的应急管理体制。中国共产党十九届四中全会提出要“构建统一指挥、专常兼备、反应灵敏、上下联动的应急管理体制，优化国家应急管理能力体系建设”。

我国有关应急管理的法治建设已取得了重要成就[①]，但还有进一步完善的空间。比如，就立法而言，除《突发事件应对法》等专门涉及应急管理的法律以外，大多数立法并非关于突发事件预防和应对的专门立法；一些立法规定比较原则、可操作性不

---

① 已制定的涉及应急管理的法律有《突发事件应对法》《防洪法》《防震减灾法》《安全生产法》《矿山安全法》《消防法》《传染病防治法》《戒严法》《水法》《森林法》《防沙治沙法》《食品安全法》《国境卫生检疫法》《动物防疫法》《国家安全法》《国防法》《兵役法》《人民防空法》等。另外还有一批法规，如《破坏性地震应急条例》《地质灾害防治条例》《突发公共卫生事件应急条例》《核电厂核事故应急管理条例》《重大动物疫情应急条例》《森林防火条例》《地质灾害防治条例》《军队参加抢险救灾条例》《自然灾害救助条例》《生产安全事故应急条例》等。

强，个别相关立法之间不协调；一些立法的层级较低、法律效力较低；一些立法的制度设计需要优化、完善，如防灾减救灾相关职能整合等。近年来发生的一些突发事件就暴露了立法设计和执行机制方面存在的不少问题，需要检讨、改进。从提高国家应急管理能力和水平的角度，可考虑尽快制定如紧急状态法、综合减灾法、灾害救助法、核事故防治法、灾害保险法、公共卫生应急法等专项法律。完善应急管理法律制度，需要重点关注的具体制度有：整合应急管理职能，加强风险预警机制和危机反应机制；完善风险评估排查、监测预警预防、信息报告发布、应急处置救援、救援保障、灾后恢复重建等方面的制度；建立社会预警、社会动员、快速反应、应急处置的整体联动机制；等等。

资料链接

《突发事件应对法》（摘引）

四、依法推进社会自治

（一）社会自治概述

社会自治是社会生活的一种方式，是现代民主制度的内在要求。社会自治大致包含以下几种形式：其一，职业团体自治，主要指基于同业关系所组成的群体为维护其共同职业利益、进行行业内部自我管理而实行的自治。这类自治组织包括农会、工会、商会、医师公会、律师协会、会计师协会等。其二，社会团体自治，是指为社会服务或社会公益目的所组成团体的自治。这类自治组织包括慈善团体、宗教团体、红十字会、同学会、校友会、同乡会等。其三，地域团体的自治，是指基于相邻生活的自然要求所组成团体的自治，如城市的社区自治、农村的村民自治等。其四，政治团体自治，是指有共同政治理念和政治意识的公民所组成团体的自治。这类组织如政党、妇联、共青团等。前几类团体也有一定的政治功能，在某些时候也表达自己的政治意愿或诉求，但其政治功能的专门化程度不如政治团体的，其政治影响力及政治动员能力、参与能力也都不如后者的大。我们这里谈到的社会自治是一种广义上的，就是除政治团体自治以外的其他几种自治形式。社会自治通常依托各类社会组织进行自治。

实现社会自治是我国社会建设的重要内容，也是我国基层民主制度发展的典型表现。各类组织依法自治自律、民主管理、自主发展，对于构建基层社会治理体系意义重大。自改革开放以来，我国公民的主体意识、自治意识、自主意识逐步增强，各类社会组织、基层自治组织等逐步增加并趋于活跃，民众开始学会自我管理，社会自治水平逐步提高。

社会基层自治组织和各类民间组织的成长壮大，也在推动着政府职能转变。根据民政部的统计，截至 2019 年年底，全国共有社会组织 86.6 万个，吸纳社会各类人员就业 1 037.1 万人；这些社会组织包括社会团体、基金会以及民办非企业单位，涉及的领域包括科学研究、教育、卫生、社会服务、文化、体育、工商业服务、农村及农村发展等。截至 2019 年年底，全国基层群众性自治组织共计 64.3 万个，其中，村委会 53.3 万个，居委会 11.0 万个，村委会成员 218.0 万人，居委会成员 59.6 万人。应当看到，社会组织的数量、类别和能力等都还远远不能满足社会建设和人民的需要。社会组织的发展壮大还受到各种不适当限制，公民结社自由的法治保障需要进一步加强，一些社会组织的依附性还较强，需要进一步推进政社分开、放宽准入门槛。在社会治理现代化进程中，应当加快形成自我管理、自主发展、功能多样、治理民主的社会组织体系。

(二) 法治与社会自治的关系

1. 法律与社会组织规范的不同

社会组织一般都自行制定自我管理、自我约束的内部组织规则。组织化程度越高，规则的复杂性程度也越高。社会组织规范就是社会组织自行制定的对其成员有普遍约束力，并由该组织内部纪律、措施保证实施的社会规范。这些规范反映了该组织成员的共同意志，其功能是协调组织与其成员的关系和组织与社会的关系，并据此维护和实现组织的利益与目标。这些规范通常只调整社会组织的内部关系，维护社会组织内部的秩序，如确认和阐明该组织的性质、宗旨、目标、机构、运作程序和方式以及其成员的权利、义务和责任等。

社会组织规范是实现社会调整的重要规范之一。社会组织规范对于实现社会秩序、约束其组织成员的行为具有重要意义。社会组织规范与法律规范在形式上具有一定的相似性，在功能上也有一定的互补性、协调性。在法社会学的一些学者看来，这些社会组织规范也是一种“法”，它是与“国家法”相对应的一种“民间法”，甚至是一种更具生命力的“活法”。实际上，这两类规范有着重大区别，这些所谓的“民间法”就是民间组织规范，而不是“国家法”。

法律规范与社会组织规范的区别是显著的，比如，二者的创制机构和所体现的意志不同，二者的效力范围和功能不同，二者所依赖的保障实施的制裁手段不同，二者的复杂程度、体系化程度一般也不同，等等。因而，如果“民间法”也被视为法，便会抹杀法区别于其他社会规范的核心内容，即容易忽视法的阶级意志内容以及法背后的国家强制力。区分这两类规范并不意味着研究社会组织规范不具有法律意义。事实上，法律规范和社会组织规范的相互协调、支持问题，是法律发展中必须认真对待的重要问题之一。

2. 法治与社会自治的相互促进和支持

推动社会治理法治化，应当处理好法治与社会自治的关系，实现法治与社会自治的有机结合。这就是说，既要以法治方式规范和保障社会自治，充分发挥社会自治在促进社会秩序、社会活力、社会发展等方面的重要作用，又要注重以社会自治方式来弥补法治的治理功能局限性，增强推进社会治理现代化和法治化的合力。

法治与社会自治的相互关系主要有以下几种情形。

（1）二者并行不悖，自治在“法外空间”中自主活动。法律的调整领域是受到严格限制的，社会生活的许多领域是法律不涉足的。在这些法律未直接调整的领域，由大量的社会组织通过自治来自我发展。这种自治也可以被看作是一种“法不禁止即自由”的自由领域。社会自治在自己的领域中自主活动，具有其社会正当性，法律不予干涉，二者“井水不犯河水”。当然，社会自治实际发挥效力，会促进社会的秩序，从而会有利于法律的社会治理。

（2）以法治保障自治，自治服从法治的基本精神。在有些领域中，法律提供基本的调整规范，而社会组织规范提供更为细节、具体的规范，进行具体的自我管理。在这种情况下，社会自治与法治的精神和治理指向是一致的，法治为社会自治提供基本的制度支撑和保障。现代社会治理中如没有法治的保障，社会自治活动很难有效开展，其治理功能也很难充分发挥。法治对社会自治的积极保障和促进功能是非常显著的，如规范社会组织内部活动的重要原则及重要制度，明确关于支持社会组织活动的国家职责，打击侵害社会组织合法权益的行为等。同时，在以法律为中心的社会治理体系中，宪法、法律的至上性要求各类社会自治与之相协调，社会组织应当在不与宪法、法律的要求相抵触的范围内进行活动。社会自治与法治的协调性，会有效地提高社会治理的整体效果，也会提高社会组织的治理能力。

（3）社会自治有助于加强法治。法律调整要取得社会治理的最佳，当然不能缺少社会组织规范的配合。社会自治可以带来社会和平、安定、多元相容，因而会促进形成“自生自发”的秩序。这是一种“原生态”的“草根秩序”。这种秩序的形成，可以有效弥补国家层面法律治理的局限性，减少国家的法律治理成本。也即社会的良治秩序是国家法治秩序的有力支撑。法治框架下的社会自治本身包含尊重规则、服从法律、践行民主的精神，在一定意义上，社会自治是全民守法的一种自我训练，也是基层民主的一种自我训练。社会自治有力地激发了社会的活力，社会自治中形成的社会志愿力量、专业组织力量都可以成为普法、法律援助、促进公平执法司法等的积极促进力量。国家强调法治国家与法治社会的一体建设，就是基于法治社会建设对法治国家建设的积极助推作用。因而，应当充分发挥市民公约、乡规民约、行业规章、团体章程等社会组织规范在社会治理中的重要作用，注重以社会自治促进法治社会建设、法治国家建设。

（4）恰当处理二者的冲突。应当认识到，法律与社会自治在现实生活中也会发生冲突，这种冲突即所谓“国家法”与“民间法”之间的冲突。在社会转型时期，这种冲突是时常出现的。二者的冲突以及社会自治对于国家正式规则的抗拒，一方面会挑战法律的权威，使其治理效果打一定折扣；另一方面会产生以国家法律来规范和治理社会组织之活动的必要性和正当性。这种变革所容易带来的问题，可能是过度迷信国家权力的变革能力而以一种外来的正式权力和规则来粗暴地改造本土生活；也可能是过度迷信社会自治的正当性而完全否认外来力量推动社会自治生活变革的正当性。因而，应当认真看待法治与社会自治之间的关系，要力求达到法律与社会自治的协调，要在社会改造时充分尊重社会自治和社会组织的正当性，也要认识到有些社会组织的形式和规范在当代社会发展背景下被改造的必然性。

案 例

电影《马背上的法庭》

这部电影描绘了下面这样一个案件：

某村一户人家甲的猪拱了乙家的祖坟，双方发生激烈争执，乙要求甲赔一头猪并出资做一场法事。这一要求确实符合当地的风俗。当地有这样一种风俗：祖坟不可侵犯；祖坟被动了，"风水"就坏了，就会人丁不旺、灾祸不断。于是，乙向法院起诉甲。

对于该案，年轻法官阿洛先是以涉封建迷信为由不予处理，于是，双方矛盾冲突升级，即将引发一场族人械斗。

法官老冯及时予以制止，并就地开庭处理，要求被告甲接受原告乙的要求，被告甲不同意。法官老冯心生一计，当场宣布如被告甲不履行就让原告乙的猪去拱被告甲家的祖坟。被告甲大受惊吓，声称以死相护自家祖坟。老冯再给被告甲做工作，要被告甲将心比心、换位思考，尊重当地的这一风俗。被告甲最终同意原告诉求。老冯主持双方拟定协议。

协议履行过程中又起波澜。被告甲以原告乙上门牵猪不合适为由不让原告乙进屋，双方又起冲突。法官老冯亲自上门牵猪，终于平息了冲突。

（三）依法加强基层自治

完善社会治理，应促进基层自治，加强社区治理体系建设。加强社区治理，应充分发挥村（居）委会、治保会、调解会等基层自治组织的作用。基层组织在维护社会稳定和实现社会善治方面有重要作用。基层组织，尤其是基层自治组织，在开展经常性的法制宣传、帮教和挽救失足青少年、参与社区矫正、调解民间纠纷、疏导矛盾、促进邻里或社区团结和互助、消除社会不安定因素等方面，都可以发挥重要作用。这方面已经有《村民委员会组织法》《城市居民委员会组织法》《人民调解法》等涉及基层组织建设的法律。应当看到，城乡社区基层民主自治远没有得到充分实现，社区的行政化倾向、政社不分现象依然存在，村民、居民的参与积极性有待提高。

健全社区治理体系，应坚持自治、法治、德治相结合，推动实现政府治理和社会调节、居民自治良性互动，进一步将法治理念贯彻到基层自治各个环节之中；需要进一步从多个方面完善基层自治的法治保障，比如在加强乡村依法治理、推进法治乡村建设方面，要完善村民委员会选举、村民议事、村务公开、村民监督等制度，规范基层行政执法程序，健全乡村矛盾纠纷调处化解机制，加强农村法律服务供给等；在社区建设中，应增强社区依法自治功能，加强社区的民主议事功能，提高社区工作人员依法办事的能力和意识，强化社区的社会化服务职能，促进社区成员的依法参与等。

资料链接

中央全面依法治国委员会《关于加强法治乡村建设的意见》（2020 年）

（四）依法促进社会组织自治

社会组织自治在现代社会生活中不能游离于法律的调整之外，而是要依法自治，依法发展壮大。社会组织自治的健康发展，需要以法治方式保障社会组织自治免于受来自权力和资本的任意侵犯，也保障社会组织自治在适当的范围和领域中展开。如果没有国家和法律的介入，社会组织的合法权益难以得到有效保障，自治就难以得到落实，也容易蜕变而背离真正的民主自治。因而，应当通过结社法、政党法、新闻法、出版法、游行示威法、工会法、律师法、医师法、会计师法、社会组织法等，规范和保障社会组织自治领域的活动。这些法律体现了国家对社会事务的管理和引导。一方面，法律介入社会组织自治领域，对社会组织规范的内容和效力、社会组织的活动范围和方式等都会有直接影响。法律所不涉及的问题由社会组织自主决定，如有法律的强制性规定，须依照法律规定。另一方面，法律也设定了国家干预社会组织自治的程度和方式，国家不得以法律之名任意干涉社会组织自治。社会组织自治本身有一种反对国家权力过度介入或任意干预的本性，而这恰恰也是社会组织自治的生命力所在。

我国已经颁行一些有关社会组织的法律法规①，初步形成了社会组织管理的立法框架。现有立法仍存在一些问题，如一些重要立法应有更高的层级，立法理念上行政权力监管的色彩浓厚，一些立法的制度设计已不适应社会建设发展的要求。因而，应当加快社会组织方面的法治建设，如考虑制定专门的社会组织法、结社法等，按照新时代社会建设的要求，充分保障公民的结社自由和社会自治权利，壮大社会组织，转变行政执法职能等。

资料链接

中共中央《法治社会建设实施纲要（2020—2025 年）》

① 关于社会组织管理的相关法律，如《工会法》《注册会计师法》《律师法》《红十字会法》《慈善法》《境外非政府组织境内活动管理法》等；有关社会组织管理的法规，如《社会团体登记管理条例》《民办非企业单位登记管理暂行条例》《基金会管理条例》《志愿服务条例》等。

问题与思考

1. 如何认识社会建设对法治的促进作用?
2. 如何认识法治对社会和谐的保障和促进作用?
3. 在当前社会建设中如何保障和促进公民的民生权利?
4. 如何认识以法治方式实现社会治理的共商共建共享原则?
5. 以法治方式加强社会安全主要从哪些方面着手?
6. 如何认识法治与社会自治的关系?

阅读文献

1. 王绍光. 大转型：1980年代以来中国的双向运动. 中国社会科学，2008 (1)
2. 付子堂，常安. 民生法治论. 中国法学，2009 (6)
3. 唐皇凤. 常态社会与运动式治理：中国社会治安治理中的“严打”政策研究. 开放时代，2007 (3)
4. 马长山. 从国家构建到共建共享的法治转向. 法学研究，2017 (3)
5. 江必新，王红霞. 法治社会建设论纲. 中国社会科学，2014 (1)
6. 李友梅. 当代中国社会治理转型的经验逻辑. 中国社会科学，2018 (11)
7. 彭小龙. 法治社会的内涵及其构造. 中国人民大学学报，2023 (5)

第二十一章

中国社会主义法与生态文明建设

本章概要

人与自然是生命共同体，人类的美好生活与良好的生态环境息息相关。生态文明建设是中国特色社会主义总体布局中的一个重要部分。面对近些年来我国的生态环境状况日趋恶化的现状，我国的生态文明建设提出了大量的法律新课题。保护和改善生态环境，应当秉持绿色发展理念，善于运用法治思维和法治方式，应当依法完善和落实有关维系生态系统、节约资源、保护环境、绿色发展等方面的各项制度。

关键术语

生态文明　社会主义法治　绿色发展　循环经济　环境保护　低碳经济　生态资源　自然资源　环境监管体制　生态补偿机制　生态环境　公益诉讼

第一节　社会主义生态文明建设的法律意义

一、社会主义生态文明建设的基本要求

（一）建设生态文明是发展社会主义的内在要求

生态文明，一般是指以人与自然的和谐相处为目标，在尊重生态环境的良性循环和生态平衡的基础上实现社会可持续发展和繁荣的一种文明形态。生态文明理念，作为近几十年来兴起的一种新的社会发展理念，意味着人类对以工业文明为代表的社会发展模式、西方现代性模式的深刻反省，也是对后工业化时代协调人与自然间之关系、实现社会可持续发展的一种探索。近代以来，人类基于科技进步而在对自然的改造和利用方面取得了巨大的成就。但也不能不看到，工业化、城市化、市场化、科技进步等在带来经济社会快速发展的同时，也造就了一种物质主义的、个人至上主义的、过度“人类中心主义”的、以掠夺或破坏自然为代价的经济社会发展模式，进而引发了当今日益严重的全球性生态危机，而全球性生态危机已经严重威胁到人类的生存和永续发展。因而，顺

应自然、保护环境、节约资源，建设人与自然之间和谐相处、共生共荣的生态文明，是人类走向更高发展阶段的必由之路。

当代生态危机和环境问题的出现、加剧，促使人们更深入反思资本主义的社会制度和价值观。在不少人看来，生态危机确有其深刻的社会制度因素：资本主义制度无限追求利润、鼓励掠夺和享乐主义的本性之中，蕴含推动人与自然间之关系走向紧张和对立的内在逻辑。比如，仅就价值观而言，资本主义制度尤其强调的是以人为中心的占有性个人主义、物质主义、资本至上、利润至上等价值观，这些价值理念的核心在于突出人的占有欲望，突出人的物质需要的满足，突出人在自然面前的征服者姿态，以自然的完全客体化来凸显人的主体性地位，以人基于科技发展对自然的无限掠夺和占有来凸显人、财富和市场的价值。这种价值观最终导致人与自然之关系的全面紧张。工业文明提升了人或人类的地位，彰显了人的独立和自由，但也加剧了人与自然的对立关系，大大加剧了人对自然生态的破坏。

社会主义的理念和制度为实现人与自然之间关系的和谐开启了新思路。马克思主义理论蕴含坚定地追求人与自然、人与社会之间和谐的宝贵思想。在马克思主义看来，资本主义生产方式以人对自然的支配为前提而有其内在的局限性，人的自由全面发展应基于人与自然的和谐统一。在人与自然的关系方面，恩格斯早就警告过："……我们不要过分陶醉于我们人类对自然界的胜利。对于每一次这样的胜利，自然界都对我们进行报复。每一次胜利，起初确实取得了我们预期的结果，但是往后和再往后却发生完全不同的、出乎预料的影响，常常把最初的结果又消除了。"① 马克思主义所设想的人类理想社会形态是共产主义，"这种共产主义，作为完成了的自然主义，等于人道主义，而作为完成了的人道主义，等于自然主义，它是人和自然界之间、人和人之间的矛盾的真正解决，是存在和本质、对象化和自我确证、自由和必然、个体和类之间的斗争的真正解决"②。在这样的社会中，"……社会是人同自然界的完成了的本质的统一，是自然界的真正复活，是人的实现了的自然主义和自然界的实现了的人道主义"③。这些思想为理解人与自然、人与所生存的环境之间的关系提供了丰富的启示。由此也可以看出，建设生态文明，构建人与自然的和谐关系，实现人的全面发展，让人过上更符合人性的生活，应当是社会主义事业的一项根本目标。将生态文明理念纳入社会主义价值体系和理论，社会主义制度文明应当包含先进的生态文明，正是马克思主义的题中应有之义。

在当代中国，面对经济社会发展过程中日益严峻的生态及环境问题，中国共产党和国家适时提出了建设中国特色社会主义生态文明的重大课题。中国共产党十八大正式将建设社会主义生态文明纳入中国特色社会主义"五位一体"总布局之中，对生态文明给予前所未有的高度重视。中国共产党和国家提出建设"美丽中国"，贯彻绿色发展的新发展理念。2018年宪法修正案将生态文明、美丽中国、新发展理念等概念纳入《宪法》"序言"。这是以宪法的形式将生态文明建设、美丽中国建设确认为引领国家发

① 《马克思恩格斯选集》，2版，第4卷，383页，北京，人民出版社，1995。
② 《马克思恩格斯文集》，第1卷，185页，北京，人民出版社，2009。
③ 《马克思恩格斯全集》，2版，第3卷，301页，北京，人民出版社，2002。

展的重要理念。

资料链接

进入21世纪以来我国生态环境保护形势严峻、资源短缺问题严重，如水污染、土壤污染、大气污染、固体废物污染等环境污染不断加剧，森林和草原严重退化，水资源短缺，荒漠化、石漠化、水土流失等不断加剧，生物多样性减少，大量重要的生态功能区的功能严重退化，等等。据统计，2012年我国经济总量约占全球的11.5%，却消耗了全球21.3%的能源、45%的钢、43%的铜、54%的水泥。原油、铁矿石对外依存度分别达到56.4%和66.5%。二氧化硫、氮氧化物、二氧化碳的排放总量已居世界第一。

2023年5月29日，生态环境部发布《2022中国生态环境状况公报》。公报显示：全国生态环境质量保持改善态势，年度改善目标顺利完成。一是空气质量稳中向好。全国339个地级及以上城市PM2.5平均浓度为29微克/立方米，“十三五”以来可比数据已实现“七连降”。6项主要污染物平均浓度连续3年稳定达标。重度及以上污染天数比例为0.9%，同比下降0.4个百分点，首次降低到1%以内。二是地表水环境质量持续向好。水质优良（Ⅰ—Ⅲ类）断面比例为87.9%，同比上升3.0个百分点，实现“十三五”以来“七连升”；劣Ⅴ类断面比例为0.7%，同比下降0.5个百分点。三是土壤环境状况总体稳定。农用地安全利用率保持在90%以上。重点建设用地安全利用得到有效保障。四是城市声环境质量总体稳定。功能区声环境质量昼间、夜间总达标率分别为96.0%、86.6%，同比分别上升0.6个百分点、3.7个百分点。

（二）我国生态文明建设的基本要求

自改革开放以来，我国取得了巨大的经济社会发展成就，创造了全球发展中的“中国奇迹”，但同时也付出了沉重的环境代价。许多发达国家工业化时期所遇到的环境生态问题，我们也没有躲过。在我国经济社会快速发展的过程中，资源约束趋紧、环境污染严重、生态系统退化等问题非常严峻，经济发展不平衡、不协调、不可持续的问题突出，粗放式的经济发展方式已经难以为继。因而，推进生态文明建设，是保持我国经济持续健康发展的迫切需要，是满足人民对良好生态环境的需要、实现民族永续发展的必然选择。

概括而言，中国特色社会主义生态文明主要有以下基本要求。

1. 坚持人与自然的和谐共生理念

人与自然是生命共同体，尊重和保护自然，是实现人类美好生活、经济社会可持续发展的前提。自然界以及相应的生态环境是一切其他生物及人类栖身的家园，是人类赖以生存发展的基本条件，人类生活所需要的一切均直接或间接来自自然。因而，人与自然和谐共生，是发展的内在约束和目标之一。人与自然和谐共生，就要奉行尊重自然、顺应自然和保护自然的根本原则。

尊重、顺应自然，就要树立人属于自然的观念，即不是把人看作是自然的征服者，而是视人为自然界的一分子；就要树立破坏自然就是损害人类自己、保护自然就是保护人类自己的理念；就要树立人类对自然的敬畏之心、对一切生命的敬畏之心；就要更合理地调节人与自然之间的物质交换，以消解人与自然之间的对立关系，最终实现人与自然和谐共处。① 为此，必须坚决改变以掠夺自然、破坏自然环境为代价的经济增长方式、生产方式和生活方式，反对将生态环境保护与经济发展对立起来的观念和做法，反对以牺牲自然生态环境为代价去换取一时的经济增长，反对粗放式利用自然资源，摒弃各种先破坏后治理、边治理边破坏的发展模式。实际上，以损害环境为代价的增长最终是没有意义的，也是不能持续的。

2. 坚持发展和保护相统一，贯彻绿色发展理念

发展是解决我国所有问题的关键。实现绿色发展，有效保护生态环境，是实现可持续发展的关键，也是实现经济发展与生态保护"双赢"的必要途径。绿色发展方式和生活方式是发展观的一场深刻革命。要以绿色发展的新发展理念为引领，坚持循环发展、低碳发展②，节约资源和保护环境，推进空间格局、产业结构、生产方式、生活方式的绿色转型。为此，必须统筹好经济发展与保护生态环境的关系，促进经济社会发展与人口资源环境相协调；树立保护生态环境就是保护生产力、改善生态环境就是发展生产力的理念，认识到绿水青山既是自然财富、生态财富，又是社会财富、经济财富；既要考虑当前经济社会发展需要，也要考虑子孙后代的永续发展；衡量发展效果和水平，既要考量经济社会效益，又要考量生态环境效益；要克服仅仅注重 GDP 的经济增长模式，矫正以 GDP 数字论英雄的官员政绩观；等等。

3. 坚持节约资源和保护环境的有机结合

在发展进程中坚持节约资源和保护环境并重，是我国的一项基本国策。建设资源节约型、环境友好型社会是贯彻这一国策、实现绿色发展的重要方式。建设资源节约型、环境友好型社会，要以资源环境的承载力为基础，以顺应自然规律为准则，以可持续发展为目标；要坚持节约优先、保护优先、自然恢复的基本方针，即在资源利用上把节约放在首位，在环境改善上把保护放在首位，在生态建设上以自然恢复为主，从源头上扭转生态环境恶化趋势；打好空气、水、土壤等污染防治的攻坚战，着力解决突出环境问题。

4. 注重以机制制度创新来推进生态文明建设

建设生态文明，是一场涉及发展方式、生产方式、生活方式、制度建构、思维方式和价值观念等的革命性变革，是一项复杂的系统工程。我国生态文明建设存在的一些突出问题，大都与体制机制不健全、法治保障不完善有关。必须善于从建章立制、促进制度创新入手，善于运用法治思维和法治方式来建设生态文明。要以最严格的制度、最严密的法治，为生态文明建设提供可靠的制度保障。应当构建产权清晰、多元参与、激励

① 当然，树立尊重和顺应自然的理念并不是要否认人的主体性和人的自由，而是要在人与自然的和谐关系中树立人的主体性、扩展自由的空间，是要消弭人基于所谓理性和主体性的狂妄与傲慢。

② 循环发展，是通过促进生产、流通、消费过程的减量化、再利用、资源化技术的利用来实现生态环境的可持续发展。低碳发展，是通过以温室气体减排为定量标准来达到经济增长与环境保护之间协调关系的发展方式。

与约束并重、系统完整的生态文明制度体系，让制度成为刚性约束和不可触碰的高压线。建立和完善科学合理的生态文明制度体系，应从多方面、多层次建立健全科学合理的制度，比如自然资源资产产权制度、国土空间开发保护制度、空间规划体系、资源总量管理和全面节约制度、资源有偿使用和生态补偿制度、环境治理体系、环境治理和生态保护市场体系、生态文明绩效评价考核和责任追究制度等。

为推动生态文明建设，党和国家发布了一系列重要政策文件，不断加强立法、执法及司法保障。党和国家先后发布了保护生态环境、治理污染的政策文件[①]，这些政策有力指引了有关生态环境保护体制机制的构建，有力促进了生态环境法治建设。2018 年国家机构改革，整合分散在各机构中的生态环境保护职能职责，成立了生态环境部，由它统一行使生态保护职能，以加强环境污染治理，保障国家生态安全。

二、生态文明建设拓展法的生态之维

(一) 生态文明建设激发法律制度的不断创新

从国家治理的角度看，生态文明建设是一个崭新的大课题。保护环境、控制环境污染、节约资源、恢复自然生态系统、实现可持续发展，带来国家治理的大量新问题。生态文明事业的发展内在地需要法治，需要借助法治来推动。在生态环境治理中，法治的治理功能和治理优势进一步提升，法律调整需要面对大量新问题。

大致来看，生态文明实践所带来的法律新课题至少包括以下几个。

1. 生态环境建设的新要求催生新的法律部门

法律体系是随着经济社会发展而逐步变化和完备的。由生态文明建设所催生的新法律部门，最主要的就是以环境保护、生态保护、资源保护等为调整对象的法律子部门。随着这个领域中法律法规的大量增加、生态法治建设的发展，生态环境法这一法律部门应运而生。这一新的法律部门难以被纳入传统法律体系即公、私法二分的法体系，而是归属于介于公法和私法之间的“混合法”部门。将其单列为一个独立的法律部门，是对生态文明建设需要的一个法律回应。

2. 生态文明理念影响着立法目标和立法宗旨的调整与更新

生态文明建设的发展，也促使人们对发展模式和发展道路予以反思。生态环境对人的生存和发展的意义和重要性凸显，要求人们更全面理解经济社会发展的法律需要，反思那种唯 GDP 论的经济发展理念，超越唯 GDP 论的立法理念；更强调保护自然、改善生态环境、可持续发展的立法理念；在生态文明理念的指引下，树立生态化的立法理念或者说绿色立法理念。这就是说，立法过程中的利益衡量要更加注重生态价值、生态财

① 近些年来发布的重要政策性文件包括：《大气污染防治行动计划》《水污染防治行动计划》《土壤污染防治行动计划》《打赢蓝天保卫战三年行动计划》《生态文明体制改革总体方案》《“十三五”生态环境保护规划》《农业农村污染治理攻坚战行动计划》《建立国家公园体制总体方案》《关于在湖泊实施湖长制的指导意见》《关于划定并严守生态保护红线的若干意见》《生态环境损害赔偿制度改革方案》《关于全面加强生态环境保护坚决打好污染防治攻坚战的意见》《关于统筹推进自然资源资产产权制度改革的指导意见》《关于构建现代环境治理体系的指导意见》等等。

富，要努力实现最大限度地减少资源浪费和破坏、最大限度地提高资源利用效率；要更注重实现社会的全面可持续发展，促进经济发展、环境保护和人的全面发展之间的协调。这一立法理念应当具体体现在具体法律制度的设计之中。

3. 进一步充实和发展法律制度

生态及环境问题的大量出现，对已有的传统法律制度提出了新挑战，需要将已有的法律原则延伸到生态治理领域，比如：一些国家将生态环境保护上升为基本国策而纳入宪法之中；一些国家在宪法、法律中规定了环境基本权，扩大了基本人权的体系；一些国家的立法业已明确要求考虑政府规制及法律实施的生态影响，考虑立法的环境生态效益；生态文明理念所激发的风险社会意识要求健全应对生态环境危机的应急法律机制，积极防范和有效制止各种生态性或环境方面的突发性事件；一些国家的民法中调整了物权概念，确立了动物并非物的观念；一些国家的立法中认可了某些动物权利或福利。生态环境保护更激发了关于空气、水、土壤、海洋、自然生态等保护及污染治理的大量新法律制度。

（二）生态文明建设促进法律价值观的生态化转向

1. 反思个人主义的权利思维

生态文明理念的兴起，促使人们更多地反思那种占有性个人主义观念，这种个人主义的最典型的制度表现就是个人的法律权利。生态文明理念要超越那种占有性个人主义法律观和法学思维方式，要更多地从人类整体主义、人类与自然之间天人和谐的生态整体主义立场来理解社会关系和法律关系。这在法律治理方面的表现之一就是，更多地关注个人的生态义务、环境责任，在环境治理的法律机制中走出权利至上的思维定式。

人们通常认为现代法制的基本价值取向之一是尊重和保障人权。权利作为推动社会变革的方式之一有其无可替代的重要性，推进生态文明建设也要求重视运用确立和维护生态权、环境权、自然资源产权等的方式。但同时，它也更加明确地提示人们应对权利思维保持一种审慎反思态度。权利思维突出的是主体欲望（尤其是其物质利益需求）的确认和满足，其哲学前提是社会—自然的两分以及主体—客体的区分等。权利观念往往激发了人们对自然的征服与利用、对生态及资源的掠夺式利用。生态文明理念则要求矫正这种完全将自然视为客体的掠夺性立场，树立尊重自然生态的文明立场，更多地通过法律来确立对自然生态的义务和责任。生态理念的提倡，使人们更多地警惕以权利之名而造成对自然生态的破坏，更自觉地提倡人与自然之间的和谐共生共荣关系，提倡人的生态责任和人类在自然面前的节制与敬畏。

2. 以生态正义或环境正义理念充实法价值体系

生态文明建设的发展，激发了人们对法律的正义价值的新认识。生态文明理念、可持续发展理念等促使人们重新理解当代人之间的正义，也让人们更多地关注后代人诉求的代际正义。生态环境正义理念被引入法律领域之中，进一步充实和丰富了对法律的正义价值体系。

环境正义作为当代人的正义诉求，有国内各个地区、各个社会群体或阶层之间的生态环境利益分配及生态补偿等问题，也有全球各个国家之间在全球生态环境治理和合作方面的利益之争。在国内治理层面，美国环境署关于环境正义的一个定义被广泛引用。按照其定义，“环境正义”是指在环境法律、法规和政策的制定、适用与执行等方面，全体国民，不论种族、肤色、国籍和财产状况差异，都应得到公平对待，并能有效参与环境决策。“公平对待”意味着任何群体，不论种族、伦理观念和社会经济地位差异，都不应不合理地承担由工业、市政、商业等活动以及联邦、州和地方环境项目与政策实施所带来的消极环境后果。“有效参与”则意味着：可能受到影响的社区居民都有适当机会参与将影响其环境或健康的议案的决策；公众的意见能够影响立法部门的决策；决策过程中应当考虑所有参与者的意见；决策者为潜在受影响者的参与提供便利。环境正义的这些诉求对法律治理过程中的平等性、参与性、协商性、合作义务等都提出了新要求，并在公平地分享自然资源、公平地承担生态环境责任等方面拓展法律调整的视野。在全球治理层面，环境正义问题主要涉及发达国家与发展中国家在全球环境治理和生态系统维系方面的利益分配与责任分担问题。在近几十年来的全球环境会议及论坛上有关环境责任的分担和环境全球治理的种种争论，都体现了环境正义的全球维度。全球层面的环境正义是全球正义的一部分，国际层面的法治治理，就是全球正义的制度性展开和保障。

作为代际正义的生态环境正义，要求反对对环境的掠夺式利用，保障人类永续存在所需的自然生态和环境条件，并实现可持续发展，从而在当代与后代之间维持一种公正的代际关系。代际公平是可持续发展原则的应有之义。代际正义主要诉求的就是对后代人利益的保护，要求当代人节制地利用自然和生态资源，有责任尽量维系现有的生态平衡、生存环境、文化遗产等，最大限度地保持人类的可持续发展，为后代人的生存和发展保留必要的资源、空间、宜居环境、文化遗产等。① 这一正义理念，要求法律调整考虑到并尊重后代人的利益和需要，这就要求法律将实现人民的永续存在和发展作为基本的价值指标之一。这种代际正义观，也是超越了权利至上思维的一种责任思维。当然，也要看到，诸如生态正义、代际正义、环境正义、全球正义等概念还都在发展之中，这些概念还都比较抽象、比较原则，更像是一种愿景，还有待得到更广泛的社会认同。如何更恰当地从法律制度建构方面来落实这些正义理念诉求，还有不少争议。

(三) 生态文明建设带动法律意识水平提升

生态文明理念的落实，有助于促进人们法律意识的更新，如提升人民的环境意识、生态意识、尊重自然意识以及风险意识等。生态法治意识、环保法治意识、风险法治意识应当成为法律意识体系的一部分。由于经济社会发展水平的局限，我国多数人更关心的是与自身的生存等相关的那些问题，对生态及环境问题有时会有漠不关心、无能为力、

① E.B.魏伊丝在《公平地对待未来人类：国际法、共同遗产与世代间衡平》（汪劲等译，北京，法律出版社，2000）一书中阐发了一种有广泛影响的代际正义理论，可资参考。魏伊丝认为，代际公平可以包括三项基本原则：其一，保护选择权原则。这要求各世代保护自然和文化遗产的多样性，这样便不会对后代人解决自身问题和实现自身价值造成不适当的限制，而且未来世代有权享有同其以前世代相当的多样性。其二，保护质量原则。这要求各世代维持地球的质量，从而使地球质量留传给未来世代时状态不比其从前代继承时有所下降，并且其有权享有与前代所享受的相当的地球质量。其三，保护获取原则。各世代的每个成员都有权公平地获取其从前代继承的遗产，并应当保护后代人的这种获取权。这些原则要求在开发、利用地球的自然、文化资源之际，约束当今世代的行为。

远水不解近渴等种种态度，公民的环境参与和保护意识不强，社会监督机制难以发挥作用。一些政府官员也认为环境保护要让位于经济发展，甚至认为环境保护甚至有时只是面子工程，环境治理的严格执法意识不强，以至于"口号环保"、假治理、走过场现象屡禁不绝等。

当然，生态环保法律意识的提升与法律制度的完善、生态环保事业的整体进步是联系在一起的，因而，生态环保意识的培养并非一日之功，而需要坚持不懈地长期培育：要建立制度化、系统化、大众化的生态文明教育体系，做好环保国情认知教育，普及环境科学和环境法律知识，让人们认识到环境污染和生态破坏的危害性，认识到改善生态环境质量的紧迫性、艰巨性和长期性，进而使生态文明观成为主流价值观并在全社会得到普及。

(四) 生态文明建设促进全球生态环境法治的扩展

生态环境危机往往超出了传统的一国、一地区的地理空间，具有明显的全球性质。这要求人类更加紧密地结成全球共同体来应对生态环境危机。这便对国家治理和全球治理提出了新的要求。秉持人类命运共同体理念，超越传统的民族国家的法治框架，走向全球绿色治理下的国际法治，已是大势所趋。为了应对生态和环境问题，必须加强国家之间的合作，强化全球责任，建立新的全球性治理机制；必须发展生态视角下的全球法治；同时，也必须通过全球合作改造当今不公正的国际经济政治秩序，因为正是这种国际经济政治秩序在加剧着某些落后国家的环境污染和生态问题。

自 1973 年联合国环境规划署成立以来，已经逐步形成以联合国为制度平台的全球性环境管理体制。这些机构制定了大量的国际性环保文件，形成了生态环境治理的国际法治框架。1972 年联合国人类环境会议通过《人类环境宣言》(《斯德哥尔摩宣言》)。该宣言是人类在环境治理全球合作领域的第一个重要文件，该宣言宣告：人类有权在一种有尊严和福利的生活的环境中，享有自由、平等和充足的生活环境的基本权利，并负有保护和改善这一代和将来的世世代代环境的庄严责任。1992 年联合国环境与发展会议通过《里约环境与发展宣言》，提出为了公平地满足今世后代在发展与环境方面的需要必须实现求取发展的权利；为了实现可持续发展，环境保护工作应是发展进程的一个整体组成部分，不能脱离这一进程来考虑。国际社会迄今已通过了一些重要的国际文书①，生态环境领域中全球治理的基本法律框架初具规模，世界各国基于此来共同推进全球生态环境保护事业。比如，在气候变化领域，1992 年《联合国气候变化框架公约》、1997 年《京都议定书》、2015 年《巴黎协定》以及 2021 年《格拉斯哥气候公约》等，构建了当今国际社会应对气候变化的主体法律框架。

全球生态环境法治的发展，有助于进一步加强各国在此领域中的全球合作参与，明确应对生态和环境危机的全球责任；有助于更加关注各类社会力量的多元化发展，有助

① 如《濒危野生动植物种国际贸易公约》《保护世界文化和自然遗产公约》《生物多样性公约》《关于持久性有机污染物的斯德哥尔摩公约》《关于消耗臭氧层物质的蒙特利尔议定书》《关于在国际贸易中对某些危险化学品和农药采用事先知情同意程序的鹿特丹公约》《国际防止船舶造成污染公约》《防止倾倒废物及其他物质污染海洋的公约》《保护臭氧层维也纳公约》《关于汞的水俣公约》等。

于激发各类社会治理主体（如政府、民间组织、公民以及企业等）的参与积极性；有助于在生态保护的进程中提升生态环保意识，形成多元主体之间的良性互动关系；也有助于克服国际贸易中的“绿色壁垒”①，构建更加公平、合理的全球经济交往秩序。我国积极参与生态环境保护领域的国际法治，迄今已加入了四十多项与生态环境保护有关的国际条约。

第二节　以法治方式发展生态文明

一、将法治思维融入生态文明建设全过程

生态文明建设与法治国家建设相互影响、相互支持，应当共同推进。全面推进法治国家建设，要求在生态文明建设领域也厉行法治原则。法治建设积极介入和参与生态文明建设，会对生态文明发展进程产生深刻的影响，即实现生态文明建设的法治化；同时，法治建设的发展方向和方式也为生态文明理念所影响，诸如人类与自然和谐共生，尊重自然、保护自然和顺应自然等理念，融入法律价值体系和法律制度建构之中，即出现了法治的生态化发展，所谓“绿色法治”。

保护生态环境必须依靠制度。搞好生态环保的制度建设，必须更积极地贯彻法治思维，运用法治方式来建立和实施各项制度、决策、重大任务等。从生态文明建设健康快速推进的角度看，它必须自觉借助法治治理的权威、高效、稳定、持续等特点，将生态文明建设的各重要领域都纳入法律调整，将法治原则贯穿于生态文明建设的全过程。

运用法治方式推进生态文明建设，实现生态文明的法治化，就是要从立法、行政执法、司法、法律意识培育等各个环节，科学、合理地将生态文明建设中的各项制度予以法律化，建立保障生态文明发展的长效机制、监管监督机制，充分激励各方面的积极参与，扎实落实和有效实施生态文明的各项制度。改革开放以来，我国逐步重视生态环境建设，并重视以法律方式保护环境，环境保护立法和重大政策对生态环境保护起到了显著作用。② 也必须看到，法治方式、法律手段运用的不足，也是生态文明建设的一个短板。从法治的角度来看，我国的环境治理体系尚不完善，治理能力尚不强，比如，生态环境立法理念还比较落后，环境立法体系不够完善，环保执法体制机制不够完备有效，司法保障不够充分，公职人员及国民的生态环保意识不强，等等。

---

① 当今“绿色壁垒”的主要表现形式包括：环境附加税、产品加工标准制度、绿色包装制度、绿色环境标示制度、绿色卫生检疫制度以及绿色补贴制度等。

② 1979 年，第一部《环境保护法》通过。1982 年环境保护首次作为独立篇章被纳入国民经济和社会发展计划。1983 年，环境保护被确定为基本国策。1994 年，《中国 21 世纪议程》通过，我国成为世界上第一个制定实施本国可持续发展战略的国家。中国共产党十八大以来，我国坚持绿色发展理念，以前所未有的力度治理环境污染，推进生态文明建设，美丽中国建设迈出重要步伐。中国共产党十九大明确提出打好污染防治攻坚战的重大战略部署。中国共产党二十大提出，“推动绿色发展，促进人与自然和谐共生”，并作出战略部署。

二、生态文明建设的宪法保障

在2018年修宪之前，我国宪法中已有几项有关生态环境保护的内容。如《宪法》第9条第2款规定："国家保障自然资源的合理利用，保护珍贵的动物和植物。禁止任何组织或者个人用任何手段侵占或者破坏自然资源。"第26条规定："国家保护和改善生活环境和生态环境，防治污染和其他公害。""国家组织和鼓励植树造林，保护林木。"2018年宪法修正案有力加强了对生态文明建设的宪法保障。此次修改后的《宪法》"序言"，将"生态文明"作为五大文明建设之一，将"美丽"作为社会主义现代化强国的基本标志，即"推动物质文明、政治文明、精神文明、社会文明、生态文明协调发展，把我国建设成为富强民主文明和谐美丽的社会主义现代化强国"。同时，《宪法》"序言"还写入了"贯彻新发展理念"。《宪法》的这些规定，为我国加强对生态文明的法治保障，提供了明确的宪法价值指引。

为了让《宪法》更全面地体现生态文明理念，可以进一步完善《宪法》"总纲"中的环境条款，将生态文明建设的若干重要要求作为国家建设的基本内容之一写进去，比如，将实现可持续发展，建设节约型社会、环境友好型社会，发展循环经济及低碳经济、保护生态资源及生态安全等作为国策条款予以规定。

更重要的是，可以在《宪法》规定的公民基本权利中明确纳入环境权，即确立"绿色人权"。确立国民的环境基本权，既是扩大保障国民生存和发展权益的重要方式，也是实现新发展理念（尤其是绿色发展理念）、推动生态文明发展的需要。将绿色发展理念贯穿于人权保障的具体实践之中，对各项权利的实现产生重要影响，有助于树立"绿色人权"理念。通过明确环境基本权，可以更有效地动员国民参与生态文明的事业。人民有享有良好环境的权利，意味着国民有从国家获取环境信息的环境知情权，有参与国家环境决策的环境参与权，有请求国家履行环境监管职责的环境监督权，有对破坏生态环境的行为提起诉讼的环境诉权等。

三、完善生态环境保护的立法体系

（一）生态环境立法的概况

改革开放以来的四十多年中，我国先后制定了涉及生态环境保护的大量法律、法规、规章、政策、规划、行动计划等，可以说已经初步形成了生态环境保护的立法体系、"软法"体系。生态环境保护立法体系，从内容上看主要包括生态系统保护立法、资源节约立法和环境污染治理立法等。

在法律方面，全国人大常委会到目前制定/修改完善了五十多部与生态环境密切相关的法律，其内容涉及生态保护与生态安全、环境保护与污染治理、资源保护与节约等各个方面。另外，在刑法、民法、行政法等法律部门的法律中也都有不少涉及生态环境保护问题的条款，比如：《刑法》专门规定了破坏环境资源保护罪，在"渎职罪"中还专门规定了环境监管失职罪，违法发放林木采伐许可证罪，非法批准征收、征用、占用土地罪等罪名。《民法典》在总则编规定，“民事主体从事民事活动，应当有利于节约资源、保护生态环境”（第 9 条）；在侵权责任编专门设置“环境污染和生态破坏责任”一章；在物权编规定物权人在设立或行使物权时应符合节约资源、保护生态环境的要求（第 286 条、第 326 条、第 346 条），并专门设置了“土地承包经营权”一章。在《行政许可法》《行政强制法》等法律中也都有不少涉及生态环境保护的内容。在法规、规章方面，国务院及其下属部门、地方人大和地方政府也制定了涉及环境与资源保护的大量行政法规、地方性法规和规章。此外，国家还就生态环境保护问题发布了大量的政策性文件。

虽然生态环境保护立法取得了很大的成绩，但也必须看到现有立法的问题，比如：涉及生态环境保护的一些重要领域和问题上尚有立法调整空白；现有的不少立法在内容上比较粗疏、笼统，可操作性不强，使不少立法“虽无大错，也无大用”；不少法律法规的罚则不够“给力”，制裁力度不够，使得违法成本很低，变相激励了破坏生态环境的违法行为；行政法规、部门规章之间的协调性不足、体系不完整，彼此冲突、矛盾之处多有所见；不少立法的行政主导色彩过于浓厚，对公民的环境权益的保护不够；政府规章的法律效力不高，变动性较大，执行力度不够大；立法中的部门本位主义、地方保护主义等问题还存在；大量的政策性文件作为“软法”，虽然作用很重要，但法律地位不高；等等。因而，加强生态环境保护领域立法的立、改、废工作，是我国当前完善法律体系、加强生态环境治理的重点。

（二）优化生态环境保护立法的立法原则

完善生态环境保护的立法体系，就要积极建构以生态修复、生态安全为中心的生态立法体系，以节约资源为中心的低碳经济立法体系、循环经济立法体系，以环境保护和污染治理为中心的环境立法体系。这三方面的生态环境立法既是相对独立的，又经常是交叉、协调统一的。为完善生态环境保护立法，应当有科学、合理的立法理念、立法工作原则等。立法理念及立法工作原则等方面的创新要求可以被概括如下几点。

1. 坚持人与自然和谐共生、绿色发展的立法理念

坚持以绿色发展理念为引领，实现生态、自然和环境的可持续利用的立法理念。这要求，将低碳发展、循环发展、可持续发展、保障生态安全等重要生态文明理念融入生态环境立法的制度设计之中；更加突出生态环境保护优先和生态修复的立法理念，防止对自然资源的滥采滥用，充分考虑环境和资源的承载力，完善资源节约和生态修复立法等。

2. 加强生态环境保护立法的科学性

这方面的要求包括：一是减少立法中部门本位主义、地方保护主义等因素的干扰，避免各类利益群体对立法过程的不良影响。二是加强公民、专业人士对生态环境保护立法的积极参与，以民主立法促进立法的科学性。三是更注重强化政府的生态环境保护责任。要从制度上保障政府加强监管、提高监管规制能力；对政府懈怠职责、不作为、乱作为等行为予以更严厉的立法规制，保障生态环境监管体制机制更加高效、权威。四是

注重制度机制的切实可行。要改变立法的粗疏、空泛，注重实体法与程序法相配合，尤其要注重完善罚则，设置更科学、合理的法律责任制度，使惩罚措施足以震慑违法犯罪。

3. 统筹兼顾，更加注重生态环境保护立法的统一性、协调性

完善生态环境保护立法体系，要注重立法体系的内在协调性。这方面的重要要求包括以下几项。

（1）统筹自然资源立法、生态保护立法、环境保护立法、污染治理立法、行业性立法、产业立法等，使它们之间立法理念统一、制度设计相互协调。环境保护、污染治理、生态保护、资源利用等方面的法律、法规往往有交叉，在同一部法律等规范性文件中经常同时体现这几个方面的内容，因此要注重统筹协调，充分考虑立法的独立性、协调性、配合性和统一性。

（2）统筹生态环境保护专门立法与民法、刑法、行政法、税法、金融法、诉讼法等法律中涉及生态环境保护的各项内容，使不同的法律手段都得到充分的运用，形成法律治理的合力。

（3）统筹生态环境保护的中央立法与地方立法。在中央统一立法的框架下，应充分发挥地方的立法积极性和主动性，鼓励有条件的地方在生态保护及安全、环境治理领域先于中央进行立法。

（4）加强地方之间的区域性立法协调。大气污染、河流湖泊污染、水土流失、荒漠化、自然生态的修复和补偿等往往都是跨行政区域的，这就要求在地方生态环境保护立法过程中克服“地方割据”，积极展开立法协商，要从制度上保障执法机制的区域联动协作等。比如，在水体污染控制与治理、区域性大气污染综合防治等方面，要积极开展立法合作与协商，这样才能促进发挥环境治理的整体防治效果。

（5）国内法与国际法的统筹协调。对于已经加入的生态环境保护国际公约，国家应当自觉积极履行公约义务，及时修改和完善国内法律等规范性文件，使之与所加入的国际公约的规定相协调。比如，履行《生物多样性公约》义务，应当制定专门的生物多样性保护法律，以充分保护生物多样性和生态资源；完善现有立法，落实我国在1992年《联合国气候变化框架公约》、2015年《巴黎气候协定》中的减排承诺，发展低碳经济，建立相应机制等。

（三）完善生态环境保护立法的重点

按照社会发展、生态文明建设发展的新要求和新的立法理念，现有的生态环境保护法律等规范性文件在立法理念、具体制度设计等方面都有不少可完善的空间，比如：一些领域中需要尽快消除立法空白，制定新的法律等规范性文件；需要加强对现有立法中不适当制度的及时修改、完善；也需要积极推动将现有的生态环境保护重大决策、政策或行政性决定尽快法律化，或者在更高立法层级上予以再整合和规范化，以此提升其权威性和执行力。这里指出完善生态环境保护立法的几个重要方面。

1. 生态环境保护的重点立法项目

研究制定发展低碳经济、节能减排、生态保护、自然资源保护等方面的基本法，如制定生态保护基本法、自然资源保护基本法、海洋基本法、能源基本法、低碳经济促进基本法、气候变化应对法等。

应当根据现有条件，研究制定一些新的专项立法。根据十四届全国人大常委会立法规划的安排，十四五期间需要制定或审议的生态环境立法包括：国土空间规划法、国家公园法、能源法、原子能法、电磁辐射污染防治法、海洋法等。

适应生态文明建设发展，有不少的现有法律法规需要修改完善。如根据十四届全国人大常委会立法规划的安排，近几年需要纳入修改的生态环境保护法律包括海洋环境保护法、可再生能源法、水法、节约能源法等。

2. 生态环境保护立法创新的重要制度

结合生态文明建设的迫切需要，这里简要说明在今后一个时期内需要通过立法来重点建立健全的重要制度，其中比较重要的制度包括自然资源产权制度、生态保护红线制度、源头保护制度、绿色生产及绿色消费制度、生态损害修复补偿制度、生态保护区制度、环境监测及评价制度等。这里择要说明几点。

（1）健全自然资源产权制度。在自然资源产权制度方面，存在所有者不到位、所有权边界模糊、权益不落实、监管保护制度不健全等问题。应当构建归属清晰、权责明确、监管有效的自然资源资产产权制度，比如，推进自然资源统一确权登记法治化、规范化、标准化、信息化，建立权责明确的自然资源产权体系，建立自然资源统一调查、评价、监测制度，健全自然资源监管体制等。应当完善自然资源的有偿使用制度，积极运用市场化手段保护自然生态资源，如完善林权、水权、土地权益的交易制度；以市场化机制鼓励和吸引社会资本积极参与保护生态环境；促进开展国内国际合作，构建碳汇（carbon sink）交易制度，推进清洁发展机制（clean development mechanism）[①] 等。

（2）健全国土空间规划和开发保护制度。生态空间包括森林、草原、湿地、河流、湖泊、滩涂、岸线、海洋、荒地、荒漠、戈壁、冰川、高山冻原、无居民海岛等。无序开发、过度开发、分散开发导致了优质耕地和生态空间被占用过多、生态破坏等问题。空间性规划重叠冲突、地方规划朝令夕改等问题也比较严重。因而，要整体谋划国土空间开发，保障国家生态安全。相关制度创新包括完善主体功能区制度，健全国土空间分级分类管控制度，严守生态保护红线制度[②]，建立以国家公园为主体的自然保护地体系[③]，完善空间规划编制制度和方法。

（3）健全资源全面节约制度。这方面的制度创新如：健全资源节约集约循环利用政策体系，普遍实行垃圾分类和资源化利用制度；健全海洋资源开发保护制度；完善绿色生产和绿色消费的法律制度，完善从源头节约资源、加强清洁生产全过程管理的制度。

（4）健全生态修复和生态保护补偿的制度。在生态修复制度方面的法律制度创新方

---

① 清洁发展机制是发展低碳经济的全球合作方式之一，其主要内容是：发达国家与发展中国家以项目合作的方式，在发展中国家进行既符合可持续发展政策的要求又产生温室气体减排效果的项目投资，以此作为其履行减排义务的组成部分。

② 2017年2月，中共中央办公厅、国务院办公厅印发《关于划定并严守生态保护红线的若干意见》。

③ 2017年9月，中共中央办公厅、国务院办公厅印发《建立国家公园体制总体方案》。2019年6月，中共中央办公厅、国务院办公厅印发《关于建立以国家公园为主体的自然保护地体系的指导意见》。

向包括：建立统筹山水林田湖草一体化保护和修复的制度；加快水土流失和荒漠化、石漠化综合治理；加快土壤污染的修复；推进耕地、河湖的休养生息，退耕还林、退牧还草；建立保护生物多样性制度，维护国家生物安全；等等。完善生态保护补偿方面的法律创新方向包括：扩展生态保护补偿制度的覆盖范围，将农业、草原、森林、湿地、矿产资源开发、流域和水资源、饮用水水源保护、自然保护区、重点生态功能区、海洋领域、土壤等都纳入生态保护补偿的范围之中；探索建立多元化补偿机制，完善财政补助、转移支付等补偿方式；健全横向生态保护补偿机制，建立流域上下游之间、不同主体功能区之间的生态保护补偿制度；完善重点生态区域（如国家级自然保护区、世界文化自然遗产、国家级风景名胜区、国家森林公园、国家地质公园等）的生态保护补偿机制；等等。

（5）完善环境污染治理的制度。一是构建以排污许可制为核心的固定污染源监管制度体系。完善污染物排放许可制度，推行污染物排放总量控制制度、完善用能权和排污权交易的各项制度等。二是完善生态环境损害赔偿制度。[①] 构建责任明确、途径畅通、技术规范、保障有力、赔偿到位、修复有效的生态环境损害赔偿制度。明确政府的生态环境监管职责，建立生态环境损害责任的终身追究制；强化生产者的生态环境保护法律责任，大幅度提高违法成本，加大对生态环境犯罪的刑事惩罚等。

四、完善生态环境保护的执法体制机制

行政执法质量是衡量生态文明法治建设水平的关键指标。我国已经基本形成生态环境保护治理的行政执法体系，执法机构体系逐步健全，专门执法部门的执法权力逐步强化和规范化。但是，必须看到，目前的生态环境保护执法状况不尽如人意。在生态环境保护执法过程中，由于受到地方发展中的地方保护主义、部门本位主义、GDP 主义政绩观的影响，受基层政府环境监管执法队伍基础差及能力弱、监管执法体制机制不完备以及执法人员生态环境保护意识不强等因素影响，有法不依、执法不严、违法不究等情况还存在，比如：一些地方执法部门对环境违法犯罪行为查处不力、日常监管不严、处罚随意性大、执法不敢碰硬、选择性执法、执法懈怠等现象还较为普遍；专门的环保执法部门在地方国家行政权力体系中，实际上处于相对“弱势”地位而无力监管，行政执法与司法的衔接也不够严密。

推进生态环境保护执法改革，加强执法能力，应当坚持全面依法行政原则。要着力解决执法不严格、不规范、不透明、不文明和不作为、乱作为等问题。要完善权责清单制度，明确综合执法机构的职能，厘清职责边界，实现权责统一，建立健全执行、监督、协作机制，加快推进机构、职能、权限、程序、责任、监督法定化等。

生态环境保护行政执法改革的重点有如下三个方面。

① 2017 年 12 月，中共中央办公厅、国务院办公厅印发《生态环境损害赔偿制度改革方案》。该方案中界定了生态环境损害的概念，即它是指因污染环境、破坏生态造成大气、地表水、地下水、土壤、森林等环境要素和植物、动物、微生物等生物要素的不利改变，以及上述要素构成的生态系统功能退化。

1. 深化生态环境保护的综合行政执法体制改革①

为适应生态文明建设的需要，应当整合相关部门污染防治和生态环境保护执法职责、队伍，建立生态环境保护统一执法体制。② 重要的制度建设有：生态环境保护综合执法队伍以本级生态环境保护部门的名义，依法统一行使行政处罚权以及与行政处罚相关的行政检查权、行政强制权等执法职能；完善严格监管所有污染物排放的生态环境保护管理制度；整合城乡环境保护工作，建立城乡统一行政执法的体制；完善省级以下环境监测监察执法的垂直管理体制，清晰界定地方各级政府在环境监测、监察与执法方面的事权划分，提高环境保护执法机构的执法权威，增强其独立性。

2. 建立污染防治的区域联动机制，开展跨行政区域的执法合作、跨部门的联动执法

生态环境系统的整体性决定了生态环境保护、修复必须打破行政区域界限，而且要统筹陆地污染与海洋生态保护，加大区域联合执法力度等。诸如京津冀、长三角、珠三角等重点区域大气污染防治联防联控协作机制、河流流域水环境保护协作执法机制等，就属于这一类区域联动机制。其他方面的区域联动机制有陆海统筹的污染防治区域联动机制、陆海统筹的生态系统保护和修复的区域联动机制、生态修复与污染防治一体化的区域联动机制等。实行跨区域跨流域环境污染联防联控，加强联合监测、联合执法、交叉执法。

3. 严格生态环境保护的行政执法，提高执法能力

这主要有几个方面的内容：一是开展权威有效的生态环境监察，健全生态环境保护督察制度，将此项制度法律化，加强责任追究；二是制定发布权力清单和责任清单，建立科学有效的权力监督、制约机制；三是充分运用科技手段，增强监管执法的针对性、科学性、时效性，做到精准执法；四是实现环境违法行为处理的全程透明化，完善环境信息公开制度；五是健全环境污染举报制度，鼓励和支持公众的环保参与；六是惩治任性违法，坚持有案必查，严肃查处屡查屡犯、弄虚作假、拒不纠正、虚假整改等违法乱象；七是健全生态环境保护行政执法和司法衔接机制，建立生态环境保护综合行政执法机关、公安机关、检察机关、审判机关信息共享、案情通报、案件移送制度，依法严惩重罚生态环境违法犯罪行为；等等。

五、强化对生态文明建设的司法保障

公正司法是生态文明建设的有力保障，也是生态法治建设的必要环节。近些年，在各类食品安全、生态损害、环境污染等案件的处理方面，司法能力的不足凸显。生态环

① 2018年12月，中共中央办公厅、国务院办公厅印发《关于深化生态环境保护综合行政执法改革的指导意见》。

② 一个标志性的改革举措是，2018年十三届全国人大第一次会议推动实现了国务院层面生态环境监管体制改革，即在原国土资源部、原环境保护部基础上，整合其他部委有关自然资源管理和生态环境保护的职能，分别组建成立自然资源部和生态环境部。新成立的生态环境部下设生态环境执法局和中央生态环境保护督察办公室，负责监督生态环境保护“党政同责”“一岗双责”的落实情况，统一负责各类污染物的生态环境监督执法，组织开展全国生态环境保护执法检查活动，解决了长期以来生态环境执法，尤其是生态环境污染防治领域“九龙治水”的问题。

境保护案件中存在诸如立案难、取证难、胜诉难、公正难、执行难等突出问题。因而，应当加强审判机关、检察机关在生态文明建设中的司法保障作用，处理好环境保护、经济发展与人民群众环境权益之间的平衡关系。以人民法院的工作为例，促进司法的生态环境保护功能，主要从如下方面展开。

(一) 及时依法审理涉及生态环境保护的各类司法案件

生态环境保护领域的违法犯罪、纠纷有刑事犯罪案件，民事物权、合同和侵权纠纷/案件，以及行政案件等，涉及面很广。[①] 司法机关应当关注的重点领域包括：依法审理大气污染、水污染、土壤污染、固体废物和垃圾处置、噪声与振动污染等相关案件，切实保障人民群众在蓝天、碧水、净土、宁静良好的生态环境中生活的权利；依法保护海洋自然资源与生态环境，依法审理污染海洋生态环境、破坏海洋资源等纠纷/案件；依法审理农村自然资源开发利用、农村人居环境综合整治、农业生态产品和服务供给等各类纠纷/案件；依法惩治非法猎捕、杀害珍贵、濒危野生动物，非法狩猎及非法交易野生动植物制品等违法犯罪行为，维护物种的多样性，推动完善生物多样性保护法律体系；依法审理自然资源资产产权纠纷/案件，如自然生态空间确权登记案件，矿业权审批及颁证、房地征收等行政案件，涉及海域使用权、矿业权、取水权、养殖权、捕捞权、林业权等自然资源用益物权的纠纷，涉及自然资源开发利用的股权转让、承包、合作、出租、抵押等纠纷/案件等；依法审理促进形成绿色产业结构、绿色生产方式、绿色生活方式的各类纠纷/案件；通过审理相关纠纷/案件督促上市公司、发债企业、重点排污企业等依法公开环境信息，推动企业积极承担生态环境保护社会责任；总结司法审判经验，加强对生态环境损害赔偿纠纷/案件的审理[②]；等等。

(二) 完善生态环境保护公益诉讼制度

应当充分发挥环境公益诉讼制度维护国家利益、社会公共利益和公众环境权益的功能，督促依法行政，推动完善环境治理体系。2012 年修订的《民事诉讼法》和 2014 年修订的《环境保护法》将环境公益民事诉讼制度法律化；2017 年修正的《行政诉讼法》将环境公益行政诉讼制度法律化，为公民参与环境事务管理提供了法律保障。司法机关应依法审理社会组织提起的环境公益诉讼案件，畅通诉讼渠道，保障社会组织的公益诉权；应当完善审理程序和配套机制，引导社会公众有序参与生态环境保护。开展公益诉讼检察工作是检察机关近年来工作的一个亮点，应进一步发挥检察机关在环境公益诉讼中的重要作用。[③]

① 2022 年，全国各级法院共受理环境资源一审案件 273 177 件，审结 246 104 件；2022 年，全国各级检察机关共办理生态环境和资源保护领域案件 9.5 万件，起诉破坏生态环境资源犯罪 3.7 万件。

② 2017 年 12 月，最高人民法院发布《关于审理海洋自然资源与生态环境损害赔偿纠纷案件若干问题的规定》。2020 年 12 月，最高人民法院发布《关于审理生态环境损害赔偿案件的若干规定（试行）》。

③ 2020 年 12 月，最高人民法院、最高人民检察院联合公布《关于检察公益诉讼案件适用法律若干问题的解释》。2019 年 1 月，最高人民检察院、生态环境部会同国家发展和改革委员会等九部委联合印发《关于在检察公益诉讼中加强协作配合依法打好污染防治攻坚战的意见》。

（三）推进生态环境保护审判方面的司法改革

提升新时代生态环境保护的司法服务和保障水平，还应创新审判、检察体制机制，通过专业化的环境资源纠纷/案件审判、检察工作落实最严格的源头保护、损害赔偿和责任追究制度。改革创新的主要方面包括：完善环境资源案件专门化审判机制，具备条件的高、中级人民法院可通过单独设置的方式设立环境资源案件审判机构；持续推进环境资源案件管辖制度改革，推进跨区域司法协作、全流域协同治理①；推动环境资源刑事、民事、行政案件由专门审判机构或者专业审判团队审理，充分发挥环境资源案件刑事、民事、行政审判合力；建设专业化环境资源案件审判、检察队伍；通过加强司法解释、颁布指导性判例与典型案例等方式，指导环境资源案件审判和检察工作；探索建立“恢复性司法实践＋社会化综合治理”审判结果执行机制；等等。

案　例

重庆市巫溪县人民检察院诉巫溪县城市管理局不履行法定职责行政公益诉讼案②

【基本案情】

重庆市巫溪县盼官山公墓内建有烈士陵园，以及铭刻有在解放战争、抗美援朝战争、对越自卫反击战、国家经济建设中牺牲的113名烈士的英名墙。2020年下半年，巫溪县人民政府开展对盼官山公墓附近地块的征收工作，该地块逐渐变成垃圾倾倒地，临近墓区四处露天堆放大量建筑垃圾和生活垃圾，总面积达1 292平方米。2021年11月8日，巫溪县人民检察院与巫溪县城市管理局进行会议磋商，巫溪县城市管理局承诺及时清理上述垃圾。2022年1月，巫溪县人民检察院对现场进行复核后发现，堆放的垃圾未被彻底清运，且新增了两处露天堆放的建筑垃圾，公墓和烈士陵园、烈士墓周边环境卫生进一步恶化，遂向巫溪县城市管理局发出检察建议书。巫溪县城市管理局未予书面回复，也未履行监管职责。

巫溪县人民检察院提起行政公益诉讼，请求判令确认巫溪县城市管理局未履行监管职责的行为违法，判令巫溪县城市管理局依法履行监管职责。诉讼中，巫溪县人民检察院撤回第一项诉讼请求，巫溪县城市管理局制定了《关于盼官山公墓附近建筑垃圾露天堆放问题整治工作方案》。

【裁判结果】

重庆市万州区人民法院认为，巫溪县盼官山公墓和烈士陵园、烈士墓在巫溪县城市规划范围内，巫溪县城市管理局作为巫溪县行政区域内的建筑及生活垃圾监督管理部门，对案涉露天堆放的建筑及生活垃圾状况负有法定监管职责。巫溪县城市管理局未依法履行该法定职责，侵犯人民群众对先人、英烈的特殊感情，违反国家烈士纪念设施保护制度，损害社会公共利益。准许巫溪县人民检察院撤回关于确认违法的诉讼请求。依法判

① 最高人民法院指导长江经济带11省市和青海省高级人民法院签订《长江经济带11＋1省市高级人民法院环境资源审判协作框架协议》，建立长江经济带区域司法协作。

② 摘自最高人民法院于2023年6月发布的“2022年度人民法院环境资源审判典型案例”。

决巫溪县城市管理局立即对巫溪县盼官山公墓和烈士陵园、烈士墓附近建筑和生活垃圾露天堆放现状依法履行监管职责。该判决现已生效。

【典型意义】

本案系有关机关怠于履职引发的行政公益诉讼案件。英雄烈士及其精神是中华民族精神的重要内核，是社会主义核心价值观的重要体现，是社会公共利益的重要组成部分。公墓承载了人民群众追忆先人、寄托哀思的特殊感情，公墓附近生态环境受损破坏了墓区的完整性，有违社会公德与民族伦理。庄重、肃穆、洁净的祭祀环境既是人们主动参与祭祀英烈活动的重要基础，也是人们表达对英雄烈士的尊崇与缅怀之情的关键需求。本案中，人民法院通过司法裁判监督行政机关依法履职，有序完成垃圾清理工作，重塑绿色文明的祭祀环境，回应了人民群众对缅怀英烈、纪念先人的情感需求，为全社会尊崇英雄烈士、维护英雄烈士尊严提供了有力保障，对于传承英雄烈士精神、弘扬社会主义核心价值观具有重要意义。

最高人民法院、最高人民检察院《关于办理环境污染刑事案件适用法律若干问题的解释》

六、依法促进对生态文明建设的全民参与

（一）依法增强国民的生态环境保护意识

生态文明是人民群众共商共建共享的事业。在全面普法教育中，加强生态文明法制宣传教育，要将生态保护意识、环境保护意识、敬畏自然意识、节约资源意识等融入国民教育的各个环节之中，广泛动员全民自觉参与生态环境保护，引导全社会关心环境、珍惜环境、保护环境，形成合理消费的社会风尚，营造爱护生态环境的良好风气。

要注重以法治方式促进培育公民生态文明理念，引导人民群众树立环境保护意识。在环境保护教育方面，2014 年修订的《环境保护法》规定：各级人民政府应当加强环境保护宣传和普及工作，鼓励基层群众性自治组织、社会组织、环境保护志愿者开展环境保护法律法规和环境保护知识的宣传，营造保护环境的良好风气；教育行政部门、学校应当将环境保护知识纳入学校教育内容，培养学生的环境保护意识；新闻媒体应当开展环境保护法律法规和环境保护知识的宣传，对环境违法行为进行舆论监督。在涉及环境保护的一些专门法律中也规定了公众参与权利及公民的环境保护义务，比如，《循环经济促进法》明确规定，发展循环经济应当坚持公众参与的方针；并规定：公民应当增强节约资源和保护环境意识，合理消费，节约资源；公民有权举报浪费资源、破坏环境的行为，有权了解政府发展循环经济的信息并提出意见和建议。这些法律的规定，应当得到落实，引导增强公民参与环境保护的权利意识，自觉履行环境保护责任，逐步转变落后

的生活风俗习惯，践行绿色生活方式，倡导绿色出行、绿色消费。

（二）依法保障公民的环境参与权利

保障公民的环境参与权利，增强公民参与的积极性，是促进生态环境保护的基本方式之一。要以法治方式充分保障公民在生态环境问题上的监督权、参与权、知情权、决策权等。《环境保护法》对公民的环境保护知情权、信息知情权、监督权利等方面的实体性和程序性内容作出了较完善的规定。其他的相关法律也有相应的规定。在涉及群众生态环境利益的环保规划、决策和信息等方面，要有更健全的信息公开制度、环境影响评价机制、听证制度等，以便能更充分听取群众意见，接受社会监督。在环境损害的应急处理方面，也要更加注重信息公开，保障群众的知情权、举报权。要加强舆论监督，以法治方式保障新闻媒体的环境信息传播自由和舆论监督权，鼓励新闻媒体对各类破坏生态环境问题、突发环境事件、环境违法行为进行曝光。

要注重鼓励、支持行业组织、民间环保组织和环保志愿者等积极参与环境保护的宣传、治理、监督、技术推广等，引导具备资格的环境保护组织依法开展生态环境公益诉讼等活动，发挥行业协会、商会的桥梁、纽带作用，促进行业自律。

问题与思考

1. 我国生态文明建设的基本要求主要有哪些？
2. 如何认识生态文明建设对法治的影响？
3. 如何看待法律价值观的生态化转向？
4. 如何认识在宪法中确立环境基本权问题？
5. 我国完善生态环境保护立法体系主要从哪些方面着手？
6. 如何加强生态文明建设的司法保障？
7. 谈谈对于保障自然资源产权体系的认识。

阅读文献

1. 科马克·卡利南. 地球正义宣言：荒野法，郭武，译. 北京：商务印书馆，2018
2. 阿兰·加尔. 法律与生态文明. 杨富斌，陈伟功，译. 法学杂志，2011（2）
3. 蒂姆·海沃德. 宪法环境权. 周尚君，杨天江，译. 北京：法律出版社，2014
4. 汪劲. 环保法治三十年：我们成功了吗？中国环保法治蓝皮书（1979—2010）. 北京：北京大学出版社，2011
5. 吕忠梅. 迈向中国环境法治建设新征程. 地方立法研究，2023（1）
6. 陈海嵩. 中国环境法治中的政党、国家与社会. 法学研究，2018（3）
7. 焦艳鹏. 生态文明保障的刑法机制. 中国社会科学，2017（11）

《法理学（第六版）》总码

图书在版编目（CIP）数据

法理学 / 孙国华，朱景文主编. -- 6 版. --北京：
中国人民大学出版社，2023. 12
新编 21 世纪法学系列教材 / 曾宪义，王利明总主编
ISBN 978-7-300-32407-4

Ⅰ. ①法… Ⅱ. ①孙… ②朱… Ⅲ. ①法理学-高等
学校-教材 Ⅳ. ①D90

中国国家版本馆 CIP 数据核字（2023）第 232278 号

新编 21 世纪法学系列教材
总主编 曾宪义 王利明
法理学（第六版）
主 编 孙国华 朱景文
Falixue

出版发行	中国人民大学出版社		
社 址	北京中关村大街 31 号	**邮政编码**	100080
电 话	010－62511242（总编室）		010－62511770（质管部）
	010－82501766（邮购部）		010－62514148（门市部）
	010－62515195（发行公司）		010－62515275（盗版举报）
网 址	http://www.crup.com.cn		
经 销	新华书店		
印 刷	北京捷迅佳彩印刷有限公司	**版 次**	1999 年 11 月第 1 版
开 本	787 mm×1092 mm 1/16		2023 年 12 月第 6 版
印 张	29. 25 插页 1	**印 次**	2025 年 6 月第 3 次印刷
字 数	664 000	**定 价**	78. 00 元

《　　　　　　　》※任课教师调查问卷

为了能更好地为您提供优秀的教材及良好的服务，也为了进一步提高我社法学教材出版的质量，希望您能协助我们完成本次小问卷，完成后您可以在我社网站中选择与您教学相关的1本教材作为今后的备选教材，我们会及时为您邮寄送达！如果您不方便邮寄，也可以申请加入我社的**法学教师QQ群：436438859（申请时请注明法学教师）**，然后下载本问卷填写，并发往我们指定的邮箱（cruplaw@163.com）。

邮寄地址：北京市海淀区中关村大街31号中国人民大学出版社806室收

邮　　编：100080

再次感谢您在百忙中抽出时间为我们填写这份调查问卷，您的举手之劳，将使我们获益匪浅！

基本信息及联系方式：※

姓名：__________ 性别：__________ 课程：____________________

任教学校：______________________ 院系（所）：________________

邮寄地址：______________________ 邮编：____________________

电话（办公）：__________ 手机：__________ 电子邮件：__________

调查问卷：※

1. 您认为图书的哪类特性对您选用教材最有影响力？（　　）（可多选，按重要性排序）

   A. 各级规划教材、获奖教材　　　B. 知名作者教材

   C. 完善的配套资源　　　D. 自编教材

   E. 行政命令

2. 在教材配套资源中，您最需要哪些？（　　）（可多选，按重要性排序）

   A. 电子教案　　　B. 教学案例

   C. 教学视频　　　D. 配套习题、模拟试卷

3. 您对于本书的评价如何？（　　）

   A. 该书目前仍符合教学要求，表现不错将继续采用

   B. 该书的配套资源需要改进，才会继续使用

   C. 该书需要在内容或实例更新再版后才能满足我的教学，才会继续使用

   D. 该书与同类教材差距很大，不准备继续采用了

4. 从您的教学出发，谈谈对本书的改进建议：______________________

____

____

选题征集：如果您有好的选题或出版需求，欢迎您联系我们：

联系人：黄　强　吴静雨　联系电话：010-62515955/5727

索取样书：书名：______________________________________

书号：____

备注：※ 为必填项。